Thorsten Proettel

Die Stellung der Sparkassen im Markt für gewerbliche Finanzierungen

Untersuchungen über das Kreditgeschäft der Sparkassen während der Industrialisierung

Stuttgarter historische Studien zur Landes- und Wirtschaftsgeschichte

Eine Reihe des Historischen Instituts der Universität Stuttgart und der Stiftung Wirtschaftsarchiv Baden-Württemberg

Herausgegeben von
Sabine Holtz, Gert Kollmer-von Oheimb-Loup,
Sibylle Lehmann-Hasemeyer und Franz Quarthal

Band 29

Jan Thorbecke Verlag

Die Stellung der Sparkassen im Markt für gewerbliche Finanzierungen

Untersuchungen über das Kreditgeschäft der Sparkassen während der Industrialisierung

von

Thorsten Proettel

Jan Thorbecke Verlag

Für die Finanzierung der Drucklegung wird der Gesellschaft für Wirtschaftsgeschichte Baden-Württemberg e.V. gedankt.

Bibliografische Information der Deutschen Nationalbibliothek
Die Deutsche Nationalbibliothek verzeichnet diese Publikation in der Deutschen Nationalbibliografie; detaillierte bibliografische Daten sind im Internet über http://dnb.d-nb.de abrufbar.

Angenommen als Dissertation an der Universität Hohenheim (D100)

Verlagsgruppe Patmos in der Schwabenverlag AG, Ostfildern
www.thorbecke.de

Umschlaggestaltung: Finken & Bumiller, Stuttgart
Umschlagabbildungen: Wirtschaftsarchiv Baden-Württemberg, Stuttgart-Hohenheim, Bestand: B 115; Banknoten: Thorsten Proettel.
Satz: Schwabenverlag AG, Ostfildern
Druck: Memminger MedienCentrum, Memmingen
Hergestellt in Deutschland
ISBN 978-3-7995-5580-7

Vorwort und Danksagung

Finanzierten die Sparkassen schon während der Industrialisierung kleine Gewerbebetriebe und die Industrie, oder war das nicht der Fall? – So schnell lässt sich die Forschungsfrage auf den Punkt bringen, der ich in den letzten Jahren nachging. Ihre Beantwortung war dagegen zeitaufwendig und umfasste vielfältige Recherchen. Von Künzelsau bis nach Konstanz und von Heidelberg bis nach Biberach bin ich durch das Land gereist, um in Archiven und Bibliotheken handschriftliche Quellen sowie zeitgenössische Statistiken zu erfassen. Der größere Teil der Tätigkeiten war am heimischen Schreibtisch zu leisten. Doch die Arbeiten zur Lüftung des Geheimnisses um das Kreditgeschäft der historischen Sparkassen begleiteten mich in den letzten Jahren auch auf alltäglichen Bahnfahrten ins Büro, auf längeren Reisen und bei vielen sonstigen Gelegenheiten.

In dieser Zeit entstanden mehrere Veröffentlichungen mit Zwischenergebnissen beziehungsweise über das thematische Umfeld. So regte mein Betreuer eine Fallstudie über die Kirchheimer Sparkasse an, die 2013 in der Zeitschrift für Unternehmensgeschichte veröffentlicht wurde. Ein Aufsatz über die Entstehungsgeschichte der Sparkassen erschien vor kurzem in dem Sammelband zur Hohenheimer Tagung „1816 – das Jahr ohne Sommer". Die vielen gewonnenen Erkenntnisse ließen sich aber nicht vollständig im Rahmen der Konferenz verarbeiten, weshalb ich einen separaten Aufsatz über Pfadabhängigkeiten im europäischen Sparkassenwesen im Wettbewerb um den „Savings Banks History Award 2016" einreichte. Er wurde vom Weltinstitut der Sparkassen und der Europäischen Sparkassengruppe (WSBI/ESBG) in Brüssel ausgezeichnet und veröffentlicht. Eine erweiterte deutsche Fassung erschien 2017 in der Vierteljahrschrift für Sozial- und Wirtschaftsgeschichte.

Es ist unter anderem auch den genannten Veröffentlichungen geschuldet, dass die Arbeiten in der Summe aufwendiger und zeitintensiver wurden als ursprünglich geplant. Trotzdem blieb stets das Ziel erhalten, eine umfassende Abhandlung über das Kreditgeschäft der Sparkassen zu erstellen. Ich freue mich, dass dieses Vorhaben nun endlich abgeschlossen ist

Ich bin einer ganzen Reihe von Menschen zu großem Dank verpflichtet, die mir die Erstellung des vorliegenden Werkes ermöglichten. Mein Dank gilt zunächst allen beteiligten Sparkassen beziehungsweise den Vorständen und den aktiven sowie ehemaligen Mitarbeiterinnen und Mitarbeitern für die Möglichkeit, die historischen Archivbestände ihrer Institute auswerten zu dürfen. Ich danke insbesondere Ulrich Unger, Eberhard Bacher und Martina Mayr von der Kreissparkasse Esslingen-Nürtingen. Sehr wichtig waren auch Werner Siller von der Sparkasse Hohenlohekreis und Werner Link von der Kreissparkasse Ludwigsburg. Das Gleiche gilt für Hiltrud Benz, Sarah Langbein und Siegfried Renner von der Sparkasse Pforzheim Calw. Ich danke ebenso Alexandra Lemanski und Heinz Pumpmeier von der Kreissparkasse Ravensburg sowie Jürgen Stingel, Norbert Nowak und Thomas Wolf von der Kreissparkasse Göppingen. Unverzichtbar waren zudem Daniela Traub und Kathrin Bischofberger von der Kreissparkasse Biberach sowie Dr. Georg Stickel, der zwischenzeitlich von Biberach in den Vorstand der Sparkasse Pforzheim Calw wechselte. Bereitwillige Hilfe erhielt ich darüber hinaus von Jochen Gaiser von der Kreissparkasse Freudenstadt und von Sabine Keuser von der Kreissparkasse Tuttlingen. Sie ermöglichten mir die Einsichtnahme in die dortigen Archivbestände. Wie sich dabei herausstellte, enthielten diese jedoch keine für mein Forschungsvorhaben passenden Überlieferungen.

Ein Teil der Archivalien wird heute außerhalb der Sparkassen aufbewahrt. Für meine Betreuung im Kreisarchiv Göppingen danke ich Dr. Stefan Lang und seinem Vorgänger Walter Ziegler sowie den Mitarbeiterinnen Nadine Beiter und Judith Müller. Sehr zuvorkommend waren auch Thorsten Maentel sowie seine Vorgängerin Dr. Jeannette Godau vom Wirtschaftsarchiv Baden-Württemberg, auf das gleich noch einmal zurückzukommen ist. Ich danke außerdem den Mitarbeiterinnen und Mitarbeitern des Stadtarchivs Göppingen, des Staatsarchivs Ludwigsburg und des Hauptstaatsarchivs Stuttgart für bereitwillige Auskünfte.

Dem Wirtschaftsarchiv Baden-Württemberg, dessen Direktorin Jutta Hanitsch und der Gesellschaft für Wirtschaftsgeschichte Baden-Württemberg e.V. verdanke ich die Aufnahme meiner Dissertation in die Reihe „Stuttgarter historische Studien zur Landes- und Wirtschaftsgeschichte" sowie die großzügige Übernahme der Druckkosten. An dieser Stelle sei auch der langjährige frühere Leiter des Archivs, Prof. Dr. Gert Kollmer-von Oheimb-Loup, hervorgehoben, der meine Recherchen in den Archiven der Sparkassen mit großem Interesse begleitete. Seine vielfältigen eigenen wirtschaftshistorischen Publikationen bildeten für mich umfassende Anregungen.

Für die Übernahme des Vorsitzes meiner Prüfungskommission danke ich herzlich Prof. Sibylle Lehmann-Hasemeyer, PhD vom Lehrstuhl für Wirtschafts- und Sozialgeschichte mit Agrargeschichte der Universität Hohenheim. Herr Prof. Dr. Hans-Peter Burghof vom Lehrstuhl für Bankwirtschaft und Finanzdienstleistungen übernahm freundlicherweise die Erstellung des Zweitgutachtens.

Abschließend möchte ich ganz besonders meinem Betreuer, Prof. Dr. Jochen Streb von der Universität Mannheim, danken. Bereits während meines Studiums begeisterte er mich für das Fach Wirtschaftsgeschichte und dessen Nutzen zum Verständnis komplexer sowie langfristig wirkender ökonomischer Zusammenhänge. Später ermöglichte mir Herr Streb durch zahlreiche interessante Gespräche und Diskussionen vertiefte Einblicke in den Wissenschaftsbetrieb. Hierzu gehörten neben wichtigen Hinweisen für meine Schriften auch Besprechungen seiner Forschungen und Veröffentlichungen. Dies war für mich ausgesprochen lehrreich. Ich danke Herrn Streb darüber hinaus für die Möglichkeit, das Wintersemester 2017/18 in Mannheim verbringen zu dürfen, für die Motivation nach diversen Rückschlägen und für seine große Geduld bis zur Fertigstellung meiner Dissertation.

Gerlingen im Oktober 2019
Thorsten Proettel

Inhaltsverzeichnis

V. Teil Hochrechnungen und Vergleiche

VI. Teil Schluss

Abbildungsverzeichnis

Tabellenverzeichnis

Tabellen im Textteil:

Tabellen im Anhang:

Abkürzungsverzeichnis

AG	Aktiengesellschaft
Bd.	Band
Bez. and. Eink.	Bezieher anderer Einkünfte; Berufsgruppe innerhalb des einheitlichen quantitativen Auswertungskonzeptes
Bi	Biberach, Oberamtssparkasse bzw. Oberamtsbezirk
Bl.	Blatt, Seite bei unpaginierten Schriften
Bü.	Büschel
bzw.	beziehungsweise
ca.	cirka, ungefähr
Ders.	Derselbe (Autor) wie zuvor genannt
dgl.	dergleichen
Ebd.	Ebenda, Hinweis auf die vorgenannte Literaturstelle
EK	Eigenkapital (zeitgenössisch als Reservefonds bezeichnet)
EZB	Europäische Zentralbank
f	(und) folgende (Seite)
ff	(und) fortfolgende (Seiten)
Gei	Geislingen, Oberamtssparkasse bzw. Oberamtsbezirk
Ghm.	Großherzogtum
GmbH	Gesellschaft mit beschränkter Haftung (soweit nicht anders angegeben)
Gö	Göppingen, Oberamtssparkasse bzw. Oberamtsbezirk
H StA S	Hauptstaatsarchiv Stuttgart
ha	Hektar (10.000 Quadratmeter)
HA KSK BC	Historisches Archiv der Kreissparkasse Biberach
HA KSK E-N	Historisches Archiv der Kreissparkasse Esslingen-Nürtingen
HA KSK LB	Historisches Archiv der Kreissparkasse Ludwigsburg
Hg.	Herausgeber
K./Kgl.	Königlich
K.W.St.E	Königlich Württembergischen Staats-Eisenbahnen
Kgr.	Königreich
Ki	Kirchheim, Oberamtssparkasse bzw. Oberamtsbezirk
KrA GP	Kreisarchiv Göppingen
Kü	Künzelsau, Oberamtssparkasse bzw. Oberamtsbezirk
Leu	Leutkirch, Oberamtssparkasse bzw. Oberamtsbezirk
Lu	Ludwigsburg, Oberamtssparkasse bzw. Oberamtsbezirk
M	Mark (Reichswährung)
Mau	Maulbronn, Oberamtssparkasse bzw. Oberamtsbezirk
Mio.	Million

Mrd.	Milliarde
n.a.	(Zahl) ist nicht verfügbar
Na	Nagold, Oberamtssparkasse bzw. Oberamtsbezirk
Nr.	Nummer
o.J.	ohne Jahr(esangabe)
o.O.	ohne Ort(sangabe)
Ra	Ravensburg, Oberamtssparkasse bzw. Oberamtsbezirk
Red.	Redakteur
S.	Seite
Spk Ho	Sparkasse Hohenlohekreis (als Archivbezeichnung)
Spk Pf Cw	Sparkasse Pforzheim Calw (als Archivbezeichnung)
StAL	Staatsarchiv Ludwigsburg
unbek.	unbekannt
usw.	und so weiter
Vgl.	Vergleiche, Hinweis auf weiterführende Informationen
Vol.	Volume/Ausgabe
Wa	Waldsee, Oberamtssparkasse bzw. Oberamtsbezirk
WABW	Wirtschaftsarchiv Baden-Württemberg
WMF	Württembergische Metallwarenfabrik
Wwe.	Zeitgenössische Abkürzung für Witwe

I. Teil
Einführung und Grundlagen

1. Einleitung

1.1 Ziele der Arbeit

Die vorliegende Arbeit verbindet mehrere Forschungsthemen. Sie ist zunächst ein Beitrag zur Geschichte der Sparkassen in Deutschland. Die Entstehung und Entwicklung dieser Institute wurde bereits in unzähligen Festschriften und anderen Werken ausgiebig behandelt.[1] Doch bei näherem Hinsehen ergeben sich wichtige, aber bislang unbeantwortete Fragestellungen. Häufig wird Sparkassengeschichte vor allem als Gesellschafts- und Ereignisgeschichte dargestellt. In den Vordergrund gerückt wird dabei typischerweise zuerst das Zeitalter der Aufklärung und die Hinwendung zu den Bedürfnissen der unteren sozialen Schichten.[2] Dann folgen standardmäßig und in chronologischer Abfolge die Kriege beziehungsweise Weltkriege, die Währungsreformen, die Weltwirtschaftskrise sowie die unterschiedlichen politischen Regime, aber auch Neuerungen wie beispielsweise die Einführung des bargeldlosen Zahlungsverkehrs und der elektronischen Datenverarbeitung. Dagegen wird der eigentlichen Geschäftstätigkeit in den Zeiten zwischen diesen historischen Wendepunkten sowie ökonomischen Aspekten in der Regel verhältnismäßig wenig Platz eingeräumt. Dies gilt insbesondere für die lange Phase von der Etablierung des Sparwesens am Beginn des 19. Jahrhunderts bis zum Ersten Weltkrieg. Und es gilt allgemein für das häufig vernachlässigte Kreditgeschäft, welches hier im Mittelpunkt steht. Sparkassenchroniken mit wissenschaftlichem Anspruch und die Standardwerke enthalten zwar auch für diesen Zeitraum und jenes Geschäftsfeld Beschreibungen.[3] Aber angesichts der großen

1 Die wichtigsten Überblickswerke auf diesem Gebiet und für die hier behandelte Zeit sind: Günter Ashauer (1991): *Von der Ersparungscasse zur Sparkassen-Finanzgruppe, Die deutsche Sparkassenorganisation in Geschichte und Gegenwart*, Stuttgart; Hans Pohl (2005): *Die Sparkassen vom Ausgang des 19. Jahrhunderts bis zum Ende des Zweiten Weltkriegs*, in: Hans Pohl, Rudolph Bernd und Günther Schulz: Wirtschafts- und Sozialgeschichte der deutschen Sparkassen im 20. Jahrhundert, Stuttgart, S. 21–248. Als dritter wichtiger Titel ist aufgrund seiner unerreichten Fülle an Einzelinformationen ein älteres Werk zu nennen: Adolf Trende (1957): *Geschichte der deutschen Sparkassen bis zum Anfang des 20. Jahrhunderts*, Stuttgart [auch als Nachdruck: Stuttgart 1993].

2 Speziell zu diesem Aspekt: Albrecht Sommer (1935): *Geistesgeschichte der deutschen Sparkassen*, Stuttgart [auch als Nachdruck: Stuttgart 2000], S. 11f und S. 15ff.

3 Exemplarisch können genannt werden: Ernst Joachim Haas (1976): *Stadt-Sparkasse Düsseldorf 1825–1972, Ein Beitrag zur Wirtschaftsgeschichte der Landeshauptstadt Düsseldorf*, Berlin; Paul Thomes (1985): *Die Kreissparkasse Saarbrücken (1854–1914), Ein Beitrag zur Geschichte der öffentlichen Sparkassen Preußens*, Frankfurt am Main; Josef Wysocki (1996a): *Geschichte der Kreissparkasse Göppingen, Wissenschaftliches Manuskript der Erforschung und Darstellung des Sparkassenwesens im Geschäftsgebiet der heutigen Kreis-*

Stofffülle gingen die Chroniken bislang nicht über mehr oder minder flüchtige sowie kaum untereinander vergleichbare Momentaufnahmen zur Darlehensvergabe hinaus. Die Autoren der Überblicksliteratur behalfen sich damit, das wenige ihnen Bekannte zu einem stringenten Bild zusammenzufügen. Da aus zeitgenössischen Statistiken hervorgeht, dass bei den Sparkassen mit weitem Abstand Hypothekendarlehen dominierten, gingen sie von einem konservativen Kreditgeschäft aus. Darüber hinaus schlossen die Autoren von den ideologischen Wurzeln der Sparkassen als Einrichtungen der Armenfürsorge auf die Kreditaktivitäten und hoben deshalb die Zielgruppe der „kleinen Leute" hervor. Geldvergaben mit gewerblichem Hintergrund seien dagegen höchstens Ausnahmen und Einzelfälle im Bereich des von den Sparkassen nur wenig gepflegten Personalkreditgeschäftes gewesen, also der Kapitalvergaben ohne hypothekarische Sicherheit.[4] Das vorherrschende Bild lässt sich am treffendsten durch Aussagen in den einflussreichsten beziehungsweise neuesten Standardwerken wiedergeben. Der Sparkassenhistoriker Günter Ashauer schrieb, „Die Kredite, Darlehen und Wertpapierkäufe der Sparkassen kamen nicht der Industriefinanzierung zugute."[5] Außerdem seien die Kassen „bis ins 20. Jahrhundert hinein keine Kreditinstitute, sondern Einrichtungen der Armenpflege" gewesen.[6] Und Hans Pohl resümierte, „Im Bereich der Mittelstandsförderung zumindest sind die Sparkassen [...] ihrem öffentlichen Auftrag nicht gerecht geworden."[7] Insgesamt bleibt deshalb festzuhalten, dass in der Literatur zwar Aussagen über die Darlehensvergabe der Sparkassen zu finden sind. Aber eine fundierte und systematische Analyse des Kreditgeschäftes in der Zeit bis zum Ersten Weltkrieg wurde bislang noch nicht erstellt. Mit den nachfolgenden Untersuchungen wird diese große Lücke ein Stück weit geschlossen.

Die vorliegende Studie versteht sich ebenso als ein Beitrag zur Erforschung der deutschen Kreditwirtschaft und ihrer Beziehungen zu Industrie und Handel in der wichtigen Phase der Industrialisierung. Unter dem Schlagwort „Banking-

sparkasse Göppingen, Göppingen; Frank Finzel und Michael Reinhart (1996): *Spuren: 175 Jahres Sparkasse Coburg: Hauptwege, Nebenwege, Irrwege*, Stuttgart; Richard Merz (1997), *Stadtsparkasse Augsburg 1822–1997, Ein Beitrag zur Wirtschafts- und Sozialgeschichte der Stadt Augsburg*, Stuttgart; Michael Reinhart und Peter Zeitler (1998): *Zwischen Tradition und Fortschritt, 175 Jahre Sparkasse Ansbach*, Stuttgart; Thomas Schoel (1999): *Mitten im Leben, 175 Jahre Sparkasse Soest*, Stuttgart; Harald Wixforth (2000): *Bielefeld und seine Sparkassen, 175 Jahre Sparkasse in Bielefeld*, Stuttgart; Ingeborg Rüth (2006): *Pulsadern im Körper des Staats, 150 Jahre Sparkassen im Landkreis Rottweil 1856–2006*, Rottweil.

4 Eine ausführliche Darstellung der Angaben in der Literatur über das Kreditgeschäft der Sparkassen erfolgte bereits durch Thorsten Proettel (2013): *Die Darlehensvergabe der Oberamtssparkasse Kirchheim unter Teck 1907 bis 1913. Eine Sparkasse als regionale Finanzierungsquelle für Gewerbe und Infrastruktur*, in: Zeitschrift für Unternehmensgeschichte, H1 2013, S. 3–27, hier S. 6–10.

5 Ashauer (1991), S. 147.

6 Ebd., S. 11.

7 Pohl (2005), S. 55.

Growth-Nexus" werden seit mehreren Jahrzehnten Beiträge verfasst, die entweder einen starken Einfluss der Geldhäuser auf die Entwicklung von Unternehmen postulieren oder die deren Bedeutung für die Wirtschaft relativieren.[8] Hohe Geldvergaben beziehungsweise eine nennenswerte Einflussnahme auf moderne Branchen würden jedenfalls bedeuten, dass die Kreditinstitute das Wirtschaftswachstum gefördert und somit den Aufstieg Deutschlands zu einer der führenden Industrienationen ermöglicht hätten. Die Aufmerksamkeit der Autoren konzentrierte sich aber bislang auf die großen und typischerweise als Kapitalgesellschaft organisierten Geschäftsbanken sowie in jüngerer Zeit auf die Wertpapierbörsen.[9] Mit den hier vorgenommenen Untersuchungen steht erstmals die Gruppe der Sparkassen im Mittelpunkt. Bei ihnen handelte es sich zu Beginn des 20. Jahrhunderts üblicherweise um relativ kleine Institute. Gemessen an der gemeinsamen Bilanzsumme lagen die Sparkassen vor dem Ersten Weltkrieg jedoch knapp vor der Gruppe der Geschäftsbanken in Führung.[10]

Wie zu zeigen sein wird, vergaben die Sparkassen kaum Darlehen an größere Unternehmen, dafür aber an viele kleine und mittelgroße Betriebe. Die Untersuchungen ermöglichen somit Einblicke in die zeitgenössischen Finanzierungspraktiken der mittelständischen Wirtschaft. Hierbei handelt es sich um ein bislang nur wenig bearbeitetes Feld der Unternehmensgeschichte, denn kleine und von Inhabern geführte Betriebe erzeugen in der Regel einen geringeren schriftlichen Niederschlag als größere Kapitalgesellschaften. Die schlechte Quellenlage macht es deshalb häufig unmöglich, nennenswerte Erkenntnisse zu generieren. Die Archivalien der Sparkassen gewähren einen alternativen Zugang zu diesem Forschungsgegenstand. Sie geben vielfältige Anhaltspunkte über die damaligen Finanzgeschäfte von bestehenden und erst kürzlich gegründeten Unternehmen.

Die nachfolgenden Untersuchungen können alternativ auch als kreditwirtschaftlich-mikroökonomische Analyse angesehen werden, die sich anhand eines historischen Beispiels mit einer wichtigen zeitlosen Fragestellung auseinander-

8 Zu den wichtigen Arbeiten und Überblicksdarstellungen auf diesem Gebiet gehören: Alexander Gerschenkron (1962): *Economic Backwardness in Historical Perspective, A Book of Essays*, Cambridge; Jeremy Edwards und Sheilagh Ogilvie (1996): *Universal banks and German Industrialisation, A Reappraisal*, in: The Economic History Review, 49 (3), S. 427–446; Caroline Fohlin (1999): *Universal Banking in Pre-World War I Germany, Model or Myth?*, in: Explorations in Economic History, 36, S. 305–343; Timothy W. Guinnane (2002): *Delegated Monitors, Large and Small, Germany's Banking System, 1800–1914*, in: Journal of Economic Literature, 40.1, S. 73–124; Caroline Fohlin (2007): *Finance Capitalism and Germany's Rise to Industrial Power*, Cambridge; Carsten Burhop (2011): *Wirtschaftsgeschichte des Kaiserreichs 1871–1918*, Göttingen, hier insbesondere Kapitel 11.

9 Sibylle Lehmann-Hasemeyer und Jochen Streb (2016): *The Berlin Stock Exchange in Imperial Germany – A Market for New Technology*, in: American Economic Review, 106 (11), S. 3558–3576.

10 Proettel (2013), S. 4f; Burhop (2011), S. 168. Demnach kamen die Sparkassen 1913 auf einen Marktanteil unter den Finanzintermediären in Höhe von 24,8 % und die Aktienkreditbanken von 24,2 %. Es folgen die Hypothekenbanken (22,8 %), Genossenschaften (6,8 %), Privatbankiers (4,4 %), Notenbanken (4,4 %) und Sonstige (12,6 %).

setzt: Welche Bedingungen müssen erfüllt sein, damit das Finanzgewerbe erfolgreich die lokale Wirtschaft finanziert und somit zu Entwicklung, Wachstum und Prosperität beiträgt? Die Sparkassen bieten hierfür umfangreiches Anschauungsmaterial. Daneben sind die Sparkassen aus dem Zeitalter der Industrialisierung ein Beispiel für ein funktionierendes Micro Lending, also einer lokalen Kreditvergabe für Selbständige, wie sie in anderer Form in heutigen Schwellenländern als Hilfe zur Selbsthilfe praktiziert wird. Die Untersuchungen legen die damaligen Prozesse offen, ermöglichen eine Evaluierung und verdeutlichen die Unterschiede zu heute und auch zu der Vorgehensweise von historischen Kreditgenossenschaften.[11]

Die Auseinandersetzung mit dem historischen Kreditgeschäft der Sparkassen bietet für weitere zeitlose Themenfelder Anschauungsmaterial und Erkenntnisgewinn. Die damaligen Institute stellen nahezu reale Abbilder von ansonsten nur in der Theorie vorkommenden modellhaften Finanzintermediären dar. Sie betrieben ein einfaches Einlagengeschäft und ihre Kreditvergabe an Private beschränkte sich im Wesentlichen auf Hypothekendarlehen. Gleichzeitig war das Finanzierungsvolumen relativ gering und übersichtlich, so dass es möglich ist, das Funktionieren von Kreditinstituten in einer bankbasierten Volkswirtschaft im Detail anhand von echten Daten zu beobachten und zu analysieren. Hierdurch lassen sich neue banktheoretische Erkenntnisse gewinnen.

Durch die besondere Berücksichtigung von Sparkassen aus dem ehemaligen Königreich Württemberg stellt diese Arbeit nicht zuletzt auch ein Beitrag zur Landesgeschichte dar. Die Umwälzungen während der Industrialisierung werden hier aus dem Blickwinkel des Kreditmarktes betrachtet. Ein erhöhter Kapitalbedarf von privaten oder öffentlichen Schuldnern weist darauf hin, wo Strukturveränderungen stattfanden und regionale Besonderheiten vorlagen, die bei der sonst häufigen Fokussierung der Geschichtsschreibung auf erfolgreiche Wirtschaftszweige, große Arbeitgeber und bekannte Markennamen unberücksichtigt bleiben. Dies ermöglicht eine neue Perspektive auf das Zeitalter der Industrialisierung im Südwesten Deutschlands.

In der Summe besteht das Ziel dieser Studie darin, ein umfassendes Bild über das Kreditgeschäft der Sparkassen und ihre Stellung im Markt für gewerbliche Finanzierungen während der Industrialisierung zu gewinnen.

11 Über den Prozess der Darlehensvergabe von genossenschaftlichen Kreditvereinen: Timothy W. Guinnane (2001): *Cooperatives as Information Machines: German Rural Credit Cooperatives, 1883–1914*, in: Journal of Economic History 61, 2, S. 366–389; Frauke Schlütz (2013): *Ländlicher Kredit, Kreditgenossenschaften in der Rheinprovinz (1889–1914)*, Stuttgart, S. 294 ff.

1.2 Studiendesign und Vorgehensweise

Die Beantwortung der verschiedenen Fragestellungen kann nur empirisch erfolgen, das heißt über die detaillierte Erhebung des Darlehensgeschäftes der Sparkassen aus Archivbeständen und eine darauf aufbauende Analyse. Die alternative Möglichkeit der Erstellung einer Überblicksstudie auf der Grundlage der zahlreichen Sparkassenchroniken und -festschriften scheidet dagegen aus. Wie bereits erwähnt, wurde das Darlehensgeschäft bislang noch nie in der notwendigen Tiefe betrachtet. Und außerdem handelt es sich bei den meisten Aussagen über die Kreditaktivitäten weniger um gesicherte Erkenntnisse, sondern vielmehr um die Wiedergabe des vorherrschenden Bildes einer konservativen Geldvergabe an die „kleinen Leute".

Nachfolgend sollen nicht nur Fallstudien zu einzelnen Instituten entstehen, sondern ein möglichst präzises Bild mit verallgemeinerungsfähigen Erkenntnissen. Die Untersuchungen erstrecken sich deshalb auf insgesamt elf Sparkassen unterschiedlicher Größe aus verschiedenen Regionen Württembergs. Hierzu gehören die Sparkassen der ehemaligen Oberamtsbezirke Biberach, Kirchheim, Künzelsau, Ludwigsburg, Maulbronn, Nagold, Göppingen, Geislingen, Ravensburg, Waldsee und Leutkirch.

Im Zuge der Recherchen wurden mehr als 10.000 Darlehen betrachtet. Für die statistische Auswertung eigneten sich hiervon mehr als 7.500 Kredite.[12] Der so entstandene Datensatz enthält in einzelnen Teilen wichtige Informationen über die Darlehen und Darlehensnehmer. Dies betrifft Einschätzungen über der Kreditwürdigkeit der Kunden, ihren Beruf und Wohnort, Beschreibungen der hypothekarisch beliehenen Sicherheiten, die Auszahlungsmodalitäten, gegebenenfalls erneute Darlehensaufnahmen bis hin zu dem Tilgungsverhalten und der Pünktlichkeit der Zinszahlungen. Die archivalische Überlieferung ist allerdings bei keiner Sparkasse inhaltlich vollständig. Beispielsweise sind entweder nur Informationen über den Prozess bis zur Kreditauszahlung vorhanden und bei anderen Instituten nur über die weitere Entwicklung ab diesem Zeitpunkt. In einem Fall lassen sich lediglich aus der Aufstellung der gezahlten Zinsen Rückschlüsse über die Höhe der vergebenen Darlehen ableiten. Außerdem erstrecken sich die Archivalien oftmals nur über einzelne Abschnitte von mehreren Jahren, aber selten

12 Nachfolgend werden die Begriffe „Darlehen" und „Kredit" synonym verwendet, um eine zu häufige Wortwiederholung zu vermeiden. Es sei aber darauf hingewiesen, dass die Zeitgenossen in Zusammenhang mit Sparkassengeschäften stets nur von „Darlehen" sprachen, oder dass sie den etwas älteren Begriff „Anlehen" nutzten. Aus diesem entstanden vermutlich die zwei heute gebräuchlichen Begriffe „Darlehen" beziehungsweise „Anleihe". Mit „Kredit" bezeichnete man vor dem Ersten Weltkrieg dagegen die aus dem persönlichen Vertrauensvorschuss einer Person bei einer anderen abgeleiteten unbesicherten Geldvergaben, sogenannte Blankokredite. Daneben wurde der Begriff „Kredit" eher im Banken- und Genossenschaftswesen verwendet. Vgl. hierzu die ausführliche Diskussion zeitgenössischer Definitionen von: Hans Schönitz (1912): *Der kleingewerbliche Kredit in Deutschland unter besonderer Berücksichtigung des Großherzogtums Baden*, Karlsruhe, S. 11–45.

über den gesamten Untersuchungszeitraum. Wie zu zeigen sein wird, verlief der Prozess der Darlehensvergabe jedoch bei allen Instituten sehr ähnlich. Die Quellen ergänzen sich deshalb gegenseitig, so dass trotz bruchstückhafter Informationen ein umfassender Eindruck von diesem Geschäftsfeld entsteht. Die Gegenüberstellung der Untersuchungsergebnisse der jeweiligen Sparkassen ermöglicht darüber hinaus, Unterschiede hinsichtlich der Kreditpolitik, der Struktur der vergebenen Darlehen und der mit Fremdkapital versorgten Kunden herauszuarbeiten.

Die empirischen Daten aus den Archiven werden je nach Fragestellung durch zusätzliche Quellen ergänzt. Besonders hilfreich sind die veröffentlichten Sparkassenstatistiken. Sie ermöglichen es, die gewonnenen Erkenntnisse in einen größeren Kontext zu setzen und auch Abschätzungen über die nicht archivalisch untersuchten Institute vorzunehmen. Ein größerer Rahmen wird darüber hinaus durch weitere Statistiken geschaffen, beispielsweise zur Bevölkerung der Geschäftsgebiete, durch die archivalische Gegen-Überlieferung der Sparkassen und ihrer Kunden bei Behörden sowie durch Publikationen zur Geschichte der untersuchten Institute, ihrer Geschäftsgebiete und der finanzierten Unternehmen.

1.3 Aufbau der Arbeit

Das vorliegende Werk ist in 14 Kapitel unterteilt, von denen die Hauptkapitel und teilweise auch die Unterkapitel in sich abgeschlossene Analysen darstellen. Diese Texte können deshalb wie separate Aufsätze gelesen werden. Allerdings bauen die späteren Teile auf die in den früheren Kapiteln gewonnenen Erkenntnisse auf. Außerdem ist die Abfolge so strukturiert, dass sich eine allmähliche Bewegung vom Konkreten hin zum Abstrakten ergibt. Die 14 Kapitel bilden zudem sechs größere Themenblöcke.

Der I. Teil „Einführung und Grundlagen" beinhaltet neben der Einleitung das Kapitel 2 mit zusätzlichen Erläuterungen. Darin werden unter anderem der Industrialisierungsprozess in Württemberg, das Sparkassenwesen des Königreiches und die elf Sparkassen des Untersuchungs-Panels vorgestellt. Das Ziel besteht darin, die südwestdeutschen Besonderheiten zu erläutern, einen Kontext für die Untersuchungsergebnisse zu schaffen und darüber hinaus Definitionen vorzunehmen.

Den grundsätzlichen Fragen wird im II. Teil nachgegangen: Welchen Zwecken dienten die Hypothekendarlehen der Sparkassen und inwiefern wurden kommerzielle Finanzierungen vorgenommen? In Kapitel 3 werden hierzu einzelne Darlehensfälle betrachtet. Das darauf folgende Kapitel 4 versucht auf alternativen Wegen Antworten zu geben. Dabei werden die technischen und organisatorischen Änderungen einzelner Branchen und Berufe vorgestellt, deren Vertreter besonders häufig Darlehen von den Sparkassen aufnahmen.

Während der anfänglichen Arbeit in den Archiven zeichneten sich bereits nach der Betrachtung der ersten Institute gewisse Grundmuster des Kreditgeschäftes in Abhängigkeit von den Eigenschaften der Sparkassen ab. Diese Erkenntnisse ließen Prognosen zu, die sich bei den nachfolgend untersuchten Instituten im Großen und Ganzen bestätigten und die durch weitere Detailbeobachtungen verfeinert werden konnten. In dem III. Teil der Arbeit mit dem Titel „Das Kreditgeschäft im Überblick“ werden die wahrgenommenen Muster systematisch erfasst und präsentiert. Zunächst findet in Kapitel 5 die Ausarbeitung eines einheitlichen quantitativen Auswertungskonzeptes statt, welches sich für alle Panel-Sparkassen trotz unterschiedlicher Archivalien anwenden lässt. Es enthält im Gegensatz zu den anderen Hauptkapiteln keine Forschungsergebnisse, sondern dient vor allem der Nachvollziehbarkeit der statistischen Erfassung des Darlehensgeschäftes und damit der guten wissenschaftlichen Praxis. Darüber hinaus können die Ausführungen als Blaupause für zukünftige Sparkassenchroniken und -festschriften genutzt werden. Bei ihrer Anwendung entstünde im Laufe der Zeit durch dezentrale Arbeit vieler Autoren ein umfassendes Bild über das Kreditgeschäft in verschiedenen Regionen und historischen Epochen. Aufgrund der einheitlichen Vorgehensweise ließen sich diese Arbeiten später in einer vergleichenden Überblicksstudie zusammenfassen. Kapitel 6 enthält Einzeldarstellungen der wichtigsten Eckpunkte des Kreditgeschäftes aller elf Panel-Sparkassen. In diesem Kapitel werden außerdem alle verwendeten Sparkassenarchivalien im Unterkapitel für das jeweilige Institut erläutert. In den anderen Kapiteln findet ein Verweis auf die Archivalien nämlich nur dann im Anmerkungsapparat statt, wenn ein direkter Bezug zu einer bestimmten Quelle besteht. Bei den häufigen Nennungen von nicht direkt entnommenen, sondern berechneten und auf der Grundlage von zahlreichen Archivalien hochgradig aggregierten Betragsangaben und ähnlichem wird dagegen auf entsprechende Anmerkungen verzichtet. Stellvertretend für alle diese Fälle sei hiermit auf die Findstellen in Kapitel 6 verwiesen. Aufbauend auf die Einzeldarstellungen wird in Kapitel 7 eine Synthese vorgenommen, in der die Gemeinsamkeiten und die Unterschiede zwischen den Instituten herausgearbeitet werden. Dieser Überblick stellt gleichzeitig ein Zwischenfazit der bis dahin gewonnenen Erkenntnisse dar.

Der IV. Teil enthält über alle archivalisch untersuchten Institute hinweg betriebswirtschaftliche und banktheoretische Untersuchungen. Kapitel 8 konzentriert sich auf das Risikomanagement der Sparkassen. Es beschreibt, wie die Institute die Kreditwürdigkeit ihrer Kunden einschätzten und welche Zahlungsausfälle sie verkraften mussten. Kapitel 9 stellt eine Interessanalyse dar, in der die Frage beantwortet werden soll, warum Industrieunternehmen Kreditkunden der Sparkassen waren. Die Ergebnisse der vorliegenden Arbeit stehen nämlich wie zu Beginn erläutert in Widerspruch zu den bislang vorherrschenden Hypothesen über das Kreditgeschäft der historischen Sparkassen. In Kapitel 10 werden dann die größeren Darlehen an Unternehmen betrachtet und ihre Bedeutung für die Kunden beziehungsweise für die Sparkassen ermittelt. Hierauf aufbauend findet die Entwicklung eines einfachen Modells über die Finanzintermediation und über die Möglichkeit zur Abgabe größerer Darlehen statt.

Verallgemeinerungsfähiges Wissen über das Kreditgeschäft der Sparkassen erlaubt Abschätzungen über nicht archivalisch untersuchte Institute und die Finanzierungsleistung der Sparkassengruppe im Ganzen. Solche Hochrechnungen und darauf aufbauende Vergleiche werden im V. Teil der vorliegenden Arbeit vorgenommen. Das Kapitel 11 befasst sich mit dem Beitrag der Sparkassen zur Infrastrukturfinanzierung auf dem Gebiet des Eisenbahnbaus und dem Aufbau der Elektrizitätswirtschaft. In Kapitel 12 werden wiederum die Hypothekendarlehen an Private auf der Ebene des gesamten Königreiches Württemberg betrachtet. Abschließend findet in Kapitel 13 eine Gegenüberstellung Württembergs mit den anderen größeren Staaten des Deutschen Reiches statt.

Der VI. Teil beinhaltet mit Kapitel 14 das Fazit sowie abschließende Betrachtungen.

2. Vorstellung von Württemberg als empirisches Untersuchungsfeld und der archivalisch untersuchten Sparkassen

2.1 Vorbemerkungen

Historische Sparkassen konnten sich trotz weitgehend gleicher Aufgaben und satzungsmäßiger Einschränkungen erheblich voneinander unterscheiden. Die Größe der Institute wurde wesentlich durch den Umfang der Geschäftsgebiete bestimmt. Der Entwicklungsstand der lokalen Wirtschaft und damit die Verdienstmöglichkeiten der Einwohner machten sich ebenfalls in der Höhe der Spareinlagen bemerkbar. Und die Kreditaktivitäten spiegelten nicht nur den Umfang des Spargeschäftes, sondern zu einem wichtigen Teil die örtlichen ökonomischen Gegebenheiten wider. Eine fundierte Untersuchung der Kreditaktivitäten muss deshalb die Rahmendaten berücksichtigen. Dieses Kapitel dient dazu, vor dem eigentlichen Beginn der Analysen das Königreich Württemberg, dessen Sparkassenwesen und insbesondere die archivalisch untersuchten Institute in ihren Grundzügen vorzustellen. Hierzu findet in den nachfolgenden Abschnitten eine Einführung in die wichtigsten Aspekte der Industrialisierungs- und Sparkassengeschichte des Landes statt. Es werden die veröffentlichten Sparkassenstatistiken sowie wichtige Kennzahlen erläutert, auf die im Verlauf der nachfolgenden Untersuchungen mehrmals zurückgegriffen wird. Den Abschluss dieser Betrachtungen bildet ein Zwischenfazit. Darin wird der Frage nachgegangen, inwieweit der aus elf von ehemals 64 Oberamtssparkassen bestehende Ausschnitt das württembergische Sparkassenwesen repräsentiert und wo gegebenenfalls Einschränkungen vorliegen. Die theoretisch zu bevorzugende Variante der Zusammenstellung einer repräsentativen Auswahl ist dagegen nicht möglich, da die zeitgenössischen Darlehensunterlagen bei der Mehrheit der Sparkassen in den vergangenen mehr als einhundert Jahren unwiederbringlich verloren gingen. Die Stichprobe wird deshalb einerseits durch die Überlieferung von Archivalien und darüber hinaus auch durch den Zugang zu vorhandenen Archiven vorgegeben.

2.2 Vorzüge des württembergischen Sparkassenwesens

Die Regulierung des Sparkassenwesens erfolgte im Untersuchungszeitraum mit Ausnahme der Nennung der Institute im deutschen Scheckgesetz von 1908[13] auf

13 § 2, Absatz 1, *Scheckgesetz* vom 11. März 1908, in: Reichsgesetzblatt Nr. 12 vom 14. März 1908. Als mögliche Bezogene wurden in dem Scheckgesetz die unter amtlicher

Ebene der Bundesstaaten. Somit bestanden unterschiedliche rechtliche und organisatorische Rahmenbedingungen, die sich auf die Darlehensvergabe ausgewirkt haben können. Eine Konzentration der empirischen Analyse auf Sparkassen eines Bundesstaates schränkt vor diesem Hintergrund die Möglichkeit ein, gewonnene Erkenntnisse vorbehaltlos auf andere Staaten Deutschlands zu übertragen. Andererseits wird hierdurch eine mögliche Beeinflussung der Untersuchungsergebnisse durch die jeweilige Regulatorik und durch abweichende landesspezifische Geschäftstraditionen ausgeschaltet. Dies erleichtert die Beleuchtung wichtiger anderer Einflussfaktoren der Darlehensvergabe.

Für eine Konzentration auf Sparkassen im ehemaligen Königreich Württemberg spricht die hier gegebene günstige Kombination aus aufschlussreichen zeitgenössischen Statistiken und der relativen Übersichtlichkeit. Einerseits wurden seit 1887 jährlich umfassende Zahlenwerke über den Geschäftsbetrieb der einzelnen Sparkassen erhoben und veröffentlicht. Damit wird der wichtigste Teil des Untersuchungszeitraumes abgedeckt. Darüber hinaus bestehen seit der Mitte des 19. Jahrhunderts rudimentäre Statistiken, die gewisse Rückschlüsse auf die Entwicklung vor 1887 zulassen. Auf der anderen Seite war die Anzahl der Sparkassen mit 72 öffentlichen Instituten[14] Ende 1913 überschaubar. Vor diesem Hintergrund dürfte auch eine kleine Stichprobe einen verhältnismäßig guten Einblick in die Praxis der Darlehensvergabe im ganzen Land vermitteln.

In den anderen größeren Bundesstaaten des Deutschen Reiches waren dagegen sehr viel mehr Sparkassen tätig, was die Übersichtlichkeit massiv einschränkt. Preußen zählte Ende 1913 insgesamt 1.765 Institute,[15] Bayern 381,[16] Sachsen 361[17] und Baden immerhin noch 157[18]. Gleichzeitig nimmt die Verfügbarkeit von statistischen Daten in diesen Staaten aufgrund der hohen Anzahl der Einrichtungen deutlich ab. So veröffentlichte Preußen lediglich in größeren zeitlichen Abständen Zahlen für jede einzelne Kasse.[19] Bayern publizierte nur für jedes zweite oder jedes dritte Jahr entsprechende Einzelangaben[20] und Baden berichtete ab 1908 nur noch in summarischer Form über die Entwicklung der Sparkassen.[21] Für Sachsen liegen zwar kontinuierlich jährliche Einzelangaben vor. Diese beziehen sich allerdings nur auf den Einlagenbestand. Eine Konzentration auf kleinere Bundesstaa-

Aufsicht stehende Sparkassen genannt, welche die nach Landesrecht für sie geltenden Aufsichtsbestimmungen erfüllen.

14 Neben den 64 Oberamtssparkassen war auch eine Landessparkasse und eine geringe Anzahl an Gemeindesparkassen tätig, worauf noch zurückzukommen ist.

15 *Statistisches Jahrbuch für den Preussischen Staat 1914*, Berlin.

16 *Statistisches Jahrbuch für das Königreich Bayern 1915*, München.

17 *Statistisches Jahrbuch für das Königreich Sachsen 1914/15*, Dresden.

18 *Statistisches Jahrbuch für das Großherzogtum Baden 1914 und 1915*, Karlsruhe.

19 *Beiträge zur Statistik der Sparkassen im preussischen Staate*, Berlin, 1876; *Zeitschrift des Königlich Preußischen Statistischen Landesamtes*, Berlin, 1884, 1890, 1900 und 1906.

20 *Zeitschrift des Königlich Bayerischen Statistischen Bureaus*, München, diverse Jahrgänge.

21 *Statistisches Jahrbuch für das Großherzogtum Baden*, Karlsruhe, diverse Jahrgänge; *Statistische Mitteilungen über das Großherzogtum Baden*, Karlsruhe, diverse Ausgaben.

ten wäre ebenfalls keine bessere Alternative, da dort deutlich weniger Zahlenmaterial publiziert wurde. Beispielsweise veröffentlichte Hessen erstmals kurz vor Ende des Untersuchungszeitraumes nicht-aggregierte Daten zur Kapitalanlage der gut 30 Sparinstitute des Großherzogtums.[22] Für die knapp 40 Kassen in Mecklenburg-Schwerin sind aus dem Untersuchungszeitraum wiederum lediglich Angaben über die Einlagenstände bekannt.[23] Und in Oldenburg beschränken sich die einzigen vorliegenden statistischen Details aus der Zeit vor dem Weltkrieg auf die Einlagen der Jahre 1905 sowie 1912.[24] Ähnliches gilt für die verbleibenden Fürstentümer beziehungsweise die Stadtstaaten, sofern überhaupt statistische Angaben vorliegen.

Für Württemberg spricht zweitens die hohe und ab Beginn des 20. Jahrhunderts sogar flächendeckende Verbreitung des Organisationstyps der Oberamtssparkasse. Träger dieser Institute waren die als Oberamt bezeichneten Verwaltungsbezirke, womit automatisch der Umfang der Geschäftsgebiete vorgegeben war. Die Ergebnisse aus der Untersuchung der Darlehensvergabe der Kassen können deshalb fast immer direkt den amtlichen Angaben zu der Bevölkerungsstruktur und den Wirtschaftsverhältnissen in den jeweiligen Oberämtern gegenübergestellt und auch untereinander verglichen werden. In anderen deutschen Bundesstaaten ist dies in der Regel nicht möglich. Viele Sparkassen waren als Gemeindesparkassen organisiert und oftmals besteht ein Mangel an geeigneten statistischen Informationen für die unteren Verwaltungsebenen. Zweitens lässt sich der Umfang der Geschäftsgebiete vieler deutscher Sparkassen kaum rekonstruieren, da die zeitgenössischen Statistiken nur über der Sitz der jeweiligen Kasse informieren, aber nicht über die abgedeckten Gemeinden. Diese Problematik gilt beispielsweise für die Sparkassen der Gemeindeverbände in Baden sowie in Sachsen. Und in vielen bayerischen Verwaltungsbezirken bestand häufig nicht nur eine, sondern zwei oder sogar drei „distriktive“ Sparkassen entsprechend einer zusätzlichen administrativen Unterebene.[25] Dabei galt bis in die 1960er Jahre das „natürliche Einzugsgebiet“ als Geschäftsgebiet, das sowohl über das Gebiet des Gewährträgers hinausgreifen als auch darunter bleiben konnte.[26]. Schließlich existierten vor allem in Preußen viele private Institute, für die staatliche Verwaltungsgrenzen vermutlich eine untergeordnete Rolle spielten.

22 Die erste entsprechende Veröffentlichung in: *Ergebnisse der Verwaltung der Sparkassen im Großherzogtum Hessen im Jahr 1910*, in: Mitteilungen der Großherzoglich Hessischen Zentralstelle für die Landesstatistik Nr. 917 (1911), Darmstadt, S. 246–247.

23 *Statistisches Handbuch für das Grossherzogtum Mecklenburg-Schwerin*, Schwerin, diverse Ausgaben.

24 *Statistisches Handbuch für das Grossherzogtum Oldenburg*, Teil I, Oldenburg 1913.

25 Vermutlich orientierten sich die Geschäftsgebiete der bayerischen Sparkassen an den Grenzen der unterhalb der Bezirksämter als vierter Verwaltungsebene bestehenden Landbezirke und Amtsgerichte. Vgl. zu Bayern Kapital 13.5 der vorliegenden Arbeit. Ob diese Einschätzung zutrifft, wäre jedoch Gegenstand einer eigenen Untersuchung.

26 Josef Wysocki (1980): *Die räumliche Organisation der deutschen Sparkassen, Behördliche Raumorganisation seit 1800*, Hannover, S. 6f.

Vorteilhaft ist weiterhin die nur eingeschränkt auftretende Problematik von sich überschneidenden Geschäftsgebieten in Württemberg. Zwar bestanden hier zu Beginn des 20. Jahrhunderts parallel zu den Oberamtssparkassen auch eine geringe Anzahl an Gemeinde- und Privatsparkassen sowie ein landesweit tätiges Sparinstitut. Hierauf ist in den betroffenen Kapiteln gesondert einzugehen. In manchen Bundesstaaten war jedoch ein Nebeneinander von unterschiedlichen Organisationstypen entlang der staatlichen Verwaltungshierarchie eher die Regel als die Ausnahme. So arbeiteten in Preußen je nach Region Kreis-, Amts- oder Bezirkssparkassen alternativ oder zusätzlich zu den städtischen oder Gemeindesparkassen. Daneben waren teilweise Provinzialsparkassen und mancherorts auch noch eine erhebliche Anzahl an Vereins- und Privatsparkassen tätig. Als Folge konkurrierten Institute der höheren Verwaltungsebene stellenweise mit Instituten der niederen Ebene, während sie gleichzeitig in anderen Teilen ihres Geschäftsgebietes eine ausschließliche Stellung innehatten.[27] In Württemberg wird die Interpretation der Untersuchungsergebnisse von solchen Gegebenheiten weniger stark beeinträchtigt.

Schließlich blieben in Württemberg durch die Organisation der Sparkassen als Einrichtungen der Oberämter die örtlichen Zuständigkeiten über den gesamten Untersuchungszeitraum nahezu vollständig bestehen.[28] Änderungen der Geschäftsgebiete durch Eingemeindungen oder durch die räumliche Expansion von Sparkassen eines Gemeindeverbandes müssen nicht berücksichtigt werden.

2.3 Währungen aus dem Untersuchungszeitraum

Am 1. Juli 1875 führte das Königreich Württemberg die neue, einheitliche deutsche Währung Mark ein.[29] Der Untersuchungszeitraum der vorliegenden Arbeit von der Mitte des 19. Jahrhunderts bis 1913 zerfällt deshalb in zwei Teile, in denen die Sparkassen mit unterschiedlichen Währungen arbeiteten. Bis Sommer 1875 diente hier wie in den anderen süddeutschen Staaten der Gulden zu 60 Kreuzern als Rechnungseinheit und Hauptmünze, danach die Mark zu 100 Pfennigen.

27 Dies zeigt exemplarisch der Konflikt zwischen der Kreissparkasse Flensburg und der Stadtsparkasse Flensburg, beschrieben von: Matthias Schartl (2007): *Der Kreis Schleswig-Flensburg und seine Sparkassen, Die Geschichte eines kommunalen Finanzunternehmens im Dienste der Region und ihrer Menschen*, Schleswig, S. 21 ff.

28 Eine nennenswerte Ausnahme bildet die Eingemeindung der Stadt Bad Cannstatt nach Stuttgart. Die Herauslösung der Gemeinde aus dem weiterhin bestehenden Oberamt Cannstatt ist offenbar der Grund für die in den Statistiken erkennbare deutliche Verringerung des Finanzvermögens der Cannstatter Oberamtssparkasse von 4,2 Mio. Mark im Jahr 1904 auf nur noch 2,0 Mio. Mark im Jahr 1905. Eine wesentliche Neueinteilung des Landes erfolgte erst durch die Gebietsreform von 1938.

29 § 1, *Königliche Verordnung, betreffend die Einführung der Reichsmarkrechnung* vom 5. März 1875, in: Regierungs-Blatt für das Königreich Württemberg, No. 7 vom 9. März 1875.

Sowohl der Wert des Geldes wie auch der üblichen Umrechnungskurse ergaben sich im Zeitalter der Metallwährungen aus dem Edelmetallfeingehalt der Prägungen. In der ersten Hälfte des 19. Jahrhunderts galt der 24 1/2 Gulden-Münzfuß.[30] Das bedeutet, aus einer feinen Kölner Mark, also einer Gewichtsmark zu 233,855 Gramm Feinsilber, wurden 24,5 Gulden ausgeprägt. Somit betrug der Feingehalt je Gulden 9,545 Gramm Silber. Ein Schritt im allmählichen Hinwirken auf einheitliche Münzverhältnisse in Deutschland war der Abschluss des Wiener Münzvertrages 1857. Als neue Rechenbasis galt von nun an das Zollpfund zu 500 Gramm Feinsilber, aus dem 52 1/2 Gulden zu schlagen waren. Ein Gulden hatte damit einen fast unveränderten Feingehalt von 9,524 Gramm.[31]

Mit der Einführung der neuen Reichswährung Mark fand auch eine Umstellung von den in Deutschland bis dahin weitgehend üblichen Silberwährungen zur international gebräuchlichen Goldwährung statt. Das Gesetz, betreffend die Ausprägung von Reichsgoldmünzen von Dezember 1871 legte fest, dass aus einem Pfund Feingold 139 1/2 Münzen zu 10 Mark hergestellt werden sollten.[32] Die in Silber ausgeprägten Markmünzen mit geringeren Nominalen hatten zwar einen Feingehalt von 5,0 Gramm je Mark.[33] Diese Menge war aber nur noch symbolisch und lag von Beginn an unter dem eigentlichen Wert einer Währungseinheit. Der Umrechnungskurs wurde vielmehr gesetzlich festgelegt und betrug in Württemberg sieben Gulden zu zwölf Mark.[34] Ein Darlehen über ursprünglich beispielsweise 1.000 Gulden wurde deshalb zu einer Forderung über 1.714,29 Mark. Dieses Umrechnungsverhältnis lässt sich in verschiedenen Fällen analytisch einsetzen. In den Archivalien vorzufindende Darlehensangaben über scheinbar „krumme" Beträge in Mark ergeben bei einer Umrechnung in Gulden teilweise „gerade" Beträge, so dass bei dem Fehlen weiterer Angaben auf eine erstmalige Darlehensauszahlung vor Juli 1875 geschlossen werden kann.

Für nachfolgend vorgenommene Zitierungen aus der Literatur ist zudem auf Währungen aus anderen Teilen Deutschlands einzugehen. In Preußen und den meisten anderen norddeutschen Fürstentümern war der Taler Hauptwährung. Bis 1857 wurden 14 Taler aus einer feinen Kölner Mark geprägt, nach dem Wiener Münzvertrag 30 Taler aus einem Zollpfund.[35] Sowohl vor wie auch nach dieser

30 Hier und im Folgenden: Paul Arnold, Harald Krüthmann, Dirk Steinhilber und Dieter Faßbender (2015): *Grosser Deutscher Münzkatalog von 1800 bis heute*, 30. Auflage, Regenstauf, S. 482; Trende (1957), S. 580f.

31 Rechnerisch ergibt sich eine Abwertung von 0,22 % gegenüber dem Silberwert. In den verwendeten Sparkassenarchivalien fanden sich keine Hinweise auf eine Berücksichtigung dieses Umstandes im Kundenverkehr.

32 §§ 1 und 2 im *Gesetz, betreffend die Ausprägung von Reichsgoldmünzen* vom 4. Dezember 1871, in: Reichsgesetzblatt Nr. 47 vom 7. Dezember 1871.

33 Artikel 3, § 1, *Münzgesetz* vom 9. Juli 1873, in: Reichsgesetzblatt Nr. 22 vom 15. Juli 1873.

34 § 2, *Königliche Verordnung, betreffend die Einführung der Reichsmarkrechnung* vom 5. März 1875, in: Regierungs-Blatt für das Königreich Württemberg, No. 7 vom 9. März.

35 Arnold et. al. (2015), S. 287f.

Umstellung entsprach ein Taler somit 1,75 Gulden. Bei Einführung der Reichswährung betrug das Umrechnungsverhältnis ein Taler zu drei Mark. In den Herzogtümern Schleswig und Holstein, die in den 1860er Jahren unter preußische Verwaltung gebracht wurden, diente bis dahin der in Skandinavien gebräuchliche Speciestaler als Währung. Er wurde im 9 1/4 Taler-Fuß ausgebracht,[36] was gemessen an der Silberparität einem Wert von 2,655 Gulden beziehungsweise unter Berücksichtigung der Umrechnung in Reichswährung einem Wert von 4,551 Mark je Speciestaler entsprach.

Tabelle 1: Im Untersuchungszeitraum verwendete Währungen

Währungs-einheit	Hier relevanter Zeitraum	Silber-gehalt in Gramm	Eine Einheit entspricht ... Mark	Gulden (ab 1857)	Münzfuß (Berechnung des Feingehalts)
Mark	ab 1875	(5,000)	1	0,583	1395 aus einem Pfund Feingold
Gulden	bis 1857	9,545	1,710	~1	24 1/2 aus einer feinen Mark
	1857 bis 1875	9,524	1,714	1	52 1/2 aus einem Zollpfund
Taler	bis 1857	16,704	3,007	~1,750	14 aus einer feinen Mark
	1857 bis 1875	16,667	3,000	1,750	30 aus einem Zollpfund
Speziestaler	bis 1866/75	25,282	4,551	2,655	9 1/4 aus einer feinen Mark

Quellen: Arnold et. al. (2015); Reichsgesetzblatt, verschiedene Ausgaben; eigene Berechnungen.

Im Weiteren werden den aus Archivalien zitierten Guldenbeträgen entsprechend umgerechnete Markbeträge in Klammern angefügt. Bei diesen Angaben sind jedoch die tendenzielle Verteuerung von beliehenen Immobilien[37] und die Erhöhung von Löhnen in dem rund sechs Jahrzehnte umfassenden Beobachtungszeitraum zu berücksichtigen. Eine Geldvergabe aus dem Jahr 1850 über 1.000 Gulden ist in diesem Sinne als viel bedeutender einzustufen als ein Darlehen über 1.700 Mark im Jahr 1913.

2.4 Kurzer Abriss zur Industrialisierungsgeschichte Württembergs bis 1913

Als Binnenland liegt Württemberg verkehrstechnisch eher ungünstig, was den Handel in der vorindustriellen Zeit und selbst nach dem Bau der ersten Eisenbah-

36 Ebd., S. 443 f.

37 Ein Versuch, die langfristige Immobilienpreisentwicklung für verschiedene Staaten seit 1870 abzuschätzen, findet sich bei: Katharina Knoll, Moritz Schularick und Thomas Steger (2017): *No Price Like Home: Global House Prices, 1870–2012*, in: American Economic Review, Vol. 107 (2), S. 331–353.

nen beeinträchtigte.[38] Außerdem existieren nur wenige abbauwürdige Rohstoffvorkommen. Deshalb betrieb die Bevölkerung seit Anbeginn in erster Linie Ackerbau, Viehzucht und Forstwirtschaft. Neben der handwerklichen Warenproduktion bestand seit dem frühen Mittelalter die häusliche Weberei als Exportbranche. Sie gab vor allem dort eine ergänzende Nebenbeschäftigung, wo die Landwirtschaft weniger ergiebig war und die Flächen nicht zur Lebenshaltung ausreichten.

Nach den Napoleonischen Wirren und der Hungerkrise von 1816/17 sorgte eine gute Agrarkonjunktur von Beginn der 1820er Jahre bis etwa 1843 für einen gesamtwirtschaftlichen Nachfrageanstieg.[39] Gert Kollmer-von Oheimb-Loup sieht die Aufschwungphase der 1830er Jahre zumindest mit Blick auf die Textilbranche als den Beginn des Industrialisierungsprozesses in Württemberg an.[40] Im Jahre 1831 bestanden über alle Branchen hinweg 345 Manufakturen und frühe Industriebetriebe mit 9.691 Arbeitern.[41] Diese machten zwar nur 0,62 % der Bevölkerung aus. Aber sie konzentrierten sich gemäß einer Untersuchung von Martin Burkhardt auf vier Regionen, die überwiegend noch zu Beginn des 20. Jahrhunderts wirtschaftlich führend waren.[42] Darunter fallen der Raum Mittlerer Neckar, Heilbronn im Norden, Ravensburg im Süden sowie ein breiter Gürtel entlang der Schwäbischen Alb. Zu ihm gehören die Oberämter Heidenheim, Ulm, Geislingen, Göppingen[43] und Reutlingen sowie nach der Unterbrechung durch das Staatsgebiet von Hohenzollern mit etwas schwächerer Ausprägung Balingen, Rottweil und Oberndorf. Textilmaschinen führten die Unternehmer aus den wirtschaftlich führenden Staaten dieser Epoche, vor allem aus England, Belgien

38 Hier und im Folgenden: F[ranz] C[arl] Huber (1910): *Festschrift zur Feier des 50jährigen Bestehens der Württembergischen Handelskammern II, Großindustrie und Großhandel in Württemberg*, Stuttgart, S. 1*.

39 Hans Loreth (1974): *Das Wachstum der württembergischen Wirtschaft von 1818 bis 1918*, Heidelberg, S. 106 und S. 110; Gert Kollmer-von Oheimb-Loup (2004): *Grundzüge der wirtschaftlichen Entwicklung des Königreichs Württemberg zwischen 1870 und 1914*, in: Haus der Geschichte Baden-Württemberg (Hg.): Laupheimer Gespräche 2002: Jüdische Unternehmer und Führungskräfte in Südwestdeutschland 1800–1950. Die Herausbildung einer Wirtschaftselite und ihre Zerstörung durch die Nationalsozialisten, Berlin und Wien, S. 25–51, hier S. 40.

40 Kollmer-von Oheimb-Loup (2004), S. 34; Gert Kollmer-von Oheimb-Loup (1996): *Zollverein und Innovation, Die Reaktion württembergischer Textilindustrieller auf den Deutschen Zollverein 1834–1874*, St. Katharinen, hier S. 400f.

41 Martin Burkhardt (2011): *Zentren und Peripherie zu Beginn der Industriellen Revolution in Württemberg*, in: Zeitschrift für Württembergische Landesgeschichte 70, S. 341–370, hier S. 369.

42 Hier und im Folgenden: Ebd., S. 356f.

43 Burkhardt zählt Göppingen zwar nicht auf, da der Bezirk gemessen an den Industriearbeitern pro 1.000 Einwohnern nur an 17. Stelle von 64 Oberämtern kam. Gemessen an der engeren Definition der Fabrikarbeiter errechnet er für Göppingen aber den 11. Rang. Vgl. hierzu ebd., S. 355 und S. 359.

und Frankreich ein.[44] Eine Textilfabrik in Heidenheim nahm 1841 die erste Dampfmaschine des Landes in Betrieb.[45]

Noch in die erste Hälfte des 19. Jahrhunderts fällt die stärkere Integration in den internationalen Markt mit der Gründung des Deutschen Zollvereins beziehungsweise seiner Vorläufer. Dazu kamen die Einführung der Neckar- und Bodenseedampfschifffahrt sowie der Bau der ersten Hauptlinien der württembergischen Eisenbahn ab 1846.[46]

Ausgehend von der Landwirtschaft folgten ab Mitte der 1840er Jahre eine scharfe Krise und danach eine Stagnationsphase.[47] Dürren, Überschwemmungen und Hagelschäden führten zu Hunger und Verelendung.[48] Außerdem wirkten sich die politischen Unruhen ab 1848 negativ aus. Die Probleme gaben einen wichtigen Impuls für Neuerungen und Reformen. Die Regierung unter König Wilhelm orientierte sich vor allem am Vorbild Belgien. Sie entsandte den Technischen Rat Ferdinand Steinbeis dorthin, der später die 1848 gegründete Zentralstelle für Gewerbe und Handel leitete. Die Einrichtung übernahm im Wesentlichen die Aufgaben eines Wirtschaftsministeriums.[49] Sie beobachtete die volkswirtschaftliche Entwicklung, baute eine amtliche Statistik auf, untersuchte die ökonomische und soziale Lage der Arbeiter und Handwerker und förderte das gewerbliche Schulwesen. Außerdem unterhielt sie ein Musterlager an fortschrittlichen ausländischen Maschinen und Fabrikaten, das interessierten württembergischen Unternehmen als Anregung und zum Nachbau zur Verfügung stand.[50] Die Regierung forcierte auf diesem Weg den Technologietransfer aus dem Ausland. Die Imitation überlegener Technik, insbesondere aus den Vereinigten Staaten von Amerika, wurde aber auch in anderen Teilen des Deutschen Reiches ausgiebig praktiziert.[51]

Die württembergische Regierung förderte daneben weiterhin die Textilindustrie, wobei sie weniger an der bisherigen Tuchweberei interessiert war, sondern mehr an höherwertigen Herstellungsprozessen wie der Trikot- und Korsettweberei, der Wirkerei und Strickerei.[52] Als zusätzliche Maßnahmen kamen neben dem fortgesetzten Ausbau der Verkehrswege und Bildungseinrichtungen die

44 Karl Kirschmer (1952): *Die Geschichte der Stadt Göppingen, II. Teil*, 2. Auflage, Göppingen, S. 107f; Huber (1910), S. 13*.
45 Huber (1910), S. 12*.
46 Ebd., S. 7*.
47 Loreth (1974), S. 106 und S. 110.
48 Hier und im Folgenden: Huber (1910), S. 8*.
49 Hier und im Folgenden: Gert Kollmer-von Oheimb-Loup (1998): *Ferdinand von Steinbeis – Mythos und Wirklichkeit, Neue Überlegungen zur Geschichte der Gewerbeförderung in Württemberg*, in: Jahrbuch für Wirtschaftsgeschichte 39 (1), S. 201–214, hier S. 209.
50 Exemplarisch: Kirschmer (1952), II. Teil, S. 112, für die Maschinenbaufabrik Boehringer und S. 114 für den Metallverarbeitungsbetrieb Schuler.
51 Ralf Richter und Jochen Streb (2011): *Catching-up and Falling Behind, Knowledge Spillover from American to German Machine Tool Makers*, in: Journal of Economic History 71 (4), S. 1006–1031.
52 Huber (1910), S. 8*f.

schrittweise Aufhebung von Zunft- und Niederlassungsschranken hinzu.[53] Die allgemeine Gewerbefreiheit wurde 1862 eingeführt.[54] Auch Schutzzölle kamen zum Einsatz, die vor allem gegen England und die Schweiz gerichtet waren.[55] Sie veranlassten Kapitalgeber aus der Schweiz zur Errichtung von Fabriken in Württemberg.

Gemäß Hans Loreth zeigten sich während der 1850er Jahre „erste gewichtige Anzeichen einer beginnenden Industrialisierung".[56] Und Franz Carl Huber sieht in dieser Zeit den eigentlichen Anfang dieses Prozesses.[57] Auf jeden Fall fand in den 1860er Jahren eine neue konjunkturelle Aufschwungphase statt, die bis zur sogenannten Gründerzeit Anfang der 1870er Jahre anhielt.[58] Damals etablierten sich verschiedene Branchen wie die Holzverarbeitung mit Bauholzsägemühlen sowie Möbel- und Parkettbodenfabriken.[59] Ab der Jahrhundertmitte entstanden zudem zehn große Papierfabriken und etwa 50 kleinere Papiermühlen. Die industrielle Herstellung von Chinin und Farben wurde aufgenommen. Dazu kam die Produktion von modernen landwirtschaftlichen Geräten wie Stahlpflügen.[60] Außerdem entwickelte sich die Maschinenbauindustrie zu einer Wachstumsbranche, die der wichtigen Textilindustrie folgte.[61]

Die Gründerkrise ab etwa Mitte der 1870er beendete diesen Aufschwung und markierte den Beginn einer längeren Stagnationsphase bis Mitte der 1890er Jahre.[62] Kleine Aufschwünge fanden von 1880 bis 1882 und von 1888 bis Anfang 1890 statt.[63] Aber auch in dieser Zeit setzten sich die strukturellen Veränderungen fort. Gemäß einer Einschätzung von Loreth fand der „Take-off", also der eigentliche Beginn des industriellen Zeitalters, in den 1880er Jahren statt.[64]

Abgesehen von der jeweiligen Auffassung über die richtige chronologische Verortung des Beginns der Industrialisierung blieben die grundsätzlichen Herausforderungen und Eigenheiten der württembergischen Wirtschaft auch in dieser Zeit zunächst die gleichen wie schon zuvor und wie danach. Das technisch überkommene und personell überbesetzte Handwerk war vielfach den neuen Anforderungen nicht gewachsen.[65] Die zunehmende Konkurrenz durch in- und ausländische Industrieware resultierte in einem preislichen Unterbietungswettbewerb,

53 Ebd., S. 9*.
54 *Gesetz, betreffend die neue Gewerbeordnung* vom 12. Februar 1862, Regierungs-Blatt für das Königreich Württemberg No. 6 vom 22. Februar 1862.
55 Huber (1910), S. 15*.
56 Loreth (1974), S. 110.
57 Huber (1910), S. 7*ff.
58 Kollmer-von Oheimb-Loup (2004), S. 40; Loreth (1974), S. 106 und S. 110.
59 Hier und im Folgenden: Huber (1910), S. 15*.
60 Willi A. Boelcke (1987): *Wirtschaftsgeschichte Baden-Württemberg, Von d. Römern bis heute*, Stuttgart, S. 233f.
61 Kollmer-von Oheimb-Loup (2004), S. 49.
62 Loreth (1974), S. 106 und S. 110; Kollmer-von Oheimb-Loup (2004), S. 40.
63 Huber (1910), S. 22*.
64 Loreth (1974), S. 107.
65 Huber (1910), S. 11*.

so dass den Handwerkern „der Boden unter den Füßen weggezogen wurde, wenn sie sich nicht rechtzeitig den Neuerungen anpaßten und dieselben sich zu nutze machten".[66] Die neue Zeit erforderte nicht nur technische Umstellungen, sondern auch von kleinen Gewerbetreibenden Gestaltungskraft, „immer mehr kaufmännisches Organisationstalent, Geschick im Disponieren, Kalkulieren, in der Kreditbenutzung und Vertriebsweise."[67]

Für viele Menschen verschlechterte sich die ökonomische Lage, wozu auch die Zerstückelung landwirtschaftlicher Nutzflächen durch die Realteilung beitrug. Dies veranlasste zwischen 1871 und 1895 insgesamt 126.058 Württemberger zur Auswanderung, fast ausschließlich in die Vereinigten Staaten von Amerika.[68] Vor diesem Hintergrund blieb die Bevölkerungsentwicklung des Landes deutlich hinter derjenigen der süddeutschen Nachbarstaaten zurück. Dennoch wuchs auch in Württemberg die Einwohnerzahl. Im Jahr 1816 lebten etwa 1,4 Mio. Menschen im Land. 1886 erreichte die Bevölkerung erstmals die Marke von 2 Mio. Personen und bis 1913 stieg sie auf 2,5 Mio. Einwohner an.[69] Als Folge der Abwanderung entstand in Württemberg jedoch kein Heer von Arbeitslosen wie in manchen anderen Staaten.[70]

Es fand zudem eine Binnenwanderung vom Land in die Städte und größeren Marktflecken statt.[71] Nichtsdestotrotz blieb der Anteil der Stadtbewohner in Württemberg relativ gering. Im Jahr 1871 lebten nur 16 % der Bevölkerung in Orten mit über 5.000 Einwohnern, während dieser Anteil im gesamten Deutschen Reich etwa 24 % betrug. Als Folge der tendenziell geringen Mobilitätsneigung der potentiellen Fabrikarbeiter musste die Industrie zu den Arbeitskräften auf das Land ziehen. Hierdurch entstand eine stark dezentralisierte Industrielandschaft über die oben genannten Wirtschaftszentren hinaus. Ein weiteres Charakteristikum des württembergischen Gewerbes war die Konzentration auf Verarbeitungs- und Veredelungsbranchen sowie qualitativ hochwertige Produkte.[72] Sie lässt sich mit dem weitgehenden Fehlen von Bodenschätzen erklären sowie durch die verkehrstechnisch ungünstige Lage, welche Rohstoffimporte und Produktexporte verteuerte.

Ab etwa 1895 begann der dritte große Aufschwung des 19. Jahrhunderts, der bis zum Ersten Weltkrieg 1914 anhielt.[73] Er wurde nur durch zwei kurze Rezessionen 1901/02 und 1907/08 unterbrochen und kann als Phase der Hochindustrialisierung angesehen werden. Württemberg hatte den technischen Rückstand

66 Ebd.
67 Ebd., Fußnote 2.
68 *Statistisches Handbuch für das Königreich Württemberg*, Ausgabe 1914 bis 1921.
69 Ebd.
70 Loreth (1974), S. 106.
71 Hier und im Folgenden: Kollmer-von Oheimb-Loup (2004), S. 35.
72 Huber (1910), S. 16*.
73 Loreth (1974), S. 106 und S. 110, Kollmer-von Oheimb-Loup (2004), S. 40 und S. 50.

zum Ausland überwiegend aufgeholt und entwickelte sich mit eigenen Innovationen zu einem führenden Industriestaat.

Der Wirtschaftssektor Metallverarbeitung löste die Textil- und Bekleidungsindustrie als wichtigsten Arbeitgeber ab. Dieser Aspekt wird in der Geschichtsschreibung jedoch etwas überstrapaziert. Es fällt auf, dass heutige Historiker in ihren Ausführungen über die Wirtschaft während der Industrialisierung vor allem den Maschinenbau und den beginnenden Kraftfahrzeugbau hervorheben. Sie unterliegen damit einem erheblichen Survivor Bias, also einer verzerrten Wahrnehmung durch die Konzentration auf solche Branchen, die den Selektionsprozess der zwei Weltkriege überlebten und die auch noch heute bestehen. Richtig ist, dass sich die genannten Wirtschaftszweige mit ihrer hohen Wertschöpfung damals etablierten und von ihnen möglicherweise wichtige Wachstumsimpulse ausgingen. Vermutlich gab es zu Beginn des 20. Jahrhunderts aber mehr Hufschmiede als Arbeiter in Automobilfabriken. Die Zahlen der Gewerbezählung von 1907 belegen zudem eine sehr vielfältige Wirtschaftsstruktur, die sich auch in den Darlehensvergaben der Sparkassen widerspiegelt. Gemessen an der Beschäftigtenzahl bewegte sich das Baugewerbe und der Handelsstand sowie die Branchen Holz- und Schnitzstoffe sowie Nahrungs- und Genussmittel gemeinsam auf dem gleichen Niveau wie alle Zweige des Metall- und Textilgewerbes zusammen.[74] Nicht zu vergessen ist darüber hinaus die Bedeutung der Papierindustrie und des polygraphischen Gewerbes mit Stuttgart als bedeutendstem und einflussreichstem Verlagsplatz Süddeutschlands.[75]

Der Wirtschaftsaufschwung führte zu einem drastischen Rückgang der Auswanderung. Während von 1871 bis 1895 noch durchschnittlich 5.042 Einwohner pro Jahr das Land verließen, emigrierten von 1896 bis 1913 bei stark fallender Tendenz jährlich nur noch durchschnittlich etwa 1.200 Württemberger pro Jahr.[76] Als Grund für die positive Wirtschaftsentwicklung ab 1895 sieht Huber unter anderem verbesserte Ausfuhrbedingungen in die Vereinigten Staaten von Amerika an.[77] Kurz zuvor wurde die sehr restriktive Zollgesetzgebung des McKinley-Tariffs durch die gemäßigtere des Wilson-Gorman-Tariffs ersetzt. Unabhängig von der Frage, ob dieses Ereignis wirklich entscheidend war, betrachtet auch Loreth allgemein die gestiegene Güternachfrage des Auslandes als entscheidenden Motor der württembergischen Wirtschaftsentwicklung.[78] Er verweist übrigens darauf, dass Württemberg zwischen 1818 und 1918 „weit davon entfernt“ war, ein überdurchschnittlich wachsender Wirtschaftsraum zu sein und dem Wachstum in Deutschland hinterherhinkte.[79]

74 *Statistisches Handbuch für das Königreich Württemberg*, diverse jüngere Ausgaben.
75 Huber (1910), S. 16* und S. 306ff.
76 *Statistisches Handbuch für Württemberg*, Ausgabe 1914–1921.
77 Huber (1910), S. 22*.
78 Loreth (1974), S. 110.
79 Loreth (1974), S. 108.

Gesamtwirtschaftlich betrachtet führte die Industrialisierung übrigens nicht zu einem vollständigen Bruch mit den früheren Verhältnissen. Blickt man auf die Summe der Wertschöpfung aus der Landwirtschaft und dem Gewerbe, dann stieg der Anteil des Gewerbesektors zwar von 48 % im Jahr 1841 auf 60 % im Jahr 1902 an.[80] Dies bedeutet jedoch umgekehrt, dass die Landwirtschaft kurz nach der Jahrhundertwende noch für 40 % der Summe der Wertschöpfung aus beiden Sektoren verantwortlich war. Und der Anteil der in der Landwirtschaft hauptberuflich Beschäftigten lag 1907 bei 45,7 % aller berufstätigen Einwohner.[81] Der Anteil der Unselbständigen in der Industrie belief sich zum gleichen Zeitpunkt dagegen nur auf 31,3 % aller berufstätigen Württemberger.[82] Es gab somit deutlich mehr Landwirte und Knechte als Fabrikarbeiter. Außerdem waren zu Beginn des 20. Jahrhunderts im Handwerk weiterhin viele sogenannte Alleinmeister tätig,[83] also Meister, die keine weiteren Gehilfen beschäftigten und nur ab und zu einen Lehrling hatten. Sie arbeiteten als Drechsler, Seiler, Zeug- und Nagelschmiede, Kamm- und Hutmacher, Schlosser, Flaschner und in ähnlichen Berufen. Bemerkenswert ist in diesem Zusammenhang, dass es um 1910 noch etwa 1.000 selbständige Handweber gab.[84] Sie gehörten neben anderen Handwerkern vereinzelt zu den Kreditkunden der untersuchten Sparkassen.

Es ist auch zu berücksichtigen, dass die Industrialisierung in der Praxis nie ein Prozess ist, der das gesamte politisch definierte Staatsgebiet erfasst, sondern eher ein regionales beziehungsweise lokales Phänomen.[85] Das Beispiel Württemberg zeigt dies eindrücklich. In verschiedenen Landesteilen entstand bis zum Abschluss des Untersuchungszeitraumes 1913 nur eine geringe Anzahl von Industriearbeitsplätzen. Dies betrifft beispielsweise größere Bereiche Oberschwabens im Südosten, weite Teile im Nordosten sowie die Region Stromberg im Nordwesten an der Grenze zu Baden.

80 Kollmer-von Oheimb-Loup (2004), S. 31 f; Loreth (1974), S. 78. Der Gewerbesektor umfasst bei dieser Betrachtung neben dem Handwerk und der Industrie auch Handel, Banken, Verkehr und Gaststätten und damit Wirtschaftszweige, die heute dem Dienstleistungssektor zugerechnet werden. Nicht enthalten sind die freien Berufe. Vgl. Loreth (1974), S. 38.

81 Berechnet auf Grundlage der Angaben in: K.[öniglich] Statistisches Landesamt (1910): *Württembergische Gemeindestatistik, Zweite Ausgabe nach dem Stand vom Jahr 1907*, Stuttgart.

82 Werden darüber hinaus auch die Selbständigen in der Industrie sowie die Selbständigen und Unselbständigen der Kategorie Handel und Gewerbe berücksichtigt, dann ergeben sich für den Gewerbesektor als Ganzes Anteile in Höhe von 23,2 % an der Gesamtbevölkerung beziehungsweise von 48,9 % an der berufstätigen Bevölkerung.

83 Loreth (1974), S. 109.

84 Huber (1910), S. 14*.

85 Burkhardt (2011), S. 344.

2.5 Die Bezirke der untersuchten Sparkassen und ihre soziogeographische Lage

Die abweichend starke Industrialisierung des Landes spiegelt sich in den elf Bezirken wider, deren Sparkassen archivalisch zu untersuchen sind. Zur Verdeutlichung der Unterschiede am Beginn des 20. Jahrhunderts lässt sich der Gewerbesteuerbetrag pro Kopf der Bevölkerung als leicht zu berechnender Maßstab heranziehen. Demnach waren Göppingen, Geislingen und Ludwigsburg die am stärksten industrialisierten Oberämter des Panels. Für sie errechnen sich für das Jahr 1907 Gewerbesteuern in Höhe von 1,33 Mark, 1,32 Mark beziehungsweise 97 Pfennigen pro Kopf. Zu dem Mittelfeld des Panels gehörten Kirchheim, Ravensburg und Biberach, wo der Gewerbesteuerbetrag zwischen 73 Pfennigen und 56 Pfennigen pro Einwohner betrug. Vergleichsweise wenig industrialisiert waren dagegen Nagold, Maulbronn, Leutkirch, Waldsee und Künzelsau mit Werten zwischen 37 Pfennigen und 23 Pfennigen pro Kopf der Bevölkerung.

Tabelle 2: Kennzahlen zu den Oberämtern der untersuchten Sparkassen um 1906

Oberamt	Einwohnerzahl des Oberamts	Gewerbesteuer pro Einwohner in Mark	Anteil der Katholiken in %	Anteil der mittel- und großbäuerlichen Betriebe (>5 ha) an allen Betrieben in %	Einwohnerzahl der Oberamtsstadt
Biberach	36.704	0,56	86,4	44,8	9.096
Kirchheim	30.558	0,73	2,1	7,0	8.830
Künzelsau	27.055	0,23	41,6	32,3	2.945
Ludwigsburg	60.324	0,97	7,8	10,6	23.093
Maulbronn	25.125	0,36	2,6	8,0	1.324
Nagold	26.125	0,37	6,8	12,8	3.806
Göppingen	57.687	1,33	17,1	16,7	20.813
Geislingen	37.844	1,32	42,5	26,2	8.022
Ravensburg	45.353	0,65	83,9	45,0	14.619
Waldsee	28.447	0,30	96,1	45,5	3.026
Leutkirch	26.246	0,34	93,4	49,4	3.592
Arith. Mittel	36.497	0,65	43,7	27,1	9.015

Quellen: K.[öniglich] Statistisches Landesamt (1910); eigene Berechnungen auf dieser Grundlage.
Anmerkung: Die Bevölkerungsangaben beziehen sich auf die Volkszählung vom 1. Dezember 1905, die Gewerbesteuerbeträge auf das Etatjahr 1907.

Württemberg war während des Untersuchungszeitraumes in vier Kreise unterteilt, die nach heutiger Terminologie als Regierungsbezirke zu bezeichnen wären. Das Panel deckt alle Verwaltungseinheiten ab. Der Neckarkreis wird durch die Sparkassen in Ludwigsburg und Maulbronn repräsentiert. Aus dem Schwarzwaldkreis ist die Oberamtssparkasse Nagold vertreten und aus dem Jagstkreis ihr Pendant aus Künzelsau. Die restlichen sieben Sparkassen gehörten verwaltungstechnisch zum Donaukreis, der entsprechend stark repräsentiert ist. Die geographische Lage dieser Oberämter in Württemberg gibt Abbildung 1 wieder.

Die elf Oberämter decken ausgesprochen unterschiedliche Landschaftstypen beziehungsweise Kulturräume ab, was sich teilweise deutlich auf das Kreditgeschäft auswirkte. Der Bezirk Nagold liegt im Nordschwarzwald, wohingegen sich Maulbronn in der hügeligen Weinbauregion Stromberg am Rand des badischen Kraichgaus befindet. Das Hohenloher Land ist in dem Panel durch die Oberamtssparkasse in Künzelsau vertreten. Der Bezirk Ludwigsburg gehört zu der Region Mittlerer Neckar um die Hauptstadt Stuttgart. Die Gemeinden der Oberämter Göppingen, Geislingen und Kirchheim liegen teilweise im Vorland der Schwäbischen Alb, insbesondere im Filstal, beziehungsweise zum Teil auch auf der Albhochfläche. Die Bezirke Biberach, Ravensburg, Waldsee und Leutkirch gehören zur großen Region Oberschwaben, wobei Leutkirch alternativ auch dem Allgäu zugerechnet werden kann.

Während der Industrialisierung wurde das Land von den Zeitgenossen oftmals in Altwürttemberg und Neuwürttemberg unterteilt. Zu Neuwürttemberg gehören die zwischen 1803 und 1810 im Zuge der Mediatisierung und Säkularisation angegliederten Gebiete, die das Kernland im Osten bis zur bayerischen Grenze halbkreisförmig umschlossen. Sie setzten sich aus einer Vielzahl von säkularisierten Reichsklöstern und mediatisierten weltlichen Herrschaftsgebieten beziehungsweise Reichsstädten zusammen. Zu Altwürttemberg lassen sich von den untersuchten Bezirken Nagold, Maulbronn, Ludwigsburg, Kirchheim und Göppingen zurechnen. Die Sparkassen der im Nordosten, Osten und Südosten gelegenen Oberämter Künzelsau, Biberach, Waldsee, Leutkirch und Ravensburg gehörten dagegen zu Neuwürttemberg. Der Verwaltungsbezirk Geislingen wurde sowohl aus vormals alt- wie auch aus neuwürttembergischen Gebieten geschaffen.

Mit dieser Differenzierung waren verschiedene strukturelle Aspekte verbunden.[86] Sie machten sich trotz des gesellschaftlichen sowie wirtschaftlichen Wandels auch noch einhundert Jahre nach der Landeserweiterung bemerkbar und beeinflussten die Kreditvergabe spürbar. Die altwürttembergischen Gebiete wurden bereits in der ersten Hälfte des 16. Jahrhunderts reformiert, weshalb die Bevölkerung überwiegend protestantisch war. Es dominierten die Teilbarkeit des Erbes unter allen Kindern des Erblassers und damit der kleinbäuerliche Besitz.

86 Vgl. zu diesen Aspekten die ausführlichen Beschreibungen in: K.[öniglich] Statistisches Landesamt: *Das Königreich Württemberg. Eine Beschreibung nach Kreisen, Oberämtern und Gemeinden, Band 1* (1904). *Allgemeiner Teil und Neckarkreis*; *Band 2* (1905). *Schwarzwaldkreis*,; *Band 3* (1906). *Jagstkreis*; *Band 4* (1907). *Donaukreis*, Stuttgart, passim.

Abbildung 1: Württemberg und die Bezirke der archivalisch untersuchten Sparkassen

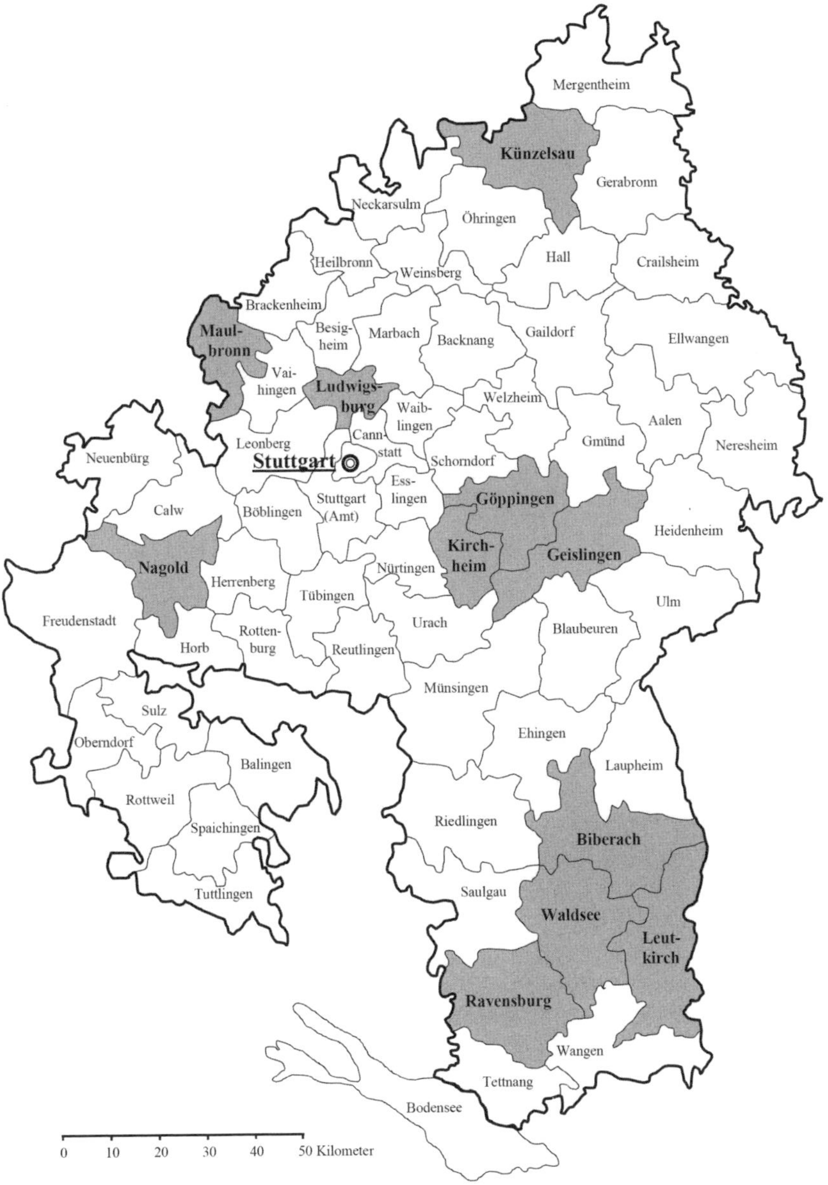

Quelle: Eigene Zeichnung.
Anmerkung: Auf die Darstellung von Exklaven und Enklaven wurde verzichtet.

In Neuwürttemberg gehörte die überwiegende Mehrheit der Bevölkerung dagegen dem katholischen Glauben an. Dies galt vor allem in den ehemals vorderösterreichischen und kirchlichen Gebieten sowie in den bisherigen Reichsritterschaften. Das Erbe wurde dort meist ungeteilt an den ältesten Sohn weitergegeben. Die landwirtschaftlichen Betriebe verfügten über entsprechend große Güter. Der Zusammenhang zwischen Religion und Bodenbesitz lässt sich eindrucksvoll mit Zahlen belegen. In Maulbronn, Nagold, Ludwigsburg und Kirchheim betrug der Anteil der Katholiken nur zwischen 2,1 % und 7,8 % der Bevölkerung.[87] Die überwiegende Bevölkerungsmehrheit bestand aus württembergisch-lutherischen Protestanten. Der Anteil der Kleinlandwirte mit bis zu fünf Hektar Fläche an allen landwirtschaftlichen Betrieben betrug in diesen Bezirken zwischen 87,2 % und 93,0 %. Auf der anderen Seite bestand die Einwohnerschaft von Ravensburg, Biberach, Leutkirch und Waldsee zwischen 83,9 % und 96,1 % aus Katholiken. Der Anteil der Kleinbauern an allen landwirtschaftlichen Betrieben betrug dementsprechend nur zwischen 50,6 % und 55,2 %. Der große Rest entfiel auf mittel- und großbäuerliche Betriebe.[88]

Erwähnenswert sind die unterschiedlichen absoluten Einwohnerzahlen der Oberämter beziehungsweise der Oberamtsstädte. Sie beeinflussen unter sonst gleichen Umständen das Sparpotenzial für die jeweiligen Sparkassen wesentlich. Da bei der Einteilung des Landes am Anfang des 19. Jahrhunderts offenbar nicht die Fläche, sondern die Bevölkerung als Maßstab diente, geben die Werte zugleich eine Indikation über die Ab- und Zuwanderung an. Zu Beginn des 20. Jahrhunderts wohnten in den schwach industrialisierten Bezirken des Panels zwischen 25.000 und 28.000 Menschen.[89] Das Oberamt Ravensburg kam dagegen auf 45.400 Einwohner, Göppingen auf 57.700 Einwohner und Ludwigsburg auf 60.300 Einwohner. Zu beachten ist allerdings, dass die Einwohnerzahlen auch Militärpersonal enthalten. In Weingarten im Oberamt Ravensburg war ein württembergisches Infanterie-Regiment stationiert. Ein weit größerer Garnisonsstandort war die Stadt Ludwigsburg, wo ein Infanterie-, ein Dragoner-, ein Ulanen- und zwei Feldartillerie-Regimenter sowie ein Train-Bataillon des württembergischen Armee-Korps beheimatet waren. In der Summe dürfte das Heer in Ludwigsburg rund 5.400 Mann ausgemacht haben.[90] Gemessen an der eigentlichen Wohnbevölkerung war damit Göppingen und nicht Ludwigsburg das größte der hier untersuchten Oberämter.

87 Die Zahlenangaben hier und im Folgenden sind in Tabelle 2 festgehalten.

88 Hier und im Folgenden wird die in zeitgenössischen Statistiken genannte maximale Kategorie der Grossbetriebe zu den großbäuerlichen Betrieben hinzugerechnet. Umgekehrt werden die sogenannten Kleinstbetriebe bei den kleinbäuerlichen Betrieben berücksichtigt.

89 Die Zahlenangaben hier und im Folgenden sind in Tabelle 2 angegeben.

90 Abgeschätzt auf der Grundlage des Geschlechterverhältnisses in Ludwigsburg im Vergleich zu dem durchschnittlichen Frauenanteil in der württembergischen Bevölkerung.

Wie noch zu zeigen sein wird, erklären die vielfältigen Unterschiede zu einem guten Teil die erheblichen Differenzen hinsichtlich der Größe der Sparkassen und ihres jeweiligen Kreditgeschäftes.

2.6 Entwicklung des Sparkassenwesens bis 1913

Den Beginn des modernen Sparwesens im Land markiert die Gründung der „Württembergischen Spar-Casse“ im Jahre 1818.[91] Bevor auf Details zu diesem Institut eingegangen wird, sollen hier kurz ihre Ursprünge geschildert werden.[92]

91 Über den bisherigen Forschungsstand zum württembergischen Sparkassenwesen informieren die folgenden Texte und überblicksartigen Darstellungen, wenngleich der Charakter von Festschriften bei einem Teil hiervon recht deutlich zutage tritt: Gert Kollmer-von Oheimb-Loup (1999): *Staatliche Ordnungspolitik und die Entwicklung der Sparkassenstruktur in Württemberg zwischen 1818 und der Reichsgründung*, in: Zeitschrift für württembergische Landesgeschichte 58 (1999), S. 211–230; Max Rehm (1968), *Ursprung und Wandlung. Leitgedanken der Jahre 1818–1945*, in: Einhundertfünfzig Jahre Württembergische Landessparkasse 1818–1968, Stuttgart, S. 13–122; Hans-Peter de Longueville (1977): *Geschichte des Sparkassenwesens in Württemberg und Baden im 19. Jahrhundert*, in: Erich Maschke und Jürgen Sydow (Hg.): Zur Geschichte der Industrialisierung in den südwestdeutschen Städten, Stadt in der Geschichte 1, Sigmaringen, S. 80–161; Josef Wysocki (1985): *Zur Geschichte des württembergischen Sparkassenwesens*, in: Württembergischer Sparkassen- und Giroverband (Hg.): Württembergischer Sparkassen- und Giroverband, Werden und Wirken 1885–1985, Stuttgart, S. 17–119; Willi A. Boelcke (2005): *Sparkassen im Königreich Württemberg und im Großherzogtum Baden. Ein Vergleich*, in: Zeitschrift für württembergische Landesgeschichte 64, S. 283–292; Dergl. (2010): *Geschichte der Sparkassen in Baden-Württemberg*, in: Regionalgeschichte der Sparkassen-Finanzgruppe 2, Stuttgart, S. 241–294. Wichtige Einzelhinweise über die Entwicklung der Sparkassenlandschaft vermitteln auch zwei ältere Dissertationen: Wilhelm Haemmerle (1908): *Die körperschaftlichen oder Oberamtssparkassen im Königreich Württemberg unter besonderer Berücksichtigung ihrer Vermögensanlagen*, Erlangen; Paul Mößner (1934): *Das württembergische Sparkassenwesen: insbesondere das Kreditgeschäft der württembergischen Sparkassen*, Tübingen. Mit der Depositenkasse der Fürstin Eleonore zu Hohenlohe-Langenburg, die im 18. Jahrhundert mehr als 20 Jahre lang die Sparbeträge von 300 Einlegern sammelte und zinsbringend anlegte, bestand übrigens bereits zu einem früheren Zeitpunkt eine Einrichtung mit Ähnlichkeit zu Sparkassen auf dem Gebiet des späteren Württembergs. Vgl. hierzu Annelore Schnell und Detlef Herbner (1993): *100 Jahre Sparkasse Hohenlohekreis. Ein historischer Rückblick*, Öhringen und Künzelsau, S. 7 ff.

92 Für die Darstellung der Ursprünge des Sparkassenwesens vgl. hier und im Folgenden die ausführlichere Darstellung bei Thorsten Proettel (2019): *Die Sparkassen und das Jahr ohne Sommer 1816. Durchbruch einer Institution aus Anlass der Krise*, in: Senta Herkle, Sabine Holtz und Gert Kollmer-von Oheimb-Loup (Hg.): 1816 – Das Jahr ohne Sommer, Krisenwahrnehmung und Krisenbewältigung im deutschen Südwesten, Stuttgart, S. 65–82 und die Kurzform bei Thorsten Proettel (2016): *Path Dependencies in European Savings Banks: The Impact of Fundamental Decisions during the Wave of Foundations 200 Years ago*, herausgegeben von: WSBI (World Savings and Retail Banking Institute) und ESBG (European Savings and Retail Banking Group), Brussels, S. 4 f, beziehungsweise Thorsten Proettel (2017): *Pfadabhängigkeiten im europäischen Sparkassenwesen: Die Wirkungen der*

Das Sparkassenwesen ging nicht, wie oft irrtümlicherweise in der deutschen Literatur behauptet wird, aus damals schon vorhandenen mildtätigen Leihanstalten und kirchlichen Waisenkassen[93] hervor. Es entwickelte sich vielmehr parallel in Deutschland und Großbritannien aus dem gemeinnützigen Versicherungswesen. Dieses wurde von der Absicherungsfunktion der Zünfte und Gilden für deren Mitglieder inspiriert und richtete sich an Personen, die aufgrund anderweitiger Tätigkeiten für den Lebensunterhalt keinen Zugang zu solchen traditionellen Berufsgemeinschaften hatten. Vor allem in Großbritannien waren zahlreiche Absicherungszirkel unter der Bezeichnung „Friendly Society" oder „Box Club" nach den Truhen zur Aufbewahrung ihrer Barmittel und Wertpapiere aktiv.[94] Einige Betreiber schufen neben diversen Versicherungsangeboten auch Möglichkeiten zur freien Einlage und Abhebung von Geldern. Man begann an verschiedenen Orten mit diesem neuen Instrument zu experimentieren,[95] unter anderem 1798 in Tottenham, 1799 in Wendover, 1807 in West Calder, 1808 in Bath und 1810 in Ruthwell.[96] Dort wurde der Vorteil in der größeren Flexibilität gegenüber den herkömmlichen Versicherungen mit starren Beitragszahlungen gesehen. Die Armen konnten mit Hilfe der Savings Banks stattdessen je nach ihren Möglichkeiten mal mehr oder weniger zurücklegen und das angesparte Kapital nicht nur in vorab definierten Notlagen, sondern auch für größere Anschaffungen einsetzen.[97] Den gleichen Weg schlug man bereits ein paar Jahre früher in Hamburg ein, wo 1778 die gemeinnützige Versicherungseinrichtung „Allgemeine Versorgungsanstalt" mit einer „Ersparungs-Classe" entstand,[98] der ein Institut nach gleichem Muster 1795 in Kopenhagen folgte.[99]

Der Erfolg des Sparsystems veranlasste nachfolgende Gründer in Deutschland und Großbritannien zur alleinigen Konzentration auf das Spargeschäft ohne den Überbau einer Versicherungsanstalt. Solche Institute wurden zunächst jedoch nur sehr vereinzelt in diesen beiden Ländern errichtet und nach dem von Ham-

Grundsatzentscheidungen vom Beginn des 19. Jahrhunderts, in: Vierteljahrschrift für Sozial- und Wirtschaftsgeschichte 104, 2, S. 177–202, hier S. 178 ff.

93 Die vor allem im südlichen Teil des heutigen Bundeslandes Baden-Württemberg in der zweiten Hälfte des 18. Jahrhunderts entstandenen Waisenkassen verwalteten die Gelder von Waisenkindern, um Misswirtschaft und Betrug durch Pflegeeltern zu verhindern.

94 H. Oliver Horne (1947): *A History of Savings Banks*, London, New York und Toronto, S. 4 ff; Michael Moss und Ian Russell (1994): *An invaluable Treasure: A History of the TSB*, London, S. 12 ff.

95 Es ist nicht bekannt, ob es in dieser Zeit einen Ideenaustausch zwischen Deutschland und Großbritannien gab. Horne (1947), S. 88, stellt die deutschen Sparkassen in seinem während des Zweiten Weltkrieges verfassten Werk als lokale, isolierte Institute dar.

96 Horne (1947), S. 39 ff; Moss und Russell (1994), S. 14 ff.

97 Horne (1947), S. 25, S. 28 und S. 42.

98 Trende (1957), S. 29 ff; Ashauer (1991), S. 51 und S. 54 f.

99 Svend Aage Hansen (1995): *Dänemark*, in: Jürgen Mura (Red.): Europäische Sparkassengeschichte, Stuttgart, S. 55–76, hier S. 55.

burg ausgehenden deutschen Vorbild auch in der Schweiz.[100] Zu nennen sind etwa die Gründungen 1786 in Oldenburg und Bern, 1789 in Genf, 1792 in Basel, 1796 in Kiel, 1801 in Altona und Göttingen, 1805 in Zürich sowie 1808 in Darmstadt und Chur.[101] Dieser rund 30 Jahre währende, schleppend verlaufende Prozess wurde schlagartig durch zwei nah aufeinanderfolgende Krisen beflügelt. Das Ende der Napoleonischen Kriege 1814/15 führte in Großbritannien zu einer Gründungswelle von Savings Banks, da man den heimkehrenden und nun beschäftigungslosen Soldaten und Matrosen eine Vorsorgemöglichkeit und ein Anreiz für ein sittliches Leben geben wollte.[102] Zweitens verursachte der Ausbruch des indonesischen Vulkans Tambora im April 1815 monatelang Klimaveränderungen mit einer nasskalten Witterung in Westeuropa.[103] Die Folge hiervon waren Missernten im „Jahre ohne Sommer" 1816 und eine Hungersnot. Vor diesem Hintergrund und angesichts der Sparkasseneuphorie in Großbritannien mit rund 300 Gründungen innerhalb kurzer Zeit[104] stieg auch in Kontinentaleuropa das Interesse an den bislang nur wenig verbreiteten Instituten an. Sie sollten den ärmeren Schichten Gelegenheit zur sicheren und verzinslichen Ansparung von Kapital geben, das bei zukünftigem Bedarf die Not lindern helfen könnte. In Stuttgart widmete sich die junge württembergische Königin Katharina der Gründung einer solchen Einrichtung,[105] der besagten Württembergischen Spar-Casse, die dann 1818 fast zeitgleich mit Sparkassen in Berlin[106] und Paris[107] ihre Arbeit aufnahm. Bis etwa 1825 griff die in Großbritannien begonnene Gründungswelle auf alle Länder Nord-, West- und Mitteleuropas über. Dabei entstanden innerhalb weniger Jahre mehrere hundert Institute. Typischerweise setzte man zunächst vor allem in den größeren Städten mit internationalem Ideenaustausch das neue Konzept der Armenfürsorge um. Im Verlauf des 19. Jahrhunderts folgten dann all-

100 Carl Haase (1961), *Festschrift der Landessparkasse zu Oldenburg aus Anlaß ihres 175jährigen Bestehens*, Oldenburg, S. 95 und Trende (1957), S. 73, sehen hierfür die persönlichen Beziehungen des oldenburgischen Sparkassengründers Herzog Peter nach Bern als Grund an, wo 1787 eine Sparkasse gegründet wurde. Dagegen berichtet Hedwig Fritz (1972): *150 Jahre Sparkassen in Österreich, Band 1*, Wien, S. 34, dass die Berner Sparkasse unmittelbar auf die Hamburger Ersparungsklasse von 1778 zurückgeht. Zur Abfolge der Schweizer Gründungen: Franz Ritzmann (1973): *Die Schweizer Banken, Geschichte – Theorie – Statistik*, Bern und Stuttgart, Tabellarische Bankenchronik S. 305ff sowie Übersicht S. 262ff; Martin Körner (1998): *Schweiz*, in: Jürgen Mura (Red.): Europäische Sparkassengeschichte II, Stuttgart, S. 271–300, hier S. 271ff.

101 Ashauer (1991), S. 54f und S. 74f; Körner (1998), S. 271.

102 Moss und Russell (1994), S. 23ff.

103 Henry Stommel und Elizabeth Stommel (1983), *Volcano Weather. The Story of 1816, the Year without a Summer*, Newport, Rhode Island, S. 10ff.

104 Bis 1819 entstanden allein in England und Wales ohne Schottland 297 Savings Banks. Vgl. Horne (1947), S. 80.

105 Rehm (1968), S. 15ff; de Longueville (1977), S. 100ff.

106 Herbert Krafft (1968): *Immer ging es um Geld. Einhundertfünfzig Jahre Sparkasse in Berlin*, Berlin.

107 Henry Surirey de Saint Remy (1969): *Caisse d'épargne et de prévoyance de Paris: cent cinquantenaire, 1818–1968*, Paris.

mählich die mittleren Zentren beziehungsweise das Gros der kleinen Gemeinwesen auf dem Land.[108]

Während dieser Entwicklung wurden gelegentlich bereits seit längerer Zeit bestehende Waisenkassen und Leihanstalten auf neu entstandene Sparkassen verschmolzen.[109] Im badischen Salem reagierte man im Jahr 1838 auf die Anordnung zur Rückführung der Geschäfte der seit 1749 bestehenden Waisenkasse mit der Gründung einer Sparkasse, um die Tätigkeit in dieser modernen Form weiterführen zu können.[110] Dass in der deutschen Geschichtsschreibung die irrtümliche Ansicht verbreitet wurde, die Sparkassen entstanden aus Waisenkassen und Leihanstalten, ist solchen Fällen und einer Art Wettstreit, insbesondere in der zweiten Hälfte des 20. Jahrhunderts geschuldet. Aus Prestigegründen nahmen mehrere betroffene Institute unter anderem mit Gefälligkeitsgutachten eine Umdeutung ihrer eigenen Geschichte vor und eine Selbstdarstellung als jeweils „älteste Sparkasse".[111] Auch wenn die vorgebrachten Argumente leicht widerlegbar sind, übernahmen andere Autoren die sich hieraus ergebende Erzählung über die Ursprünge der Sparkassen und ihrer angeblichen „Vorläufer" quasi bis heute unhinterfragt als Allgemeinplatz.[112] Es lässt sich zwar sagen, dass manche Waisenkassen, Leihhäuser und fürstliche Kreditanstalten – trotz anderer Zielsetzung – schon sehr früh Geschäfte durchführten, die gewisse Ähnlichkeiten mit den späteren Sparkassen aufweisen.[113] Außerdem fanden in dem Zeitalter der Aufklärung an vielen Orten ähnliche Überlegungen statt, welche in der zumeist nicht umgesetzten Idee eines Sparinstituts mündeten.[114] Hieraus können jedoch keine Entwick-

108 Ausführlichere Beschreibungen bei Proettel (2017), S. 178; Proettel (2019), S. 77 ff.

109 Das wurde auch schon vor der Gründungswelle in einem Fall praktiziert. In Karlsruhe wurde das 1812 ins Leben gerufene Leihhaus im Jahr 1816 um eine Sparkasse erweitert. Vgl. Städtische Sparkasse Karlsruhe (Hg.) (1963): *150 Jahre Städtische Sparkasse Karlsruhe, 1813–1963*, Karlsruhe, S. 59. Umgekehrt wurde die Kieler Sparkasse von 1796 im Jahr 1799 um eine Leihkasse erweitert. Vgl. Ashauer (1991), S. 54 f; Meißner (1996), S. 25 ff.

110 Trende (1957), S. 13; Bezirkssparkasse Salem (Hg.) (1949): *200 Jahre Sparkasse Salem Baden, 1749–1949*, Salem, S. 10 ff. Ähnlich geschah es vermutlich in Heiligenberg und Bondorf, wo die 1834 und 1844 gegründeten Sparkassen die Geschäfte der 1784 beziehungsweise 1764 geschaffenen Waisenkassen übernahmen. Vgl. die Angaben zum Gründungsjahr in: *Statistisches Jahrbuch für das Großherzogtum Baden*, Karlsruhe, diverse Ausgaben.

111 Eine unparteiische Übersicht bei Ashauer (1991), S. 58–64. Zu den besonders exponierten Schriften in diesem Streit zählen: Helmut Hahn [1974]: *225 Jahre Bezirkssparkasse Salem, 1749–1974*, Konstanz; Josef Wysocki (1986): *Gutachten über die Frage der „ältesten Sparkasse"*, [Detmold]; Bei Josef Wysocki und Volker Wehrmann (1986): *Lippe, Leben – Arbeit – Geld, 1786–1986*, Detmold, S. 65, heißt es beispielsweise wortwörtlich, „Die Leihekasse als Prototyp der Sparkasse".

112 Beispielsweise: Sparkassenverband Baden-Württemberg (Hg.) (2010): *Einheit. Stärke. Zukunft. 125 Jahre Sparkassenverband Baden-Württemberg*, Pforzheim, S. 13 ff.

113 Welches Ausmaß die behauptete Annahme von Spargeldern bei diesen Kassen einnahm, wurde bislang kaum untersucht.

114 Proettel (2017), S. 179. Bei den in der deutschsprachigen Literatur als „Sparkassenutopien des 17. Jahrhunderts" bezeichneten Plänen des französischen Staatsmannes Hugues Delestre und des englischen Schriftstellers Daniel Defoe handelte es sich nicht um mit

lungslinien abgeleitet werden. Die Waisenkassen spielten für die beschriebene Entstehung des modernen Sparkassenwesens keine Rolle. Ebenfalls ohne ideengeschichtlichem Einfluss für die Entstehung der Sparkassen blieben die seit dem Mittelalter wirkenden Leihkassen,[115] auf die noch gleich zurückzukommen ist. Der eigentliche Durchbruch des modernen Sparkassenwesens in Kontinentaleuropa erfolgte erst ab 1818,[116] und er beruhte ganz wesentlich auf dem Impuls durch die Hungerkrise 1816/17 und dem Vorbild der britischen Savings Banks, die aus „Friendly Societies" entstanden waren. Dies zeigt sich nicht nur anhand des zeitlichen Ablaufs, sondern allein schon an dem Umstand, dass für die Konzeptionen der ersten Sparkassen der kontinentaleuropäischen Gründungswelle in Stuttgart[117] sowie an anderen Orten[118] die Satzungen englischer Institute beziehungsweise das englische Sparkassengesetz verwendet wurden.

Aber auch das Beispiel der wenigen schon aus der Zeit vor 1818 bestehenden originären deutschen Sparkassen, die wie erläutert ebenfalls von einer Versicherungsanstalt abstammten, wurde in den Planungen berücksichtigt. Die württembergische Königin Katharina war in erster Ehe mit dem früh verstorbenen Prinzen Georg von Oldenburg verheiratet, dessen Vater Peter 1786 eine „Ersparungscasse" für das kleine Herzogtum errichtete.[119] Deren Grundzüge flossen in den Gründungsprozess in Stuttgart ein.[120] Offenbar ist es diesem Vorbild geschuldet, dass entgegen der damals üblichen Fokussierung auf einzelne Gemeinden oder mittlere Verwaltungsinstanzen in Württemberg eine öffentliche Sparkasse für die gesamte Monarchie entstand.[121] Sie wird nachfolgend zur besseren Abgrenzung „Landessparkasse" genannt, wenngleich die offizielle Bezeichnung bis 1912 nur „Württembergische Sparkasse" lautete.[122]

Sparkassen vergleichbaren Einrichtungen, sondern eigentlich um Pläne für landesweite Versicherungsanstalten mit beziehungsweise ohne Leihanstalt. Vgl. Horne (1947), S. 3f.

115 Zur Frühgeschichte der Leihkassen vgl. P. Heribert Holzapfel (1903): *Die Anfänge der Montes Pietatis (1462–1515)*, München.

116 Dies wurde schon von Trende (1957), S. 81, bemerkt.

117 Rehm (1968), S. 38.

118 Dies gilt beispielsweise für die Sparkassen in Mannheim (Trende (1957), S. 178), Ansbach (ebd., S. 140), Wien (Fritz (1971), S. 41 und S. 44ff) und Paris (Surirey de Saint Remy (1969), S. 24).

119 Rehm (1968), S. 21; de Longueville (1977), S. 88.

120 Mößner (1934), S. 7; Rehm (1968), S. 22f, S. 38 und S. 40.

121 Neben Oldenburg und Württemberg verfügten nur wenige der etwas größeren Territorien wie Hohenzollern-Sigmaringen über eine öffentliche Landessparkasse. Diese dehnte nach der Eingliederung des Landes in den preussischen Staat in der Mitte des 19. Jahrhunderts als Spar- und Leihkasse für die Hohenzollernschen Lande ihre Tätigkeit auf das ehemalige Hohenzollern-Hechingen aus. Vgl. hierzu Lorenz Menz (1984): *Hohenzollerische Landesbank, Kreissparkasse Sigmaringen 1834–1984*, Stuttgart, S. 30.

122 Ab 1912 wurde die Bezeichnung als Landessparkasse zusätzlich im Namen geführt. 1920 wurde das Institut in „Württembergische Landessparkasse" umbenannt. Vgl. hierzu Rehm (1968), S. 45f.

Nach der Errichtung dieses Instituts wickelten außerhalb Stuttgarts sogenannte Agenten die Ein- und Auszahlungen für sie ab.[123] Hierzu gehörten Beamte, Ortsvorsteher, Geistliche und vor allem die Inhaber von Ladengeschäften. Während die Agenturen anfänglich nur die Hauptorte der Oberämter abdeckten, wurde später eine Ausweitung angestrebt. Ihre Zahl stieg von 62 im Jahr 1832 auf 82 im Jahr 1864, 499 im Jahr 1889 und 626 im Jahr 1910. Somit war die Landessparkasse bereits Ende der 1880er Jahre in jeder vierten Gemeinde vertreten.[124]

Trotz der erfolgreichen Entwicklung folgten in Württemberg im Verlauf des 19. Jahrhunderts aus zwei Gründen viele weitere Institutsgründungen. Die Landessparkasse definierte sich von Beginn an als eine Anstalt der Wohlfahrtspflege und war „nicht dazu da, um dem bequemen Kapitalisten auch vollends die Last der Verwaltung seines Vermögens abzunehmen".[125] Die „Einlageberechtigung" wurde deshalb abgesehen von einer Ausnahmeregelung in den Anfangsjahren[126] strikt auf die „ärmeren Volksklassen" beschränkt.[127] Vor diesem Hintergrund regten die ehrenamtlich tätigen Vorsteher als Führungsgremium der Landessparkasse seit den 1830er Jahren selbst die Errichtung von Oberamtssparkassen für die mittleren Schichten an.[128]

Zweitens gab der Wunsch nach einer besseren Kreditversorgung von Landwirtschaft und Gewerbe beziehungsweise der Schutz vor Wucher Anlass zur Gründung von Leihkassen.[129] So forderte das Stuttgarter Innenministerium die Gemeinden im April 1823 zur Errichtung von Viehleihkassen auf,[130] und Anfang 1825 veröffentlichte die Regierung einen Aufruf zur Gründung von Oberamtsleihkassen.[131]

123 Hier und im Folgenden: Württembergische Sparkasse (Hg.) [1900]: *Die Württembergische Sparkasse in Stuttgart am Ende des neunzehnten Jahrhunderts, Eine Denkschrift aus Anlaß der Einweihung des neuen Anstaltsgebäudes im Dezember 1900*, Stuttgart, S. 26f; Rehm (1968), S. 57ff; Kollmer-von Oheimb-Loup (1999), S. 228.

124 In den Überblicksdarstellungen zur Sparkassengeschichte wird häufig die Anzahl der Institute in den einzelnen Bundesstaaten als Gradmesser für die Entwicklung des Sparwesens verwendet. Die württembergische Landessparkasse mit ihren vielen Agenturbetrieben verdeutlicht die Problematik dieses Ansatzes.

125 Nicht näher zugeordnete Aussage, eventuell Königin Katharina, zitiert nach Rehm (1968), S. 30.

126 Rehm (1968), S. 67; Kollmer-von Oheimb-Loup (1999), S. 213f.

127 Hier und im Folgenden: Württembergische Sparkasse [1900] S. 19ff; Rehm (1968), S. 68.

128 Rehm (1968), S. 68 und S. 94.

129 Zu den Zielsetzungen der frühen Kassengründungen vgl. Kollmer-von Oheimb-Loup (1999), S. 219.

130 *Bekanntmachung, die Errichtung örtlicher Hülfskassen zur Unterstützung ärmeren Viehhalter betreffend* vom 23. April 1823, in: Königlich württembergisches Staats- und Regierungs-Blatt, Nro. 26 vom 14. Mai 1823.

131 *Bekanntmachung, die Errichtung von Corporations-Leihkassen betreffend* vom 4. November 1824, in: Regierungs-Blatt für das Königreich Württemberg, Nro. 1 vom 3. Januar 1825.

An dieser Stelle ist auf einen wichtigen Umstand hinzuweisen. Er wurde in der Literatur zu dem württembergischen und allgemein zu dem deutschen Sparkassenwesen bislang kaum berücksichtigt,[132] beziehungsweise vor dem Hintergrund des skizzierten Wettstreits um die „älteste Sparkasse" sogar gezielt bagatellisiert.[133] Sowohl Sparkassen wie auch Leihkassen und ihre Mischformen stellten gemeinnützige Finanzeinrichtungen zur Unterstützung der ärmeren Bevölkerungsschichten dar. Damit enden die Gemeinsamkeiten. Die konzeptionelle Ausrichtung der Institute und ihre Arbeitsweise wichen erheblich voneinander ab. Dies wird treffend in einem Beitrag mit entsprechenden Definitionen dokumentiert, der 1848 in den Blättern für das Armenwesen der Stuttgarter Zentralleitung des Vereins für Wohltätigkeit erschien.[134] Demnach sollten Leihkassen „minder vermöglichen und arbeitsfähigen Angehörigen einer Gemeinde beziehungsweise eines Bezirks, welche sich in vorübergehender Geldverlegenheit befinden und eines guten Leumunds erfreuen, durch Anlehen unter die Arme [...] greifen und sie dadurch vor Wucher und völliger Verarmung [...] schützen."[135] Die Kassen wurden hierzu von den jeweiligen Gemeinden und anderen Trägern mit dem notwendigen Kapital ausgestattet. Oder einzelne Großanleger brachten entsprechende Summen auf. Es handelte sich also um eine Art der Nachsorge, bei dem das Geldausleihen der Zweck und die Geldaufnahme der Kasse nur das Mittel zum Zweck bildeten. Dagegen war das Ziel einer Sparkasse, „die unvermöglicheren Angehörigen eines Orts oder Bezirks [...] durch Annahme und Verzinsung ganz kleiner Einlagen zur Ansammlung von Ersparnissen, die sonst nutzlos vergeudet würden, zu veranlassen".[136] Hierbei handelt es sich demnach um ein Instrument der Vorsorge und Erziehung. Die Ansammlung kleiner und kleinster Kapitalbeträge von vielen Menschen war der eigentliche Zweck. Zur Bezahlung der versprochenen Zinsen planten die Gründer von manchen frühen Sparkassen, kommunale Etats heranzuziehen.[137] In Großbritannien wurden auch Spendengelder genutzt.[138] Da diese Vorgehensweise schnell an ihre Grenzen stieß, verliehen die Sparkassen das Einlagenkapital oder legten es am Wertpapiermarkt an. Dieser Teil der Tätigkeit ist somit nur das nachgelagerte Mittel zum Zweck.

132 Eine deutliche Unterscheidung findet sich jedoch bei: Marlis Lippik (1991): *Die Entstehung des Sparkassenwesens in Schleswig-Holstein 1790 bis 1864*, in: Die Entwicklung des Sparkassenwesens in Schleswig-Holstein 1790 bis 1914, Stuttgart, 1. Teil, S. 15; Auch Rüth (2006), S. 54–68, geht auf die Unterschiede ein.

133 Vgl. insbesondere Wysocki (1986) und Wysocki und Wehrmann (1986).

134 Zentralleitung für Wohltätigkeit (1848): *Die Hülfsleih- und Sparkassen in Württemberg*, in: dieselbe (Hg.): Blätter für das Armenwesen, Nro. 32 vom 12. August 1848, S. 161–163.

135 Ebd., S. 161.

136 Ebd.

137 Paul Thomes (1995): *Sparkassen und regionale Wirtschaftsentwicklung, 1900–1945*, in: Bankhistorisches Archiv, Zeitschrift zur Bankengeschichte, I, 21, S. 29–46, hier S. 30f.

138 Horne (1947), S. 24ff und S. 59; Fritz (1972), S. 29; Proettel (2017), S. 186.

Die Konsequenzen dieser Unterschiede für die Kreditpraxis lassen sich eindrücklich durch ein Zahlenbeispiel in Anlehnung an Erfahrungswerte aus Göppingen erläutern, wo in den 1840er und 1850er Jahren parallel Leihkassengeschäfte und Sparkassengeschäfte betrieben wurden.[139] Im Geschäftsfeld Leihkasse vergab man pro Jahr unter Schwankungen circa 400 Bürgschaftsdarlehen im Gesamtvolumen von rund 45.000 Gulden (77.100 Mark). Das arithmetische Mittel dieser Ausleihungen betrug demnach etwa 112 Gulden (192 Mark) bei einem Median von ungefähr nur 50 Gulden (86 Mark). Im Geschäftsfeld Sparkasse wurden auf einen identischen Kapitalstock umgerechnet dagegen lediglich zwei Hypothekendarlehen über zusammen etwa 6.000 Gulden (10.300 Mark) pro Jahr ausgezahlt.[140] Die trotz der hier unterstellten gleichen Kapitalbasis deutlich voneinander abweichenden jährlichen Darlehenssummen gehen auf die unterschiedlichen Laufzeiten der Ausleihungen zurück. Bürgschaftsdarlehen sollten in der Regel innerhalb weniger Monate zurückgezahlt werden, wohingegen Hypothekendarlehen über viele Jahre getilgt wurden. Das Kapital stand im zweitgenannten Fall also nicht so schnell wieder für neue Darlehen zur Verfügung. Auch in der Kreditart zeigen sich die abweichenden Ziele, denn auf der einen Seite kam man mit möglichst unkomplizierten Geldvergaben gegen Bürgschaft den Schuldnern entgegen, während auf der anderen Seite mit einer Hypothekenbestellung unbedingte Sicherheit erlangt werden sollte.

Ein weiterer Unterschied besteht darin, dass Sparkassen durch ihre Geschäftstätigkeit im Zeitablauf automatisch wuchsen. Im Geschäftsjahr 1862/63 verwaltete beispielsweise die Oberamtssparkasse Ludwigsburg bereits 251.000 Gulden (430.000 Mark) und ihr Pendant in Ravensburg sogar 509.000 Gulden (873.000 Mark).[141] Der Geschäftsumfang einer Leihkasse wurde dagegen vorab von dem jeweiligen Träger festgelegt. Im optimalen Fall deckten die Zinseneinnahmen die Ausgaben und den Verwaltungsaufwand ab. Ein Wachstum entstand auf diese Weise nicht, wie auch die üblicherweise geringen Geschäftsvolumen der Leihkassen belegen. Gemäß einer Darstellung dieser Einrichtungen in den Oberämtern Sulz, Oberndorf und Rottweil von Ingeborg Rüth betrugen die Aktiva von 29 Instituten durchschnittlich nur 22.000 Gulden (37.600 Mark).[142]

139 Vgl. die ausführlicheren Beschreibungen in Kapitel 6.8 der vorliegenden Arbeit.

140 Tatsächlich wurden in dieser Zeit pro Jahr etwa vier bis fünf Hypothekendarlehen über insgesamt durchschnittlich 15.000 Gulden (25.714 Mark) vergeben, da das Geschäftsfeld Sparkasse größer war als das Geschäftsfeld Leihkasse und darüber hinaus auch zunahm. Es sei darauf hingewiesen, dass die Oberamtssparkasse Geislingen zur gleichen Zeit etwas kleinere Hypothekendarlehen als ihr Pendant in Göppingen vergab (vgl. Kapitel 6.8). Und in Ludwigsburg nahm das kleinteilige Hypothekengeschäft sogar eine ähnliche Funktion ein wie andernorts das Leihkassengeschäft (vgl. Kapitel 6.4).

141 Die Angaben wurden entnommen dem Beitrag: Zentralleitung für Wohltätigkeit (1864): *Vermögensstand der in Württemberg bestehenden meist von Corporationen garantirten öffentlichen Spar-Kassen*, in: dieselbe (Hg.): Blätter für das Armenwesen Nro. 33 vom 13. August 1864, S. 141–145.

142 Berechnet auf der Grundlage der Angaben von Rüth (2006), S. 54, S. 59 und S. 67.

In der Mitte des 19. Jahrhunderts galt die Verbindung von Spar- und Leihkassen zu gemeinsamen Instituten als sinnvolle Lösung zur Verbesserung des Kreditwesens.[143] Wie heute allgemein üblich, sollten in diesem Fall die Einlagen der Sparer als Grundlage für Geldvergaben an Kreditnehmer dienen. Es ist auch bekannt, dass ein Teil der frühen deutschen Sparkassen wie beispielsweise in Baden örtliche Leihhäuser dotierte.[144] Und selbstverständlich sollten viele später gegründete Sparkassen sowohl den Sparsinn fördern und gleichzeitig die Kreditversorgung verbessern. Aus diesen Gründen mag es vielfach gerechtfertigt erscheinen, auf eine Differenzierung zu verzichten. Für die vorliegende Analyse des Kreditgeschäftes ist eine Unterscheidung zwischen Sparkassen und Leihkassen jedoch unabdingbar.

Anfänglich spielte die Idee von gemeinschaftlichen Spar- und Leihinstituten in Württemberg noch keine große Rolle. Die zur Förderung der Sparsamkeit gegründete Landessparkasse hatte jedenfalls kein Interesse daran, das Bedürfnis nach Leihkassengeschäften zu befriedigen. Außerdem sah sie sich generell nicht dazu berufen oder nicht in der Lage, kleine Summen an Kreditnehmer abzugeben. Selbst nach einer Herabsetzung belief sich der Mindestbetrag für Darlehen im Jahr 1900 noch auf 1.000 Mark und damit auf eine relativ hohe Summe.[145] Die ablehnende Grundhaltung zeigt sich durch wiederholte Aufrufe zur Gründung von Bezirks- und Gemeindekassen zur Kreditversorgung 1841[146] und 1847.[147]

Die rechtliche Grundlage für die Eröffnung von kommunalen und distriktiven Sparkassen beziehungsweise Leihkassen bot ein Verwaltungsedikt der württembergischen Regierung von 1822.[148] Es schuf eine an altwürttembergisch-ständische Formen anknüpfende kommunale Selbstverwaltung mit großen Mitbestimmungsrechten für die Bürger auf lokaler Ebene und auf Bezirksebene. Die zu einem Oberamtsbezirk gehörenden Gemeinden bildeten eine eigene Körperschaft, die gemeinsame Aufgaben wahrnehmen sollten, worunter letztlich auch die Trägerschaft von Sparkassen und Leihkassen fiel.

Zwar zeigte die Aufforderung des Innenministeriums zur Gründung von Viehleihkassen aus dem Jahr 1823 zunächst kaum Resonanz.[149] Doch bereits 1822 wurde in Ravensburg die erste Oberamtssparkasse gegründet[150] und ihr 1825 eine

143 Ebd., S. 58.
144 Proettel (2017), S. 188f.
145 Württembergische Sparkasse [1900], S. 44. Der Ausgangswert wurde nicht genannt.
146 Rehm (1968), S. 80.
147 Zentralleitung für Wohltätigkeit (1848), S. 161 und Rüth (2006), S. 62.
148 Hier und im Folgenden: Wysocki (1985), S. 24f; Kollmer-von Oheimb-Loup (1999), S. 215f; *Verwaltungs-Edikt für die Gemeinden, Oberämter und Stiftungen* vom 1. März 1822, in: Königlich-Württembergisches Staats- und Regierungs-Blatt, Nro. 17 vom 14. März 1822, insbesondere § 75.
149 Kollmer-von Oheimb-Loup (1999), S. 216.
150 Katrin Blanke-Siegel (2007a): *Oberamtssparkasse Ravensburg 1822–1938, Repertorien des Wirtschaftsarchivs Baden-Württemberg, Bestand B 201*, Stuttgart, S. I.

Leihkasse angefügt.[151] Bis 1839 folgten in einer ersten Gründungswelle acht weitere Bezirksinstitute,[152] darunter im Jahr 1825 in Leutkirch.[153] Dazu kamen 26 Privat- und 83 Gemeindekassen sowie ein Pfandleihhaus.[154] Die beiden Kassen in Ravensburg und Leutkirch gehören damit zu den ältesten Einrichtungen ihrer Art in Württemberg und sind daraus resultierend die ältesten Institute des hier untersuchten Panels.

Ab Ende der 1830er Jahre verlief die Entwicklung des württembergischen Spar- und Leihkassenwesens aufgrund ordnungspolitischer Eingriffe ausgesprochen wechselhaft. Gemäß einer Untersuchung von Gert Kollmer-von Oheimb-Loup wurden von 1830 bis 1869 insgesamt 149 Spar- und Leiheinrichtungen ins Leben gerufen, aber auch 199 Institute geschlossen.[155] Zu Beginn dieser Zeit orientierte sich die Regierung an einem wirtschaftsliberalen Kurs, der die Einführung der Gewerbefreiheit und den Aufbau eines privatwirtschaftlichen Industrie- und Dienstleistungssektors vorsah.[156] Da die Tätigkeit der staatlichen Spar- und Leihkassen möglicherweise den Markteintritt potentieller privater Finanzdienstleistungsunternehmen gehemmt haben könnte, wurden erstgenannte drastisch eingeschränkt. Fast alle Gemeindekassen und auch einige Oberamtskassen wurden damit über kurz oder lang zur Aufgabe ihre Existenz gezwungen. Nur eine kleine Anzahl von Bezirksinstituten blieb unter deutlicher Zurückführung des Geschäftsvolumens und die Konzentration auf ärmere Schichten bestehen. Vor diesem Hintergrund entstanden zahlreiche Privatsparkassen.

Um das Jahr 1847 kamen dann viele dieser privaten Institute in Zahlungsschwierigkeiten.[157] Ihre Kreditengagements erwiesen sich angesichts der damaligen Krise als zu riskant.[158] Außerdem fehlten den Kassenleitern oftmals kreditwirtschaftliche Kenntnisse, die sie zur Ausübung von Bankgeschäften qualifiziert hätten. Die wirtschaftsliberale Regierung hatte keine Mindestanforderungen bezüglich der Eigenkapitalausstattung und der fachmännischen Leitung gestellt. Viele der Privatkassen lösten sich aufgrund der Schwierigkeiten wieder auf,[159] brachen zusammen[160] oder kamen unter staatliche Trägerschaft.[161] Die Regierung

151 Siehe unten Kapitel 6.10.
152 Kollmer-von Oheimb-Loup (1999), S. 214 f.
153 Tobias Mahl (2007): *Oberamtssparkasse Leutkirch 1825–1938, Repertorien des Wirtschaftsarchivs Baden-Württemberg, Bestand B 202*, Stuttgart, S. I.
154 Kollmer-von Oheimb-Loup (1999), S. 214 f. Das Pfandleihhaus sowie zwei Oberamts- und 34 Gemeindesparkassen wurden allerdings bis 1839 schon wieder geschlossen.
155 Kollmer-von Oheimb-Loup (1999), Tabellen auf S. 215 und S. 223.
156 Hier und im Folgenden: Kollmer-von Oheimb-Loup (1999), S. 220 ff.
157 Wysocki (1985), S. 26 und 31 f.
158 Hier und im Folgenden: Kollmer-von Oheimb-Loup (1999), S. 226.
159 Vgl. Kollmer-von Oheimb-Loup (1999), S. 223.
160 Kreissparkasse Göppingen (Hg.) (1952): *100 Jahre Sparkasse Geislingen-Steige*, 1852–1952, o. O., S. 6, enthält das Beispiel der zusammengebrochenen Spar- und Leihkasse Hofstett-Emerbuch nahe Geislingen.
161 Siehe das Beispiel Biberach unten in Kapitel 6.2.

änderte deshalb wieder ihre Strategie.[162] Die Landessparkasse wurde durch den bereits beschriebenen Ausbau des Agenturnetzes gestärkt. Außerdem forderte das Ministerium des Innern die Verwaltungsbezirke ohne Oberamtssparkasse dazu auf, solche Institute einzurichten und sie auch den etwas vermögenderen Einwohnern verfügbar zu machen.[163]

Da sich die württembergischen Oberämter grundsätzlich selbst verwalteten, war die Aufforderung der Regierung in Stuttgart nicht verpflichtend und sie wurde auch nicht überall umgesetzt. Dennoch kam es zwischen 1850 und 1859 zu einer Welle mit 25 Neugründungen von Oberamtssparkassen.[164] Ihnen standen lediglich sechs Auflösungen gegenüber[165], denn die Behörden beschränkten noch immer den Umfang des Geschäftsbetriebes[166] und drängten zumindest in Einzelfällen auch auf die Schließung von Kassen.[167] Angesichts der Auflösung vieler Gemeinde- und Privatsparkassen hatte sich die Oberamtssparkasse dennoch bis Ende der 1850er Jahre zum wichtigsten Organisationstyp entwickelt. Etwa drei Fünftel der Oberämter verfügten über ein eigenes Institut.[168] Unter den Gründungen in dieser Epoche befinden sich mehrere der archivalisch zu untersuchenden Institute. Im Jahr 1852 begann die Tätigkeit in Geislingen sowie in Ludwigsburg und 1854 in Kirchheim unter Teck.[169] Außerdem entstand die Oberamtssparkasse Biberach im Jahr 1853 durch die Umwandlung einer bisherigen

162 Hier und im Folgenden: Kollmer-von Oheimb-Loup (1999), S. 228.
163 Haemmerle (1908), S. 7f; Rüth (2006), S. 143.
164 Die Anzahl von 25 Gründungen ergibt sich aus der Aufzählung von Haemmerle (1908), S. 6. Dagegen kommt Kollmer-von Oheimb-Loup (1999), S. 223, in seiner Auswertung auf lediglich 22 Gründungen im besagten Zeitraum. Möglicherweise sind die Quellen, auf die er sich stützt unvollständig. Die Angabe der Auflösungen bezieht sich auf die Auswertung des zweitgenannten Autors.
165 Kollmer-von Oheimb-Loup (1999), S. 223.
166 Rüth (2006) nennt als zulässigen „Maximalfonds" die Beträge von 20.000 Gulden (S. 143) beziehungsweise 50.000 Gulden (S. 126). Boelcke (2005), S. 285 und S. 287 erwähnt ein Maximum von 20.000 Gulden. Es wäre allerdings denkbar, dass sich diese Zahlen nicht auf das Spargeschäft, sondern auf eventuell betriebene Leihkassengeschäfte beziehen.
167 Rüth (2006), S. 125, zum Beispiel der wieder aufgelösten Oberamtssparkasse in Sulz.
168 Der Anteil unterliegt angesichts der vielen Auflösungen und erneuten Gründungen gewissen Schwankungen im Zeitablauf und ist zudem unsicher, da die Quellenlage unvollständig sein könnte. Gemäß den Angaben von Haemmerle (1908), S. 6, bestanden 1857 in 37 von 64 Bezirken Oberamtssparkassen. Hierzu ist die noch von Haemmerle vergessene Oberamtssparkasse Nürtingen zu zählen, die 1847 gegründet und 1848 eröffnet wurde. Dagegen ergibt sich aus den Erhebungen von Kollmer-von Oheimb-Loup (1999), S. 215 und S. 223, für das Jahr 1859 ein Bestand in Höhe von 32 und für 1869 von nur noch 27 Oberamtssparkassen.
169 Zu den Gründungsdaten der Oberamtssparkassen: Haemmerle (1908), S. 6f; Württembergischer Sparkassen- und Giroverband (1985): Nicht bezeichnete Tabelle im Anhang mit den Gründungsdaten, in: derselbe (Hg.): Württembergischer Sparkassen- und Giroverband, Werden und Wirken 1885–1985, Stuttgart, S. 247–250; Sparkassenstatistik, diverse Jahrgänge. Teilweise ergeben sich hierbei geringfügige Abweichungen, da manche Sparkassen erst im Kalenderjahr nach dem Gründungsbeschluss eröffnet wurden, z. B. Geislingen und Kirchheim.

Privatsparkasse.[170] Daneben nahm bereits 1846 in Göppingen eine Kasse des Oberamtes als Reaktion auf die Agrarkrise ihre Arbeit auf.[171]

Nach einem längeren Zeitabschnitt ohne Neugründungen strebten die Behörden offenbar die Errichtung eines flächendeckenden Netzes von Oberamtssparkassen an. So ist aus den Bezirken Künzelsau und Öhringen bekannt, dass die Regierung des Jagstkreises ab Ende der 1880er Jahre entsprechende Schritte anregte.[172] Da die Appelle in Künzelsau zunächst erfolglos blieben, erhöhte die Behörde ab 1895 immer stärker den Druck auf die Oberamtsverwaltung, bis diese im Jahr 1900 einen positiven Beschluss der Amtsversammlung erreichte.[173] Auch die erneute Gründung der Sparkasse im Schwarzwaldbezirk Sulz im Jahr 1892 geht maßgeblich auf das Drängen der dortigen Kreisregierung zurück.[174] Insgesamt entstanden zwischen 1878 und 1905 in einer dritten Gründungswelle 26 Bezirksinstitute.[175] Die verbliebenen Lücken waren damit geschlossen und jedes der 64 Oberämter des Königreiches verfügte neben den Agenturen der Landessparkasse über eine eigene Sparanstalt. Von den archivalisch zu untersuchenden Sparkassen gehören vier dieser dritten Gründungswelle an. In Maulbronn wurde 1883 die Geschäftstätigkeit aufgenommen. Im Jahr 1889 erfolgte die Errichtung im Schwarzwaldbezirk Nagold, 1895 im oberschwäbischen Waldsee und im Jahr 1900 wie erwähnt in Künzelsau.[176]

Über die Geschäftstätigkeit der verbliebenen und der eventuell neu entstandenen Privatsparkassen in dem Zeitabschnitt zwischen der Reichsgründung 1871 und dem Ersten Weltkrieg ist nur wenig bekannt. Gemäß einer Veröffentlichung des königlich statistisch-topographischen Bureaus aus dem Jahr 1874 bestanden damals neben der Landessparkasse und 38 Oberamtssparkassen fünf wenig bedeutende Sparkassen der Konsumvereine und 77 „Übrige Sparkassen".[177]. Diese kamen zusammen auf Einlagen in Höhe von 5,9 Mio. Gulden (10,1 Mio. Mark) beziehungsweise einen Anteil an den gesamten ausgewiesenen Einlagen von 18,3 %. Doch wenn man die statistischen Angaben um die Sparkasse der Volksbank Stuttgart, die Handwerkerbank Stuttgart sowie die Allgemeine Rentenanstalt bereinigt, die aus heutiger Sicht auch nicht zu den Sparkassen gezählt werden

170 Boris Barth (2003): *Eine reiche Geschichte, Die Gründung der Oberamtssparkasse Biberach*, in: Kreissparkasse Biberach (Hg.): Sicherer Grund im Oberland, 150 Jahre Kreissparkasse Biberach, Laupheim, S. 16–18, hier S. 17f. Abweichend hiervon ist in den Sparkassenstatistiken 1854 als Gründungsjahr angegeben.

171 Wysocki (1996a), S. 25ff.

172 Schnell und Herbner (1993), S. 21ff.

173 Ebd., S. 26.

174 Rüth (2006), S. 127.

175 Haemmerle (1908), S. 7.

176 Haemmerle (1908), S. 7.

177 Hier und im Folgenden: Camerer (1876): *Statistik der Sparkassen des Königreichs Württemberg*, in: Württembergische Jahrbücher für Statistik und Landeskunde, Jahrgang 1875, 1. Theil, Stuttgart, S. 123 bis 178, hier S. 123.

würden, dann ergibt sich für die verbleibenden Institute ein Einlagenbestand von nur noch 1,9 Mio. Gulden (3,3 Mio. Mark) und ein Anteil von 6,8 %.

Gemäß verschiedener Hinweise aus der zeitgenössischen Literatur bestanden zu Beginn des 20. Jahrhunderts weiterhin mehrere Privatsparkassen.[178] Eher kleine Institute dürften in Calw und Öhringen gewirkt haben. Dagegen wurde die Privatsparkasse in Künzelsau als bedeutend bezeichnet[179] und die Kasse in Altensteig im Oberamt Nagold wies Ende 1913 einen beachtlichen Einlagenstand von 2,4 Mio. Mark aus.[180] Die Württembergische Leinen-Industrie in Blaubeuren unterhielt eine kleine Fabriksparkasse, die 1904 rund 11.000 Mark verwaltete.[181] Deutlich größer war die Fabriksparkasse der Maschinenfabrik Esslingen. In der Bilanz des Unternehmens zum 31. März 1911 findet sich der Passivposten „Spareinlagen von Arbeitern und Angestellten" über 1,2 Mio. Mark.[182] Möglicherweise existierten weitere, unbekannte Fabriksparkassen. Daneben bestand in Sindelfingen seit 1828 ein privates Institut für die Öffentlichkeit, das ab 1905 als Stadtsparkasse betrieben wurde.[183]

Die Übernahme der Trägerschaft durch die Stadt Sindelfingen war Teil einer kleinen Renaissance des Organisationstyps der Kommunalsparkasse zu Beginn des 20. Jahrhunderts. Im Jahr 1904 wurde in Schwenningen im Oberamt Rottweil eine Gemeindesparkasse gegründet.[184] Zwei Jahre später folgten städtische Sparkassen in Ulm und in Langenau bei Ulm sowie in Dürrmenz-Mühlacker im Oberamt Maulbronn. Den vorläufigen Abschluss vor dem Ersten Weltkrieg bildete im Jahre 1910 die Städtische Sparkasse Feuerbach im damaligen Oberamt Stuttgart, das die Hauptstadt umgab.[185] Auffällig ist, dass die Kommunalkassen

178 Hier und im Folgenden: Haemmerle (1908), S. 4.

179 Ebd.

180 [Hans Walz] [1936]: *100 Jahre Sparkasse Altensteig*, o. O., Tabelle auf S. 23.

181 *Handbuch der Deutschen Aktien-Gesellschaften*, 1904–1905, Band II, Leipzig 1905, S. 779.

182 *Bilanz der Maschinenfabrik Esslingen*, in: Staats-Anzeiger für Württemberg Nr. 175 vom 31. 07. 1911.

183 Württembergischer Sparkassen- und Giroverband (1985), S. 247.

184 Zu den Gründungsdaten: Sparkassenstatistik, diverse Jahrgänge; Württembergischer Sparkassen- und Giroverband (1985), S. 247–250.

185 Die Städtische Sparkasse Stuttgart von 1884 wurde trotz ihrer städtischen und damit kommunalen Trägerschaft in den zeitgenössischen Statistiken nicht als Gemeindeinstitut eingestuft, sondern als Oberamtssparkasse, weshalb hier ebenso verfahren werden soll. Vgl. die Sparkassenstatistik sowie Haemmerle (1908), S. 7. Der Grund für diese Einordnung liegt in der besonderen Stellung Stuttgarts als sogenannter Stadtdirektionsbezirk, der auch in allen sonstigen statistischen Publikationen stets als „Oberamt Stuttgart Stadt" bezeichnet wurde. Artikel 1 der Bezirksordnung vom 28. Juli 1906 bestätigte die Stellung des Stadtbezirks Stuttgart als staatlichem Verwaltungsbezirk (vgl. Regierungsblatt für das Königreich Württemberg, Nr. 25, vom 23. August 1906, S. 442). Die Umlandgemeinden von Stuttgart bildeten parallel hierzu den eigenen Bezirk „Oberamt Stuttgart Amt", wo bereits 1853 eine Oberamtssparkasse entstand. Die Namensähnlichkeit und die Eingemeindung der Vororte des „Amtsoberamtes" Stuttgart nach „Groß-Stuttgart" in den 1930er Jahren führten offenbar zu der irrtümlichen Annahme mehrerer Autoren, wonach die Städtische

vor allem in aufstrebenden Industriegemeinden abseits der Hauptorte der Oberämter entstanden. Darüber hinaus wirkte in Obermarchtal im Oberamt Ehingen eine 1847 gegründete Ortssparkasse als vermutlich letzte Überlebende einer zwischenzeitlich längst untergegangenen früheren Generation von Instituten.[186]

Unabhängig von ihrer plötzlichen Wiederbelebung blieb die Gruppe der lokal betriebenen öffentlichen Sparkassen mit nur sieben Instituten zu Beginn des 20. Jahrhunderts eine Randerscheinung. Das Gleiche gilt nach den vorliegenden spärlichen Informationen im Großen und Ganzen vermutlich für die Privatsparkassen. Die eigentlichen Träger des Sparkassenwesens während der Hochindustrialisierung in Württemberg waren damit die Landessparkasse mit ihrem flächendeckenden und dichten Agenturnetz sowie die Oberamtssparkassen, die in dieser Zeit nach einer wechselhaften Geschichte die letzten Lücken in ihren Reihen schlossen. Diese Einschätzung wird nicht zuletzt durch die Ausführungen zur Entwicklung des verwalteten Kapitals im nächsten Abschnitt untermauert.

2.7 Verwendete Sparkassenstatistiken und Entwicklung der Einlagen

In Württemberg begann der allmähliche Aufbau einer aussagekräftigen Sparkassenstatistik erst auf Initiative des württembergischen Sparkassenverbandes Mitte der 1880er Jahre.[187] Ab dem Jahr 1887 wurden dann regelmäßig umfassende Tabellenwerke mit dem Titel „Übersicht über den Geschäftsbetrieb und Vermögensstand der öffentlichen Sparkassen in Württemberg" publiziert.[188] Auf sie

Sparkasse Stuttgart als Gemeindeinstitut zusätzlich zu einer bestehenden Oberamtssparkasse für Stuttgart gegründet worden wäre. Dies trifft aber lediglich auf die Städtische Sparkasse Feuerbach zu, die zusätzlich zur Oberamtssparkasse Stuttgart (Amt) tätig war.

186 Dieses Institut wurde erst in den letzten Jahren vor dem Ersten Weltkrieg in der Sparkassenstatistik berücksichtigt.

187 Als erster Schritt angesehen werden kann der Aufsatz von Haag (1887): *Statistik der württ. Oberamtssparkassen in den Jahren 1883/84, 1884 und 1884/85*, in: Württembergische Jahrbücher für Statistik und Landeskunde, Jahrgang 1887, Band I, Heft 3, Stuttgart, S. 1–25. Eine Kurzfassung wurde auch im Oktober und November 1888 in den Blättern für das Armenwesen veröffentlicht. Die Veröffentlichung Haags ist zwar verhältnismäßig umfangreich. Allerdings bezieht sie sich erstens vor allem auf sehr grundsätzliche Fragen des Spargeschäftes. Zweitens ist die Erhebung unvollständig, da drei Kassen keine Auskünfte erteilten und zwei weitere Institute den ausgefüllten Fragebogen zu spät einsandten. Drittens weichen die Erhebungszeitpunkte voneinander ab. Während ein Teil der Kassen für das Kalenderjahr 1884 berichtete und ein anderer für das Kalenderjahr 1885, nahmen verschiedene Kassen auch aufgrund abweichender Geschäftsjahre die Rechnungsperioden 1883/84 beziehungsweise 1884/85 zur Grundlage. Haag war der frühere Schriftführer des Sparkassenverbandes und wurde von diesem mit der Erstellung der Statistik beauftragt.

188 Damit erfolgte auch innerhalb kurzer Zeit eine Umstellung des Geschäftsjahres der verbliebenen Sparkassen auf das Kalenderjahr. Die Veröffentlichung erfolgte in detaillierter Form bis einschließlich 1906 in den *Statistischen Handbüchern für das Königreich Württemberg*. Daneben erfolgte auch über dieses Jahr hinaus ein Abdruck in den *Blättern für das Armenwesen* der Zentralleitung des Vereins für Wohltätigkeit.

bezieht sich der in den nachfolgenden Kapiteln häufig vorkommende Verweis auf die „Sparkassenstatistik". Außerdem bestehen über die quantitative Entwicklung der Landessparkasse seit ihrer Gründung in verschiedenen Quellen lückenlose Zusammenstellungen.[189] Daneben liegen über die Arbeit der Partikularsparkassen vor 1887 verschiedene punktuelle Informationen und eine alternative Statistik vor.

Die älteste bekannte Veröffentlichung von Zahlenmaterial über die Sparinstitute in Württemberg ist eine Zusammenstellung von Carl August von Malchus über die Sparkassen in Europa.[190] Sie gibt ungefähr den Stand von 1836 wieder, aber sie ist vermutlich nicht vollständig. Demnach bestanden in dieser Zeit neun Oberamtssparkassen mit Einlagen in Höhe von zusammen 2,0 Mio. Gulden (3,5 Mio. Mark) und 13 Gemeindesparkassen mit 0,4 Mio. Gulden (0,7 Mio. Mark). Fünf Privatsparkassen verwalteten daneben Einlagen in Höhe von 0,8 Mio. Gulden (1,3 Mio. Mark). Das Geschäftsvolumen der Institute war somit im Vergleich zu späteren Jahren überschaubar, auch wenn die Zahlen nicht alle Kassen abdecken.

Der oben bereits erwähnte Aufsatz über die Hülfsleih- und Sparkassen in Württemberg von 1848 enthält neben allgemeinen Beschreibungen auch Angaben über Geschäftsvolumina.[191] Allerdings betreffen diese Angaben nur einen Teil der Kassen und auch die Aussagen über die Anzahl der Einrichtungen sind unvollständig und fehlerbehaftet.

Im Jahre 1864 veröffentlichte die Zentralleitung des Vereins für Wohltätigkeit in den Blättern für das Armenwesen einen etwas umfassenderen Beitrag über den „Vermögensstand der in Württemberg bestehenden meist von Corporationen garantirten öffentlichen Spar-Kassen".[192] Die Zusammenstellung enthält den Aktiv- und Passivstand sowie die Höhe des Reservefonds für das Rechnungsjahr 1862/63 von insgesamt 43 Kassen.

Im Jahr 1876 gab das Königlich Statistisch-Topographische Bureau die ebenfalls schon zitierte erste offizielle Übersicht über die Sparkassen heraus.[193] Sie beinhaltet für alle Sparkassenarten aggregierte Angaben zu den Einlagen. Für die 38 Oberamtssparkassen liegen darüber hinaus auch Einzelangaben für das Geschäftsjahr 1873/74 vor.

Über die vorgestellten Quellen hinaus besteht wie angemerkt eine weitere Statistik. Sie wurde erstmalig im Jahr 1856 in den Blättern für das Armenwesen abgedruckt und erschien hier wie auch später in den Statistischen Handbüchern. Die

189 Beispielsweise in: Rehm (1968), S. 37; *Statistisches Handbuch für das Königreich Württemberg*, diverse Ausgaben; Camerer (1876), S. 133 f.

190 Hier und im Folgenden: C[arl] A[ugust] von Malchus (1838): *Die Sparcassen in Europa: Darstellung der statutenmässigen Einrichtungen der grossen Mehrzahl von solchen in Europa, mit einer Nachweise des Betrages der in denselben angesammelten Ersparnisse*, Heidelberg und Leipzig [auch als Nachdruck: Stuttgart 1994], S. 20 bis S. 57.

191 Zentralleitung für Wohltätigkeit (1848), S. 161–163.

192 Zentralleitung für Wohltätigkeit (1864), S. 141–145.

193 Camerer (1876), S. 123–178.

Zahlenwerke mit dem Titel „Uebersicht über die Betheiligung an den in Württemberg bestehenden Sparkassen“ enthalten diejenigen Beträge pro Oberamtsbezirk und getrennt nach Landessparkasse und sonstigen Sparkassen, die in dem betreffenden Jahr „eingelegt“ beziehungsweise „zurückgezogen“ wurden. Es handelt sich also nicht um die Angabe von Bestandsgrößen, sondern um die Wiedergabe des Sparverhaltens innerhalb eines Jahres. Etwas problematisch an dieser Quelle ist, dass die Rubrik der sonstigen Sparkassen alle Partikularinstitute, das heißt Oberamtssparkassen und gegebenenfalls Gemeinde- und Privatsparkassen eines Bezirkes als Summe zusammenfasst. Entsprechende Hinweise für die betroffenen Oberämter in Form von Anmerkungen und Fußnoten wurden aber nur sporadisch gemacht.

Trotz der daraus erwachsenden Ungenauigkeiten ermöglichen die letztgenannten Tabellenwerke eine Abschätzung über die unstetige Entwicklung der Einlagenstände ab Mitte der 1850er Jahre bis Ende der 1880er Jahre. Dies ist möglich, indem die Zahlen über die Spartätigkeit mit den bekannten Bestandswerten der Jahre 1862/63, 1873/74 sowie dem Beginn der fortlaufenden Statistik 1887/88 verknüpft werden. Hierbei ist zu berücksichtigen, dass sich die zu ermittelnden Einlagenstände (E_t) nicht nur durch Einzahlungen der Sparer ($Einz_t$) und der Zurückziehung von Geldern ($Ausz_t$) veränderten, sondern auch aufgrund der Kapitalisierung von Zinsen (i_t). Für die Berechnungen wird die nachstehende Formel (1) genutzt.

$$(1) \qquad E_t = E_{t-1}\,(1 + i_t/100) + Einz_t - Ausz_t$$

Die tatsächlich verwendeten Zinssätze der diversen Sparkassen und die Verzinsungsmodalitäten[194] sind zwar nicht bekannt. Für die zu überbrückenden Zeiträume können aber ersatzweise einheitliche Werte mit Hilfe einer mathematischen Iteration als Residuum aus den vorhandenen Daten über die Einzahlungen, die Auszahlungen sowie den Anfangs- und Endbeständen abgeschätzt werden. Für den Zeitabschnitt von 1862/63 bis 1873/74 ergibt sich ein Zinssatz von rund 2,0 %,[195] der auch für die Extrapolation bis Mitte der 1850er Jahre verwendet werden soll. Für die Phase von 1873/74 bis zum Anknüpfungszeitpunkt an die fortgesetzte Statistik 1887/88 lässt sich ein Wert von rund 2,4 % ermitteln.[196] Als weiteres Detail der Berechnungen werden Ein- und Auszahlungsbeträge verschiedener Oberämter nicht berücksichtigt. Der Ausschluss betrifft insbesondere diejenigen Bezirke, in denen keine Oberamtssparkassen tätig waren, aber für die

194 Die taggenaue Verzinsung wurde erst am Ende des 19. Jahrhunderts eingeführt. Im hier betrachteten Zeitraum begann die Verzinsung meist erst ab dem folgenden Monat nach der Einzahlung und sie endete auch im Vormonat vor einer Auszahlung. Teilweise wurden keine Zinsen für Einlagen bezahlt, die innerhalb einer bestimmten Frist, beispielsweise drei Monate, wieder zurückgezogen wurden.

195 Der exakte für die Berechnungen verwendete Wert beträgt 2,037346 %.

196 Der exakte für die Berechnungen verwendete Wert beträgt 2,371842156 %.

Informationen über das Wirken von Gemeinde- oder Privatsparkassen vorliegen.[197]

Die Vorgehensweise bedingt, dass die Ergebnisse nur als Richtwerte zu verstehen sind. Zu den Quellen für etwaige Ungenauigkeiten gehört einerseits die Nutzung der einheitlichen Zinssätze für die zu überbrückenden Zeiträume. In der Realität dürfte sich der landesweite Durchschnittszinssatz im Zeitablauf fortwährend geändert haben. Außerdem können Zinsgutschriften für die innerhalb eines Jahres neu getätigten Einlagen nicht berücksichtigt werden, da die individuellen Einzahlungszeitpunkte unbekannt sind. Darüber hinaus sind in den verwendeten Angaben über das Sparverhalten neben den Oberamtssparkassen möglicherweise auch unbekannte Gemeinde- oder Privatsparkassen enthalten. Dieser Umstand wird jedoch durch die vorgenommene Modellierung per Saldo aufgefangen. In dem betrachteten Zeitraum bewegten sich die Sparzinsen im Bereich von etwa 3,0 % bis 4,0 % mit sinkender Tendenz in den 1870er Jahren. Dass die Iterationen nur Zinssätze von 2,0 % und 2,4 % ergaben, kann als eine Art auto-

197 Zu Verzerrungen käme es ohne den Ausschluss vor allem in den ersten Jahren des hier betrachteten Zeitraumes, in denen Privat- und Gemeindesparkassen noch häufiger vorkamen. Ausgelassen wurden die Ein- und Auszahlungsbeträge des Oberamts Böblingen, welche die Privatsparkasse Sindelfingen repräsentieren. Das Gleiche gilt für Horb mit der Ortssparkasse Börstingen, für Nagold mit der Privatsparkasse in Altensteig und für Marbach, Künzelsau sowie Öhringen mit den dortigen Privatsparvereinen. Darüber hinaus wurden die Angaben für Maulbronn und Sulz nicht in die Berechnungen einbezogen, da die wenigen und möglicherweise unvollständigen Einträge vermutlich nur die Abwicklung der Reste der dort wieder aufgelösten Institute dokumentieren. Ausgelassen wurden darüber hinaus auch die Angaben für Stuttgart (Stadt) bis einschließlich 1883/84, da diese Zahlen vermutlich entweder nur die Allgemeine Rentenanstalt oder den Privatsparverein „Sparhafen“ betreffen. Bis zur Gründung der Städtischen Sparkasse Stuttgart 1884 bestand keine Spareinrichtung des Stadtbezirks, die in den hier vorgenommenen Berechnungen zu berücksichtigen wäre. Im Fall der Oberämter Cannstatt und Ravensburg zeichnen die Statistiken über die jährliche Spartätigkeit das Bild häufiger Wechsel von teilweise großen Netto-Einzahlungsbeträgen und großen Netto-Auszahlungsbeträgen, die sich mit den bekannten Informationen nicht erklären lassen. Außerdem übersteigen die kumulierten Netto-Einzahlungen die später in den anderen Statistiken veröffentlichten Einlagenstände der beiden Oberamtssparkassen. Vor diesem Hintergrund ist es wahrscheinlich, dass zusätzlich Privatsparkassen, Ortssparkassen oder ähnliche Institute gewirkt haben, zu denen jedoch keine Anmerkungen gemacht wurden. Der oben praktizierte Weg der generellen Nichtberücksichtigung der beiden Oberämter ist hier aber nicht möglich, da reguläre Oberamtssparkassen bestanden. Aus diesem Grund werden in den Berechnungen für den Zeitraum 1854/55 bis 1873/74 anstelle der abgedruckten Werte über die Spartätigkeit aus den Statistiken für jedes Jahr ersatzweise Beträge berücksichtigt, die 0,48 % und 6,26 % der Netto-Einzahlungssumme der regulär berücksichtigten Oberämter ausmachen. Beide Prozentzahlen ergeben sich als Mittelwerte der Anteile der Oberamtssparkassen Cannstatt und Ravensburg an den bekannten Einlagensummen der Jahre 1862/63 beziehungsweise 1873/74. Diese Vorgehensweise dürfte das Gesamtergebnis der Schätzungen kaum verzerren, da alle Sparkassen im Großen und Ganzen den gleichen Schwankungen der Konjunktur, der Erntezyklen sowie den politischen Krisen unterlagen.

matischer Ausgleich für möglicherweise geringfügig zu hohe Netto-Einzahlungsbeträge interpretiert werden.[198]

Die nachfolgende Abbildung gibt das Ergebnis der Abschätzungen für den Zeitraum 1853/54 bis 1887/88 wieder, wobei die Rauten die Jahre mit den Veröffentlichungen von Einlagenständen 1862/63 beziehungsweise 1873/74 sowie den Anknüpfungspunkt an die fortlaufende Statistik 1887/88 markieren. Zusätzlich ist die Entwicklung des Einlagenstandes der Landessparkasse abgetragen.

Abbildung 2: Entwicklung der Einlagenstände von Oberamtssparkassen und Landessparkasse zwischen 1853/54 und 1887/88 in Mio. Gulden

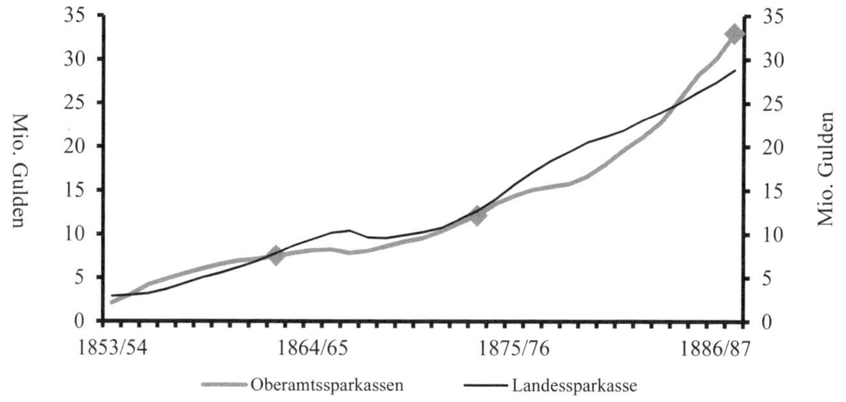

Quellen: Für die Landessparkasse: Statistisches Handbuch für das Königreich Württemberg, diverse Ausgaben; für die Oberamtssparkassen: eigene Schätzung wie im Text erläutert; eigene Darstellung.
Anmerkung: Die Zeitreihe für die Oberamtssparkassen ist als Tabelle A1 im Anhang ausgewiesen.

In der ersten Hälfte der 1850er Jahre betrugen die Einlagen bei allen Oberamtssparkassen zusammen schätzungsweise nur 2,1 Mio. Gulden (3,6 Mio. Mark).[199] Demnach bewegte sich diese Institutsgattung ungefähr auf dem gleichen Niveau wie noch Mitte der 1830er Jahre gemäß den Angaben in dem Werk von Malchus'. Vermutlich als Folge der zweiten Gründungswelle und der konjunkturellen Er-

198 Zur Einschätzung der Qualität der vorgenommenen Berechnungen sei jedoch angemerkt, dass sich die Gesamteinlagenbestände in dem betreffenden Zeitraum verfünfzehnfacht haben. Darüber hinaus war der effektive Zinssatz aus Sicht der Sparkassen niedriger als der nominale Zinssatz, da die Verzinsung erst zu Beginn des Folgemonats nach der Einzahlung einsetzte und schon im Monat vor der Auszahlung endete. Die taggleiche Verzinsung wurde erst später eingeführt.
199 Die hier und im Folgenden genannten Zahlen sind Tabelle A1 im Anhang entnommen.

holung nach den Krisenjahren stieg das Volumen der Einlagen bis Anfang der 1860er Jahre dynamisch auf 6,9 Mio. Gulden (11,9 Mio. Mark) an. Diese Zahlen bestätigen den Erfolg der neu ausgerichteten Ordnungspolitik zur Förderung des Sparkassenwesens nach den Misserfolgen in den 1840er Jahren. Im Geschäftsjahr 1860/61 fand jedoch eine Zäsur statt, denn der ansteigende Trend der jährlichen Brutto-Einzahlungsbeträge brach trotz des Wirtschaftswachstums plötzlich ab. Nach einem Höchstwert von fast 4,2 Mio. Gulden (7,1 Mio. Mark) im Jahr 1859/60 beliefen sich die Einzahlungen in der Folgezeit auf nur noch durchschnittlich 1,5 Mio. Gulden (2,6 Mio. Mark) pro Jahr.[200] In der ersten Hälfte der 1860er Jahre verlangsamte sich deshalb das Wachstum der Gesamteinlagen, und während des Deutsch-Deutschen Krieges von 1866 war sogar ein kleiner Rückgang zu verzeichnen. Die skizzierte Entwicklung mit zunächst rasantem Wachstum in den 1850er Jahren und einer späteren Abschwächung ist übrigens vollkommen identisch mit dem Geschäftsbetrieb der Oberamts-Spar- und Leih-Kasse Göppingen, von der sich Rechnungsbücher mit Einlagenständen aus dem entsprechendem Zeitraum erhalten haben.[201] Die Landessparkasse wuchs bis Anfang der 1860er Jahre prozentual etwas schwächer. Ihre Einlagen stiegen von 2,9 Mio. Gulden (4,9 Mio. Mark) 1853/55 auf 6,2 Mio. Gulden (10,6 Mio. Mark) 1860/61 an. Im Krieg von 1866 musste die Landessparkasse zudem einen stärkeren Rückgang des Passivvolumens verkraften.

Zu Beginn der 1870er Jahre setzte das Wachstum wieder ein. Dabei entwickelte sich die Landessparkasse bis zu Beginn der 1880er Jahre schneller als die Oberamtssparkassen. Mit dem Beginn der dritten Gründungswelle in den Bezirken 1878 begann jedoch ein Aufholprozess der letztgenannten. Um das Jahr 1887 kamen die Oberamtssparkassen in der Summe auf einen aggregierten Einlagenstand in Höhe von 56,3 Mio. Mark beziehungsweise 32,9 Mio. Gulden in der alten Währung und ließen damit die Landessparkasse endgültig hinter sich, deren Einlagen 49,4 Mio. Mark beziehungsweise rund 28,8 Mio. Gulden umfassten. In den folgenden Jahren bauten die Oberamtssparkassen ihren Vorsprung bei stark steigendem Geschäftsvolumen weiter aus. Ende 1913 verwalteten sie Kundengelder in Höhe von 389,9 Mio. Mark und kamen damit auf einen Anteil unter allen öffentlichen Sparkassen des Landes von 62,3 %. Die Landessparkasse erreichte mit Einlagen über 226,1 Mio. Mark einen Anteil in Höhe von 36,1 %.

200 Gleichzeitig verringerten sich die Rückzahlungen von Spargeldern und aufgelaufenen Zinsen von 3,3 Mio. Gulden (5,6 Mio. Mark) im Jahr 1859/60 auf nur noch durchschnittlich 1,3 Mio. Gulden (2,2 Mio. Mark) in den Folgejahren. Es fand also ein allgemeiner Rückgang des Geschäftsvolumens statt.

201 Kreisarchiv Göppingen (nachfolgend: KrA GP), P 1, A 1 bis 20 „Oberamtssparkassenrechnung pro Kalenderjahr 18..“.

Abbildung 3: Entwicklung der Einlagenstände der öffentlichen Sparkassen zwischen 1887 und 1913 in Mio. Mark

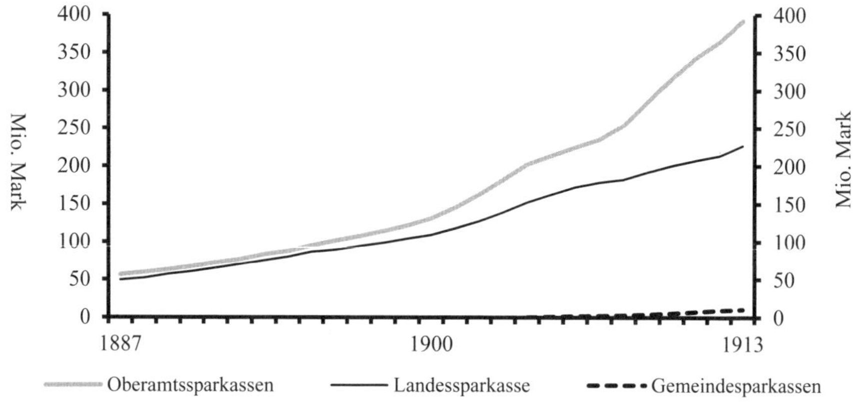

Quellen: Statistisches Handbuch für das Königreich Württemberg, diverse Ausgaben; eigene Darstellung.

Die nach der Jahrhundertwende gegründeten Gemeindesparkassen erlebten bis zum Abschluss des Untersuchungszeitraumes gemessen an ihren kleinen Geschäftsgebieten einen beeindruckenden Anstieg der Spareinlagen. Ende 1913 umfassten diese 10,3 Mio. Mark, was jedoch nur einem Anteil von 1,7 % an den öffentlichen Sparkassen in Württemberg entsprach. Aus dieser Perspektive betrachtet waren die Gemeindesparkassen vergleichsweise unbedeutend. Vermutlich ließe sich diese Aussage auch für die Gruppe der zu diesem Zeitpunkt noch bestehenden Privat- und Fabriksparkassen treffen, wenn entsprechende Angaben für alle Institute vorliegen würden.

Die jährlichen prozentualen Einlagenzuwächse der württembergischen Sparkassen schwankten zwar und fielen in einzelnen Krisenjahren sogar negativ aus. Im Großen und Ganzen bewegten sie sich jedoch im mittleren bis hohen einstelligen Prozentbereich. So lässt sich für die Landessparkasse eine durchschnittliche jährliche Wachstumsrate der Einlagen in Höhe von 7,0 % für den Zeitraum 1853/54 bis 1887 ermitteln und ab da bis Ende 1913 eine leichte Abschwächung auf 6,0 %. Dieser Rückgang könnte auf die Einführung der Bismarck'schen Sozialversicherungen zurückgehen. Wie Sibylle Lehmann-Hasemeyer und Jochen Streb in einer ökonometrischen Untersuchung der preußischen Sparkassen zeigen, veranlasste der neue Versicherungsschutz die Arbeiter in Preußen, ihre Sparanstrengungen zurückzufahren.[202] Neben den Daten der Landessparkasse belegen auch

202 Sibylle Lehmann-Hasemeyer und Jochen Streb (2017): *Does Social Security Crowd Out Private Savings? The Case of Bismarck's System of Social Insurance*, in: European Review of Economic History, Vol. 22 (3), S. 298–321.

die errechneten Zahlen für die württembergischen Oberamtssparkassen eine Abschwächung des Einlagenwachstums. Im Zeitraum von 1853/54 bis 1887 betrug der Durchschnittswert 8,4 %. Ab diesem Geschäftsjahr bis 1900 kühlte die Wachstumsrate auf 6,7 % pro Jahr ab. Sie stieg aber anschließend bis Ende 1913 auf durchschnittlich 8,8 % pro Jahr an, wodurch sich der Abstand der Einlagensumme zur Landessparkasse weiter erhöhte.

2.8 Definition des Finanzvermögens als analytische Kennzahl

Die Einlagenstände ermöglichen nicht nur eine Vorstellung über die Entwicklung des Sparkassenwesens eines Landes, sondern auch über den Geschäftsumfang jeder einzelnen Sparkasse. Für möglichst exakte Analysen zum Kreditgeschäft ist ein etwas weiterer Blickwinkel jedoch noch etwas besser geeignet. Den Sparkassen standen für Darlehensvergaben und andere Anlagen nämlich nicht nur die Einlagen zur Verfügung. In der Regel existierte darüber hinaus auch bilanzielles Eigenkapitel. Es wurde von den Zeitgenossen in Württemberg als Reservefonds bezeichnet. Im Durchschnitt betrug dieser bei den Oberamtssparkassen im Jahr 1887 knapp 5,3 % gemessen an den Einlagen und 1913 noch gut 3,5 %. Die Schwankungsbreite war jedoch erheblich. 1887 erreichten die Oberamtssparkassen in Ludwigsburg und Hall Werte von mehr als 15 % und drei weitere Kassen lagen über 10 %.

Auf der anderen Seite operierten vor allem junge Kassen in ihren Anfangsjahren mit negativem Eigenkapital, was dann als „Unterbilanz“[203], „Abmangel“[204] oder als „Vermögensunzulänglichkeit“[205] bezeichnet wurde. So betrug der Reservefonds Ende 1913 im Fall der 1906 gegründeten Stadtsparkasse Ulm rechnerisch -1,0 % und im Fall der 1910 gegründeten Gemeindesparkasse in Dürrmenz-Mühlacker -0,4 % gemessen an den Einlagen. In diesen Fällen war die Summe der ausstehenden Darlehen und anderer Vermögensgegenstände somit geringer als der Einlagenstand. Teilweise bestanden neben den Einlagen und dem Reservefonds noch weitere Passivposten wie Pensionsrücklagen für die Sparkassenmitarbeiter und ähnliches.

Vor diesem Hintergrund erscheint es sinnvoll, nicht den Einlagenstand, sondern einen alternativen Wert zu nutzen, der das Darlehensgeschäft der Sparkassen möglichst vollständig umfasst. Die naheliegende Verwendung von Bilanzsummen scheidet übrigens aus. Während des Untersuchungszeitraumes wurden solche Zahlen weder in den individuellen Rechnungsbüchern, noch in den ver-

203 So im statistischen Anhang bei Haemmerle (1908).
204 So in den statistischen Übersichten in den Blättern für das Armenwesen, diverse Jahrgänge.
205 So in den Statistisches Handbüchern für das Königreich Württemberg, diverse Jahrgänge.

öffentlichten Statistiken ausgewiesen. Die Sparkassen nutzten eine behördlich-kameralistische Buchführung und die frühen Jahresabschlüsse stellen lediglich Einnahmen-Ausgaben-Überschussrechnungen dar. Erst im Zeitablauf fand eine allmähliche Annäherung an das System der doppelten Buchführung statt und es wurden immer mehr Bestandsgrößen ermittelt und ausgewiesen.

Die ab 1887 veröffentlichten Zahlenwerke enthalten Einzelangaben über die wichtigsten Vermögenswerte wie die ausstehenden Darlehen und den Wertpapierbesitz. Darüber hinaus wurden unter der Bezeichnung „Aktivvermögen" auch Summenwerte angegeben. Diese Zahlen sind intertemporal jedoch nicht vergleichbar, da in späteren Jahren der Wert von Liegenschaften hinzugefügt wurde sowie die Summe der Stückzinsen. Bei der letztgenannten Größe handelt es sich nach heutiger Terminologie um einen antizipativen Rechnungsabgrenzungsposten. Er gibt die Höhe der im jeweiligen Geschäftsjahr verdienten Kreditzinsen an, die jedoch angesichts von Zinsterminen im Folgejahr noch nicht fällig waren. Diese Beträge standen somit auch noch nicht für die Kreditvergabe zur Verfügung.

Vor dem Hintergrund dieser Ungenauigkeiten der damals veröffentlichten Zahlen wird an dieser Stelle eine neue Größe definiert. Sie soll zeitlich konstant sein und das Kredit- und Anlagegeschäft als Spiegelbild des verwalteten Passivkapitals und des Reservefonds möglichst gut abbilden. Diese Größe wird nachfolgend als Finanzvermögen bezeichnet. Sie beinhaltet für jede Sparkasse zum Ende des jeweiligen Geschäftsjahres alle ausstehenden Hypotheken-, Schuldschein- und sonstigen Darlehen an private Kreditnehmer wie auch an die öffentliche Hand. Außerdem werden der Wertpapier- und der Kassenbestand, sonstige liquide Mittel sowie unverzinsliche Außenstände wie beispielsweise Kredite an soziale Einrichtungen berücksichtigt. Nicht einberechnet wird dagegen der Wert von Liegenschaften, da entsprechende Angaben in den frühen Ausgaben der Sparkassenstatistik unvollständig sind. Auch auf die Hinzuzählung von Stückzinsen wird verzichtet. Im Grunde handelt es sich bei der so definierten Größe um eine geringfügig verkürzte Bilanzsumme der Sparkassen.

Die nachfolgende Tabelle 3 enthält die Werte für das Finanzvermögens der elf archivalisch zu untersuchenden Sparkassen für das Jahr 1887, das Jahr 1900 und den Abschluss des Untersuchungszeitraumes 1913.

Im Rechnungsjahr 1887 kam lediglich die Oberamtssparkasse Ravensburg auf ein Finanzvermögen in Höhe von mehr als 2,0 Mio. Mark. Ende 1913 befanden sich dagegen neun von elf Kassen über dieser Marke. Die Sparkasse in Ravensburg hatte zu diesem Zeitpunkt bereits die Marke von 10,0 Mio. Mark überschritten und war damit fast zehn Mal größer als ihr Schwesterinstitut in Maulbronn. Wie zu zeigen sein wird, hatte dies große Auswirkungen auf das Kreditgeschäft.

Die Höhe des Finanzvermögens ermöglicht die Aufstellung einer Rangliste der Oberamtssparkassen nach ihrer Bedeutung für den Kapitalmarkt und eine Einordnung der elf Institute des hier untersuchten Panels. Die Sparkasse aus Ravensburg belegte mit ihrem Finanzvermögen in Höhe von 10,6 Mio. Mark Ende 1913 den 6. Rang unter den Oberamtssparkassen des Landes.

Tabelle 3: Finanzvermögen der archivalisch untersuchten Sparkassen in Mio. Mark

Oberamts-sparkasse	Jahr der Gründung	Finanzvermögen in Mio. Mark 1887	1900	1913
Biberach	1854	0,77	2,00	8,61
Kirchheim	1853	1,57	2,53	7,46
Künzelsau	1900	-	-	1,24
Ludwigsburg	1852	1,22	2,65	6,39
Maulbronn	1883	0,32	0,69	1,11
Nagold	1889	-	0,65	3,08
Göppingen	1846	1,27	3,02	9,71
Geislingen	1851	0,48	1,76	7,73
Ravensburg	1822	2,17	3,79	10,55
Waldsee	1895	-	1,23	4,54
Leutkirch	1825	1,89	3,50	7,83

Quellen: Eigene Berechnung auf der Grundlage der Angaben in: Statistisches Handbuch für das Königreich Württemberg, diverse Ausgaben; Blätter für das Armenwesen, diverse Ausgaben.

Die zu dem Drittel der größten Institute gehörenden Kassen in Göppingen, Biberach, Leutkirch, Geislingen, Kirchheim und Ludwigsburg nahmen mit Werten zwischen 9,7 Mio. Mark und 6,4 Mio. Mark die Plätze 7, 10, 14, 15, 17 und 21 ein. Die beiden Oberamtssparkassen in Waldsee und Nagold verwalteten Finanzermögen in Höhe von 4,5 Mio. Mark beziehungsweise 3,1 Mio. Mark. Sie belegten die Plätze 33 und 44. Die kleinsten Oberamtssparkassen des Panels bilden die Einrichtungen in Künzelsau und Maulbronn mit Finanzvermögen in Höhe von 1,2 Mio. Mark und 1,1 Mio. Mark. Sie kamen damit auf Rang 62 beziehungsweise Rang 63 von insgesamt 64 Oberamtssparkassen in Württemberg. Nur Böblingen als die am spätesten gegründete Einrichtung des Landes war am Ende des Untersuchungszeitraumes noch kleiner.

2.9 *Zwischenfazit*

Die große ökonomisch-strukturelle, kulturelle und geographische Vielfalt Württembergs wird durch die Geschäftsgebiete der Panel-Sparkassen gut abgebildet. Die Stichprobe enthält kleine und große Institute aus überwiegend protestantisch geprägten Gebieten Altwürttembergs sowie kleine und große Institute aus den katholischen Anerbengebieten des jüngeren Landesteils. Das Panel beinhaltet sowohl schwach wie auch stark industrialisierte Regionen. Außerdem umfassen die Sparkassen höchst unterschiedliche Landschaftstypen.

Die elf Institute des Panels decken alle drei Entstehungsphasen der Oberamtssparkassen ab. Zwei Institute wurden in der ersten Gründungswelle errichtet, fünf in der zweiten Welle und vier in der dritten. Damit sind sowohl etablierte wie auch eher junge Kassen in der Untersuchungsgruppe enthalten. In Relation zu allen 64 Oberamtssparkassen des Landes sind in dem Panel größere Institute allerdings etwas stärker und das Feld der mittelgroßen sowie der kleinen Kassen spiegelbildlich etwas schwächer vertreten. Dies ist bei der Interpretation der Ergebnisse und bei der in Kapitel 12 folgenden Abschätzung der gewerblichen Kreditvergabe aller württembergischen Oberamtssparkassen zu berücksichtigen. Ebenfalls zu beachten ist, dass gleich drei Institute mit dem Ausnahmefall von weiteren Partikularsparkassen in ihrem Geschäftsgebiet konfrontiert waren. Im Bezirk Maulbronn wirkte auch die Gemeindesparkasse Dürrmenz-Mühlacker, im Bezirk Künzelsau der Privatsparverein Altensteig und in Künzelsau die dortige Privatsparkasse. Dieser Umstand ist im Sinne der hier folgenden Untersuchungen jedoch kein Nachteil, sondern vorteilhaft. Da vor diesem Hintergrund die eigentlichen Geschäftsgebiete der Oberamtssparkassen kleiner ausfielen beziehungsweise eine Wettbewerbssituation bestand, ist es möglich, das Wirken von verhältnismäßig kleinen Instituten im Kreditgeschäft zu betrachten.

Ein gewisser Mangel besteht lediglich im Bereich der größten Institute. Die Sparkasse im Stadtdirektionsbezirk Stuttgart und die Landessparkasse verwalteten Ende 1913 Finanzvermögen in Höhe von 67,3 Mio. Mark beziehungsweise von 234,1 Mio. Mark. Angesichts dieser Werte ist es möglich, dass sich das Kreditgeschäft beider Einrichtungen in anderen Dimensionen bewegte, als dies bei den Panel-Kassen zu beobachten ist. Von diesen Instituten haben sich keine relevanten Archivalien aus dem Untersuchungszeitraum erhalten.[206] Gleichzeitig fehlt mit Stuttgart das wirtschaftlich wichtigste Zentrum des Landes. Aus diesem Grund wird in Kapitel 12 gesondert auf Informationen aus der Literatur eingegangen, die gewisse Rückschlüsse erlauben.

206 Dies geht hervor aus: Elke Schmitt (2006): *Württembergische Landessparkasse Stuttgart, 1816–1994, Repertorium des Wirtschaftsarchivs Baden-Württemberg*, Bestand B 101, Stuttgart.

II. Teil

Nachweise für die Darlehensnutzungen

3. Mikrofundierung der Nutzungszwecke von Hypothekendarlehen

3.1 Vorbemerkungen

In den untersuchten Archivalien deutet alles darauf hin, dass die Mitarbeiter der Sparkassen ihre Kreditkunden nie nach den Gründen für die Kapitalaufnahmen fragten, sondern diesen Punkt diskret ausklammerten. Zwar ist das gesprochene Wort der Beteiligten nicht überliefert. Doch wenn der Verwendungszweck für die Kreditgewährung im Einzelfall relevant gewesen wäre, dann hätten sich entsprechende schriftliche Anmerkungen zumindest für diejenigen Geldvergaben erhalten, die umfassend dokumentiert sind. Beispielsweise fand die Kommunikation zwischen den Sparkassen und ihren Kunden in manchen Fällen ausschließlich auf dem Postweg statt.

Dennoch erlaubt ein Teil der Archivalien Aussagen über die Verwendung der Darlehen und auch den Nachweis für die kommerzielle Nutzung von Sparkassengeldern. Dies wird durch die Betrachtung der Mikroebene, also der Untersuchung einzelner Kreditfälle möglich. Hierfür eigenen sich insbesondere die archivalischen Überlieferungen der Oberamtssparkassen Biberach und Kirchheim. Aus Biberach liegen die Protokolle von Sitzungen vor, in denen die Darlehensgesuche besprochen wurden. Die handschriftlichen Dokumente enthalten in der Regel kurze Eintragungen zu jedem Kreditwunsch mit dem Namen, Wohnort und Beruf des Gesuchstellers, oftmals mit einer knappen Beschreibung der hypothekarisch zu beleihenden Immobilien und mit dem gewünschten Darlehensbetrag sowie der Reaktion der Verantwortlichen. Aus Kirchheim haben sich neben Darlehensanträgen auch die Urkunden mit den Schätzwerten der beliehenen Immobilien und der dazugehörige Schriftverkehr erhalten.

Durch die Nennung von Details in beiden Quellen und beiläufige Bemerkungen wird es ab und an möglich, die Gründe für Darlehensaufnahmen zu erkennen. Außerdem offenbaren manche Aussagen die Zielsetzungen, Meinungen und die Geschäftspolitik der handelnden Personen, was an verschiedenen Stellen später erläutert wird. Einen hohen Informationsgehalt weisen oftmals solche Fälle auf, bei denen ein bestimmter Sachverhalt zunächst unklar war und deshalb Anlass für Rückfragen gab. Die Antworten schlugen sich dann in Biberach in entsprechenden Protokolleinträgen und in Kirchheim in zusätzlichem Schriftverkehr mit den Kunden oder den beteiligten Behörden nieder.

Aus der Vielzahl der betrachteten Fälle lassen sich Grundmuster von Finanzierungen und Verwendungszwecke identifizieren, die nachfolgend beschrieben werden. Teilweise wird dabei auch auf die Untersuchungsergebnisse der anderen Panel-Sparkassen zurückgegriffen und es werden die dazugehörigen Vorschriften der Satzungen vorgestellt. Für die hier im Vordergrund stehenden Hypothekendarlehen galten denkbar einfachste Regeln. Die Sparkassen akzeptierten grundsätzlich nur erstrangige Hypotheken und der Darlehensbetrag durfte maximal die Hälfte des Schätzwertes der Immobilie ausmachen.[207] Der resultierende Beleihungshöchstsatz war demnach 50 %. Außerdem sollten sich für die Sicherheiten *„jederzeit Kaufsliebhaber"* finden lassen,[208] also eine positive Einschätzung zur Marktgängigkeit beziehungsweise Verkäuflichkeit der Immobilien vorliegen. Von der Gründung der Institute bis in die 1890er Jahre genügte vor diesem Hintergrund oftmals nur ein kleiner Absatz in den Statuten zur Regelung des Kreditgeschäftes.[209] Danach erfolgte eine stärkere Ausdifferenzierung der Vorgaben gemäß den beliehenen Objekten. Sie verbreiteten sich in den Jahren ab 1906 landesweit durch die Übernahme der Mustersatzung des Württembergischen Sparkassenverbandes.[210]

Die typischen kleingewerblichen Finanzierungen und die Kredite an Unternehmen wurden bereits ausführlich in der Veröffentlichung „Die Darlehensvergabe der Oberamtssparkasse Kirchheim unter Teck 1907 bis 1913, Eine Sparkasse als regionale Finanzierungsquelle für Gewerbe und Infrastruktur" beschrieben.[211] Auf die vollständige Wiedergabe dieser Beispiele soll hier verzichtet werden. Stattdessen stehen nachfolgend überwiegend Kreditfälle aus Biberach im Vordergrund, die gegebenenfalls um Informationen aus Kirchheim ergänzt wer-

207 Exemplarisch: Statuten der Oberamtssparkasse Ravensburg, genehmigt am 8. Oktober 1852 (nachfolgend „Statuten Ravensburg 1852"), § 7, in: Wirtschaftsarchiv Baden-Württemberg (nachfolgend: WABW), B 201, (Lfd. Nr. 3) B-Nr. 12, „Statuten und Satzungen"; Satzung der Oberamtssparkasse Waldsee, vermutlich 1895, (nachfolgend „Satzung Waldsee 1895"), § 14, Absatz 1, in: WABW, B 204, (Lfd. Nr. 103) B-Nr. 8, „Jahresrechnung 1896"; Statuten der Oberamtssparkasse in Kirchheim u. Teck, festgestellt durch Amtsversammlungs-Beschluß vom 8. August 1901 (nachfolgend „Statuten Kirchheim 1901"), § 16, Absatz 2 sowie Satzung der Oberamtssparkasse Kirchheim u. Teck, vom 6. Oktober 1909 (nachfolgend „Satzung Kirchheim 1909"), § 19, beide in: Historisches Archiv der Kreissparkasse Esslingen-Nürtingen (nachfolgend: HA KSK E-N); Satzung der Oberamtssparkasse Leutkirch von 1901 (nachfolgend „Satzung Leutkirch 1901"), § 11, in: WABW, B 202, (Lfd. Nr. 7) B-Nr. 397, „Protokolle der Amtsversammlung und der Bezirksratssitzungen"; Satzung der Oberamtssparkasse Waldsee 1907 (nachfolgend „Satzung Waldsee 1907"), § 18, Absatz 1, in: WABW, B 204, (Lfd. Nr. 7) B-Nr. 124, "Erarbeitung von Satzungsänderungen"; Mustersatzung für die öffentlichen Sparkassen in Württemberg, Herausgegeben vom Württembergischen Sparkassenverband, 1908 (nachfolgend „Mustersatzung 1908"), § 18, Absatz 1, in: WABW, B 201, (Lfd. Nr. 3) B-Nr. 12, „Statuten und Satzungen".

208 Satzung Kirchheim 1909, § 19; Mustersatzung 1908, § 18, Absatz 6 und 14.

209 Beispielsweise die Statuten der Oberamtssparkasse Ravensburg von 1852, 1874, 1881, 1888, 1893, 1897, 1900, 1901 und 1904, in: WABW, B 201, (Lfd. Nr. 3) B-Nr. 12, „Statuten und Satzungen"; Kritisch erwähnt der Württembergische Sparkassenverband in der Begründung seiner ersten Mustersatzung die bestehende Satzung einer Sparkasse, „die noch im Jahr 1901 mit einem einzigen Artikel von zehn Zeilen über das ganze Wesen der Geldausleihung glaubt hinwegkommen zu dürfen", in: Ebd.

210 Dies ergibt sich aus dem Abgleich der Satzungstexte.

211 Proettel (2013), S. 3–27.

den. Die Grundstrukturen der Darlehensnutzung waren bei beiden Oberamtssparkassen identisch.

Um ein möglichst vollständiges Bild vom Kreditgeschäft der Sparkassen zu erhalten und zur besseren Abgrenzung, behandeln die nachfolgenden Ausführungen neben kommerziellen Nutzungen weitere typische Darlehensverwendungen. Hierzu gehören Kredite für den wohnwirtschaftlichen Einsatz und für sonstige Zwecke sowie zur Finanzierung der Landwirtschaft. Zum Abschluss des Kapitels werden einige Fallbeispiele präsentiert, bei denen die gewerbliche Nutzung der Hypothekendarlehen besonders gut dokumentiert ist und wo die Kombination von Informationen aus den Sparkassenarchivalien mit weiteren Quellen die Hintergründe der Kapitalaufnahmen offen legen.

3.2 Die wohnwirtschaftliche Darlehensnutzung

Die Bezirke Biberach und Kirchheim waren zu Beginn des 20. Jahrhunderts überwiegend kleinstädtisch beziehungsweise dörflich geprägt. Als Kreditsicherheit für Wohnraumfinanzierungen dienten deshalb in erster Linie ganze freistehende Häuser. Dagegen finden Mehrfamilienhäuser und Gebäudeanteile wie Doppelhaushälften in den Protokollen der Darlehenskommission und in den Kreditanträgen eher selten Erwähnung. Sogenanntes Stockwerkseigentum, das heißt Eigentumswohnungen, wurde in Biberach um 1905 noch nicht beliehen.[212] Erstmals genehmigten die Verantwortlichen im Jahre 1910 einen entsprechenden Antrag.[213] Dagegen finden sich in Kirchheim bis einschließlich 1913 keine Hinweise auf die Finanzierung dieser modernen Wohnform. Sie wäre gemäß der Satzung ab 1909 aber möglich gewesen und die Mustersatzung für die württembergischen Oberamtssparkassen sah ausdrücklich Stockwerkseigentum als Sicherheit vor.[214] In Ausnahmen gestattete sie sogar eine Beleihung bis zu 60 % des Schätzwertes von Immobilien. Dies war der Fall, wenn Gebäude in mittleren und großen Städten einen jährlichen Mietertrag von mindestens 4 % des Schätzwertes erzielten.[215]

Hieran zeigen sich die angesprochene Ausdifferenzierung der Vorschriften im Zeitablauf und eine gewisse Lösung von den sehr strengen Regeln der Anfangszeit. Manche ältere Satzungen aus dem 19. Jahrhundert und auch die Statuten der Kirchheimer Sparkasse von 1901 enthielten noch einschränkende Vorgaben, wenn die Immobiliensicherheit zu weniger als einem Drittel aus Grundstücken oder ausschließlich aus Gebäuden bestand. In diesem Fall sollte die Beleihungsgrenze auf 40 % herabgesetzt werden, um dem als höher angesehenen Risiko Rechnung

212 Historisches Archiv der Kreissparkasse Biberach (nachfolgend: HA KSK BC), D 03–005.01, „Protokoll der Ausleihe-Kommission Band III".
213 HA KSK BC, D 03–006.01, „Protokoll der Ausleihe-Kommission Band IV".
214 Satzung Kirchheim 1909, § 19, Absatz 6; Mustersatzung 1908, § 18, Absatz 7.
215 Mustersatzung 1908, § 18, Absatz 2.

zu tragen.[216] Solche Sonderregeln spielten im hier näher betrachteten Zeitabschnitt von der Jahrhundertwende bis 1913 in der Praxis aber kaum eine Rolle. Der übliche Beleihungssatz lag bei 50 %.

Die Nutzung von Hypothekendarlehen für die Finanzierung des Kaufs eines neu erstellten oder eines gebrauchten Wohnhauses wird durch die Archivalien vielfältig belegt. Beispielsweise erhielt ein Kirchheimer Schreiner[217] ein Darlehen über 4.000 Mark für die Beleihung seines zuvor gekauften Wohnhauses mit Hofraum im Schätzwert von 8.000 Mark.[218] Bei einem Darlehen über 4.500 Mark an einen Postbeamten im Jahr 1907 wurde in den Kreditunterlagen neben den Schätzwert in Höhe von 9.000 Mark der Hinweis vermerkt, *„Die Fläche im Jahr 1906 erworben u. das Gebäude darauf erstellt.“*[219] Und ein Maschinist fragte in einem Brief an die Sparkasse um ein Darlehen nach und legte eine Schätzungsurkunde seines *„neuerbauten Hauses“* im Wert von 6.400 Mark bei.[220]

Die zwei letztgenannten Fälle zeigen, dass die zeitgenössischen Bauherren erst nach Fertigstellung ihrer Anwesen eine Schätzung vornehmen lassen konnten, die wiederum die Voraussetzung für eine Darlehensgewährung war. Erst danach konnten die Bauhandwerker bezahlt werden, bei denen die Bauherren zwischenzeitlich anschreiben lassen mussten. Und bei dem Erwerb einer bestehenden Immobilie wurde ausweislich der Angaben in überlieferten notariellen Verträgen vor der Auflassung zunächst oft nur ein sogenanntes Angeld bezahlt.[221] Der Käufer konnte anschließend eine Schätzung seines neuen Anwesens vornehmen lassen und ein Darlehen aufnehmen. Erst danach wurde der Verkäufer mit dem Geld vollständig ausgezahlt. Diese Praxis erschwert in vielen Fällen eine eindeutige Trennung von Neubaufinanzierungen und Finanzierungen von gebrauchten Objekten. Aber unabhängig hiervon wird der wohnwirtschaftliche Einsatz der Sparkassengelder eindeutig belegt. Es fanden daneben auch Folgefinanzierungen statt, wenn ein ursprünglicher Gläubiger die Hypothek kündigte. Zu Beginn des 20. Jahrhunderts traten noch vielfach Privatpersonen als Hypothekengläubiger auf, die gegebenenfalls aufgrund von Eigenbedarf ihre Gelder zurückzogen.

Zu den Kreditnehmern, die Wohnhäuser hypothekarisch belasten ließen, gehörten sowohl in Biberach wie auch in Kirchheim vor allem Handwerker, Arbeiter, niedrige Beamte und teilweise Landwirte. Der Wert ihrer Immobilien bewegte sich bei der Oberamtssparkasse Biberach überwiegend im Bereich zwischen 2.000 Mark und 10.000 Mark. Bei einer Beleihung mit dem damals üblichen Satz von 50 % ergaben sich hieraus Kreditbeträge von 1.000 Mark bis 5.000 Mark. Diese relativ große Bandbreite dürfte vor allem auf die Faktoren Größe, Zustand und Lage der Immobilien zurückgehen, worüber in den Protokollen jedoch keine

216 Statuten Kirchheim 1901, §16, Absatz 2; Satzung Waldsee 1895, § 14, Absatz 1.
217 Schwäbisch für Tischler.
218 HA KSK E-N, Kreditanträge/-beschlüsse usw. 1907.
219 Ebd.
220 Ebd.
221 HA KSK E-N, Kreditanträge/-beschlüsse usw. 1912.

detaillierten Angaben festgehalten wurden. Auffällig ist in Biberach eine Häufung von Immobilien am unteren Rand der oben genannten Spanne, genauer gesagt im Bereich von 2.000 Mark bis knapp unter 4.000 Mark. Hierbei handelte es sich offenbar um sehr kleine Häuser von wenig vermögenden Menschen, worauf auch Berufsangaben wie beispielsweise Tagelöhner hindeuten. Noch niedrigere Schätzwerte waren Ausnahmen. So gewährte die Sparkasse einem als Dienstknecht bezeichnetem Kunden ein Darlehen gegen die hypothekarische Belastung seines zu 1.200 Mark geschätzten Wohnhausanteils mit Scheune, Hofraum und Gemüsegarten.[222] Und ein Fabrikarbeiter nutzte seinen Anteil an einem zweistöckigen Wohnhaus im Wert von 1.600 Mark als Sicherheit.[223]

Im Kirchheimer Bezirk bewegte sich der Wert der Wohnimmobilien je nach Zustand und Größe in etwa drei von vier Fällen zwischen 4.000 Mark und 10.000 Mark. Aber auch hier wurden Anwesen mit niedrigeren Schätzwerten beliehen. Hierzu gehörte beispielsweise das nur 26 Quadratmeter große Wohnhaus eines Maurers im Wert von 1.100 Mark.[224]

Um die Beleihungsmasse und damit auch den maximal möglichen Darlehensbetrag zu erhöhen, setzten die Kreditkunden oftmals weitere Grundstücke wie Baumwiesen, Gärten und Äcker als Hilfspfänder ein. Und zu den Wohnhäusern selbst gehörte oftmals ein angrenzender Gemüsegarten und Hofraum. Die Mitarbeiter aller untersuchten Sparkassen teilten die Sicherheiten übrigens stets den Kategorien Häuser und Grundstücke zu beziehungsweise Häuser und Güter. Bei manchen Instituten wie beispielsweise in Ludwigsburg sind auch Darlehensfälle in den Archivalien dokumentiert, bei denen als Hypothekensicherheit nur Häuser verzeichnet wurden. Es wurden aber niemals nur reine Häuser beliehen, sondern stets die Häuser mitsamt den Grundstücken, auf denen sie gebaut waren.[225] Die Formulierung bildet somit lediglich die zeitgenössischen Sprachpraxis ab, die nachfolgend stellenweise übernommen wird.

Die Sparkassen beliehen auch Wohnimmobilien mit Preisen oberhalb der genannten Spannen. Beispielsweise erhielt ein Biberacher Fabrikbesitzer ein Darlehen über 9.000 Mark, für das sein Wohngebäude mit 132 Quadratmetern Grundfläche sowie Gemüsegarten im Wert von zusammen 18.000 Mark hypothekarisch belastet wurde.[226] Die Witwe eines Arztes nutzte ein Wohnhaus im Schätzwert von 25.800 Mark als Sicherheit[227] und die Ehefrau eines Brauereibesitzers ein zweistöckiges Wohnhaus im Wert von 36.500 Mark.[228] Bei diesen und anderen Immobilien scheint es sich aufgrund der Angaben über die niedrige Stockwerksanzahl und vorhandene Gemüse- und Ziergärten um freistehende Einfamilien-

222 HA KSK BC, D 03-005.01, „Protokoll der Ausleihe-Kommission Band III".
223 HA KSK BC, D 03-006.01, „Protokoll der Ausleihe-Kommission Band IV".
224 HA KSK E-N, Kreditanträge/-beschlüsse usw. 1910.
225 Erbbaurechte spielten damals keine Rolle.
226 HA KSK BC, D 03-005.01, „Protokoll der Ausleihe-Kommission Band III".
227 HA KSK BC, D 03-004.01, „Protokoll der Ausleihe-Kommission Band II".
228 HA KSK BC, D 03-006.01, „Protokoll der Ausleihe-Kommission Band IV".

häuser gehandelt zu haben. Etwa jedes vierte von der Oberamtssparkasse Biberach beliehene Wohnhaus erreichte einen Schätzwert von mehr als 10.000 Mark. Dieses Bild wird durch die Kreditanträge aus Kirchheim in vollem Umfang bestätigt. Dort finanzierte beispielsweise der Eigentümer einer Zementwarenfabrik den Kauf seines Wohnhauses im Wert von 18.000 Mark zur Hälfte mit einem Sparkassendarlehen. Ein Rechtsanwalt erhielt 12.000 Mark für die hypothekarische Belastung eines Wohnhauses mit Gemüsegarten und kleinem Acker im Wert von 30.000 Mark. Und der Prokurist einer Aktiengesellschaft erhielt 15.000 Mark für sein auf 38.900 Mark geschätztes neuerstelltes Wohnhaus mit Erkern, Terrasse und Ziergarten.[229] Allein solche Fälle dokumentieren bereits die Hinwendung der Sparkassen zu Kundengruppen, die nicht den „kleinen Leuten" zugerechnet werden können.

Manche Darlehen dienten auch dem Umbau oder der Renovierung von Wohngebäuden. Beispielsweise wurde im Schriftverkehr zu einem Darlehen der Kirchheimer Sparkasse vermerkt, die Kundin *„...hat ihr Anwesen durchgreifend baulich verbessert und benötigt nun zur Baukostenbestreitung 1000 Mark"*.[230] Denkbar ist auch, dass die im Zuge der Beleihung von Wohnimmobilien ausgezahlte Darlehen anderen, nicht-wohnwirtschaftlichen Zwecken dienten. Hierauf ist noch später einzugehen.

Wie bereits erwähnt, wurden in beiden Bezirken eher selten Mehrfamilienhäuser in innerstädtischen Lagen als Pfandobjekte vermerkt. In der Stadt Biberach wurden ein dreieinhalbstöckiges Wohnhaus im Schätzwert von 40.000 Mark[231] sowie in einem anderen Fall ein vierstöckiges Wohnhaus über 44.000 Mark als Kreditsicherheit genutzt.[232] Ein größeres Gebäude am Marktplatz, das als *„Wohn- und Kaufhaus"* diente und das damit keine reine Wohnimmobilie war, wurde sogar mit 100.000 Mark veranschlagt.[233] Eine gemischte Nutzung lag auch bei einem in Ravensburg gelegenen vierstöckigen *„Wohn- und Geschäftshaus"* im Schätzwert von 39.000 Mark vor.[234] Ebenso dienten in Kirchheim größere innerstädtische Häuser neben Wohnzwecken dem Gewerbe. Dort erhielt ein Kaufmann ein Darlehen in Höhe von 68.000 Mark für die Beleihung eines Anwesens mit fünf Mietwohnungen, drei Verkaufslokalen, einer Konditorei sowie einem Café.[235] Vermutlich betrug der Wert dieser Sicherheit 136.000 Mark.

Die Betrachtung der Wohnbaufinanzierungen vervollständigt nicht nur das Bild über die Kreditaktivitäten der Sparkassen. Sie schafft gleichzeitig einen Maßstab zur Einschätzung des Gegenwertes von gewerblichen Darlehen. In der Geschichtsschreibung werden üblicherweise die Preise für intertemporal leicht ver-

229 HA KSK E-N, Kreditanträge/-beschlüsse usw. 1910.
230 HA KSK E-N, Kreditanträge/-beschlüsse usw. 1913.
231 HA KSK BC, D 03-006.01, „Protokoll der Ausleihe-Kommission Band IV".
232 HA KSK BC, D 03-005.01, „Protokoll der Ausleihe-Kommission Band III".
233 HA KSK BC, D 03-006.01, „Protokoll der Ausleihe-Kommission Band IV".
234 HA KSK BC, D 03-005.01, „Protokoll der Ausleihe-Kommission Band III".
235 HA KSK E-N, Kreditanträge/-beschlüsse usw. 1913; Proettel (2013), S. 18f.

gleichbare Konsumprodukte wie Butter, Kartoffeln oder Fleisch herangezogen, um ein Gefühl über die zeitgenössische Kaufkraft des Geldes, von Stundenlöhnen oder Sparbeträgen zu erlangen. Dieser Ansatz wäre für die hier angestrebten Untersuchungen wenig sinnvoll. Erstens würden entsprechende Umrechnungen nur zur Angabe von unvorstellbar hohen Butter- oder Fleischbergen führen. Das Problem der Veranschaulichung wäre damit nicht gelöst. Und zweitens wurden mit den Darlehen Investitionsgüter und keine Konsumprodukte bezahlt. Deshalb wird auch auf die Nutzung von Verbraucherpreisindizes oder ähnlichem verzichtet. Der Preis von Wohnimmobilien bietet sich dagegen als ein zwar sehr grober, aber brauchbarer Indikator an.

Die oben gemachten Preisangaben werden übrigens in vollem Umfang durch alternative Quellen bestätigt. Für einen Abgleich eignet sich beispielsweise eine Sammlung von Skizzen, Abbildungen und Detailbeschreibungen zeitgenössischer Bauten der Architekten Erich Haenel und Heinrich Tscharmann vom Beginn des 20. Jahrhunderts.[236] In den Jahren 1905/06 kosteten beispielsweise moderne Doppelhaushälften in Reichenbach an der Fils und damit auf dem Gebiet des Oberamtes Göppingen 5.300 Mark.[237] Die Doppelgebäude hatten insgesamt eine bebaute Grundfläche von 113 Quadratmetern. Jede Hälfte bestand aus einem ausgebauten Dachgeschoss mit zwei Schafzimmern und einer Kammer sowie einem Erdgeschoss mit einem weiteren Schlafzimmer, einem Wohnzimmer, einer Küche sowie einer Toilette. Wie die Architekten anmerkten, hätte eine Ausführung als freistehendes Wohnhaus 6.000 Mark pro Objekt gekostet.

Häuser mit Preisen über 10.000 Mark konnten zumindest für damalige Verhältnisse bereits als überdurchschnittlich bezeichnet werden. Ein von den Architekten behandeltes zweistöckiges Objekt im Wert von 15.000 Mark umfasste ungefähr 120 Quadratmeter bebaute Fläche.[238] Das Obergeschoss enthielt vier Zimmer. Im Erdgeschoss befanden sich eine Küche, ein Wohnzimmer und ein geräumiges Maleratelier. Die Preise von Luxusobjekten konnten ein Vielfaches hiervon betragen. Ein 1904 in Ludwigsburg erstelltes „Einzelwohnhaus“ kostete 92.000 Mark.[239] Das Objekt im Stil eines barocken Stadt-Palais mit einer bebauten Grundfläche von 300 Quadratmetern und zwei Vollgeschossenen verfügte neben Küche, Bad, zwei separaten Toiletten, Veranda, Loggia und „reichlich Nebenräume“ über 14 Zimmer. Darüber hinaus waren im nicht näher skizzierten Mansardengeschoss „einige“ weitere Zimmer und Räume untergebracht. Stuckdecken, elektrische Beleuchtung und Zentralheizung gehörten zur Ausstattung. Bei einer

236 Erich Haenel und Heinrich Tscharmann (1909): *Das Einzelwohnhaus der Neuzeit [Band I]*, Leipzig; Dieselben (1910): *Das Einzelwohnhaus der Neuzeit, Band II*, Leipzig.
237 Hier und im Folgenden: Haenel und Tscharmann (1910), S. 241 ff.
238 Hier und im Folgenden: Paul Schmohl (1907): *Zwei Einzelwohnhäuser*, in: Königl. Zentralstelle für Gewerbe und Handel (Hg.): Für Bauplatz und Werkstatt, Mitteilungen der Beratungsstelle für das Baugewerbe, Stuttgart, S. 27–28. Dieser Beintrag von Schmohl geht auch auf Haenel und Tscharmann zurück.
239 Hier und im Folgenden: Haenel und Tscharmann (1909), S. 33 f.

Beleihung durch eine Sparkasse hätte dieses Objekt ein Hypothekendarlehen in Höhe von maximal 46.000 Mark ermöglicht. Die Sammlung der Architekten enthält jedoch auch Beschreibungen von etwas kleineren schlossartigen Villen, die bereits für 50.000 Mark realisiert werden konnten.[240]

Eine Vorstellung von den Preisen großstädtischer Mietshäuser bietet die Beschreibung eines Bauprojektes der Stadt Stuttgart aus den Jahren 1901 bis 1903 in der Chronik des Gemeinderates.[241] Zur Linderung der Wohnungsnot ließ man ein Areal über 3.673 Quadratmeter Grundfläche an der Kreuzung Thürlenstraße und Tunzhoferstraße in platzsparender Blockbebauung entwickeln. Neben Raum für verschiedene Ladengeschäfte und eine Kinderkrippe wurden durch die vier Gebäude mit 13 Eingängen insgesamt 104 Wohnungen geschaffen, wobei sich die Gesamtkosten auf 627.600 Mark beliefen. Für die Einzimmerwohnungen wurde der sich ergebende Preis mit 4.000 Mark angegeben. Die Zwei- und Dreizimmerwohnungen kosteten 5.400 Mark beziehungsweise 8.500 Mark. Nimmt man diese Werte als Maßstab, dann kostete ein neues innerstädtisches Mietshaus mit vier bis fünf Wohnstockwerken zu Beginn des 20. Jahrhunderts bei einfacher Ausführung etwa 50.000 Mark. Es verfügte dann entweder über acht bis zehn kleine Ein- und Zweizimmerwohnungen oder über vier bis fünf größere Wohneinheiten.

Die vergleichsweise niedrigen Schätzwerte mancher Immobilien in den Bezirken Kirchheim und Biberach ab etwa 2.000 Mark pro Einzelwohnhaus gehen übrigens nicht nur auf den Standortfaktor, sondern auch auf die spartanische Ausstattung zurück. Strom- und Trinkwasserleitungen waren insbesondere bei Bestandsimmobilien noch nicht die Regel und auch keine Wasserklosetts. Vielfach befindet sich in den Beschreibungen von Kirchheimer Gebäuden der Hinweis *„Abtritt hinter dem Haus“*.

3.3 Die Finanzierung von Handwerksbetrieben und anderem Kleingewerbe

Handwerker und die Inhaber anderer kleiner Betriebe erhielten von den Sparkassen nicht nur für den Erwerb von Wohnhäusern Darlehen, sondern auch für den Kauf beziehungsweise gegen die Beleihung von gewerblichen Immobilien. Beispielsweise gewährte die Oberamtssparkasse Kirchheim einem Schmied ein Darlehen über 2.000 Mark zum Kauf der Wirtschaftsräume eines anderen Schmieds.[242] Ein Flaschner erhielt 1909 ein Darlehen von der Oberamtssparkasse Biberach in

240 Schmohl (1907), S. 27–28; Haenel und Tscharmann (1909), S. 137f.
241 Hier und im Folgenden: *Chronik der Kgl. Haupt- und Residenzstadt Stuttgart, herausgegeben vom Gemeinderat, Stuttgart*, Ausgabe 1901, S. 138 und S. 141 sowie Ausgabe 1903, S. 155.
242 HA KSK E-N, Kreditanträge/-beschlüsse usw. 1907; Proettel (2013), S. 20.

Höhe von 6.000 Mark, für das ein einstöckiges Werkstätte- und Magazingebäude im Wertanschlag von 12.000 Mark beliehen wurde.[243]

Die Darlehensvergabe auf der Grundlage rein gewerblicher Immobilien beschränkte sich im Bereich des Kleinhandwerks jedoch auf wenige Fälle. Viel häufiger kam die Beleihung von gemischt genutzten Wohn- und Gewerbeanwesen vor. In der Regel wohnten und arbeiteten die Selbständigen damals im gleichen Haus, weshalb eine Immobilie mit Wohnräumen und einer Werkstätte beziehungsweise einem Ladengeschäft die größte beleihungsfähige Sicherheit dieser Kunden darstellte.

In Biberach wurde beispielsweise einem Schlossermeister 1909 ein Darlehen über 7.000 Mark gegen die hypothekarische Belastung seiner Wohnimmobilie mit Schlosserwerkstätte im Schätzwert von 15.360 Mark zugesagt.[244] Ein anderer Schlosser ließ sein zu 12.000 Mark geschätztes Grundstück mit Wohnhaus und Schlosserwerkstätte für ein Darlehen über 6.000 Mark mit einer Hypothek belasten.[245] Ein Maler erhielt 8.500 Mark für die Beleihung seiner zweistöckigen Wohnimmobilie mit Malerwerkstätte im Schätzwert von 17.000 Mark.[246] Einem Metzger diente eine Wohnimmobilie mit Metzgereieinrichtung im Wert von 23.000 Mark als Grundlage für ein Darlehen in Höhe von 6.000 Mark.[247] Im Fall eines Schmiedes ist im Protokoll ein Wohn- und Schmiedegebäude als Sicherheit vermerkt[248] und bei einem Wagner ein Wohnhaus mit Wagnerwerkstätte.[249] Diese Aufzählung ließe sich mit zahlreichen weiteren Beispielen von Bäckern, Metzgern, Schreinern, Küfern, Mechanikern, Gastwirten, den Inhaber von Ladengeschäften und ähnlichen Berufen aus den Bezirken Kirchheim und Biberach fortsetzen.[250]

Diese Darlehen wurden häufig für den Erwerb der Objekte genutzt, worauf die teilweise dokumentierten Kaufzeitpunkte und im Einzelfall vorliegende Kaufverträge hinweisen. Beispielsweise verpfändete die Sparkasse in Kirchheim ein Wohnhaus mit einer Bäckerei und Spezereienladen sowie zwei vermieteten Wohnungen für ein Darlehen über 10.000 Mark, das ein Bäcker und seine Verlobte mit dem Kauf des Anwesens übernahmen.[251] Und die Sparkasse in Biberach gewährte einem Wirt ein Darlehen über 28.000 Mark für die Übernahme eines großen Gasthausanwesens in einer Gemeinde des Bezirks.[252]

Die Sparkassengelder dienten wahrscheinlich auch dem Neubau von Wohn- und Wirtschaftsgebäuden. Wie bereits im Abschnitt über die reinen Wohnge-

243 HA KSK BC, D 03-005.01, „Protokoll der Ausleihe-Kommission Band III".
244 HA KSK BC, D 03-005.01, „Protokoll der Ausleihe-Kommission Band III".
245 HA KSK BC, D 03-006.01, „Protokoll der Ausleihe-Kommission Band IV".
246 HA KSK BC, D 03-005.01, „Protokoll der Ausleihe-Kommission Band III".
247 Ebd.
248 Ebd.
249 HA KSK BC, D 03-006.01, „Protokoll der Ausleihe-Kommission Band IV".
250 Proettel (2013), S. 19.
251 HA KSK E-N, Kreditanträge/-beschlüsse usw. 1912; Proettel (2013), S. 19.
252 HA KSK BC, D 03-006.01, „Protokoll der Ausleihe-Kommission Band IV".

bäude erläutert, ist der Nachweis hierfür jedoch schwierig, da die Kreditgewährung in Biberach und Kirchheim in der Regel auf der Grundlage bereits fertiggestellter Objekte beruhte. Außerdem informieren diese Archivalien fast immer nur über den Kreditprozess vor der Auszahlung des Kapitals. Die Verbuchung von Auszahlungen ist aber in den Archivalien anderer Sparkassen wie Ludwigsburg und Leutkirch dokumentiert. Diese zeigen, dass sich manche Gewerbetreibende das Geld in einzelnen Tranchen aushändigen ließen. In Leutkirch war dies bei jedem vierten Darlehen der Fall. Dies kann als Hinweis auf die Bezahlung von Bauhandwerkern je nach Baufortschritt gedeutet werden und impliziert, dass andere beleihungsfähige Sicherheiten zur Verfügung standen oder dass die Sparkassen dort bereits vor der Fertigstellung der Objekte Kapital bereitstellten.

Unabhängig von dieser Detailfrage kann eine wichtige Erkenntnis festgehalten werden: Die Darlehen dienten dem Kauf und wahrscheinlich auch dem Neubau von gemischt genutzten Wohn- und Gewerbegebäuden. Da dies sowohl den Erwerb einer neuen Unterkunft wie auch einer neuen Arbeitsstätte in Form eines handwerklichen Produktions- und Vorratsraumes oder einer Verkaufsstelle bedeutet, liegt hier bereits eine anteilige gewerbliche Nutzung des Darlehenskapitals vor. Zu berücksichtigen ist allerdings, dass bei Kunden aus dem Handwerk häufig der wohnwirtschaftliche Teil der Objekte überwog. Daneben dienten oft privat genutzte Grundstücke wie Obstgärten, Baumwiesen und kleine Ackerparzellen als zusätzliche Sicherheiten.

Die beiden Sparkassen beliehen auch oftmals gemischt genutzte Wohn- und Gewerbeimmobilien, die ihren Eigentümern bereits längere Zeit gehörten. Teilweise liegen in diesen Fällen Anschlussfinanzierungen vor, wenn der bisherige Gläubiger das Hypothekendarlehen kündigte oder wenn die Schuldner beispielsweise aufgrund besserer Zinskonditionen zu einer Sparkasse wechselten. Häufiger kam es jedoch vor, dass die Eigentümer bereits Kreditnehmer der jeweiligen Sparkasse waren. Dies ergibt sich unter anderem aus dem vielfach vorkommenden Hinweis, dass auf eine erneute Schätzung des Wertes der Immobilien verzichtet wurde, da bereits für eine frühre Kreditauszahlung eine Schätzungsurkunde vorlag. Wiederholte Darlehensgewährungen kamen sowohl nach der vollständigen Tilgung des bisherigen Kredits wie auch als Zusatzdarlehen vor. Beispielsweise erhielt ein Mechaniker von der Kirchheimer Sparkasse 1911 ein Zusatzdarlehen in Höhe von 3.000 Mark zu einem bestehenden Darlehen über 8.000 Mark, für das seine Wohnimmobilie mit mechanischer Werkstätte beliehen wurde.[253] Und ein Metzger schuldete der Sparkasse ursprünglich 13.000 Mark. Hiervon tilgte er 7.000 Mark und nahm später wieder ein Darlehen auf die gleiche Sicherheit in Höhe von 5.000 Mark auf.[254] Als weitere Variante wurden wegen allgemeinen Kapitalbedürfnissen auch erstmalig Kredite auf bereits längere Zeit bestehende und ihren Eigentümern gehörende Wohn- und Wirtschaftshäuser aufgenommen.

253 HA KSK E-N, Kreditanträge/-beschlüsse usw. 1911; Proettel (2013), S. 19.
254 HA KSK E-N, Kreditanträge/-beschlüsse usw. 1908; Proettel (2013), S. 21.

Ein Teil dieser Kredite diente Renovierungsarbeiten sowie Um- und Ausbauten. Beispielsweise vergab die Kirchheimer Sparkasse ein Darlehen über 3.500 Mark an einen Lebensmitteleinzelhändler in einer Bezirksgemeinde. Über die Sicherheit, einem Wohn- und Oeknomiegebäude, findet sich der Hinweis, *„wird gegenwärtig umgebaut"*.[255] Ein Malermeister erhielt 6.000 Mark für die Beleihung seiner Immobilie. Bei dem Anwesen handelte es sich ursprünglich um ein Schreinereiwerkstattgebäude, dass der Maler von den Erben des Schreiners erworben hatte und zu einem Wohnhaus mit Malerwerkstatt umbauen ließ.[256]. Anlässlich der Kapitalaufnahme eines Bäckers in Höhe von 9.000 Mark zwei Jahre nach der ersten Darlehensauszahlung schrieb der Sparkassier über die beliehene Immobilie: *„... seither als Bäckerei eingerichtet, daher die Wertserhöhung"*.[257] Gleichzeitig zeigen diese Beispiele, dass das Geld meist nach Abschluss der Arbeiten ausgezahlt wurde. In Biberach diente der Sparkasse ein Wohnhaus *„mit neu errichteter Küferei"* als Sicherheit für ein Darlehen über 4.000 Mark.[258] Bei einer Geldaufnahme eines als Bauer und Wirt bezeichneten Kunden in Höhe von 5.000 Mark hielt der Protokollführer angesichts der schon vier Jahre alten ersten Schätzung fest, *„hat sein Anwesen seither bedeutend verbessert"*.[259] Erwähnenswert ist, dass diese Kreditaufnahmen über einige Tausend Mark aus der Perspektive der Handwerker und Ladenbesitzer im Bereich von mindestens einem oder eher von mehreren Jahreslöhnen lagen.

3.4 Detailuntersuchung zur Differenzierung von Darlehen an Gewerbetreibende

Mit der Finanzierung von Wohnraum und der Finanzierung von gemischt genutzten Wohn- und Wirtschaftsimmobilien liegen zwei Verwendungsarten von Sparkassendarlehen durch Gewerbetreibende vor. Wie erwähnt, enthalten nur die Archivalien der Oberamtssparkassen Biberach und Kirchheim Beschreibungen der beliehenen Immobilien, die in gewissen Grenzen eine Unterscheidung zwischen diesen beiden Darlehenstypen erlauben. Bei anderen Instituten bleibt dieser Punkt abgesehen von Einzelfällen offen. Als relevante Informationen sind dort oftmals nur die Berufsbezeichnungen und die Darlehensbeträge bekannt. Die bisher genannten Zahlen aus Biberach und Kirchheim deuten allerdings an, dass Immobilien mit Wohn- und Wirtschaftsräumen tendenziell höhere Schätzwerte erzielten und damit höhere Darlehensaufnahmen ermöglichten als reine Wohnimmobilien. Dieser Zusammenhang würde eine grobe Abschätzung über die beliehenen Sicherheiten und über die Verwendungszwecke auch bei solchen Spar-

255 HA KSK E-N, Kreditanträge/-beschlüsse usw. 1909.
256 HA KSK E-N, Kreditanträge/-beschlüsse usw. 1911.
257 HA KSK E-N, Kreditanträge/-beschlüsse usw. 1909.
258 HA KSK BC, D 03-005.01, „Protokoll der Ausleihe-Kommission Band III".
259 Ebd.

kassen erlauben, bei denen keine näheren Beschreibungen vorliegen. Die nachfolgende Detailuntersuchung dient der Verifizierung dieser Hypothese.

In die Betrachtung fließen sowohl Wertangaben über Wohnimmobilien wie auch von gemischt genutzten Objekten aus dem Zeitraum 1907 bis 1913 ein. Ausgewählt werden nur Darlehen an häufig vorkommende Selbständige wie beispielsweise Bäcker, Schreiner, Metzger, Küfer, Wirte und Einzelhändler, für die jeweils Angaben zu beiden Immobilienarten vorliegen. Darlehensvergaben an die große Gruppe der Maurer beispielsweise werden nicht berücksichtigt, da sie stets nur Wohnimmobilien hypothekarisch beleihen ließen, aber entsprechend ihrer Tätigkeit auf wechselnden Baustellen nie über Wirtschaftsräume in ihren Häusern verfügten. Diese Selektion soll eine Verzerrung der Ergebnisse möglichst reduzieren, die durch den Vergleich von zu unterschiedlichen Berufen mit eventuell strukturellen Einkommensunterschieden potenziell möglich wäre. Ebenfalls nicht berücksichtigt werden Zusatzdarlehen oder Darlehensübertragen, um Doppelzählungen von bereits erfassten Immobilien zu vermeiden. Angesichts dieser Einschränkungen und da die Sparkassenmitarbeiter vielfach auf eine genaue Beschreibung der beliehen Sicherheiten verzichteten, reduziert sich die Anzahl der Beobachtungen deutlich. Um dennoch eine möglichst große Grundgesamtheit zu erhalten, werden Darlehensfälle der Oberamtssparkassen Biberach und Kirchheim aus dem gleichen Zeitraum gemeinsam berücksichtigt. Dadurch können insgesamt 80 Schätzwerte für Immobilien verglichen werden, worunter sich 36 mit reiner Wohnfunktion und 44 mit Wohn- und Gewerbenutzung befinden.

Abbildung 4: Verteilung von Immobilienschätzwerten auf Größenklassen in Mark

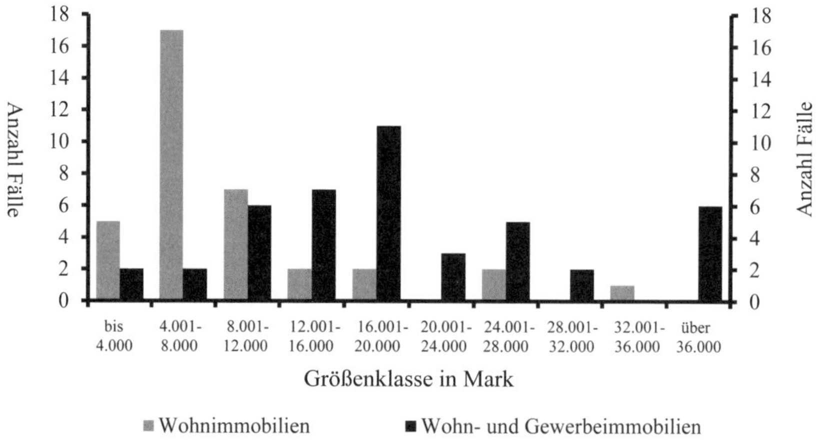

Quellen: Eigene Auswertung und Darstellung auf der Grundlage von: HA KSK E-N, Kreditanträge/-beschlüsse usw., Jahrgänge 1907 bis 1913; HA KSK BC, D 03-005.01, „Protokoll der Ausleihe-Kommission Band III", D 03-006.01, „Protokoll der Ausleihe-Kommission Band IV".

Die meisten Wohnhäuser entfallen mit 17 Einheiten auf die Größenklasse „4.001–8.000 Mark“. Es folgen die Größenklassen „8.001–12.000 Mark“ mit sieben Einheiten sowie die kleinste Klasse „bis 4.000 Mark“ mit fünf Immobilien. Insgesamt wurde somit der Wert von 29 der 36 Wohnhäuser beziehungsweise von gut 80 % der Fälle mit maximal 12.000 Mark geschätzt. Angesichts der hier verwendeten sehr groben Abstufungen in Schritten von jeweils 4.000 Mark sei angemerkt, dass sich darunter nur eine Wohnimmobilie mit einem Schätzwert von über 10.000 Mark befindet. Das Gros der Wohnobjekte bewegt sich somit in der hier behandelten Auswahl wie bereits in Unterkapitel 3.2 für alle Berufsgruppen angegeben im Bereich von bis zu 10.000 Mark. Oberhalb dieser Marke liegen die Schätzwerte des verbliebenen Fünftels der reinen Wohnimmobilien. Sie verteilen sich breit gestreut über diverse Kategorien bis an den rechten Rand der Abbildung. Das teuerste Wohnhaus wurde mit 33.000 Mark bewertet.

Beginnend mit der Größenklasse „12.001–16.000 Mark“ überwiegt die Anzahl der Mischimmobilien diejenige der reinen Wohnobjekte. Die stärkste Ausprägung der Wohn- und Gewerbehäuser befindet sich mit elf Fällen in der Größenklasse „16.001–20.000 Mark“. Damit erscheint die Verteilung der gemischt genutzten Objekte in der obigen Abbildung im Vergleich zu den Wohnobjekten deutlich nach rechts verschoben. Allerdings liegt auch hier keine symmetrische Normalverteilung vor. Es besteht nämlich ebenfalls ein „fat tail“ auf der rechen Seite, der hier in der Kategorie „über 36.000 Mark“ gestaucht dargestellt wird. Diese Größenklasse umfasst drei Wirte, einen Darlehensnehmer mit der Berufsbezeichnung Metzger und Wirt sowie zwei Handwerker, deren Betriebe möglicherweise bereits dem Kleingewerbe entwachsen waren. Niedrig bewertete gemischte Objekte waren dagegen selten. Der Wert von 40 der 44 Immobilien und damit von gut 90 % wurde mit 10.000 Mark oder höher angegeben.

Wenn die in nur einer Immobilienart vertretenen Berufe wie Maurer und die vielen vergleichsweise selten vorkommenden Berufe wie beispielsweise Uhrmacher, Seiler, Goldschmied oder Buchdrucker ebenfalls in der Detailauswertung berücksichtig würden, dann wäre das Ergebnis übrigens identisch. Die unterschiedlichen Schwerpunkte der beiden Verteilungen träten lediglich deutlicher hervor, während der Grenzbereich von rund 10.000 Mark bestehen bliebe.

Die Ergebnisse der Detailuntersuchung bestätigen somit die eingangs vorgestellte Hypothese. Dieser Umstand kann für die Beurteilung des zeitgenössischen Kreditgeschäftes der Oberamtssparkassen mit wenig detaillierten Archivalien nach dem folgenden Muster angewendet werden. Unterstellt wird dabei ein Beleihungssatz von 50 % für nichtindustrielle Anwesen, wie er in der Regel von allen Instituten angewendet wurde:

Verhältnismäßig große Darlehen an Gewerbetreibende von beispielsweise 10.000 Mark und mehr erforderten eine entsprechend große Immobiliensicherheit, in diesem Beispiel mit einem Schätzwert von mindestens 20.000 Mark. Die Erfahrungswerte aus Kirchheim und Biberach zeigen, dass es sich hierbei im Einzelfall um Wohnimmobilien gehandelt haben kann. Die Wahrscheinlichkeit ist jedoch höher, dass in dieser Betragsregion eine gemischt genutzte Wohn- und

Gewerbeimmobilie beliehen wurde. Dies kann als Hinweis für eine Finanzierung zum Kauf oder zum Bau eines solchen Anwesens interpretiert werden, was wiederum eine teilweise gewerbliche Nutzung des Darlehenskapitals impliziert.

Auch mittelgroße Darlehen an Gewerbetreibende von beispielsweise bis zu 5.000 Mark konnten durch die hypothekarische Belastung gemischt genutzter Immobilien erreicht werden. Im hier genannten Beispiel hätte das Anwesen einen Schätzwert von mindestens 10.000 Mark. Die als Ergebnis der obigen Detailuntersuchung vorgestellten Verteilungen lassen allerdings die Schlussfolgerung zu, dass es sich bei einer Anzahl von auf 10.000 Mark oder darunter geschätzten Immobilien mehrheitlich um reine Wohnanwesen handelte, da diese in der Regel niedrigere Schätzwerte erzielten. Die Vergabe von mittelgroßen Darlehen an Gewerbetreibenden kann somit als ein Indiz für das Vorliegen von Wohnraumfinanzierungen gedeutet werden.

Zu berücksichtigten bleiben bei dieser Betrachtungsweise verschiedene Unwägbarkeiten. Hierzu gehört, dass der Darlehensbetrag nicht zwangsläufig die Hälfte des Schätzwertes der Immobilie ausmachen muss. Einerseits konnte beispielsweise ein Kredit zur Wohnraumfinanzierung höher ausfallen, wenn separate Gärten und Äcker als Hilfspfänder eingesetzt wurden. Andererseits schöpften gewerbliche Kunden ab und an den Beleihungswert nicht voll aus, so dass diese Darlehensbeträge entsprechend klein blieben. Letzteres kam vor allem im Bereich der Zusatzdarlehen oder bei wiederholter Kreditaufnahme vor, was wiederum auf Fälle vom Typ der Investitions- und Betriebsmittelfinanzierung hindeutet, aber hier fälschlicherweise als Wohnraumfinanzierungen gedeutet würde.

Mehrere Umstände dämmen die Anzahl der denkbaren Fehlschlüsse jedoch ein und tragen zur Prognosequalität bei: Überwiegend wurde von den Gewerbetreibenden die maximale Beleihung gefordert. In dieser Detailuntersuchung betrifft dies vier von fünf Fällen. Die Darlehen auf große Sicherheiten waren somit überwiegend sehr hoch. Außerdem erreichten die Darlehen für Wohnraumfinanzierungen trotz der Verwendung von Hilfspfändern oft nur maximal 5.000 Mark, da die Immobilien entsprechend niedrig bewertet wurden. Und umgekehrt betrugen Darlehen auf der Grundlage von Mischanwesen trotz nur anteiliger Ausschöpfung häufig mehr als 5.000 Mark. Wird das oben vorgestellte Schema zur Differenzierung auf die hier untersuchten Darlehen angewendet, dann führt es in drei von vier Fällen zu einer korrekten Zuordnung. Dieses Ergebnis ist zwar nicht optimal. Aber es ist angesichts des Fehlens von jeglichen weiteren Informationen bei den meisten Sparkassen durchaus hilfreich.

3.5 Die Finanzierung der Landwirtschaft

Selbständige Landwirte bildeten eine weitere wichtige Gruppe von Darlehensnehmern der untersuchten Sparkassen. Die archivalische Überlieferung der Oberamtssparkassen Biberach und Kirchheim zeigt, dass die Landwirte für Darlehen immer wieder ganze Höfe hypothekarisch belasteten. Diese bestanden aus einem Wohnhaus mit einem darin befindlichem Stall oder separaten Stallungen, einer Scheuer[260] und häufig einer Wagenremise. Baulich geschlossene Anwesen wurden oftmals als *„Wohn- und Oekonomiegebäude"* bezeichnet, wobei solche Darlehenssicherheiten in einigen Fällen auch Handwerkern gehörten. Teilweise kam dann die Bezeichnung *„Wohn-, Oeknomie- und Wirtschaftsgebäude"* vor. Ergänzt wurden die Sicherheiten teilweise durch einen mehr oder weniger umfangreichen Grundstücksbestand. Dazu gehörten Äcker, Gärten, Wiesen, Baumwiesen und manchmal Waldgrundstücke. Im Kirchheimer Bezirk, wo stellenweise Weinbau betrieben wurde, kamen Weinberge hinzu. Vermutlich bestand die Gütersicherheit der Weingärtner unter den Darlehenskunden der Oberamtssparkassen Ludwigsburg und Maulbronn vielfach aus Weinbergen. Dies lässt sich bei diesen Instituten aufgrund des Fehlens weiterer Angaben jedoch nicht nachweisen.

Ähnlich wie bei den Gewerbetreibenden diente ein Teil dieser Darlehensaufnahmen der anteiligen Finanzierung des Kaufs der Anwesen. Zwischen den zwei näher betrachteten Bezirken werden gewisse Unterschiede hinsichtlich der Darlehenshöhe und des Umfangs der beliehenen Sicherheiten deutlich. Im Oberamt Biberach lagen die Schätzwerte der Höfe ohne Ackerflächen von als Bauern bezeichneten Landwirten zwischen etwa 6.000 Mark und rund 20.000 Mark. Die dazugehörigen Güter, also die Äcker, Wiesen und ähnliche Flächen, wurden zusammen mit weiteren 5.000 Mark bis etwa 25.000 Mark bewertet. Diese relativ hohen Summen dürften auf die im katholischen Oberschwaben übliche ungeteilte Vererbung des Eigentums zurückzuführen sein. Die Wertanschläge von Immobilien der als Söldner bezeichneten Kleinbauern erreichten verschiedentlich ebenfalls diese Bandbreiten und sogar die oberen Ränder. Sie lagen in der Regel jedoch deutlich niedriger und bewegten sich, Haus- und Gütersicherheit zusammengenommen, meistens im Bereich von etwa 4.000 Mark bis 10.000 Mark, teilweise sogar unterhalb dieser Spanne. Diese Beträge markieren auch ungefähr die Region der Schätzwerte von bäuerlichen Hofanwesen mit Gütern im Oberamt Kirchheim. In dem protestantisch geprägten altwürttembergischen Gebiet war die Realteilung üblich, woraus kleinere und entsprechend niedrig bewertete Anwesen resultierten.

In Einzelfällen vergaben beide Sparkassen daneben Darlehen an größere Grundbesitzer. Ein Ökonomierat erhielt von dem Kirchheimer Institut 7.000 Mark für die hypothekarische Belastung von 28 Grundstücken, vor allem Laubwald und Wiesen, mit insgesamt rund 80 Hektar im Schätzwert von 17.090 Mark.[261] Für Kirchheimer Verhältnisse war dieser Flächenumfang weit überdurchschnittlich. Die Sparkasse in Biberach akzeptierte ein Kloster mit ausgedehnten Ländereien im Gesamtschätzwert von mehr als 210.000 Mark als Sicherheit für ein Darlehen über 35.000 Mark.[262] In einem anderen Fall belieh sie ein

260 Schwäbisch für Scheune.
261 HA KSK E-N, Kreditanträge/-beschlüsse usw. 1910.
262 HA KSK BC, D 03-005.01, „Protokoll der Ausleihe-Kommission Band III".

Rittergut mit Schloss, verschiedenen weiteren Gebäuden und Gütern hypothekarisch.[263] Der Wert allein der Ländereien betrug rund 54.000 Mark. Insgesamt wurde dieses Anwesen auf mehr als 220.000 Mark geschätzt, wozu allerdings auch ein Brauereigebäude und ein Fabrikgebäude gehörten. Dies zeigt, dass es sich nicht um eine rein landwirtschaftliche Besitzung handelte. Die drei genannten Finanzierungen standen übrigens nicht in Zusammenhang mit einem Eigentumsübergang der Immobilien, sondern wurden aus anderen, nicht genannten Gründen vorgenommen. Auch solche Beispiele zeigen, dass von einer ausschließlichen Konzentration der Sparkassen auf die unteren Schichten im Kreditgeschäft nicht die Rede sein kann.

Weitere Finanzierungen an Selbständige aus dem Bereich Landwirtschaft im weiteren Sinne betrafen Eigentümer von Baumschulen und Handelsgärtner. Da die Schafzucht zumindest am Albtrauf noch verbreitet war, traten in Kirchheim und Göppingen auch einige Schäfer als Darlehensnehmer auf.

Neben dem Erwerb ganzer Hofanlagen mit Gütern führten andere Gründe zu Darlehensaufnahmen von Bauern. Dies wird ähnlich wie bei Handwerkern und Kaufleuten durch die Auszahlung von Hypothekenkrediten beziehungsweise Zusatzdarlehen auf bereits seit längerer Zeit im Eigentum der Landwirte befindliche Grundstücke sichtbar. Hinzu kommen Kreditgewährungen an Kunden, denen schon einmal von den Sparkassen ein Darlehen ausgezahlt wurde. Außerdem dienten oftmals nur einzelne Äcker oder eine Zusammenstellung verschiedener Güter ohne Gebäuden als Sicherheiten.

Solche Darlehen wurden unter anderem für den Kauf weiterer Grundstücke beziehungsweise der Arrondierung des vorhandenen Besitzes genutzt. Dies war beispielsweise bei einem Darlehen aus Kirchheim an einen Bauern und dessen zukünftige Ehefrau der Fall. Im Schriftverkehr heißt es, das beliehene Grundstück „*...bildet durch [den] Zukauf mit den anderen Grundstücken desselben Eigentümer[s] ein abgerundetes, schönes Stück Ackerland in guter Lage ...*“.[264] Geldvergaben dieser Kategorie wurden zudem für bauliche Erweiterungen verwendet. Ein Beispiel hierfür stellt ein von der Biberacher Sparkasse genehmigtes Kreditgesuch dar. Der Protokollführer hielt fest, ein Bauer „*...welcher bereits hieher ein Kapitel von 5500 M schuldet, will zur Bezahlung von Baukosten infolge Vergrößerung der Scheuer durch Anbau, welche bereits hieher verpfändet ist, weitere 500 M aufnehmen; die Schätzung des Wohn- & Ökonomiegebäudes beträgt 2600 M u. in Folge Vergrößerung 3600 M.*“[265] Auf denkbare weitere Darlehensverwendungen durch Landwirte wird in Kapitel 4 näher eingegangen.

263 HA KSK BC, D 03-004.01, „Protokoll der Ausleihe-Kommission Band II“.
264 HA KSK E-N, Kreditanträge/-beschlüsse usw. 1913. Anfügungen in eckigen Klammern durch den Autor.
265 HA KSK BC, D 03-004.01, „Protokoll der Ausleihe-Kommission Band II“.

3.6 Die Finanzierung von Industrieunternehmen und anderen größeren Gewerbebetrieben

Darlehensgewährungen an größere Betriebe lassen sich zum Teil an den Bezeichnungen der Schuldner als Unternehmen beziehungsweise an der Rechtsform als Personen- oder Kapitalgesellschaft erkennen. Bei diesen Geldvergaben handelt es sich deshalb unzweifelhaft um gewerbliche Kredite.

In mindestens einem halben Dutzend Fällen wurden Darlehen von verschiedenen Sparkassen an eine Aktiengesellschaft (AG) ausgezahlt. Beispielsweise sind in den Archivalien der Oberamtssparkasse Leutkirch die Deutsche Werkzeugfabrik AG, die Inselbrauerei Lindau AG und das Bürgerliches Brauhaus Ravensburg AG vermerkt.[266] Die letztgenannte Gesellschaft war gleichzeitig auch Kreditkundin der Oberamtssparkasse Ravensburg, von der sie 1905 ein Hypothekendarlehen über 16.500 Mark bekam.[267] Die vergleichsweise geringe Anzahl der Fälle zeigt jedoch, dass solche Unternehmen eher selten zu den Kreditkunden gehörten. Das mag daran liegen, dass diese Rechtsform vor allem von größeren Firmen genutzt wurde, während die Sparkassen in erster Linie kleine und mittelgroße Betriebe finanzierten.

Für die etwas kleineren Unternehmen bot sich die 1892 geschaffene Rechtsform als Gesellschaft mit beschränkter Haftung (GmbH) an.[268] Sie verhindert ebenso wie die AG bei einem Konkurs den Zugriff der Gläubiger auf das Privatvermögen der Gesellschafter. Allerdings konnte der Verwaltungsaufwand geringer gehalten werden.[269] Und außerdem erforderte die Gründung einer GmbH ein vergleichsweise geringes Stammkapital in Höhe von 20.000 Mark.[270]

Beispielsweise erhielt das Central-Säge- und Hobelwerk Biberach GmbH 1901 ein Darlehen der örtlichen Oberamtssparkasse über 50.000 Mark[271] und rund ein Jahr später ein zusätzliches über 25.000 Mark.[272] Die Firma befand sich damals in

266 WABW, B 202, (Lfd. Nr. 95) B-Nr. 131, „Namensverzeichnis zum Aktivkapitalienbuch“.

267 WABW, B 201, (Lfd. Nr. 132) B-Nr. 98, „Aktivkapitalienbuch“.

268 Hier und im Folgenden: Timothy Guinnane, Ron Harris, Naomi R. Lamoreaux und Jean-Laurent Rosenthal (2007): *Ownership and Control in the Entrepreneurial Firm: An International History of Private Limited Companies*, Economic Growth Center, Center Discussion Paper No. 959, New Haven, S. 23ff; *Gesetz, betreffend die Gesellschaften mit beschränkter Haftung* vom 20. April 1892, in: Reichs-Gesetzblatt Nr. 24 vom 26. April 1892.

269 Es bestand keine Pflicht zur Einrichtung eines Aufsichtsgremiums. Außerdem mussten keine Geschäftsergebnisse publiziert werden.

270 §5, *Gesetz, betreffend die Gesellschaften mit beschränkter Haftung.*

271 HA KSK BC, D 03-004.01, „Protokoll der Ausleihe-Kommission Band II“. Hier und im Folgenden wird auf die damals nicht unübliche Nennung des „e“ in der Abkürzung für „eingetragene“ verzichtet.

272 Ebd.

einer Expansionsphase. Ihre Mitarbeiterzahl wuchs von 20 im Jahr 1900[273] auf 32 im Jahr 1907[274]. Nachdem ein großer Teil der ursprünglichen Schuld getilgt war, erhielt die Gesellschaft 1912 nochmals ein Darlehen über 4.000 Mark.[275] Die Oberamtssparkasse Kirchheim zahlte 1907 ein Darlehen über 16.000 Mark an eine Werkzeug- und Maschinenfabrik in der Rechtsform einer GmbH aus.[276] Zu den Kapitalgesellschaften unter den Kunden des Instituts gehörte auch die Pianofortefabrik F. Kaim & Sohn GmbH. Das Unternehmen mit 65 Mitarbeitern und internationalem Vertrieb erhielt um das Jahr 1901 ein Darlehen über 75.000 Mark und 1910 nach Tilgungen ein weiteres über 7.615 Mark.[277] Die Oberamtssparkasse Nagold gewährte 1908 der Firma Schwarzwälder Lederkohlen & Härtemittelwerke Nagold GmbH ein Darlehen über 10.000 Mark.[278] Das in der Metallurgie tätige Unternehmen wurde jedoch wenig später von einem Einzelkaufmann übernommen, der 1910 übrigens ein weiteres Darlehen über 7.500 Mark erhielt. Stellenweise änderte sich im Zeitablauf die Rechtsform der Firmen oder die Eigentümer wechselten. Ein vermutlich Ende 1904 von der Oberamtssparkasse Ravensburg an einen Brauereitechniker vergebenes Darlehen über 65.000 Mark wurde 1908 auf die Firma Spiritus und Preßhefefabrik Weingarten GmbH umgeschrieben.[279]

Eindeutig ebenfalls als Firmen zu identifizieren sind Genossenschaften und Kreditkunden mit heute nicht mehr gängigen Rechtsformen. Die Oberamtssparkasse Ludwigsburg zahlte 1905 ein Darlehen über 7.000 Mark an einen Zusammenschluss mehrerer Schreiner aus.[280] Die Genossenschaft mit beschränkter Haftpflicht, ebenfalls GmbH abgekürzt, wurde im April des Vorjahres gegründet und in das entsprechende Register des königlichen Amtsgerichts Ludwigsburg eingetragen.[281] Ihr Zweck war *„die Einrichtung einer Betriebsstätte für Schreinerarbeiten“*. Zu den Darlehenskunden der Oberamtssparkasse Nagold gehörte mit einem Betrag von 18.000 Mark die Firma Vereinigte Lederleimfabriken Schieber & Söhne GmuH.[282] Sofern hier keine irrtümliche Eintragung vorliegt, handelte es sich dabei um eine sogenannte Gesellschaft mit unbeschränkter Haftpflicht. Das

273 Willi A. Boelcke (1991): *Wirtschaft und Gesellschaft vom 18. Jahrhundert bis zur Gegenwart*, in: Dieter Stievermann in Verbindung mit Volker Press und Kurt Diemer (Hg.): Geschichte der Stadt Biberach, Stuttgart, S. 417–498, hier, S. 462.
274 K[öniglich] Statistisches Landesamt (1907), S. 19.
275 HA KSK BC, D 03-006.01, „Protokoll der Ausleihe-Kommission Band IV“.
276 HA KSK E-N, Kreditanträge/-beschlüsse usw. 1907; Proettel (2013), S. 16.
277 HA KSK E-N, Kreditanträge/-beschlüsse usw. 1910 und Verzeichnis der Annuitäten-(Renten) Darlehen (Exemplar des Kontrolleurs) vom 10. März 1897 an; Proettel (2013), S. 15 f.
278 Hier und im Folgenden: Archiv der Sparkasse Pforzheim Calw (nachfolgend: Archiv Spk Pf Cw), N 903.
279 WABW, B 201, (Lfd. Nr. 132) B-Nr. 98, „Aktivkapitalienbuch“.
280 Historisches Archiv der Kreissparkasse Ludwigsburg (nachfolgend: HA KSK LB), Rapiat 1905.
281 Staatsarchiv Ludwigsburg (nachfolgend: StAL), FL 300/20 II, Bd. 25, „Genossenschaftsregister“.
282 Archiv Spk Pf Cw, N 900.

Unternehmen im Oberamt Neresheim beschäftigte 50 Arbeiter und exportierte seine Produkte über die Landesgrenzen hinaus nach Österreich, Frankreich, Italien und in die Schweiz.[283]

Die von manchen Sparkassen in nicht seltenen Fällen finanzierten lokalen Darlehensvereine und bäuerlichen Molkereigenossenschaften firmierten in der Regel als Genossenschaft mit unbeschränkter Haftpflicht. Sie erhielten Kredit im Umfang von niedrigen bis mittleren vierstelligen Markbeträgen auf der Grundlage von einfachen Schuldscheinen ohne Hypothekenbestellung, sofern die Sparkassensatzungen diese Möglichkeit für Wirtschafts- und Erwerbsgenossenschaften zuließen. Aus Sicht der Kunden dürfte es sich damit um wichtige Finanzierungsbeiträge gehandelt haben. Das Volumen der Personaldarlehen spielte im Sparkassenwesen um die Jahrhundertwende aber nur eine untergeordnete Rolle.

Nochmals deutlich häufiger als GmbHs und ähnliche Korporationen waren Kreditkunden in der Rechtsform einer Personengesellschaft mit persönlich haftenden Gesellschaftern. So vergab die Sparkasse in Biberach 1912 einen Hypothekenkredit über 25.000 Mark an die Kunststickereianstalt Karl Neff offene Handelsgesellschaft.[284] In dem 1848 gegründeten Betrieb stellten um die Jahrhundertwende 25 Mitarbeiter Fahnen und Paramenten her.[285] Die Oberamtssparkasse Nagold zahlte 1906 ein Darlehen über 40.000 Mark an eine Möbelfabrik aus der Region mittlerer Neckar in der Rechtsform einer offenen Handelsgesellschaft aus.[286] Und 1907 gewährte sie der erst kurz zuvor gegründeten Schwarzwälder Dampf-Seifenfabrik Gebrüder Harr oHG ein Darlehen in Höhe von 15.000 Mark und 1912 ein weiteres über 9.500 Mark. Bereits 1886 erhielt die offene Handelsgesellschaft Langbein & Bühler ein Darlehen über 30.000 Mark von der Oberamtssparkasse Göppingen.[287] Die Mechanische Drillweberei fertigte baumwollene und leinene Waren und beschäftigte 1912 etwa 150 Arbeiter.[288] Zu diesem Zeitpunkt war das Darlehen aber bereits seit längerem getilgt. Der Firma Bürk & Vetter, offene Handelsgesellschaft gewährte dieselbe Sparkasse 1890 ein Darlehen über 50.000 Mark, das sie in zwei Tranchen in jenem und im Folgejahr auszahlte.[289] Nach einem größeren zeitlichen Abstand von zwei Jahrzehnten erhielt die Dampfziegelei 1911 nochmals ein Darlehen über 18.500 Mark.[290] Das Unternehmen aus Salach hatte damals 43 Arbeiter.[291]

283 F[ranz] C[arl] Huber (Hg.) (1903): *Adressbuch für das Königreich Württemberg und die Hohenzollerschen Lande*, Stuttgart, S. 172.
284 HA KSK BC, D 03-006.01, „Protokoll der Ausleihe-Kommission Band IV".
285 Boelcke (1991), S. 447.
286 Hier und im Folgenden: Archiv Spk Pf Cw, N 903, „Capitalien-Hauptbuch Nr. 601–1200".
287 KrA GP, P 1, A 35, „Rechnung pro 1886/87".
288 Kirschmer (1952), II. Teil, S. 130.
289 KrA GP, P 1, A 39 und A 40, „Oberamtssparkassenrechnung pro Kalenderjahr 1890", dito 1891.
290 KrA GP, P 1, A 243, „Beilagen zur Rechnung pro 1911".
291 K[öniglich] Statistisches Landesamt (1907), S. 183.

Vergleichsweise häufig finden sich in den Sparkassenarchivalien die Namen von allein und auf eigenem Risiko tätigen Fabrikanten, Kaufleuten und Werksbesitzern. Die Verteilung der Unternehmenskunden lässt sich deshalb bildhaft mit einer Pyramide vergleichen: Während die Aktiengesellschaften die relativ kleine Spitze darstellten und die anderen Kapital- und Personengesellschaften den mittleren Bereich, bildeten Einzelkaufleute das breite Fundament.

Da diese mit ihrem eigenen Namen sowohl für ihre privaten wie auch für ihre gewerblichen Verträge zeichneten und hafteten, wird eine Identifikation von Unternehmensfinanzierungen bei einem Teil der Sparkassen deutlich erschwert. Eine Darlehensaufnahme kann einen gewerblichen Grund gehabt oder wie am Anfang dieses Kapitels gezeigt der Finanzierung von privatem Wohnraum gedient haben.

In verschiedenen Fällen wird der kommerzielle Einsatz von Darlehen an Einzelkaufleute aber durch den ausdrücklichen Hinweis „*Firma*" in den Archivalien dokumentiert. Beispielsweise vergab die Oberamtssparkasse Biberach der Firma J. Riedlinger 1905 einen Hypothekenkredit über 35.500 Mark.[292] Und die Oberamtssparkasse Kirchheim gewährte der Firma W. F. Berger Wwe. ein Darlehen über 30.000 Mark, das die Tuchfabrik zum Bau eines neuen Spinnereisaales benötigte.[293]

Bei den meisten Darlehen an die Inhaber größerer Betriebe fehlen solche Hinweise. Dann kann es sich um eine private Kapitalnutzung gehandelt haben. Oft verzichteten die Sparkassenmitarbeiter jedoch auf die Firmenbezeichnung, obwohl es sich um Gewerbefinanzierungen handelte. Dies ist unter anderem bei denjenigen Archivalien zu beobachten, die als jährlich neu zu erstellende interne Zahlenwerke dienten und bei denen der Name lediglich das schnelle Auffinden des richtigen Eintrages erleichtern sollte. Außerdem scheint die formelle Anmeldung eines Gewerbes noch nicht verpflichtend gewesen zu sein,[294] so dass insbesondere am Übergang vom Kleingewerbe zu größeren Betrieben offenbar kein Bedürfnis bestand, private und geschäftliche Angelegenheiten zu trennen.

In diesen Fällen und auch allgemein über alle Rechtsformen hinweg, bildet die Betrachtung der beliehenen Immobilien einen alternativen Weg zur Identifizierung des gewerblichen Charakters von Darlehen. Hiefür bieten sich wiederum insbesondere die Überlieferungen der Institute aus Kirchheim[295] und Biberach sowie in kleinerem Umfang aus Geislingen an. Hierzu wird die Annahme getroffen, dass aus der Beleihung gewerblicher und industrieller Immobilien auf eine betriebliche Nutzung des Darlehenskapitals geschlossen werden kann. Grund-

292 HA KSK BC, D 03-005.01, „Protokoll der Ausleihe-Kommission Band III".
293 HA KSK E-N, Kreditanträge/-beschlüsse usw. 1908; Proettel (2013), S. 14.
294 Dies geht aus zeitgenössischen Handelsregistern hervor, in die sich nachweislich bereits seit Langem tätige Gewerbetreibenden erst nach vielen Jahren oder sogar erst nach Jahrzehnten eintragen ließen. Beispielsweise in: StAL, FL 300/20 II, Bd. 1., „Handelsregister für Einzelfirmen"; FL 300/20 II, Bd. 9, „Handelsregister für Gesellschaftsfirmen".
295 Vgl. zu Kirchheim die vielfältigen Beispiele in Proettel (2013), passim.

sätzlich ist festzustellen, dass die Sparkassen Hypotheken auf industrielle Anwesen ebenso akzeptierten wie auf private Wohnhäuser oder landwirtschaftliche Höfe. Dies wurde in den meisten Satzungen auch offiziell spätestens durch die Einführung der Mustersatzung des württembergischen Sparkassenverbandes in den Jahren nach 1906 festgehalten. Demnach durften größere gewerbliche Anlagen wie Fabrikgebäude, Brauereien, Mälzereien, Mühlen, Ziegeleien, Sägewerke, Zementwerke und ähnliche Anlagen höchstens bis zu 40 % ihres Schätzwertes beliehen werden.[296]

Die Protokolle der Oberamtssparkasse Biberach dokumentieren die hypothekarische Belastung einer ganzen Reihe gewerblich-industrieller Anwesen. Beispielsweise wurde 1905 ein Darlehen in Höhe von 40.000 Mark gewährt, für das ein Sägewerk mit Wasserkraft- und Dampfmaschinenantrieb beliehen wurde, das vermutlich auch als lokales Elektrizitätswerk diente.[297] Zu den Sicherheiten gehörten ein Sägemühlegebäude mit Anbau, ein Elektrizitätswerkgebäude, ein Dampfkesselgebäude, ein Wohn- und Wirtschaftsgebäude sowie ein weiteres Wohnhaus, ein Lagerplatz und darüber hinaus die Wasserkraftanlage, die Dampfanlage, Transmissionen, Dynamomaschinen, eine Akkumulatorenbatterie und eine Schaltanlage, das Leitungsnetz sowie die Sägewerkseinrichtung im Gesamtwert von knapp 104.000 Mark. Dem Besitzer eines kleineren Sägewerks wurde 1909 ein Darlehen über 10.000 Mark zugesagt.[298] Die Sicherungsmasse bestand aus dem Sägemühlgebäude mit Anbau im Schätzwert von 11.000 Mark sowie einer Wasserkraft über 12 Pferdestärken im Wert von 9.600 Mark und einem dazugehörigem Wohnhaus im Wert von 7.000 Mark. Die beiden erstgenannten Posten wurden wie bei gewerblichen Einrichtungen nach dem Jahr 1909 in Biberach üblich mit einem Beleihungssatz von 40 % in die Berechnung einbezogen, wohingegen für das Wohnhaus der ansonsten gültige Beleihungssatz von 50 % zur Anwendung kam. In einem weiteren Fall diente eine Schnapsbrennerei- und Presshefefabrik mit Dampfkessel-, Maschinen- und Kühlhaus, Apparateraum und Hofraum als Grundlage für ein Darlehen über 35.000 Mark.[299] Auch hier ließ der Eigentümer ein Wohn- und Ökonomiegebäude sowie ein Wohnhausanteil in den letztendlich knapp 83.000 Mark umfassenden Hypothekenverband aufnehmen, um die maximale Kredithöhe auszuschöpfen. Das Gleiche gilt für ein Darlehen über 38.000 Mark an einen Leimfabrikanten, für das neben einem Grundstück mit Fabrikgebäude weitere Grundstücke mit einem Wohn- und Ökonomiehaus beliehen wurden.[300] Gemessen an der Mitarbeiterzahl dürfte der Posamentenfabrikant Gustav Gerster einer der größten Biberacher Kreditkunden

296 Mustersatzung 1908, § 18, Absatz 10; Satzung Kirchheim 1909, § 19, Absatz 9; Satzung Waldsee 1907, § 18, Absatz 6.
297 HA KSK BC, D 03-005.01, „Protokoll der Ausleihe-Kommission Band III".
298 HA KSK BC, D 03-005.01, „Protokoll der Ausleihe-Kommission Band III".
299 Ebd.
300 Ebd.

gewesen sein. Er beschäftigte rund 70 Arbeiter[301] und erhielt 1913 ein Darlehen über 46.000 Mark für die hypothekarische Belastung eines Wohn- und Fabrikgebäudes.[302] Dem Metalltuchfabrikanten Herrmann Steinhart wurde 1907 ein Darlehen über 40.000 Mark gewährt, für das mehrere Immobilien mit einem Fabrikgebäude, umfangreichen Zubehörden und zwei Wohngebäuden als Sicherheiten dienten.[303] Die von den 26 Arbeitern hergestellten Drahtgeflechte dürften vor allem in der Papierherstellung genutzt worden sein.[304]

Eine der größten gewerblichen Kapitalvergaben aller untersuchten Institute war ein Darlehen der Oberamtssparkasse Biberach an den Tübinger Dampfziegeleibesitzer Friedrich Mehl.[305] Er erhielt gegen die Beleihung umfangreicher Grundstücke mit Brennöfen und Kamine, einem Kessel- und Maschinenhaus, der Ziegelfabrik und weiteren Bauten sowie einem größerem Wohnhaus 120.000 Mark. In seinem Betrieb waren damals ungefähr 45 Arbeiter tätig.[306] Der hohe Umfang dieser Finanzierung wird durch den Vergleich mit den oben vorgestellten Preisen für typische Wohnhäuser deutlich. Mit dem Gegenwert des Darlehens hätten beispielsweise 22 neue Doppelhaushälften gekauft werden können. Der Umfang der Sicherheiten in Höhe von 258.700 Mark entsprach sogar dem Wert von 48 Doppelhaushälften.

Dass die Beleihung von Industrieanwesen nicht allein auf die Institute in Kirchheim und Biberach beschränkt war, zeigen die für den Jahrgang 1903 erhaltenen Beilagen zur Sparkassenrechnung aus Geislingen. Darin enthalten ist die Niederschrift der Immobilienschätzwerte aus Anlass der Vergabe eines Darlehens in Höhe von 100.000 Mark an die Firma Gebrüder Fezer, Bierbrauerei zum Rad in Laichingen, offene Handelsgesellschaft.[307] Der Hypothekenverband im Wert von 203.000 Mark umfasste ein Brauhaus mit Dampfkesselhaus und Malztrockenschuppen, ein Bierkühlhaus, verschiedene Kellerüberbauten, ein Eis- und Lagerbierkeller, ein Gasthaus, mehre unbebaute Grundstücke und ein Wohnhaus.

Abschließend soll auf zwei wichtige Aspekte hingewiesen werden: Bei manchen Finanzierungen lässt sich keine Zuordnung vornehmen, ob ein Darlehensnehmer eher dem Kleingewerbe oder der Industrie angehörte. Einerseits fehlen notwendige Angaben in den Protokollen beziehungsweise in den Kreditakten über den Umfang der beliehenen Sicherheiten. Auf der anderen Seite wäre manchmal auch mit umfassenden Informationen keine Entscheidung möglich, da sich die Kreditkunden in einem Grenzbereich zwischen Handwerksbetrieb und Un-

301 Boelcke (1991), S. 460f; Elmar L. Kuhn (1984): *Industrialisierung in Oberschwaben und am Bodensee, Band 2: Daten und Literatur*, Friedrichshafen, S. 593.
302 HA KSK BC, D 03-006.01, „Protokoll der Ausleihe-Kommission Band IV".
303 HA KSK BC, D 03-005.01, „Protokoll der Ausleihe-Kommission Band III".
304 Boelcke (1991), S. 447.
305 HA KSK BC, D 03-005.01, „Protokoll der Ausleihe-Kommission Band III".
306 K[öniglich] Statistisches Landesamt (1905), S. 562.
307 KrA GP, P 1, B 59, „Beilagen zur Sparkassenrechnung pro 1903".

ternehmen befanden. Beispielsweise gewährte die Oberamtssparkasse Biberach einem Drechsler 1907 den Betrag von 12.000 Mark. In der Beschreibung der Sicherheit wurde unter anderem ein „*2 1/2stöckiges [...] Wohn- & Fabrikgebäude mit Wasserradhausanbau*“ im Wert von 17.500 Mark, eine mit 3.000 Mark geschätzte Wasserkraft sowie „*gewerbliche Zubehörden*“ über 7.000 Mark aufgezählt.[308] Der umfangreiche Sachkapitalbestand lässt es möglich erscheinen, dass der Drechsler mehrere Arbeitskräfte beschäftigte. Relativ hoch war auch der Umfang der hypothekarischen Sicherheit für ein Darlehen an einen Buchdrucker über 30.000 Mark, der seine Wohn- und Geschäftsimmobilie im Schätzwert von 61.000 Mark belasten ließ.[309] Ähnliche Darlehensfälle finden sich auch in der Überlieferung der Oberamtssparkasse Kirchheim.[310]

Die Finanzierung größerer gewerblicher Betriebe beschränkte sich übrigens nicht nur auf das produzierende Gewerbe, sondern umfasst auch den Dienstleistungsbereich. Die Ausleihekommission der Oberamtssparkasse Biberach genehmigte einen Schuldübergang in Höhe von 20.000 Mark für den Kauf eines Hotels.[311] Daneben erhielt der Eigentümer eines anderen Hotels 50.000 Mark Darlehen für seine auf 100.000 Mark geschätzte Immobilie[312] und ein dritter Hotelier 80.000 Mark für sein Hotelanwesen im Schätzwert von 160.000 Mark.[313]

3.7 Weitere Kapitalnutzungen und Kleindarlehen

In Einzelfällen zahlten die Sparkassen des untersuchten Panels Kredite nicht nur an Privatpersonen und Firmen aus. Zu den Darlehensnehmern gehörten wiederholt mehrere landwirtschaftliche Bezirksvereine mit zum Teil umfangreichen Beträgen. Sie gehörten bei fünf von elf Sparkassen zu den Kreditkunden. Bei einem Institut ist daneben eine Geldvergabe an einen Konsumverein dokumentiert und bei einem anderen an einen Konsum- und Sparverein. Die Darlehen über 15.000 Mark beziehungsweise 7.000 Mark lassen es möglich erscheinen, dass hierfür größere Gebäude wie Ladengeschäfte beliehen wurden. In drei anderen Fällen erhielten lokale Turnvereine Darlehen über 4.200 Mark, 10.000 Mark und 12.000 Mark, vermutlich für die Finanzierung von Turnhallen. Mindestens drei der untersuchten Sparkassen zahlten während der Hochindustrialisierung wiederholt Darlehen im unteren und mittleren vierstelligen Bereich an eine ganze Reihe von genossenschaftlichen Darlehenskassenvereinen aus. Damit wurde die lokale Vergabe von nur kurzfristigen Kleinstkrediten unterstützt, der man sich selbst nicht widmete. Bei diesen Finanzierungen handelte es sich aber um keine Hypotheken-

308 HA KSK BC, D 03-005.01, „Protokoll der Ausleihe-Kommission Band III“.
309 HA KSK BC, D 03-006.01, „Protokoll der Ausleihe-Kommission Band IV“.
310 Proettel (2013), S. 20.
311 HA KSK BC, D 03-005.01, Darlehensübergang 1 vom 29.07.1907.
312 HA KSK BC, D 03-006.01, „Protokoll der Ausleihe-Kommission Band IV“.
313 Ebd.

darlehen, sondern um grundsätzlich eher selten vorkommende unbesicherte Schuldscheindarlehen.

Verschiedene Darlehensfälle verbinden gewerbliche und wohnwirtschaftliche Aspekte. Das ist dann der Fall, wenn Bauunternehmen Wohnhäuser erstellten und Kapital bei den Sparkassen aufnahmen. Beispielsweise erhielt die Baugesellschaft Biberach GmbH ein Darlehen über 13.000 Mark für die Beleihung von zwei Immobilien mit je einer Wohnhaushälfte im Gesamtwert von 26.000 Mark.[314] Einem anderen Unternehmen, der Bau- und Terraingesellschaft m.b.H. wurden 18.000 Mark Darlehen für die Belastung einer mit 36.000 Mark geschätzten Wohnimmobilie gewährt.[315] Und ein Baumeister erhielt 29.000 Mark Darlehen gegen eine aus zwei Wohnhäusern über je 29.000 Mark bestehende Hypothekensicherheit.[316] Zu den Kreditnehmern der Oberamtssparkasse Kirchheim gehörten ebenfalls mehrere Bauunternehmer, die wiederholt Grundstücke kauften, hierauf Einfamilien- sowie Reihenhäuser erstellten und diese anschließend weiterveräußerten. Auf die neu erbauten Gebäude wurden bis zu deren Verkauf Hypothekendarlehen aufgenommen. Das Volumen dieser Darlehen belief sich zwischen 1907 und 1913 auf 70.700 Mark.[317] Vermutlich nutzten die Unternehmer die Hypothekendarlehen auf ihre selbst erstellten Objekte, um sich Liquidität zu verschaffen und so die Eigenkapitalbindung zu reduzieren. Unter den weiteren untersuchten Instituten lassen sich solche Kredite auch bei der Oberamtssparkasse Ludwigsburg vermuten, wobei dort keine Informationen über die beliehenen Anwesen vorliegen. Ein Bauunternehmer erhielt 1901 ein Darlehen über 1.500 Mark,[318] ein anderer 1905 insgesamt 6.000 Mark, die er sich in zwei Tranchen auszahlen ließ. Im Jahr 1906 wurden einem dritten Bauunternehmer 2.000 Mark gewährt. Außerdem nahm ein als Baumeister bezeichneter Kunde 1907 zwei Darlehen über 11.000 Mark und 3.400 Mark auf. Möglicherweise hatten manche Darlehen an sogenannte Werkmeister[319] bei anderen Sparkassen den gleichen Hintergrund.

Im Gegensatz zu solchen gewerblichen Verwendungen könnte ein Teil der eher kleineren Darlehen auch zur Bestreitung des Lebensunterhalts gedient haben. Die Kapitalaufnahme von mancher Witwe, die keiner Berufstätigkeit nachging, war möglicherweise eine Art Verzehr des vorhandenen Sachkapitals. Ähnliches gilt wahrscheinlich für die von Sparkassen in Einzelfällen gewährten Kredite an noch minderjährige Kinder von kürzlich Verstorbenen.

Wie bereits in den Abschnitten über Gewerbe- und Landwirtschaftsfinanzierungen erwähnt, bestand ein nicht unerheblicher Anteil der Fälle aus sogenannten

314 HA KSK BC, D 03-005.01, „Protokoll der Ausleihe-Kommission Band III".
315 Ebd.
316 Ebd.
317 HA KSK E-N, Kreditanträge/-beschlüsse usw. 1909, 1910, 1911, 1912 und 1913; Proettel (2013), S. 20.
318 Hier und im Folgenden: HA KSK LB, Rapiate 1901, 1905, 1906 und 1907.
319 Alte süddeutsche Bezeichnung für einen Architekten beziehungsweise Bauunternehmer.

Zusatzdarlehen, die Kreditnehmern in einem zeitlichen Abstand zusätzlich zu ihren bereits bestehenden Schulden gewährt wurden. In der Regel fiel die Höhe dieser Kredite kleiner aus als bei den ursprünglichen Darlehen. Darüber hinaus wurden sowohl in Biberach wie auch in Kirchheim zahlreiche kleine Darlehen im Umfang von ein paar Hundert oder wenigen Tausend Mark vergeben. Für sie dienten keine Immobilien mit Gebäuden als Sicherheit, sondern ausschließlich Güter, also Ackerflächen und Wiesen. Beispielsweise nahm ein Metzger auf diesem Weg bei der Oberamtssparkasse Biberach 200 Mark als Darlehen auf,[320] ein Küfer 1.100 Mark[321] und ein anderer Metzger 3.000 Mark.[322] Ein Zimmermann erhielt von der Kirchheimer Sparkasse 100 Mark, eine ledige volljährige Fabrikarbeiterin 300 Mark, ein Küfer 350 Mark und ein Schreiner 400 Mark.[323] Über die Verwendung des Geldes liegen in diesen und zahlreichen weiteren Fällen keine Hinweise vor. Es bestand jedoch kein Zusammenhang mit den beliehenen Grundstücken, womit alle Möglichkeiten denkbar sind. Hierdurch lässt sich jedoch festhalten, dass die Sparkassen eben nicht nur für immobilienbezogene Vorhaben Geld auszahlten, sondern auch für andere Liquiditätsbedürfnisse.

In diesem Zusammenhang sei erwähnt, dass die Sparkassen eine sehr flexible Nutzung der Darlehen ermöglichten und hypothekarische Belastungen der Immobilien von den Kunden teilweise wie stehende Kreditlinien genutzt wurden. Beispielsweise erhielt ein Wirt ein Darlehen von der Oberamtssparkasse Biberach über 14.000 Mark. Von dieser Summe tilgte er 10.000 Mark, um später wieder 2.000 Mark aufzunehmen.[324] Einem Landwirt, der ursprünglich 11.000 Mark erhielt und der hiervon ein gutes Drittel tilgte, wurden zu einem späteren Zeitpunkt auf die gleiche Sicherheit erneut 1.800 Mark ausgezahlt.[325] Bei der Sparkasse in Kirchheim nahm ein Schmied ein Darlehen über 3.500 Mark auf und danach ein Zusatzdarlehen über 500 Mark. Von der Gesamtschuld tilgte er 800 Mark. Später erhielt er wieder 800 Mark als Zusatzdarlehen.[326]

3.8 Fallbeispiele für die gewerbliche Darlehensnutzung

In einigen Fällen lassen sich die Beweggründe für die Aufnahme von Darlehen und damit ihre gewerbliche Nutzung trotz des Fehlens von näheren Informationen in den Sparkassenarchiven erschließen. Dies ist durch die Kombination der Kreditdaten mit weiteren Quellen möglich. Hierfür kommt die archivalische

320 HA KSK BC, D 03-004.01, „Protokoll der Ausleihe-Kommission Band II".
321 Ebd.
322 Ebd.
323 HA KSK E-N, Kreditanträge/-beschlüsse usw. 1907 und 1909.
324 HA KSK BC, D 03-006.01, „Protokoll der Ausleihe-Kommission Band IV".
325 HA KSK BC, D 03-005.01, „Protokoll der Ausleihe-Kommission Band III".
326 HA KSK E-N, Kreditanträge/-beschlüsse usw. 1907.

Überlieferung von Behörden ebenso infrage wie Unternehmensfestschriften und insbesondere die lokalhistorischen Literatur.

Zu den ältesten der hier zu beschreibenden Fallbeispiele gehören Darlehensvergaben der Oberamtssparkasse Ludwigsburg von Beginn der 1860er Jahre. Das Institut zahlte im Februar 1863 ein Darlehen über 5.000 Gulden (8.571 Mark) an einen Zimmermann aus der Bezirksgemeinde Benningen aus.[327] Gemäß einer Untersuchung von Thomas Schulz über die Mühlen im Landkreis Ludwigsburg errichtete dieser Zimmermann seit 1862 zwischen Benningen und Marbach um Ufer der Murr eine Mühle mit zwei unterschlächtigen Wasserrädern, einem Säggang, einem Gerbgang zur Entspelzung von Dinkel und Hafer sowie drei Mahlgängen für Getreide.[328] Die Sparkasse zahlte vier Monate später weitere 6.000 Gulden (10.286 Mark) an den Kreditkunden aus und hielt zu diesem Zeitpunkt folgerichtig nicht mehr Zimmermann, sondern Sägemüller als Berufsbezeichnung fest.[329] Die Sparkassengelder wurden damit für eine Existenzgründung genutzt. Diese steht übrigens sehr wahrscheinlich in Zusammenhang mit der Einführung der Gewerbefreiheit in Württemberg 1862. Damals wurden die Anlegung von Getreidemühlen freigegeben und die bisherigen gesetzlichen Beschränkungen über den zulässigen Mahllohn, den sogenannten Milter, aufgehoben.[330]

In einem anderem Fall steht ebenfalls eine Ludwigsburger Mühle im Mittelpunkt: 1858 errichtete ein Nagelfabrikant in der Oberamtsstadt eine Schleifmühle und eine Malzschrotmühle, die er durch eine Dampfmaschine mit einer Leistung von 4 Pferdestärken antreiben ließ.[331] Im Jahre 1861 erweiterte er seine Anlagen durch den Bau einer Gipsmühle in einem Nebengebäude. Zur Finanzierung dieses Expansionsschrittes nutzte er offenbar die Sparkasse des Bezirks, die ihm im April 1861 ein Darlehen über 3.000 Gulden (5.143 Mark) auszahlte.[332] Gut zwei Jahre später vergrößerte der Fabrikant erneut den Umfang seines Unternehmens. Er ließ eine Getreidemühle mit drei Mahlgängen, einem Gerbgang und einem Welschkorngang bauen, die ebenfalls durch die zentrale Dampfmaschine angetrieben wurden. Auch dieses Mal griff er zur Finanzierung auf ein Darlehen zurück. Gegen die hypothekarische Beleihung von „*Haus und Masch[inen]*“ im Gesamtwert von 28.700 Gulden (49.200 Mark) gewährte ihm die Oberamtssparkasse im Februar 1864 ein weiteres Darlehen in Höhe von 13.000 Gulden (22.286 Mark).[333] Damit wurde das alte Darlehen abgelöst und der Mehrbetrag in Höhe

327 HA KSK LB, Kapitalienbuch 1.

328 Thomas Schulz (1999): *Die Mühlen im Landkreis Ludwigsburg. Mühlenatlas Baden-Württemberg Band 3*, Remshalden-Buoch, S. 223 und S. 96, insbesondere Fußnote 96, zu dem Zweck der Gerbgänge.

329 HA KSK LB, Kapitalienbuch 1, Es wurde ein neues Darlehen in Höhe von 11.000 Gulden gewährt, womit das bisherige Darlehen über 5.000 Gulden abgelöst wurde.

330 Artikel 13, *Gesetz, betreffend die neue Gewerbeordnung* vom 12. Februar 1862, Regierungs-Blatt für das Königreich Württemberg No. 6 vom 22. Februar 1862.

331 Hier und im Folgenden: Schulz (1999), S. 298.

332 HA KSK LB, Kapitalienbuch 1.

333 Ebd.

von 10.000 Gulden (17.142 Mark) bar ausgezahlt. Der 1867 erfolgte Verkauf der separaten Getreidemühle an einen Müller spiegelt sich ebenfalls in den Kreditarchivalien wider. Der Darlehensbetrag wurde aufgeteilt, wobei 4.000 Gulden der Schuldsumme bei dem Nagelfabrikanten verblieben und 9.000 Gulden an den Müller übergingen.[334]

Auch die damalige Oberamts-Spar- und Leih-Kasse Göppingen finanzierte in dieser Zeit kleine Unternehmen. Sie gewährte im Oktober 1861 der Firma Gutmann & Cie. mit den Gesellschaftern Abraham Gutmann sowie Albert und Simon Raff ein Darlehen über 5.400 Gulden (9.257 Mark).[335] Ihr Betrieb zur Fabrikation von leinenen und baumwollenen Waren bestand seit 1840 in Jebenhausen bei Göppingen.[336] Wie auch andere jüdische Unternehmer siedelten die drei Kompagnons nach dem Bau der Eisenbahn 1847 in die Oberamtsstadt über, um dort von dem verbesserten Zugang zu Rohstoff- und Absatzmärkten zu profitieren. Das Darlehen diente dem Kauf der Gastwirtschaft „Krone“, in der Geschäfts- und Handelsräume eingerichtet wurden. Der Erweb dieser Immobilie wird unter anderem durch den Umstand belegt, dass die Geldvergabe in der Form der Übertragung eines Güterzielers[337] erfolgte. Wie aus der Dokumentation des Sparkassiers ersichtlich ist, musste die Firma als Schuldnerin neun Jahre lang hypothekarisch besicherte verzinsliche Zielerraten in Höhe von 600 Gulden (1.029 Mark) an die Sparkasse zahlen. Bereits 1862 stiegen die Brüder Raff aus dem Geschäft aus. Abraham Gutmann betrieb die Weberei bis 1865 in der „Krone“ weiter und baute die Firma mit seinen Söhnen aus. Um 1889 bestanden neben der Weberei mit 450 Webstühlen auch eine Spinnerei mit 23.000 Spindeln sowie eine Färberei. Damals wurden circa 650 Arbeiter und 60 Angestellte beschäftigt. Bis 1912 stieg die Arbeiterzahl des Unternehmens auf 800 an.

Ein anderes Darlehen der Göppinger Sparkasse diente der umfassenden baulichen Veränderungen und Erweiterungen einer seit längerer Zeit bestehenden Produktionsanlage für Packpapier in Großeislingen. Sie gehörte seit 1892 zum Fir-

334 Ebd.

335 KrA GP, P 1, A 16 “Rechnung pro 1861/62”.

336 Hier und im Folgenden: A[ron] Tänzer (1927): *Die Geschichte der Juden in Jebenhausen und Göppingen*, Berlin, Stuttgart und Leipzig , S. 432 ff; Kirschmer (1952), II. Teil, S. 126 ff; Hans Glatzle (1956): *Industrie und Handel*, in: Landkreis Göppingen (Hg.): Heimatbuch des Landkreises Göppingen, Göppingen, S. 233–316, hier S. 263.

337 Bei Güterzielern oder auch Haus- beziehungsweise Hofzielern handelte es sich um eine Form des Ratenkaufs, der noch im 19. Jahrhundert in weiten Teilen Süddeutschlands verbreitet war, aber vermutlich schon im 18. Jahrhundert oder noch früher praktiziert wurde. Die verkaufte Immobilie wurde dabei nicht sofort in vollem Umfang bezahlt, sondern es wurden jährliche Zielerraten vereinbart, die von dem Käufer an den Verkäufer zu entrichten waren. Außerdem waren jährlich vorab festgelegte Zinszahlungen für die noch ausstehenden Zieler zu leisten. Die Güterzieler konnten bei sofortigem Liquiditätsbedarf an Dritte abgetreten werden, also beispielsweise von dem Verkäufer der Immobilie an eine Sparkasse. Sie waren typischerweise hypothekarisch gesichert. In Baden war diese Form der Finanzierung unter dem Begriff Liegenschaftskaufschilling verbreitet.

menkonglomerat des Papierfabrikanten Gottlob Krum.[338] Dieser hatte sich vermutlich aufgrund eines schleppenden Geschäftsganges Ende der 1890er Jahre zu einem Verkauf des Werkes in Großeislingen entschlossen. Er veräußerte es um 1900 an Gustav Lutz und zog sich auf sein Göppinger Hauptwerk zurück. Im Jahr 1902 wechselte sein Buchhalter David Fenchel, der offenbar das Potenzial des Packpapierwerkes erkannt hatte, als Gesellschafter zu Lutz nach Großeislingen über. Die beiden führten seitdem umfassende Baumaßnahmen und Modernisierungen durch. Zunächst wurde das Fabrikgebäude bis auf einen Mittelbau und ein Wohnhaus abgebrochen und anschließend neu aufgebaut. Danach vergrößerte die Firma 1903 den Papiersaal und ließ ein eineinhalbstöckiges Kontor- und Magazingebäude erstellen. Kurz darauf gewährte die Oberamtssparkasse der Firma Lutz & Fenchel ein verhältnismäßig großes Darlehen über 90.000 Mark, das sehr wahrscheinlich der Finanzierung der Um- und Erweiterungsbauten diente. Der Produktionsschwerpunkt lag nun unter anderem auf Löschpapieren für den Bürobedarf und Saugstoffpapieren für technische Anwendungen.[339] Um 1907 beschäftigte das Unternehmen in der Rechtsform einer oHG[340] 52 Arbeiter.[341]

Bemerkenswert ist eine langjährige Kundenbeziehung der Oberamtssparkasse Nagold. In diesem Fall wird ein anhand der Archivalien nicht erkennbarer Zusammenhang zwischen verschiedenen Darlehen erst durch die umfassende Firmenhistoriographie sichtbar: Im Jahre 1891 erwarben die Sägewerksbesitzer Cletus Klingler und Paul Barthel das Anwesen und die Wasserkraft einer zuvor abgebrannten Getreidemühle.[342] Ihr Ziel war es, dort elektrischen Strom zu erzeugen und über 1.500 Meter in das benachbarte Tal zu ihrem Sägewerk zu übertragen. Der Unternehmenshistoriker Jürgen Gysin schrieb hierzu: „Für die Finanzierung des Kaufes und der elektrischen Einrichtung mußte die Firma Klingler & Barthel Darlehen aufnehmen.“ Die Archivalien der Oberamtssparkasse Nagold bestätigen diese Vorgehensweise, denn im Februar 1892 wurde die Vergabe eines Hypothekendarlehens über 8.000 Mark an die Firma Klingler & Barthel verzeichnet.[343] Der Betrag entsprach damals immerhin dem Gegenwert eines guten neuen Einfamilienhauses.

Nach der Inbetriebnahme der kleinen Elektrizitätsanlage im Januar 1893 bekundeten das Lehrerseminar sowie weitere Bürger der Stadt Nagold Interesse am Strombezug.[344] Gemäß Gysins Einschätzung scheint die Ausdehnung des Geschäfts über den ursprünglichen Zweck hinaus dem Compagnon Barthel aber nicht gefallen zu haben, denn dieser trat seinen Anteil an Klingler ab. Weiter

338 Hier und im Folgenden: Glatzle (1956), S. 254; Lore Sporhahn-Krempel (1955): *Papier aus dem Filstal – einst u. heute*, Göppingen, S. 68 ff; Mundorff (2001), S. 65.
339 Mundorff (2001), S. 65 und insbesondere Fußnote 65.
340 StAL, FL 300/12 IV, Bü. 1279, „Registerakte“.
341 K.[öniglich] Statistisches Landesamt (1907), S. 183.
342 Hier und im Folgenden: Jürgen Gysin (1993): *Geschichte der Stromversorgung in Nagold und Umgebung*, Stuttgart, S. 5 und S. 18.
343 Archiv Spk Pf Cw, N 900, „Capitalien-Hauptbuch von Nr. 1–600“.
344 Gysin (1993), S. 5.

schreibt Gysin: „Klingler finanzierte den Ortsnetzbau wiederum mit Darlehen und setzte damit für den Aufbau des Elektrizitätswerkes sein gesamtes Vermögen aufs Spiel". Auch dieser zukunftsweisende Schritt ist im Archiv der Sparkasse dokumentiert. Das bisherige Darlehen wurde Anfang März 1893 abgelöst. Gleichzeitig wurde ein neues Darlehen über 25.300 Mark an Cletus Klingler vermerkt und der Mehrbetrag über 17.300 Mark an ihn ausgezahlt.[345] Damit war Klingler der zu diesem Zeitpunkt bedeutendste private Kreditnehmer der noch jungen Sparkasse. Bis Ende Juni 1893 wurde das Ortsnetz erstellt und dann in Betrieb genommen.[346] Nagold war somit eine der ersten Städte in Württemberg mit Elektrizitätsversorgung. Die Drähte verliefen über Telegrafenmasten sowie Dachständer und verbanden mehr als 400 Lampen in 70 Häusern mit dem Kraftwerk.[347]

In der Folgezeit stieg die Nachfrage nach der neuen Energiequelle in der Oberamtsstadt und der Umgebung stark an. Zu Beginn des 20. Jahrhunderts wurden insgesamt 18 Gemeinden mit Elektrizität versorgt.[348] Die Zahl der angeschlossenen Glühbirnen erhöhte sich auf 2.000 Stück im Jahr 1900, 5.000 Stück im Jahr 1910 und über 7.000 Stück im Jahr 1913.[349] Der Anschlusswert der Elektromotoren in Gewerbe und Landwirtschaft nahm von 70 PS im Jahr 1895 auf 1.300 PS im Jahr 1913 zu. Vor diesem Hintergrund war ein fortwährender Ausbau der Erzeugungskapazitäten und des Verteilungsnetzes notwendig.[350] Nach dem Tod Klinglers im Jahr 1904 setzten dessen Erben die Erweiterung des Betriebes fort. Finanziert wurde die Expansion wiederum mit Hilfe der Sparkasse, die 1904 ein Darlehen über 35.000 Mark an das Elektrizitätswerk C. Klinglers Erben auszahlte und 1913 ein weiteres über 84.000 Mark.[351] Hierbei handelte es sich um das größte Darlehen, das die Oberamtssparkasse Nagold einem privaten Kreditnehmer seit ihrer Gründung gewährte.

Ein relativ gut rekonstruierbarer Fall aus Leutkirch belegt den Einsatz von Sparkassengeldern zur Finanzierung einer neuen Bierbrauerei. Der Darlehensnehmer Clemens Härle betrieb zunächst die Schlossbrauerei in der Leutkircher Bezirksgemeinde Wurzach, die jedoch 1895 abbrannte. Er kaufte daraufhin die aus dem 17. Jahrhundert stammende Gastwirtschaft mit Brauerei „Zum Mohren" in Leutkirch, aber fasste offenbar sehr schnell den Entschluss zu deren Neubau.[352] Bereits 1896 vergab er Aufträge an Bauhandwerker. Die Grabarbeiten veran-

345 Archiv Spk Pf Cw, N 900, „Capitalien-Hauptbuch von Nr. 1–600".
346 Gysin (1993), S. 6.
347 Ebd.
348 Knödler, G[otthold]: *Wirtschafts- und Siedlungsgeographie des nord-östlichen Schwarzwaldes und der angrenzenden Gäulandschaften*, Öhringen 1930, S. 59 „Karte der Elektrizitätsversorgung im nordöstlichen Schwarzwald".
349 Hier und im Folgenden: Gysin (1993), S. 9.
350 Ebd. S. 18.
351 Archiv Spk Pf Cw, N 903, „Capitalien-Hauptbuch von Nr. 601–1200"; N 904, „Capitalien-Hauptbuch von Nr. 1201–2235").
352 Hier und im Folgenden: Albert Wegmann (1997): *Das Wirtschafts- und Brauwesen in Leutkirch*, Leutkirch im Allgäu, S. 29f und S. 48.

schlagte er auf 3.300 Mark und die Maurerarbeiten für das dreistöckige und bis heute genutzte Fabrikgebäude aus Ziegelsteinen mit Malzdarre und Dampfkesselhaus auf circa 95.000 Mark. Die „fortschrittlichste Dampfbrauerei im Oberland“ ging Anfang 1897 in Betrieb und sicherte sich mit einem direkten Eisenbahnanschluss ein Absatzgebiet weit über die Stadt Leutkirch hinaus. In diesem Jahr gewährte die örtliche Oberamtssparkasse Clemens Härle ein Hypothekendarlehen in Höhe von 150.000 Mark.[353] Das Unternehmen beschäftigte um 1910 etwa 20 Arbeiter und Angestellte.[354]

Kapitalauszahlungen können selbst dann gewerblichen Zwecken gedient haben, wenn der kommerzielle Charakter nicht direkt erkennbar ist. Dies wird anhand eines der größten Ludwigsburger Darlehensfälle aus der ersten Dekade des 20. Jahrhunderts bei einem Abgleich mit diversen Handelsregisterdaten[355] sichtbar. In dem damals zum Oberamt Ludwigsburg gehörenden Gemeinde Zuffenhausen schlossen sich im Mai 1894 die beiden Brüder Julius und Wilhelm Veith sowie Wilhelm Sigloch zusammen und gründeten die „Stuhlfabrik Zuffenhausen Gebr. Veith u. Sigloch”. Das Unternehmen beschäftigte zu Beginn des 20. Jahrhunderts 60 Arbeiter und unterhielt daneben ein Zweigwerk unter der Bezeichnung „Bayerische Stuhl- und Tischfabrik“ in Plattling. In dieser Zeit verschoben sich die Gewichte im Teilhaberkreis schrittweise in Richtung Familie Sigloch. Zunächst starb im Oktober 1898 Julius Veith. Im März 1900 stieß dafür Wilhelm Siglochs Sohn Ferdinand zu den beiden verbliebenen Firmeninhabern hinzu. Ende Januar 1902 verließ der zweite der Veith-Brüder, Wilhelm, das Unternehmen. Nun brauchte die Familie Sigloch vermutlich dringend Geld, um den bisherigen Miteigentümer auszahlen zu können. Schon drei Jahre zuvor mussten von Wilhelm Veith und Wilhelm Sigloch zusammen knapp 64.000 Mark an die Erben des verstorbenen Julius Veith vergütet werden. Wahrscheinlich war nun erneut ein großer Betrag aufzubringen. In dieser Situation fungierte die Oberamtssparkasse als Geldgeberin. Sie zahlte Anfang März 1902 und damit nur fünf Wochen nach dem Ausscheiden von Wilhelm Veith ein Darlehen in Höhe von 40.000 Mark aus. Kreditnehmer waren die Sesselfabrikanten Wilhelm und Ferdinand Sigloch sowie der ledige Kaufmann Wilhelm Sigloch jr. Das Auftreten des zweiten Sohnes als Schuldner ist ein Hinweis darauf, dass als Basis für die Hypothek nicht oder nicht nur Firmenvermögen, sondern mindestens eine private Immobilie diente. Wilhelm Sigloch jr. war zu diesem Zeitpunkt nämlich noch kein Inhaber der Firma und wurde erst im Oktober des Jahres als Teilhaber aufgenommen. Somit lässt sich festhalten, dass die Vergabe des großen Darlehens zumindest formell an Privatpersonen erfolgte. Das Kapital wurde aber vermutlich für die Auszahlung

353 WABW, B 202, (Lfd. Nr. 295) B-Nr. 103, „Abgelegte Aufwertungs-Darlehenskonten“.

354 Huber (1910), S. 37.

355 Für den folgenden Abschnitt: StAL, FL 300/20 II, Bd. 1, „Handelsregister für Einzelfirmen“; FL 300/20 II, Bd. 9, „Handelsregister für Gesellschaftsfirmen“; FL 300/31 I, Bü. 3604, „Registerakte“.

des bisherigen Kompagnons gebraucht, womit ein gewerblicher Hintergrund bestand. Die Oberamtssparkasse war mit dem Unternehmen übrigens schon in früheren Zeiten verbunden. Sie zahlte im Jahr 1878 ein Darlehen über 5.000 Mark an den Sesselschreiner Julius Veith aus und erhöhte die Darlehenssumme im Februar 1883 auf 7.600 Mark.

Bei den nachfolgend beschriebenen Finanzierungen der Oberamtssparkasse Göppingen sind die konkreten Kapitalverwendungen zwar nicht bekannt. Die Fälle verbindet aber der Umstand, dass die Darlehensgewährungen unmittelbar nach der Gründung eines neuen Betriebes beziehungsweise nach dem Zusammenschluss von Kaufleuten zu einer neuen Gesellschaft erfolgten.

Im Jahre 1854 erhielt der 23jährige Salomon Ottenheimer ein Bürgschaftsdarlehen über 600 Gulden (1.029 Mark) von der Spar- und Leihkasse Göppingen ausgezahlt.[356] Er begann damals in Jebenhausen die Tuchproduktion und legte somit den Grundstein für die spätere Firma Gebrüder Ottenheimer, Fabrikation von baumwollenen und leinenen Waren.[357] 1862 nahm der Gründer seinen Bruder Joseph als Gesellschafter auf. Bald darauf ließen die Brüder bereits 500 Handweber für sich arbeiten. Nach dem Umzug in die Stadt Göppingen 1865 gingen sie zum mechanischen Betrieb über. Die Firma beschäftigte um 1907 etwa 200 Arbeiter.[358]

Bereits 1851 schlossen sich sieben jüdische Kleinunternehmer zusammen und gründeten in Göppingen die zweite Korsettfabrik Deutschlands, die auf einem einzigen Webstuhl gefertigte Korsetts herstellte.[359] Einer von ihnen, Isak Ottenheimer, bekam zu diesem Zeitpunkt ein Bürgschaftsdarlehen der Spar- und Leihkasse über 500 Gulden (857 Mark).[360] Die Vereinigung löste sich zwar nach vier Jahren schon wieder auf. Doch die Teilhaber wurden ausnahmslos zu Gründern großer Korsettfabriken, wobei Isak Ottenheimer seinen Betrieb nach Stuttgart verlegte.

Im Jahr 1902 zahlte die Oberamtssparkasse Göppingen ein Darlehen über 40.000 Mark an den Kunden Jetter & Stübler in Ebersbach aus.[361] Gemäß Handelsregister begann die Zementfabrik ihre Tätigkeit als offene Handelsgesellschaft zum 1. Januar dieses Jahres.[362] Die Firma war allerdings ebenfalls nur kurzlebig. Bereits im August 1905 löste sie sich durch gegenseitige Übereinkunft der Gesellschafter wieder auf und die Sparkasse führte das Darlehen unter der neuen Bezeichnung Süddeutsche Cementverkaufsstelle weiter.

356 KrA GP, P 1, A 8 "Rechnung pro 1853/54".
357 Hier und im Folgenden: Glatzle (1956), S. 264; Tänzer (1927), S. 442f.
358 K.[öniglich] Statistisches Landesamt (1907), S. 143.
359 Hier und im Folgenden: Tänzer (1927), S. 453.
360 KrA GP, P 1, A 4 „Rechnung pro 1849/50" und A 5 „Rechnung pro 1850/51".
361 KrA GP, P 1, A 234 „Beilagen zur Rechnung 1902".
362 Hier und im Folgenden: StAL FL 300/12 IV, Bd. 11, „Handelsregister für Gesellschaftsfirmen und Firmen juristischer Personen".

In einem anderen Fall schlossen sich die beiden Kaufleute Christian Koch und Fritz Schuster aus Göppingen Ende September 1913 zu einer oHG zusammen, die Fleischereibedarfsartikel vertrieb.[363] Kurze Zeit später ist von der Sparkasse eine Darlehensauszahlung in Höhe von 25.000 Mark an Koch & Schuster, Göppingen vermerkt worden.[364]

Ein mit 50.000 Mark doppelt so hohes Darlehen gewährte die Sparkasse 1910 an den Kreditkunden Müller & Bürkle.[365] In diesem Fall liegt eine Eintragung in das Handelsregister zum 1. Oktober 1910 vor.[366] Gesellschafter der oHG waren der Stuttgarter Kaufmann Albert Bürkle und der Göppinger Buchdruckereibesitzer Adolf Müller. Die Sparkasse war übrigens nicht nur Dienstleister für das Unternehmen, sondern gleichzeitig auch Kunde. Aus dem Jahre 1912 hat sich eine Rechnung für die Herstellung von 8.000 Sparbüchern erhalten.[367]

3.9 Zwischenfazit

Die in diesem Kapitel vorgestellten Beispiele verdeutlichen die ausgesprochen große Vielfalt der Sparkassendarlehen hinsichtlich ihrer Betragshöhe, der beliehenen Sicherheiten, der mit Kapital versorgten Kundengruppen und der Verwendungszwecke. Dabei handelte es sich in allen Fällen mit Ausnahme der im Text besonders bezeichneten Kreditgewährungen um standardisierte Hypothekendarlehen. Diese dürfen deshalb nicht nur mit dem privaten Wohnungsbau in Verbindung gebracht werden, wie dies in der Literatur bislang häufig geschah. Mit einer Immobilie als Kreditsicherheit ließen sich auch Grundstücke oder Mobiliar finanzieren, Handwerker und Zulieferer bezahlen oder einfach nur anderweitige, höher verzinsliche Schulden abtragen. Die Beispiele dokumentieren zudem, dass oftmals Angehörige der oberen lokalen Schichten zu den Kreditkunden gehörten. Auf ihre je nach Sparkasse abweichende Bedeutung wird noch im quantitativen Teil der Arbeit näher eingegangen. Wie an verschiedenen Stellen gezeigt und wie auch die Fallbeispiele im letzten Unterkapitel darlegen, kamen daneben immer wieder die Gründer von neuen Betrieben als Kreditnehmer vor. Dies dürfte mit der für junge Unternehmen typischen Ausgangslage zusammenhängen, bei der einem anfänglich hohen Investitionsbedarf häufig nur eine geringe Kapitalausstattung gegenübersteht.[368] Eine solche Überlegung stellt jedoch bereits eine al-

363 Ebd.
364 KrA GP, P 1, A 246 "Beilagen zur Rechnung pro 1913".
365 KrA GP, P 1, A 242 "Beilagen zur Rechnung p. 1910".
366 StAL FL 300/12 IV, Bd. 11, „Handelsregister für Gesellschaftsfirmen und Firmen juristischer Personen".
367 KrA GP, P 1, A 245 „Beilagen zur Rechnung pro 1912".
368 Neben der Schließung der Lücke mit Krediten nutzten die Kunden die Innenfinanzierung durch strikte Sparsamkeit. Dies ist in verschiedenen Schriften über Unternehmenskunden der Panel-Sparkassen dokumentiert. Vgl. beispielsweise Gysin (1993), S. 5; Grüninger & Prem Eisengießerei KG (Hg.) (1975): *Grüninger & Prem Eisengießerei KG,*

ternative Herangehensweise zur Untersuchung des Kreditgeschäftes dar. Die Schlussfolgerung von den Rahmenbedingungen eines Betriebes oder eine Branche auf die Verwendung von Darlehen steht im Mittelpunkt des nächsten Kapitels.

100 Jahre, 1875–1975, Kirchheim unter Teck, S. 9; Wolf S. Alexander [1954]: *Wir von Fischer, Eine kleine Geschichte um die Geschichte eines Werkes [1874–1954]*, Göppingen, S. 13.

4. Sparkassendarlehen im Kontext von technischer und ökonomischer Entwicklung

4.1 Vorbemerkungen

Trotz vielfältiger Unterschiede im Kreditgeschäft der Sparkassen bestehen auffällige Gemeinsamkeiten. Hierzu gehören die bei fast allen Instituten und über den gesamten Untersuchungszeitraum auftretenden häufigen Geldvergaben an das Brauerei- und Gaststättengewerbe. Beispielsweise ging eines der ersten größeren Darlehen der Oberamtssparkasse Ludwigsburg an einen Gastwirt. Im Jahr 1856 erhielt er 3.500 Gulden (6.000 Mark) gegen eine hypothekarische Sicherheit. Die Sparkasse in Nagold vergab zwischen 1889 und 1913 etwa jedes zwanzigste Darlehen an einen Bierbrauer oder einen Wirt. Insgesamt betrugen diese Kredite 625.000 Mark beziehungsweise 17 % der Gesamtsdarlehenssumme. Allein die Kredite im Betrag von 10.000 Mark und mehr summieren sich auf 375.000 Mark. Ganz besonders machte sich das Kapitalbedürfnis der Branche in Biberach bemerkbar. Die dortige Oberamtssparkasse zahlte zwischen 1900 und 1913 fast jedes zehnte Darlehen an den Inhaber einer Gaststätte oder einer Bierbrauerei aus. Zusammen beliefen sich diese Kredite ohne Berücksichtigung des Hotelgewerbes auf 20 % des gewährten Hypothekenkapitals. Diese Aufzählung ließe sich mit den anderen Panel-Instituten fortsetzen, wenngleich dort niedrigere Prozentanteile als in Biberach erreicht wurden. Selbst die verhältnismäßig kleine Kasse in Künzelsau, die keine Industriefinanzierungen vornahm, kann immerhin eine Darlehensvergabe in Höhe von 20.000 Mark an den Besitzer einer Brauerei im Jahr 1913 vorweisen.

Weniger häufig aber dennoch auffällig oft kamen Eigentümer von Mühlen als Kreditnehmer vor. Ihre relative Bedeutung wird beispielsweise anlässlich einer Bestandsaufnahme der Kreditkunden der Geislinger Oberamtssparkasse von Ende 1894 gut sichtbar. Von den Schuldnern der zehn größten Darlehen waren sechs als Gastwirt und dazu teilweise als Bierbrauer tätig. Sie schuldeten zusammen 77.000 Mark. Zwei weitere von den zehn wichtigsten Kreditkunden waren aber Müller mit Darlehen über zusammen 32.330 Mark. Die Oberamtssparkasse Nagold gewährte ab 1889 immerhin 27 Darlehen über insgesamt fast 265.000 Mark an die Eigentümer diverser Mahl-, Säge- und Gipsmühlen. Und auch die Oberamtssparkasse Ravensburg zahlte mehr als eine Viertel Million Mark an die Eigentümer von Mühlen aus. Offenbar bestand auch in diesem Gewerbe ein hoher Kapitalbedarf.

Wie noch darzustellen sein wird, fanden während des Untersuchungszeitraumes in der Bierherstellung und im Biervertrieb sowie in der Müllerei kapitalintensive technische und ökonomische Neuerungen statt, die zu einem tiefgreifenden Wandel führten. Dies legt die Vermutung nahe, dass die Darlehen weniger für private wohnwirtschaftliche oder konsumtive Zwecke verwendet wurden, sondern für Investitionen und zur Betriebsmittelfinanzierung. Um diese Hypothese zu erläutern, wird nachfolgend der Versuch unternommen, die wesentlichen Grundzüge der Entwicklung in den beiden Gewerbezweigen nachzuzeichnen. Während die Literatur die Geschichte dieser beiden Branchen üblicherweise als Abfolge von Ereignissen wiedergibt oder mit Fokus auf anschauliche technische Neuerungen, soll hier der Schwerpunkt auf technisch-ökonomische Begründungszusammenhänge liegen. Deshalb wird zunächst die Ausgangslage in der Mitte des 19. Jahrhunderts dargestellt und hiervon ausgehend die Veränderungen in der Folgezeit herausgearbeitet.

Methodisch stellt das vorliegende Kapitel somit ein Gegenstück zu Kapitel 3 dar. Dort wurde der gewerbliche Einsatz von Sparkassendarlehen anhand von Informationen aus den Archivalien und aus dritten Quellen in Einzelfällen konkret nachgewiesen. Hier wird dagegen fast ausschließlich die Branchenebene betrachtet und es werden die besonders häufigen Kreditvergaben in den Kontext der Entwicklung gestellt. Dadurch lässt sich zwar nicht die gewerbliche Nutzung in Einzelfällen nachweisen. Aber die Zusammenhänge legen nahe, dass die Kredite in der Summe häufig für kommerzielle Absichten aufgenommen wurden.

Um die vermutete Bedeutung von technischen Neuerungen und ökonomischen Wandel als Treiber für Kreditaufnahmen hervorzuheben, bietet es sich an, einen weiteren Beruf außerhalb des Gewerbesektors zu betrachten. Unter den Kreditkunden aller Panel-Sparkassen war der Beruf des Landwirtes der mit Abstand häufigste, vor allem wenn abweichende Bezeichnungen wie Bauer, Ökonom, Gutsbesitzer oder Söldner[369] zusammengefasst werden. Sie erfuhren während der Industrialisierung umfassende Änderungen ihrer Tätigkeit. Das nachfolgende Unterkapitel greift zwei Entwicklungen heraus, nämlich den zunehmenden Einsatz landwirtschaftlicher Maschinen sowie die Elektrifizierung, die jeweils wahrscheinlich in einem erhöhten Kapitalbedarf der Landwirte mündeten. Hiermit wird gleichzeitig ein Erklärungsansatz für die häufig vorkommenden kleinen Darlehen im dreistelligen und niedrigen vierstelligen Markbereich geschaffen, die nicht der Finanzierung von Immobilien dienten.

4.2 Entwicklungstendenzen in der Landwirtschaft

Die württembergische Agrarwirtschaft erlebte ab dem zweiten Drittel des 19. Jahrhunderts umfassende Veränderungen und Neuerungen. Althergebrachte landwirtschaftliche Geräte wie beispielsweise Pflüge und Eggen wurden weiterentwickelt und für bessere Leistungen ausgelegt. Ihre Produktion ging im Zeit-

369 Der Begriff Söldner bezeichnete abweichend vom heutigen Sprachgebrauch keinen Militärangehörigen, sondern im östlichen Württemberg einen Kleinbauern. Vgl. hierzu die Ausführungen in Kapitel 5.2.

ablauf von Dorfhandwerkern zu Fabriken über, die anstelle von Holz und Eisen haltbaren Stahl verwendeten.[370] Auf höhere Ernteerträge zielte auch die vermehrte Nutzung von Dünger ab. Eine Rationalisierungsmaßnahme war dagegen die Anschaffung von Landwirtschaftsmaschinen. Ab den 1860er Jahren machte sich durch die Industrialisierung in ländlichen Gebieten allmählich ein Arbeitskräftemangel bemerkbar, der zu einem Anstieg der Löhne führte und dadurch den Einsatz von Maschinen rentabel werden ließ.[371] Zum Einsatz kam eine ganze Reihe unterschiedlicher Anlagen wie einfache Futterschneider, mit denen beispielsweise Rüben zerkleinert wurden, sowie Getreidereinigungsmaschinen wie Putzmühlen und Windfegen.[372] Besonders bedeutend waren Dreschmaschinen, die entweder von Hand, mit einem Göppel, einer Lokomobile oder auf andere Art angetrieben wurden. Wahrscheinlich nahmen Landwirte bei Sparkassen Hypothekendarlehen auf, um Geld für solche größeren Anschaffungen zu erhalten. Wie nachfolgend zu zeigen sein wird, spricht die geographisch und zeitlich unterschiedlich ausgeprägte Bedeutung von Landwirten als Kreditnehmer für diese Hypothese.

Üblicherweise führten die größeren Agrarbetriebe neue Methoden, Geräte und Maschinen zuerst ein, da sie für den Markt produzierten und deshalb unter Wettbewerbsdruck standen. Außerdem wird eine teure Anschaffung umso lohnender, je ausgiebiger sie genutzt werden kann. Die mittleren und kleinen Betriebe, welche zu einem größeren Teil nur für den eigenen Bedarf arbeiteten, folgten dagegen erst mit einer gewissen zeitlichen Verzögerung.

Martin Krauß belegte dieses Muster auf der Grundlage von zeitgenössischen Statistiken über den Maschineneinsatz.[373] Demnach nutzten im Jahr 1882 in Württemberg etwa 52 % der großbäuerlichen Betriebe mit mehr als 20 Hektar Nutzfläche mindestens eine Maschine. Der Anteil der mittelbäuerlichen Betriebe mit Maschineneinsatz, also der Höfe mit 5 bis 20 Hektar Nutzfläche, beschränkte sich dagegen auf 10 %. Und bei Kleinbauern unter 5 Hektar Nutzfläche spielte der Maschineneinsatz 1882 praktisch noch keine Rolle. Bis zum Jahr 1907 stiegen die Prozentanteile bei einer allerdings unveränderten Struktur. Immerhin jeder fünfte Kleinbauer verwendete nun mindestens eine Maschine auf seinem Hof. Und im Fall der mittelbäuerlichen und der großbäuerlichen Betriebe stieg der Anteil mit Maschineneinsatz auf 65 % beziehungsweise auf 95 % an.

Die Anteile von klein-, mittel- und großbäuerlichen Betrieben waren in Württemberg nicht gleichmäßig über das Land verteilt. Wie in Kapitel 2 ausgeführt,

370 Zu den Entwicklungen im Pflugbau vgl. beispielsweise die Festschrift des Kreditkunden Ventzki GmbH (Hg.) (1957): *75 Jahre Ventzki Pflugbau*, Stuttgart, S. 9ff.

371 Martin Krauß (1997): *Maschinenverwendung in der Landwirtschaft in Baden und Württemberg im 19. und frühen 20. Jahrhundert*, in: Blätter für Technikgeschichte, S. 184 bis S. 199, hier S. 192 und S. 194.

372 Ebd., S. 197.

373 Ebd., S. 185 bis S. 188. Hier nicht weiter berücksichtigt werden sogenannte Parzellenbetriebe mit weniger als 2 Hektar Nutzfläche. Sie stellten in Württemberg zwar 52,7 % der Betriebe, aber kamen zusammen nur auf 10,1 % der Nutzfläche des Landes.

dominierten in den protestantischen Realteilungsgebieten eher kleinbäuerliche Höfe, während im überwiegend katholischen Neuwürttemberg viele mittel- und großbäuerliche Betriebe bestanden. Demnach ist von einer früheren und umfassenderen Maschinennutzung in Neuwürttemberg auszugehen, was mit einem entsprechend früheren und größeren Kreditbedarf der Landwirte einhergehen sollte. Umgekehrt sollten die Landwirte in den protestantischen Realteilungsgebieten einen vergleichsweise geringen Bedarf an Kapital gehabt haben, der erst später anstieg, aber dennoch unterdurchschnittlich blieb. Das Zutreffen dieser Schlussfolgerung wird durch die Sparkassenarchivalien weitgehend bestätigt.

Besonders aufschlussreich sind in diesem Zusammenhang die Darlehensvergaben der Oberamtssparkassen Göppingen und Geislingen, die geographisch in der Mitte zwischen den altwürttembergischen Gebieten im Westen und den neuwürttembergischen Gebieten im Osten lagen. Beide Sparkassen verfügten angesichts der bedeutenden lokalen Arbeiterschaft über hohe Einlagenzuflüsse, für die in dem Zeitabschnitt nach der Gründerkrise Mitte der 1870er Jahre im eigenen Bezirk offenbar keine Verwendung bestand. Von den am Ende des Jahres 1894 bestehenden 310 Darlehen der Oberamtssparkasse Geislingen entfallen mindestens 23 % auf bezirksfremde Schuldner. Ihr Anteil am Kreditkapitel betrug sogar 27 %. Und die Sparkasse in Göppingen vergab von Mitte 1875 bis Ende 1882 mindestens 47 % der Darlehenssumme an Bezirksfremde. Dieser Wert stieg in dem Siebenjahreszeitraum 1883 bis 1889 auf 59 % an und fiel dann in der Periode 1890 bis 1896 auf etwa 38 % zurück. Die Notwendigkeit zur Ausdehnung des Kreditgeschäftes über die eigenen Bezirksgrenzen hinaus dürfte zum einen durch die in diesem Zeitabschnitt vermutlich wenig erwünschte Kreditvergabe an die Industrie bedingt gewesen sein. Auf diesen Punkt ist in Kapitel 7 näher einzugehen. Zweitens dürfte sie auch auf den geringen Kapitalbedarf der lokalen Kleinbauern zurückgehen, die damals eben noch nicht in Landwirtschaftsmaschinen investierten.

Noch deutlicher wird der Zusammenhang, wenn betrachtet wird, in welche Oberämter die Spargelder flossen. Im Fall der bezirksfremden Landwirte als Kreditnehmer dominieren die neuwürttembergischen Oberämter mit Abstand. Die Geislinger Sparkasse vergab Darlehen lediglich an fünf Bauern aus Altwürttemberg, aber an 21 Bauern aus Neuwürttemberg und dabei insbesondere an solche in den Oberämtern Münsingen, Blaubeuren und Ehingen. Die Lage Geislingens im Osten des Filstals spielte hierfür vermutlich keine Rolle, denn im Durchschnitt trennten Kreditnehmer und Sparkasse im Fall der altwürttembergischen Kunden nur 1,2 Bezirksgrenzen. Dagegen waren es bei den neuwürttembergischen Schuldnern durchschnittlich 1,7 Bezirksgrenzen.[374] Die Oberamtssparkasse gab sogar Bauern im entfernten Laupheim und Ravensburg Kredite. Wird die Vergabe von Hypothekendarlehen der Göppinger Sparkasse zwischen 1883 und 1889 be-

374 Nicht gemessen an der Luftlinie oder den damals üblichen Verkehrswegen, sondern an dem fiktiven Weg mit den wenigsten Grenzübertritten.

trachtet, dann ergibt sich bei 60 bezirksfremden Landwirten ein Verhältnis von 14 Altwürttembergern zu 46 Neuwürttembergern. Hier waren die erstgenannten Kunden allerdings mit durchschnittlich 3,3 Bezirksgrenzen etwas weiter entfernt als die Kreditnehmer aus Neuwürttemberg mit durchschnittlich 2,8 Bezirksgrenzen.

Im Gegensatz zu Geislingen und Göppingen hatte die ebenfalls sehr große Oberamtssparkasse Ravensburg im katholischen Südosten des Landes in dieser Zeit übrigens keine Probleme, heimische Kreditnehmer zu finden. Sie konnte ihr Kapitel ausschließlich im eigenen Bezirk unterbringen.[375] Die Oberamtssparkasse Biberach musste in den 1880er Jahren zwar auf bezirksfremde Darlehensgesuche zurückgreifen.[376] Das Kapital blieb aber ausschließlich in benachbarten oberschwäbischen Bezirken, darunter vor allem in Riedlingen, Saulgau und Ehingen. Dort waren zwar auch etablierte Sparkassen tätig, doch offenbar war die Kreditnachfrage ausreichend hoch.

Etwas anders gelagert waren dagegen die Verhältnisse im altwürttembergischen Ludwigsburg, wo die Darlehensvergabe zwischen 1877 und 1886 dokumentiert ist.[377] Angesichts der Größe der Kasse wäre ein Kreditgeschäft nach dem Muster Göppingens und Geislingens zu erwarten mit umfassenden Geldvergaben an auswärtige Kunden und darunter an neuwürttembergische Landwirte. Tatsächlich führten häufige Kredite an Handwerker, Mühlenbesitzer, Bierbrauer und Kaufleute allerdings zur Absorption des überwiegenden Teils des Sparkapitals im eigenen Bezirk. Zweitens nahm Ludwigsburg eine Insellage ein, denn in den direkt benachbarten altwürttembergischen Oberämtern Vaihingen, Leonberg, Waiblingen und Marbach wurden erst 1879, 1882, 1894 beziehungsweise 1898 Sparkassen ins Leben gerufen. Aufgrund des Mangels an eigenen Instituten beziehungsweise da diese in ihren Anfangsjahren nur wenig leistungsfähig waren, zahlte das Ludwigsburger Institut immer wieder Darlehen an Kunden in jenen Nachbarbezirken aus. Ansonsten spielte Kreditkunden aus anderen altwürttembergischen Bezirken keine nennenswerte Rolle.[378] Wie zur Bestätigung der eingangs erläuterten Hypothese vergab die Ludwigsburger Sparkasse aber vier Darlehen an Kreditnehmer in dem fünf Bezirksgrenzen entfernten Münsingen auf der Schwäbischen Alb.

Nach der Jahrhundertwende, als der Maschineneinsatz bei klein- und mittelbäuerlichen Betrieben deutlich anstieg, nahm auch der Kreditbedarf der Bauern in den altwürttembergischen Bezirken spürbar zu. Dies zeigen Berechnungen, die in den Kapiteln 5 und 6 vorgestellt werden und auf deren Ergebnisse hier kurz

375 [Lorenz Simon] [1902]: *Denkschrift zum 80jährigen Bestehen der Oberamts-Sparkasse Ravensburg*, Ravensburg, [unpaginiert] Bl. 3, (in: WABW, B 201, (Lfd. Nr. 11) B-Nr. 7, „Von der Amtsversammlung verhandelte Geschäftsangelegenheiten").

376 Vgl. die Angaben zu den Kreditübersichten aus den 1880er Jahre in Kapitel 6.2.

377 Vgl. Kapitel 6.5.

378 In wenigen Einzelfällen wurden Darlehen an Kunden im Amtsoberamt Stuttgart und nach Maulbronn ausgezahlt, wo erst 1883 die Oberamtssparkasse gegründet wurde.

vorgegriffen werden soll. In Ludwigsburg betrug die Summe der an Landwirte und andere in der Landwirtschaft arbeitende Selbständige wie Gemüse- und Weingärtner vergebenen Darlehen im Zeitraum 1882 bis 1886 noch durchschnittlich knapp 35.000 Mark pro Jahr. Sie stieg in der Folgezeit deutlich an und machte von 1900 bis 1906 durchschnittlich gut 64.000 Mark pro Jahr aus. Die eigentliche Zunahme der Nachfrage aus dem eigenen Bezirk war sogar noch etwas höher als diese Zahlen vorgeben, da von 1882 bis 1886 wie erwähnt bezirksfremde Kreditnehmer in der Zahl enthalten sind und später nicht mehr. In Nagold stieg die durchschnittliche jährliche Kreditsumme an Landwirte von knapp 10.000 Mark im Zeitraum 1893 bis 1899 auf mehr als 46.000 Mark im Zeitraum 1907 bis 1913 an. Aber auch in den tendenziell eher großlandwirtschaftlich geprägten Gebieten im Osten nahm der ohnehin schon hohe Geldbedarf zu. Für Biberach errechnet sich ein Anwachsen der durchschnittlichen jährlichen Kreditsumme an Landwirte von 133.000 Mark 1900 bis 1906 auf 179.000 Mark 1907 bis 1913. In Leutkirch forderte die intensiv betriebene Landwirtschaft am Ende des Untersuchungszeitraumes sogar 208.000 Mark pro Jahr ein.

Ein Teil des Kapitalbedarfs der jüngeren Zeit dürfte übrigens auf eine weitere Neuerung in der Landwirtschaft zurückzuführen sein, der Elektrifizierung. Es lohnt sich, diesen Punkt kurz anzusprechen. Er gibt nämlich eine Vorstellung von dem Investitionsdruck in der Elektrizitätswirtschaft, auf den später noch einzugehen ist. Prägnant zusammengefasst wurde die Entwicklung in einer Festschrift anlässlich der 1907 erfolgten Gründung eines Gemeindeverband-Elektrizitätswerkes im Nordschwarzwald: „Auch auf dem Calwer Wald wurde nach der Jahrhundertwende der Ruf nach elektrischer Energie immer lauter und namentlich die Landwirtschaft verlangte dringend nach einer Kraftquelle, da der Mangel an Arbeitskräften immer größer und eine rationelle Bewirtschaftung ihrer Betriebe ohne maschinelle Einrichtung von Jahr zu Jahr unmöglicher wurde."[379]

Beworben wurde die Elektrizität damals insbesondere von der Landwirtschaftlichen Muster-, Lehr und Versuchsanstalt Hohenheim, der heutigen Universität. Ihr angegliedert war eine staatliche Beratungsstelle für das landwirtschaftliche Maschinenwesen und es fanden mehrtätige Maschinenlehrkurse für Landwirte statt.[380] Beispielsweise empfahl der Hohenheimer Professor Holldack in einem Gastbeitrag für das Wochenblatt für Landwirtschaft elektrische Energie zum Betrieb der feuer- und windsicheren Glühlampen bei Arbeiten im Stall und für den Antrieb von Dreschmaschinen, Futterschneidern, Schrotmühlen, Kreissägen, Milchzentrifugen und Heuaufzügen bis hin zu Jauchepumpen.[381]

379 Gemeindeverband Elektrizitätswerk Teinach-Station (Hg.) (1927): *Zwanzig Jahre Gemeindeverband Elektrizitätswerk Teinach-Station 1907–1927*, Calw, S. 9.
380 Hier und im Folgenden: Holldack (1912): *Elektrizität in der Landwirtschaft*, in: Beilage Nr. 35 des Wochenblatts für Landwirtschaft 1912 vom 31.08.1912, S. 589–592.
381 Ebd., S. 591 f.

In der Praxis wurde meist ein Elektromotor mit 1 bis 5 PS gekauft, der damals etwa 600 Mark kostete.[382] Befestigt auf einer Trage oder einem Wagengestell ließen sich auf diese Weise je nach Bedarf die vorhandenen Maschinen über Riemen antreiben.[383] Solche flexiblen Lösungen wurden offenbar vielfach genutzt. Ende 1912 hatte das oben genannte Elektrizitätswerk bereits 4.282 Abnehmer für Licht- und Kraftstrom. Angeschlossen waren 1.641 Elektromotoren mit einer Gesamtleistung von 4.829 PS.[384] Die Landwirte hatten neben dem Kaufpreis der Motoren übrigens auch die Kosten für die Installation der Hausanschlüsse an das Stromnetz zu übernehmen.

4.3 Das Brauerei- und Gaststättengewerbe – eine kapitalintensive Boombranche der Industrialisierung

Die Bierbrauerei erlebte im 19. Jahrhundert tiefgreifende Veränderungen. Die überkommene handwerkliche Produktionsweise wurde durch moderne und rationelle Verfahren abgelöst, was eine Erneuerung des Sachkapitals bedingte. Die damit einhergehenden erheblichen Qualitätsverbesserungen,[385] neue Biersorten[386] und später die Zunahme der Massenkaufkraft[387] führten darüber hinaus zu einem Anstieg des Konsums und machten Kapazitätserweiterungen notwendig.

Vor der Betrachtung der Veränderungen sei auf einen wichtigen, aber wenig bekannten Umstand hingewiesen: Die Selbstdarstellung der Branche, die häufig das Bild einer weit in die Vergangenheit zurückreichenden ungebrochenen deutschen Biertradition zeichnet,[388] steht im Widerspruch zu der historischen Entwicklung. Das heutige durchindustrialisierte Massenkonsumgut Bier ist kaum mit den Gebräuen aus der Vergangenheit vergleichbar. Außerdem war die im Mittelalter aufblühende Bierbrauerei durch steigende Getreidepreise seit der zweiten

382 Büggeln (1907): *Elektrizitätswerke für kleinere Gemeinden*, in: Königl.[iche] Zentralstelle für Gewerbe und Handel (Hg.): Gewerbeblatt aus Württemberg, S. 123–125, hier S. 124.

383 Technische Zeichnungen hiervon bei Holldack (1912), S. 591.

384 Ebd., S. 34.

385 Evelin Heckhorn und Hartmut Wiehr (1989): *München und sein Bier, Vom Brauhandwerk zur Bierindustrie*, München, S. 20.

386 Dies betrifft vor allem das Lagerbier und das Pilsener Bier.

387 Holger Starke (2005): *Vom Brauerhandwerk zur Brauindustrie, Die Geschichte der Bierbrauerei in Dresden und Sachsen 1800–1914*, Köln, Weimar und Wien, S. 478 sowie insbesondere Fußnote 25; Gustav Stresemann [1902]: *Die Entwicklung des Berliner Flaschenbiergeschäfts*, Berlin, S. 22.

388 Zu nennen ist beispielsweise der übliche Verweis auf das „deutsche" Reinheitsgebot von 1516, welches in Wahrheit nur Bayern betraf. Auch die Literatur suggeriert teilweise dieses falsche Bild. Vgl. beispielsweise: Technoseum, Landesmuseum für Technik und Arbeit in Mannheim (Hg.) (2016): *Bier: Braukunst & 500 Jahre Deutsches Reinheitsgebot*, Mannheim.

Hälfte des 16. Jahrhunderts im Niedergang begriffen.[389] Im 18. Jahrhundert und zu Beginn des 19. Jahrhunderts geriet die Branche zudem durch sich ändernde Ernährungsgewohnheiten in eine schwere Krise. Billige Kartoffeln und Gemüseeintöpfe ersetzten Brot, Biersuppen und Breispeisen als preiswerte Kalorien- und Vitaminquelle. Üppige Fleischgerichte und Alkoholgenuss wurden mit philosophischen und medizinischen Argumenten geächtet. In den oberen Gesellschaftsschichten verdrängten Kaffee und Tee das Bier. Und die unteren Schichten tranken Branntwein beziehungsweise Kartoffelschnaps als Rauschmittel, der ab ungefähr 1820 flächendeckend billiger als Bier angeboten werden konnte. In Preußen lag der durchschnittliche Verbrauch in den Jahren 1834 bis 1839 bei 34 Litern Bier, aber bei 11 Litern Schnaps pro Kopf und Jahr. Im Zuge der Säkularisation zu Beginn des 19. Jahrhunderts wurden schließlich die Klöster aufgehoben, in denen sich das Bier noch als Nahrungsmittel für die Fastenzeit gehalten hatte. Die Brauerei besetzte damit außerhalb Bayerns, wo sich die Traditionen aus dem Mittelalter länger hielten, nur noch eine Nischenstellung.

Die entscheidenden Impulse für die Veränderungen im deutschen Brauereiwesen im 19. Jahrhundert kamen aus Großbritannien. Dort war die Braukultur höher entwickelt und technisch sehr viel weiter fortgeschritten als in Deutschland.[390] Hierzulande behinderte die Organisation des Brauwesens in Zünften die Eigeninitiative und die Experimentierfreudigkeit.[391] Die chemischen Prozesse der Bierherstellung waren unbekannt. Gearbeitet wurde nach Überlieferung und Erfahrung, aber das Ergebnis war vom Zufall abhängig.[392] Generell war es nicht unüblich, dünnes, bitteres, schlechtes oder sauer gewordenes Bier zu panschen und den Geschmack mit Gewürzen, Salz, Pech oder Asche zu überdecken.[393]

Den Wendepunkt für die Branche brachte Industriespionage der beiden Brauer Gabriel Sedlmayr und Anton Dreher, die 1833 zu einer Reise nach England und Schottland aufbrachen.[394] Dort wurde bereits um 1758 das ansonsten noch unbe-

389 Hier und im Folgenden: Franz Meußdoerffer und Martin Zarnkow (2014): *Das Bier, Eine Geschichte von Hopfen und Malz*, München, S. 103 bis S. 106 und S. 119.

390 Dieser Umstand wird in Teilen der deutschsprachigen Literatur zu dem Thema ausgeblendet, beispielsweise in Technoseum (2016); Eine Erwähnung dagegen in: Heckhorn und Wiehr (1989), S. 15.“...um einiges fortschrittlicheren England mitziehen konnte.“, und ausführlich in: Meußdoerffer und Zarnkow (2014), S. 107ff; Wolfgang Behringer (1997): *Die Spaten-Brauerei 1397–1997, Die Geschichte eines Münchner Unternehmens vom Mittelalter bis zur Gegenwart*, München, S. 155–170, insbesondere S. 160f und S. 166f.

391 Heckhorn und Wiehr (1989), S. 23, Technoseum (2016), S. 23.

392 Matthias Fieder (2010): *Industrialisierung und Brauereisterben in Schwaben während des 19. und frühen 20. Jahrhunderts*, in: Ders. (Hg.): Flüssiges Brot: Bier, Brauereien und Wirtshäuser in Schwaben, Oberschönfeld, S. 22–35, hier S. 27.

393 Richard Bauer (1989): *Zur Situation des Münchner Brauwesens vor dem 19. Jahrhundert*, in: Evelin Heckhorn und Hartmut Wiehr (1989): München und sein Bier, Vom Brauhandwerk zur Bierindustrie, München, S. 9–14, hier S. 12; Meußdoerffer und Zarnkow (2014), S. 106.

394 Hier und im Folgenden: Meußdoerffer und Zarnkow (2014), S. 112f und S. 122; Fieder (2010), S. 27; Heckhorn und Wiehr (1989), S. 37; Behringer (1997), S. 155ff.

kannte Thermometer verwendet, um die für das Mälzen und Brauen ideale Temperaturen bestimmen und einhalten zu können. Außerdem wurde in Großbritannien ab 1784 das Saccharometer üblich, mit dem der Extraktgehalt der Bierwürze ermittelt wird. Erst damit war es möglich, die Ausbeute zu quantifizieren und festgelegte Biergattungen wie Schankbier, Vollbier und Starkbier mit unterschiedlichen Stammwürzgehalten zuverlässig produzieren zu können. Sedlmayr und Dreher führten unter anderem das Saccharometer in Deutschland ein und machten aufgrund ihres überlegenen technischen Wissens ihre Betriebe, die Münchner Spatenbrauerei und die Schwechater Brauerei bei Wien, zu den wichtigsten kontinentaleuropäischen Bierproduzenten.

Der Wissenstransfer aus Großbritannien war offenbar so bedeutend, dass sogar eine hiesige Eigenentwicklung, die Heißluftdarre, fälschlicherweise als „englische Darre" bezeichnet wurde.[395] Bislang waren zum Beenden des Keimungsprozesses der Braugerste Rauchdarren üblich. Durch die Hitze wurde der Keimling abgetötet, doch das Malz und später das Bier erhielten einen rauen, fast ekelhaften Rauchgeschmack. Bei den neuen Darren war die Feuerungskammer dagegen abgetrennt, wodurch das Grünmalz schonend geröstet und zudem Energie gespart wurde.

Die Brauer Sedlmayr und Dreher standen nach ihrer Großbritannienreise weiterhin in Verbindung und tauschten sich unter anderem über verdorbenes Bier aus. Sie teilten sich alle Beobachtungen minutiös mit, um die Probleme empirisch zu analysieren.[396] Allgemein begann eine wissenschaftliche Aufarbeitung des Bierbrauens. Der Polytechnische Verein München unterstützte Versuche, um Brennholz, Arbeit und Zeit einzusparen.[397] Im Jahr 1861 entstand die Allgemeine Bayrische Hopfen-Zeitung als Beginn einer Reihe von Fachpublikationen.[398] Und 1876 folgte die Gründung der sogenannten Wissenschaftlichen Station, eines bayerischen Sonderforschungsbereiches zum Brauereiwesen. Später wurden brautechnische Abteilungen an Landwirtschaftsschulen wie beispielsweise in Weihenstephan bei München eröffnet. Die systematisch betriebene Forschung führte zu einem besseren Verständnis des Mälzungs- und Darrprozesses sowie des Maisch- und Sudwesens und brachte ab den 1870er Jahren vermehrt neue und verbesserte Methoden und Einrichtungen hervor.[399] Hierauf begründete sich eine gewisse Vorrangstellung Bayerns in der Bierherstellung.[400] Sie führte beispielsweise dazu, dass die Berliner Konsumenten ab den 1870er Jahren das bessere bayerische Lagerbier trotz des höheren Preises den einfachen einheimischen Weiss- oder Braunbieren vorzogen und der Export bayrischen Bieres stark zunahm.[401]

395 Heckhorn und Wiehr (1989), S. 20ff; Meußdoerffer und Zarnkow (2014), S. 117, weisen auf die falsche Namensbezeichnung hin.
396 Heckhorn und Wiehr (1989), S. 28.
397 Ebd., S. 23f.
398 Hier und im Folgenden: Ebd., S. 28.
399 Beispiele für technische Neuerungen aus dieser Zeit bei: Ebd., S. 29ff; Meußdoerffer und Zarnkow (2014), S. 117.
400 Behringer (1997), S. 169.
401 Stresemann [1902], S. 22; Behringer (1997), S. 179.

Zu den Neuerungen gehörte zunächst der Ersatz der Braugefäße aus Nadelholz ab den 1840er Jahren durch solche aus Kupfer, Eisen und später aus Stahl.[402] Im Jahr 1840 begann zudem die Einführung von Dampfmaschinen, nachdem dieser Schritt in Großbritannien bereits 1784 vollzogen wurde.[403] Mit ihnen wurden Pumpen und Rührwerke betrieben.[404] Außerdem ersetzte die indirekte Beheizung mit Dampf das offene Feuer unter den Sudpfannen.[405] Dadurch ließ sich die Temperatur besser kontrollieren und es bestand nicht mehr die Gefahr des Anbrennens der Würze.[406] Der Ersatz von offenen Sudpfannen durch solche mit Kupferhauben sparte zudem Energie. Ein wichtiger Schritt war die Entwicklung der neuen Geschmacksrichtung des Pilsener Bieres ab 1842.[407] Die weite Verbreitung der dabei wesentlichen untergärigen Braumethode erforderte niedrige Temperaturen. Aus diesem Grund und zur Überbrückung der bisherigen Braupause im Sommer begann man mit dem Anlegen von Eiskellern zur Lagerung von Natureis.[408] Auf diesem Weg ließ sich das vorhandene Sachkapital im Jahrsverlauf kontinuierlich nutzen.[409] Da diese Lösung für die großen Münchener Brauereien aber nicht dauerhaft zufriedenstellend war, bemühte sich Carl Linde Mitte der 1870er Jahre erfolgreich um die Entwicklung einer Ammoniak-Kompressions-Maschine zur künstlichen Eiserzeugung.[410] Durch die nun bessere Kühlung und Lagerung des Bieres verlor der Hopfen als Konservierungsmittel an Bedeutung, was zu einem geringeren Einsatz dieser Zutat und zu einem weniger bitteren Biergeschmack führte.[411] Die Isolierung und Züchtung von einzelnen Hefen ab 1881 machte den Brauprozess zudem berechenbarer und kontrollierbarer.[412] Durch den Ausschluss von wilden Hefen erhöhte sich die Haltbarkeit des Bieres, was sich positiv auf den Transport über längere Strecken auswirkte. Darüber hinaus ließ sich ein gleichbleibender Geschmack erzeugen.[413] Dies ist wiederum eine wesentliche Voraussetzung für den Wiedererkennungswert durch die Konsumenten und damit für Markentreue. Letztlich wurde es durch die beschriebenen und durch unzählige weitere technische Neuerungen möglich, ein gleichmäßiges, relativ gehaltvolles, schmackhaftes und erfrischendes Getränk herzustellen.[414]

402 Starke (2005), S. 479.
403 Meußdoerffer und Zarnkow (2014), S. 111 f und S. 116.
404 Ebd., S. 112; Heckhorn und Wiehr (1989), S. 26.
405 Fieder (2010), S. 24.
406 Heckhorn und Wiehr (1989), S. 23.
407 Technoseum (2016), S. 24.
408 Meußdoerffer und Zarnkow (2014), S. 115; Starke (2005), S. 309.
409 Meußdoerffer und Zarnkow (2014), S. 116.
410 Ebd., S. 116; Technoseum (2016), S. 24; Behringer (1997), S. 199 ff.
411 Fieder (2010), S. 24; Starke (2005), S. 207, insbesondere Fußnote 133.
412 Technoseum (2016), S. 22.
413 Ebd., S. 23; Meußdoerffer und Zarnkow (2014), S. 111 und S. 123.
414 Starke (2005), S. 479.

Die Voraussetzung zur Teilnahme an dieser Entwicklung war eine gute Ausbildung des Brauers und eine moderne, zweckmäßige Einrichtung der Brauerei.[415] Dies bedeutete hohe Investitionen und allgemein einen großen Kapitaleinsatz.[416] Allein die Reifung des Bieres erforderte teure Lagerfässer.[417] Und der Wert der Biervorräte überstieg oft das gesamte Betriebsvermögen der Brauereien.[418] Dieser Hintergrund dürfte erklären, warum Brauereibesitzer über den gesamten Untersuchungszeitraum sehr häufig Darlehensnehmer der Panel-Sparkassen waren. Beispielhaft für einzelne Geldvergaben und die genutzten Sicherheiten stehen Kreditfälle der Oberamtssparkasse Biberach. So erhielt die Eigentümerin einer Brauerei 1905 ein Darlehen über 30.000 Mark, nachdem sie bereits 1902 ein Darlehen über 60.000 Mark erhalten hatte.[419] Als Sicherheiten wurden im Protokoll der Ausleihekomission unter anderem ein Brauhaus mit Malzkeller, Dampfkesselhaus, Gärhaus, Fassremise, Eiskelleranbau und ein Eislagerkeller notiert sowie eine Wohn- und Wirtschaftimmobilie nebst mehreren Grundstücken im Gesamtwert von gut 212.000 Mark.

Auffällig sind zwei Aspekte: Erstens ließen die Brauereibesitzer wie auch andere Unternehmer umfassende Immobilienbestände beleihen, die oftmals das private Wohnhaus, Gärten und andere unbebaute Grundstücke und daneben im Eigentum der Brauerei befindliche Gaststätten umfasste. Das Ziel war offenbar, möglichst hohe Darlehensbeträge zu erreichen. Beispielsweise beinhaltete die Hypothekensicherheit für ein Darlehen in Höhe von 110.000 Mark an eine Brauereigesellschaft ein Brauhaus mit Dampfkessel- und Maschinenhaus, Gärraum und Kelleraufzugsanbau, ein weiteres Maschinenhaus und ein Dampfkesselhaus mit Kamin, ein Bierkeller mit Schankhaus sowie eine Trinkhalle mit Kegelbahn, ein Wohn- und Wirtschaftsgebäude mit Gaststätte sowie eine weitere Gaststätte in einem Wohn- und Wirtschaftsgebäude mit angebauter Mälzerei und drei Malzkellern.[420] Zweitens beantragten einige Bierbrauer wiederholt Kapitalvergaben, was die Rolle der Sparkasse als wichtigem Finanzierungspartner unterstreicht. So erhielt ein Brauereibesitzer im Jahre 1909 den Betrag von 50.000 Mark, für das sein Produktionsgelände mit weiteren Immobilien als Sicherheit diente.[421] Dieser Kunde hatte bereits vor dem Jahr 1900 mindestens 70.000 Mark und im Jahre 1901 ein weiteres Darlehen über 20.000 Mark erhalten.[422] 1910 gewährte ihm die Sparkasse zu der Schuldsumme von 140.000 Mark ein Zusatzdarlehen über 10.000

415 Ebd.
416 Meußdoerffer und Zarnkow (2014), S. 117f.
417 Starke (2005), S. 207; Meußdoerffer und Zarnkow (2014), S. 111.
418 Meußdoerffer und Zarnkow (2014), S. 118.
419 HA KSK BC, D 03-004.01 und D 03-005.01, „Protokoll der Ausleihe-Kommission Band II", dito III.
420 HA KSK BC, D 03-005.01, „Protokoll der Ausleihe-Kommission Band III".
421 Ebd.
422 Ebd. und HA KSK BC, D 03-004.01, „Protokoll der Ausleihe-Kommission Band II".

Mark[423] und 1913 nochmals ein Darlehen in Höhe von 12.000 Mark, für das eine vermutlich neu erworbene Gaststätte hypothekarisch belastet wurde.[424]

Dass die Sparkassendarlehen für Investitionen genutzt wurden, kann in verschiedenen Fällen aus Protokolleinträgen geschlossen werden. Beispielsweise wurde im Jahr 1913 ein Darlehen über 100.000 Mark bewilligt, für das als Sicherheit neben den bestehenden Immobilien auch *„das neu erstellte Brauereigebäude“* diente, welches ohne Zubehör auf 189.000 Mark geschätzt wurde.[425] Dem Eigentümer wurden übrigens bereits früher drei Darlehen über 43.500 Mark,[426] 13.500 Mark[427] und 28.000 Mark gewährt.[428] Ein anderer Brauereieigentümer beantragte 1909 ein Darlehen über 17.000 Mark und konnte hierfür eine im Wert gestiegene Sicherheit vorweisen. Das Protokoll der Ausleihekommission vermerkt, das Anwesen sei *„bedeutend vergrößert und verbessert worden“*.[429] Auch dieser Kunde erhielt zu früheren Zeitpunkten bereits Darlehen über 25.000 Mark[430] und 9.500 Mark.[431]

Die Betrachtung über alle Panel-Sparkassen und den gesamten Untersuchungszeitraum hinweg ergibt ein gewisses Muster. Soweit dies aus den Archivalien und gegebenenfalls aus weiteren Quellen erkennbar ist, scheinen in den ersten Jahrzehnten des Untersuchungszeitraumes und in abgelegenen Gebieten noch längere Zeit insbesondere größere Gaststätten mit eigenem Brauereibetrieb als Kreditnehmer aufgetreten zu sein.[432] Später stillten wie oben gezeigt mittelgroße lokale Brauereien ihren Geldbedarf bei den Sparkassen. Hieran zeigt sich der Strukturwandel der Branche, bei der kleinere Wirtschaften von Eigenherstellung auf Fremdbezug des Bieres umstellten. Aber auch die reinen Ausschankbetriebe suchten um Kredit nach, worauf später noch einzugehen ist. Neben den größeren Krediten an Brauereibesitzer sind immer wieder Auszahlungen im hohen vierstelligen bis niedrigen fünfstelligen Markbereich festzustellen, die offenbar dem Kauf von bislang unabhängigen Gaststätten dienten. Hierauf deuten abweichende Symbolbezeichnungen wie „zur Krone“, „zum Adler“ oder „zur Linde“ zwischen den kreditnehmenden Brauereien und den als Sicherheiten fungierenden Gastwirtschaften hin. Üblicherweise war beispielsweise das Gasthaus zur Krone die Keimzelle und Namensgeberin der späteren Kronenbrauerei und so weiter. Vermutlich war der Kauf von anderen Wirtschaften und die anschließende Verpachtung eine Art Expansionsstrategie und Absatzsicherung durch Beherrschung der Ausschankstellen.

423 HA KSK BC, D 03-005.01, „Protokoll der Ausleihe-Kommission Band III“.
424 HA KSK BC, D 03-006.01, „Protokoll der Ausleihe-Kommission Band IV“.
425 Ebd.
426 HA KSK BC, D 03-004.01, „Protokoll der Ausleihe-Kommission Band II“.
427 HA KSK BC, D 03-006.01, „Protokoll der Ausleihe-Kommission Band IV“.
428 Ebd.
429 HA KSK BC, D 03-005.01, „Protokoll der Ausleihe-Kommission Band III“.
430 HA KSK BC, D 03-004.01, „Protokoll der Ausleihe-Kommission Band II“.
431 HA KSK BC, D 03-005.01, „Protokoll der Ausleihe-Kommission Band III“.
432 In vorindustrieller Zeit waren viele kleine Brauereiwirtschaften mit eigenem Ausschank üblich. Vgl. Fieder (2010), S. 22.

Der Versand von gutem Bier durch weit entfernte Großbrauereien in Fässern oder Glasflaschen per Eisenbahn[433] dürfte einen starken Modernisierungsdruck auf Brauer in kleineren Städten und auf dem Land ausgeübt haben. Es ist jedenfalls auffällig, dass die gleichen regionalen Unternehmen, die sich heute als „Familienbrauerei" oder als „Privatbrauerei" betrachten und hiervon einen positiven Imagetransfer erhoffen, sich vor dem Ersten Weltkrieg als „Dampfbrauerei" oder als „Aktienbrauerei" bezeichneten. Offenbar sollte damals bereits der Name für ein industriell hergestelltes und damit qualitativ hochwertiges Bier werben im Gegensatz zu einem minderwertigen aus traditioneller handwerklicher Produktion. Angesichts des großen Ausmaßes der notwendigen Veränderungen und der gleichzeitig hohen Konkurrenz war es vermutlich vielfach nicht möglich, das notwendige Kapital aus laufenden Gewinnen anzusparen. Deshalb stieg die Bedeutung der Kreditaufnahme an. Da aber längst nicht alle ehemals handwerklich arbeitenden Betriebe bereit oder in der Lage waren, die technische Entwicklung mitzumachen und im Wettbewerb zu bestehen, nahm die Anzahl der Brauer in Württemberg von etwa 8.000 im Jahr 1880 auf 2.434 im Jahr 1913 ab.[434] Die inländische Biergewinnung stieg im gleichen Zeitraum moderat von etwa 3,4 Mio. Hektoliter auf 4,0 Mio. Hektoliter an.

Abbildung 5: Brauereien und Biergewinnung in Württemberg 1880 bis 1918

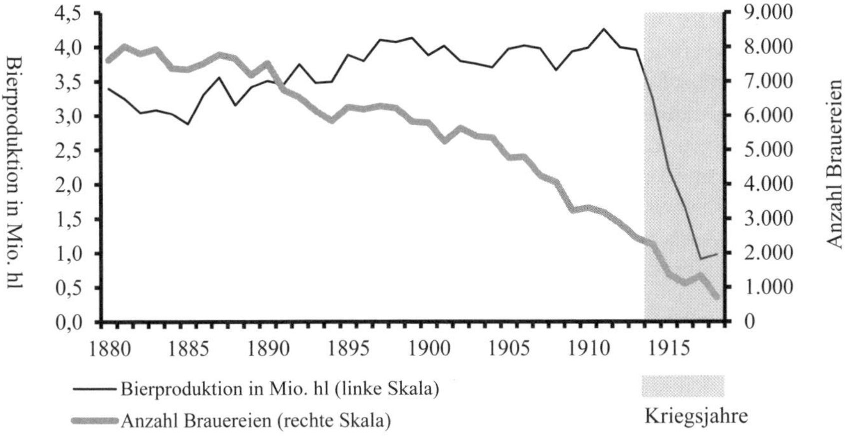

Quellen: Statistisches Handbuch für das Königreich Württemberg, diverse Ausgaben; eigene Darstellung.

433 Zum Eisenbahnversand: Fieder (2010), S. 27; Starke (2005), S. 289f; Technoseum (2016), S. 23. Zur Flaschenbierabfüllung: Meußdoerffer und Zarnkow (2014), S. 120; Starke (2005), S. 293ff; Stresemann [1902], passim.

434 Hier und im Folgenden: *Statistisches Handbuch für das Königreich Württemberg*, diverse Ausgaben.

Möglicherweise war das württembergische Brauwesen in einem Punkt besonders, was die Kreditvergabe der Sparkassen an die Bierbrauer begünstigte. In Württemberg bestanden trotz des absoluten Rückgangs im Zeitablauf relativ viele Betriebe. Dies wird wiederum durch den Vergleich mit den Nachbarstaaten sichtbar. Im deutschen Brausteuergebiet, das neben Preußen und Sachsen auch die anderen norddeutschen Territorien umfasste, sank die Anzahl der Brauereien von 11.564 im Jahr 1880 auf 3.760 im Jahr 1913.[435] Das kleine Württemberg kam demnach konstant auf ungefähr zwei Drittel der Anzahl der Brauereien des vielfach größeren Brausteuergebiets. Ein Grund hierfür könnte unter anderen sein, dass die württembergische Regierung die kleinen Betriebe ab 1893 durch einen Rabatt auf die Malzsteuer unterstützte.[436] Und die Stuttgarter Großbrauereien Wulle, Schwabenbräu und Dinkelacker wurden erst relativ spät 1861, 1878 und 1888 gegründet.[437] Jedenfalls kamen die vielen kleinen bis mittelgroßen lokalen Braubetriebe im Gegensatz zu Großbrauereien als Kreditnehmer für die Sparkassen eher in Frage. Es wäre denkbar, dass die Sparkassen in anderen deutschen Staaten aufgrund einer anderen Struktur des Biergewerbes weniger Brauereien mit Kapital versorgten. Auf der anderen Seite bestand dort aber ebenfalls ein hoher Finanzierungsbedarf durch einen deutlich zunehmenden Bierkonsum. Beispielsweise stieg die Biergewinnung im Großherzogtum Baden von 74 Litern pro Kopf 1880 auf 149 Liter pro Kopf 1913 an.[438]

Überall möglich gewesen sein dürfte dagegen die Kreditversorgung von Gasthäusern mit oder ohne eigener Bierherstellung. Auf deren Investitions- und damit Kapitalbedürfnisse soll hier kurz eingegangen werden. Im 19. Jahrhundert wurde der Einbau einer Schenke üblich. In diesem separaten Raum wurde das Bier im Gegensatz zu früher getrennt vom eigentlichen Gastraum aus dem Bierfass gezapft. Neben der Zapfanlage war gegebenenfalls bereits eine Stangeneiskühlung untergebracht und es konnte auch Laufkundschaft mit frischem Bier für den Konsum zu Hause versorgt werden.[439] Außerdem entwickelte sich ein heutzutage als selbstverständlich vorausgesetzter Aspekt zu einem wichtigen Kriterium für die Wettbewerbsfähigkeit damaliger Gastwirtschaften, nämlich ihre sanitären Ein-

435 *Statistisches Jahrbuch für das Deutsche Reich*, diverse Ausgaben.
436 *Gesetz, betreffend die Abstufung der Malzsteuer* vom 28. April 1893, in: Regierungsblatt für das Königreich Württemberg Nr. 10 vom 9. Mai 1893.
437 [Helmut Will] (1961): *Hundert Jahre Wulle-Bier, 1861–1961*, [Stuttgart]; [Karl Grieb] (1953): *75 Jahre [Bierbrauerei Robert] Leicht – Schwabenbräu, 1878–1953*, Stuttgart, S. 12ff und S. 77; Brauerei Dinkelacker (Hg.) [1938]: *50 Jahre Brauerei Dinkelacker Stuttgart, Stadt der Auslandsdeutschen*, [Stuttgart]. Weitgehend im Dunkeln liegen dagegen die Anfänge der Stuttgarter Bierbrauerei „Englischer Garten“, die 1872 mit einer Hechinger Brauerei zur „Württembergisch-Hohenzoller‘schen Brauereigesellschaft“ fusionierte und später den Markennamen Stuttgarter Hofbräu annahm.
438 *Statistisches Jahrbuch für das Deutsche Reich*, diverse Ausgaben.
439 Herbert May (2004): *Größer, höher, moderner. Die bauliche Entwicklung der Gasthäuser um 1900*, in: Ders. und Andrea Schilz (Hg.): Gasthäuser, Geschichte und Kultur, Petersburg, S. 103–118, hier S. 106ff.

richtungen.[440] Im 19. Jahrhundert waren eher primitive Aborthäuschen aus Holz üblich, die zunächst separat auf dem Hof standen. Sie rückten später schrittweise näher an die Gasträume, da eine schnellere und bequemere Erreichbarkeit gewünscht wurde. In der zweiten Hälfte des 19. Jahrhunderts wurden die Aborthäuschen entweder von außen betretbar an das Haupthaus angebaut. Oder die Gäste konnten sie durch die Stallungen erreichen und wurden somit von Wind und Wetter verschont. Am Ende des 19. Jahrhunderts ersetzte man sie durch direkt vom Gastraum aus betretbare Aborte.[441] Und nach der Jahrhundertwende ließen sich die ersten Wirte Wasserklosetts aus Keramik einbauen und richteten separate Toiletten für Damen und Herren ein.[442] Hotels und bessere Gasthäuser in touristisch genutzten Regionen ersetzten zudem ab Ende des 19. Jahrhunderts die Wasserkanne mit Waschschüssel durch Waschtische mit fließendem Wasser oder sogar durch Badezimmer.[443] Zu den modernen Annehmlichkeiten gehörte auch elektrisches Licht. In Württemberg waren Gastwirtschaften in den 1890er Jahren oftmals die ersten Kunden lokaler Elektrizitätswerke wie den modernisierten Mahl- und Sägemühlen.[444] Das Ziel war, den Gästen einen angenehmen Aufenthalt zu ermöglichen. Der Besuch einer Gastwirtschaft entwickelte sich während der Industrialisierung zu einer immer beliebteren Freizeitbeschäftigung. Hierzu dürfte auch der Anstieg der Kaufkraft der Menschen beigetragen habe. Für die Inhaber größerer Gaststätten wurde im späten 19. Jahrhundert beispielsweise ein Tanzsaal zur Pflicht, wenn sie nicht Wettbewerbsnachteile in Kauf nehmen wollten.[445] Notwendig waren hierfür oftmals größere Anbauten, da bestehende Zimmer aufgrund von Stützen im Raum nicht genutzt werden konnten. Außerdem entwickelte sich Kegeln zu einem beliebten Sport, so dass damals in großer Zahl Kegelbahnen entstanden.[446] Dieser Aspekt kann durch die Sparkassenarchivalien bestätigt werden, denn in Biberach[447] und in Kirchheim[448] gehörten Kegelbahnen zumindest vereinzelt zur den Hypothekensicherheiten. Daneben dürfte auch das aufblühende Vereinsleben die Auslastung der Gastwirtschaften erhöht und zur Durchführung von Kapazitätserweiterungen beigetragen haben. Um 1912 bestanden in Göppingen nicht weniger als 63 Vereinigungen, die Gaststätten als regelmäßige Versammlungsorte nutzten, darunter ein Aquarien- und ein Brieftauben-Verein, ein Damen-Schwimmverein, ein Schachklub,

440 Carsten Vorwig (2004): *Drinnen oder draußen? Abort und Hygiene im kleinstädtischen und ländlichen Gasthaus*, in: Herbert May und Andrea Schilz (Hg.): Gasthäuser, Geschichte und Kultur, Petersburg, S. 119–130, hier S. 119 ff.

441 Vorwig (2004), S. 122.

442 Ebd., S. 123.

443 Ebd., S. 125 ff.

444 Wolfgang Leiner (1982): *Geschichte der Elektrizitätswirtschaft in Württemberg, Band 1, Grundlagen und Anfänge (bis 1895)*, Stuttgart, S. 227 f.

445 May (2004), S. 109 ff.

446 Ebd., S. 111 f.

447 HA KSK BC, D 03-005.01, „Protokoll der Ausleihe-Kommission Band III".

448 Proettel (2013), S. 19.

diverse Radfahrer- und Stenographenvereine bis zum Zitherklub.[449] Darüber hinaus spielte sich dort in Ermangelung anderer Möglichkeiten auch ein anderer Teil des öffentlichen Lebens ab: Gemeinderatssitzungen, Amtsversammlungen bis hin zu den Treffen der Darlehenskommissionen von Sparkassen scheinen in Nebenräumen von Wirtshäusern stattgefunden zu haben. Insofern bestand ein hoher Investitionsbedarf, der die häufigen Kreditaufnahmen bei den Sparkassen erklären kann.

4.4 Der Übergang der Müllerei vom geschützten Handwerk zum kleinindustriellen Unternehmertum

In Württemberg waren in vorindustrieller Zeit viele Wassermühlen in Betrieb, welche die Kraft von fließenden Gewässern oder von eigens erstellten Mühlteichen nutzten. Die Einrichtungen dienten im 19. Jahrhundert vielfältigen Zwecken. Es bestanden Getreidemahlmühlen, Sägemühlen, Lohmühlen zur Zerkleinerung von Rinden für die Gerbereien, Papiermühlen, Hanfreiben, Walkmühlen, Schleifmühlen, Ölmühlen sowie Gipsmühlen.[450] Mahl- und Sägemühlen kamen am häufigsten vor. Beispielsweise dienten von den zusammen 249 Mühlen in den Oberämtern Geislingen, Göppingen und Kirchheim zur Mitte des 19. Jahrhunderts 101 Mühlen beziehungsweise 41 % der Verarbeitung von Brotgetreide. Die 33 Sägemühlen kamen demnach auf einen Anteil von 13 %.[451] Und soweit dies in den Sparkassenarchivalien erkennbar ist, erhielten überwiegend Eigentümer von Mahl- und Sägemühlen Darlehen.[452] Nachfolgend wird deshalb vor allem auf die Entwicklung dieser beiden Typen eingegangen.

Die Konstruktion von Sägemühlen blieb seit den Anfängen im Mittelalter bis in das 19. Jahrhundert nahezu unverändert.[453] Ein eher kleines Mühlrad sorgte für eine verhältnismäßig hohe Umdrehungsgeschwindigkeit und trieb direkt eine hölzerne Nockenwelle an. Die Nocken hoben ein einzelnes Sägeblatt in die Höhe, das nach der Hubbewegung durch die Schwerkraft wieder in die Ausgangsstellung zurückfiel und auf diese Weise in das Holz einschnitt.[454] Ein sogenannter einfacher Hoch- oder Plotzgang trennt in einem Durchgang jeweils nur ein einzelnes Brett oder eine Diele vom Baumstamm. Die Verarbeitung eines ganzen

449 *Adreß- und Geschäfts-Handbuch der Oberamtsstadt Göppingen 1912*, Göppingen, S. 64 bis S. 71.

450 Albert E. Mauz (1957): *Geschichte, Zustand und Probleme des Sägewerks – untersucht im Wirtschaftsraum Filstal*, München, S. 15.

451 Berechnet auf der Grundlage der Angaben von Mauz (1957), S. 14.

452 Es sind auch wenige andere Fälle, darunter Lohmühlen, eine Papiermühle und gemischt genutzte Mühlen dokumentiert.

453 Hier und im Folgenden: Mauz (1957), S. 15.

454 Schulz (1999), S. 65.

Stammes erforderte deshalb mehrere Durchgänge und bedeutete einen Zeitaufwand von vielen Stunden.[455]

Als kleine Verbesserung wurden bereits in vorindustrieller Zeit vereinzelt Kurbelwellen genutzt,[456] die eine bessere Kraftübertragung vom Mühlrad auf das Sägeblatt gewährleisteten. Die bessere Lagerung der beweglichen Teile setzte sich in Württemberg aber erst in den 1850er und 1860er Jahren durch. Sie ermöglichte die Arbeit mit höheren Drehzahlen und die gleichzeitige Nutzung von zwei Sägeblättern in einem Gatterrahmen.[457] Der nächste Schritt war die Entwicklung der Vollgattersäge mit mehreren parallel angeordneten Sägeblättern.[458] Damit ließ sich ein ganzer Baumstamm in nur einem Durchgang in Bretter oder Dielen zerlegen. Mit einem vorgelagerten Getriebe war es zudem möglich, die Sägegeschwindigkeit direkt zu beeinflussen. Das Vollgatter markierte den Übergang von der Sägemühle zum Sägewerk mit wesentlich größerer Leistung und einem kleinindustriellen Charakter.[459] In dieser Zeit kamen zudem verschiedene weitere Innovationen auf. Mit der doppelten Besäum-Kreissäge war es möglich, Bretter auf wirtschaftliche Weise von den noch an den Kanten bestehenden Wuchs zu befreien. Zuvor musste jedes unbesäumte Brett zweimal an einer einfachen Säge vorbeigeführt werden.[460] Auf dem Gebiet des späteren Landkreises Ludwigsburg wurden erstmals in den 1850er Jahren Kreissägen genutzt.[461] Außerdem ermöglichte der Einsatz von weiteren Sägeblättern eine Verwertung der Seitenabfälle zu Latten.[462] Das erste zur vollständigen Ausnutzung des gesamten Stammholzes ausgerüstete größere Sägewerk nach englischem Muster wurde in Württemberg im Jahre 1858 errichtet.[463]

Der Antrieb der Vollgatter und anderer Maschinen erforderte größere Kraftquellen, so dass auch unter diesem Aspekt ein Anlass für Investitionen bestand. Während manche der neu gegründeten Sägewerke Dampfmaschinen einsetzten und Holzabfälle verfeuerten, konnten bestehende Sägemühlen ihre Wasserkraftanlagen modernisieren. Bis weit in das 19. Jahrhundert nutzten sie hölzerne Wasserräder mit einfachen, radial angebrachten Blattschaufeln.[464] Der Wirkungsgrad der sogenannten Staber- oder Strauberräder betrug bei kleinen Fallhöhen lediglich etwa 30 %. Eine entscheidende Verbesserung der Leistungsfähigkeit war

455 Mauz (1957), S. 11.
456 Ebd., S. 9.
457 Ebd., S. 16.
458 Christian Meyer-Hermann (2011): *Die Jahrhunderte der Wassermühlen. Das ereignisreiche Mühlenbuch*, Hameln, S. 71.
459 Mauz (1957), S. 15.
460 Ebd., S. 17.
461 Schulz (1999), S. 65.
462 Mauz (1957), S. 17.
463 Huber (1910), S. 78.
464 MIAG [Mühlenbau und Industrie Aktiengesellschaft] (Urheber) (1927/2012): *Der geschichtliche Mühlenbau* [Exzerpt aus: Taschenbuch des Müllers, Braunschweig], in: Die Entwicklungsgeschichte der Mühlen, Gekürzter Reprint der Originalausgabe Braunschweig 1927, Erweitert um Mühlenzeichnungen von Rüdiger Hagen, Darmstadt, S. 28.

durch den Einbau einer Turbine möglich. Das Prinzip der horizontal liegenden beziehungsweise senkrecht gelagerten Wasserräder war zwar bereits im antiken Griechenland verbreitet.[465] Es hat sich bis in das 20. Jahrhundert im nördlichen Kaukasus, im arabischen Raum und auf dem Balkan erhalten. Aber erst die erneute Auseinandersetzung mit diesem Bauprinzip in den 1820er und 1830er Jahren in Frankreich gab den Anstoß zur Entwicklung leistungsfähiger und universell einsetzbarer Wasserkraftanlagen in den Folgejahren.[466] Mit modernen Francis-Turbinen war nicht nur eine höhere Kraftausbeute möglich, sondern auch eine bessere Regelbarkeit der Drehzahl.[467] Außerdem ließen sich unterschiedliche Gefälle und auch größere Wassermengen bewältigen.[468] Allerdings setzte sich die Turbine in den württembergischen Mühlbetrieben nur sehr langsam durch. Vor allem die Besitzer von Getreidemühlen zögerten aus Kostengründen die Anschaffung längere Zeit hinaus.[469] Erst in den anderthalb Jahrzehnten vor dem Ersten Weltkrieg nahm die Nutzung von Turbinen in Mühlen deutlich zu.[470]

Als Alternative zu dieser kostspieligen Investition war der Einbau eines modernen Wasserrades nach dem Bauprinzip des schweizerisch-württembergischen Ingenieurs Walter Zuppinger möglich.[471] Bei diesen Rädern ermöglichen aus Blech beziehungsweise aus Eisen hergestellte gebogene Schaufeln eine verbesserte Beaufschlagung des Wassers. Dadurch wird sowohl die kinetische Energie aus der Fließbewegung wie auch die potenzielle Energie aus dem Gefälle genutzt. Der Wirkungsgrad der Zuppinger-Räder beträgt deshalb ungefähr 75 % bis 80 %.

Generell sorgten die Industrialisierung sowie die anhaltende Bautätigkeit seit den 1880er Jahren für einen erhöhten Bedarf an Schnittholz als Verpackungs- und Baumaterial sowie als Rohstoff für Fabrikbetriebe und das Handwerk.[472] Dennoch stellten viele alte Sägemühlen ihren Betrieb ein.[473] Sie wurden teilweise von neu gegründeten Sägewerken an verkehrsgünstigeren Plätzen verdrängt. Vielfach fehlte bei den traditionellen Sägemüllern die Bereitschaft, den technischen Fortschritt umzusetzen, so dass sie keine Nachfolger für ihre unwirtschaftlich gewordenen Betriebe fanden.[474] Dennoch waren vor dem Ersten Weltkrieg im Wirtschaftsraum Filstal noch mehrere Sägemühlen mit einfachen Hochgängen in Betrieb.[475]

465 Hier und im Folgenden: MIAG (1927/2012), S. 22–27.
466 Schulz (1999), S. 98; MIAG (1927/2012), S. 40–42; Meyer-Hermann (2011), S. 27.
467 Meyer-Hermann (2011), S. 27.
468 MIAG (1927/2012), S. 42.
469 Schulz (1999), S. 99.
470 Schulz (1999), S. 100.
471 Hier und im Folgenden: Max Preger (1978): *Walter Zuppinger – Ingenieur und Erfinder und sein Beitrag zur Industrialisierung Oberschwabens*, in: Schriften des Vereins für Geschichte des Bodensees und seiner Umgebung, 96, S. 153–185, hier S. 157ff und S. 161.
472 Mauz (1957), S. 16.
473 Hier und im Folgenden: Mauz (1957), S. 15.
474 Ebd.
475 Ebd., S. 17.

Die wenigen Sägemüller, die ihre Betriebe modernisierten sowie die Eigentümer der neu gegründeten Sägewerke waren nicht nur aufgrund der technischen Entwicklung zu umfangreichen Investitionen gezwungen. In der zweiten Hälfte des 19. Jahrhunderts fand zudem eine Umgestaltung des Holzmarktes statt, die einen erhöhten Bestand des Betriebskapitals nach sich zog. Bis dahin war das Lohnschneiden üblich. Das bedeute, dass die Sägemüller erst nach Beauftragung durch Baugeschäfte, Zimmerleute oder Schreiner tätig wurden und für ihre Arbeit mit fremden Holz einen vorab festgelegten Arbeitslohn erhielten.[476] Da sich die Bautätigkeit damals auf das Sommerhalbjahr beschränkte, ergab sich vor Baubeginn eine Überhäufung der Müller mit Aufträgen, die deshalb im Frühjahr Tag und Nacht sägen mussten.[477] Im Winter standen die Mühlen dagegen nicht etwa aufgrund von Eisgang, sondern wegen Auftragsmangel still. Zur Amortisation eines modernen Vollgatters war jedoch eine möglichst umfangreiche Auslastung anzustreben. Ihre Eigentümer kauften deshalb auf eigene Rechnung Rundholz ein und verkauften die nach eigener kaufmännischer Disposition im Jahresverlauf erzeugte Schnittware auf dem Markt.[478] Die Müller brauchten für diese Geschäfte somit zusätzliches Kapital.

Teilweise ergaben sich auch aus äußeren Umständen Veränderungen. Tannen und Fichten aus dem Schwarzwald wurden noch in der Mitte des 19. Jahrhunderts in Form von Flößen nach Holland ausgeführt.[479] Der Bau von Wassertriebwerken für Fabriken schränkte die Flößerei allerdings immer mehr ein.[480] Das Holz wurde deshalb zunehmend in örtlichen Sägemühlen und -werken geschnitten und mit der Eisenbahn in Richtung Rheinland versandt. Hierdurch nahm die inländische Wertschöpfung zu, aber auch der Bedarf an Sägekapazitäten.[481]

Die Entwicklung der Mahlmühlen weist einige wichtige Parallelen mit den Sägemühlen auf. Auch hier stammten alle wesentlichen Konstruktionsmerkmale aus dem Mittelalter. Und durch den Konservatismus vieler Müller wurde der sogenannte Deutsche Mahlgang trotz Weiterentwicklungen im Ausland bis weit in das 19. Jahrhundert beibehalten.[482]

Der typische Prozess der Mehlherstellung sah in Württemberg in der ersten Hälfte des 19. Jahrhunderst folgendermaßen aus: Die Bauern lieferten ihre Ernte in der Regel an eine bestimmte Mühle, zu deren Nutzung sie verpflichtet waren. Der weit verbreitete Mühlbann sorgte für ein sicheres Einkommen des jeweiligen

476 Ebd., S. 15.
477 Ebd.
478 Ebd., S. 16.
479 Hier und im Folgenden: Huber (1910), S. 70 f.
480 Für eine ausführliche Darstellung über die ab ungefähr 1869 vor allem von den Wassertriebwerksbesitzern geforderte Aufhebung der Flößerei im Nordschwarzwald vgl. Max Scheifele (1996): *Als die Wälder auf Reise gingen, Wald, Holz und Flößerei in der Wirtschaftsgeschichte des Enz-Nagold-Gebiets*, Karlsruhe, S. 293 ff.
481 Ebd., S. 286.
482 MIAG (1927/2012), S. 30 und S. 36.

Müllers und dieses wiederum für eine gesicherte Steuer- und Abgabenzahlung.[483] Die Getreidesäcke mussten zunächst in den oberen Teil der Mühle getragen werden.[484] Nach der Entleerung in den trichterförmigen Einschüttrumpf gelangte das Getreide zwischen die dicht übereinander angeordneten Mühlsteine mit senkrechter Achslagerung.[485] Der hölzerne Trog als Ummantelung der Steine fing die Endprodukte auf. Die Sortierung des Mahlgutes in Mehl, unvollständig verarbeitete Körner wie Gries und in Kleie wird in der Fachsprache Sichtung genannt. Sie erfolgte durch den unterhalb des Troges angebrachten Schlagbeutel, einem etwa drei Meter langen und diagonal hängenden Schlauch aus Wolltuch.[486] Er wurde durch einen Exzenter fortwährend in Rüttelbewegungen versetzt, so dass Mehl durch das Gewebe hindurch in den Beutelkasten fiel, der den Schlauch umgibt. Gröbere Bestandteile bewegten sich dagegen in Richtung Schlauchende und wurden dort mit einem Sieb in Gries und Kleie getrennt.

Bei Feuchtigkeit konnte der Beutel verkleistern, weshalb das Mehl mit einer hohen Schlagzahl „durchgepeitscht" werden musste.[487] Angesichts der schnellen Schwingungen des sogenannten Schlagdaumens für die Beutelbewegung waren die fast vollständig aus Holz gebauten Anlagen oft nahe am Anbrennen. Mühlenbrände und Mehlstaubexplosionen kamen immer wieder vor. Auch andere Aspekte zeigen, dass der Prozess gewisse Nachteile mit sich brachte. Nach einem Durchgang waren viele Körner nur geschrotet, aber nicht vollständig zerkleinert. Zur Erhöhung der Mehlausbeute konnte der Müller die übrig gebliebenen Reste beziehungsweise den Grieß erneut nach oben zu dem Einschüttrumpf tragen und den Prozess von vorne beginnen.[488] Oder er konnte die Mahlsteine baulich enger lagern, so dass von Anbeginn eine bessere Mahlleistung erreicht wurde.[489] Hierbei wurden aber auch mehr Schalenteile zerrieben, so dass ein dunkleres Mehl entstand. Das Endprodukt enthielt damals häufig Sand, zerkleinerte Unkräutersamen und gegebenenfalls giftigen Pilzbefall in Form des sogenannten Mutterkorns, da Geräte zum Aussortieren von Verunreinigungen erst später aufkamen. Da außerdem die fett- und eiweißhaltigen Keime vermahlen wurden, entwickelte das Mehl vergleichsweise schnell einen ranzigen Geschmack. Es war deshalb nur kurz- bis mittelfristig lagerfähig und der Müller musste stets frisches Mehl produzieren.[490] Dieser Umstand und die teuren Transportmittel bedingten wiederum

483 Schulz (1999), S. 59ff.
484 Meyer-Hermann (2011), S. 76; Schulz (1999), S. 56.
485 Siehe hierzu die Abbildungen in MIAG (1927/2012), S. 12ff.
486 Hier und im Folgenden: MIAG (1927/2012), S. 29.
487 Ebd., S. 38.
488 Ebd., S. 29f.
489 Meyer-Hermann (2011), S. 76.
490 Dies ergibt sich indirekt durch den Umstand, wonach römische Soldaten bis hin zu neuzeitlichen Armeen kein Mehl mit sich führten, sondern den größeren Aufwand auf sich nahmen und Getreide sowie Handmühlen oder auf Wagen montierte Kriegsmühlen transportierten. Vgl. MIAG (1927/2012), S. 11 und S. 33.

ein lokal eher eingeschränktes Versorgungsgebiet einer Mühle und damit viele kleine Mühlenbetriebe im ländlichen Raum.

Im 18. Jahrhundert entstanden zunächst an der Ostküste Nordamerikas mehrere wegweisende Neuerungen. Die dortigen Müller setzten erstmalig Mühlsteine aus hartem französischem Süßwasserquarz ein, die eine größere Mahlgeschwindigkeit ermöglichten.[491] Hierdurch ergab sich ein größerer Durchsatz an Mahlgut, womit die Rentabilität anstieg. Allerdings nahm auch der Transportaufwand innerhalb der Mühlen zu.[492] Vermutlich um menschliche Arbeitskraft einzusparen, besannen sich die Amerikaner auf das seit der Antike bekannte Prinzip der Archimedischen Spirale beziehungsweise der Wasserschnecke. Der Transport von Mahlgut und Endprodukten wurde nun von Förderschnecken in Holzrohren vorgenommen. Sie ermöglichten beispielsweise die arbeitssparende automatische Entladung von Fuhrwerken oder Schiffsrümpfen mit Getreide über einen an einem Kran angebrachten senkrechten Rüssel mit Transportschnecke.[493] Daneben kamen Elevatoren beziehungsweise Becherwerke zum Einsatz. Hierbei handelt es sich um kreisläufige Förderanlagen nach dem Bauprinzip der Paternoster.[494]

Die Amerikaner revolutionierten die Getreidevermahlung darüber hinaus mit neuen Prozessen. Sie trennten die Kleie nicht mehr nur nach dem Mahlgang von Mehl und Schrot, sondern lösten sie so gut wie möglich bereits vorher vom Korn.[495] Hierzu führte man die ersten systematischen Reinigungsanlagen wie Siebwerke sowie Schäl- und Bürstmaschinen ein. Für die grobe Sortierung der Zwischenprodukte wurden Aspiratoren, also Saugluftsortiermaschinen verwendet. Die neue Vorgehensweise erleichterte die Sichtung, erhöhte die Mehlausbeute und führte zu einer deutlich besseren Mehlqualität.[496]

Um das Jahr 1785 bestanden bereits weitgehend automatisch funktionierende amerikanische Großmühlen.[497] Sie wurden in Deutschland nach ihrer Herkunft als Amerikanermühlen bezeichnet oder aufgrund ihres Einsatzes von Ingenieurskunst als Kunstmühlen. Von Amerika gelangten die neuartigen Mühlen zunächst nach Großbritannien, wo sie weiter verbessert wurden. Man ging dazu über, Eisen anstatt Holz für leichtgängigere Antriebswellen und Zahnräder zu verwenden. Hierdurch wurde es auch möglich, mit einem einzigen Wasserrad oder einer Turbine durch Kuppelung mit einem Zwischengetriebe zwei oder mehr Mahlgänge anzutreiben.[498] Bis dahin mussten die Müller für mehrere Mahlgänge jeweils ein eigenes Wasserrad installieren, was einen höheren Kapital- und Wartungsaufwand bedeutete.[499] Beispielsweise verfügten um 1850 drei Viertel von 121

491 MIAG (1927/2012), S. 47.
492 Allgemein zu Durchsatz und umlaufenden Prozessen: Meyer-Hermann (2011), S. 77.
493 MIAG (1927/2012), S. 38.
494 Meyer-Hermann (2011), S. 77; Schulz (1999), S. 56.
495 Hier und im Folgenden: MIAG (1927/2012), S. 37f und S. 94ff.
496 Schulz (1999), S. 56.
497 MIAG (1927/2012), S. 36.
498 Schulz (1999), S. 96f, MIAG (1927/2012), S. 79f.
499 MIAG (1927/2012), S. 39 und Abbildungen S. 25 und S. 27.

Wassermühlen auf dem Gebiet des heutigen Landkreises Ludwigsburg über mehr als ein Wasserrad, teilweise sogar über fünf, sechs oder sieben Wasserräder.[500] Ab der Mitte des 19. Jahrhunderts kam in England als weitere Neuerung die Kraftübertragung mit Transmissionen auf.[501] Außerdem ließen sich mit leistungsstarken Dampfmaschinen größere Einheiten mit mehreren Mahlsteinen antreiben.[502]

Französische Ingenieure verbesserten den Mühlenbau in der ersten Hälfte des 19. Jahrhunderts in weiteren Details.[503] Dabei entstand beispielsweise 1844 der Trieur, ein automatischer Gesämeausleser.[504] Die weitere Entwicklung war von unzähligen Neuerungen geprägt, die in immer schnellerer Abfolge die Getreidevermahlung verbesserten. Im Sinne der vorliegenden Untersuchung ist entscheidend, dass die Kunstmüllerei zunehmend die Nachbarländer Württembergs erreichte. Von Frankreich aus verbreitete sie sich nach Österreich und insbesondere nach Wien, wo ein großer Bedarf an hochwertigen Getreideprodukten für Backwaren und Mehlspeisen bestand.[505] In Ungarn fand die österreichische Müllerei schließlich ihre höchste technische Vollendung.[506]

In dieser Zeit mahlten die vielen ländlichen Mühlen in Württemberg und in anderen deutschen Ländern wortwörtlich noch langsamer. Sie dürften weitgehend dem oben erläuterten technischen Stand des Mittelalters entsprochen haben. Die württembergische Regierung bemühte sich zwar 1828 ebenso wie die badische und die bayerische um die Beschaffung einer amerikanischen Mustermühle.[507] Diese wurde 1831 auf Staatskosten als Anschauungsobjekt auf der Markung des heutigen Stadtteils Stuttgart-Berg errichtet. Preußen schickte 1827 sogar zwei Mitarbeiter des Königlichen Gewerbeinstituts zur Wirtschaftsspionage nach Amerika.[508] Vereinzelt ließen sich Müller in der Folgezeit „Kunstmahlgänge" einbauen.[509] Die württembergische Regierung hob den Mühlbann, der die Bauern in vielen Regionen des Landes zur Nutzung einer bestimmten Mühle verpflichtete und damit den Wettbewerb unterband, aber erst 1849 auf.[510] Und durch die Einführung der Gewerbefreiheit war es ab 1862 jedem Interessiertem rechtlich möglich, ein eigenes Mühlgeschäft einzurichten. Dies zeigen beispielsweise die beschriebenen Finanzierungen von Mahlmühlen eines Nagelfabrikanten und eines Zimmermeisters durch die Oberamtssparkasse Ludwigsburg.[511] Drittens gelangte

500 Ebd.
501 Meyer-Hermann (2011), S. 78; MIAG (1927/2012), S. 80.
502 MIAG (1927/2017), S. 39.
503 Ebd., S. 39f.
504 Ebd., S. 42.
505 Ebd., S. 43.
506 Ebd., S. 45.
507 Ebd., S. 43.
508 Ebd., S. 101.
509 Schulz (1999), S. 57.
510 Ebd., S. 59ff.
511 Kapitel 3.8.

nach dem Bau der Hauptlinien der württembergischen Eisenbahn ab den 1850er Jahren qualitativ hochwertiges ungarisches Mehl auf den Markt.[512]

Durch die innerhalb relativ kurzer Zeit veränderten Rahmenbedingungen dürften die technisch vermutlich vollkommen rückständigen württembergischen Getreidemühlen in der zweiten Hälfte des 19. Jahrhunderst somit erstmals einem sich verschärfendem Wettbewerb ausgesetzt gewesen sein. Darüber hinaus fand auch in der Mehlherstellung ein Übergang von der Lohnmüllerei zur Handelsmüllerei statt.[513] Dieser Prozess setzte übrigens bereits vor der Einführung der Gewerbefreiheit mit der Lockerung der Zunftordnungen ein. Der Kauf von Getreide auf eigene Rechnung und der erst später erfolgende Verkauf des erzeugten Mehls auf dem Markt führte zu einer erhöhten Kapitalbindung. Manche Besitzer von Kunstmühlen gehörten allerdings zu den frühen Profiteuren der Eisenbahnen, indem sie beispielsweise billiges Getreide aus Ungarn einführten und für den heimischen Markt verarbeiteten.[514]

So wie für die Sägemüller bestanden somit auch für die Mahlmüller die zwei Optionen, entweder umfassend in neue Anlagen und eine moderne Wirtschaftsform zu investieren, um wettbewerbsfähig zu bleiben oder auf absehbare Zeit den Betrieb einstellen zu müssen. Vielleicht fehlte es oftmals an Weitblick sowie an unternehmerischen Wagemut. Oder die Entscheidungen beruhten auf Realismus, denn angesichts der neuen Technik waren viel weniger Mühlen als bislang notwendig. Jedenfalls fiel allein im Zeitraum 1882 bis 1903 etwa jede dritte Mahlmühle dem sogenannten Mühlensterben zum Opfer.[515] Vor diesem Hintergrund erklärt sich, warum die meisten der in der Literatur genannten Mühlen eines Oberamts keine Darlehen bei ihrer Sparkasse aufnahmen, während wenige Müller dagegen mehrmals bedeutende Beträge erhielten.

Bei der Kundenbeziehung zwischen der Oberamtssparkasse Göppingen und dem Müller David Kurrle aus Kleineislingen ist die Nutzung des Darlehenskapital für die Modernisierung einer Mühle vergleichsweise gut dokumentiert. Anfang 1869 erhielt Kurrle zunächst ein Darlehen über 1.500 Gulden (2.571 Mark).[516] Das Rechnungsbuch für 1871/72 hielt dann fest, dass ihm von einem weiteren Darlehen in Höhe von 4.000 Gulden (6.857 Mark), über das er *„erst nach vollendetem Bauwesen verfügen kann"*, und das deshalb in der nächsten Jahresrechnung enthalten sein würde, der Betrag von 1.500 Gulden (2.571 Mark) vorgeschossen wurde.[517] Von Juni 1872 bis Januar 1873 erhielt er dann in sechs Teilbeträgen weitere 3.500 Gulden (6.000 Mark) und schließlich im März dieses

512 Huber (1910), S. 24.
513 Hier und im Folgenden: Schulz (1999), S. 56f.
514 Huber (1910), S. 19*.
515 Ebd., S. 25.
516 KrA GP, P 1, A 22 „Rechnung pro 1868/69".
517 KrA GP, P 1, A 24 "Rechnung pro 1871/72".

Jahres 10.000 Gulden (17.143 Mark) als Darlehen ausgezahlt.[518] Im Jahr 1879 löste die Sparkasse den ausstehenden Gesamtbetrag über 15.000 Gulden beziehungsweise rund 25.700 Mark übrigens ab und vergab in dieser Höhe ein neues Darlehen. Der Grund hierfür dürfte eine Änderung der Rechtsform gewesen sein, denn die Kundenbezeichnung lautete nun *„Firma David Kurrle, Kunstmühle, Kleineislingen"*.[519] Die Oberamtssparkasse Ravensburg gewährte dem Eigentümer einer Kunstmühle 1904 ein Darlehen über 32.500 Mark gegen die hypothekarische Belastung von Sicherheiten im Umfang von 71.000 Mark.[520] Und einem anderen nicht näher bezeichneter Mühlebesitzer zahlte sie sogar 60.000 Mark für die Beleihung seines zu 150.100 Mark geschätzten Anwesens aus. Die Oberamtssparkasse Biberach gewährte der Eigentümerin einer Kunstmühle 58.000 Mark für die hypothekarische Belastung des Mühlanwesens sowie der ausgebauten Wasserkraft mit 55,6 Pferdestärken. Viel häufiger kamen darüber hinaus bei fast allen Panel-Sparkassen hohe vierstellige bis niedrige fünfstellige Markbeträge an Müller vor. Lediglich die kleinen Institute in Maulbronn und Künzelsau vergaben nur vereinzelte kleinere Darlehen an diese Branche.

Im letzten Drittel des 19. Jahrhunderts beziehungsweise zu Beginn des 20. Jahrhunderts setzte sich die technische Entwicklung im Mühlenbau fort. Ab den 1870er Jahren wurden die althergebrachten Mahlsteine durch moderne Walzenstühle ersetzt.[521] Diese Maschinen mit zwei horizontal liegenden rotierenden Zylindern verbrauchen weniger Energie als Mahlsteine mit ihren großen Reibeflächen und können leichter repariert werden. Außerdem erlauben sie eine schonende Verarbeitung ohne Überhitzen des Mahlgutes und damit ein sehr helles und im Geschmack besonders reines Mehl.[522] Dazu kamen verbesserte Sichteinrichtungen wie der sogenannte Plansichter ab den 1890er Jahren.[523] Außerdem installierten manche Müller Stromgeneratoren zur elektrischen Beleuchtung, um die Gefahr von Mehlstaubexplosionen und Bränden zu verringern.[524] Die Stromerzeugung in Mahl- und Sägemühlen wurde in Württemberg an vielen Orten zum Ausgangspunkt für die lokale Stromversorgung.[525] Auch für solche Investitionen wurden Sparkassendarlehen eingesetzt, wie diverse Geldvergaben in den Oberämtern Kirchheim und Biberach an Müller mit elektrischen Einrichtungen nahe-

518 KrA GP, P 1, A 25 "Rechnung pro 1872/73". Der Gesamtbetrag der Auszahlungen 1872 bis 1873 wurde schließlich in einem Darlehen über 15.000 Gulden verbucht.
519 KrA GP, P 1, A 32 „Rechnung pro 1879/80".
520 Hier und im Folgenden: WABW, B 201, (Lfd. Nr. 132) B-Nr. 98, „Aktivkapitalienbuch".
521 Hier und im Folgenden: Meyer-Hermann (2011), S. 19 und S. 81; MIAG (1927/2012), S. 47 f.
522 Meyer-Hermann (2011), S. 76.
523 MIAG (1927/2012), S. 49 ff; Meyer-Hermann (2011), S. 82.
524 Meyer-Hermann (2011), S. 82.
525 Leiner (1982), S. 226; Wolfgang Leiner (1985): *Geschichte der Elektrizitätswirtschaft in Württemberg, Band 2.1, Die Zeit der Vollabdeckung (1896–1915)*, Stuttgart, S. 69 f; Schulz (1999), S. 52.

legen.[526] Die Stromerzeugung wurde später auch zum Betrieb von Einzelmaschinen mit Elektromotoren in den Mühlen ausgedehnt. Die Zeit unmittelbar vor dem Ersten Weltkrieg markiert damit den Beginn der Ablösung der Kunstmühlen, die durch Transmissionen und Getriebe zu Gesamtanlagen verbunden waren, hin zu Industriemühlen in Komponentenbauweise.

Abschließend soll zur Untermauerung der hier vorgestellten Hypothese eine Gegenüberstellung vorgenommen werden. Wenn die Geldaufnahmen der Müller überwiegend betrieblichen Zwecken dienten, dann müsste ihre Häufigkeit als Kreditnehmer deutlich höher sein und ihre Kreditbeträge größer als die von anderen Berufszweigen mit geringerem Investitionsdruck aufgrund des Fehlens von technischer Entwicklung. Für diesen Vergleich bieten sich die Bäcker und Konditoren an, die das von den Mahlmüllern hergestellte Mehl verarbeiteten und deren handwerkliche Arbeitsweise bis zum Ende des 19. Jahrhunderts unverändert blieb.[527]

Gemäß der Gewerbezählung von 1907 bestanden in den Bezirken der elf Panel-Sparkassen 1.185 Bäckereien und Konditoreien sowie 330 Getreidemühlen.[528] Dies entspricht einem Verhältnis von 3,6 zu 1. Die Relation fiel je nach Struktur der Oberämter unterschiedlich aus. Beispielsweise betrug das Verhältnis in den überwiegend ländlichen Bezirken Künzelsau, Leutkirch und Waldsee jeweils nur 1,8 Bäckereien und Konditoreien auf eine Mahlmühle, da dort offenbar noch vielfach traditionelle Mühlbetriebe bestanden. Umgekehrt entfielen in dem städtisch-industrialisierten Oberämtern Göppingen und Ludwigsburg mit leistungsfähigen Kunstmühlen 14,6 beziehungsweise 16,6 Mehlverarbeiter auf einen Produzenten. Die Verhältnisse gleichen sich etwas an, wenn außerdem die Säge- und Ölmühlen berücksichtigt werden. Die Relation beträgt dann über alle Panel-Oberämter hinweg nur noch rund 2,6 Bäckereien und Konditoreien auf einen Mühlbetrieb. Außerdem ist zu berücksichtigen, dass beispielsweise Gips-, Walk- und Lohmühlen in der Gewerbestatistik nicht aufgeführt wurden und zu früheren Zeitpunkten vermutlich weniger Bäcker, aber dafür mehr Müller tätig waren. Dennoch kann unter Berücksichtigung eines mehr oder minder großen Schätzfehlers davon ausgegangen werden, dass keine zahlenmäßige Dominanz der Mühlen herrschte, sondern dass die Anzahl der Bäckereien diejenige der Mühlbetriebe vermutlich überstieg. Wenn die Darlehensvergaben nicht für gewerbliche Investitionen genutzt wurden, sondern zur Wohnraumfinanzierung oder für dritte

526 Proettel (2013); S. 20; Kapitel 3.6.

527 Zur technischen Entwicklung des Bäckerhandwerks im deutschsprachigen Raum: Julia Schulte to Bühne (2000): *Das Bäckerhandwerk von 1896 bis 1996 am Beispiel der Stadt Münster*, Münster u. a., S. 91–126, insbesondere S. 112f und S. 124; Isabel Koellreuter und Nathalie Unternährer (2006): *Brot und Stadt, Bäckerhandwerk und Brotkonsum in Basel vom Mittelalter bis zur Gegenwart*, Basel, S. 122ff.

528 K.[öniglich] Statistisches Landesamt (1910), passim, Hier und nachfolgend wird nur auf Hauptbetriebe, aber nicht auf nebenberuflich betriebene Bäckereien und Mühlen eingegangen. Bei ihrer Einbeziehung ergäbe sich allerdings ein kaum verändertes Bild.

Zwecke, dann ist davon auszugehen, dass die Bäcker aufgrund ihrer höheren Anzahl häufiger Kapital von Sparkassen bekamen als die Müller.

Die Häufigkeit der Berufe unter den Darlehensnehmern bezeugt jedoch exakt das Gegenteil. Die Müller übertrafen die Bäcker und Konditoren vor allem im 19. Jahrhundert bei weitem. Beispielsweise vergab die Oberamtssparkasse Göppingen im Zeitraum 1862 bis 1896 fünf Hypothekendarlehen über insgesamt knapp 13.800 Mark an Bäcker.[529] An diverse Müller gingen dagegen 15 Hypothekendarlehen über zusammen 164.000 Mark. Das Verhältnis beträgt damit 1 zu 3 bei der Darlehensanzahl und etwa 1 zu 12 bei der Kapitalsumme. Ähnlich verhielt es sich in Nagold. Die dortige Oberamtssparkasse zahlte zwischen 1889 und 1913 insgesamt 19 Darlehen an Bäcker aus und 27 an Müller. Die Darlehenssummen betrugen knapp 38.000 Mark beziehungsweise 265.200 Mark.[530]

Ab der Wende vom 19. Jahrhundert zum 20. Jahrhundert scheinen die Bäcker ihren Rückstand jedoch verkürzt beziehungsweise aufgeholt zu haben. Die Oberamtssparkasse Biberach vergab in dem Zeitraum 1900 bis 1913 insgesamt 15 Darlehen an Bäcker über zusammen 123.000 Mark und 19 Darlehen an Mühlenbesitzer über knapp 356.000 Mark. Und für die Oberamtssparkasse Kirchheim ergibt die Zählung in den Jahren 1907 bis 1913 insgesamt 19 Bäcker und Konditoren mit zusammen 131.800 Mark bei nur sechs Mühlebesitzern mit Darlehen in Höhe von insgesamt lediglich 53.300 Mark. Die Umkehrung des Verhältnisses dürfte in Kirchheim zwar teilweise auf besondere Umstände zurückzuführen sein. Dort waren fünf der Bäcker auch als Gastwirt tätig, so dass die Darlehen auch für diesen Teil der Tätigkeit verwendet worden sein könnten. Außerdem hatten Industriebetriebe bereits vielfach die Wasserrechte der früheren Mühlen erworben.[531] Allgemein war vermutlich jedoch ausschlaggebend, dass nun auch im Bäckergewerbe technische Neuerungen Einstand hielten. So gab es bereits ab den 1840er Jahren erste Versuche mit Teigknetmaschinen und ab den 1870er Jahren marktreife Geräte mit Gasmotor.[532] Abgesehen von Großbäckereien konnten sich herkömmliche Betriebe diese Maschinen aber noch nicht leisten. Außerdem hatten sie oftmals keinen Platz für den Einbau und es hatte keinen Sinn, den Teig schneller vorzubreiten, wenn der Holzbackofen nur ein beschränktes Fassungsvermögen hatte. Erst mit dem Aufkommen von elektrisch betriebenen Knetmaschinen ab Ende der 1890er Jahre stieg deren Verbreitung bis zum Ersten Weltkrieg sprunghaft an.[533] Außerdem kamen moderne Öfen mit indirekter Kohlefeuerung oder mit Dampfbetrieb zum Einsatz, die einen kontinuierlichen Backprozess er-

529 Hier und im Folgenden wurden bezirksfremde Darlehensnehmer nicht aussortiert. Die Ergebnisse ändern sich dadurch aber nicht wesentlich. Beträge in Gulden wurden in Mark umgerechnet.

530 Hierunter sind auch Gipsmüller mit kleineren Beträgen enthalten.

531 Hans Schwenkel (1953): *Heimatbuch des Kreises Nürtingen, Band II*, Würzburg, S. 471 ff.

532 Hier und im Folgenden: Koellreuter und Unternährer (2006), S. 122 ff.

533 Schulte to Bühne (2000), S. 92 und S. 112 ff.

laubten.[534] Vermutlich spiegelt der erhöhte Kapitalbedarf der Bäcker zu Beginn des 20. Jahrhunderts diese Entwicklung wider. Das Beispiel der Mahlmühlen und Bäcker zeigt damit, dass die Darlehensvergaben der Sparkassen ein Spiegelbild der gewerblichen Kreditbedürfnisse der lokalen Wirtschaft aufgrund von technischen und organisatorischen Neuerungen sowie von Wettbewerbsdruck sind.

534 Ebd., S. 101 ff und S. 117 f; Koellreuter und Unternährer (2006), S. 124.

III. Teil
Das Kreditgeschäft in zeitlicher und räumlicher Dimension

5. Vorstellung des statistischen Auswertungskonzeptes für das Darlehensgeschäft

5.1 Die Notwendigkeit einer einheitlichen quantitativen Auswertung der Archivalien

Neben der Betrachtung einzelner Darlehen oder bestimmter Branchen ermöglichen auch übergeordnete statistische Auswertungen zur Kreditvergabe wichtige Erkenntnisse. Im Vordergrund stehen vor allem die aufgeworfenen Fragen, welche Bevölkerungsgruppen mit Hypothekendarlehen versorgt wurden, welche Beträge sie erhielten und insbesondere welche Bedeutung Gewerbetreibende beziehungsweise Industrielle hatten. Dabei soll der Anspruch erfüllt werden, nicht nur Einzelbetrachtungen anzustellen, sondern auch Vergleiche zwischen den verschiedenen Sparkassen zu ermöglichen. Die Voraussetzung hierfür ist eine einheitliche Auswertung des Archivguts.

Dieser Anspruch steht im Gegensatz zu den unterschiedlichen Quellenüberlieferungen, die individuell betrachtet jeweils eine etwas andere Vorgehensweise nahelegen würden. In den folgenden Abschnitten werden die entscheidenden Aspekte vorgestellt beziehungsweise diskutiert und darauf aufbauend ein einheitliches Konzept für die quantitative Auswertung der Archivalien ausgearbeitet. Im Fokus steht hierbei das Geschäft mit Hypothekendarlehen, während die Wertpapierkäufe der Sparkassen beziehungsweise ihre Schuldscheindarlehen an öffentliche Körperschaften nicht berücksichtigt werden. Das Konzept lässt sich aber auch auf andere Kreditarten wie beispielsweise Bürgschaftsdarlehen anwenden. Wie in der Einleitung angemerkt, kann es zudem als Anleitung für Darstellungen des Kreditgeschäftes in zukünftigen Sparkassenfestschriften und -chroniken dienen. Der einheitliche Aufbau ermöglicht dann zu einem späteren Zeitpunkt verlässliche Vergleiche zwischen verschiedenen Instituten.

5.2 Einteilung der Darlehensnehmer in Berufsgruppen

Die Darlehensnehmer der Sparkassen werden nachfolgend anhand den fast immer vorgenommenen Berufsangaben in fünf verschiedene Berufsgruppen eingeteilt. Die Zuordnung soll weniger ein detailliertes Abbild der Berufe der Kunden wiedergeben, sondern vielmehr ökonomisch und sozial ähnlich gestellte Darlehensnehmer für die weitergehende Analyse zusammenfassen.

Die Gruppe der Landwirte soll im Wesentlichen Selbständige im primären Wirtschaftssektor umfassen. Hierzu werden deshalb alle Landwirte gezählt, die in den Archivalien entweder als Bauern, Ökonomen, Gutsbesitzer oder als Söldner[535] bezeichnet werden. Auch die gelegentlich vorkommenden Schäfer, Gemüsegärtner und ähnliche Berufe werden hier berücksichtigt. Darüber hinaus beinhaltet diese Gruppe Weingärtner. Sie erhielten vor allem in den Oberämtern Maulbronn und Ludwigsburg sowie gelegentlich in Kirchheim, Künzelsau und Göppingen Darlehen. Im Bezirk Nagold im Nordschwarzwald beziehungsweise auf der Schwäbischen Alb wurde vor dem Hintergrund der klimatischen Bedingungen dagegen kein Wein angebaut.

Die Gruppe der Arbeiter umfasst das ganze Spektrum der lohnabhängig Beschäftigten. Hierunter werden neben Fabrikarbeitern auch Eisenbahnarbeiter, Heizer, Straßenwärter, Knechte, Mägde, Holzhauer sowie die in Fabriken tätigen Handwerker und Tagelöhner subsumiert. Insbesondere im Oberamt Kirchheim, aber vereinzelt auch in anderen Bezirken, gaben Arbeiter und Tagelöhner als weiteren Beruf Bauer an. Diese Kreditnehmer werden dennoch der Kategorie der Arbeiter zugeordnet, da es sich bei ihnen vermutlich nur um Nebenerwerbslandwirte handelte. Hierfür sprechen erstens die teilweise vorliegenden Informationen über die beliehenen Grundstücke. Die geringen Größen der Ackerflächen und Gärten von teilweise nur wenigen Hundert Quadratmetern lassen es unrealistisch erscheinen, dass ihre Bewirtschaftung für den Lebensunterhalt ausreichte. Zweitens wird in der Literatur zur württembergischen Wirtschaftsgeschichte häufig auf die Besonderheit der „Arbeiter-Bauern“ verwiesen. Beispielsweise berichtet Sabine Widmer in ihrer Dissertation zur Industrialisierung in Kirchheim über den Wandel der ländlichen Bevölkerung mit gewerblicher Nebentätigkeit hin zu Arbeitern mit landwirtschaftlicher Nebentätigkeit.[536] Vor diesem Hintergrund dürfte die Nennung der Berufsangabe „Arbeiter und Bauer“ an der Wende zum 20. Jahrhundert vor allem Ausdruck eines gewissen Besitzerstolzes der Kunden und vielleicht sogar eine bewusste Abgrenzung zum besitzlosen Proletariat, aber weniger eine Angabe der Haupttätigkeit gewesen sein. Es ist jedoch zu berücksichtigen, dass durch die hier vorgenommene Zuordnung die Bedeutung der Arbeiter als Darlehensnehmer etwas überschätzt und die Bedeutung der Landwirte spiegelbildlich etwas unterschätzt werden könnte.

In die Gruppe der Gewerbetreibenden werden Handwerker wie beispielsweise Bäcker, Metzger, Wirte, Schuhmacher, Schmiede, Schreiner, Müller und Kauf-

535 Die Berufsbezeichnung Söldner kommt innerhalb des untersuchten Panels nur in den nahe Bayern gelegenen Gebieten Oberschwabens und der Alb vor. Gemäß Reinhard Riepl (2009): *Wörterbuch zur Familien- und Heimatforschung in Bayern und Österreich*, 3. Auflage, Waldkraiburg, Einträge „Sölde“ und „Söldner“ auf S. 382 sowie „Hoffuß“ auf S. 194f, war die Sölde ein kleines bis sehr kleines Bauerngut, dessen Besitzer nur manchmal etwas Vieh besaß. Angesichts des geringen Ertrages seien die Söldner auf einen Zusatzverdienst als Tagelöhner oder Handwerker angewiesen gewesen. Im Gegensatz hierzu zeigen die Angaben in den Biberacher Archivalien über die Größe der beliehenen Immobilien jedoch, dass es sich bei den Söldnern durchaus um konventionelle Kleinbauern und weniger um „Arbeiter-Bauern“ wie in Kirchheim handelte. Vgl. hierzu auch die Angaben in Kapitel 3.5.

536 Sabine Widmer (1987): *Kirchheim unter Teck zwischen Handwerk und Industrie 1806–1914*, Tübingen, S. 23, S. 37, S. 47 und S. 118f.

leute eingeordnet. Außerdem erscheinen hier die Eigentümer von Fabriken und die als juristische Personen auftretenden Unternehmen. Für die Zielsetzung dieser Arbeit wäre eine Trennung zwischen Handwerk und Industrie zwar sehr wünschenswert. Sie ist jedoch anhand der vorliegenden Informationen aus den Archivalien nicht durchgängig möglich. Erstens waren die Übergänge oftmals fließend. Außerdem dürften manche Handwerksbetriebe größer gewesen sein und mehr Mitarbeiter beschäftigt haben als die kleineren Fabriken. Und drittens wurde die Berufsbezeichnung „Fabrikant" nicht nur für die Inhaber fabrikmäßig aufgebauter größerer Betriebe verwendet. Der Abgleich mit historischen Gewerbeadressbüchern zeigt, dass hierunter auch Personen subsumiert wurden, die nur in sehr kleinem gewerblichen Rahmen tätig waren. Sie fabrizierten dabei solche Waren, die nicht von ehemals in Zünften organisierten regulären Handwerkern hergestellt wurden. Hierunter fallen beispielsweise Kreide und Musikinstrumente. Auf Industriefinanzierungen, soweit sie als solche zu erkennen sind, wird in den folgenden Kapiteln jedoch gesondert eingegangen.

Die Gruppe der Bezieher sonstiger Einkünfte umfasst Gehaltsempfänger, darunter insbesondere Angestellte, daneben Beamte, Angehörige freier Berufe wie beispielsweise Ärzte, Rechtsanwälte und Architekten sowie Privatiers.

In die fünfte Gruppe der Sonstigen werden demnach alle verbliebenen Kreditkunden eingeordnet. Dazu gehören hauptsächlich Witwen, Waisen und Kundinnen, die als Ehefrau in den Archivalien vermerkt wurden. Darüber hinaus werden Kunden ohne Berufsnennung beziehungsweise Einzelfälle, in denen eine Zuordnung nicht sicher möglich oder sinnvoll ist, als Sonstige bezeichnet.

Da die Mitarbeiter von manchen Sparkassen gelegentlich auf Berufsbezeichnungen verzichteten, fällt die Gruppe der Sonstigen in diesen Fällen entsprechend groß aus. Spiegelbildlich bleiben dann die Prozentanteile der anderen Berufsgruppen unter ihrer eigentlichen, jedoch unbekannten Höhe.

Gelegentlich kam es vor, dass nicht nur Arbeiter-Bauern, sondern auch andere Kreditkunden mit zwei verschiedenen Berufen bezeichnet wurden. Im Sinne der angestrebten Auswertung ist beispielsweise die Kombination *„Metzger und Wirt"* problemlos, da beide Berufe in die gleiche Kategorie als Gewerbetreibende einzuordnen sind. Bei der Bezeichnung *„Bauer und Gemeinderat"* erfolgt die Zuordnung zu den Landwirten, da die Tätigkeit als Gemeinderat nur nebenberuflich ausgeübt wurde. Weniger eindeutig sind dagegen manche Kombinationen, die zwei verschiedene Kategorien betreffen, wie beispielsweise *„Bauer und Wirt"*. Hier soll diejenige Zuordnung erfolgen, die angesichts von weiteren Informationen aus den Archivalien über beliehenen Immobilien oder Nennungen an anderer Stelle im Archivgut am ehesten plausibel erscheint. In Zweifelsfällen ist es zudem möglich, dritte Quellen wie zeitgenössische Adressbücher heranzuziehen, in denen oftmals die Hauptberufe genannt wurden. Dies ist auch dann möglich, wenn auf Berufsangaben verzichtet wurde. Die historischen Adressbücher zeigen übrigens, dass manche Witwen die Geschäfte ihrer vor vielen Jahren oder sogar Jahrzehnten verstorbenen Gatten weiterführten. Bemerkenswert häufig nahmen Frauen damit bereits am Ende des 19. Jahrhunderts teilweise wichtige Führungsfunktionen im Handel und in der Industrie wahr. In solchen Fällen werden Darlehensvergaben an Witwen nicht zu den Sonstigen, sondern zu den jeweiligen Berufsgruppen, in der Regel also bei Gewerbetreibenden oder Landwirten hinzugezählt.

Vor dem Hintergrund der erläuterten Schwierigkeiten in der Zuordnung ist jedoch zu berücksichtigen, dass die Ergebnisse der quantitativen Untersuchung stellenweise nur ein grobes Abbild der Realität wiedergeben. Darlehen ohne hypothekarische Besicherung an öffentliche Körperschaften wie Städte, Gemeinden, Oberamtsbezirke, Gemeindeverbände und an Religionsgemeinschaften werden hier übrigens nicht betrachtet. Auf sie wird gesondert in Kapitel 7 und in Kapitel 11 eingegangen.

Abschließend soll noch ein kurzer Hinweis an etwaige zukünftige Anwender des Auswertungskonzeptes erfolgen. Möglicherweise werden diese bei der Betrachtung von anderen Regionen oder anderen Epochen mit Berufen konfrontiert, die in den obigen Beschreibungen nicht erwähnt wurden. In diesem Fällen bietet es sich an, eine der ursprünglichen Absicht möglichst entsprechende Enteilung vorzunehmen. Beispielsweise wären Bergleute, Matrosen und Soldaten in die Gruppe der Arbeiter einzuordnen, dagegen Zechenbesitzer und Reeder in die Gruppe der Gewerbetreibenden. Sollte eine große Anzahl von Darlehensnehmern die Einführung von anderen oder zusätzlichen Berufsgruppen notwendig machen, dann wäre es sinnvoll, wenn diese nicht in Kontrast zu den oben vorgestellten Prinzipien stehen würden. Vorteilhaft für langfristige Vergleiche wäre die Schaffung von Untergruppen innerhalb des bestehenden Schemas. So könnte beispielsweise eine Gruppe Bergleute neben den Arbeitern oder eine Gruppe Reeder neben den Gewerbetreibenden genutzt werden. Es wäre auch denkbar, die vier zusätzlichen Berufsgruppen Angestellte, Beamte, Freie Berufe und Pensionäre sowie Privatiers zu verwenden, die zusammengenommen wieder die hier genutzte Gruppe der Bezieher andere Einkünfte ergeben. Auf diese Weise bliebe die Vergleichbarkeit trotz der Anpassung an regionale oder zeitspezifische Besonderheiten bestehen.

5.3 Problematik unterschiedlicher Archivalien

Die quantitative Untersuchung der Darlehensvergabe wird durch zwei Faktoren beeinträchtigt. Erstens haben sich von den elf oben vorgestellten Instituten stets nur bruchstückhafte Ausschnitte über das Darlehensgeschäft erhalten. Neben Differenzen hinsichtlich der betreffenden Jahre bestehen vor allem unterschiedliche Inhalte. Beispielsweise informieren die Archivalien von manchen Kassen über die Gewährung von neuen Darlehen in einem Zeitabschnitt. Die von anderen Kassen geben dagegen Auskunft über den Bestand aller zum Jahresabschluss ausstehenden Darlehen, die jedoch gegebenenfalls schon anteilig getilgt wurden. In weiteren Fällen sind wiederum nur die Zins- und Tilgungszahlungen für den Darlehensbestand in einem bestimmten Zeitraum bekannt. Von keiner Sparkasse wurden jedoch alle potenziell anfallenden Schriftstücke von der Beantragung über die Auszahlung bis hin zur Tilgung aufbewahrt. Die gezielte Auswahl einer einheitlichen Datenbasis ist deshalb nicht möglich.

Bevor ein Lösungsansatz für diese Punkte diskutiert wird, sollen nachfolgend zunächst die wichtigsten Arten von Kreditarchivalien vorgestellt werden. Hierbei zeigt sich die zweite Problematik: Alle Sparkassen nutzten während des Untersuchungszeitraumes zwar eine einfache, aus dem Kameralismus abgeleitete Buchführung. Dabei gab es jedoch im Gegensatz zur heutigen doppelten Buchführung kein einheitliches Rechnungswesen mit standardisiertem Kontenrahmen und Prozessen. Sowohl die Auszahlungen von Darlehensbeträgen wie auch die Annahme von Zinsen und Tilgungen wurden je nach Institut auf unterschiedliche Weise und in unterschiedlichen Arten von Dokumenten verbucht. Ebenso existierten für die Verwaltung des Bestandes mehrere Varianten.

Es wurden aber keine Hinweise darauf gefunden, die gegen die Annahme sprechen, dass der Prozess der Darlehensvergabe unabhängig von buchhalterischen Fragen bei allen untersuchten Sparkassen sehr ähnlich verlief. Vor diesem Hintergrund wird nachfolgend der typische Ablauf einer Kreditgewährung rekonstruiert und aufgezeigt, welche Dokumente im Zusammenhang mit den einzelnen Schritten verwendet wurden.

Nicht alle Darlehensnehmer trugen ihren Kreditwunsch mündlich bei der Sparkasse vor. Einerseits wurden manche Gesuche per Post gestellt. Oftmals wurden auch Mittelsmänner wie Schultheißen[537] oder Privatbankiers eingeschalten, worauf in den Kapiteln 7 und 8 näher einzugehen ist. Der hierbei entstandene individuelle *Schriftverkehr* und die *Kreditanträge* sowie teilweise auch *Schätzungsurkunden* über die beliehenen Immobilien sind von der Oberamtssparkasse Kirchheim und in kleinerem Umfang von der Oberamtssparkasse Geislingen erhalten geblieben.

Aus den Kircheimer und Geislinger Dokumenten geht hervor, dass die Darlehen zumindest formell nicht von den Kunden bei der Sparkasse beantragt wurden. Offizielle Antragsteller waren vielmehr der jeweilige Sparkassier als Leiter der Kasse und sein Kontrolleur. Als Entscheidungsgremium diente hier wie auch bei den anderen Instituten eine Darlehens- beziehungsweise Ausleihekommission, auf die später ebenfalls einzugehen ist. Die Entscheidungen der Kommission kamen manchmal im Zirkularverfahren zustande. Das bedeutet, der Darlehensantrag wurde den meistens in unterschiedlichen Ortschaften des Oberamts wohnenden Mitgliedern der Reihe nach per Post zugestellt. Eine andere Möglichkeit waren gemeinsame Sitzungen in regelmäßigen Abständen zur Besprechung der bis dahin gesammelten Anträge. In Biberach fanden diese entweder jede zweite Woche oder einmal im Monat statt. In den Hochsommer- und Wintermonaten war die Kommission teilweise längere Zeit nicht tätig, was mit einer

537 Süddeutsche Bezeichnung für den Ortsvorsteher eines Dorfes oder den Bürgermeister einer Stadt.

geringeren Kreditnachfrage in diesen Zeiten korreliert. Die Ergebnisse der Diskussionen wurden in Biberach in den *Protokollen der Ausleihe-Kommission* festgehalten.

Auf *Auszahlungsbelegen* quittierten die Kunden den Erhalt der Beträge. In einigen Fällen ließen sie sich das Kapital auch zur weiteren Verwendung an ihre Hausbanken beziehungsweise Bankiers überweisen. Die entsprechenden *Quittungen* und Auszahlungsbelege haben sich zusammen mit den Darlehensanträgen und dem Schriftverkehr als Teil der Kirchheimer Kreditakten erhalten.

Die Verbuchung der Auszahlung erfolgte teilweise direkt im *Rechnungsbuch*, das alternativ auch als *Jahresrechnung* oder als *Hauptrechnung* bezeichnet wurde. Dabei handelt es sich um den in nur einem Exemplar angefertigten handschriftlichen Jahresabschluss einer Sparkasse, in dem schon während dem laufenden Geschäftsjahr wichtige beziehungsweise nur sporadisch vorkommende betriebliche Vorgänge festgehalten wurden. Solche Rechnungsbücher haben sich von mehreren Oberamtssparkassen erhalten. Aber nur in Künzelsau und in Maulbronn finden sich darin durchgängig Einzelangaben über gewährte Darlehen. Die Oberamtssparkasse Leutkirch begann erst kurz vor Ende des Untersuchungszeitraumes mit dem Vermerk von Darlehen im Rechnungsbuch. Umgekehrt wurden in Göppingen von Anbeginn bis einschließlich 1896 Darlehen auf diese Weise dokumentiert, bevor auf ein anderes Verfahren umgestellt wurde. Ab 1897 enthalten die Göppinger Rechnungsbücher wie andernorts auch nur noch aggregierte Angaben über die Darlehenssumme pro Monat beziehungsweise Jahr.

In einer anderen Variante wurden die einzelnen Kreditauszahlungen in sogenannten *Rapiaten* festgehalten. Diese jährlich nur für das Darlehensgeschäft angelegten Bände sind von der Oberamtssparkasse Ludwigsburg überliefert.

Die Verwaltung der ausstehenden Darlehen, also die Dokumentation von Zins- und Tilgungszahlungen sowie die Fortschreibung der restlichen Salden am Jahresende, erfolgten in Göppingen bis zur Umstellung 1896 direkt im Rechnungsbuch. Die Sparkassiere mussten bei dieser aufwändigen Methode den gesamten Bestand jährlich in den neu angelegten Band übertragen. Viel häufiger war dagegen die Verwendung von *Aktivkapitalienbüchern*, die auch unter der Bezeichnung *Kapitalienhauptbuch* vorkommen. In ihnen wurde auf jeder Seite eine Tabelle für je einen Darlehensfall angelegt. Den Kopf der Tabelle bilden allgemeine Informationen wie Name, Wohnort und Beruf des Schuldners. Üblicherweise wurden dann für jedes Kalenderjahr die spezifischen Zahlungen und Salden in einer neuen Zeile der Tabelle festgehalten, so dass die gesamte Kredithistorie in nur einem Dokument gesammelt wurde. Solche zwischen 300 und 1.000 Seiten umfassende Folianten haben sich aus Geislingen, Künzelsau, Ludwigsburg, Nagold, Ravensburg und Waldsee erhalten.

Da die Darlehensnehmer chronologisch nach dem Auszahlungszeitpunkt der Kredite in den Aktivkapitalienbüchern erfasst wurden und sich noch nicht überall die Verwendung von Schuldurkundennummern als Vorläufer der Kontonummern durchgesetzt hat, wurden zum leichten Auffinden der Einträge alphabetische Register mit den Kundennamen und der entsprechenden Seitenzahl separat angelegt. Ein solches *Namensverzeichnis zum Aktivkapitalienbuch* besteht von der Oberamtssparkasse Leutkirch.

Die vermutlich erstmalige Anlage von Aktivkapitalienbüchern durch die Sparkassen in Ravensburg und Geislingen in den Jahren 1894 beziehungsweise 1895 könnte als Hinweis auf die Durchsetzung dieser relativ übersichtlichen Verwaltungsweise gedeutet werden. Allerdings verwendete die Oberamtssparkasse Ludwigsburg nachträglich zu Folianten gebundene Papierbögen mit Tabellen bereits seit 1852. Es war somit kein neues System. Außerdem wurde das Verfahren mit den Rechnungsbüchern in Göppingen nicht durch die Einführung eines Aktivkapitalienbuches ersetzt, sondern durch eine dritte Variante. Der Schuldendienst der Kunden wurde chronologisch nach seinem Eingang in das jährliche *Zahlungsverzeichnis für Kapital- und Zinszahlungen* eingetragen. Ein ähnliches Werk hat sich auch aus Geislingen erhalten. Für viele Darlehen waren aufgrund von vereinbarten halbjährlichen Zins- und Tilgungsterminen sowie aufgrund von Teilzahlungen mehrere Buchungen notwendig. Die resultierenden Salden wurden in Göppingen ebenso wie die sich ergebenden Darlehensbestände in eine jährliche Übersicht eingetragen, welche die Bezeichnung *Summarische Berechnung der Kapitalienbücher* trägt.

Die Aktivkapitalienbücher brachten neben ihrer Unhandlichkeit einen entscheidenden Nachteil im betrieblichen Alltag mit sich. Waren für einzelne Darlehen viele Zins- und Tilgungszahlungen zu buchen, dann endete oftmals der Platz auf dem Papier, bevor die Schuld vollständig beglichen werden konnte. Eine mögliche Lösung für dieses Problem war die Anlegung eines *Zusatzbuches zum Aktivkapitalienbuch*. Ein solches Exemplar hat sich von der ehemaligen Oberamtssparkasse Freudenstadt erhalten. Da die dokumentierten Fälle nur einen Ausschnitt der Darlehensvergabe darstellen und dieser vermutlich nicht repräsentativ ist, wird aber in diesem Fall auf eine weitergehende Untersuchung verzichtet.

Letztlich hat sich die Verwendung von *Loseblatt-Konten* als überlegene Alternative durchgesetzt. Für jedes Darlehen wurde eine Art Karteikarte angelegt und hierauf die Zins- und Tilgungszahlungen notiert. Bei zusätzlichem Platzbedarf wurde eine weitere Karte verwendet und nach der vollständigen Tilgung eines Darlehens die entsprechende Karte aus dem alphabetisch oder nach Nummern sortierten Bestand entfernt. Die Kontensammlung blieb damit immer aktuell. Mehrere Büschel mit Loseblatt-Konten haben sich von der Oberamtssparkasse Leutkirch erhalten.

5.4 Darlehensbestand versus Darlehensvergabe

Die vorgestellten Archivalien ermöglichen zwei unterschiedliche Arten der quantitativen Auswertung. Einerseits kann eine Betrachtung der ausstehenden Darlehensbeträge zu den Stichtagen der Jahresabschlüsse erfolgen. Andererseits ist auch die Untersuchung der Darlehensvergabe innerhalb bestimmter Zeiträume möglich. Eine wichtige Voraussetzung für die Interpretation und die weitere Verwendung von Auswertungsergebnissen wie den Anteilen der jeweiligen Berufsgruppen ist die bestmögliche Vergleichbarkeit der gewonnenen Daten zwischen den einzelnen Instituten. Aus diesem Grund ist eine Entscheidung für eines der beiden Konzepte sinnvoll.

Der wichtigste Vorteil der ersten Variante mit den stichtagsbezogenen Betrachtungen besteht darin, dass die Untersuchungsergebnisse die Angaben aus den veröffentlichten Sparkassenstatistiken über den Umfang der Hypothekenbestände ideal ergänzen würden. Für die untersuchten Institute wäre damit nicht nur bekannt, wie hoch die Summe der ausstehenden Darlehen zum jeweiligen Jahresende ausfiel, sondern auch, wie sie sich auf die diversen Kundengruppen verteilte.

Zu den Nachteilen der ersten Variante gehören absehbare Schwierigkeiten bei der praktischen Umsetzung. Ausschließlich von der Oberamtssparkasse Göppingen sind mit den Rechnungsbüchern bis 1896 beziehungsweise mit den Summarischen Berechnungen der Kapitalienbücher ab 1897 Archivalien vorhanden, die über mehrere Jahre verlässlich über den gesamten Darlehensbestand informieren. Der Nachteil hierbei ist aber das Fehlen von Berufsangaben in den jüngeren Dokumenten ab 1897. Bei den Sparkassen, von denen Aktivkapitalienbücher überliefert sind, ergibt sich das folgende Problem: Üblicherweise wurden mehrere Folianten parallel verwendet. Die älteren Bände dienten der Verwaltung der seit längerer Zeit bestehenden und deshalb dort erfassten Darlehen, während für neue Darlehenvergaben oft im jeweils jüngsten Band eine eigene Tabelle angelegt wurde. Dementsprechend können vollständige Analysen des Darlehensbestandes nur dann erfolgen, wenn alle Aktivkapitalienbücher einer Sparkasse vorliegen, die für das betreffende Jahr die gesamte Verwaltung vom ältesten, noch nicht getilgten Darlehen bis hin zur jüngsten Darlehensvergabe vor dem Bilanzstichtag abdecken. Diese Voraussetzung ist lediglich bei der Oberamtssparkasse Nagold erfüllt, wo sich alle drei bis zum Ersten Weltkrieg verwendeten Aktivkapitalienbücher erhalten haben. Für die restlichen Sparkassen müsste sich die Auswertung auf die ersten Jahre von der Gründung des Instituts beziehungsweise von der erstmaligen Verwendung eines Aktivkapitalienbuches bis zur mutmaßlichen Anlage eines neuen, heute nicht mehr vorhandenen Folianten beschränken. Außerdem könnten bei dieser Variante die Archivalien der Oberamtssparkassen Biberach, Kirchheim, Leutkirch und Maulbronn mit Informationen über Darlehensvergaben nicht berücksichtigt werden.

Für die zweite Variante mit der Analyse von Darlehensgewährungen in bestimmten Zeiträumen sprechen mehrere Vorteile. Erstens lassen sich fast alle Archivalien uneingeschränkt nutzen. Die Überlieferungen der vier zuletzt genannten Kassen informieren ohnehin über die Darlehensvergaben. Und da in den Aktivkapitalienbüchern stets die Zeitpunkte der Auszahlungen an die Schuldner vermerkt wurden, lassen sich auch für die betreffenden Sparkassen die Darlehensvergaben in bestimmten Zeiträumen zusammenstellen. Hierbei ist es grundsätzlich unerheblich, ob alle genutzten Folianten überliefert wurden, da vor allem die Neueintragungen interessieren und weniger die Verwaltung der bestehenden

Kredite. Darüber hinaus zeigen sich bei der Analyse der Darlehensvergaben strukturelle Veränderungen im Zeitablauf schneller und deutlicher. Es stehen stets nur klar umrissene Zeiträume im Fokus, bei denen der Darlehensbestand aus älteren Zeitabschnitten die Ergebnisse nicht beeinflusst.

Bei dieser besseren zweiten Variante sind umgekehrt die folgenden Einschränkungen zu berücksichtigen. Die Auswertungsergebnisse aus einem bestimmten Zeitraum repräsentieren nicht zwangsläufig den Darlehensbestand am Ende dieses Zeitabschnittes. Es kann einerseits zu Abweichungen kommen, wenn sich die Kundenstruktur allmählich verändert und zweitens wenn sich das Tilgungsverhalten je nach Berufsgruppe unterscheidet. Der zweite Punkt ist bedeutend, da während des gesamten Zeitraums „ewige“ Darlehen, also Kreditvergaben ohne ex-ante festgelegte Tilgung überwogen. Geldvergaben mit planmäßiger Tilgung wurden unter den Bezeichnungen Amortisationshypothek beziehungsweise Rentendarlehen erst ab der zweiten Hälfte der 1890er Jahre bei einigen Sparkassen eingeführt. Aber auch in diesen Fällen ergeben sich unterschiedliche Tilgungsraten in Abhängigkeit von der gewählten Laufzeit.

Eine für die Oberamtssparkasse Göppingen vorgenommene Detailauswertung verdeutlicht beide Aspekte. Dieses Institut zahlte in den sieben Jahren von 1890 bis 1896 insgesamt 81 Hypothekendarlehen aus. Gemessen an der Summe dieser Kapitalvergaben in Mark entfielen 45,6 % auf die Berufsgruppe der Gewerbetreibenden. Wird dagegen der Anteil an den zum Bilanzstichtag 1896 ausstehenden 207 Hypothekendarlehen betrachtet, dann kommen die Gewerbetreibenden nur auf einen Anteil von 40,1 % an der Darlehenssumme. Die Differenz in Höhe von mehr als fünf Prozentpunkte geht einerseits auf eine in diesem Zeitabschnitt allmählich ansteigende Bedeutung der Gewerbetreibenden zurück. Zweitens tilgten die Gewerbetreibenden etwas schneller als die Landwirte. Bis Ende 1896 zahlten sie von dem ab 1890 ausgezahlten Darlehenskapital 18,4 % zurück. Die Landwirte erreichten nur eine Tilgungsquote von 16,9 %.

Berechnungen zur den Darlehen der Oberamtssparkasse Künzelsau zeigen, dass die Berufsgruppe der Landwirte auch dort etwas langsamer tilgte als die Gewerbetreibenden. Gemessen an den zwischen 1900 und 1906 vergebenen Darlehen und dem Restbestand hiervon Ende 1906 betrug die Tilgungsrate der Gewerbetreibenden 11,1 % im Vergleich zu 7,2 % im Fall der Landwirte. Der gleiche Befund gilt, wenn die Darlehensvergabe zwischen 1907 und 1913 mit dem Bestand dieser Darlehen Ende 1913 verglichen wird. Die Gewerbetreibenden erreichten mit 5,5 % wiederum eine deutlich höhere Tilgungsrate als die Landwirte mit nur 1,0 %. Allerdings zeigt die Entwicklung der Darlehensbestände in Künzelsau auch, dass nicht uneingeschränkt von einer geringeren Schuldentragfähigkeit des bäuerlichen Grundbesitzes gesprochen werden kann. So holte die Berufsgruppe der Landwirte mit ihren Tilgungen gemessen an den zwischen 1900 und 1906 vergebenen Hypothekendarlehen die Gruppe der Gewerbetreibenden nach anfänglichen Rückstand später wieder ein. Ende 1913 hatten die Landwirte 31,6 % der ursprünglichen Schulden beglichen, während Handwerker und Kaufleute nur auf eine Tilgungsrate von 20,4 % des ursprünglichen Bestandes kamen.

5.5 Weitere Aspekte des Auswertungskonzeptes

Zu den wiederkehrenden Tätigkeiten der Sparkassenmitarbeiter im Kreditgeschäft gehörten Umschreibungen bestehender Hypothekendarlehen auf neue Schuldner. Die auch als „*Übertragungen*", „*Schuldübergänge*" oder „*Schuldeintritte*" bezeichneten Vorgänge resultierten häufig aufgrund eines Eigentümerwechsels von hypothekarisch belasteten Immobilien nach einem freihändigen Verkauf oder einer Zwangsversteigerung. Weitere Gründe für Umschreibungen waren daneben Erbschaften, Schenkungen sowie in Einzelfällen die Änderung der Rechtsform eines Unternehmens, beispielsweise bei der Umwandlung von einer Personengesellschaft in eine Kapitalgesellschaft. Gegenüber der denkbaren Alternative einer Begleichung des Schuldbetrages mit dem Verkaufs- beziehungsweise Versteigerungserlös waren die Umschreibungen für alle Beteiligten vorteilhaft. Die neuen Eigentümer hatten angesichts des aufzubringenden Kaufpreises oftmals selbst ein Interesse an dem Sparkassendarlehen. Außerdem dürfte eine einfache Umschreibung weniger Gebühren gekostet haben als eine Hypothekenlöschung sowie eine kurze Zeit später folgende Neueintragung. Umgekehrt brauchten sich die Sparkassenmitarbeiter nicht um eine neue Anlage für das ansonsten frei werdende Kapital kümmern. Vermutlich hat auch die rechtliche Situation, wonach sich die bestehende Hypothekenschuld in erster Linie auf das Pfandobjekt und nicht auf dessen Eigentümer bezieht, zur Popularität dieser Vorgehensweise beigetragen.

Aus den Archivalien der Kirchheimer und der Biberacher Oberamtssparkasse geht hervor, dass Umschreibungen bestehender Hypothekendarlehen wie die Vergabe neuer Darlehen behandelt wurden. Vom erstgenannten Institut haben sich Darlehensanträge mit Hinweisen hierauf erhalten und beim zweitgenannten finden sich entsprechende Passagen regelmäßig in den Protokollen der Ausleihekommission wieder. Damit stellt sich die Frage, inwiefern die Schuldübergänge bei der beabsichtigten quantitativen Auswertung berücksichtigt werden sollen. Dafür spricht erstens die zeitgenössische Praxis und zweitens der Kern des Vorgangs. Aus wirtschaftlicher Perspektive handelt es sich um die Entlassung eines bisherigen Kunden aus dem Schuldverhältnis und um die Kreditgewährung an einen neuen Schuldner. Auf der anderen Seite könnten die Schuldübergänge aber auch nur als Veränderungen im bisherigen Kreditbestand interpretiert werden, die bei einer Untersuchung der Darlehensgewährungen irrelevant sein sollten.

Wie in den obigen Abschnitten bereits angemerkt wurde, bringt die bruchstückhafte Quellenüberlieferung diverse Restriktionen mit sich, die auch bei dieser Thematik bedacht werden müssen. Beispielsweise geht im Fall der Oberamtssparkasse Maulbronn aus den Krediteinträgen in den Rechnungsbüchern nicht hervor, ob sie Umschreibungen enthalten oder nicht. Bei den Sparkassen mit überliefertem Aktivkapitalienbuch können die Übertragungen dagegen meistens identifiziert werden. Häufig wurde der Name des alten Schuldners auf dem jeweiligen Kontenblatt durchgestrichen und der neue Name darüber gesetzt. Fraglich ist in manchen Fällen allerdings, in welchem Jahr dies geschah. Und eine Identifizierung der Umschreibungen ist ebenfalls nicht möglich, sofern neue Kontenblätter angelegt wurden.

Angesichts dieser Einschränkungen und Argumente ist eine unzweifelhaft richtige Entscheidung für oder gegen die Einbeziehung von Umschreibungen weder möglich noch stringent umsetzbar. Als Lösung bietet sich deshalb ein Mittelweg entsprechend dem folgenden Schema an: Grundsätzlich sollen Umschreibungen – soweit dies jeweils machbar ist – in die Analyse der Darlehensgewährungen einbezogen werden. Hierdurch wird das Ziel erreicht, möglichst das ganze Spektrum der relevanten Kreditentscheidungen der Sparkassenmitarbeiter abzudecken. Nicht sinnvoll erscheint allerdings die Wertung von Schuldübergängen innerhalb von Familien, die in der Regel keine neue Kreditwürdigkeitsprüfung nach sich zogen, das Kapital gegebenenfalls im selben Wirtschaftsbetrieb beließen und offenbar nur als Formalität galten. Zu nennen sind insbesondere Übertragungen vom Erblasser auf dessen Nachkommen. Ebenfalls nicht zu werten sind die wenigen Fälle von Darlehensumschreibungen bei der Rechtsformänderung von Unternehmen. Sie würden lediglich den Anteil der Berufsgruppe der Gewerbetreibenden erhöhen, ohne neue Kreditvergaben im eigentlichen Sinne darzustellen.

Fraglich ist, ob und wie stark die Anwendung dieses Schemas die Analyseergebnisse beeinflusst. Eine Abschätzung der hierdurch verursachten Verzerrung ermöglichen Auswertungen für die Oberamtssparkassen Kirchheim und Biberach, in deren Quellen die Umschreibungen mit den jeweiligen Zeitpunkten eindeutig dokumentiert sind.

In Kirchheim entfielen im Zeitraum 1907 bis 1913 knapp 6,6 % der nach obigem Schema erfassten Darlehensvergaben auf Übertragungen bestehender Hypotheken. Diese Fälle stehen für 11,0 % der vergebenen Darlehenssumme. Der überproportional hohe Anteil an den Beträgen geht unter anderem auf größere Darlehen an Firmen zurück, die im besagten Zeitraum Eigentümerwechsel erlebten. Dieser Aspekt und auch der erste Blick auf die Kreditanträge lassen eine Verzerrung des Anteils der Gewerbetreibenden nach oben vermuten. Tatsächlich halten sich die Auswirkungen aber in engen Grenzen, da bei anderen Berufsgruppen viele kleine Hypotheken auf neue Schuldner übertragen wurden. Ohne Berücksichtigung der Schuldübergänge würde der Anteil der Gewerbetreibenden an den Darlehensvergaben mit 69,8 % lediglich um 0,4 Prozentpunkte kleiner ausfallen als bei der erfolgten Berücksichtigung mit dann 70,2 %. Die Veränderungen der Anteile der anderen Berufsgruppen sind mit Abweichungen zwischen minus 0,1 Prozentpunkte bis plus 0,3 Prozentpunkte ebenfalls minimal.

In Biberach entfielen zwischen 1907 und 1913 sogar 18,7 % der gezählten Darlehensvergaben mit 21,3 % der Darlehenssumme auf Schuldübergänge. In diesem Zeitabschnitt ist die Gruppe der Gewerbetreibenden bei den Übertragungen vergleichsweise wenig vertreten, während vor allem Landwirte häufig die Güter und die darauf lastenden Schulden anderer Landwirte übernahmen. Ihr Anteil an den vergebenen Darlehen fällt deshalb bei Berücksichtigung der Übertragungen mit 29,2 % um 1,7 Prozentpunkte größer aus als ohne deren Einbeziehung. Umgekehrt wird der Anteil der Gewerbetreibenden mit 54,8 % um 2,3 Prozentpunkte kleiner ausgewiesen als bei der Berechnung ohne Schuldübergänge.

Die Detailuntersuchungen zeigen, dass eine Analyse der Darlehensvergabe inklusive Schuldübertragungen nach dem vorgestellten Schema bei beiden Instituten trotz unterschiedlicher Kundenstruktur nur zu verhältnismäßig kleinen Abweichungen gegenüber der Alternative ohne Übertragungen führt. Vermutlich gilt dies deshalb auch für die anderen Sparkassen, bei denen eine Überprüfung des Sachverhaltes beziehungsweise ein Ausschluss der Umschreibungen wie geschildert nicht möglich ist. Vor diesem Hintergrund soll das beschriebene Schema nachfolgend als einheitliche Vorgehensweise für die Untersuchung aller Sparkassen verwendet werden.

Ein weiterer bei der Ausgestaltung des quantitativen Auswertungskonzeptes zu berücksichtigender Aspekt ist der Einfluss der Konjunktur. Er macht sich nicht nur in der Höhe der insgesamt vergebenen Kreditbeträge bemerkbar, sondern auch an den Anteilen der Berufsgruppen hieran. Beispielsweise wurden im Jahr 1907 von der Oberamtssparkasse Kirchheim 76,3 % der Darlehenssumme an Gewerbetreibende ausgezahlt. Dieser Anteil bricht bedingt durch die Rezession im Jahr 1908 auf nur noch 46,1 % ein. Aber er steigt bereits 1909 mit 80,5 % wieder auf ein vergleichsweise hohes Niveau an. Damit die Analyseergebnisse nicht nur eine Momentaufnahme darstellen, sondern ein den grundsätzlichen Gegebenheiten entsprechendes Bild zeichnen, erscheint es sinnvoll, diese Schwankungen auszugleichen, indem die Darlehensvergabe mehrerer Jahre zusammengefasst wird. Diese Vorgehensweise bietet sich darüber hinaus aufgrund der geringen Anzahl der bei kleinen Sparkassen vergebenen Darlehen an. Einzelne größere Kredite in manchen Jahren würden ansonsten für eine gewisse Volatilität der Ergebnisse sorgen.

Idealerweise umfasst die festzulegende Zeitspanne einen ganzen Konjunkturzyklus. Fraglich ist damit, wie lange eine typische Periode von einem Tiefpunkt zum nächsten während der Industrialisierung dauerte. Gemäß der Theorie über Konjunkturzyklen von Joseph A. Schumpeter bestehen gleichzeitig bis zu vier verschiedene und sich überlagernde Wellen.[538] Die von Schumpeter nach Ihren Entdeckern Kuznets und Kondratieff benannten Zyklen, die auf Immobilieninvestitionen und Basisinnovationen beruhen, scheiden als Taktgeber aus. Mit durchschnittlichen Dauern von 25 Jahren beziehungsweise von 50 Jahren[539] sind sie zu lang, um hier angewendet werden zu können. Dagegen würden sich die kürzeren und auf Lagerbestandsänderungen zurückzuführenden Kitchin-Zyklen mit einer Dauer von jeweils rund 40 Monaten sowie die mittelfristigen, auf Gewerbeinvestitionen beruhenden Juglar-Zyklen grundsätzlich gut eignen. Da die Kitchin-Zyklen um die Wende vom 19. zum 20. Jahrhundert vor allem in den

538 Joseph A. Schumpeter (1961): *Konjunkturzyklen, Eine theoretische, historische und statistische Analyse des kapitalistischen Prozesses, Erster Band*, (Deutsche Übersetzung der englischen Originalausgabe von 1939), Göttingen.
539 Hier und im Folgenden: Schumpeter (1961), S. 173 ff und S. 179.

USA relevant waren, sind sie für die vorliegende Untersuchung zu Württemberg aber weniger interessant. Dagegen traten damals in Deutschland insbesondere die Juglar-Zyklen hervor.[540]

Allerdings unterstellt Schumpeter für die Juglar-Wellen eine Dauer von 9,5 Jahren, die angesichts der wirtschaftlichen Wechsellagen um die Jahrhundertwende im Deutschen Reich als zu lang erscheint.[541] Nach Schumpeters eigenen Beschreibungen auf Grundlage der Beschäftigung, der Produktion in der Bau- und Eisenindustrie sowie der Preise für Stahlwaren lassen sich die folgenden kürzeren Phasen ausmachen:[542] Die zweite Hälfte der 1890er Jahre, die Zeit von 1903 bis etwa 1906 sowie die Jahre ab 1909 waren durch Prosperität gekennzeichnet. Dagegen befand sich die Wirtschaft in der ersten Hälfte der 1890er Jahre in einer Stagnation und 1901/02 beziehungsweise 1908 in einer Rezession. Diese Beobachtungen entsprechen dem bereits in Kapitel 2.4 vorgestellten Konjunkturverlauf. Sie decken sich gut mit zeitgenössischen Konjunkturbeschreibungen für Südwestdeutschland in den Geschäftsberichten der Württembergischen Notenbank und mit Schilderungen von Max Rehm anhand der Geschäftsberichte der Landessparkasse.[543] Deshalb werden für die quantitative Analyse entsprechende Zeiträume von jeweils sieben Jahren Dauer festgelegt. Sie gleichen die Schwankungen der Anteile der Berufsgruppen an den Darlehensvergaben erstaunlich gut aus, wie die späteren Kapitel zeigen werden. Ausgehend von 1913 als letztem Friedensjahr vor dem Ersten Weltkrieg und als Abschluss der Untersuchungen ergibt sich somit der Zeitraum 1907 bis 1913, der die Rezession von 1908 beinhaltet. Davor schließt sich der Analysezeitraum 1900 bis 1906 mit der Rezessionsphase 1901/02 an und hiervor der Sieben-Jahres-Zeitraum 1893 bis 1899 und so weiter. Kürzere Zeiträume oder eine andere Verteilung der Jahrgänge ergeben sich allerdings bei denjenigen Instituten, bei denen die Quellenüberlieferung entsprechende Einschränkungen auferlegt.

Die an die Kundenbedürfnisse angepassten Darlehensgewährungen der Sparkassen machen auch hinsichtlich des Ansatzes der individuellen Kapitalbeträge eine Ausarbeitung von einheitlichen Regeln notwendig. Beispielsweise ließen sich manche Darlehensnehmer ihr Kreditkapital über einen gewissen Zeitraum ver-

540 Ebd., S. 181.

541 Als „statistisches Hauptzeugnis" für eine Dauer von knapp 10 Jahren gibt Schumpeter ausgerechnet eine Untersuchung über die US-Wirtschaft an. Demnach lässt sich bei Betrachtung der relativen Anzahl der Bankrotte seit dem Ende des Bürgerkrieges bis zur Weltwirtschaftskrise ein Zyklus von 9,4 Jahren für die Vereinigten Staaten ermitteln (Schumpeter (1961), S. 181 und insbesondere Fußnote 36). Auf den Widerspruch zur Feststellung, wonach in den USA eher Kitchin-Zyklen dominierten, geht Schumpeter nicht ein. Er weist seine Leser aber darauf hin, wie leicht er mit empirischen Daten zufriedenzustellen sei und dass es ihm grundsätzlich nur um die Illustration seiner Theorie ginge.

542 Schumpeter (1961), S. 457 ff.

543 *Bericht des Vorstandes der Württembergischen Notenbank über das Geschäftsjahr 19..*, in: Geschäftsbericht der Württembergischen Notenbank in Stuttgart, Stuttgart, diverse Ausgaben; Rehm (1968), S. 116 ff.

teilt in mehreren Tranchen auszahlen. Wie die detaillierten Archivalien aus Kirchheim zeigen, wurde diese Vorgehensweise von öffentlichen Kreditnehmern wie Gemeinden zur Bezahlung von Handwerkern je nach Baufortschritt bei Infrastrukturmaßnahmen genutzt. Vermutlich war das bei den privaten Schuldnern stellenweise ebenso. Vor allem die Archivalien aus Leutkirch dokumentieren immer wieder eine sich über mehrere Wochen oder Monate erstreckende ratenweise Auszahlungsphase von Hypothekendarlehen.

Dieser Sachverhalt ist deshalb relevant, da ein Teil der Archivalien nicht über Darlehensbeschlüsse informiert, sondern nur über Kapitalauszahlungen. Mehrere Posten, die auf die gleiche Person verbucht wurden, lassen deshalb Interpretationsspielräume offen. Es könnte sich einerseits um Teilauszahlungen eines größeren Darlehens handeln, oder alternativ um die Gewährung von mehreren Darlehen nacheinander an denselben Schuldner. Immerhin sind bei manchen Sparkassen langjährige Beziehungen zu Kunden dokumentiert, die immer wieder Kredite aufnahmen. Außerdem wurden häufig Zusatzdarlehen zu bestehenden Darlehen ausgezahlt. Eine Fehlinterpretation von neuen Darlehen als Kredittranchen oder umgekehrt würde zwar zu keiner Verzerrung von den Anteilen der Berufsgruppen an den Darlehenssummen führen. Hierdurch würde aber die Anzahl der vergebenen Darlehen zu groß beziehungsweise zu klein ausgewiesen und es würden entsprechende Folgefehler bei der ergänzenden Analyse der Dezile der Kreditgewährung verursacht.

Um auch in diesem Punkt möglichst ein die tatsächlichen Gegebenheiten widerspiegelndes Bild zu zeichnen, werden bei der Interpretation von Kreditauszahlungen ohne weitergehende Informationen Erfahrungswerte von Sparkassen mit ausführlichen Archivalien genutzt. Demnach werden zwei oder mehrere nur wenige Wochen oder Monate auseinanderliegende Auszahlungen pro Kunden als Tranchen eines größeren Darlehens erfasst. Das Gleiche gilt für mehrere Buchungen von ungeraden Beträgen pro Kunde, die sich zu einem runden Betrag addieren lassen. Üblicherweise gewährten die Sparkassen nur durch 100 teilbare Kapitalsummen. Als separate Darlehen werden dagegen solche Auszahlungen angesehen, die in einem deutlichen zeitlichen Abstand von einem Jahr oder mehr zu anderen Kreditbuchungen an die gleiche Privatperson oder Firma stehen. Darüber hinaus wird bei der Ablösung eines alten Darlehens mit der gleichzeitigen Aufnahme eines neuen, höheren Darlehens nur der Mehrbetrag berücksichtigt.

Die Aufbereitung der wie beschrieben erfassten Darlehensvergaben findet folgendermaßen statt: Zunächst werden die einzelnen Hypothekendarlehen nach ihren Betragsgrößen aufsteigend sortiert und in einem zweiten Schritt in zehn Teilmengen unterteilt, die sogenannte Dezile. Jedes Dezil umfasst dabei ein Zehntel der Darlehensvergaben im jeweiligen Zeitraum. Durch die Angabe des kleinsten und größten Darlehens für jedes Dezil lässt sich anhand der entstehenden Tabellen direkt die Struktur des Kreditgeschäftes erkennen. Dies ist unabhängig davon möglich, ob sich die Kreditpolitik auf kleine Geldvergaben oder vorwiegend auf größere Darlehen konzentrierte, da sich die Minima und Maxima für die Dezile aus dem empirischen Daten selbst ergeben. Ein entsprechendes Lesebeispiel folgt im nächsten Kapitel im Abschnitt 6.2 anhand der Darlehensvergabe der Oberamtssparkasse Biberach.

Die alternativ denkbare willkürliche Festlegung von einheitlichen Betragskategorien wie beispielsweise „1 Mark bis 1.000 Mark“, dann „1.001 Mark bis 2.000 Mark“ und so weiter hätte demgegenüber entscheidende Nachteile. Je nach Kreditpolitik einer Sparkasse würde sich das Gros der Fälle entweder in bestimmten Kategorien stauen, so dass hierdurch keine Informationsvorteile entstehen. Oder es würde bei einer sehr breiten Auffächerung der festzulegenden Kategorien die Übersichtlichkeit verloren gehen. Daneben entstünde bei einer Währungsumstellung wie 1875 von Gulden auf Mark die Notwendigkeit, die alten Kategorien umzurechnen und dann ungerade Beträge hinzunehmen. Oder es wären wiederum neue Kategorien festzulegen. Durch die Verwendung von Dezilen werden diese Schwierigkeiten umgangen, da auf diesem Weg stets aus dem Datensatz heraus neue, aber dennoch miteinander vergleichbare Kategorien entstehen. Dieses Konzept eignete sich deshalb auch für andere Währungen wie Taler, Reichsmark, Deutsche Mark, Schweizer Franken und so weiter.

Die hier verwendete Methode mit Dezilen bietet einen weiteren Vorteil. Aus den Tabellen kann grob der Median als Maximum des fünften Dezils beziehungsweise als Minimum des sechsten abgelesen werden. Einzuschränken ist allerdings, dass sich die Datensätze in der Regel nicht durch zehn teilen lassen. Überschüssige Darlehen werden deshalb beginnend mit dem kleinsten Dezil verteilt. Im abschließenden dritten Schritt findet dann noch die Verteilung der Geldvergaben auf die bereits oben vorgestellten Berufsgruppen statt.

Ein wichtiger Hinweis soll die Vorstellung des quantitativen Analysekonzeptes abschließen: Bei der Interpretation der Auswertungsergebnisse ist stets zu berücksichtigen, dass diese zu einem Teil das Konzept selbst und dazu mögliche Fehler bei dessen Anwendung widerspiegeln. Zu nennen ist unter anderem die teilweise unsichere Zuordnung zu den Berufsgruppen, die gelegentlich fehlenden Berufsangaben, die begrenzte und teilweise unvollständige Erfassung der Darlehensübertragungen und auch der Einfluss der Konjunktur bei abweichenden Untersuchungszeiträumen.

6. Einzeldarstellungen der archivalisch untersuchten Sparkassen

6.1 Vorbemerkungen

Das Kapitel 6 enthält Kurzportraits für alle elf Sparkassen des Untersuchungs-Panels. Das Ziel besteht darin, einen Eindruck von den Instituten und ihrem teilweise deutlich voneinander abweichenden Kreditgeschäft zu vermitteln. Außerdem werden alle relevanten Archivalien aus dem Kreditgeschäft und die Ergebnisse der quantitativen Auswertung vorgestellt. Aus Platzgründen wird stellenweise eine Auswahl getroffen, so dass der Fokus auf einzelne, aber für die jeweilige Sparkasse typische Zeiträume liegt, beziehungsweise auf besonders informative Sachverhalte. Zuvor bietet die nachfolgende Tabelle 4 (siehe nächste Seite) einen Überblick. Sie enthält eine Zusammenstellung aller mit dem Auswertungskonzept vorgenommenen Analysen für die elf Institute im gesamten Untersuchungszeitraum. Angegeben sind die wichtigsten Kennzahlen über den Umfang der Darlehensvergabe in den diversen Zeitabschnitten sowie die Verteilung des Kapitals auf die Berufsklassen. Die vollständigen Auswertungen inklusive der Untergliederungen nach Dezilen finden sich im Anhang.

6.2 Oberamtssparkasse Biberach

In Biberach rief der Verein für Landwirtschaft und Gewerbe im Jahr 1842 einen Privatsparverein ins Leben.[544] Aus ihm ging 1853 die Oberamtssparkasse hervor. Das neue Institut nahm Anfang Dezember desselben Jahres die Arbeit auf.[545] Unmittelbar danach wurde das Kundengeschäft des Privatsparvereins auf die neue Kasse übertragen.

Die Darlehensvergabe in der Zeit von der Jahrhundertwende bis zum Ersten Weltkrieg wurde in Kapitel 3 bereits ausführlich dargestellt. Biberach eignet sich aufgrund der inhaltlich aussagekräftigen Protokollbände der Ausleihekommission[546] sehr gut als Anschauungsbeispiel. Wie gezeigt, vergab die Sparkasse Darlehen von 100 Mark aufwärts bis in den sechsstelligen Bereich vor allem an Landwirte, Handwerker und Gewerbebetriebe. Um die Bedeutung der verschiedenen

544 Hier und im Folgenden: Barth (2003), S. 17f.
545 Abweichend hiervon wird in den Sparkassenstatistiken stets irrtümlich 1854 als Gründungsjahr angegeben.
546 HA KSK BC, D 03-004.01, D 03-005.01 und D 03-006.01 „Protokoll der Ausleihe-Kommission", Band II, III und IV.

Tabelle 4: Übersicht Bestand beziehungsweise Vergabe von Hypothekendarlehen der Panel-Sparkassen

Oberamts-sparkasse	Zeitraum/ Stand	Anzahl der Darlehen	Summe in Gulden bzw. Mark*	Anteile der Berufsgruppen in % Land-wirte	Arbeiter	Gewerbe-treibende	Bez. and. Eink.	Sonstige
Biberach	Stand 1883	87	424.597	49,4	1,5	32,0	1,9	15,2
	1900-1906	395	3.459.400	26,9	0,8	61,3	3,9	7,1
	1907-1913	512	4.282.118	29,2	1,7	54,8	5,5	8,8
Kirchheim	1907-1913	561	3.124.670	15,9	6,5	70,2	4,7	2,7
Künzelsau	1900-1906	125	431.545	60,8	2,4	29,9	0,4	6,5
	1907-1913	107	469.835	64,2	2,3	28,2	0,5	4,7
Luwigsburg	1852-1856	456	112.865	24,2	3,0	34,8	3,5	34,6
	1877-1881	172	474.128	29,3	3,6	50,8	5,9	10,5
	1882-1886	275	681.816	25,6	4,3	57,5	1,2	11,5
	1900-1906	410	1.935.727	23,3	4,7	59,7	3,7	8,6
Maulbronn	1896-1899	98	295.050	55,3	3,5	35,7	2,4	3,1
	1900-1906	142	504.350	60,9	2,1	30,7	2,1	4,3
	1907-1913	157	464.475	38,6	6,0	29,4	2,5	23,5
Nagold	1889-1892	75	130.357	7,9	7,6	64,6	0,3	19,5
	1893-1899	238	555.542	12,6	2,0	69,7	5,8	9,9
	1900-1906	398	1.361.460	19,6	2,7	67,9	4,8	4,9
	1907-1913	429	1.620.952	20,0	5,0	67,3	3,1	4,6
Göppingen	Stand 1857/58**	377	45.803	27,8	5,2	53,8	3,6	9,6
	1855/56-1862	26	82.771	7,6	0,0	83,4	0,0	8,9
	1863-1867	60	126.215	32,8	0,3	43,7	20,2	3,0
	1868-Juni 1875	111	212.695	24,4	2,4	68,5	0,5	4,3
	Juli 1875-1882	139	708.069	49,1	1,6	37,2	1,8	10,3
	1883-1889	176	996.255	46,1	1,4	43,9	5,5	3,1
	1890-1896	81	492.350	47,8	0,3	45,6	2,2	4,1
	1907-1913	250	2.417.724	-	-	-	-	-
Geislingen	Stand 1894	310	893.599	43,6	2,0	41,8	1,3	11,2
	1895-1902	297	1.216.514	34,5	4,1	53,9	2,2	5,4
	1907-1909	106	699.665	11,0	2,4	81,7	2,4	2,5
Ravensburg	1907-1913	331	3.032.070	32,8	1,5	45,6	7,4	12,7
Waldsee	1895-1902	222	989.416	56,8	1,4	31,5	0,1	10,1
Leutkirch	1912 und 1913	201	818.334	50,9	2,9	35,8	3,5	7,0
	Stand 1917***	196	1.293.936	36,8	4,4	52,1	0,1	6,6

Quellen: Eigene Auswertung auf der Grundlage der im Text und im Anhang genannten Archivalien.

Anmerkungen: * Alle Angaben bis Juni 1875 in Gulden, danach in Mark.
** Bürgschaftsdarlehen.
*** Stand der überwiegend bis Anfang 1903 gewährten und Ende 1917 noch nicht getilgten Hypothekendarlehen.

Kundengruppen und die Struktur des Kreditgeschäftes deutlicher zum Vorschein zu bringen, fand in Kapitel 5 die Ausarbeitung eines quantitativen Auswertungskonzeptes statt. Dessen Anwendung erzeugt für jeden betrachteten Zeitabschnitt eine Tabelle mit verschiedenen Informationen. Nachfolgend ist beispielhaft das Zahlenwerk für die Jahre 1900 bis 1906 wiedergegeben, das im Großen und Ganzen nur wenig vom Zeitraum 1907 bis 1913 abweicht.

Tabelle 5: Vergabe von Hypothekendarlehen Oberamtssparkasse Biberach 1900–1906

Dezil	Anzahl Darlehen	Kleinster Betrag in Mark	Größter Betrag in Mark	Darlehenssumme in Mark	Anteil am Gesamtvolumen in %	Anteile der Berufsgruppen: Landwirte in %	Arbeiter in %	Gewerbetreibende in %	Bez. and. Eink. in %	Sonstige in %
1.	40	100	800	19.983	0,6	38,4	22,4	24,9	0,0	14,4
2.	40	814	1.400	45.889	1,3	28,7	17,0	30,1	5,9	18,3
3.	40	1.500	2.100	69.680	2,0	32,6	5,0	36,7	2,6	23,0
4.	40	2.150	3.250	106.523	3,1	32,4	0,0	42,9	4,8	19,9
5.	40	3.300	4.725	156.815	4,5	43,1	7,9	20,4	8,0	20,6
6.	39	4.800	6.400	217.375	6,3	33,8	0,0	43,1	5,1	18,0
7.	39	6.500	8.400	286.685	8,3	49,0	0,0	40,4	7,9	2,8
8.	39	8.400	12.000	382.400	11,1	33,9	0,0	51,4	9,2	5,5
9.	39	12.000	20.000	591.500	17,1	22,1	0,0	62,9	2,3	12,6
10.	39	20.500	120.000	1.582.550	45,7	19,5	0,0	77,1	1,9	1,5
Summe	395			3.459.400	100,0	26,9	0,8	61,3	3,9	7,1

Quellen: Eigene Auswertung auf der Grundlage von: HA KSK BC, D 03-004.01, „Protokoll der Ausleihe-Kommission Band II"; D 03-005.01, „Protokoll der Ausleihe-Kommission Band III".

In dem Siebenjahreszeitraum gewährte die Sparkasse ihren Kunden insgesamt 395 Hypothekendarlehen über zusammen mehr als 3,4 Mio. Mark. Die bedeutendste Berufsgruppe waren die Gewerbetreibenden, also Handwerker, Kaufleute sowie Unternehmen. Auf sie entfallen 61,3 % der Darlehenssumme. Die selbständig in der Landwirtschaft tätigen Kreditkunden nahmen nicht einmal halb so viel Kapital auf. Ihr Anteil an der Darlehenssumme beträgt nur 26,9 %. Die Bezieher anderer Einkommen, darunter Amtsdiener, Lehrer, Privatiers und ein Rechtsanwalt, kommen auf einen Anteil in Höhe von 3,9 %. Und die Gruppe der Sonstigen mit Witwen sowie Kunden ohne Berufsnennung steht für 7,1 % des Kapitals. Verschwindend gering ist übrigens die Bedeutung der Arbeiter. Auf lohnabhängig Beschäftigte entfallen gerade einmal 0,8 % der Darlehenssumme.[547]

547 Würden die als Söldner bezeichneten Kleinbauern alternativ in die Berufsgruppe der Arbeiter eingeordnet werden, da ein Teil von ihnen möglicherweise zur Aufbesserung des Lebensunterhaltes eine weitere Beschäftigung ausübte, dann würde der Anteil der Gruppe der Arbeiter an der Darlehenssumme 5,5 % betragen. Der wichtigste Teil der Differenz

Die Tagelöhner, Arbeiter und Knechte nahmen gemessen an der Anzahl ihrer Darlehen eine etwas größere Bedeutung ein, denn diese machten 5,6 % aller Darlehensfälle aus. Diese Kredite waren jedoch in der Regel sehr niedrig. Sichtbar wird dieser Zusammenhang in den Zeilen mit den jeweiligen Dezilen. In dem 1. Dezil, das die 10 % der Darlehen mit den kleinsten Beträgen enthält, ist die Berufsgruppe der Arbeiter mit einem Anteil in Höhe von 22,4 % vertreten. Damit liegen sie ungefähr auf dem gleichen Niveau wie die Gewerbetreibenden, die auf 24,9 % kommen. Das 1. Dezil umfasst jedoch nur Darlehen im Betrag von 100 Mark bis 800 Mark. Dagegen beschreibt das 10. Dezil mit den 10 % der größten Darlehen die Spanne zwischen 20.500 Mark bis zu dem Maximum in Höhe von 120.000 Mark. Hier sind Arbeiter überhaupt nicht mehr vertreten, während die Gewerbetreibenden auf einen Anteil in Höhe von 77,1 % kommen. Die weite Bandbreite der von der Sparkasse erfüllten Kreditwünsche wird auch durch die Anteile der jeweiligen Dezile am gesamten Darlehensvolumen sichtbar. Das 1. Dezil macht nur 0,6 % aus, während das 10. Dezil für 45,7 % der Darlehenssumme im Zeitraum 1900 bis 1906 steht.

Die hohe Ungleichheit führt dazu, dass unterschiedliche Antworten auf die Frage nach der „durchschnittlichen“ Darlehenshöhe möglich sind. Bei einem Volumen von 3.459.400 Mark und 395 Darlehen ergibt sich ein arithmetischer Mittelwert in Höhe von 8.758 Mark je Darlehen. Der Median ist dagegen deutlich niedriger. Diejenige Geldvergabe, welche exakt die Mitte zwischen der niedrigeren Hälfte und der größeren Hälfte der Darlehensfälle markiert, beträgt für die vorliegende Auswertung 4.700 Mark. Der Median kann auch grob in der Tabelle abgelesen werden als höchster Betrag des 5. Dezils beziehungsweise als niedrigster Betrag des 6. Dezils. Im hier betrachteten Beispiel ergibt sich eine kleine Abweichung, da sich der Gesamtbestand von 395 Darlehen nicht gleichmäßig auf zehn Dezile aufteilen lässt. Hier, wie auch bei allen anderen Auswertungen mit nicht durch zehn teilbarer Darlehensanzahl, werden deshalb die überschüssigen Kreditfälle gleichmäßig auf die ersten Dezile verteilt. Im Beispiel des hier gewählten Zeitraumes umfassen die ersten fünf Dezile deshalb 40 Darlehen und die letzten fünf Dezile jeweils 39 Darlehen.

In Jahren mit hohen Einlagenzuwächsen und mangelnder Kreditnachfrage im eigenen Bezirk vergab die Oberamtssparkasse auch Kredite an auswärtige Kunden. Im Bereich der Inhaber von größeren Gewerbebetrieben ist beispielsweise eine Darlehensgewährung über 16.000 Mark an einen Ziegeleibesitzer im benachbarten Oberamt Waldsee zu nennen, für das ein zweistöckiges Dampfziegeleigebäude hypothekarisch belastet wurde.[548] Einer Handelsfirma in Wangen im Allgäu wurden 37.500 Mark zugesagt[549] und den zwei Kompagnons einer Essigfabrik

geht jedoch auf eher größere Darlehen an Söldner im 6., 7. und 8. Dezil mit stellenweise beachtlichen Grundstücken zurück, die einer Einstufung als Arbeiter widersprechen.

548 HA KSK BC, D 03-004.01, „Protokoll der Ausleihe-Kommission Band II“.

549 HA KSK BC, D 03-005.01, „Protokoll der Ausleihe-Kommission Band III“.

im Schwarzwald 12.000 Mark.[550] Der Kunde Johann Georg Mehne erhielt 1905 ein Darlehen über 27.500 Mark für die Beleihung eines dreistöckigen Fabrikgebäudes.[551] Er war Eigentümer einer Elektrotechnischen Uhrenfabrik in Schwenningen im Schwarzwald und beschäftigte zu diesem Zeitpunkt 20 Arbeiter.[552] Der nördlich von Biberach im Oberamt Ehingen gelegene Putzwollfabrik Gebr. Walker gewährte die Sparkasse 1902 ein Darlehen in Höhe von 20.000 Mark.[553] Das Unternehmen beschäftigte am Stammsitz 71 Arbeiter[554] und expandierte kräftig. Zum Zeitpunkt der Kreditvergabe bestanden bereits eine Filiale in Ulm sowie ein Lumpenverarbeitungsbetrieb in der Nähe von Ulm.[555] Im Jahre 1906 wurde ein Zweigunternehmen im US-amerikanischen Philadelphia gegründet, 1909 eine weitere Putzwollfabrik im badischen Neckargmünd und 1912 ein Filialbetrieb in Aalen. Bereits in Kapitel 3 genannt wurde das Darlehen über 120.000 Mark an einen Tübinger Dampfziegeleibesitzer.

In früheren Jahrzehnten vergab die Sparkasse dagegen keine Kredite an Fabrikanten und Firmen. Dies geht aus mehreren jährlichen Aufstellungen des Darlehensbestandes von Anfang beziehungsweise Mitte der 1880er Jahre hervor,[556] auf welche das in Kapitel 5 erläuterte Auswertungsprinzip hilfsweise angewendet werden kann. Beispielsweise betrug das Hypothekenvolumen zum Rechnungsstichtag 1883 rund 425.000 Mark. Der Anteil der Gewerbetreibenden an dieser Summe war mit 32,0 % deutlich geringer als nach der Jahrhundertwende. Eindeutig führend war damals die Berufsgruppe der Landwirte mit 49,4 %. Ein Grund hierfür ist, dass die Oberamtssparkasse die Finanzierung von Unternehmen erst zu einem späteren Zeitpunkt aufnahm. In den Zahlen von 1883 sind keine Kreditengagements für die Industrie erkennbar. Allerdings entfielen gut 53 % des ausstehenden Kreditvolumens auf auswärtige Schuldner. Wie bereits in Kapitel 4 erwähnt, sind darunter mehrere Bauern vor allem aus dem Bezirk Riedlingen, aber auch aus Saulgau.

6.3 Oberamtssparkasse Kirchheim

Der damalige Verwaltungsbezirk Kirchheim fasste ebenfalls im Jahr 1853 den Beschluss, eine Sparkasse zu errichten. Diese nahm Anfang 1854 ihre Arbeit

550 Ebd.
551 HA KSK BC, D 03-005.01, „Protokoll der Ausleihe-Kommission Band III".
552 K[öniglich] Statistisches Landesamt (1905), S. 469.
553 HA KSK BC, D 03-004.01, „Protokoll der Ausleihe-Kommission Band II".
554 Vgl. K[öniglich] Statistisches Landesamt (1907), S. 97.
555 Hier und im Folgenden: Gebrüder Walker Textilwerke (Hg.) (1949): *75 Jahre Gebrüder Walker Textilwerke*, Ulm, [unpaginiert] Bl. 6.
556 Beispielsweise: HA KSK BC, D 03-010.01, „Verzeichnis der Kapital-Zins-Schuldner pro 1. Dezember 1883".

auf.[557] Aus dem Untersuchungszeitraum haben sich die bereits mehrfach erwähnten Darlehensanträge mitsamt dem Schriftverkehr und teilweise mit den Schätzungsurkunden der beliehenen Immobilien erhalten.[558]

Die Analyse der Geschäftsjahre 1907 bis 1913 mit mehr als 600 Hypotheken- und Schuldscheindarlehen ist Bestandteil einer umfassenden Vorveröffentlichung in der Zeitschrift für Unternehmensgeschichte,[559] weshalb hier nur kurz auf die Ergebnisse eingegangen werden soll.

Tabelle 6: Vergabe von Hypothekendarlehen Oberamtssparkasse Kirchheim 1907–1913

Dezil	Anzahl Darlehen	Kleinster Betrag in Mark	Größter Betrag in Mark	Darlehenssumme in Mark	Anteil am Gesamtvolumen in %	Anteile der Berufsgruppen: Landwirte in %	Arbeiter in %	Gewerbetreibende in %	Bez. and. Eink. in %	Sonstige in %
1.	57	100	750	26.000	0,8	24,4	24,0	45,8	0,0	5,8
2.	56	800	1.200	53.505	1,7	38,3	16,6	43,4	0,0	1,7
3.	56	1.200	2.000	95.350	3,1	27,6	16,6	45,6	1,8	8,4
4.	56	2.000	2.800	134.090	4,3	23,8	22,1	45,3	0,0	8,7
5.	56	2.900	3.300	170.940	5,5	28,4	16,4	49,9	1,8	3,5
6.	56	3.300	4.000	212.050	6,8	22,9	14,0	50,3	3,8	9,1
7.	56	4.000	5.000	255.086	8,2	21,1	17,4	52,8	1,8	6,9
8.	56	5.000	7.000	338.000	10,8	31,1	5,0	54,7	3,6	5,7
9.	56	7.000	11.000	486.065	15,6	16,9	4,5	75,3	3,3	0,0
10.	56	12.000	90.000	1.353.585	43,3	5,4	0,0	87,1	7,5	0,0
Summe	561			3.124.670	100,0	15,9	6,5	70,2	4,7	2,7

Quellen: Eigene Auswertung auf der Grundlage von: HA KSK E-N, Kreditanträge/-beschlüsse usw., Jahrgänge 1907 bis 1913.
Anmerkung: Tabelle wurde bereits veröffentlicht, vgl. Proettel (2013), S. 23.

In den wesentlichen Punkten entspricht das Kreditgeschäft der Oberamtssparkasse Kirchheim dem der Biberacher Sparkasse aus dem gleichen Zeitraum, doch es bestehen auch kleinere Unterschiede. Der Anteil der Gewerbetreibenden an der Darlehenssumme fällt in Kirchheim mit 70,2 % sogar noch etwas höher aus, während die Berufsgruppe der Landwirte in dem altwürttembergischen Realteilungsgebiet für nur 15,9 % des vergebenen Kapitals steht. Finanziert wurden vor allem lokale Gewerbetreibende und darunter auch mehrere kleine bis mittelgroße Un-

557 [Einsele] (1928): *Denkschrift zum 75jährigen Bestehen der Oberamtssparkasse Kirchheim u. Teck*, Kirchheim unter Teck, S. 7 (in: HA KSK E-N).
558 Die Kreissparkasse Esslingen-Nürtingen als Rechtsnachfolgerin der ehemaligen Oberamtssparkasse Kirchheim übergab diesen Bestand und andere Archivalien erst nach der vorgenommenen Untersuchung dem Wirtschaftsarchiv Baden-Württemberg. Hier wird deshalb die Bezeichnung Historisches Archiv der Kreissparkasse Esslingen-Nürtingen beziehungsweise HA KSK E-N genutzt. Ausgewertet wurden die sieben Büschel „Kreditanträge/-beschlüsse usw." für 1907 bis 1913.
559 Proettel (2013).

ternehmen. Hervorzuheben ist ein Darlehen über 65.000 Mark, das der Erweiterung einer Eisengießerei diente.[560] Ein anderes Darlehen über 35.000 Mark wurde von einem Kaufmann zur Gründung einer kleinen Fabrik mit zwölf Arbeitern genutzt.[561] Der Produzent von Kochherden stieg bis in den 1950er Jahren zu einem der größten Arbeitgeber der Region auf. Wiederholt Kreditnehmerin war die Pianofortefabrik F. Kaim & Sohn GmbH mit 65 Arbeitern und umfassendem Export nach Großbritannien und Südafrika.[562] Phasenweise vergab die Sparkasse auch Darlehen an Kunden außerhalb des eigenen Bezirkes, jedoch überwiegend innerhalb der näheren Umgebung. Im Jahr 1910 erreichte dieser Anteil mit 49,6 % ein Maximum.

6.4 Oberamtssparkasse Künzelsau

In Künzelsau hatte man sich relativ früh dem Spargedanken gewidmet. Im Jahr 1838 gründeten Bürger einen Privatsparverein.[563] Da sich die Mitglieder allerdings zur Einzahlung vierteljährlicher Sparbeträge verpflichten mussten, deckte der Verein vor allem die Bedürfnisse mittlerer Schichten und weniger der ärmeren Bevölkerung ab. Vor diesem Hintergrund und angesichts des Drängens der Kreisregierung wurde letztendlich im Jahr 1900 die Oberamtssparkasse ins Leben gerufen.[564] Sie gehört damit zu den spätesten Gründungen in Württemberg.

Das Kreditgeschäft der Künzelsauer Oberamtssparkasse lässt sich von Beginn an bis 1913 lückenlos nachvollziehen. Einerseits hat sich das erste Aktivkapitalienbuch erhalten.[565] Darüber hinaus bestehen mit Ausnahme von 1906 alle Rechnungsbücher.[566] In ihnen sind neben den gewöhnlichen Hypothekendarlehen und den Darlehen an öffentliche Körperschaften auch die ab 1909 gewährten Renten-, Lombard- und Schuldscheindarlehen an Erwerbs- und Wirtschaftsgenossenschaften enthalten.

Die Struktur des Darlehensgeschäftes weicht erheblich von den beiden bisher vorgestellten Sparkassen in Biberach und Kirchheim ab. Der Anteil der Gewerbetreibenden betrug im Zeitabschnitt 1900 bis 1906 nur 29,9 % und im darauf folgenden Siebenjahreszeitraum 28,2 %. Die wichtigste Kundengruppe waren Landwirte, auf die 60,8 % beziehungsweise 64,2 % des Darlehenskapitals entfallen. Hieran zeigt sich unter anderem der ländlich-agrarische Charakter des Hohenloher Landes zu Beginn des 20. Jahrhunderts.

560 Proettel (2013), S. 17f.
561 Ebd.
562 Ebd., S. 15f.
563 Schnell und Herbner (1993), S. 16ff.
564 Ebd., S. 25ff.
565 Archiv der Sparkasse Hohenlohekreis (nachfolgend: Archiv Spk Ho), Register Nr. 110.01, Lfd. Nr. 2, Standort Kün, „Aktivkapitalienbuch 1900–1924".
566 Archiv Spk Ho, Register Nr. 110.01, Lfd. Nr. 15 bis 26, Standort Kün, „Rechnungsbuch 19..", Ausgaben 1900/01 bis 1905 und 1907 bis 1913.

Tabelle 7: Vergabe von Hypothekendarlehen Oberamtssparkasse Künzelsau 1900–1906

Dezil	Anzahl Darlehen	Kleinster Betrag in Mark	Größter Betrag in Mark	Darlehenssumme in Mark	Anteil am Gesamtvolumen in %	Anteile der Berufsgruppen: Landwirte in %	Arbeiter in %	Gewerbetreibende in %	Bez. and. Eink. in %	Sonstige in %
1.	13	100	400	3.205	0,7	18,7	42,6	31,2	7,5	0,0
2.	13	400	700	7.650	1,8	45,8	16,3	37,9	0,0	0,0
3.	13	800	1.100	12.500	2,9	31,2	13,6	31,2	0,0	24,0
4.	13	1.200	1.600	18.400	4,3	60,9	0,0	31,0	8,2	0,0
5.	13	1.600	2.300	25.390	5,9	33,1	13,6	45,5	0,0	7,9
6.	12	2.400	2.600	30.100	7,0	41,5	8,6	49,8	0,0	0,0
7.	12	2.800	3.500	36.300	8,4	75,5	0,0	16,3	0,0	8,3
8.	12	3.700	5.800	54.000	12,5	68,1	0,0	9,3	0,0	22,6
9.	12	6.000	7.500	78.500	18,2	100,0	0,0	0,0	0,0	0,0
10.	12	8.000	30.000	165.500	38,4	48,0	0,0	47,1	0,0	4,8
Summe	125			431.545	100,0	60,8	2,4	29,9	0,4	6,5

Quellen: Eigene Auswertung auf der Grundlage von: Archiv Spk Ho, Register Nr. 110.01, Lfd. Nr. 15 bis 19, Standort Kün, „Rechnungsbuch 19..", Ausgaben 1900/01 bis 1905; Register Nr. 110.01, Lfd. Nr. 2, Standort Kün, „Aktivkapitalienbuch 1900–1924".

Mit einem Gesamtbetrag der Darlehensvergabe von etwas weniger als 432.000 Mark im ersten Siebenjahreszeitraum und fast 470.000 Mark im zweiten war der Umfang der Kreditvergabe in Künzelsau zudem deutlich kleiner als in Biberach und Kirchheim. Größere Darlehen an Gewerbetreibende beschränken sich auf wenige Fälle. Ein Apotheker erhielt 30.000 Mark, die er vermutlich zur Ablösung eines anderweitigen Kredites benötigte. Einem Kaufmann wurde 1907 ein Darlehen über 22.000 Mark ausgezahlt und ein Brauereibesitzer erhielt Ende 1913 wie bereits erwähnt ein Darlehen in Höhe von 20.000 Mark. Daneben sind noch zwei Gastwirte mit 13.000 Mark und 15.000 dokumentiert. Ansonsten kamen kaum Darlehen vor, die gemessen an den Erfahrungswerten aus Biberach und Kirchheim der Finanzierung von gemischt genutzten Gewerbe- und Wohnimmobilien gedient haben könnten.[567] Die Landwirte dominierten das Darlehensgeschäft nicht nur allgemein, sondern auch im Bereich der größeren Beträge. Gutsbesitzer nahmen mehrmals fünfstellige Summen auf, darunter ein Darlehen über 24.000 Mark und ein anderes über 30.000 Mark.

567 Vgl. Kapitel 3.4.

6.5 Oberamtssparkasse Ludwigsburg

Die Oberamtssparkasse Ludwigsburg nahm am 1. Januar 1852 ihre Arbeit auf.[568] Aus dieser Zeit haben sich Papierbogensammlungen mit Darlehensaufzeichnungen erhalten, die später in nicht-chronologischer Form zu einem ersten Kapitalienbuch gebunden wurden.[569] Da der Sparkassier Blätter mit zügig getilgten Darlehen erneut und auch mehrfach beschriftete, umfasst der 840seitige Foliant das gesamte Kreditgeschäft bis zu dem Ende der Guldenwährung im Sommer 1875. In der zweiten Hälfte der 1850 Jahre verzichtete der Sparkassier zunehmend auf die Angabe von Berufsbezeichnungen, weshalb sich für eine statistische Auswertung nur die Jahre 1852 bis einschließlich 1856 anbieten. Daneben hat sich auch das zweite Aktivkapitalienbuch der Kasse erhalten.[570] Auf den 760 Seiten wurden zunächst alle nach dem Währungsumtausch noch bestehenden Darlehen eingetragen. Wahrscheinlich machte die Einführung der Mark einen vorrübergehenden Kreditstopp notwendig, denn die Vergabe von Neudarlehen setzt erst wieder im September 1876 ein.[571] Die dann bis 1886 chronologisch vorgenommenen Aufzeichnungen ermöglichen zwei weitere statistische Auswertungen für die beiden Fünfjahreszeiträume 1877 bis 1881 und 1882 bis 1886. Drittens existieren für die Jahre 1900 bis 1907 Rapiate.[572] Hierbei handelt es sich um jährliche Bände, in denen die Mitarbeiter der Sparkasse wichtige Ein- und Auszahlungen wie Darlehensvergaben, aber auch Zins- und Tilgungsleistungen eintrugen. Analog zu den bei anderen Sparkassen gewählten Zeiträumen ist mit den Rapiaten die Zusammenstellung der Darlehensvergabe für die Jahre 1900 bis 1906 möglich.

Die Auswertung für den ersten Zeitabschnitt von 1852 bis 1856 ergibt ein präzises Bild über das Kreditgeschäft der noch jungen Sparkasse. Einerseits machte der Gesamtbetrag aller Darlehensauszahlungen gegen Hypothek den im Verhältnis zu späteren Jahren geringen Betrag von 112.865 Gulden (193.483 Mark) aus. Auf der anderen Seite wurde aber schon 456 mal Kapital vergeben. Das Aktivgeschäft war mit einem durchschnittlichen Kreditbetrag von knapp 248 Gulden (425 Mark) also eher kleinteilig, wobei die damals höhere Kaufkraft zu berücksichtigten ist. Die niedrigsten Darlehen betrugen 15 Gulden (28 Mark), das größte im-

568 Erhard Röder, Thomas Baum und Siegfried Klotzbücher (2002): *150 Jahre in Bewegung 1852–2002 [Kreissparkasse Ludwigsburg zum 150jährigen Jubiläum]*, Ludwigsburg, S. 35.

569 HA KSK LB, Kapitalienbuch 1; Das Historische Archiv der Kreissparkasse Ludwigsburg wurde nach den vorliegenden Recherchen an das Wirtschaftsarchiv Baden-Württemberg übergeben.

570 HA KSK LB, Kapitalienbuch 2.

571 Interessanterweise wurden in Göppingen nach der Währungsumstellung zunächst nur vereinzelt Darlehen abgegeben, so dass sich auch dort der Eindruck eines gemilderten Kreditstopps ergibt. Es wäre interessant zu erfahren, inwieweit dies bei weiteren Kassen und Banken der Fall war. Die Einstellung der Kreditvergabe relativ zeitnah nach Beginn der sogenannten Gründerkrise könnte die konjunkturelle Talfahrt beschleunigt haben.

572 HA KSK LB, Rapiate, Jahre 1900 bis 1907.

merhin 3.600 Gulden (6.171 Mark). 149 Geldvergaben beziehungsweise fast ein Drittel der Darlehen beliefen sich auf weniger als 100 Gulden (171 Mark).

Tabelle 8: Vergabe von Hypothekendarlehen Oberamtssparkasse Ludwigsburg 1852–1856

Dezil	Anzahl Darlehen	Kleinster Betrag in Gulden	Größter Betrag in Gulden	Darlehenssumme in Gulden	Anteil am Gesamtvolumen in %	Anteile der Berufsgruppen Landwirte in %	Arbeiter in %	Gewerbetreibende in %	Bez. and. Eink. in %	Sonstige in %
1.	46	15	45	1.609	1,4	17,8	0,0	34,6	0,0	47,5
2.	46	45	60	2.387	2,1	28,5	2,1	24,2	4,6	40,6
3.	46	60	83	3.253	2,9	15,6	2,3	40,9	4,6	36,6
4.	46	85	100	4.493	4,0	28,6	4,2	27,8	2,0	37,4
5.	46	100	130	5.085	4,5	33,8	0,0	22,0	2,0	42,2
6.	46	130	200	7.207	6,4	20,0	0,0	31,8	4,2	43,9
7.	45	200	275	9.855	8,7	17,7	4,5	30,7	6,6	40,6
8.	45	275	350	13.803	12,2	35,3	6,7	22,8	9,0	26,2
9.	45	350	530	19.733	17,5	21,3	4,6	39,9	2,0	32,2
10.	45	550	3.600	45.440	40,3	23,2	1,7	39,8	2,1	33,3
Summe	456			112.865	100,0	24,2	3,0	34,8	3,5	34,6

Quellen: Eigene Auswertung auf der Grundlage von: HA KSK LB, Kapitalienbuch 1.

Gemessen an den Berufsangaben führt die Gruppe der Gewebetreibenden mit einem Anteil in Höhe von 34,8 % der Darlehenssumme. Die Gruppe der in der Landwirtschaft tätigen Kreditnehmer erreicht in diesem Zeitraum nur einen Anteil in Höhe von 24,2 %. Allerdings fehlen die Berufsangaben bei mehr als 100 Darlehensfällen, die zusammen für etwas mehr als 21 % der Darlehenssumme stehen. Die genannten Werte für die Gewerbetreibenden und Landwirte sowie die anderen Berufsgruppen stehen deshalb unter Vorbehalt.

Bemerkenswert ist, dass die Sparkasse in den Anfangsjahren zur verzinslichen Unterbringung ihrer Gelder nicht nur direkt als Geldverleiherin auftrat. Sie übernahm auch bereits bestehende Hypotheken von Privatpersonen und Pflegschaften auf dem Wege der Zession, also der Forderungsabtretung von bisherigen Gläubigern. In insgesamt 106 Fällen, die gut ein Viertel der Darlehenssumme ausmachten, wurde die Sparkasse somit neue Gläubigerin von bestehenden Darlehen.

In den Kapitalienbüchern wurden fast immer die Schätzwerte für die hypothekarisch belasteten Häuser und Güter verzeichnet. Dadurch wird ein grober Rückschluss auf die Immobilienpreise zu diesem frühen Zeitpunkt möglich, den die bisherigen Betrachtungen nicht abdecken.[573] Gemessen an den 121 Eintragungen für Häuser betrug der Schätzwert im Median 400 Gulden (686 Mark) und im arithmetischen Mittel 643 Gulden (1.102 Mark). Nur zwölf Häuser kommen auf

573 In Kapitel 3.2 wurde der Zeitraum zu Beginn des 20. Jahrhunderts betrachtet.

einen Wert von 1.000 Gulden (1.714 Mark) und mehr. An der Spitze stehen neben dem Objekt des bereits erwähnten Gastwirtes mit 3.500 Gulden (6.000 Mark)[574] weitere Immobilien von einem Händler über 5.075 Gulden (8.700 Mark) und von zwei Kaufmännern über 6.000 Gulden (10.286 Mark) beziehungsweise 6.500 Gulden (11.143 Mark). Es ist bei diesen Zahlen einzuschränken, dass keinerlei Angaben über die Größe, den Zustand und die Nutzung der Häuser vorliegen. Dennoch lässt sich erahnen, dass die Immobilienpreise in den 1850er Jahren deutlich unter den zu Beginn des 20. Jahrhunderts erreichten Werten lagen.[575]

Ende der 1850er Jahre beziehungsweise Anfang der 1860er Jahre zahlte die Oberamtssparkasse mehrere Darlehen aus, bei denen ein gewerblicher Einsatz des Kapitals als sicher angesehen werden kann. Bereits erwähnt wurden die Finanzierungen einer dampfbetriebenen Gipsmühle 1861 und einer dazugehörigen Getreidemühle 1863 sowie die Darlehensgewährungen von Anfang und Mitte 1863 an einen Zimmermann zum Bau einer Säge- und Mahlmühle.[576] Im Jahr 1858 erhielt ein Baumwollwarenfabrikant ein Darlehen über 1.000 Gulden (1.714 Mark) und ein Handelsmann ein Darlehen über 4.000 Gulden (6.857 Mark). Für das Jahr 1864 ist zudem eine Geldvergabe über 12.000 Gulden (20.571 Mark) an einen Stuttgarter Kaufmann belegt. Für diese Kredite liegen keine weiteren Informationen vor. Dagegen wurde bei einer Geldvergabe in Höhe von 5.400 Gulden (9.257 Mark) an einen Papierfabrikanten wahrscheinlich die Markgröninger Papiermühle beliehen. Verschiedene in der Literatur genannte Eigentümerwechsel bis Mitte der 1880er Jahre[577] entsprechen exakt den Kreditübertragungen auf neue Schuldner. Der erste Kreditnehmer erhielt übrigens durch die Aufstockung der Schuldsumme 1869 weitere 2.200 Gulden (3.771 Mark). Nach dem Brand der Mühle und dem Wiederaufbau wurde an dessen Schwiegersohn 1877 ein Darlehen von 20.000 Mark gewährt.

Angesichts der später erfolgten Umschreibung auf eine Firma dürfte auch die Kreditgewährung an den Ludwigsburger Orgelbauer Eberhard Friedrich Walcker in Höhe von 10.000 Gulden (17.143 Mark) vom September 1858 einen gewerblichen Hintergrund gehabt haben. Es handelte sich dabei um den bis dahin größten Darlehensbetrag, den die Oberamtssparkasse auszahlte. Als die Sparkassenmitarbeiter dieses Darlehen geringfügig getilgt zu 17.000 Mark 1875 in das neue Aktivkapitalienbuch übertrugen, bezeichneten sie den Kreditkunden als

574 Vgl. Kapitel 4.1. Der Gastwirt ließ daneben Güter über 3.500 Gulden hypothekarisch beleihen.

575 Für eine Abschätzung der Immobilienpreisentwicklung in Deutschland und anderen Staaten seit 1870 vgl. Knoll, Schularick und Steger (2017).

576 Vgl. Kapitel 3.8.

577 Schulz (1999), S. 201 f; Petra Schad (1995): *Papier für Württembergs Residenzen. Vom Auf und Ab der Papiermühle an der Glems*, in: Arbeitskreis Geschichtsforschung, Heimat und Denkmalpflege Markgröningen e.V. (Hg.): Müller, Mühlen, Wasserkraft, Durch die Stadtbrille: Geschichte und Geschichten um Markgröningen Band 5, Markgröningen, S. 149–161, hier S. 156.

„Firma Eberhard Friedrich Walcker“.[578] Der Gründer war drei Jahre zuvor verstorben, worauf das Unternehmen an seine vier Söhne überging.[579] Es erhielt im Juli 1880, nun als offene Handelsgesellschaft firmierend, ein weiteres Darlehen über 13.000 Mark ausgezahlt.[580] Die Angaben über Zins- und Tilgungszahlungen in den Kapiaten aus der Zeit nach der Jahrhundertwende lassen den Schluss zu, dass dem jetzt als Walcker & Cie bezeichneten Kunden in dem Zeitraum zwischen 1887 und 1899, von dem keine Archivalien vorliegen, außerdem ein drittes Darlehen in Höhe von 11.000 Mark gewährt wurde. Das Unternehmen war aus handwerklichen Ursprüngen entstanden und hatte sich durch den Export von qualitativ hochwertigen Orgeln in alle Erdteile einen „Weltruf“ erworben.[581] Mit Walcker-Orgeln ausgestattet wurden unter anderem die Paulskirche in Frankfurt am Main (1833), das Münster in Ulm (1856), der Petersdom in Rom (1857), die Boston Music Hall (1863), der Stephansdom in Wien (1886) und die St. Michaelis-Kirche in Hamburg (1912). An der Wende zum 20. Jahrhundert beschäftigte die Firma 180 Arbeiter und kam auf eine Jahresproduktion von 75 Orgeln.[582]

Ab der zweiten Hälfte der 1860er Jahre finden sich, abgesehen von den hier genannten Darlehenserhöhungen und -umschreibungen, zunächst keine Geldvergaben mehr an Fabrikanten in den Archivalien. Der Großteil des Kreditgeschäftes bewegte sich im Bereich von dreistelligen und niedrigen vierstelligen Guldenbeträgen.

Mit der Einführung der Mark-Währung Mitte der 1870er Jahre setzten wieder ganz allmählich und vereinzelt umfangreichere Darlehen an die Inhaber größerer Gewerbe ein. Eine der ersten Geldvergaben des Jahres 1876 erfolgte an einen Werkmeister, also einen Architekten und Bauunternehmer. Er ließ ein Haus im Schätzwert von 28.000 Mark für ein Darlehen über 14.000 Mark hypothekarisch belasten. Die Immobilie und das auf 12.500 Mark reduzierte Darlehen gingen wenige Monate später an einen Kaufmann und Holzhändler über. Bis 1881 erhielt ein Bierbrauer 15.500 Mark und ein Gastwirt 17.200 Mark. In dem Zeitraum bis 1886 sind zwei Brauereibesitzer mit Darlehen über 15.000 Mark beziehungsweise 25.000 Mark vermerkt, ein Spediteur mit 20.000 Mark und verschiedene Gastwirte, Kaufleute und Mühlenbesitzer mit Beträgen bis in den niedrigen fünfstelligen Bereich hinein.

In dieser Zeit waren die Gewerbetreibenden die eindeutig führende Kundengruppe im Kreditgeschäft. Ihr Anteil an der Darlehenssumme betrug 1877 bis

578 HA KSK LB, Kapitalienbuch 2.

579 Vgl. Albert Sting (2004): *Geschichte der Stadt Ludwigsburg 2: Von 1816 bis zum Kriegsende 1945*, Ludwigsburg, S. 487.

580 HA KSK LB, Kapitalienbuch 2.

581 Hier und im Folgenden: K.[öniglich] Statistisches Landesamt (1904), S. 423; Oscar Paret ([1954]): *250 Jahre Ludwigsburg, 1704–1954*, Ludwigsburg, S. 77. Teilweise werden unterschiedliche Jahreszahlen für einzelne Orgeln genannt, was auf spätere Erweiterungen bestehender Orgeln zurückgehen dürfte.

582 Huber (1903), S. 157.

1881 fast 51 % und in dem folgenden Fünfjahreszeitraum 57,5 %.[583] Die Kapitalvergaben an Bauern und Weingärtner stiegen von insgesamt fast 139.000 Mark auf 174.000 Mark. Da sich das Kreditvolumen aber insgesamt erhöhte, resultiert ein leichter Rückgang des Anteils der Landwirte von 29,3 % im Zeitraum 1877 bis 1881 auf 25,6 % in der Phase 1882 bis 1886.

Diese Tendenz setzt sich auch im Zeitraum 1900 bis 1906 fort. Die Berufsgruppe der Landwirte erhielt unter Bereinigung für den kürzeren Zeitraum 85 % mehr Kapital als noch in dem Abschnitt 1882 bis 1886. Ihr Anteil an der gesamten Darlehensvergabe sank jedoch abermals und betrug nur noch 23,3 %. Die erfüllten Kreditwünsche der Gewerbetreibenden stiegen dagegen mit einem zeitbereinigten Zuwachs in Höhe von 111 % überproportional an, weshalb sie auf einen Anteil von knapp 60 % kamen. Hinsichtlich der Anteile der verschiedenen Berufsgruppen ähnelt die Struktur der Kreditvergabe zu Beginn des 20. Jahrhunderts derjenigen von Biberach und Kirchheim bei einem jedoch etwas geringeren Kreditvolumen.

Tabelle 9: Vergabe von Hypothekendarlehen Oberamtssparkasse Ludwigsburg 1900–1906

Dezil	Anzahl Darlehen	Kleinster Betrag in Mark	Größter Betrag in Mark	Darlehenssumme in Mark	Anteil am Gesamtvolumen in %	Anteile der Berufsgruppen: Landwirte in %	Arbeiter in %	Gewerbetreibende in %	Bez. and. Eink. in %	Sonstige in %
1.	41	120	600	13.830	0,7	28,0	22,9	35,6	0,0	13,4
2.	41	600	1.200	37.659	1,9	28,9	10,1	46,4	0,0	14,6
3.	41	1.200	1.800	62.215	3,2	27,6	19,0	39,2	6,6	7,6
4.	41	1.800	2.200	81.904	4,2	34,4	16,9	41,2	2,4	5,0
5.	41	2.250	3.000	112.157	5,8	42,8	7,1	35,9	0,0	14,1
6.	41	3.000	4.000	141.406	7,3	29,1	9,7	51,8	5,0	4,5
7.	41	4.000	5.000	177.004	9,1	38,9	7,1	33,8	5,4	14,8
8.	41	5.000	7.000	234.194	12,1	36,2	4,3	54,6	0,0	4,9
9.	41	7.000	10.500	357.710	18,5	18,9	0,0	70,0	0,0	11,0
10.	41	10.600	40.000	717.647	37,1	11,2	2,1	72,9	6,8	7,0
Summe	410			1.935.727	100,0	23,3	4,7	59,7	3,7	8,6

Quellen: Eigene Auswertung auf der Grundlage von: HA KSK LB, Rapiate, Jahrgänge 1900 bis 1906.

Im Gegensatz zu Biberach und Kirchheim wurden in Ludwigsburg während der Hochindustrialisierung jedoch weniger Darlehen an Unternehmen vergeben. Neben der Finanzierung einer Schreinereigenossenschaft und einer Stuhlfabrikantenfamilie aus Zuffenhausen[584] wurde im Juni und September 1904 die Auszahlung von zwei Kredittranchen über insgesamt 35.000 Mark an einen Ziegelei-

583 Vgl. die Tabellen A9 und A10 im Anhang.
584 Vgl. Kapitel 3.8.

besitzer vorgenommen. Das Darlehen fällt damit exakt mit demjenigen Zeitpunkt zusammen, als die bisher von dem Kreditnehmer mit einem Kompagnon geführte offene Handelsgesellschaft zum Betrieb einer Maschinenziegelei aufgelöst wurde.[585] Am 6. Juli 1904 schied der seitherige Teilhaber aus dem Unternehmen aus, und der Betrieb wurde fortan als Einzelfirma von dem Kreditnehmer weitergeführt. Das Kapital könnte somit auch hier zur Auszahlung des bisherigen Miteigentümers verwendet worden sein. Eine weitere Parallele zur Zuffenhausener Stuhlfabrik besteht darin, dass die Ziegelfabrikanten wahrscheinlich ebenfalls seit einiger Zeit Kreditnehmer der Sparkasse waren. Angaben über Zinszahlungen in den Rapiaten deuten auf eine Darlehensvergabe in Höhe von 17.000 Mark vor dem Jahr 1900 hin, und im Jahre 1901 wurde ein Darlehen im Betrag von 16.000 Mark an den Kompagnon ausgezahlt. In Ludwigsburg gehörte sonst hauptsächlich das kleinere Gewerbe zur Kundschaft. Für sie verzeichnet wurden aber teilweise hohe Kapitalvergaben. Kredite über 29.000 Mark und über 19.000 Mark gingen an zwei Schreinermeister, über 23.000 Mark an einen Installationsmeister, über 20.000 Mark an einen Drogisten und über 18.000 Mark an einen Bäcker.

6.6 *Oberamtssparkasse Maulbronn*

Im Jahr 1848 nahm im Bezirk Maulbronn eine Oberamts-Leih-Spar-Casse ihre Arbeit auf.[586] Über das Schicksal dieses Instituts ist jedoch nichts bekannt. Vermutlich bestand es bis in die Mitte der 1850er Jahre, denn in den ersten statistischen Übersichten über die Beteiligung an den württembergischen Sparkassen wurden bis einschließlich 1856/57 geringfügige Aus- und Einzahlungen für das Oberamt Maulbronn angegeben. Danach verliert sich diese Spur. Im Sommer 1883 gründete der Bezirk erneut eine Sparkasse als nun dauerhafte Einrichtung.[587]

In Maulbronn lagen deutlich abweichende Rahmenbedingungen im Vergleich zu anderen Bezirken vor. Sie wirkten sich auf die weitere Entwicklung des Sparwesens und auch auf die Kreditvergabe aus, weshalb hier kurz auf sie eingegangen werden soll. Das Verwaltungszentrum des Oberamts, die Klostersiedlung Maulbronn, wurde erst 1838 eine eigene Gemeinde und erhielt 1886 das Stadtrecht.[588] Damals lebten etwa 1.000 Menschen in dem Ort. Angesichts der nur sehr schwach ausgeprägten gewerblichen Entwicklung blieb die Bedeutung als Zentrum bis heute gering. Stattdessen entwickelte sich mit Dürrmenz-Mühlacker eine andere Gemeinde zu einem Mittelzentrum. Die Ursache hierfür liegt in dem Bau der

585 StAL, FL 300/20 II, Bd. 9, „Handelsregister für Gesellschaftsfirmen"; FL 300/20 II, Bd. 2, „Handelsregister für Einzelfirmen".
586 Stadt+Kreis-Sparkasse Pforzheim (1983): *100 Jahre Oberamts-Sparkasse Maulbronn*, o. O., [unpaginiert] Bl. 3 (in: Archiv Spk Pf Cw, MA.04. Lfd. Nr. 12).
587 Hier und im Folgenden: Ebd, Bl. 1 ff.
588 Hier und im Folgenden: Ebd.

württembergischen Westbahn mit der 1853 fertiggestellten Anbindung an das badische Schienennetz im südlichen Teil des Oberamtes. Der zur Gemeinde Dürrmenz gehörende Weiler Mühlacker wurde hierdurch zunächst Eisenbahnarbeitersiedlung, Grenzbahnhof, ab 1863 mit der zusätzlichen Linie nach Karlsruhe Eisenbahnknotenpunkt und dann ein kleines Industriezentrum vor den Toren Pforzheims.[589] Mühlacker überflügelte nicht nur zügig den alten Ortskern in Dürrmenz. Die Gesamtgemeinde ließ mit etwa 4.400 Einwohnern 1907 auch Maulbronn weit hinter sich. Bestrebungen von Dürrmenz-Mühlacker, zum Sitz der Oberamtsverwaltung zu werden, scheiterten jedoch. Erfolgreich waren dagegen die Bemühungen zur Errichtung einer eigenen Gemeindesparkasse, die 1906 von der Regierung des Neckarkreises genehmigt wurde.[590] Gegen die Entstehung dieses Instituts leisteten die Amtsversammlung, die Oberamtsverwaltung und die Oberamtssparkasse in Maulbronn erfolglos heftigen Widerstand.

Die Neugründung führte zu einem weitgehenden Rückzug der Oberamtssparkasse Maulbronn aus Dürrmenz-Mühlacker. Sie gewährte in der Folgezeit nur noch in einem einzigen Fall ein Darlehen an einen Kunden in Dürrmenz. Und umgekehrt zogen die Bürger der Industriegemeinde anscheinend ihre Vermögenswerte aus Maulbronn ab. Der ansonsten ungewöhnliche Rückgang des Finanzvermögens der Oberamtssparkasse von 939.115 Mark 1905 auf 847.631 Mark 1906 belegt einen Verlust bislang bestehender Kundenbeziehungen. Erst 1910 erreichte das Institut wieder das Finanzvermögen des Jahres 1905. Dagegen stieg das Finanzvermögen der Gemeindesparkasse zügig an und erreichte Ende 1913 knapp 713.000 Mark. Der Betrag entsprach zu diesem Zeitpunkt immerhin 64 % des Wertes der bereits 23 Jahre früher gegründeten Oberamtssparkasse. Dass der einzige größere Gewerbeort des ohnehin sehr ländlichen Bezirks für die Oberamtssparkasse als Geschäftsgebiet offenbar keine Rolle mehr spielte, ist in den späteren Untersuchungen besonders zu berücksichtigen.

Von der ehemaligen Oberamtssparkasse Maulbronn haben sich die Jahresrechnungen aus dem Zeitraum 1896 bis 1913 erhalten,[591] in denen alle damaligen Kreditgewährungen lückenlos verzeichnet sind. Entsprechend der Vorgehensweise bei anderen Sparkassen ergeben sich hieraus für die quantitative Auswertung die beiden Siebenjahreszeiträume 1900 bis 1906 und 1907 bis 1913. Darüber hinaus lassen sich die restlichen Jahrgänge 1896 bis 1899 zu einem dritten kürzeren Untersuchungszeitraum zusammenfassen.

Die statistische Auswertung zeichnet für alle drei Zeiträume ein relativ ähnliches Bild über die Darlehensvergabe. Die Sparkasse gewährte ihren Kunden ab

589 Hier und im Folgenden: Konstantin Huber (2010): *Historische Kurzportraits: Mühlacker*, in: ders. (Hg.): Der Enzkreis, Geschichte und Gegenwart eines lebendigen Landkreises, Ostfildern, S. 241; K.[öniglich] Statistisches Landesamt (1904), S. 481 und S. 486.

590 Siegfried Renner (2014): *Von der Städtischen Sparkasse Pforzheim zur Sparkasse Pforzheim Calw 1834–2002, Ein Beitrag zur Sparkassengeschichte im badisch-württembergischen Grenzgebiet um Pforzheim und im Nagoldtal*, Pforzheim, S. 57.

591 Archiv Spk Pf Cw, MA.03., Lfd. Nr. 01 bis 18, „Jahresrechnung" 1896 bis 1913.

100 Mark aufwärts Kapitel gegen Hypotheken. Die jeweils höchsten Kredite bewegten sich im Bereich von etwa 12.000 Mark, wobei das 10. Dezil mit mittelgroßen Darlehen von etwa 6.000 Mark beginnt. Die arithmetischen Mittelwerte liegen nur knapp über dem jeweiligen Median. Dieser betrug in den ersten beiden Zeiträumen etwa 3.000 Mark beziehungsweise 3.100 Mark und nach der Gründung der Kasse in Mühlacker nur noch 2.400 Mark. Beispielhaft ist nachfolgend die Auswertung für 1900 bis 1906 wiedergegeben.[592]

Tabelle 10: Vergabe von Hypothekendarlehen Oberamtssparkasse Maulbronn 1900–1906

Dezil	Anzahl Darlehen	Kleinster Betrag in Mark	Größter Betrag in Mark	Darlehenssumme in Mark	Anteil am Gesamtvolumen in %	Anteile der Berufsgruppen: Landwirte in %	Arbeiter in %	Gewerbetreibende in %	Bez. and. Eink. in %	Sonstige in %
1.	15	100	1.200	13.350	2,6	47,6	9,7	15,0	0,0	27,7
2.	15	1.200	1.900	23.450	4,6	59,7	0,0	40,3	0,0	0,0
3.	14	2.000	2.000	28.000	5,6	50,0	0,0	50,0	0,0	0,0
4.	14	2.000	2.500	32.650	6,5	22,7	6,4	57,1	0,0	13,8
5.	14	2.500	3.100	40.500	8,0	51,1	6,4	35,1	7,4	0,0
6.	14	3.200	3.800	49.600	9,8	41,1	0,0	37,3	6,9	14,7
7.	14	4.000	4.200	56.500	11,2	42,5	0,0	50,4	7,1	0,0
8.	14	4.400	5.000	66.700	13,2	64,2	6,7	29,1	0,0	0,0
9.	14	5.100	6.200	80.200	15,9	71,3	0,0	20,9	0,0	7,7
10.	14	6.200	12.300	113.400	22,5	88,4	0,0	11,6	0,0	0,0
Summe	142			504.350	100,0	60,9	2,1	30,7	2,1	4,3

Quellen: Eigene Auswertung auf der Grundlage von: Archiv Spk Pf Cw, MA.03., Lfd. Nr. 05 bis 11, „Jahresrechnung", 1900 bis 1906.

Der Anteil der Gewerbetreibenden an der Darlehenssumme lag zwischen 35,7 % im ersten Untersuchungszeitraum und 29,4 % im letzten. Insbesondere 1911 und 1912 wurde auf die Nennung von Berufsbezeichnungen verzichtet, so dass der Rückgang nicht überinterpretiert werden sollte. Der Anteil der Sonstigen als Residualgröße steigt vor diesem Hintergrund auf mehr als 23 % an der Darlehenssumme von 1907 bis 1913 an. Unabhängig hiervon waren die Landwirte aber eindeutig die dominierende Berufsgruppe. Ihr Anteil an der Darlehenssumme machte um die Jahrhundertwende etwa 60 % aus.

Besitzer von Fabriken oder etwaige Firmen befanden sich nicht unter den Darlehensnehmern. Der einzige fünfstellige Kredit an einen Gewerbetreibenden war eine Geldvergabe über 12.000 Mark an einen Maulbronner Kaufmann im Jahr 1908. Und die Darlehen im oberen vierstelligen Markbereich an Wirte und Handwerker beschränken sich auf rund ein Dutzend Fälle. Die bei anderen Sparkassen häufigen Finanzierungen von gemischt genutzten Gewerbe- und Wohnimmobi-

592 Die vollständigen Tabellen finden sich im Anhang.

lien mit vergleichsweise hohen Wertanschlägen blieben deshalb vermutlich Ausnahmen. Der Schwerpunkt der Oberamtssparkasse Maulbronn lag vor allem im Bereich der kleinen Darlehen bis in den niedrigen vierstelligen Markbereich.

6.7 Oberamtssparkasse Nagold

Ähnlich wie in Maulbronn bestand auch in Nagold um die Jahrhundertmitte eine Oberamts-Hülfs-Leih- und Spar-Caße. Sie wurde 1835 errichtet, hatte vorherrschend den Charakter einer Leihkasse und verwaltete Mitte 1837 bereits die bemerkenswert hohe Summe von rund 308.000 Gulden (528.000 Mark).[593] Das Institut wurde aber bereits 1844 wieder aufgelöst. Es wird vermutet, dass die Oberbehörden eine zu starke Kreditexpansion vermeiden wollten. Als Reaktion hierauf gründeten mehrere Privatpersonen, darunter Kaufleute und ein Tuchfabrikant, im gleichen Jahr eine Privat-Spar- und Leihkasse. Sie soll erfolgreich gearbeitet haben, aber über ihr Schicksal ist nichts bekannt. Daneben wirkte im Ort Altensteig im westlichen Teil des Bezirks seit 1837 ein Privatsparverein.[594] Veranlasst durch die Einführung des Bürgerlichen Gesetzbuches nahm dieser 1903 die Rechtsform einer Genossenschaft mit beschränkter Haftpflicht an, die vielfach auch von Darlehenskassenvereinen genutzt wurde. Gemessen an dem Charakter des Instituts dürften die Geschäfte aber denjenigen einer typischen Sparkasse entsprochen haben. Die Bestimmungen öffentlicher Sparkassen wurden in Altensteig fast wortgetreu übernommen.[595] Das Geschäftsgebiet umfasste nicht nur die Stadt, sondern auch elf umliegende Gemeinden im Westen des Bezirks Nagold und damit fast ein Drittel von dessen Fläche. Damit bestand die Basis für eine umfangreiche Tätigkeit. Im Jahr 1913 verwaltete die Privatsparkasse Einlagen in Höhe von 2,4 Mio. Mark.[596] Im Jahr 1921 und damit erst nach dem Untersuchungszeitraum fand eine Umwandlung in eine Städtische Sparkasse statt.

Die hier im Mittelpunkt stehende Oberamtssparkasse Nagold entstand im Frühjahr 1889 nach mehreren gescheiterten Gründungsversuchen. Aus dem Bereich des Aktivgeschäftes des Instituts vor dem Ersten Weltkrieg haben sich drei Capitalien-Hauptbücher erhalten.[597] In ihnen sind mehr als 1.300 Darlehen an Privatpersonen, Firmen und öffentliche Körperschaften verzeichnet, die von Anbeginn bis einschließlich 1913 gewährt wurden. Für die statistische Analyse lassen sich die Darlehensvergaben zu den drei Siebenjahreszeiträumen 1893 bis 1899, 1900 bis 1906 und 1907 bis 1913 zusammenfassen. Die ersten Jahre 1889 bis 1892 bilden einen verkürzten vierten Zeitraum. Er erhält vermutlich einen gewissen Anteil von Personaldarlehen, die wie bei anderen jungen Sparkassen wie beispiels-

593 Hier und im Folgenden: Renner (2014), S. 68; von Malchus (1838), S. 29f.
594 Hier und im Folgenden: Ebd, S. 71f.
595 [Walz] [1936], S. 26.
596 Ebd, S. 23.
597 Archiv Spk Pf Cw, N 900, N 903 und N 904.

weise Waldsee am Anfang auch in Nagold verstärkt vergeben worden sein dürften, die aber hier nicht gesondert ausgewiesen wurden.

Das Darlehensgeschäft der ersten Jahre unmittelbar nach der Gründung präsentiert sich kleinteilig, aber übersichtlich. Vier von zehn Geldvergaben betrafen nur dreistellige Beträge, was auf die angesprochenen Personaldarlehen hindeutet. Das Zehntel der größten Darlehen umfasst die Spanne von 4.000 Mark bis 13.700 Mark.[598] Mit dieser anfänglich niedrigen Obergrenze enden jedoch die Gemeinsamkeiten mit der Oberamtssparkasse Maulbronn. In den nachfolgenden Jahren nahm das Kreditgeschäft in Nagold in allen Aspekten parallel mit dem Wachstum der Kasse zu. Die Anzahl der Darlehen wie auch ihr Umfang stiegen deutlich an. Im Siebenjahreszeitraum 1893 bis 1899 betrug der größte Kredit 35.000 Mark, von 1900 bis 1906 sogar 60.000 Mark. Und in den Zeitabschnitt 1907 bis 1913 fällt eine Finanzierung des privaten Elektrizitätswerkes Cletus Klingler Erben mit 84.000 Mark.[599] Das durchschnittliche Darlehen gemessen am arithmetischen Mittelwert stieg von 1.740 Mark nach der Gründung auf 3.780 Mark in den Jahren vor dem Ersten Weltkrieg an.

Tabelle 11: Vergabe von Hypothekendarlehen der Oberamtssparkasse Nagold im Überblick

Zeitraum	Anzahl der Darlehen*	Summe in in Mark	Anteile der Berufsgruppen in %				
			Landwirte	Arbeiter	Gewerbetreibende	Bez. and. Eink.	Sonstige
1889-1892	75	130.357	7,9	7,6	64,6	0,3	19,5
1893-1899	238	555.542	12,6	2,0	69,7	5,8	9,9
1900-1906	398	1.361.460	19,6	2,7	67,9	4,8	4,9
1907-1913	429	1.620.952	20,0	5,0	67,3	3,1	4,6

Quellen: Eigene Auswertung auf der Grundlage von: Archiv Spk Pf Cw, N 900, „Capitalien-Hauptbuch von Nr. 1–600"; N 903, „Capitalien-Hauptbuch von Nr. 601–1200"; N 904, „Capitalien-Hauptbuch von Nr. 1201–2235"; vgl. auch Tabellen A15 bis A18 im Anhang.
Anmerkung: * Möglicherweise ist insbesondere in den Anfangsjahren eine Anzahl an Personaldarlehen enthalten.

Ein weiterer Unterschied besteht in dem kontinuierlich hohen Anteil der Berufsgruppe der Gewerbetreibenden an den jeweiligen Darlehenssummen. Er bewegte sich über alle vier Zeiträume hinweg in der engen Bandbreite von knapp 65 % bis knapp 70 %. Spiegelbildlich geringer fällt der Anteil der Landwirte aus, der einen Höchststand mit 20 % im Zeitabschnitt 1907 bis 1913 erreichte.

598 Die Tabellen A15 bis A18 über die Darlehensvergabe in allen vier Zeiträumen sind im Anhang abgedruckt.
599 Ausführlich in Kapitel 3.8.

Für die lokale Wirtschaft des Schwarzwaldbezirkes spielte die Holzverarbeitung eine wichtige Rolle.[600] Passend hierzu wurde 1892 eines der ersten größeren Darlehen im Betrag von 13.700 Mark an einen Sägewerksbesitzer ausgezahlt, also in dem gleichen Jahr, in dem auch die Sägewerksbesitzer Klingler & Barthel ein Darlehen über 8.000 Mark erhielten. Im Jahre 1899 bekam ein weiterer Sägewerksbesitzer ein Darlehen über 35.000 Mark. Von dem Betrag wurden 13.980 Mark direkt an die Gewerbebank Heilbronn abgeführt, weitere 850 Mark gingen an die Württembergische Landessparkasse und der Rest in bar an den Kunden. Ein anderer Sägewerksbesitzer erhielt 1906 ein Darlehen über 22.000 Mark. Es wurde vier Jahre später auf den neuen Eigentümer umgeschrieben, der in der Folgezeit zwei zusätzliche Darlehen über 1.000 Mark und 500 Mark erhielt. An die Eigentümer nicht näher bezeichneter Mühlen wurde drei Mal 10.000 Mark und ein Mal 8.000 Mark ausgezahlt. Auch der Betrieb von Ziegeleien scheint häufig vorgekommen zu sein. Ein Ziegeleibesitzer erhielt Darlehen über 1.500 Mark, 1.200 Mark, 6.000 Mark und zehn Jahre später über weitere 13.400 Mark. Ein anderer Ziegeleibesitzer ist 1904 mit einem Darlehensbetrag über 34.000 Mark im Capitalien-Hauptbuch vermerkt. 1905 wurde dieses Darlehen nochmals um 6.000 Mark erhöht. Zwei im Ziegeleigeschäft tätige Compagnions erhielten gemeinsam Darlehen über 3.400 Mark und 3.300 Mark.

Bereits erwähnt wurden die Darlehen an die Schwarzwälder Dampfseifenfabrik oHG der Gebrüder Harr in Nagold über insgesamt 24.500 Mark und an die Schwarzwälder Lederkohlen & Härtemittelwerke Nagold GmbH über 10.000 Mark.[601] Zu den Kreditkunden der Sparkasse gehörten auch eine Metzgerinnung mit einem Betrag von 30.000 Mark und eine größere Eisenhandlung, die 1907 ein Darlehen über 50.000 Mark und im Folgejahr eines über 10.000 Mark erhielt. Ein nicht näher bezeichneter Fabrikant nahm 1899 ein Darlehen über 10.000 Mark auf, das möglicherweise gegen Faustpfand[602] gewährt wurde. Die Ablösung erfolgte wenige Wochen später. Ein Papierfabrikant erhielt ein Darlehen über 25.000 Mark. Gewerbliche Hintergründe könnten des Weiteren Darlehenszahlungen über 12.000 Mark an einen Kaufmann gehabt haben. Das Gleiche gilt für zwei Darlehen über 7.000 Mark und 8.000 Mark an den Besitzer einer Bleicherei.

Nach der Jahrhundertwende war der Zustrom von Spareinlagen offenbar eine Zeit lang größer als der Geldbedarf im Darlehensgeschäft. Die Sparkasse in Nagold vergab deshalb wie auch andere Institute wiederholt Kredite an Kunden außerhalb des eigenen Oberamts. Neben einigen Krediten an Landwirte finden sich darunter wiederum Gewerbefinanzierungen. Dem Inhaber eines größeren Ladengeschäftes im südlichen Schwarzwald wurden gegen Hypothek 30.000 Mark ausgezahlt. Der Inhaber eines Vermessungsbüros in Mannheim erhielt 10.000 Mark. Und wie erwähnt wurden Darlehen über 18.000 an die Vereinigten Leder-

600 Knödler (1930), S. 56 und S. 62 ff.

601 Vgl. Kapitel 3.6.

602 Als Faustpfänder waren nur Staatsanleihen beziehungsweise Hypothekenpfandbriefe zulässig.

leimfabriken Schieber & Söhne GmuH im Oberamt Neresheim sowie über 40.000 Mark an eine Möbelfabrik aus der Region mittlerer Neckar vergeben.[603]

Mehrere Darlehen an im Bezirk ansässige Inhaber größerer Betriebe bewegten sich im Bereich zwischen 1.500 Mark und 4.000 Mark. Nähere Informationen fehlen in diesen Fällen und die Beträge können grundsätzlich sowohl einem gewerblichen wie auch einem privaten Zweck gedient haben. Zu diesen Darlehensnehmern gehörten zwei weitere Sägewerksbesitzer, drei Molkereibesitzer, der Eigentümer einer Spinnerei, der Eigentümer einer Buchdruckerei, ein Zündholzfabrikant, ein Tuchfabrikant und ein Silberwarenfabrikant. Gastwirte und Bierbrauereibesitzer waren in Nagold wie bereits geschildert eine bedeutende Kundengruppe.[604]

Die Vergabe von Darlehen an private Kunden und die öffentliche Verwaltung in Altensteig und den elf von dem Altensteiger Privatsparverein versorgten Gemeinden kam übrigens nur in Ausnahmefällen vor. Damit scheint in dem hier untersuchten Zeitabschnitt eine örtliche Arbeitsteilung vorgelegen zu haben, die später noch zu berücksichtigen ist.

6.8 Oberamtssparkasse Göppingen

Im Jahre 1846 wurde die „Oberamts-Spar- und Leihkasse Göppingen" ins Leben gerufen.[605] Die Bezeichnung drückt eine zweifache Funktion aus. Neben der Schaffung einer Gelegenheit „zur Unterbringung von Ersparnissen und anderen kleinen Vermögensteilen" für die „ärmere Volkklasse" erfüllte die Anstalt die Funktion einer Leihkasse.[606] Gemäß Satzung bestand ihr Zweck darin, Oberamtsangehörigen, „welche zu ihrem Fortkommen auf längere oder kürzere Zeit Anlehen bedürfen [...] oder weil sie nur für kürzere Zeit zu irgend einem Unternehmen Geld benötigt sind [...] Unterstützung darzubieten."[607] Die Bürgschaftskredite durften gemäß Gründungssatzung 500 Gulden (857 Mark) nicht überschreiten und wurden auf längstens ein halbes Jahr vergeben, wobei eine einmalige Verlängerung um weitere sechs Monate möglich war.[608]

Die ausdrückliche Berücksichtigung des Leihkassengeschäftes dürfte auf die schlechte Wirtschaftslage Mitte der 1840er Jahre zurückgehen. Das Institut sollte offenbar einen direkten Beitrag zur Linderung der Not leisten und stieß von Beginn an auf eine rege Nachfrage. Dies dokumentieren die seit der Gründung er-

603 Vgl. Kapitel 3.6.
604 Vgl. Kapitel 4.3.
605 Kreissparkasse Göppingen (Hg.) (1946): *100 Jahre Kreissparkasse Göppingen, 1846–1946*, Göppingen, S. 9.
606 Hier und im Folgenden: Abdruck der ersten Satzung in: Ebd., S. 10.
607 § 1 der Gründungsstatuten, Ebd., S. 10.
608 § 10, 11 und 12 der Gründungsstatuten, Ebd., S. 12.

haltenen Rechnungsbücher des Instituts.[609] Bereits im ersten verkürzten Geschäftsjahr vom 15. Oktober 1846 bis zum 30. Juni 1847 gewährte die Kasse 405 Bürgschaftsdarlehen.[610] Im zweiten und nun volle zwölf Monate umfassenden Rechnungsjahr reduzierte sich der Bedarf mit 368 Bürgschaftsdarlehen etwas.[611] Das Volumen der Ausleihungen überstieg jedoch von Anbeginn die vorhandenen Möglichkeiten aus der Annahme von Spargeldern. Deshalb musste per Zeitungsannonce nach Geldgebern gesucht werden, die bereit waren, größere Beträge zu hinterlegen.[612]

Diese „*Anlehen*" von vermögenden Bürgern machten zum Abschluss des Jahres 1852/53 immerhin noch fast 46.000 Gulden (78.857 Mark) aus, während sich die regulären Sparkasseneinlagen auf rund 73.000 Gulden (125.143 Mark) beliefen.[613] Der insgesamt verwaltete Kapitalbestand hatte zu diesem Zeitpunkt mit knapp 125.000 Gulden (214.286 Mark) die in der Gründungssatzung als Maximum festgehaltene Grenze in Höhe von 100.000 Gulden (171.429 Mark)[614] bereits überstiegen. Eingesetzt war das Geld einerseits in „*Leihcasse-Capitalien*", also hauptsächlich in der Form von Bürgschaftsdarlehen, die zusammen fast 72.000 Gulden (132.429 Mark) umfassten. Zweitens wurden separat hiervon „*Sparcassenfonds-Capitalien*" geführt. Das waren hypothekarisch besicherte Darlehen über zusammen rund 44.000 Gulden (75.429 Mark).

Eine Auflistung mit Berufsbezeichnungen im Rechnungsbuch von 1857/58 ermöglicht eine Auswertung von 377 damals ausstehenden Bürgschaftsdarlehen über zusammen 45.803 Gulden (78.519 Mark).[615] Das arithmetische Mittel dieser Geldvergaben beläuft sich auf 121 Gulden (207 Mark), doch viele Darlehen machten nur 10 Gulden (17 Mark) bis 20 Gulden (34 Mark) aus.[616] Auf die Arbeiter entfielen lediglich 5,2 % des Kreditvolumens und auf die Landwirte 27,8 %. Die größte Bedeutung hatten mit 53,8 % die Gewerbetreibenden.[617] Hierunter befanden sich einerseits Handwerker. Sie nahmen teilweise ebenfalls nur kleine Bürgschaftsdarlehen auf. Aber daneben gewährte die Sparkasse auch verhältnismäßig umfangreiche Beträge vor allem an die Inhaber größerer Gewerbebetriebe. Mehr als die Hälfte des Kreditvolumens entfällt auf nur 10 % der Darlehen.[618] Unter

609 KrA GP, P 1, A 1 bis A 62.
610 KrA GP, P 1, A 1 „Rechnung pro 1846/47".
611 KrA GP, P 1, A 2 „Rechnung pro 1847/48".
612 Kreissparkasse Göppingen (1946), S. 16.
613 KrA GP, P 1, A 7 „Rechnung pro 1852/53".
614 § 2 der Satzung, abgedruckt in: Kreissparkasse Göppingen (1946), S. 10f.
615 KrA GP, P 1, A 12 „Rechnung pro 1857/58". Die Auswertung ist als Tabelle A19 im Anhang enthalten.
616 Zum Wert dieser Beträge vgl. die Angaben über durchschnittliche Hauspreise in Ludwigsburg und das Pro-Kopf-Volkseinkommen in Kapitel 6.5.
617 Auf sonstige Darlehensnehmer wie Witwen, Beamten und Kunden ohne Berufsbezeichnungen entfallen 13,2 % der Darlehenssumme.
618 Alle statistischen Auswertungen sind in Tabellenform im Anhang angegeben. Der Anteil der 10 % der größten Darlehen beziehungsweise des 10. Dezils betrug 50,2 % an der Darlehenssumme.

ihnen befinden sich ein Fruchthändler und ein Wirt mit jeweils 1.000 Gulden (1.714 Mark). Ein Bierbrauer ist mit 1.500 Gulden (2.571 Mark) vermerkt und ein Fabrikant mit 600 Gulden (1.029 Mark). Gemessen an den Erfahrungswerten aus dem Kreditgeschäft der Ludwigsburger Sparkasse in den 1850er Jahren waren dies bereits Beträge, die dem Wert von einzelnen Häusern entsprachen.[619]

Die Rechnungsbücher der anderen Jahre geben ein ähnliches Bild ab, wobei nicht jedes Berufsbezeichnungen enthält. Dem oben erwähnten Bierbrauer wurde bereits 1853 ein Bürgschaftsdarlehen über 1.500 Gulden (2.571 Mark) gewährt und der Fabrikant erhielt mindestens auch in den Geschäftsjahren 1852/53 sowie 1853/54 jeweils 600 Gulden (1.029 Mark). In den Jahren 1849/50 und 1850/51 wurde ein Mehlhändler mit Beträgen von jeweils 1.500 Gulden (2.571 Mark) notiert und ein als Wollenfabrikant bezeichneter Kunde erhielt 1852/53 ein Bürgschaftsdarlehen über 1.000 Gulden (1.714 Mark). Dass diese Geldvergaben gewerblichen Zwecken dienten, ist aufgrund ihrer überdurchschnittlichen Höhe möglich. Die Darlehen an die lohnabhängig Beschäftigten beliefen sich 1857/58 im Durchschnitt auf nur 50 Gulden (86 Mark). Unzweifelhaft ist die kommerzielle Nutzung bei zwei Bürgschaftsdarlehen über 500 Gulden (857 Mark) und 1.000 Gulden (1.714 Mark) aus dem Geschäftsjahr 1851/52. Sie wurden den *„hiesigen Wasserwerksbesitzern“* gewährt, also den Eigentümern der Mühlen am Göppinger Mühlbach.[620] Diese waren vermutlich gemeinschaftlich für die Instandhaltung von Kanal und Wehr verantwortlich.

Wie bereits geschildert, erfolgten verschiedene Darlehensvergaben an Textilunternehmer, die damals am Anfang ihrer Unternehmerlaufbahn standen und die Göppingens Wirtschaft in den folgenden Jahrzehnten nachhaltig prägten.[621] Ein solches Beispiel kann auch für die Maschinenbaubranche aufgeführt werden. Im Geschäftsjahr 1851/52 zahlte die Spar- und Leihkasse 600 Gulden (1.029 Mark) an den als *„Mechanikus“* bezeichneten Georg Boehringer aus.[622] Er war einer von drei Söhnen des Johann Georg Boehringer und der eigentliche Gründer der späteren Maschinenfabrik. Der Beginn der 1850er Jahre und insbesondere 1854 entwickelten sich krisenhaft für die Familie, die zunächst Maschinen von Spinnereien und Tuchfabriken reparierte.[623] Dem Vater Johann Georg Boehringer machte eine Geldvergabe an den Inhaber eines Wirtshauses zu schaffen, der insolvent wurde. Um das eingesetzte Geld zu retten, beteiligte er sich an der Zwangsversteigerung des Lokals. In dieser Zeit gewährte die Spar- und Leihkasse Georg

619 Vgl. Kapitel 6.5.

620 Die Stadt Göppingen erhielt erst im Jahre 1890 ein Wasserwerk gemäß heutigem Sprachgebrauch zur Trinkwasserversorgung. Vgl. K[arl] Eisele, M[atthias] Köhle und Chr[istian] Schöllkopf (1926): *Geschichtliche Heimatkunde des Filsgaus mit einem geologischen Anhang*, Göppingen, S. 157.

621 Vgl. Kapitel 3.8.

622 KrA GP, P 1, A 6 “Rechnung pro 1851/52”.

623 Hier und im Folgenden: Kirschmer (1952), II. Teil, S. 110 ff; Glatzle (1956): S. 247 und S. 262; K.[öniglich] Statistisches Landesamt (1907), S. 182.

Boehringer abermals ein Bürgschaftsdarlehen über 600 Gulden (1.029 Mark).[624] Die Versteigerung lief erfolgreich und ein Jahr nach dem Tod des Vaters 1859 verlegten die Söhne den gewachsenen Betrieb in das bisherige Wirtshaus. Um das Jahr 1907 beschäftigte die Firma Boehringer etwa 270 Arbeiter und stellte Werkzeugmaschinen wie Revolverdrehbänke für die aufkommende Automobilindustrie her.[625]

Nochmals deutlich größere Beträge vergab die Spar- und Leihkasse gegen Hypotheken.[626] Ende 1859 gewährte sie einem Leimfabrikanten ein Darlehen über 6.500 Gulden (11.143 Mark).[627] Beliehen wurde vermutlich ein Fabrikanwesen, denn der Schuldbetrag wurde 1884 in Folge eines Verkaufs auf den Eigentümer mehrerer Papierfabriken, Gottlob Krum, übertragen. Im Jahr 1857 erhielt der Korsettfabrikant Christoph Süß aus Oethlingen im Oberamt Kirchheim ein Darlehen über 4.000 Gulden (6.857 Mark).[628] Verschiedene Müller sind im Zeitraum 1855 bis 1862 mit Beträgen von 4.000 Gulden (6.857 Mark), 5.500 Gulden (9.429 Mark) und 6.400 Gulden (10.971 Mark) vermerkt. Ein Metallgießer aus Cannstatt erhielt 5.000 Gulden (8.571 Mark) und Wirte sowie Bierbrauer 2.500 Gulden (4.286 Mark), 3.000 Gulden (5.143 Mark) und 4.166 Gulden (7.142 Mark).

Ein neuer Zeitabschnitt begann Anfang der 1860er Jahre. Eine Festschrift der späteren Kreissparkasse Göppingen anlässlich des 100jährigen Jubiläums 1946 erwähnt eher beiläufig zwei grundlegende Erlasse, mit denen das württembergische Innenministerium Ende Februar und Mitte April 1861 zum Sparkassenwesen Stellung genommen und Richtlinien für die Weiterführung der Institute herausgegeben habe.[629] Was in diesen Erlassen stand, wird in der Festschrift nicht berichtet. Als Konsequenz wurden jedoch Ende November 1862 neue Statuten veröffentlicht. Darin hieß es, „Die Amtskörperschaft Göppingen läßt an der Stelle der [...] Oberamts-Spar- und Leihkasse künftig nur noch eine Oberamtssparkasse [...] verwalten.“[630] Die Leihkasse wurde somit aufgehoben und man ließ das Geschäft mit den Bürgschaftsdarlehen allmählich auslaufen. Stattdessen wendete sich die Sparkasse in stärkerem Maße den Hypothekendarlehen zu. Außerdem scheint die Finanzierung moderner Gewerbezweige wie Fabrikunternehmen nicht mehr erwünscht gewesen zu sein. Die Verantwortlichen der Sparkasse nahmen jedenfalls Abstand von Kreditgeschäften, bei denen der kommerzielle Charakter allzu offensichtlich war. Die Anzahl der Darlehen an Gewerbetreibende sank spürbar und an Fabrikanten wurde überhaupt kein Kapital mehr vergeben.

624 KrA GP, P 1, A 8 “Rechnung pro 1853/54”.
625 Gert Kollmer (1985): *Bestand B 10, Gebr. Boehringer GmbH Maschinenfabrik - Eisengießerei Göppingen 1900–1979, Repertorien des Wirtschaftsarchivs Baden-Württemberg*, Stuttgart, S. II.
626 KrA GP; Bestand P 1, A 10 “Rechnung pro 1855/56“ bis A 16 „Rechnung pro 1862/63“. Eine Auswertung ist als Tabelle A20 im Anhang enthalten.
627 KrA GP, P 1, A 14 „Rechnung pro 1859/60“.
628 KrA GP, P 1, A 12 “Rechnung pro 1857/58“.
629 Hier und im Folgenden: Kreissparkasse Göppingen (1946), S. 18.
630 Ebd.

Von Jahresanfang 1863 bis Ende 1867 betrug das Volumen von 60 Hypothekendarlehen 126.215 Gulden (216.369 Mark).[631] Der Anteil der Handwerker und anderer kleiner Gewerbetreibenden hieran betrug lediglich 43,7 %. Gemessen an der bereits vorgestellten Auswertung über die Bürgschaftsdarlehen 1857/58 ist das ein Rückgang um 10 Prozentpunkte und im Vergleich zu den Hypothekendarlehen aus dem Zeitraum 1855/56 bis Ende 1862 sogar um 40 Prozentpunkte. Die größten dennoch an Gewerbekunden ausgezahlten Darlehen entfielen auf Gastwirte mit 3.000 Gulden (5.143 Mark) und 6.450 Gulden (11.057 Mark) sowie auf einen Ziegler mit 5.200 Gulden (8.914 Mark).

In dem Zeitabschnitt von 1868 bis zum Ende der Guldenwährung Mitte 1875 stieg der Anteil der Gewerbetreibenden an der vergebenen Hypothekensumme zwar wieder auf 68,5 % an.[632] Spiegelbildlich sank der Anteile der Landwirte auf 24,4 %. Dieses Anknüpfen an die Anfangszeit der Sparkasse war jedoch nicht von Dauer und nur dem höheren Geldbedarf der Handwerker während der Gründereuphorie nach dem Krieg von 1870/71 gegen Frankreich geschuldet. In den folgenden zwei Jahrzehnten erreichten Kaufleute und Handwerker kein zweites Mal einen so hohen Wert. Die knapp führende Kundengruppe waren von nun an Landwirte, vor allem aus Neuwürttemberg,[633] auf die bis Ende 1896 durchschnittlich 46 % bis 48 % der Darlehenssumme entfielen.[634]

Tabelle 12: Vergabe von Hypothekendarlehen der Oberamtssparkasse Göppingen im Überblick

Zeitraum	Anzahl der Darlehen	Summe in in Mark	Anteile der Berufsgruppen in %				
			Land-wirte	Arbeiter	Gewerbe-treibende	Bez. and. Eink.	Sonstige
1855/56-1862	26	82.771	7,6	0,0	83,4	0,0	8,9
1863-1867	60	126.215	32,8	0,3	43,7	20,2	3,0
1868-Juni 1875	111	212.695	24,4	2,4	68,5	0,5	4,3
Juli 1875-1882	139	708.069	49,1	1,6	37,2	1,8	10,3
1883-1889	176	996.255	46,1	1,4	43,9	5,5	3,1
1890-1896	81	492.350	47,8	0,3	45,6	2,2	4,1
1907-1913	250	2.417.724	-	-	-	-	-

Quellen: Eigene Auswertung auf der Grundlage von: KrA GP, P 1, A 10 bis A 45, „Rechnung pro ....", Jahrgänge 1855/56 bis 1896; A 239 bis A 243 und A 245 bis A 246, „Beilagen zur Rechnung pro ....", Jahrgänge 1907 bis 1913; vgl. auch Tabellen A19 bis A26 im Anhang.

631 KrA GP, P 1, A 17 „Rechnung pro 1862/63" bis A 22 „Rechnung pro 1868/69", Die Auswertung findet sich als Tabelle A21 im Anhang.
632 KrA GP, P 1, A 22 „Rechnung pro 1868/69" bis A 27 „Rechnung pro 1874/75", Die Auswertung findet sich als Tabelle A22 im Anhang.
633 Vgl. Kapitel 4.2.
634 KrA GP, P 1, A 28 „Rechnung pro 1875/76" bis A 45 „Rechnung pro 1896", Die Auswertungen für die drei Siebenjahreszeiträume sind im Anhang als Tabelle A23, A24 und A25 angegeben.

Ab Mitte der 1880er Jahre wendete sich die Oberamtssparkasse zunächst ganz langsam und mit wenigen Einzelfällen wieder der Industriefinanzierung zu. Im Spätsommer 1886 gewährte sie ein Darlehen über 30.000 Mark an die Mechanische Drillweberei Langbein & Bühler.[635] Knapp ein Jahr später, im Sommer 1887, verzeichneten die Sparkassenmitarbeiter dann ein Lombarddarlehen über 6.000 Mark an die Gelatinefabrikanten Gebrüder Paul und Heinrich Koepff.[636] Im Jahre 1907 beschäftigten diese in ihren Werken in Göppingen und Süßen etwa 200 Arbeiter beziehungsweise 46 Arbeiter.[637] Die nächste Industriefinanzierung vollzog sich im Juli 1890, als der Dampfziegelei Bürk & Vetter oHG ein Darlehen in Höhe von 50.000 Mark gewährt wurde. Davon wurden 15.000 Mark sofort und die restlichen 35.000 Mark im nächsten Jahr ausgezahlt. Mit einem nochmaligen längeren zeitlichen Abstand wurden Ende 1896 Kredite an zwei Fabrikanten vergeben, die vermutlich zumindest teilweise gewerblichen Zwecken dienten. Zum einen nahm der Gurtenfabrikant Georg Urf ein Hypothekendarlehen über 12.000 Mark auf. Zum anderen erhielt der Fabrikant Ludwig Schuster ein Darlehen über 30.000 Mark. In dem Unterpfandsbuch der Stadt Göppingen wurde seine Immobilie beschrieben.[638] Demnach erwarb er 1895 ein Wohnhaus mit angebautem einstöckigem Werkstattgebäude und einer Remise. Die kleine Produktionsstätte für Maschinen war unter anderem mit einer Transmissionsanlage sowie diversen Werkbänken mit Sägen, Bohrmaschinen und Schleifsteinen ausgerüstet.

Ab der Jahrhundertwende häuften sich in Göppingen Geldvergaben an die Besitzer von größeren Gewerbebetrieben und an Industrieunternehmen. Allerdings wird die archivalische Überlieferung weniger aussagekräftig. Bislang wurden die Darlehen mit Berufsbezeichnungen der Kunden in den jährlich bis zu 1.600 Seiten umfassenden Rechnungsbüchern eingetragen. Ab dem Jahr 1897 nutzten die Sparkassenmitarbeiter nur noch schmale Vordrucke für aggregierte Zahlen. Die stattdessen vermutlich sehr aussagekräftigen Rechnungsbeilagen mit Detailangaben wurden 1946 vernichtet. Erhalten haben sich lediglich die sogenannten Summarischen Berechnungen der Schuldbücher.[639] Sie informieren zwar lückenlos über jede Darlehensvergabe. Diese Tabellenwerke enthalten aber nur noch die Wohnorte und Namen der Kunden und nicht mehr deren Berufe. Eine statistische Auswertung der Anteile verschiedener Berufsgruppen ist deshalb nicht möglich. Außerdem fehlen in diesen Dokumenten erläuternde Zusätze wie „Firma“ oder eine Rechtsform, was auch die Betrachtung der Einzelfälle erschwert. In verschiedenen Fällen lässt sich der gewerbliche Charakter jedoch anhand der Kundennahmen oder Umschreibungen auf Firmen erkennen beziehungsweise durch zusätzliche Quellen erschließen.

635 KrA GP, P 1, A 35 „Rechnung pro 1886/87“.
636 KrA GP, P 1, A 36 „Rechnung pro 1887/88“.
637 K.[öniglich] Statistisches Landesamt (1907), S. 143 und S. 182.
638 Stadtarchiv Göppingen, A 2/1/2 Nr. 47 „Unterpfandbuch Band 53“.
639 KrA GP, P 1, A 229 bis A 243 sowie A 245 und A 246 „Beilagen zur Rechnung pro ...“.

Beispielsweise erhielt die Aktienbrauerei Cluhs aus Heilbronn 1897 ein Darlehen über 10.000 Mark.[640] Der grundsätzlich zwar hohe, aber für eine Aktiengesellschaft dennoch relativ niedrige Betrag deutet auf die Finanzierung des Erwerbs einer einzelnen Gastwirtschaft hin. Mit 35.000 Mark deutlich größer war ein späterer Hypothekenkredit aus dem Jahr 1910 an die Ulmer Brauereigesellschaft. Im Jahr 1900 vergab die Göppinger Sparkasse ein Darlehen über 15.000 Mark. Die Mitarbeiter vermerkten es in den Tabellenwerken nur mit *„Endriss, Gebr. Kleineislingen"*, aber es erscheint in einer protokollarischen Aufnahme als *„Karl, Eduard & Albrecht Endriß, Besitzer einer Dampfgerberei u. mech. Schuhfabrik in Kleineislingen"*.[641] Der Abgleich mit dem Handelsregister zeigt, dass unter diesem Namen seit 1897 eine offene Handelsgesellschaft bestand.[642] Ebenso verhält es sich mit einem Darlehen über 22.000 Mark im Jahr 1912 an Albert & Carl Klein. Die beiden betrieben eine kleine Feilenfabrik in Göppingen.[643]

Die allermeisten Darlehenskonten lauten nur auf den Namen einzelner Personen. Dies ist selbst bei den in Göppingen nicht seltenen, großen Kreditbeträgen von 20.000 Mark bis 50.000 Mark der Fall. Hierbei dürfte es sich um Geldaufnahmen zur Finanzierung innerstädtischer Gebäude mit Wohnungen und Ladengeschäften handeln. Dies legen einerseits die Erkenntnisse aus der in Kapitel 3.4 vorgenommenen Detailuntersuchung zur Differenzierung von Darlehen an Gewerbetreibende nahe.[644] Zweitens zeigt eine Suche nach den Kreditnehmern im Adreß- und Geschäfts-Handbuch der Stadt Göppingen[645], dass es sich bei ihnen um die Inhaber von Lebensmittel-, Möbel-, Tapezier- und Dekorationsgeschäften, Ölhändler, Mehlhändler, Photographen und ähnliche Gewerbetreibende handelte. Über diese Kreditfälle hinaus wurden auch Darlehen an Einzelkaufleute aus der Industrie vergeben, die mit ihrem Namen ebenso für ihre geschäftlichen Verträge zeichneten. Dies wird durch Umschreibungen solcher Kredite auf Personen- und Kapitalgesellschaften sichtbar, die sich bei dem Vergleich der Tabellenwerke der Sparkasse aus verschiedenen Jahren zeigen. Ein Beispiel hierfür ist eine Kreditauszahlung über 55.000 Mark im Jahr 1905, die unter dem Namen Heinrich Jetter in Kleineislingen verbucht wurde. Unter dieser Firmenbezeichnung bestand eine Eisengießerei und Maschinenfabrik mit 33 Arbeitern.[646] Ab dem Jahr 1906 führte die Sparkasse den durch regelmäßige Tilgungen langsam abnehmenden Kreditsaldo in den jeweiligen Tabellen unter der Bezeichnung Jetter & Baur. Der Abgleich mit dem Handelsregister zeigt, dass der Inhaber damals vermutlich seinen Schwager oder Schwiegersohn Hans Baur als Gesellschafter

640 KrA GP, P 1, A 229 "Beilagen zur Rechnung pro 1897".
641 KrA GP, P 1, A 235 „Beilagen zur Rechnung pro 1903".
642 StAL, FL 300/12 IV, Bd 11, „Handelsregister für Gesellschaftsfirmen und Firmen juristischer Personen".
643 StAL, FL 300/12 IV, Bd 17, „Namensverzeichnis zum Handelsregister für Einzelfirmen".
644 Vgl. Kapitel 3.4.
645 *Adreß- und Geschäfts-Handbuch der Oberamtsstadt Göppingen 1912*, Göppingen.
646 K.[öniglich] Statistisches Landesamt (1907), S. 183.

aufnahm.[647] Ähnliche Hintergründe dürfte auch ein Darlehen über 20.000 Mark an einen Kunden gehabt haben, das später unter der Firmenbezeichnung Terrazzowerk Uhingen geführt wurde. Gewerblichen Zwecken dienten vermutlich auch Darlehen über 20.000 Mark an Immanuel Langbein, den Inhaber einer kleinen Flaschenkapselfabrik mit 12 Mitarbeitern in Ebersbach[648] und über 27.000 Mark an Carl Deuschle, dem Inhaber einer Kartonagenfabrik und Buchdruckerei.[649]

Allerdings resultierten nicht alle Änderungen der Schuldnernamen aus einer neuen Firmenbezeichnung von bisherigen Einzelkaufleuten. Teilweise wurden auch Immobilien mitsamt den darauf zu Gunsten der Sparkasse eingetragenen Hypotheken veräußert. Hierauf deutet der Übergang eines Darlehens über 8.100 Mark von einem Kreditkunden mit fortlaufend säumigen Zinszahlungen auf die Firma Schauffler, Stübler & Cie. im Jahre 1909 hin. Die Dampfziegelei war als GmbH organisiert[650] und beschäftigte damals 70 Arbeiter.[651] Einen anderen Hintergrund dürfte der Übergang von einem Darlehen über 65.000 Mark haben, das ursprünglich 1905 an Mathäus Hieber aus Göppingen vergeben wurde. Hieber hatte 1874 ein Baugeschäft gegründet,[652] das er gemäß den erhalten gebliebenen Dampfkesselakten 1898 zu einem Dampf-Säge- und Hobel-Werk erweiterte[653] und in dem um 1907 etwa 20 Arbeiter beschäftigt waren.[654] Bald nach der Darlehensvergabe erscheint der Saldo unter der Bezeichnung Württembergische Metallwarenfabrik AG. Möglicherweise hatte Hieber ein Gebäude im Auftrag des Großunternehmens erstellt und nahm so wie manch andere Bauunternehmer bis zur Veräußerung an den Käufer einen Sparkassenkredit auf. Oder die Hypothek lastete auf einem Grundstück Hiebers, das er an den in unmittelbarer Nachbarschaft gelegenen Konzern verkaufte. Er erhielt 1912 übrigens nochmals ein Darlehen über 17.000 Mark von der Sparkasse.

Der mit Abstand größte Kreditkunde der Oberamtssparkasse Göppingen vor dem Ersten Weltkrieg war die Firma F. & R. Fischer, die 1906 ein Darlehen in Höhe von 160.000 Mark erhielt. Das 1874 gegründete Unternehmen stellte Blechwaren wie Maßbecher, Zinkbadewannen und Vogelkäfige her.[655] Die Eigentümer ließen 1891 ein Zweigwerk in der Geislinger Bezirksgemeinde Donzdorf bauen, um dort weitere Arbeitskräfte zu gewinnen und die Wasserkraft der Lauter, ei-

647 Hier und im Folgenden: StAL, FL 300/12 IV, Bü. 1567, „Registerakte". Nach dem Tode von Hans Baur im März 1909 wurden seine Anteile auf dessen Witwe Luise Baur, geborene Jetter übertragen. Sie trat 1911 aus der Firma aus und gab ihre Anteile an den Gründer Heinrich Jetter ab, der bis 1920 zusammen mit Richard Jetter Gesellschafter blieb.
648 K.[öniglich] Statistisches Landesamt (1907), S. 183.
649 StAL, FL 300/12 IV Bd. 11 „Handelsregister für Gesellschaftsfirmen und Firmen juristischer Personen". Die oHG wurde erst 1914 eingetragen. Davor war Deuschle im Einzelfirmenregister eingetragen.
650 Ebd.
651 K.[öniglich] Statistisches Landesamt (1907), S. 182.
652 Kirschmer (1952), II. Teil, S. 143.
653 StAL, F 170 II, Bü. 124 und Bü. 134, „Dampfkesselakte"
654 K.[öniglich] Statistisches Landesamt (1907), S. 182.
655 Hier und im Folgenden: Glatzle (1956), S. 244.

nem Nebenfluss der Fils, zu nutzen. Zum Zeitpunkt der Kreditaufnahme waren in dem Göppinger Stammwerk etwa 128 Arbeiter und in Donzdorf weitere 200 Arbeiter beschäftigt.[656] Das Unternehmen erlebte ein starkes Wachstum, vor allem durch die zunehmende Nachfrage aus dem Ausland. Um das Jahr 1911 wurden mehr als 50 % der Produktion exportiert, unter anderem nach Frankreich, England, den USA und Russland.[657] Die Anzahl der Arbeiter stieg 1912 auf insgesamt 500 an.[658] In diesem Jahr erhielt die Firma zu dem mittlerweile auf 151.260 Mark getilgten alten Darlehen ein weiteres über 80.000 Mark von der Sparkasse.

6.9 Oberamtssparkasse Geislingen

Die Oberamtssparkasse Geislingen nahm Anfang 1852 ihre Arbeit auf.[659] Über das Kreditgeschäft der Anfangszeit hat sich nur ein kleiner Bestand an relevanten Archivalien erhalten. Aus den ersten Geschäftsjahren bestehen drei Aktivrechnungen, in denen der Sparkassier die Darlehensnehmer eintrug.[660] Demnach umfassten die Ausleihungen aber nur ein paar Dutzend Fälle und die Darlehen bewegten sich jeweils im Rahmen von wenigen hundert Gulden. Berufe oder andere relevante Angaben wurden nicht notiert. Erst ein rund 40 Jahre später angelegtes Kapitalienhauptbuch[661] ermöglicht nähere Einblicke in die zeitgenössischen Kapitalvergaben. In dem 1.001 Seiten umfassenden Band wurden ab 1895 alle zu diesem Zeitpunkt ausstehenden Darlehen verzeichnet und anschließend die Neuvergaben. Gemessen an dem Darlehensbestand in Höhe von rund 894.000 Mark Ende 1894[662] entfielen 43,6 % des Kapitals auf die Berufsgruppe der Landwirte und 41,8 % auf Gewerbetreibende.[663] Unternehmen finden sich hierunter noch nicht, aber wie bereits beschrieben verschiedene größere Darlehen an Müller und Bierbrauer.[664] Bemerkenswert ist, dass mindestens 27 % der Kreditsumme von Ende 1894 auf Bezirksfremde entfallen, vor allem auf Kunden aus neuwürttembergischen Oberämtern.[665]

Die Dokumentation neuer Darlehen in dem Band erstreckt sich von Anfang 1895 bis zum Februar 1902. Insgesamt 297 Darlehen über zusammen rund 1,2

656 K.[öniglich] Statistisches Landesamt (1907), S. 143 und S. 182.
657 Hier und im Folgenden: Wolf [1954], S. 25.
658 Kirschmer (1952), II. Teil, S. 134.
659 Kreissparkasse Göppingen (1952), S. 6.
660 KrA GP, P 1, B 40 bis B 42 „Aktivrechnung".
661 KrA GP, F1, B 75.
662 Gemäß Sparkassenstatistik betrug die Summe der ausstehenden Hypothekendarlehen der Oberamtssparkasse Geislingen nur rund 868.320 Mark, also 2,8 % weniger. Die Differenz könnte darauf zurückgehen, dass in dem Kapitalienhauptbuch nicht als solche gekennzeichnete hypothekarisch besicherte Güterzieler oder andere Darlehen enthalten sind.
663 Die vollständigen Tabellen befinden sich im Anhang.
664 Vgl. Kapitel 4.1.
665 Vgl. Kapitel 4.2.

Mio. Mark wurden von der Sparkasse in dieser Zeit an Privatpersonen und Firmen gewährt. Auf die Berufsgruppe der Landwirte entfielen 34,5 % der Darlehenssumme, während die Gewerbetreibenden mit 53,9 % eindeutig dominierten.

Tabelle 13: Vergabe von Hypothekendarlehen Oberamtssparkasse Geislingen 1895–1902

Dezil	Anzahl Darlehen	Kleinster Betrag in Mark	Größter Betrag in Mark	Darlehenssumme in Mark	Anteil am Gesamtvolumen in %	Anteile der Berufsgruppen: Landwirte in %	Arbeiter in %	Gewerbetreibende in %	Bez. and. Eink. in %	Sonstige in %
1.	30	250	680	14.710	1,2	20,4	16,0	54,1	0,0	9,5
2.	30	700	1.050	26.996	2,2	37,6	6,5	45,9	3,0	7,0
3.	30	1.050	1.500	37.885	3,1	39,8	5,9	40,5	0,0	13,7
4.	30	1.500	2.000	51.439	4,2	26,9	3,1	53,1	0,0	16,8
5.	30	2.000	2.300	61.455	5,1	46,1	7,5	43,1	0,0	3,3
6.	30	2.300	3.000	78.125	6,4	25,0	17,3	43,8	3,6	10,4
7.	30	3.000	4.000	108.334	8,9	46,7	6,3	36,7	3,7	6,6
8.	29	4.000	5.500	137.350	11,3	32,0	7,3	46,9	2,9	11,0
9.	29	5.700	8.500	200.750	16,5	69,0	3,5	24,1	0,0	3,5
10.	29	9.000	60.000	499.470	41,1	19,3	0,0	75,9	3,0	1,8
Summe	297			1.216.514	100,0	34,5	4,1	53,9	2,2	5,4

Quellen: Eigene Auswertung auf der Grundlage von: KrA GP, P 1, B 75, „Kapitalienhauptbuch Band I".

Der hohe Anteil der Gewerbetreibenden geht auf größere Betriebsfinanzierungen zurück, die ähnlich wie in Göppingen auch in Geislingen zu dieser Zeit vermehrt einsetzten. Allerdings kamen mehrere größere Unternehmenskunden aus anderen Bezirken. Beispielsweise wurde der Firma Hiller & Buck, Holz- und Baumaterialienhandlung aus Göppingen, 1899 ein Darlehen über 28.000 Mark gewährt.[666] Zwei Jahre später erhielt dieses Unternehmen weitere 17.000 Mark. An Johann Weber, Besitzer eines Göppinger Dampfsägewerks mit Parkettfabrik zahlte die Sparkasse im Sommer 1901 ein Darlehen über 45.000 Mark in zwei Tranchen aus. Der Unternehmer, der 32 Arbeiter beschäftigte,[667] erhielt 1907 ein weiteres Darlehen über 69.000 Mark, dessen Auszahlung sich in sechs Tranchen bis zum Februar 1908 hinzog. Und im Jahr 1899 wurde ein Darlehen über 12.000 Mark an einen Müller im Oberamt Ravensburg vergeben. Daneben erhielten in dieser Zeit weiterhin Landwirte aus den neuwürttembergischen Oberämtern Münsingen, Blaubeuren, Ulm, Ellwangen und Urach Darlehen.

Unter den finanzierten einheimischen Gewerbebetrieben führten weiterhin die Gastwirte beziehungsweise Bierbrauer. Dem Eigentümer der Brauereigaststätte zum Adler in Altenstadt, der bereits vor 1895 ein Darlehen über 20.000 Mark

666 Hier und im Folgenden: KrA GP, P 1, B 75.
667 K.[öniglich] Statistisches Landesamt (1907), S. 182.

erhalten hatte, wurde 1897 ein weiteres Darlehen über 12.000 Mark gewährt. Angaben in der lokalhistorischen Literatur zeigen, dass der Gasthof mit dem Brauereigebäude hypothekarisch beliehen wurde, denn im Zuge eines Besitzerwechsels im Jahre 1905[668] wurden die beiden Darlehen, nun zu 19.000 Mark und zu 6.000 Mark getilgt, auf den neuen Schuldner übertragen. Unter dessen Führung erlebte der Betrieb einen großen Aufschwung, was offenbar zusätzlichen Kapitalbedarf nach sich zog. Im Jahre 1908 wurden die bisherigen Darlehen durch ein neues im Betrag von 80.000 Mark abgelöst, was eine Neukreditvergabe von 55.000 Mark impliziert.

In ähnlichen Fällen wird ebenfalls der gewerbliche Charakter der Sparkassendarlehen sichtbar. Im Jahr 1898 starb der Eigentümer der Geislinger Brauereigasthofes zum Lamm.[669] Die Witwe verkaufte das Brauereianwesen mit Gast- und Wohnhaus, Stallung, Garten und Wiesen zum 21. September 1899 für 120.200 Mark an Albert Heß. Dieser erhielt ein Darlehen von der Sparkasse über 60.000 Mark, das bis Anfang Dezember in sieben Tranchen ausgezahlt wurde. Die Auszahlungsmodalitäten lassen offen, ob Heß das Kapital schrittweise für einen Um- oder Ausbau brauchte oder ob die Sparkasse das bis dahin größte Darlehen nicht auf einmal, sondern nach Kassenlage zur Bestreitung des Kaufpreises auszahlte.

Trotz hoher Biernachfrage waren die Wirtschaften nicht immer erfolgreich. Im Jahr 1896 kaufte ein Metzger das Gasthaus zum Pflug in Altenstadt.[670] Er erhielt von der Sparkasse im gleichen Jahr Darlehen über 2.000 Mark, 12.000 Mark und ein Zusatzdarlehen über 700 Mark. Allerdings konnte er die Wirtschaft nicht lange halten und veräußerte sie ein Jahr später an einen Wirt, der die Schulden in Höhe von 14.700 Mark übernahm. Dieser betrieb die Gaststätte ebenfalls nur kurze Zeit. Im Jahr 1899 ging der „Pflug“ an einen Ulmer Bierbrauereibesitzer, auf den gleichzeitig das Darlehen übertragen wurde.

Ebenfalls stark vertreten war das Mühlengewerbe. Ein Geislinger Sägemüller, der Ende 1894 bereits ein Darlehen über 14.330 Mark schuldete, erhielt 1901 ein weiteres Darlehen über 11.500 Mark. Ein Jahr später ließ er die beiden Darlehen zusammenlegen und unterschrieb einen neuen Schuldschein über 36.000 Mark. Die Differenz zu den bisherigen Darlehen in Höhe von 10.170 Mark erhielt er als zusätzliches Kapital ausgezahlt. Bereits 1897 erhielt ein nicht näher bezeichneter Mühlebesitzer aus Reichenbach im Täle 40.000 Mark von der Sparkasse. An weiteren größeren Darlehen an Geislinger Gewerbetreibende aus dieser Zeit ist noch eine Geldvergabe über 15.000 Mark an den Elfenbein- und Hornwarenfabrikanten Konrad Kayser aus dem Jahr 1896 erwähnenswert. Er hatte zuvor seinen Betrieb nach Süßen verlegt und stellte mit 20 Arbeitern Kämme und Besteck her.[671]

668 Hartmut Gruber [1996]: *Hopfen und Malz ..., Von Geislinger Brauereien und Gastwirtschaften*, Geislingen, S. 93.
669 Hier und im Folgenden: Ebd., S. 53.
670 Ebd., S. 85.
671 K.[öniglich] Statistisches Landesamt (1907), S. 143; Glatzle (1956), S. 275.

Von 1907 bis 1909 wurden auf bislang wenig benutzten Seiten von bereits getilgten Darlehen insgesamt 88 neue Geldvergaben verzeichnet. Zusammen mit 18 Umschreibungen von bestehenden und überwiegend kleineren Darlehen auf neue Schuldner ergibt sich ein Gesamtbetrag der Darlehensgewährung in Höhe von fast 700.000 Mark. Der Anteil der Gewerbetreibenden hieran beträgt vergleichsweise hohe 81,7 %.[672] Zu den erwähnenswerten Kreditnehmern gehört ein Geislinger Bauunternehmer, an den die Sparkasse 23.500 Mark auszahlte. Ein Molkereibesitzer erhielt 10.000 Mark, ein Gastwirt 15.000 Mark und ein Göppinger Fabrikant 30.000 Mark. Ein Müller aus Donzdorf, dessen Vater bereits vor 1895 ein Darlehen über 9.000 Mark erhalten hatte, bekam 1909 unter Einberechnung der alten Schuld von 8.400 Mark ein neues Darlehen über 42.000 Mark. Im gleichen Jahr erhielt der Kaufmann und Kunstmühlebesitzer Georg Robert Schuler aus Groß-Süßen 50.000 Mark, die er sich ebenfalls in Teilbeträgen auszahlen ließ.

Neben dem überlieferten Kapitalienhauptbuch besteht ein weiteres Dokument aus dem Kreditgeschäft der Geislinger Sparkasse. Ein Verzeichnis mit mehr als 1.200 für das Geschäftsjahr 1914 geleisteten Zins- und Tilgungszahlungen erlaubt grobe Rückschlüsse auf die Zeit unmittelbar vor dem Ersten Weltkrieg.[673] Berufsbezeichnungen und ausstehende Darlehensbeträge sind in dem Tabellenwerk zwar nicht notiert worden. Da der Zinssatz für Hypothekendarlehen zu diesem Zeitpunkt 4,5 % betrug, lassen sich die ausstehenden Schuldbeträge jedoch berechnen. Zwei halbjährliche Zahlungen über zusammen 1.530 Mark an den Ulmer Fabrikanten Emil Herbst lassen beispielsweise auf ein Darlehen in Höhe von 34.000 Mark schließen. Herbst betrieb Filialen seiner Wäsche- und Weißzeugfabrik in vier Geislinger Bezirksgemeinden.[674] Philipp Krathwohl, Eigentümer einer Horn- und Celluloidwarenfabrik in Altenstadt mit 27 Arbeitern[675] zahlte halbjährlich 900 Mark Zinsen und schuldete somit ein Darlehen über 40.000 Mark. Ähnliche hohe Zinsbeträge deuten auf mehrere Kredite im Umfang von 30.000 Mark bis 60.000 Mark aus den Jahren 1909 und 1913 hin. Das mit Abstand größte Darlehen wurde in dieser Zeit dem bereits vorgestellten Werkzeugmaschinenhersteller Gebrüder Boehringer[676] in Göppingen gewährt. Das Unternehmen zahlte Anfang Januar 6.007,19 Mark Zinsen und Anfang Juli 6.750 Mark. Im Jahr 1914 muss somit ein Darlehen in Höhe von mindestens etwa 283.000 Mark bestanden haben. Vielleicht umfasste die Geldvergabe auch 300.000 Mark und das Darlehen wurde tranchenweise gewährt, weshalb die erste Zinsrate nur anteilig zu leisten war. Es handelt sich unabhängig hiervon um den größten Kredit, den eine Panel-Sparkasse im Untersuchungszeitraum einem privaten Kreditnehmer ge-

672 Alle Tabellen finden sich im Anhang.
673 KrA GP, P 1, B 76 „Verzeichnis über Kapitalien u. Zinse 1914".
674 Ebd.
675 K.[öniglich] Statistisches Landesamt (1907), S. 143.
676 Vgl. Kapitel 6.8.

währte. Die Firma beschäftigte zu diesem Zeitpunkt mehr als 800 Arbeiter und nahm in dem betreffenden Jahr 1913 in Göppingen ein drittes Werk in Betrieb.[677]

6.10 Oberamtssparkasse Ravensburg

Die Eröffnung der ältesten Oberamtssparkasse Württembergs wurde im Juni 1822 mit Wirkung zum 1. Januar 1823 beschlossen.[678] In verschiedenen Punkten bestehen Ähnlichkeiten zu dem Kreditgeschäft der Oberamtssparkasse Göppingen, denn das Institut in Ravensburg diente in der Mitte des 19. Jahrhunderts ebenfalls als Spar- und Leihkasse. Gemäß den Erläuterungen in den Statuten aus dem Jahr 1843 folgte man bereits 1823 dem Aufruf aus Stuttgart zur Gründung einer Viehleihkasse.[679] Diese wurde zwei Jahre später mit der etwas älteren Sparkasse verbunden, wobei man für die „*vereinigten Anstalten*", die ursprüngliche Benennung als Oberamtssparkasse beibehielt. Die Statuten von 1843 enthalten ungewöhnlich konkret ausformulierte Aufgaben für das Leihkassengeschäft. Geldbedürftigen sollte mit Anlehen ausgeholfen werden, für welche die Heimatgemeinden hafteten. Als Gründe werden unter anderem die Anschaffung von Saatfrüchten und Vieh aufgezählt sowie der Bau und die Besserung von Wohn- und sonstigen Gebäuden. Darüber hinaus genannt werden „*...Professionisten, welche die nothwendigen Werkzeuge sich nicht anschaffen können, oder eine besondere Kunstfertigkeit besitzen, aber die Mittel nicht haben, sie an den Tag zu legen*".[680] Der Leihkassengedanke hielt sich auch bei der Überarbeitung der Satzung 1852. Demnach bestand die Aufgabe des Instituts einerseits darin, bei den Angehörigen der ärmeren Volksklasse den „*Geist der Sparsamkeit*" zu wecken und zu nähren sowie das Anlegen von Geld zu erleichtern. Außerdem sollte der „*Wucher gesteuert und den Geldbedürftigen mit Anlehen so viel als möglich ausgeholfen werden*"[681]. Weiterhin vorgesehen blieben Darlehen gegen Bürgschaften der Heimatgemeinden.[682]In dieser Zeit waren deshalb ähnlich wie in Göppingen Kredite an Industriepioniere möglich. Dies belegt ein Fall aus der lokalen Geschichtsschreibung.[683] Im Jahr 1862 siedelte der Tuttlinger Schneidermeister und Mechaniker Johann Michael Schatz mit seiner Familie nach Weingarten im Ober-

677 Kirschmer (1952), II. Teil, S. 113; Kollmer (1985), S. II.
678 Blanke-Siegel (2007a), S. I.
679 Hauptstaatsarchiv Stuttgart (nachfolgend: H StA S), E 150, Bü 6533, „Oberamtssparkasse Tettnang". Die archivalische Überlieferung der Oberamtssparkasse Ravensburg im WABW enthält nur jüngere Satzungen.
680 Ebd., § 9 der Statuten, Oberamtssparkasse Ravensburg von 1843.
681 Statuten der Oberamtssparkasse Ravensburg von 1852 (nachfolgend „Statuten Ravensburg 1852"), Abschnitt A, in: WABW, B 201, (Lfd. Nr. 3) B-Nr. 12, „Statuten und Satzungen".
682 Statuten Ravensburg 1852, Abschnitt C, § 8.
683 Hier und im Folgenden: Werner Heinz (1990): Altdorf-Weingarten 1805–1945, Industrialisierung, Arbeitswelt und politische Kultur, Bergatreute, S. 105ff.

amt Ravensburg über. Er hatte ab 1855 erfolgreich Nähmaschinen nach amerikanischem Vorbild nachgebaut, aber war später wirtschaftlich gescheitert. In Weingarten begann er mit der Konstruktion einer Kettenstich-Stickmaschine. Überraschend verstarb er 1866 und hinterließ seine Ehefrau mit fünf Kindern. Da die Gläubiger um ihr Geld fürchteten und ein Zwangsverfahren drohte, wurde die Vermögenssituation der Familie dokumentiert. Unter den Schulden in Höhe von etwa 3.854 Gulden (6.607 Mark) befand sich auch ein Darlehen über 320 Gulden (549 Mark) von der Oberamtssparkasse Ravensburg. Die Witwe und ihre Söhne überwanden diesen Rückschlag. Veranlasst durch die Konjunkturkrise ab 1873 stellten sie die Produktion von Stickmaschinen immer mehr auf Blechbearbeitungswerkzeuge um. Der Betrieb wuchs zunächst langsam und dann deutlich. Im Jahre 1890 wurden 40 Personen beschäftigt, 1905 etwa 300 und 1913 hatte der in Maschinenfabrik Weingarten umbenannte Betrieb sogar mehr als 700 Arbeiter.[684]

In späteren Jahren fand eine Verschärfung der Kreditbedingungen statt, wobei der exakte Zeitpunkt unklar bleibt. Die revidierten Statuten von 1874 stellten jedenfalls unmissverständlich klar, „*Anlehen auf Bürgschaften [...] sind und bleiben ausgeschlossen*".[685] Die Sparkassenstatistiken belegen, dass in Ravensburg am Ende des 19. Jahrhunderts und darüber hinaus ausschließlich Hypothekendarlehen zur Geldanlagen genutzt wurden. Die Anlage bei Banken zur besseren Kassendisposition wurde erst ab 1908 nach der Pensionierung des langjährigen Oberamtssparkassiers Lorenz Simon[686] genutzt, und Wertpapiere als Liquiditätsreserve wurden sogar erst 1910 erworben.

Die konservative Grundhaltung hielt den Oberamtssparkassier Simon jedoch nicht davon ab, die Inhaber größerer Gewerbebetriebe und teilweise auch moderner Industrieunternehmen mit Darlehen zu unterstützen. Über einzelne Kreditfälle informiert ein 872seitiges Aktivkapitalienbuch.[687] Es wurde vermutlich 1894 angelegt und enthält in nicht-chronologischer Abfolge Stamm- und Buchungsdaten von Krediten an Private und öffentliche Körperschaften aus dem Zeitraum 1881 bis 1913. Viele Seiten wurden doppelt und dreifach beschriftet, weshalb eine deutlich vierstellige Anzahl an Darlehensfällen dokumentiert ist.

Neben den bereits erwähnten Finanzierungen der Bürgerliches Brauhaus Ravensburg AG und der Spiritus- und Preßhefefabrik Weingarten GmbH[688] fanden weitere Darlehensvergaben an Unternehmer statt. Bereits im Jahr 1893 wurden dem Fabrikanten Carl Friedrich Autenrieth, Eigentümer einer Möbel- und Fur-

684 Kuhn (1984), S. 611; Heinz (1990), S. 168.
685 Statuten der Oberamtssparkasse Ravensburg von 1874, § 9, in: WABW, (Lfd. Nr. 3) B 201, B-Nr. 12, „Statuten und Satzungen".
686 Dienstzeit als Oberamtssparkassier von 1879 bis 1908, vgl. Blanke-Siegel (2007a), S. III; Über die Person Lorenz Simon besteht eine Beschreibung in: Kreissparkasse Ravensburg (1985): *Vom Oberamtssparkassier zum Vorstand, Wandel der Organisationsformen*, in: Württembergischer Sparkassen- und Giroverband (Hg.): Württembergischer Sparkassen- und Giroverband, Werden und Wirken 1885–1985, Stuttgart, S. 154–157.
687 WABW, B 201, (Lfd. Nr. 132) B-Nr. 98, „Aktivkapitalienbuch".
688 Vgl. Kapitel 3.6.

nierfabrik in Weingarten, 25.000 Mark ausgezahlt. Dass für diese Finanzierung das Betriebsanwesen hypothekarisch belastet wurde, ergibt sich aus den später erfolgten Übertragungen des Darlehens auf andere Schuldner, die den in der Lokalliteratur angegebenen Eigentümerwechseln entsprechen.[689] Darlehensvergaben über insgesamt 96.100 Mark an Hubert Vogler, Fabrikant aus Ravensburg, sind durch mehrere Krediteinträge dokumentiert. Das erste Darlehen in Höhe von 12.000 Mark wurde bereits 1888 vergeben, das zweite über 13.000 Mark 1889. Es folgten zusätzliche Darlehen über 25.000 Mark im Jahr 1893, über 20.000 Mark 1898 sowie über 17.000 Mark im Jahr 1909. Nach einer größeren Tilgung im Jahr 1910 über 26.100 Mark fand 1911 eine abermalige Auszahlung von 9.100 Mark statt. Die späteren Darlehen dürften vom gleichnamigen Sohn des Fabrikanten, Hubert Vogler jr., aufgenommen worden sein, denn von dem Senior hat sich die Grabrede aus dem Jahre 1902 erhalten.[690] Aus ihr geht hervor, dass Vogler Inhaber der Osiander'schen Kunsstickerei-Anstalten Ravensburg und Dornbirn war. Über diesen Betrieb ist wiederum aus der Lokalgeschichtsschreibung bekannt, dass ab 1858 zunächst per Hand und später mit Stickereimaschinen Paramente, Kirchenfahnen, Messgewänder, Altardecken und Ähnliches hergestellt wurden.[691] Kunden waren hohe geistliche Würdenträger und ab 1906 der Vatikan. Darüber hinaus bezogen ab 1870 zahlreiche Vereine und Firmen im In- und Ausland bestickte Standarten, Wimpel und Fahnen von dem Unternehmen, das um 1893 etwa 80 Arbeiterinnen beschäftigte.

Bemerkenswert ist eine ganze Reihe von größeren Darlehen an Gewerbetreibende, über die nur wenige Informationen vorliegen. Im Jahre 1910 erhielt der Eigentümer eines Ravensburger Kaufhauses für Damen- und Herrenbekleidung sowie Heimtextilien ein Darlehen über 100.000 Mark, das er sich von Ende November bis Mitte Dezember in drei Teilbeträgen auszahlen ließ. An einem im Aktivkapitalienbuch als Schmidmeister und Kaufmann bezeichneten Kunden wurde Ende 1907 ein Darlehen über 45.000 Mark vergeben. Zwei Jahre später folgte ein weiteres Darlehen über 3.900 Mark an ihn und seinen Bruder, mit dem er nun zusammen eine Fabrik für Eisenkonstruktionen betrieb. An einen Kutschenfabrikanten wurde 1910 ein Darlehen über 34.000 Mark ausgezahlt. Und im Sommer 1913 erhielt ein Möbel- und Sargfabrikant den Betrag von 25.000 Mark.

Ähnliches gilt für weitere Kreditkunden, die Eigentümer von eher kleinen Produktionsstätten oder von Ladengeschäften waren. Einträge und Annoncen in zeitgenössischen lokalen Adressbüchern[692] ermöglichen es, die oft nur allgemein

689 Heinz (1990), S. 122ff; Uwe Schmidt (2004): *Die Südbahn, Eisenbahn und Industrialisierung in Ulm und Oberschwaben*, Ulm, S. 108f.

690 *Rede am Grabe des Herrn Kommerzienrats Hubert Vogler, Gehalten vom hochw. Herrn Kaplan Pfaff*, Buchdruckerei Fr. Paul Zittrell, Ravensburg [1902], S. 1 und S. 4.

691 Hier und im Folgenden: Peter Eitel (2005): *Ravensburg im 19. und 20. Jahrhundert*, 2. Auflage, Ostfildern, S. 148f.

692 *Gesamt-Adress- und Geschäfts-Handbuch der Oberamtsstadt Ravensburg, Garnisonsstadt Weingarten. Obermamtsstadt Tettnang, Sommerresidenzstadt Friedrichshafen mit Berücksichtigung der Gemeinden in der Umgegend*, Ravensburg. [1902]; *Adress-Buch*

gehaltenen Berufsangaben zu ergänzen. Ein als Kaufmann bezeichneter Kreditnehmer mit einem Schuldbetrag in Höhe von 24.000 Mark war Eigentümer einer kleinen Parfümfabrik. Ein anderer als Kaufmann titulierter Kreditnehmer schuldete 16.500 Mark und betrieb eine Kartonagenfabrik. Zwei Kunden, die von der Sparkasse ebenfalls unter der Sammelbezeichnung Kaufmann vermutlich vor 1894 Darlehen über 12.500 und 26.700 Mark erhielten, betrieben ein „Gemischtes Warengeschäft“ beziehungsweise ein Delikatessengeschäft. Ein Kreditnehmer mit einem Schuldbetrag in Höhe von 35.000 Mark war Inhaber einer Wein- und Delikatessenhandlung, Beträge von 7.000 Mark gingen an den Inhaber eines Limonadengeschäftes in Weingarten und von 15.200 Mark an einen Sodawasser- und Limonadenhändler in Ravensburg. Diese Aufzählung ließe sich mit zahlreichen Vertretern vieler weiterer Wirtschaftszweige umfassend fortsetzen.

Vereinzelt vergab die Oberamtssparkasse Ravensburg Darlehen an Bauunternehmer. Mindestens an zwei von ihnen zahlte sie 4.500 Mark und 5.500 Mark aus sowie an einen Werkmeister in einem Fall 20.000 Mark und in einem anderen 15.000 Mark. Eine außerordentlich wichtige Gruppe unter den Kreditnehmern waren Gastwirte und die Besitzer von Brauereien. Beispielsweise erhielt ein Wirt aus der Garnisonsstadt Weingarten um 1895 zu seinem bestehenden Darlehen über 60.000 Mark weitere 45.000 Mark ausgezahlt. Und drittens gehörten auch in Ravensburg die Eigentümer von Mühlen zu den größeren Kreditkunden. Allein das Dutzend Fälle mit eindeutiger Berufsbezeichnung umfasst zusammen etwa 240.000 Mark. Möglicherweise wurden nicht alle Müller unter den Kreditnehmern im Aktivkapitalienbuch als solche bezeichnet. So wurde ein Darlehenskunde mit einem Schuldbetrag über 37.500 Mark aus dem Jahr 1905 als Zimmermeister geführt. Laut Adressbuch war er daneben auch Sägemühlebesitzer, der sich zur Lieferung von Bauholz und für die Ausführung von Holzbauten empfahl.

Bezirksfremde Kreditnehmer kamen übrigens kaum vor. Oberamtssparkassier Simon stellte in einer Festschrift von 1902 zum 80jährigen Gründungsjubiläum klar, „*Sämtliche Kapitalien sind bis auf ca. 30 000 M im Oberamtsbezirk selbst untergebracht*“.[693] Ein halbes Jahrhundert früher, genauer gesagt 1851 beziehungsweise 1855, hatte die Sparkasse gemäß Simon bei Ausleihungen in den Bezirken Saulgau und Riedlingen nämlich Verluste in Höhe von 8.255 Mark erlitten. Vermutlich gab es aber auch wenig Anlass, Kapitalgesuche von außerhalb zu berücksichtigen. Wie gezeigt herrschte in Ravensburg und Umgebung eine rege Kreditnachfrage, mit der sich die Bezirkseinwohner gerne an die Sparkasse wendeten. Simons Nachfolger Wendelin Weiß vergab dann allerdings 1910 ein Darlehen über 40.000 Mark an einen Stuttgarter Fabrikanten.

der Oberamtsstadt Ravensburg, Garnisonsstadt Weingarten, Oberamtsstadt Tettnang, Sommerresidenz Sr. Maj. des Königs von Württemberg: Friedrichshafen, Oberamtsstadt Wangen i. Allgäu, Ravensburg, [1906].

693 [Simon] [1902], Bl. 3, (in: WABW, B 201, (Lfd. Nr. 11) B-Nr. 7, „Von der Amtsversammlung verhandelte Geschäftsangelegenheiten“).

Für die quantitative Auswertung des Aktivkapitalienbuches eignen sich nur die späteren Darlehen, da bis in die Mitte der 1900er Jahre auf Berufsbezeichnungen verzichtet wurde. In dem Zeitraum 1907 bis 1913 machten die Sparkassenmitarbeiter aber überwiegend entsprechende Angaben. Aus dieser Zeit sind in dem Band 331 Vergaben von Hypothekendarlehen mit zusammen 3.032.070 Mark verzeichnet. Der Abgleich mit der Sparkassenstatistik zeigt, dass die archivalische Überlieferung somit unvollständig sein muss. Demnach nahm der Hypothekenbestand von Ende 1906 bis Ende 1913 absolut um 3.776.383 Mark zu. Außerdem übertraf die Darlehensneuvergabe jedes Instituts die nominelle Zunahme des Bestandes, da Altdarlehen getilgt wurden und das freiwerdende Kapital wieder für neue Kredite zur Verfügung stand. Die nachfolgenden Ausführungen sind dementsprechend nur als grobe Indikation zu verstehen.

Tabelle 14: Vergabe von Hypothekendarlehen Oberamtssparkasse Ravensburg 1907–1913

Dezil	Anzahl Darlehen	Kleinster Betrag in Mark	Größter Betrag in Mark	Darlehenssumme in Mark	Anteil am Gesamtvolumen in %	Anteile der Berufsgruppen Landwirte in %	Arbeiter in %	Gewerbetreibende in %	Bez. and. Eink. in %	Sonstige in %
1.	34	100	1.500	26.130	0,9	39,5	12,6	26,0	3,8	18,0
2.	33	1.500	2.500	63.940	2,1	37,9	27,1	20,0	3,4	11,6
3.	33	2.500	3.900	103.900	3,4	30,3	5,6	33,6	3,4	27,1
4.	33	3.900	5.000	142.550	4,7	38,5	0,0	27,0	2,9	31,6
5.	33	5.000	6.000	181.600	6,0	34,1	5,5	38,1	13,2	9,1
6.	33	6.000	7.950	224.650	7,4	54,4	0,0	17,9	6,0	21,7
7.	33	8.000	10.000	308.000	10,2	23,6	2,6	58,4	8,9	6,5
8.	33	10.000	14.000	401.600	13,2	46,2	0,0	41,7	0,0	12,2
9.	33	14.000	20.000	531.800	17,5	32,1	0,0	35,8	16,0	16,1
10.	33	20.000	100.000	1.047.900	34,6	24,8	0,0	61,3	6,2	7,7
Summe	331			3.032.070	100,0	32,8	1,5	45,6	7,4	12,7

Quellen: Eigene Auswertung auf der Grundlage von: WABW, B 201, (Lfd. Nr. 132) B-Nr. 98, „Aktivkapitalienbuch".

Auffällig ist die Größe der vergebenen Darlehen. Der durchschnittliche Betrag machte gemessen am Median 6.000 Mark aus und gemessen am arithmetischen Mittel sogar 9.160 Mark. Das zehnte Dezil beginnt mit Krediten über 20.000 Mark, fünfstellige Beträge enthält bereits das siebte Dezil. Die Landwirtschaft, die insgesamt 32,8 % der Darlehenssumme auf sich vereinigt, ist auch in dem Bereich mit den größeren Beträgen stark vertreten. Darin machen sich die in Oberschwaben häufig vorkommenden mittel- und großbäuerlichen Anwesen bemerkbar. Auf die Berufsgruppe der Gewerbetreibenden entfielen nach der vorgenommenen Zählung 45,6 % der Darlehenssumme. Sollten die nicht bekannten Darlehen aus dem betrachteten Zeitraum in Höhe von geschätzt etwa 1,9 Mio. Mark komplett an Vertreter anderer Berufsgruppen ausgezahlt worden sein, dann hätte der Anteil der Gewerbetreibenden immer noch 28 % ausgemacht. Im anderen Extremfall mit einer ausschließlichen Auszahlung an Gewerbetreibende läge er bei 66 %.

6.11 Oberamtssparkasse Waldsee

Seit Mitte der 1850er Jahre stellte der Verwaltungsbezirk Waldsee die letzte Insel inmitten von Oberschwaben ohne eigene Sparkasse dar. Nach einer erfolglosen Initiative 1886 beschloss die Amtsversammlung letztlich 1894 die Errichtung eines Instituts, das am 1. Januar 1895 seine Arbeit aufnahm.[694]

Als relevante Quelle über das Kreditgeschäft hat sich das erste Aktivkapitalienbuch mit einer Laufzeit bis Februar 1899 erhalten.[695] Damit gibt es Aufschluss über eine noch junge Sparkasse in ihren Anfangsjahren. Ende 1898 betrug das Finanzvermögen lediglich rund 943.000 Mark. Verzeichnet sind in dem Buch neben den Hypothekendarlehen auch Darlehen an öffentliche Körperschaften, Depositen im Giroverkehr und Faustpfanddarlehen. So wurden in den ersten vier Jahren insgesamt 30 kurzlaufende Kredite über 47.310 Mark gegen die Verpfändung von Wertpapieren ausgezahlt.[696] Die 222 bis Anfang 1899 vergebenen Hypothekendarlehen umfassten in der Summe rund 989.000 Mark. Eindeutig dominierend war in dieser Sparte die Berufsgruppe der Landwirte mit einem Anteil an der Darlehenssumme in Höhe von 56,8 %. In dieser Zahl enthalten sind die als Söldner bezeichneten Kleinbauern, die isoliert betrachtet 4,5 % des Kreditkapitals für sich beanspruchten. Auf die Gruppe der Gewerbetreibenden entfiel 31,5 % des Kapitals und auf die Sonstigen 10,1 %, hierunter vor allem Witwen und Ehefrauen.

694 Katrin Blanke-Siegel (2007b): *Bestand B 204: Oberamtssparkasse Waldsee 1895–1938, Repertorien des Wirtschaftsarchivs Baden-Württemberg*, Stuttgart-Hohenheim, S. I.
695 Hier und im Folgenden, soweit nicht anders vermerkt: WABW, B 204, (Lfd. Nr. 98) B-Nr. 12, „Aktivkapitalienbuch Band 1".
696 Die Kreditbeträge bewegten sich in der Spanne von 300 Mark bis 12.000 Mark. Auf Gewerbetreibende entfielen 45,7 % der Kreditsumme und auf Landwirte nur 4,6 %. Der große Rest, und darunter auch das größte Darlehen, ging vor allem an Privatiers.

Tabelle 15: Vergabe von Hypothekendarlehen Oberamtssparkasse Waldsee 1895–1899

Dezil	Anzahl Darlehen	Kleinster Betrag in Mark	Größter Betrag in Mark	Darlehenssumme in Mark	Anteil am Gesamtvolumen in %	Anteile der Berufsgruppen: Landwirte in %	Arbeiter in %	Gewerbetreibende in %	Bez. and. Eink. in %	Sonstige in %
1.	23	125	500	7.475	0,8	45,5	6,7	29,1	5,4	13,4
2.	23	500	1.000	15.764	1,6	37,7	8,6	24,4	5,1	24,2
3.	22	1.000	1.550	28.050	2,8	52,9	19,3	18,2	0,0	9,6
4.	22	1.570	2.000	40.534	4,1	54,6	8,8	27,5	0,0	9,1
5.	22	2.000	3.000	55.907	5,7	56,9	0,0	37,9	0,0	5,2
6.	22	3.000	4.000	71.650	7,2	51,1	4,9	34,5	0,0	9,5
7.	22	4.000	5.000	96.500	9,8	72,8	0,0	17,8	0,0	9,3
8.	22	5.000	7.000	128.300	13,0	72,8	0,0	22,1	0,0	5,1
9.	22	7.000	10.500	189.885	19,2	63,4	0,0	21,6	0,0	15,0
10.	22	10.650	50.000	355.350	35,9	45,8	0,0	44,2	0,0	10,0
Summe	222			989.416	100,0	56,8	1,4	31,5	0,1	10,1

Quellen: Eigene Auswertung auf der Grundlage von: WABW, B 204, (Lfd. Nr. 98) B-Nr. 12, „Aktivkapitalienbuch Band 1".

Auffällig sind die für Oberschwaben typischen sehr hohen Darlehensvergaben an Bauern, die in einem Fall 17.000 Mark, in einem anderen 19.900 Mark und im höchsten 28.300 Mark ausmachten. Unter den Kreditnehmern befinden sich keine als Firmen bezeichnete Kunden. Allerdings ergibt sich auch für die Sparkasse in Waldsee ein vertrautes Bild im Bereich der größten Schuldner aus dem Gewerbe: Ein Sägemüller erhielt 10.000 Mark, ein anderer Müller 12.300 Mark. Gastwirte und Braumeister sind mehrmals mit fünfstelligen Beträgen vermerkt. Das mit 50.000 Mark größte Darlehen wurde an den Inhaber einer lokalen Brauerei ausgezahlt. Das drittgrößte Darlehen über 25.000 Mark erhielt ein Kaufmann.

Durch besondere Umstände ist bekannt, dass zu einem späteren Zeitpunkt zumindest in einem Fall ein Darlehen mit industriellem Hintergrund vergeben wurde. Die Eierteigwarenfabrikanten Gebrüder Denzel aus Waldsee erhielten 1905 ein Darlehen über 11.000 Mark für die hypothekarische Beleihung ihres Fabrikanwesens im Schätzwert von 22.000 Mark. Dieser Kredit wurde im Februar 1911 von der Amtsversammlung diskutiert, worüber sich ein entsprechendes Protokoll erhalten hat.[697] Die zwischenzeitlich an das Muster des Sparkassenverbandes angepasste Satzung erlaubte die Beleihung von größeren gewerblichen Anlagen nur noch bis zu höchstens 40 % des Schätzwertes. Das Darlehen durfte demnach maximal 8.800 Mark ausmachen. Als Lösung wurde eine über mehrere Jahre gestreckte anteilige Tilgung des Kreditbetrages vereinbart.

697 WABW, B 204, (Lfd. Nr. 11) B-Nr. 62, „Vor dem Bezirksrat verhandelte Geschäftsangelegenheiten".

6.12 Oberamtssparkasse Leutkirch

Die 1825 ins Leben gerufene Oberamtssparkasse Leutkirch[698] ist das zweitälteste Institut des Panels. Über das Kreditgeschäft haben sich drei verschiedene Quellen erhalten. Zum einen bestehen Rechnungsbücher aus den Jahren 1912 und 1913[699], in denen die jeweiligen Neudarlehen verzeichnet wurden. Zum anderen sind drei Büschel mit abgelegten Kontenblättern[700] und ein Namensregister für ein Aktivkapitalienbuch[701] verfügbar, womit vor allem eine qualitative Auswertung möglich wird.

Tabelle 16: Vergabe von Hypothekendarlehen Oberamtssparkasse Leutkirch 1912 und 1913

Dezil	Anzahl Darlehen	Kleinster Betrag in Mark	Größter Betrag in Mark	Darlehenssumme in Mark	Anteil am Gesamtvolumen in %	Anteile der Berufsgruppen: Landwirte in %	Arbeiter in %	Gewerbetreibende in %	Bez. and. Eink. in %	Sonstige in %
1.	21	100	400	5.525	0,7	47,1	8,1	36,2	5,4	3,2
2.	20	500	900	11.900	1,5	52,9	6,7	27,7	0,0	12,6
3.	20	900	1.300	21.330	2,6	43,4	9,4	20,2	6,1	21,0
4.	20	1.300	1.700	30.150	3,7	49,9	10,0	29,9	5,3	5,0
5.	20	1.800	2.200	39.000	4,8	45,9	5,1	34,1	0,0	14,9
6.	20	2.200	3.000	55.150	6,7	45,8	8,2	29,7	10,9	5,4
7.	20	3.100	4.300	77.350	9,5	39,9	4,0	56,1	0,0	0,0
8.	20	4.500	7.000	108.600	13,3	51,9	0,0	29,4	8,7	9,9
9.	20	7.000	9.000	157.700	19,3	60,6	4,9	24,9	0,0	9,5
10.	20	9.000	37.000	311.629	38,1	50,4	0,0	41,7	3,2	4,7
Summe	201			818.334	100,0	50,9	2,9	35,8	3,5	7,0

Quellen: Eigene Auswertung auf der Grundlage von: WABW, B 202, (Lfd. Nr. 96 und 97) B-Nr. 279 und 280, „Hauptbuch für das Rechnungsjahr 19..“, Jahrgänge 1912 und 1913.

Von Anfang 1912 bis Ende 1913 und damit innerhalb von nur zwei Geschäftsjahren vergab die Oberamtssparkasse insgesamt 201 Hypothekendarlehen über zusammen rund 818.000 Mark. Die statistische Auswertung zeugt von einer eher kleinteiligen Kreditgewährung und einer hohen Kapitalnachfrage aus der Landwirtschaft. Das Mediandarlehen betrug für diesen späten Zeitpunkt niedrige 2.200 Mark. Und das 10. Dezil mit den größten Beträgen beginnt mit einem Hypothekenkredit von 9.000 Mark, was einen relativ geringen Betrag darstellt. Die

698 Mahl (2007), S. I.
699 WABW, B 202, (Lfd. Nr. 96 und 97) B-Nr. 279 und 280, „Hauptbuch für das Rechnungsjahr 19..“ 1912 und 1913.
700 WABW, B 202, (Lfd. Nr. 299, 296 und 295) B-Nr. 62, 102 und 103, „Abgelegte Aufwertungs-Darlehenskonten“.
701 WABW, B 202, (Lfd. Nr. 95) B-Nr. 131, „Namensverzeichnis zum Aktivkapitalienbuch“.

Berufsgruppe der Landwirte nimmt mit einem Anteil in Höhe von 50,9 % an der Darlehenssumme den wichtigsten Platz ein. Die Gruppe der Gewerbetreibenden rangiert mit 35,8 % an zweiter Stelle, wobei sich hierunter keine einzige Firma befindet.

Mit Blick auf potenziell gewerbliche Geldvergaben an die Inhaber größerer Betriebe sind lediglich Darlehen über 18.000 Mark an einen Müller nennenswert sowie größere Beträge an verschiedene Gastwirte. Vereinzelt kamen Kunden aus anderen Bezirken wie Ravensburg, Wangen, Ellwangen und Blaubeuren vor. Das Kreditgeschäft scheint sich zumindest auf den ersten Blick dennoch in ähnlichen Bahnen wie beispielsweise in Maulbronn bewegt zu haben, nur mit deutlich höherem Gesamtvolumen. Ein zweiter Unterschied zu Maulbronn zeigt sich in den hohen Einzelbeträgen an Bauern, was das Bestehen großer Höfe voraussetzt. Die ausschließliche Betrachtung der letzten beiden Jahre vor dem Ersten Weltkrieg mit einem offenkundig hohen Geldbedarf der Landwirtschaft aus dem eigenen Bezirk zeichnet jedoch ein unvollständiges Bild.

Bei den Büscheln mit abgelegten Darlehenskonten handelt es sich um Sammlungen von auf einzelnen Karteikarten dokumentierten Krediten. Die Besonderheit im vorliegenden Fall besteht darin, dass die Konten den Darlehensbestand zum 31.12.1917 wiedergeben. Es fehlen also alle diejenigen Darlehen, die bis dahin zurückgezahlt wurden. Unter anderem, da der Erste Weltkrieg ab Sommer 1914 möglicherweise die Fähigkeit bestimmter Kundengruppen zur Tilgung von Schulden verbesserte und von anderen beeinträchtigte, ist die Interpretation des Darlehensbestandes nur unter Vorbehalt möglich. Darüber hinaus besteht eine große zeitliche Lücke. Zwei Büschel enthalten die Angaben zu den ältesten Ende 1917 noch bestehenden Darlehenskonten, die hauptsächlich bis etwa Anfang 1903 vergeben, aber teilweise später noch aufgestockt wurden.[702] Das dritte Büschel beginnt mit Fällen von Oktober 1913 und beinhaltet damit kaum relevante Informationen aus dem damals schon fast abgeschlossenen Untersuchungszeitraum.

Gemessen an dem Bestand der 196 bis ungefähr Anfang 1903 vergebenen und Ende 1917 noch bestehenden Darlehen, der die ursprünglichen Verhältnisse möglicherweise verzerrt abbildet, kamen die Gewerbetreibenden auf 52,1 % an der Darlehenssumme.[703] Sie dominierten damit deutlich gegenüber den Landwirten, auf die 36,8 % entfallen. Der wichtigste Grund hierfür sind umfangreiche Geldvergaben an die Inhaber größerer Betriebe, die zu einem Anteil der Gewerbetreibenden am 10. Dezil in der außergewöhnlichen Höhe von 84,7 % führen. Hierunter fällt der bereits erwähnte Bierbrauereibesitzer Clemens Härle mit einem

702 Erwähnenswert ist, dass mehrere Darlehensfälle bis in die 1870er Jahre zurückreichen. Bei einem Kredit ist sogar März 1853 als Auszahlungsdatum angegeben und bei einem anderen über 342,86 Mark (entspricht 200 Gulden) Februar 1828. Dies ließe sich mit der Vererbung von hypothekarisch belasteten Grundstücken erklären.
703 Die Tabelle befindet sich im Anhang.

Hypothekendarlehen über 150.000 Mark aus dem Jahr 1897.[704] Im gleichen Jahr erhielt ein anderer Wirt eine Darlehensauszahlung über 47.000 Mark. Bei einem dritten Gastwirt sind 79.000 Mark und das Auszahlungsjahr 1904 dokumentiert. Der starke Einbruch der Bierproduktion während des Weltkrieges[705] dürfte es diesen Kunden besonders erschwert haben, ihre Kredite abzutragen. Ein Müller erhielt 30.000 Mark, die er sich in den Jahren 1887 und 1906 auszahlen ließ. Ein Viehhändler hatte aufgrund von Kreditgewährungen in den Jahren 1883 und 1907 eine Verbindlichkeit gegenüber der Sparkasse in Höhe von 20.400 Mark, ein Eisenhändler nach einer Auszahlung im Jahr 1884 Schulden über 18.000 Mark. Diese Aufzählung lässt sich mit weiteren Wirten und Müllern fortsetzen.

Eine wichtige inhaltliche Ergänzung bildet das im Juli 1909 angelegte Namensregister der Kreditkunden. Es enthält die alphabetisch sortierten Kundennamen mit dazugehörigen Nummern und sollte das Auffinden der jeweiligen Seiten im heute nicht mehr erhaltenen Aktivkapitalienbuch erleichtern. Hierdurch sind die Kreditnehmer zum Zeitpunkt Mitte 1909 bekannt und durch spätere Eintragungen die Darlehensvergaben aus der Folgezeit. Allerdings wurden weder die genauen Auszahlungszeitpunkte noch die Beträge angegeben. Aus dem eigenen Bezirk sind unter anderem ein Ziegeleibesitzer sowie zwei gräfliche Standesherrschaften als Kreditnehmer vermerkt. Ansonsten zeigt das Namensregister, dass die Leutkircher Sparkasse an Industrieunternehmen insbesondere aus anderen Bezirken Darlehen vergab.

Zu den Kreditnehmern gehörte der Fabrikant H. Wölfle aus Meckenbeuren im Oberamt Tettnang. Er betrieb ein Hobel- und Sägewerk mit Parkettfabrik und beschäftigte etwa 60 Arbeiter.[706] Vermerkt sind des Weiteren die Vereinigten Peitschenfabriken Isny aus dem Oberamt Wangen. Dieses Unternehmen war 1901 aus dem Zusammenschluss zweier Peitschenhersteller entstanden.[707] Es beschäftigte zwischen 70 und 100 Arbeiter und exportierte insbesondere nach Österreich, in die Schweiz sowie nach England, Russland, Amerika und Afrika. Die Sparkasse gewährte auch ein Darlehen an die Oberschwäbischen Ziegelwerke Ulm. Die 1907 gegründete GmbH beschäftigte etwa 300 Arbeiter.[708] Neben verschiedenen weiteren Fabrikenten aus Blaubeuren und Geislingen finden sich ein Sägewerksbesitzer aus dem Oberamt Ravensburg, das Bürgerliche Brauhaus Ravensburg AG und vom bayerischen Teil des Bodensees die Inselbrauerei Lindau AG in dem Register. Mit der Deutschen Werkzeugfabrik Chemnitz wurde sogar ein sächsisches Un-

704 Vgl. Kapitel 3.8.

705 Die württembergische Bierproduktion fiel von 4,0 Mio. Hektoliter 1913 auf 0,9 Mio. Hektoliter 1917. Vgl. Abbildung 5 und Statistisches Handbuch für Württemberg, diverse Ausgaben. Der Hauptgrund hierfür ist die Notwendigkeit, Braugerste für die Brotherstellung einzusparen.

706 Kuhn (1984), S. 627; Huber (1910), S. 79.

707 Hier und im Folgenden: Kuhn (1984), S. 635; Huber (1903); S. 253; Huber (1910), S. 236.

708 Huber (1910), S. 66.

ternehmen als Kunde geführt. Die Aktiengesellschaft mit rund 3.000 Mitarbeitern hatte 1904 ein Aktienkapital in Höhe von 1,7 Mio. Mark.[709]

Das fast vollständige Fehlen von Industriebetrieben unter den heimischen Kreditnehmern lässt sich im Fall Leutkirch mit einer Sonderentwicklung erklären. Die Industrialisierung führte am Rande des Allgäus nicht zu einem Bedeutungszuwachs des verarbeitenden Gewerbes, sondern zu einer Intensivierung der Landwirtschaft, die aufgrund der Versorgung der Industriezentren des Landes mit frischen Lebensmitteln an Bedeutung gewann.[710] Um an diesem Wachstumsmarkt teilnehmen zu können, schlossen sich die Bauern zu Genossenschaften zusammen. Leutkirch gehörte zu denjenigen Bezirken, die an der Versorgung der Hauptstadt Stuttgart mit Frischmilch per Eisenbahnversand teilnahmen.[711] Außerdem konnten Milchprodukte wie Butter und Käse in genossenschaftlichen Betrieben mit modernen Geräten rationeller und gleichzeitig in höherer Qualität hergestellt werden als bei der zuvor üblichen Selbstverarbeitung durch die Bauern.[712] Die Oberamtssparkasse begleitete diese Entwicklung mit Darlehen an Landwirte. Gemäß dem Kreditnehmerverzeichnis vergab sie außerdem Darlehen an zwei Milchproduzentenvereine, an eine Sennereigenossenschaft und an eine Käsereigenossenschaft. Eine der beiden Molkereigenossenschaften erhielt sogar drei Darlehen. Vermutlich handelte es sich hierbei aber nicht um Hypothekenkredite, sondern um unbesicherte Geldvergaben gegen Schuldschein, wie sie von der Mustersatzung des württembergischen Sparkassenverbandes vorgesehen waren.

709 *Handbuch der Deutschen Aktiengesellschaften, Ausgabe 1904–1905*, Band II, Leipzig 1905, S. 306.

710 Emil Vogler (2008): *Leutkirch im Allgäu: Geschichte, Wirtschaft und Kultur im Spiegel der Jahrhunderte*, 3. ergänzte Auflage, Leutkirch, S. 107; K.[öniglich] Statistisches Landesamt (1907), S. 289 ff.

711 Trüdinger (1908): *Die Milchwirtschaft in Württemberg*; in: Königlich Statistisches Landesamt (Hg.): Württembergische Jahrbücher für Statistik und Landeskunde, Jahrgang 1907, Zweites Heft, Stuttgart, S. 68–97, hier S. 69 ff.

712 Ebd., S. 83 ff und S. 93.

7. Synthese der Einzeldarstellungen und Gesamtschau

7.1 Vorbemerkungen

Wie die Einzeldarstellungen im vorgehenden Kapitel zeigen, wich das Kreditgeschäft der archivalisch untersuchten Sparkassen teilweise deutlich voneinander ab. Und selbst für einzelne Institute ergeben sich je nach betrachtetem Zeitraum vollkommen unterschiedliche Abbilder von den Kreditaktivitäten. Das Ziel dieses Kapitels besteht darin, die mannigfaltigen Eindrücke zu einem großen Ganzen zusammenzufügen. Zunächst steht im ersten Unterkapitel die Entwicklung des Kreditgeschäftes im Zeitablauf von den Anfängen bis 1913 im Vordergrund. Wie bereits geschildert wurde, war die Industrie- und Gewerbefinanzierung in den letzten zwei Jahrezehnten vor dem Ersten Weltkrieg besonders stark ausgeprägt. Deshalb sollen dieser Zeit weitere Unterkapitel gewidmet werden. Darin werden einerseits die Anpassungsstrategien der Sparkassen an Kreditnachfrageschwankungen im Konjunkturverlauf erläutert. Und im darauf folgenden Unterkapitel werden die Unterschiede zwischen den Instituten in diesem Zeitraum betrachtet. Auf der Grundlage der mit dem einheitlichen quantitativen Auswertungskonzept gewonnenen Daten wird ein Ansatz entwickelt, der nicht nur das Kreditgeschäft der Panel-Sparkassen erklärt, sondern auch Prognosen über nicht-archivalisch untersuchte Institute zulässt. Auf diese Ergebnisse wird im weiteren Verlauf der Arbeit in Kapitel 12 zurückgegriffen werden. Darüber hinaus wird in einem Unterkapitel auf Grundlage der quantitativen Auswertungen nochmals der Frage nachgegangen, welchen Zwecken die Darlehen dienten. Vervollständigt wird die Überblicksdarstellung am Schluss dieses Kapitels durch eine Beschreibung der Darlehensvergabe an öffentlichen Körperschaften.

7.2 Das Kreditgeschäft in der historischen Entwicklung

Das Kreditgeschäft der württembergischen Sparkassen im Untersuchungszeitraum lässt sich in vier übergeordnete Phasen einteilen. Die erste Phase erstreckt sich von dem Beginn der vorgenommenen Analysen Mitte der 1840er Jahre bis ungefähr Anfang der 1860er Jahre. Wahrscheinlich gelten die Erkenntnisse aber auch für die davor liegende Zeit ab den ersten Sparkassengründungen in den 1820er Jahren.[713] Damals gab es auf der einen Seite originäre Sparkassen, die sich ausschließlich auf die Sparförderung und die Annahme von Spargelder konzent-

713 Zu den ersten Sparkassengründungen in Württemberg vgl. Kapitel 2.6.

rierten. Die Anlage des eingenommenen Kapitals stellte lediglich ein notwendiges Mittel zur Verfolgung des Hauptzwecks dar. Deshalb vergaben die Institute aus dieser Gruppe vor allem Hypothekendarlehen über dreistellige und vierstellige Guldenbeträge an lokale Kreditnehmer. Das waren für damalige Verhältnisse durchaus beachtliche Kredite, die dem Kauf von Ackerflächen bis hin zu Landwirtschaftsanwesen oder für sonstige größere Anschaffungen gedient haben können.[714] Das Kreditvolumen blieb in der Summe aber überschaubar, da die Institute noch relativ klein waren. Pro Jahr wurde pro Kasse ein Dutzend Darlehen oder weniger gewährt. Ein Beispiel hierfür ist die Oberamtssparkasse Geislingen nach ihrer Gründung 1852.[715] In diese Kategorie fällt auch die Oberamtssparkasse Freudenstadt, deren Archivalien eingesehen, aber aufgrund der spärlichen Aktenüberlieferung aus der Zeit der eigentlichen Industrialisierung nicht statistisch ausgewertet wurden. In den Anfangsjahren dieses Instituts ab 1834 wurden ebenso wie in Geislingen 20 Jahre später mittelgroße Hypothekendarlehen vergeben. Gemäß dem erhaltenen Debitorenbuch wurde das Kapital vor allem von Landwirten und daneben auch von Handwerkern aufgenommen.[716]

Darüber hinaus bestanden in der ersten Phase reine Leihkassen und außerdem solche Institute, die sowohl die Funktionen einer Sparkasse wie auch die einer Leihkasse wahrnahmen. Auf dem Gebiet der näher betrachteten Oberamtsbezirke waren mehrere Geldhäuser der zweiten Kategorie tätig. Zu ihnen gehörten neben der 1846 gegründeten Oberamts-Spar- und Leihkasse Göppingen auch die Oberamts-Hülfs-Leih- und Spar-Caße Nagold von 1835[717] und die Oberamts-Leih-Spar-Casse Maulbronn von 1848.[718] Über die beiden letztgenannten Institute ist jedoch kaum etwas bekannt. In Leutkirch wurde die spätere Sparkasse 1825 übrigens ebenfalls als Leih- und Sparkasse gegründet.[719] Und die Oberamtssparkasse Ravensburg war wie gezeigt trotz ihres abweichenden Namens ebenfalls ein Mischinstitut. In diese Kategorie kann mit Abstrichen außerdem die Oberamtssparkasse Ludwigsburg eingeordnet werden. Das gemeinsame Merkmal dieser Institute war eine besondere Hinwendung zum Kreditgeschäft, die sich durch eine verhältnismäßig kleinteilige Darlehensvergabe, insbesondere in der Form als Bürgschaftsdarlehen ausdrückte. Wie am Beispiel Göppingens gezeigt, wurden pro Jahr teilweise mehrere hundert Kredite ausgezahlt. Die Institute gewährten vielfach Kapital im unteren bis mittleren zweistelligen Guldenbereich. Dabei handelte es sich zwar ebenfalls um bedeutende Beträge, vor allem

714 Zu den Schätzwerten damaliger Häuser in Ludwigsburg vgl. Kapitel 6.5.
715 Vgl. Kapitel 6.9.
716 Historisches Archiv der Kreissparkasse Freudenstadt, Debitorenbuch sowie Rechnungsbeilagen, diverse Jahrgänge. Das historische Archiv wurde mittlerweile vom Wirtschaftsarchiv Baden-Württemberg übernommen.
717 Vgl. Kapitel 6.7.
718 Vgl. Kapitel 6.6.
719 Weiser (1925): *Denk-Schrift anläßlich des 100-jährigen Bestehens der Oberamts-Sparkasse Leutkirch*, Leutkirch, S. 4, (in: WABW, in: B 202, (Lfd. Nr. 1), B-Nr. 104, „Druckschrift").

wenn berücksichtigt wird, dass das deutsche Volkseinkommen pro Kopf in den 1850er Jahren nur etwa 161 Gulden (277 Mark) pro Jahr betrug.[720] Die einzelnen Geldvergaben beliefen sich allerdings überwiegend auf deutlich geringere Beträge als im Fall der Hypothekendarlehen der reinen Sparkassen. Möglicherweise dienten die Kleinkredite stellenweise zur Linderung von unmittelbarer Not, also zur Abtragung von hochverzinslichen Schulden bei privaten Geldverleihern, zum Kauf von Lebensmitteln oder für die Anschaffung von Vieh, Saatgut oder Arbeitsmaterial im Fall von Landwirten beziehungsweise Handwerkern. In Göppingen und vermutlich auch bei anderen Kassen dominierten hierfür kurzfristige Geldvergaben in Form von Bürgschaftsdarlehen. In Ludwigsburg wurden dagegen selbst kleine Beträge als Hypothekendarlehen gewährt.

In dieser ersten Phase bis Anfang der 1860er Jahre war das Geschäftsvolumen der Spar- und Leihkassen noch viel zu klein, um damalige größere oder auch nur mittelgroße Industriebetriebe finanzieren zu können. Die einzige Ausnahme bildete die Landessparkasse, die damals schon über eine beachtliche Finanzkraft verfügte. Allerdings machten sich einige Kaufleute, Kleinindustrielle und andere Gewerbetreibende die lokalen Kassen in den Oberamtsbezirken zunutze. Die Auswertung der Darlehensvergabe in Göppingen zeigt, dass Händler, Bierbrauer und Fabrikanten überdurchschnittlich hohe Beträge über 500 Gulden, 1.000 Gulden bis hin zu 1.500 Gulden (857 Mark bis 2.571 Mark) in mehreren Jahren nacheinander gegen Bürgschaft aufnahmen.[721] Wahrscheinlich wurde das Kapital für kommerzielle Zwecke genutzt. Im Bereich der Hypothekendarlehen, wo deutlich höhere Kreditbeträge bis in den fünfstelligen Guldenbereich möglich waren, liegen unzweifelhaft gewerbliche Nutzungen vor. Dies belegen diverse Beispiele aus Ludwigsburg und Göppingen.[722]

Unter den Kreditnehmern der damaligen Zeit befinden sich auch einige Namen, die später zu den bekannteren der württembergischen Industrialisierung wurden. Aus Ravensburg ist die Familie Schatz als Wegbereiterin der Maschinenfabrik Weingarten zu nennen, die vor dem Ersten Weltkrieg 700 Mitarbeiter beschäftigte.[723] Und aus Göppingen lassen sich beispielsweise die Firmen Gutmann & Cie[724] sowie Boehringer[725] aufzählen. Die Spinnerei und die Werkzeugmaschinenfabrik beschäftigten am Ende des Untersuchungszeitraumes jeweils rund 800 Arbeiter. Als die Geldvergaben vorgenommen wurden, handelte es sich jedoch noch nicht um Unternehmen in dieser Größenordnung, sondern um Kleinbetriebe der Gründergeneration.

720 Mittelwert für die Jahre 1851 bis 1859, gebildet nach Angaben in: Walter G. Hoffmann und J. Heinz Müller (1959): *Das Deutsche Volkseinkommen 1851–1957*, Tübingen, S. 39.
721 Vgl. Kapitel 6.8.
722 Vgl. Kapitel 3.8, 6.5 und 6.8.
723 Ebd.
724 Vgl. Kapitel 3.8.
725 Vgl. Kapitel 6.8.

Die zweite Phase begann Anfang beziehungsweise Mitte der 1860er Jahre und dauerte bis in die 1880er Jahre. Sie ist das Ergebnis eines ordnungspolitischen Eingriffes der Regierung, der das Ende der Leihkassengeschäfte bewirkte. Die kleinteilige Kreditvergabe in Form von Personaldarlehen, insbesondere gegen Bürgschaft, wurde weitgehend eingestellt. Und darüber hinaus verzichteten die Sparkassen auf die Vergabe von Hypothekendarlehen an Fabrikanten und Unternehmen. Alle Institute betrieben in diesem Zeitabschnitt ein eher konservatives Hypothekengeschäft mit Landwirten und mit Gewerbetreibenden aus dem Handwerk, wie es die reinen Sparkassen schon in der ersten Phase praktizierten. Die neue Ausrichtung wurde in Kapitel 6 bereits ausführlich am Beispiel Göppingens beschrieben, wo die vormalige Oberamts-Spar- und Leihkasse in eine Oberamtssparkasse umgewandelt wurde. Daneben zeigen sich auch bei den anderen Instituten des Panels mit relevanten Archivgut aus diesem Zeitraum Veränderungen. Dies gilt wie bereits erwähnt für Ravensburg. Die Satzung von 1852 sah Bürgschaftsdarlehen noch ausdrücklich vor, wohingegen die Satzung von 1874 diese Art der Kapitelvergabe explizit ausschloss. Die 1874 verwendete Formulierung lässt erkennen, dass man die Gewährung von Darlehen gegen Bürgschaft bereits einige Zeit vorher aufgab.[726] Und die Oberamtssparkasse Ludwigsburg stellte ab der zweiten Hälfte der 1860er Jahre die Darlehensvergabe an Fabrikanten für längere Zeit ein.

Die Gründe für die Zäsur sind nicht direkt erkennbar. Die Festschrift der Göppinger Sparkasse von 1946 weist zwar auf Erlasse des Innenministeriums von Anfang 1861 hin, welche die Umgründung notwendig machten. Aber sie verschweigt die Inhalte. Auf dieses rätselhafte Vorgehen der Autoren ist noch am Schluss der vorliegenden Arbeit einzugehen. Im heute zur Verfügung stehenden Archivgut der Sparkasse finden sich jedenfalls keine Hinweise auf den Inhalt der Erlasse. Und auch die Gegen-Überlieferung der Sparkasse in den Archivalien des Stuttgarter Ministeriums des Innern enthält keine Anhaltspunkte.[727]

Allerdings bestätigen andere Akten des Ministeriums den weitgehenden Umbau des württembergischen Sparkassenwesens in dieser Zeit. In mehr als einem Dutzend Oberämtern wirkten zunächst Spar- und Leihkassen, die Anfang der 1860er Jahre ausnahmslos in reine Sparkassen umgewandelt wurden.[728] Zumindest in Balingen wurde mit der offiziellen Änderung nur eine Anpassung an die

726 Vgl. Kapitel 6.10.

727 H StA S, E 150, Bü 6496, „Oberamtssparkasse Göppingen".

728 Die betraf neben den hier bereits genannten Oberämtern Maulbronn und Göppingen mindestens auch Aalen, Balingen, Cannstatt, Ellwangen, Esslingen, Brackenheim, Heilbronn, Herrenberg, Neckarsulm, Spaichingen und Tettnang. Ersichtlicht wird dies anhand einer Übersicht mit entsprechenden Vermerken über Umwandlungen, die sich im Archivgut über die Oberamtssparkasse Neresheim erhalten hat; H StA S, E 150, Bü 6514, „Oberamtssparkasse Neresheim". Daneben enthalten auch die Überlieferungen der betroffenen Sparkassen entsprechende Hinweise auf Satzungsänderungen, zum Beispiel: H StA S, E 150, Bü 6476, „Oberamtssparkasse Aalen"; Bü 6478, „Oberamtssparkasse Balingen"; Bü 6533, „Oberamtssparkasse Tettnang".

ohnehin schon gewandelte Geschäftstätigkeit vollzogen.[729] Dort bestand seit 1849 eine Spar- und Leihkasse, für die ein Maximalfonds von 50.000 Gulden (85.714 Mark) bestimmt wurde. Der Leihkassefonds wurde später jedoch schrittweise reduziert. In einem Schreiben an das Innenministerium vom September 1861 stellte ein Mitarbeiter der Kreisregierung aus Tübingen über die Einrichtung fest, *„Seit längeren Jahren ist sie aber, da kein Bedürfnis mehr erkannt wurde, als Leihkasse nicht mehr in Anwendung gekommen ...“*.[730] Dagegen gab es zwischen dem Oberamt Tettnang und der Kreisregierung in Ulm einen anhaltenden Konflikt über die Umwandlung.[731] Die Einwohner in dem am Bodensee gelegenen Bezirk scheinen ihre Leihkasse noch stärker genutzt zu haben als die Bürger Göppingens. Ende September 1859 standen nicht weniger als 811 Bürgschaftsdarlehen über zusammen 90.758 Gulden und 42 Kreuzer (155.586 Mark) aus. Das Innenministerium drängte jedoch mindestens bereits seit 1858 auf die Einstellung dieser Geschäfte. Der zuständige Beamte schrieb nach Ulm, *„Eine Abänderung der im Jahr 1849 festgestellten Statuten erscheint schon aus dem Grund als geboten, weil sich seitdem die Geldverhältnisse wesentlich geändert haben“*.[732] Früher wäre es notwendig gewesen, den Bezirksangehörigen bei der Verschaffung von Geldmitteln zu helfen. Doch nun trete die Sorge in den Vordergrund, eine verzinsliche Anlegung von Geldmitteln zu ermöglichen.

Vor diesem Hintergrund erscheinen die Abschaffung der Leihkassengeschäfte und die freiwillige oder erzwungene Konzentration auf die Annahme von Spareinlagen als ein Akt von Pragmatismus. Man sah die Leihkassen eher als temporäre Einrichtungen an, die geschaffen wurden, um die vorübergehende Kreditnot in der Mitte des 19. Jahrhunderts zu beheben. Und nach Besserung der Lage konnte man dann wieder zum früheren Status zurückkehren. Hierbei scheint sich eine Vermutung von Gert Kollmer-von Oheimb-Loup zu bestätigen, wonach von der Seite des Staates grundsätzlich wenig Interesse an der Übernahme der Risiken aus dem Kreditgeschäft bestand.[733] Und bei den Leihkassen war die Risikoaversion der Ministerialbürokratie vermutlich ausgeprägter als bei den Sparkassen mit ihren Hypothekenanlagen. Hierfür gab es möglicherweise gute Gründe. So geht aus den Überlieferungen des Ministeriums des Innern über die Spar- und Leihkasse Aalen hervor, dass dort Ende der 1850er Jahre hohe Verluste über mindestens 10.000 Gulden (17.143 Mark) entstanden waren.[734] Die Beschäftigung mit

729 Hier und im Folgenden: H StA S, E 150, Bü 6478, „Oberamtssparkasse Balingen“.
730 Ebd.; Eugen Laun (1961): *125 Jahre Kreissparkasse Balingen, 1836–1961*, Balingen, S. 36, bestätigt, dass Ende 1860 der Beschluss erfolgte, die bisherige Oberamts-Spar- und Leihkasse Balingen in eine „reine Sparkasse“ umzuwandeln. Allerdings hatte das Innenministerium bereits Ende der 1850er Jahre die Kreditaufnahme der Kasse zur Refinanzierung des Kleindarlehensgeschäftes untersagt, da sich die Geldverhältnisse gebessert hätten. Vgl. ebd., S. 35.,
731 Hier und im Folgenden: H StA S, E 150, Bü 6533, „Oberamtssparkasse Tettnang“.
732 Ebd.
733 Kollmer-von Oheimb-Loup (1999), S. 220.
734 Hier und im Folgenden: H StA S, E 150, Bü 6476, „Oberamtssparkasse Aalen“.

dieser Angelegenheit scheint viele Kapazitäten gebunden zu haben und auch die Gerichte und der königlichen Rat als oberste Justizinstanz in Stuttgart mussten eingeschalten werden. Letztlich wurde das Institut 1864 vollständig aufgelöst.[735] Noch höhere Verluste waren in der Stadt Rottweil zu verkraften.[736] Die dortige Hilfsleih-Kasse wurde bis 1868/69 mit einem Verlust von mehr als 50.000 Gulden (85.714 Mark) abgewickelt.[737]

Für die Beschneidung der Kreditaktivitäten ist ein weiteres Motiv denkbar, das schon von Kollmer-von Oheimp-Loup als Grund für die Einschränkung der Gemeinde- und Bezirkskassen in den 1830er Jahre angeführt wurde.[738] Die Regierung war an dem Aufbau eines modernen privatwirtschaftlichen Produktions- und Dienstleistungssektors interessiert. Die Abschaffung der Leihkassengeschäfte fällt ziemlich exakt mit der Aufhebung der Zünfte und der Einführung der allgemeinen Gewerbefreiheit in Württemberg im Jahr 1862 zusammen. Die Existenz eines von den Oberämtern betriebenen Kleinkreditgeschäftes hätte eine gewisse Konkurrenz für potenzielle Gründer von privaten Geldhäusern bedeutet. Mit der Beschränkung der öffentlichen Institute auf das originäre Sparkassengeschäft senkte die Regierung die Markteintrittsbarrieren für Private. Sollte diese Hypothese zutreffend sein, dann ist die Rechnung in Göppingen tatsächlich aufgegangen. Die Gewerbetreibenden, die bislang kleine und auch mittelgroße Beträge zu mäßigen Zinsen als Bürgschaftsdarlehen von der Spar- und Leihkasse erhielten, mussten sich um eine Alternative bemühen. Es ist vermutlich keine zu gewagte Behauptung, dass die Gründung der genossenschaftlich organisierten Göppinger Gewerbebank im April 1865[739] durch die Einstellung der Leihkassengeschäfte gefördert wurde.

Der Verzicht auf die Darlehensgewährung an Kaufleute und die Kleinindustrie in der zweiten Phase zog für einen Teil der Sparkassen beachtliche Folgewirkungen nach sich. In Bezirken mit fortgeschrittener Industrialisierung wie Göppingen und Geislingen war die Kapitalnachfrage der verbliebenen Kreditkunden zu gering, um das vergleichsweise hohe Sparaufkommen der vielen Arbeiter und anderer Einleger absorbieren zu können. Die lokalen Kleinlandwirte in dem Realteilungsgebiet arbeiteten zu diesem Zeitpunkt noch überwiegend nach alterhergebrachten Methoden und hatten deshalb zu wenig Investitions- und Kreditbe-

735 H StA S, E150, Bü 6514, "Oberamtssparkasse Neresheim".

736 Hier und im Folgenden: Rüth (2006), S. 63.

737 Zu erwähnen sind auch die umfangreichen Verluste bei den vielen privaten Spar- und Leihkassen ab Ende der 1840er Jahre. So entstanden Verluste über 300.000 Gulden (514.286 Mark) im Fall des Instituts von Hofstett-Emerbuch und Verluste von 150.000 Gulden (257.143 Mark) im Fall der Kasse in Stubersheim. Vgl. Eugen Laun [1954]: *100 Jahre Kreissparkasse Heidenheim, Brenz, 1854–1954*, Heidenheim, S. 21 f.

738 Kollmer-von Oheimb-Loup (1999), S. 220ff; Vgl. auch Kapitel 2.6 der vorliegenden Arbeit.

739 Weihmüller und Eisenbraun (1915): *Denkschrift zum fünfzigjährigen Bestehen der Gewerbebank Göppingen E.G.m.b.H., 1865–1915*, o.O., S. 8.

darf.[740] Deshalb mussten die Sparkassen ihr Darlehensgeschäft über ihre Bezirksgrenzen hinaus ausdehnen. Wie die Beispiele der beiden Sparkassen aus dem Filstal zeigen, fand im Zeitablauf ein bedeutender Kapiteltransfer in die großlandwirtschaftlichen Bezirke Neuwürttembergs statt, wo aufgrund des mutmaßlich früheren Einsatzes von Landwirtschaftsmaschinen ein hoher Kapitalbedarf einsetzte. Auch in Ludwigsburg übertraf das Sparvolumen die Kreditnachfrage, doch aufgrund der Insellage konnte die Kasse ihre überschüssigen Gelder weitgehend in den umliegenden altwürttembergischen Bezirken ohne eigene Sparkasse unterbringen. Nicht betroffen von dem Verzicht auf industrielle Finanzierungen waren übrigens Müller und Bierbrauer beziehungsweise Wirte, auch wenn ihre modern eingerichteten Betriebe einen kleinindustriellen Umfang einnahmen. Möglicherweise unterlagen sie nicht dem Bann, da sie damals noch als Teil des Handwerks wahrgenommen wurden.

Die Änderungen im Kreditgeschäft scheinen Rückwirkungen auf die allgemeine Entwicklung der Institute gehabt zu haben. Wie beschrieben, setzte nach dem deutlichen Wachstum der Spareinlagen in der zweiten Hälfte der 1850er Jahre trotz der fortgesetzt guten Konjunktur ab Anfang der 1860er Jahre zunächst eine Stagnation ein.[741] Möglicherweise wirkten die Verantwortlichen in den Sparkassen auf die Vermeidung eines zu starken Einlagenwachstums hin, da die Unterbringung der Mittel am Kreditmarkt nun erschwert war. Außerdem fanden über einen längeren Zeitraum keine weiteren Neugründungen von Sparkassen statt.[742]

Die dritte Phase stellt lediglich eine schwach ausgeprägte Übergangszeit von Mitte der 1880er Jahre bis etwa Mitte beziehungsweise Ende der 1890er Jahre dar. Das Kreditgeschäft bewegte sich weiterhin in den gleichen Bahnen wie in der zweiten Phase und noch immer flossen erhebliche Kapitelbeträge aus den industrialisierten Zentren in die Peripherie mit Großlandwirtschaft ab. Allerdings vollzog sich in den am meisten entwickelten Oberämtern eine allmähliche Wiederentdeckung der Industriefinanzierung. In Göppingen fand die erste größere Geldvergabe wie gezeigt 1886 statt und in Ravensburg spätestens 1888. Entsprechende Darlehen waren jedoch noch eher Einzelfälle und Ausnahmen, teilweise im zeitlichen Abstand von mehreren Jahren. Außerdem beteiligten sich nicht alle Institute an der Hinwendung zur Industrie. Insofern nahmen die Unterschiede zwischen den Sparkassen wieder zu.

Die vierte Phase des Kreditgeschäftes begann dementsprechend etwa Mitte beziehungsweise Ende der 1890er Jahre und überdauerte den Untersuchungszeitraum bis in die Anfangszeit des Ersten Weltkrieges. Die Finanzierung von größeren Gewerbebetrieben und kleinen bis mittelgroßen Industrieunternehmen

740 Zum Maschineneinsatz in der Landwirtschaft vgl. Kapitel 4.2.

741 Vgl. Kapitel 2.7; Abweichend hiervon berichtet Laun (1961), S. 48, über ein starkes Einlagenwachstum der Oberamtssparkasse Balingen in den 1860er Jahren.

742 Vgl. Kapitel 2.6. Zwischen 1857 und 1878 fanden keine Neueröffnungen statt. Vgl. hierzu auch Haemmerle (1908), S. 6f.

wurde bei den bedeutenderen Sparkassen und mit etwas zeitlicher Verzögerung auch bei den mittleren Instituten zu einem regulären Teil des Kreditgeschäftes. Vor allem Einzelkaufleute, aber auch Personengesellschaften und in geringem Umfang Kapitalgesellschaften, nahmen Beträge in der Größenordnung von etwa 20.000 Mark bis 100.000 Mark, teilweise auch deutlich über 100.000 Mark auf. Vielfach stellten diese Kunden den bedeutendsten Teil der Kreditnachfrage, auch wenn gemessen an den Kreditfällen weiterhin Handwerker und Landwirte überwogen. In dieser Zeit erhielten ähnlich wie in der ersten Phase wieder vermehrt Unternehmensgründer Darlehen. Vermutlich liegt die Ursache hierfür in dem Umstand, dass der letzte Zeitabschnitt zeitlich mit der Epoche der Hochindustrialisierung in Württemberg zusammenfällt.[743] Trotz diverser Schwankungen in Abhängigkeit von der Konjunktur bestand ein insgesamt hoher Kapitelbedarf des Gewerbes, den die zwischenzeitlich weiter gewachsenen Sparkassen befriedigten. Die Kapitelströme kehrten sich um. Die Gelder flossen nun zumindest zeitweise aus der ländlichen Peripherie mit Sparüberschüssen in die industrialisierten Zentren, worauf in den Kapiteln 7.3 und 7.4 näher einzugehen ist. Im letztgenannten Unterkapitel soll zudem ein Erklärungsversuch für die Unterschiede zwischen den Sparkassen mit und ohne Industriefinanzierung vorgenommen werden.

Die gewerblich-industriellen Finanzierungen wurden einerseits durch den Zuwachs der Finanzvermögen der Sparkassen ermöglicht. Die größeren Institute des Panels überschritten zu Beginn der vierten Phase die Marke von 2 Mio. Mark (siehe Tabelle unten). Dies machte eine Professionalisierung des Sparkassenwesens notwendig, was wiederum eine Grundlage für das weitere Wachstum darstellte. Bis dahin beschränkte sich das physisch greifbare Wesen der Oberamtssparkassen lediglich auf die namensgebende Kassenlade, in der man Bargeldbestände und wichtige Unterlagen aufbewahrte.[744] Die Geschäfte wurden an wenigen Stunden beziehungsweise einzelnen Tagen pro Monat in der Privatwohnung der Sparkassiere abgehalten, die als Entschädigung ein Kanzleikostenaversum erhielten.[745] Und die Kassiere übten ihr Amt lediglich nebenberuflich aus. Häufig wurde diese Aufgabe von den sogenannten Oberamtspflegern wahrgenommen, also von den Vorgängern der heutigen Kreisschatzmeister. Mit dem wachsenden

743 Vgl. Kapitel 2.4.
744 Hier und im Folgenden zur räumlichen Situation und den Mitarbeitern der Panel-Sparkassen: Barth (2003), S. 18; Markus Blatt (2003): 1900–1950, *Aufschwung auch in stürmischen Zeiten*, in: Kreissparkasse Biberach (Hg.): Sicherer Grund im Oberland, 150 Jahre Kreissparkasse Biberach, Laupheim, S. 19–27, hier S. 19; Kreissparkasse Göppingen (1946), S. 21 f; Kreissparkasse Göppingen (1952), S. 8 ff; Röder, Baum und Klotzbücher (2002), S. 37 ff; [Einsele] (1928), S. 2 und S. 23 (in: HA KSK E-N); Weiser (1925), S. 15 f (in: WABW, B 202, (Lfd. Nr. 1), B-Nr. 104, „Druckschrift"); Kreissparkasse Ravensburg (1963): *Ein kleiner Rückblick auf die Geschichte der Sparkasse Bad Waldsee, Herausgegeben anläßlich der Vollendung des zweckmäßigen und wohlgelungenen Umbaus des Sparkassengebäudes in Bad Waldsee*, Ravensburg, [unpaginiert] Bl. 13; Schnell und Herbner (1993), S. 96.
745 Kreissparkasse Göppingen (1952), S. 9; Schnell und Herbner (1993), S. 95.

Geschäftsvolumen fand dann ein äußerlicher Wandel statt. Ab ungefähr den 1890er Jahren wurden eigene Geschäftsräume bezogen und teilweise sogar eigene Sparkassengebäude errichtet. Außerdem bestellte man hauptberufliche Oberamtssparkassiere sowie später hauptberufliche Kontrolleure als zweite Mitarbeiter sowie Schreibergehilfen. Damit ging die Ausweitung der Schalterstunden einher. Möglicherweise wurden durch diese Änderungen auch die Kontakte zu lokalen Unternehmern gefördert.

Tabelle 17: Die Professionalisierung der Oberamtssparkassen

Oberamts-sparkasse	Finanzvermögen >2 Mio. Mark...	Eigene Räume...	Hauptamtlicher Sparkassier...
	...wurde(n) erstmals erreicht/eingerichtet im Jahr:		
Biberach	1900	1901	1899
Kirchheim	1893	1890	1890
Künzelsau	-	unbek.	1917
Ludwigsburg	1895	1896	1855
Maulbronn	-	unbek.	unbek.
Nagold	1907	unbek.	unbek.
Göppingen	1894	1897	1904
Geislingen	1901	1902	1894
Ravensburg	ca. 1886	unbek.	unbek.
Waldsee	1904	spätestens 1909	unbek.
Leutkirch	1889	spätestens 1910	1884

Quellen: Finanzvermögen: eigene Berechnung auf der Grundlage der Sparkassenstatistik; Räumlichkeiten und Personalpolitik: Barth (2003), S. 18; Blatt (2003), S. 19; Kreissparkasse Göppingen (1946), S. 21f; Kreissparkasse Göppingen (1952), S. 8ff; Röder, Baum und Klotzbücher (2002), S. 37ff, [Einsele] (1928), S. 2 und S. 23 (in: HA KSK E-N); Weiser (1925), S. 15f (in: WABW, B 202, (Lfd. Nr. 1), B-Nr. 104, „Druckschrift"); Kreissparkasse Ravensburg (1963), Bl. 13; Schnell und Herbner [1993], S. 96.

In der vierten Phase wurden darüber hinaus verschiedene Änderungen im Spargeschäft vorgenommen, die zum Einlagenzuwachs beitrugen. So wurden die Einlagenmaxima schrittweise angehoben[746] und ungefähr ab der Jahrhundertwende nach dem Vorbild der Landessparkasse nebenamtliche Ortssparpflegen in den Bezirksgemeinden eingerichtet.[747] Diese bildeten die Grundlage für das spätere Filialnetz der Sparkassen. Mit Blick auf das Kreditgeschäft mit Unternehmenskunden dürften zwei Neuerungen vorteilhaft gewesen sein. Zum einen führte ein

746 Die Mindest- und Maximalbeträge pro Institut sind in den Sparkassenstatistiken dokumentiert. Mitte der 1880er Jahre betrug das Maximum oftmals nur 1.000 Mark, im Jahr 1913 vielfach 10.000 Mark.
747 [Einsele] (1928), S. 8 (in: HA KSK E-N); Weiser (1925), S. 10 (in: WABW, in: B 202, (Lfd. Nr. 1), B-Nr. 104, „Druckschrift"); Kreissparkasse Göppingen (1946), S. 21.

Teil der Sparkassen ab Ende der 1890er Jahre neben den ansonsten üblichen Hypothekendarlehen ohne festgelegter Rückführung sogenannte Renten- beziehungsweise Tilgungsdarlehen als zusätzliche Alternative ein.[748] Es handelt sich dabei im Grundsatz um die auch noch heute in Deutschland in der Wohnbaufinanzierung üblichen Kredite mit einer festgelegten Tilgung und jährlich gleichbleibenden Annuitäten. Ursprünglich waren diese Kredite dazu gedacht, um der Verschuldungsneigung der Landwirtschaft entgegenzuwirken und jede Generation dazu anzuhalten, die aufgenommenen Lasten vor der Weitergabe des Hofes an die Erben wieder selbst abzutragen.[749] Diese Kreditform wurde aber auch immer mehr von Unternehmen beansprucht. Die Oberamtssparkasse Göppingen vergab ab 1908 größere Darlehen nur noch als Tilgungsdarlehen. Es ist denkbar, dass die Aussicht auf eine planmäßige Rückführung der umfangreichen Beträge die Entscheidung der Verantwortlichen zur Genehmigung von größeren Industriefinanzierungen erleichterte. Zweitens traten die Sparkassen ab den 1880er Jahren allmählich in Kontoverbindungen zu anderen Kreditinstituten und 1901/02 wurde in Württemberg ein landesweiter bargeldloser Giroverkehr für die Sparkassen eingeführt, worauf noch im nächsten Unterkapitel ausführlich einzugehen ist. Dies hatte vor allem für Unternehmer praktische Vorteile, bei denen es in der Regel um größere Summen ging. Beispielsweise entsprach ein Darlehen über 50.000 Mark dem stattlichen Gewicht von rund 20 Kilogramm, wenn es in den damals üblichen Goldmünzen hätte ausgezahlt werden müsen.[750]

7.3 Anpassungsstrategien der Sparkassen im Konjunkturverlauf

In diesem Unterkapitel geht es nicht um die Frage, wie sich das Kreditgeschäft der Sparkassen im Zeitablauf strukturell veränderte. Es sollen vielmehr die kurzfristigen konjunkturellen Schwankungen während der Hochindustrialisierung beziehungsweise der soeben beschriebenen vierten Phase betrachtet werden. In diesem Zusammenhang werden zwei wichtige Strategien der Sparkassen erläutert, die eng mit der Gewerbe- und Industriefinanzierung zusammenhängen: Die Ausdehnung des Kreditgeschäftes über den eigenen Bezirk hinaus und die Refinanzierung der Darlehensvergabe durch den Interbankenmarkt beziehungsweise durch Notenbankkredite. Für diesen Zweck eignen sich wiederum insbesondere die aussagekräftigen archivalischen Überlieferungen der beiden Oberamtssparkassen Kirchheim und Biberach.

748 [Einsele] (1928), S. 11 (in: HA KSK E-N).

749 Wolfgang Spitta (1904): *Der landwirtschaftliche Grundkredit in Württemberg mit besonderer Berücksichtigung des Württembergischen Kreditvereins in Stuttgart*, Tübingen, S. 4f.

750 Eine Münze über zehn Mark wies ein Feingewicht von 3,58 Gramm Gold auf sowie ein Rohgewicht von 3,98 Gramm. Vgl. Kapitel 2.3.

Der Markt für Kredite unterliegt ebenso wie die Märkte für Rohwaren, Investitionsgüter, Arbeitskräfte und Endprodukte gewissen Schwankungen im Konjunkturverlauf. Da die Investitionsneigung insbesondere in wirtschaftlichen Boomphasen hoch ist, aber in Rezessionen regelmäßig zurückgeht, kann die Volatilität der Kreditnachfrage sogar überdurchschnittlich hoch ausfallen. Daneben bestanden während der Industrialisierung insbesondere in Krisenzeiten auf der Angebotsseite des Kreditmarktes Restriktionen, da die Geldmenge im System der goldgedeckten Währungen nicht beliebig ausgeweitet werden konnte.[751] Beispielsweise lässt sich allein schon bei Betrachtung des relativ kurzen Zeitraumes von 1907 bis 1913 ein starkes Auf und Ab am Kreditmarkt beschreiben. Ein Zeugnis hierfür geben die Geschäftsberichte der Württembergischen Notenbank ab.[752] Demnach stand das Jahr 1907 „unter dem Druck einer ganz außergewöhnlichen Geldanspannung".[753] Die letztlich durch das schwere Erdbeben in San Francisco ausgelöste Finanzmarktkrise und Geldknappheit führte zu großen Goldverschiffungen in die Vereinigten Staaten von Amerika. Dies zwang „die Zentral-Notenbanken in England und Deutschland zu einschneidenden, diese Länder selbst aufs schwerste belastenden Abwehrmaßregeln".[754] Gemeint waren damit starke Zinserhöhungen, welche die Attraktivität von Geldanlagen im Inland erhöhen und ein Abfluss des Kapitals in das Ausland vermindern sollten. 1908 trat allmählich eine Entspannung ein und das Jahr 1909 stand „im Zeichen einer großen Geldfülle".[755] Für 1910 wird von einer Besserung des Wirtschaftslebens berichtet, aber 1911 löste die Marokko-Krise scharfe Friktionen aus. Das Jahr 1912 brachte in Württemberg zunächst einen leichten Rückgang der Konjunktur, aber nach Ausbruch des Balkankrieges eine scharfe Anspannung des Geldmarktes mit sich. Diese legte sich erst im Verlauf des Jahres 1913.

Die beschriebenen Schwankungen machten sich fast uneingeschränkt im Oberamtsbezirk Kirchheim bemerkbar, so dass die Sparkasse zunächst 1907/08 und dann wieder phasenweise ab 1911 mit einer die verfügbaren Mittel übersteigenden Kreditnachfrage konfrontiert war. Dagegen bestand vor allem Anfang 1910 und stellenweise 1913 ein mangelndes Kreditbedürfnis. Ähnliches gilt in abgeschwächter Form für Biberach. Dort reichten die Finanzmittel zwar stets aus, um alle Darlehenswünsche von Bezirksangehörigen zu befriedigen. Aber in manchen Zeitabschnitten blieb die Darlehensnachfrage deutlich hinter den Möglichkeiten zur Abgabe von Krediten zurück. Wie die Archivalien belegen, passten beide Sparkassen ihre Tätigkeit im Kreditgeschäft relativ flexibel an die äußeren Gegebenheiten an.

751 Mark Spoerer und Jochen Streb (2013): *Neue deutsche Wirtschaftsgeschichte des 20. Jahrhunderts*, München, S. 68 ff.

752 Hier und im Folgenden: *Bericht des Vorstandes der Württembergischen Notenbank über das Geschäftsjahr 19..*, diverse Ausgaben.

753 Ebd. Geschäftsjahr 1907, S. 3.

754 Ebd.

755 Ebd. Geschäftsjahr 1909, S. 3.

Im Falle von hoher Geldverfügbarkeit und einer gleichzeitig niedrigen Kreditnachfrage hätten die Sparkassen zur Anlage des Kapitals sichere Wertpapiere wie Staatsanleihen oder Pfandbriefe kaufen können. Dieser Schritt war jedoch unbeliebt, unter anderem, da die Anleihen im Vergleich zur Darlehensvergabe eine niedrigere Rendite boten. Beispielsweise erhielt der Kircheimer Sparkassier im Februar 1909 auf seine Anfrage von den örtlichen Bank-Commanditen Gmelich & Cie. ein Angebot zum Kauf württembergischer Staatsobligationen mit einer Nominalverzinsung von 4 % bei einem Kurs von 102,4 %.[756] Die resultierende Rendite des eingesetzten Kapitals hätte somit deutlich unter 4 % gelegen, während die Sparkasse mit der Vergabe von Hypothekendarlehen 4,25 % verdienen konnte. Das Angebot wurde deshalb abgelehnt. Außerdem sahen die älteren Statuten von 1901 den Kauf von Wertpapieren nur als Ultimo Ratio vor, „*...wenn die Gelder der Oberamtssparkasse anderweitig nicht untergebracht werden können, oder wenn der Verwaltungsausschuß die Anschaffung für notwendig erachtet, um im Fall dringenden Bedarfs Barmittel rasch flüssig machen zu können*".[757] Wertpapiere galten in erster Linie als leicht lombardierbare Liquiditätsreserve für Bank-Runs, insbesondere nach einer Mobilmachung bei Kriegsgefahr.

Vor diesem Hintergrund weitete die Kirchheimer Sparkasse bei hohen Geldbeständen und niedriger Kapitalnachfrage ihre Kreditvergabe lieber über den eigenen Bezirk hinaus aus. Aus dem historischen Schriftverkehr geht hervor, dass dies eine eingespielte Vorgehensweise war. Beispielsweise erhielt ein Stuttgarter Wirt im Jahre 1905, als in Kirchheim Kreditnachfragemangel herrschte, für die Beleihung eines größeren Restaurant- und Wohnhauses ein Darlehen in Höhe von 42.000 Mark.[758] In dieser Zeit wurden auch 10.000 Mark an ein auswärtiges Maschinenbauunternehmen ausgezahlt, das Anlagen für die chemische Industrie herstellte.[759] Außerdem wurden Darlehen an Gemeinden in den Oberamtsbezirken Marbach, Neuenbürg und Göppingen im Umfang von insgesamt knapp 138.000 Mark gewährt.[760] Als um das Jahr 1910 in Kirchheim erneut ein Mangel an Kreditnachfrage herrschte, wendete sich die Sparkasse wieder verstärkt den Darlehensnehmern im weiteren Umfeld zu. In diesem Jahr entfielen deshalb 49,6 % des insgesamt gegen Hypothek gewährten Kreditvolumens auf auswärtige Schuldner. Dagegen machte deren Anteil 1908 nur 4,5 % aus und 1912 sowie 1913 nur 5,3 % beziehungsweise 7,7 %.

Die gleiche Vorgehensweise wurde in Biberach praktiziert. Die geringe Zuneigung gegenüber Wertpapieren dokumentiert eine Sitzung der Ausleihekommission vom Februar 1905.[761] Angesichts des hohen Bestandes an flüssigen Mitteln

756 HA KSK E-N, Büschel „Kreditanträge/-entscheidungen usw." 1909.
757 § 19 der Statuten von 1901, in: HA KSK E-N.
758 HA KSK E-N, Kreditanträge/-entscheidungen usw. 1907.
759 HA KSK E-N ‚Kreditanträge/-entscheidungen usw. 1908.
760 HA KSK E-N, Verzeichniß der Annuitäten-(Renten)Darlehen (Exemplar des Kontrolleurs).
761 HA KSK BC, D 03-005.01, „Protokoll der Ausleihe-Kommission Band III".

wurde zunächst erwogen, württembergische Hypothekenpfandbriefe mit einem Kupon von 3,5 % und einem Kurs von 99,3 % zu erwerben. Dies wurde *„nach längerer Debatte“* aber verworfen. Stattdessen beschloss die Kommission die abermalige Schaltung von Anzeigen im Schwarzwälder Boten, im Stuttgarter Tagblatt, im Merkur, im Anzeiger vom Oberland und in der Neckarzeitung. Es bestand die Hoffnung, mit einem Zinssatz in Höhe von 4 % oder gegebenenfalls 3,75 % doch noch Kreditnehmer zu finden, nachdem bereits ein Darlehensgesuch von einem Fabrikanten nach einem Inserat im Schwarzwälder Boten eingegangen war. In diesem Zusammenhang wird der Kassier in dem Protokoll mit der Aussage zitiert, dass *„...man bei dem gegenwärtigen großen verfügbaren Geldbestand der Sparkasse wohl vorsichtig, aber nicht zu ängstlich in der Gewährung von Darlehen sein dürfte“*. [762] Die Ausleihekommission achtete zwar streng darauf, dass genügend Mittel zur Erfüllung aller Darlehensgesuche aus dem heimischen Oberamtsbezirk zur Verfügung standen. Dennoch blieb die Ausdehnung des Kreditgeschäftes unumgänglich. Im Zusammenhang mit einer anderen größeren auswärtigen Geldvergabe im Jahr 1910 bemerkte der Kassier: *„Auch bei Abgabe dieses Darlehens können noch alle Gesuche aus dem [eigenen] Bezirk berücksichtig werden. Die Sparkasse kann bestimmt damit rechnen, daß in nächster Zeit, wie im seitherigen Verlauf des Jahres große Summen eingehen werden [...]. Würde dieses Darlehen nicht verwilligt, so könnte der Fall eintreten, daß große Summen nutzlos oder zu geringem Zinsfuß liegen gelassen werden müßten.“*[763]

Um die Darlehensvergabe außerhalb des eigenen Bezirks zu erhöhen, reichte es zunächst aus, die ohnehin schon an die Sparkassen gerichteten Gesuche zu berücksichtigen. Beispielsweise erhielt das Institut in Kirchheim unter Teck fortlaufend Anfragen von auswärtigen Unternehmen, öffentlichen Körperschaften und zuweilen von anderen Sparkassen. Immer wieder leiteten Schultheißen Kreditwünsche weiter. Sie fungierten in Kirchheim und für andere Institute als Mittelsmänner, da sie oftmals Ortssparpflegen in ihren Gemeinden betrieben oder auch in den Verwaltungsausschüssen und Darlehenskommissionen der Sparkassen saßen. Darüber hinaus stand die Sparkasse in Kirchheim in engen Kontakt zu Privatbankiers. Sie führte immer wieder Schriftwechsel mit dem Bankier Amandus Ott in Stuttgart, dem Heilbronner Bankverein m.b.H. und dem Reutlinger Bankhaus Stahl & Federer. Gelegentliche Kontakte bestanden zum Bankgeschäft von Theodor Höchstetter in Nürtingen sowie zu der Privatbank Ruoff, Quenzer & Cie. in Reutlingen und darüber hinaus in Einzelfällen zu vielen weiteren Bankiers. Der Inhalt der Schreiben dokumentiert, wie sehr sich die Bankiers um die Sparkassen als Financiers bemühten. Vermutlich wurden solche Briefe nicht nur nach Kirchheim, sondern an eine ganze Reihe von Instituten versandt. Der Bankier Amandus Ott schrieb beispielsweise, *„Verehrl. Oberamtssparkasse Kirchheim u. Teck. Erlaube mir Titl. Stelle die ganz ergebenste Mitteilung zu machen, dass*

762 Ebd.
763 Ebd.

ich für einen hiesigen Geschäftsmann [...] den Betrag von ca. M. 35,000 [...] aufzunehmen suche, und sollte es mir sehr zur Ehre gereichen wenn Titl. Stelle meinem Gesuch näher treten könnte; [...]. Geneigter Rückäusserung gerne entgegensehend, zeichne mit größter Hochachtung".[764] Der Heilbronner Bankverein formulierte in einem Schreiben, „*Wir haben z.Zt. 4 1/2 % doppelt gesicherte erste Hypotheken bei tadellosen Schuldnern abzugeben und erlauben uns die Anfrage, ob Sie ev. Liebhaber hierfür wären [...]*".[765]

Die Oberamtssparkasse reduzierte oder förderte diese Kreditnachfrage, indem sie entsprechende Rückmeldungen an ihre Kontakte gab. In Zeiten mit knappen Mitteln schrieb der Sparkassier, „*Unsere Gelder sind auf lange Zeit hinaus schon vergeben*"[766] oder „*Wegen eigener Ansprüche des Bezirks Mittel für dieses Jahr vollständig verstellt*".[767] Dagegen lautete die Antwort an den Stuttgarter Privatbankier Ott in der zweiten Jahreshälfte 1910 beispielsweise, „*Auf 1. Okt sind unsere Mittel bereits vollständig vergeben, wogegen wir im Laufe des Oktobers voraussichtlich wieder über Gelder verfügen werden*".[768] In einem anderen Schreiben hieß es, „*Ich bitte wegen des von Ihnen gesuchten Darlehens von 45000 M Anfangs November wieder anzufragen, da die Möglichkeit der Abgabe nicht ausgeschlossen ist*".[769] Und in einem weiteren Fall antwortete der Sparkassier, „*wir werden Ihnen bei flüssigerem Geldstand Nachricht geben*".[770]

Reichte die Nutzung der bestehenden Kontakte nicht aus, dann bemühte sich auch die Kirchheimer Sparkasse ähnlich wie ihr Schwesterinstitut in Biberach selbst um Kreditnehmer. Als sie im Mai 1913 über reichlich Liquidität verfügte, wurde zunächst zwei Mal in der Samstagsausgabe der Kirchheimer Zeitung Teckbote für Darlehen geworben.[771] Zeitgleich versendete der Oberamtssparkassier Postkarten an die Schultheißenämter und Ratsschreibereien des Bezirks mit dem knappen Text, „*Wir haben von jetzt an wieder Darlehen abzugeben zu 4 1/2 % provisionsfrei und bitten im Bedarfsfalle Schätzungsurkunden einzusenden*". Als dies nicht den erwünschten Erfolg brachte, wurden am 24. Juni 1913 weitere Postkarten gleichen Inhalts an zahlreiche Schultheißen außerhalb des Bezirks und auch an den Bankier Höchstetter in Nürtingen verschickt. Diese Aktion führte offenbar schnell zu einer entsprechenden Nachfrage, denn am 14. Juli 1913 hielt der Leiter der Sparkasse in einem Schreiben fest, „*Die vor 3 Wochen verfügbar gewesenen Gelder von über 250 000 M sind sehr schnell vergriffen gewesen*".

Die Nutznießer der gezielten Ausdehnung des Kreditgeschäftes über den eigenen Bezirk hinaus waren während der Hochindustrialisierung neben öffentlichen

764 HA KSK E-N, Kreditanträge/-entscheidungen usw. 1908.
765 HA KSK E-N, Kreditanträge/-entscheidungen usw. 1913.
766 Häufige Formulierung in Büschel „Kreditanträge/-entscheidungen usw. 1907 und 1908.
767 HA KSK E-N, Kreditanträge/-entscheidungen usw. 1908.
768 HA KSK E-N, Kreditanträge/-entscheidungen usw. 1910.
769 Ebd.
770 HA KSK E-N, Kreditanträge/-entscheidungen usw. 1911.
771 Hier und im Folgenden: HA KSK E-N, Kreditanträge/-entscheidungen usw. 1913.

Körperschaften vor allem Industrielle und andere Unternehmer. Diese Kundengruppe fragte in der Regel größere Summen direkt oder über die Vermittlung von Privatbankiers nach und die Sparkassen waren daran interessiert, möglichst viel Kapitel mit relativ wenig Aufwand am Markt unterzubringen.

In Phasen mit niedrigem Liquiditätszufluss beziehungsweise hoher Kreditnachfrage beschränkten sich alle Oberamtssparkassen zunächst auf Gesuche aus dem eigenen Bezirk. Darüber hinaus bestanden zwei Möglichkeiten, die Darlehensvergabe trotzdem fortzuführen. Einerseits ließen sich bestehende Liquiditätspuffer bei Banken abschmelzen. Auf die Entwicklung dieser Möglichkeit ist noch gleich zurückzukommen. Und auch ohne eigene Barmittel ließ sich das Kreditgeschäft aufrechterhalten: Die Sparkasse in Kirchheim nahm selbst Kredit bei der Württembergischen Notenbank in Stuttgart auf, um heimische Handwerker und Industrielle mit Kapital versorgen zu können. Dies zeigt sich an auf den ersten Blick unscheinbaren und nur in bestimmten Zeiten angefügten Zusätzen auf den Darlehensanträgen. Im Abschnitt über die Zinsleistungen wurde beispielsweise im Krisenjahr 1907 häufig festgehalten, *„...außerdem als Anschaffungskosten 1/2 % mehr auf 90 Tage“*.

Die Funktion der Klausel lässt sich folgendermaßen erklären: In Zeiten mit angespanntem Geldmarkt lag der Zins für Notenbankkredite in der Regel oberhalb des regulären Hypothekenzinssatzes der Sparkasse. Da diese kein Interesse daran haben konnte, für ihre entgegenkommende Dienstleistung Verluste zu erleiden, gab sie ihre eigenen Mehraufwendungen durch jenen Passus an die Kunden weiter. Im obigen Beispiel waren hierfür offenbar 0,5 % ausreichend. In der zweiten Jahreshälfte 1907, als sich die Kapitalmarktkrise verschärfte, wurden zum Teil aber auch höhere Zinssätze vereinbart. Bei einem größeren Darlehen an einen Gewerbetreibenden hielt der Oberamtssparkassier in einer Erläuterung fest, *„...weil die Mittel voraussichtlich längere Zeit durch Bankvorschuß beschafft werden müssen, außer dem vereinbarten Zins 1 1/4 % Vergütung der Anschaffungskosten“*.[772] In einem anderen Fall wurde pauschal neben der regulären Zinszahlungen *„...Vergütung der Anschaffungskosten zum Zinsfuß der Württ. Notenbank“* vereinbart.[773] Im November 1907 betrug der Zinssatz für *„Bankgeld“* immerhin 7 1/2 %.

Diese Vorgehensweise war für die Beteiligten dennoch sehr vorteilhaft. Die Sparkasse konnte dringende Kapitalbedürfnisse der ansässigen Wirtschaft befriedigen beziehungsweise eine sogenannte Kreditklemme abmildern. Immerhin war es ihre satzungsmäßige Aufgabe, *„Geldbedürftigen die Erlangung von Darlehen gegen satzungsgemäße Sicherheit zu ermöglichen“*.[774] Zweitens bewährte sie sich gegenüber langjährigen Kreditkunden als verlässlicher Finanzierungspartner. Und drittens erreichte sie eine Glättung der Kreditvergabe, da es sich bei der Darlehensvergabe auf der Grundlage von Notenbankgeld nicht um dauerhafte Refinanzierungen, sondern in gewisser Weise nur um das zeitliche Vorziehen spä-

772 HA KSK E-N, Kreditanträge/-entscheidungen usw. 1907.
773 Ebd.
774 Vgl. § 2, Absatz 1 der Satzung von 1909, in: HA KSK E-N.

ter ohnehin zu tätigender Geldanlagen handelte. Typischerweise stieg das Sparaufkommen in Kirchheim nach der Erntezeit im Herbst an, und außerdem wurden zum 1. Mai beziehungsweise zum 1. November die Zinsen auf die ausstehenden Darlehen fällig, was ebenfalls starke Mittelzuflüsse bedeutete. Die Refinanzierungskredite konnten somit meist noch im Kalenderjahr ihrer Aufnahme wieder getilgt werden. Aus diesem Grund wurde die Phase, in der ein Zusatzzins zu entrichten war, in den meisten Fällen auf drei oder sechs Monate beschränkt, womit sich die Bezeichnung als *„Anschaffungskosten"* erklärt. Umgekehrt profitierten die Kreditnehmer neben der schnelleren Verfügbarkeit des Kapitals von den grundsätzlichen Vorzügen der Hypothekendarlehen. Der kurzfristig höhere Zinssatz ließ sich vermutlich leicht verschmerzen, wenn als Alternative die anderweitige Beschaffung eines ebenfalls teuren Darlehens in Betracht gezogen wurde, bei dem zusätzlich noch die Gebühren für eine spätere Hypothekenumschreibung auf die Sparkasse hinzugekommen wären.

Die Existenz eines Kreditgeschäftes für kommerzielle Zwecke steht bereits im Widerspruch zu den geläufigen Hypothesen über die historischen Sparkassen. Eine Refinanzierung über die Notenbank weicht noch stärker von dem bislang in der Literatur vermittelten Bild über die Institute ab. Deshalb soll hier kurz auf die Ursprünge dieser Praxis eingegangen werden. Sie liegen in der Geldanlage bei Banken und im frühen bargeldlosen Zahlungsverkehr der Sparkassen.

Eines der ältesten Zeugnisse für die Nutzung des Bankenmarktes ist ein *„Depositum"* der Oberamtssparkasse Göppingen bei dem örtlichen Bankhaus G.U. Schuler zu einem Zinssatz von 2 % von Anfang Oktober 1887.[775] Dabei ging es um die Anlage kurzfristig nicht benötigter Mittel. Verbucht wurden diese und die nachfolgenden Transaktionen in den Rechnungsbüchern der Sparkasse, als ob Darlehensauszahlungen vorgenommen worden wären. Und da vom Bankhaus auch ein Pfandschein ausgestellt wurde, handelte es sich rein formal um Kreditvergaben der Sparkasse. Die beschränkten satzungsmäßigen Möglichkeiten wurden also nicht überschritten, auch wenn es sich wirtschaftlich betrachtet um eine Geldanlage und die ersten Schritte auf dem Interbankenmarkt handelte. Bis Ende Oktober 1887 war die Forderung der Sparkasse nach zwei weiteren Einzahlungen auf 27.000 Mark angewachsen, doch verschiedene Darlehenswünsche von Sparkassenkunden veranlassten bis Mitte November wieder zu einem kompletten Rückzug der Gelder. In den zwei Jahren bis Oktober 1889 erfolgten insgesamt 15 Einzahlungen bei dem Bankhaus über zusammen 138.500 Mark. Umgekehrt wurde der Kontostand sieben Mal wieder auf Null geführt. Die Oberamtssparkasse Ludwigsburg nutzte 1886 erstmals die Königliche Hofbank in Stuttgart zur Unterbringung größerer Geldbestände.[776] Bei ihr wurden für mehrere Monate 20.000 Mark zu einem Zinssatz von 3 % deponiert.

775 Hier und im Folgenden: KrA GP, P 1, A 36 bis A 38 „Rechnung pro ....".
776 HA KSK LB, Kapitalienbuch 2.

In den 1890er Jahren hatte sich bei den größeren württembergischen Sparkassen die Unterhaltung von Kontoverbindungen zu Kreditinstituten bereits etabliert. Die Württembergische Notenbank machte deshalb dem Vorstand des Württembergischen Sparkassenverbandes das Angebot, einen Giro-Scheck-Verkehr für die öffentlichen Sparkassen einzurichten.[777] Das Ministerium des Innern in Stuttgart ermächtigte hierzu mit einem Regelement vom 2. Januar 1901 zunächst alle Institute, an deren Sitz sich eine Zweigniederlassung der Notenbank befand. Im Februar 1902 wurde die Möglichkeit schließlich auf alle Institute ausgedehnt, wobei die bisherigen Einzelfallgenehmigungen für Kontoverbindungen mit anderen Häusern bestehen blieben. Vor allem die Königliche Hofbank bot bei einer anscheinend etwas geringeren Verbreitung ähnliche Dienstleistungen wie die Notenbank für die Sparkassen an.

In den Folgejahren verbreitete sich die Nutzung der Banken zur kurzfristigen Geldanlage und des damit zusammenhängenden bargeldlosen Zahlungsverkehrs praktisch bei fast allen Sparkassen mit Ausnahme von manchen kleinen und noch jungen Instituten.[778] Beispielsweise stellte der Kassier der Biberacher Sparkasse im März 1901 den Antrag, ebenso wie die Oberamtssparkassen in Heidenheim und Ulm dem Giro-Scheck-Verkehr der Sparkassen beitreten zu dürfen.[779] Bereits seit 1899 stand Biberach in einer Giroverbindung mit der Königlichen Hofbank.[780] Die Rapiate der Ludwigsburger Sparkasse aus dieser Zeit dokumentieren für jedes Jahr die mehrmalige Anlage größerer Beträge von bis zu 65.000 Mark bei der Königlichen Hofbank mit einmonatiger Kündigungsfrist. Und die Oberamtssparkasse Waldsee machte erstmals im Februar 1895 und damit fünf Wochen nach Betriebsbeginn von ihrer Kontoverbindung zur Hofbank Gebrauch.[781]

Besonders intensiv wurden die modernen Möglichkeiten dort genutzt, wo umfassende Kontakte zur lokalen Industrie bestanden. Die Göppinger Sparkasse führte ihre Verbindungen zu der Königlichen Hofbank und der Württembergischen Notenbank mindestens ab 1903 in den Büchern offiziell unter dem Posten „*Depositen an Banken (Giroverkehr)*“. Mit den beiden Geldhäusern fand in jenem Jahr ein Umsatz von 45.000 Mark beziehungsweise von 82.000 Mark statt.[782] Im Jahre 1906 betrug der Umsatz mit der Notenbank mehr als 340.000 Mark[783] und im Jahr 1910 bereits 805.000 Mark.[784] Später verteilte sich der Geldverkehr dieses

777 Hier und im Folgenden: Haemmerle (1908), S. 38f. Abweichend von Haemmerle nennt Mößner (1934), S. 13, Fußnote 31, ein Erlass des Innenministeriums vom 3. Mai 1901 als Beginn des Giro-Scheck-Verkehrs der württembergischen Sparkassen. Auch Laun [1954], S. 41ff, beschreibt die Einführung des Giro-Scheck-Verkehrs.

778 Dies geht aus den Sparkassenstatistiken hervor, die ab 1907 die Geldanlagekategorie „vorübergehend bei Banken“ enthalten.

779 HA KSK BC, Signatur D 03-004.01, „Protokoll der Ausleihe-Kommission Band II“.

780 Blatt (2003), S. 19.

781 WABW, B 204, (Lfd. Nr. 98) B-Nr. 12, „Aktivkapitalienbuch Band 1“.

782 KrA GP, P 1, A 235, “Beilagen zur Jahres-Rechnung pro 1903“.

783 KrA GP, P 1, A 55, „Hauptrechnung 1906“.

784 KrA GP, P 1, A 59, „Hauptrechnung 1910“.

Instituts auf die Notenbank, das lokale Bankhaus G.U. Schuler sowie auf die Post, bei der zusätzlich ein Postscheckkonto unterhalten wurde. Auch für die Oberamtssparkasse Kirchheim lässt sich eine für damalige Verhältnisse rege Nutzung des Giro- und Postscheckverkehrs belegen. Sie zählte 1910 insgesamt 462 unbare Geldeingänge über zusammen 1,09 Mio. Mark sowie 125 Überweisungen über 1,14 Mio. Mark.[785] Zur Einschätzung dieser Zahlen sei angemerkt, dass die Einzahlungen im Spargeschäft in diesem Jahr 1,36 Mio. Mark betrugen und die Rückzahlungen 1,20 Mio. Mark. Das Finanzvermögen der Sparkasse belief sich damals im Jahresdurchschnitt auf 5,84 Mio. Mark.

Die hohen Beträge kamen nicht nur durch die Anlage von Barmitteln der Sparkasse zustande, sondern auch aufgrund der Nutzung durch die Sparkassenkunden. Für Zins- und Tilgungsleistungen sowie Spareinlagen galt in Göppingen, „*Einzahlungen können auch durch die Post & durch Postschecküberweisungen erfolgen, auf dieselbe Weise kann jedermann auf das Konto der Oberamtssparkasse bei der Bank Einzahlungen machen*".[786] Für den umgekehrten Fall hielt die Göppinger Satzung von 1909 fest, „*Zahlungen der Sparkasse im Giroscheckverkehr werden auf Verlangen der Inhaber von Girokonten durch Ueberweisung von dem Konto der Sparkasse auf das Girokonto der Forderungsberechtigten gemacht.*"[787] Es handelte sich somit vor allem um eine Dienstleistung für Gewerbetreibende und Unternehmer zur Zinsein- und Kreditauszahlung, denn Arbeiter, Landwirte und die Sparer unterhielten damals noch keine eigenen Girokonten bei Kreditinstituten oder Privatbankiers. Die Kreditunterlagen der Kirchheimer Sparkasse und in Einzelfällen auch die Kapitalienbücher aus Nagold belegen, dass die Inhaber größerer Betriebe über ihre Darlehen häufig nicht in bar verfügten. Sie ließen sich die Beträge stattdessen zur weiteren Verwendung auf die Konten ihrer Privatbankiers bei größeren Geldhäusern wie der Württembergischen Notenbank, der Württembergischen Vereinsbank oder der Reichsbank überweisen. Es handelte sich somit um ein System, bei dem nicht wie heute jedermann selbst über ein Girokonto verfügt, sondern bei dem Bankiers und die Sparkassen über ihre Girokonten bei Geschäftsbanken beziehungsweise der Notenbank für Interessierte bargeldlose Zahlungen veranlassten.[788]

Die somit ohnehin schon vorhandenen Bankverbindungen ließen sich nicht nur zur kurzfristigen Kapitalanlage, sondern natürlich auch zur Kreditaufnahme nutzen. Anfänglich bestand hierfür zunächst nur in Ausnahmesituationen ein Bedürfnis. Beispielsweise geriet die Oberamtssparkasse Leutkirch 1897 auch auf-

785 HA KSK E-N, Rechenschafts-Bericht für das Rechnungsjahr 1. Januar bis 31. Dezember 1910.

786 KrA GP, P 1, A 245 „Beilagen zur Jahres-Rechnung pro 1912".

787 § 26, Satz 5, Absatz 2 der Satzung der Oberamtssparkasse Göppingen von 1909, in: KrA GP, P 1, A 241 „Beilagen zur Rechnung pro 1909".

788 Mößner (1934), S. 19, erwähnt allerdings, dass bereits vor dem Ersten Weltkrieg eine „gewisse Rückständigkeit gegenüber der gesamtdeutschen Entwicklung" empfunden wurde.

grund unglücklicher Umstände in Liquiditätsschwierigkeiten. Sie hatte im Vorjahr eine Reduzierung des Einlagenzinssatzes von 3,6 % auf 3,0 % beschlossen.[789] Deshalb wurden „*unverhältnismäßig hohe Summen von Einlagekapitalien zur Rückzahlung gekündigt*“. Gleichzeitig brauchte die Sparkasse Geld, da sie 1897 dem örtlichen Brauereibesitzer Härle ein Hypothekendarlehen über 150.000 Mark gewährte. Im Sommer dieses Jahres führte außerdem ein Unwetter mit Hagelschlag und entsprechenden Sachschäden zu einem vermehrten Kapitalbedarf der Bezirkseinwohner. In dieser Situation hätte die Sparkasse dem Brauereibesitzer das Darlehen kündigen und das Liquiditätsproblem auf ihn abwälzen können. Sie nahm aber stattdessen 56.000 Mark bei der Königlichen Hofbank, 46.000 Mark bei der Württembergischen Notenbank und 55.000 Mark bei dem lokalen Spar- und Vorschussverein auf, um ihren Zusagen nachkommen zu können.

Die Kapitalbeschaffung durch Kreditaufnahme wurde vermutlich nicht bei allen Instituten im gleichen Umfang genutzt wie die Geldanlage bei Banken zur Abpufferung von Kreditnachfrageschwankungen. Aber spätestens seit der Einführung des Giro-Scheck-Verkehrs für die württembergischen Sparkassen 1901 gehörte sie bei einigen Kassen zu den regulären Instrumenten. Beispielsweise enthielten die Statuten aus Kirchheim von 1901 den Passus, „*Um einerseits Geldbestände [...] vorübergehend anlegen und andererseits vorübergehenden Anforderungen an die Kasse genügen, namentlich Darlehen abgeben zu können, zu welchen der Vorrat der Oberamtssparkasse selbst nicht zureichend wäre, ist die Einrichtung eines Kontokorrents [...] zugelassen*“.[790] Und als die Göppinger Sparkasse 1911 eine ihrer Bankverbindungen wechselte, wurde in dem Vertrag ein Maximum von 100.000 Mark für Guthaben der Sparkasse vereinbart und die „*etwaigen der Oberamtssparkasse zu gewährenden Vorschüsse*“ auf den Höchstbetrag von 60 000 Mark festgelegt.[791] Tatsächlich kam es in diesem Jahr zu einem erhöhten Geldbedarf. Der Bezirksrat ermächtigte die Sparkasse auf ihr Ersuchen hin, vorübergehend 100.000 Mark zu 5 % Zinsen bei der Württembergischen Notenbank aufzunehmen.[792] Selbst die Privatsparkasse Altensteig im Oberamt Nagold nutzte eine Bankkreditlinie über 100.000 Mark zur Regulierung von Liquiditätsbedürfnissen.[793] Im Fall der Oberamtssparkasse Heidenheim und der Sparkasse Stuttgart (Stadt) hatte das Innenministerium bereits 1894 die Aufnahme von Krediten im Kontokorrentverkehr genehmigt.[794]

Ein Zeugnis über die weite Verbreitung der Refinanzierung durch Banken während der Hochindustrialisierung geben die Sparkassenstatistiken ab. Sie enthalten zwar grundsätzlich keine eindeutige Kennzeichnung solcher Ausleihun-

789 Hier und im Folgenden: WABW, B 202, (Lfd. Nr. 91) B-Nr. 278, „Hauptbuch für das Rechnungsjahr 1897“.

790 § 20 der Statuten von 1901, in: HA KSK E-N.

791 KrA GP, P 1, A 245, „Beilagen zur Jahres-Rechnung pro 1912“.

792 Ebd.

793 [Walz] [1936], S. 27.

794 Laun [1954], S. 41 f.

gen. In den letzten Jahren vor dem Ersten Weltkrieg wurden lediglich Guthaben der Sparkassen bei Banken in einer neu eingeführten Kategorie abgedruckt, sofern sich positive Salden ergaben. Allerdings besteht in den ausführlichen Tabellenwerken die Rubrik „Sonstige Passiven". Diese war vermutlich als buchhalterische Restgröße gedacht und als sogenanntes Conto pro Diverse, wie es noch heute von Banken und Sparkassen für die Verbuchung von unregelmäßig vorkommenden beziehungsweise nicht standardisierten Geschäftsvorfällen verwendet wird. Beispielsweise wurden dort im Untersuchungszeitraum von einigen Kassen die hinterlegten Pensionsgelder für die Sparkassenmitarbeiter oder die ausgegebenen, aber noch nicht eingelösten Sparwertmarken für das Schulsparen verbucht.[795] Und die Kirchheimer Sparkasse verbuchte hier in den 1890er Jahren niedrige dreistellige Markbeträge als „Selbstversicherung gegen Auslosen von Wertpapieren". Dies entspricht in heutiger Terminologie einer Rückstellung für drohende, aber noch nicht realisierte Verluste aus dem Wertpapiergeschäft. Ab der zweiten Hälfte der 1890er Jahren stieg die Anzahl von höheren Salden in der bislang kaum genutzten Rubrik über alle württembergischen Sparkassen hinweg betrachtet signifikant an. Dies dürfte vor allem auf die Refinanzierungen zurückgehen. So wurden in diesem Posten die oben beschriebenen Geldaufnahmen der Sparkasse Leutkirch verbucht.[796] Auch in anderen, aber insgesamt eher seltenen Fällen, wurden zu den Salden in den Statistiken konkrete Erläuterungen in Form von Fußnoten gemacht. Beispielsweise gab die Oberamtssparkasse Gmünd 1896 ein „Anlehen der Königlichen Hofbank" über 10.000 Mark auf diese Weise an.[797] Im Fall der Oberamtssparkasse Neuenbürg findet sich 1911 zu dem Bestand von 40.000 Mark in „Sonstige Passiven" der Hinweis „Schuld zur Realisierung von Darlehen".[798] Und die Oberamtssparkasse Freudenstadt zeigte besondere sprachliche Kreativität, als sie in diesem Jahr neben den Sparguthaben der Einleger ein „Lombardguthaben" der Württembergischen Notenbank über 136.100 Mark in den „Sonstige Passiven" auswies.[799] Damit drehte sie die Verhältnisse zumindest semantisch um, denn das Bankwesen kennt eigentlich nur den Begriff des Lombarddarlehens. Dabei handelt es sich um ein Kreditgeschäft gegen die Hinterlegung von Wertpapieren, wie es bereits im Hochmittelalter in der Lombardei im heutigen Norditalien praktiziert wurde. Die Anmerkung deutet gleichwohl darauf hin, dass die Sparkassen zumindest für manche Kredite Wertpapiere als Pfänder hinterlegten.

Aber auch ohne direkte Hinweise durch Fußnoten lassen sich viele Refinanzierungskredite aus den Sparkassenstatistiken herauslesen. Ein deutliches Indiz sind im Zeitablauf plötzlich auftauchende und im Folgejahr nicht mehr vorhandene

795 Dies geht aus den Angaben in den Fußnoten der Sparkassenstatistik diverser Jahrgänge hervor.
796 Sparkassenstatistik 1897.
797 Sparkassenstatistik 1896.
798 Sparkassenstatistik 1911.
799 Ebd.

hohe Beträge in der Rubrik „Sonstige Passiven“ bei einer gleichzeitig punktuell angespannten Liquiditätssituation. Beispielsweise erscheint 1899 für die Oberamtssparkasse Münsingen einmalig ein Passivposten von 10.000 Mark. Der Bargeldbestand betrug in diesem Jahr lediglich 652 Mark, während er im Vorjahr fast 17.000 Mark ausmachte und im Folgejahr mehr als 30.000 Mark. Der Vorgang wiederholte sich 1905, als 40.000 Mark als sonstiger Passivposten verbucht wurden, während der Bargeldbestand von mehr als 26.000 Mark im Vorjahr auf nur noch 701 Mark einbrach. Als die Oberamtssparkasse Balingen im Jahr 1906 unter „Sonstige Passiven“ 31.101 Mark verbuchte, war ihr Bargeldbestand sogar vollständig erschöpft. Im Jahr zuvor und im Jahr danach waren dagegen mehr als 119.000 Mark beziehungsweise 138.000 Mark in Form von Bargeld vorhanden. Ebenso geschah es 1913, als dieses Institut 100.000 Mark als zusätzlichen Passivposten auswies. Die Oberamtssparkasse Laupheim deklarierte erstmals 1897 einen größeren Betrag über 14.905 Mark in „Sonstige Passiven“ bei einer gleichzeitig leeren Bargeldkasse. In den beiden Jahren davor und danach verfügte das Institut immerhin über mehr als 56.000 Mark beziehungsweise über mehr als 13.000 Mark Bargeld. In späteren Jahren stiegen die Refinanzierungsbeträge des Laupheimer Instituts an, teilweise auch unter Beibehaltung eines gewissen Kassenbestandes. Ende 1911 waren die Barvorräte in Laupheim jedoch erneut vollständig aufgebraucht und man wies unter „Sonstige Passiven“ einen Bestand von gut 264.000 Mark aus.

Diese Aufzählung ließe sich mit vielen Beispielen von weiteren Sparkassen wie Backnang, Sulz, Heidenheim, Mergentheim, Schorndorf oder Ulm fortsetzen. Dabei entstünde dennoch nur ein Bild von der sprichwörtlichen Spitze des Eisberges, denn die Zahlen geben jeweils nur den Stand am Bilanzstichtag wieder. Wie die Ausführungen über die Oberamtssparkasse Kirchheim zeigen, wurden Bankrefinanzierungen dagegen eher für kürze Zeiträume genutzt. Das Gros der Beträge war deshalb am Jahresende schon getilgt und hinterließ somit keine Spur in den offiziellen Ausweisen. So erscheint für Kirchheim in der Sparkassenstatistik lediglich im Jahr 1906 ein größerer Betrag in „Sonstige Passiven“. Eine Fußnote spezifiziert die 18.000 Mark als „Barvorschuß schwebende Schuld“. Durch die Kreditarchivalien ist dagegen bekannt, dass in Kirchheim in verschiedenen Jahren umfassende Refinanzierungen vorgenommen wurden. Im Krisenjahr 1907 gewährte die Sparkasse immerhin Hypothekendarlehen im Volumen von 193.000 Mark mit einer unbedingten Zinszusatzklausel und damit auf der Grundlage von Notenbankgeld. Dies entspricht 55 % des gesamten Hypothekenvolumens dieses Jahres. Hinzu kamen ebenfalls mit Hilfe der Notenbank refinanzierte Personal- und Schuldscheindarlehen im Betrag von 23.000 Mark.

Die Nutzung von Notenbankgeld in Kirchheim spiegelt die bereits oben vorgestellten Wechsellagen auf dem Geldmarkt in den Jahren 1907 bis 1913 übrigens in vollem Umfang wider. Ab Ende Januar 1907 wurden Anschaffungskosten für Dreimonatszeiträume vereinbart und ab Ende März des Jahres für Sechsmonatszeiträume. In der ersten Jahreshälfte 1908 wurden wieder drei Monate als ausreichend angesehen und ab September völlig auf die Klausel verzichtet. Die Vereinbarung von Anschaffungskosten kehrte stellenweise ab März 1911 zurück und wurde in der zweiten Jahreshälfte häufig verwendet. Die Regelung wurde auch prophylaktisch eingesetzt, wenn noch keine Liquiditätsknappheit bestand. Beispielsweise wurde auf Kreditanträgen der Jahre 1908, 1912 und 1913 die Vergütung von Anschaffungskosten *„eintretendenfalls"* vereinbart oder alternativ formuliert, *„falls die Sparkasse Mehrkosten hat"*. Bereits 1907 enthielt der Antrag für ein Schuldscheindarlehen für eine Gemeinde die Formulierung, *„...sind für den Fall der Anschaffung des Betrages durch Bankgeld der Oberamtssparkasse die Selbstkosten solange zu erstatten, als die Oberamtssparkasse sich dadurch in Bankschuld befindet"*.[800] Zumindest auf den Darlehensanträgen des Jahres 1912 wurde nachträglich notiert, *„ist nicht eingetreten"*. Auch im Jahr 1908 hatten viele Schuldner Glück, denn auf diesen Anträgen wurde später vermerkt, *„Bankgeld kostete nur 4 %"*.

Typischerweise wurde übrigens nur für größere Darlehen ein Zusatzzins erhoben. Kleine Darlehen mit dreistelligen oder niedrigen vierstelligen Markbeträgen und insbesondere Geldvergaben an Arbeiter, Kleinbauern und einfache Handwerker wurden selbst in Phasen mit Liquiditätsengpässen stets bevorzugt und aus den vorhandenen Mitteln ohne weitere Kosten ausgezahlt. Ein Vorgang aus dem Jahr 1907 verdeutlicht exemplarisch diese Grundhaltung. Ein Schultheiß aus einer Kirchheimer Bezirksgemeinde fragte für einen Schuhmacher schriftlich um die Auszahlung eines Kredites über 800 Mark nach, *„sobald so viel Geld in der Kass ist"*.[801] Der Sparkassenmitarbeiter, vermutlich Kontrolleur Einsele, kommentierte diesen Halbsatz am Rand des Briefes für seine Kollegen mit der Bleistiftnotiz, *„Wäre schlimm, wenn solche Anlehen nicht sofort abgegeben werden könnten!"*. Vor diesem Hintergrund profitierten vor allem das größere Gewerbe und die Industrie von den Refinanzierungsgeschäften der Sparkassen. Ohne sie hätten längere Wartezeiten für Kredite in Kauf genommen werden müssen.

7.4 Einflussfaktoren für die Gewerbefinanzierung während der Hochindustrialisierung

Neben Sparkassen mit umfangreichen Darlehensvergaben an Unternehmen bestanden während der Hochindustrialisierung weiterhin solche Institute, die ein eher konventionelles Kreditgeschäft, hauptsächlich mit Landwirten und Handwerkern betrieben. Innerhalb des archivalisch untersuchten Panels betrifft dies die Oberamtssparkassen Maulbronn, Künzelsau und grundsätzlich auch Waldsee. Und mit Leutkirch bestand sogar eine Kasse, die um die Jahrhundertwende

800 HA KSK E-N, Kreditanträge/-entscheidungen usw. 1907.
801 Ebd.

nachweislich umfangreiche Kredite an Unternehmer vergab, bei der aber in den Jahren 1912 und 1913 unter den 201 gewährten Hypothekendarlehen kein einziges einen industriellen Charakter aufwies. Eine wichtige Forschungsaufgabe ist damit die Identifizierung von Einflussfaktoren, die darüber entschieden haben, ob in der vierten Phase größere Gewerbefinanzierungen vorgenommen wurden oder nicht.

Ein sehr hoher Erklärungsgehalt kommt der Struktur des Geschäftsgebietes einer Sparkasse zu. Da grundsätzlich zuerst die Bezirksangehörigen mit Kapital versorgt wurden, ist das Darlehensgeschäft ein grobes Spiegelbild der örtlichen Wirtschaftsverhältnisse. Auf Details ist noch später einzugehen und hier soll zunächst der wichtigste Aspekt, nämlich der Grad der Industrialisierung hervorgehoben werden. In der nachfolgenden Abbildung stellt jeder Punkt eine Oberamtssparkasse dar. Die Ordinate, also die vertikale Position, wird durch den prozentualen Anteil der Gewerbetreibenden an der Darlehensvergabe im Siebenjahreszeitraum 1907 bis 1913 gemäß dem einheitlichen quantitativen Auswertungskonzept bestimmt.[802] Und als Maßstab für den Grad der Industrialisierung wird der Gewerbesteuerbetrag pro Kopf der Bevölkerung in den jeweiligen Oberämtern herangezogen. Er gibt die Abszisse, also die horizontale Position der Punkte an. Für die beiden Bezirke Maulbronn und Nagold findet dabei eine Anpassung an die besondere Situation der Sparkassen statt. Für Maulbronn wird Dürrmenz-Mühlacker mit der dortigen Gemeindesparkasse ausgesondert, so dass der Gewerbesteuerbetrag von 36 Pfennigen für den gesamten Bezirk auf 21 Pfennige für das Geschäftsgebiet der Oberamtssparkasse sinkt. Im Fall von Nagold werden die im westlichen Teil des Bezirkes liegenden Gemeinden herausgerechnet, die zum Geschäftsgebiet der Privatsparkasse Altensteig gehörten. Der rechnerische Gewerbesteuerbetrag pro Kopf im restlichen Oberamt erhöht sich deshalb geringfügig von 37 Pfennigen auf 40 Pfennige.[803] Für Künzelsau ist dagegen keine Anpassung möglich beziehungsweise notwendig, da die Privatsparkasse und die Oberamtssparkasse parallel in dem Bezirk wirkten.

802 Für Geislingen muss aufgrund der unvollständigen Archivalienüberlieferung der Zeitraum 1907 bis 1909 gemäß Tabelle A29 verwendet werden und für Leutkirch der Zeitraum 1912 bis 1913 gemäß Tabelle A32. Außerdem sind die Werte für Waldsee in den Jahren 1895 bis 1899 gemäß Tabelle A31 und für Ludwigsburg in den Jahren 1900 bis 1906 gemäß Tabelle A11 eingetragen. Würde auf die Berücksichtigung von Waldsee und Ludwigsburg verzichtet werden, da diese Zahlen nicht aus dem hier im Vordergrund stehenden Zeitraum 1907 bis 1913 stammen, dann würde das Bestimmtheitsmaß R^2 mit 0,67 übrigens unverändert bleiben. Nicht enthalten in der Abbildung ist die Oberamtssparkasse Göppingen, da hier ab 1897 keine Berufsangaben mehr vorliegen und sich das Darlehensgeschäft seit den 1890er Jahren deutlich änderte. Inklusive der Werte aus Göppingen in den Jahren 1890 bis 1896 ergäbe sich ein Bestimmtheitsmaß R^2 von nur 0,40.

803 Berechnet nach Angaben in: K.[öniglich] Statistisches Landesamt (1910). Für die Angaben zu den anderen Oberämtern vgl. Tabelle 2 in Kapitel 2.5.

Abbildung 6: Gewerbetreibende an der Darlehensvergabe in % in Abhängigkeit vom Gewerbesteuerbetrag in Mark pro Kopf

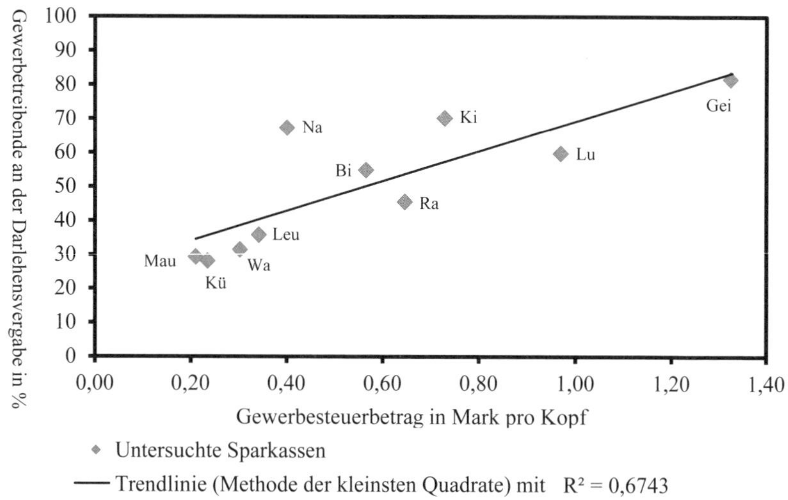

Quellen: Gewebesteuerbetrag: eigene Berechnung auf der Grundlage von: K.[öniglich] Statistisches Landesamt (1910); Gewerbeanteil: vgl. Tabelle 4 und Angaben im Text; eigene Darstellung.

Die eingezeichnete Trendlinie verdeutlicht einen Zusammenhang zwischen Wirtschaftsstruktur und Gewerbefinanzierung. Je stärker ein Bezirk industrialisiert war, desto höher fiel tendenziell der Anteil der Berufsgruppe der Gewerbetreibenden an der Darlehenssumme aus.[804]

Im ersten Moment erscheint dieses Ergebnis geradezu trivial. Die Dokumentation des Zusammenhangs ist aber vor dem Hintergrund der Postulate in den Standardwerken zur Sparkassengeschichte äußert wichtig. Wenn Geldvergaben zu kommerziellen Zwecken nur absolute Ausnahmen und Einzelfälle gewesen wären, wie es dort behauptet wird, dann dürfte der oben sichtbare Zusammenhang nicht bestehen. Vielmehr wäre angesichts der unterstellen Hinwendung zu den „kleinen Leuten" zu erwarten, dass in den industrialisierten Bezirken vor allem Fabrikarbeiter und andere Angehörige der unteren sozialen Schichten zu den Kreditnehmern gehörten. Dies ist aber nicht der Fall. Der Anteil der Berufsgruppe der Arbeiter bewegt sich bei allen Instituten und in allen Zeiträumen stets nur im unteren bis mittleren einstelligen Prozentbereich. In den ländlichen Oberämtern Künzelsau und Maulbronn erhielt die Berufsgruppe der Arbeiter prozen-

804 Die Güte des statistischen Zusammenhangs wird durch das Bestimmtheitsmaß R^2 von 0,6743 bestätigt.

tual sogar einen größeren Anteil der Darlehenssumme als in den eher gewerblich geprägten Bezirken Ravensburg und Göppingen.[805] Es könnte zwar argumentiert werden, dass der hohe Anteil der Berufsgruppe der Gewerbetreibenden an den Darlehen die Folge einer größeren Anzahl von Handwerkern, Ladenbesitzern und Fabrikanten in industrialisierten Gebieten war, welche die Sparkassen zur Eigenheimfinanzierung nutzen. Doch der Anteil der selbständigen Gewerbetreibenden an der Bevölkerung bewegte sich über alle Panel-Oberämter hinweg nur in dem engen Korridor zwischen 3,9 % und 6,0 %.[806] Diese geringfügigen Unterschiede und auch der nur geringe Anteil erklären nicht die sehr bedeutenden Unterschiede im Kreditgeschäft. Sie ergeben sich vielmehr aufgrund der höheren Kreditnachfrage für kommerzielle Zwecke in den gewerblich stärker entwickelten Bezirken. Die hier vorgenommene Gesamtschau der quantitativen Auswertungsergebnisse bestätigt somit in vollem Umfang die in den Kapiteln 3 und 4 vorgenommenen qualitativen Untersuchungen des Archivguts.

Der Grad der Industrialisierung als Einflussfaktor wirft das Licht aber lediglich auf eine Facette. Das Kreditgeschäft der Sparkassen unterschied sich nicht nur hinsichtlich das Anteils der Gewerbetreibenden an der Darlehenssumme, sondern auch in anderen Aspekten: Wurden eher große Kredite an Unternehmen vergeben oder waren Handwerker bei einem kleinteiligen Darlehensgeschäft dominierend? Wie häufig erhielten auswärtige Kunden Kapitel? Und inwieweit wirkte sich eine Konkurrenz landwirtschaftlicher Kreditnehmer aus?

In der Summe wurde das Kreditgeschäft der Sparkassen von einer ganzen Reihe von Aspekten beeinflusst, die in vielfältiger Abhängigkeit voneinander standen. Neben systematischen und damit grundsätzlich vorhersagbaren Faktoren waren auch lokale Besonderheiten bedeutend. Nachfolgend wird der Versuch unternommen, die unterschiedlichen Einzelbeobachtungen in ein großes Gesamtbild einzufügen. Aufgrund der hohen Komplexität bleiben die Ausführungen jedoch notwendigerweise unvollständig, sie tragen gewisse Widersprüche in sich und lassen darüber hinaus Interpretationsspielräume offen.

Unter Beachtung der Erfahrungswerte aus der Analyse der Archivalien wurde das Kreditgeschäft einer Sparkasse im Wesentlichen durch die Kombination aus der Struktur ihres Geschäftsgebietes und der Höhe ihres Finanzvermögens bestimmt. Verdeutlicht wird dies durch das folgende Schaubild. Darin sind alle Panel-Sparkassen wiederum als Punkte eingetragen, wobei das Finanzvermögen per Ende 1907 in Mio. Mark die vertikale Position angibt. Der Gewerbesteuerbetrag im Geschäftsgebiet pro Kopf der Bevölkerung in Mark bestimmt erneut die horizontale Position.

805 Vgl. die Tabellen im Anhang.
806 Eigene Berechnung auf Grundlage der Angaben in: K.[öniglich] Statistisches Landesamt (1910). Für Maulbronn und Nagold wurden wieder die Geschäftsgebiete der Gemeinde- beziehungsweise der Privatsparkasse ausgesondert. Ohne diese Anpassung liegt der Anteil der selbständigen Gewerbetreibenden an der Bevölkerung in Maulbronn als dem Bezirk mit dem niedrigsten Wert bei 4,2 %.

Abbildung 7: Finanzvermögen der Panel-Sparkassen in Mio. Mark und Gewerbesteuerbetrag in den Geschäftsgebieten pro Kopf in Mark

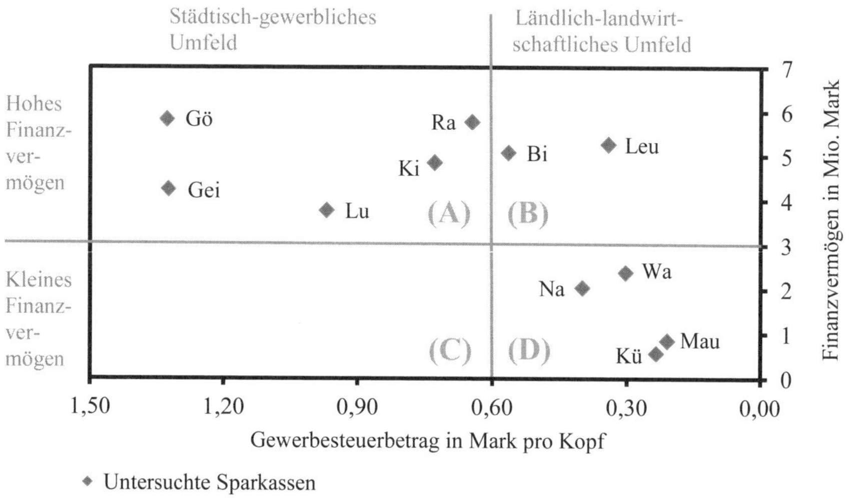

Quellen: Finanzvermögen: Eigene Berechnung; Gewebesteuerbetrag: eigene Berechnung auf der Grundlage von K.[öniglich] Statistisches Landesamt (1910); eigene Darstellung.

Die zwei Faktoren Grad der Industrialisierung und Finanzvermögen lassen sich jeweils in die zwei Ausprägungen „hoch“ und „niedrig“ unterteilen. Dadurch ergeben sich vier verschiedene Kombinationen, die in der Abbildung durch die vier Felder (A), (B), (C) und (D) gekennzeichnet sind.

Die Kombination in Feld (A) steht für Sparkassen, die während der Hochindustrialisierung über ein umfangreiches Finanzvermögen verfügten und deren Geschäftsgebiete eher städtisch-gewerblich geprägt waren. Die letztgenannte Einstufung ist erklärungsbedürftig, denn aus heutiger Sicht hatten ausnahmslos alle archivalisch untersuchten Oberämter einen ländlichen Charakter. Überall lebte immer noch ein großer Teil der Bevölkerung von der Landwirtschaft und neben der jeweiligen Oberamtsstadt als Verwaltungs- und Wirtschaftszentrum bestanden daneben nur selten weitere Kleinstädte. Die Bezirke konstituierten sich hauptsächlich aus etwa 20 bis 30 Gemeinden mit jeweils dreistelliger und nur selten vierstelliger Einwohnerzahl.[807] Vor diesem Hintergrund ist die Charakterisierung als „städtisch-gewerblich“ als eine relative Einordnung im Vergleich zur Gesamtheit der Oberämter zum damaligen Zeitpunkt zu sehen. Der Bezirk Göppingen war mit einem Gewerbesteuerbetrag von 1,33 Mark pro Kopf und fast 58.000 Einwohnern eher städtisch-gewerblich geprägt, wohingegen Künzelsau

807 Vgl. K.[öniglich] Statistisches Landesamt (1910).

mit nur 23 Pfennigen pro Kopf bei 27.000 Einwohnern einen eher ländlich-landwirtschaftlichen Charakter aufwies.[808]

Aus dem Panel fallen die Oberamtssparkassen Göppingen, Geislingen, Ludwigsburg, Ravensburg und Kirchheim in Feld (A). Ihr gemeinsames Merkmal während der Phase der Hochindustrialisierung war eine überdurchschnittlich umfangreiche Darlehensvergabe. Sie wurde wie überall zunächst zur Befriedigung des Kreditbedarfs der Bezirksangehörigen eingesetzt. Das bedeutete hier häufige Geldvergaben an lokale Handwerksbetriebe, den Handel und in unterschiedlicher Intensität an die Industrie. Dementsprechend resultierte ein überdurchschnittlich hoher Anteil der Berufsgruppe der Gewerbetreibenden an der Darlehensvergabe. Bevor später auf Details eingegangen wird, sind zunächst die anderen Felder der schematischen Übersicht zu erläutern.

Das Feld (B) enthält Sparkassen mit einem ebenfalls überdurchschnittlich hohen Finanzvermögen, aber mit einem relativ betrachtet eher ländlich strukturiertem Geschäftsgebiet mit bedeutender Landwirtschaft. Diese Kombination trifft in dem Panel vor allem auf die Institute aus Biberach und Leutkirch zu. Die Sparkassen versorgten die heimische Landwirtschaft mit Kredit und außerdem wurden der Handwerkerstand und die relativ wenigen größeren Gewerbebetriebe finanziert. Dazu gehörten insbesondere Bierbrauereien und verschiedene Mühlen, darunter Kunstmühlen und Sägewerke. Da die heimische Kreditnachfrage jedoch nicht zur Unterbringung der verfügbaren Mittel ausreichte, dehnten diese Sparkassen ihre Darlehensvergabe phasenweise über die eigenen Bezirksgrenzen aus. Sie bedienten teilweise sehr weit entfernte Kunden und darunter häufig Gewerbetreibende und immer wieder auch Unternehmen. Vor diesem Hintergrund kann der Anteil der Berufsgruppe der Gewerbetreibenden auch bei den Sparkassen in Feld (B) hoch ausfallen, obwohl die Geschäftsgebiete eher unterdurchschnittlich industrialisiert waren.

Die Kombination aus eher geringen Finanzvermögen und ländlich-landwirtschaftlichem Oberamt ist das äußere Erkennungsmerkmal der Sparkassen in Feld (D). Aus der Bedienung des Kreditbedarfs der Bezirksangehörigen resultierte automatisch ein hoher Anteil der Berufsgruppe der Landwirte. Industriebetriebe waren dagegen kaum ansässig und die Sparkassen wären für industrielle Finanzierungen im Allgemeinen auch zu klein gewesen. Eine Darlehensvergabe über die Bezirksgrenzen hinaus fand nur sehr selten statt, da die Gelder vor Ort untergebracht werden konnten. Von den Sparkassen des Panels befinden sich die Institute aus Maulbronn, Künzelsau und Waldsee in Feld (D). Außerdem fällt auch die Oberamtssparkasse Nagold in diesen Quadranten, obwohl die hier gegebene Erläuterung nicht auf ihr Kreditgeschäft zutrifft. Hierauf ist gleich noch einzugehen.

Das verbleibende vierte Feld (C) steht für kleine Sparkassen in einem städtisch-gewerblichem Umfeld. Denkbare Vertreter für diese Kombination aus Württem-

808 Vgl. Tabelle 2 in Kapitel 2.5.

berg sind die wenigen zu Beginn des 20. Jahrhunderts tätigen Gemeinde- und Stadtsparkassen wie beispielsweise Dürrmenz-Mühlacker, Feuerbach und Schwenningen. Wie noch in Kapitel 13 zu zeigen ist, gab es in anderen deutschen Bundesstaaten wie Baden, Bayern oder Preußen deutlich mehr Institute dieses Typs. Für die vorliegende Untersuchung bleibt das Feld jedoch unbesetzt, da das Panel ausschließlich aus Oberamtssparkassen besteht. Diese waren jeweils für ganze Verwaltungsbezirke zuständig. Deshalb verfügten sie bei hohen Sparaufkommen entweder über ein hohes Finanzvermögen, weshalb sie sich in den Feldern (A) oder (B) wiederfinden. Und bei niedrigem Sparaufkommen sind sie üblicherweise ein Teil von Feld (D).

Auch wenn das Panel keine kleine Stadtsparkasse enthält, lassen sich jedoch Prognosen aufstellen, wie das Darlehensgeschäft von Instituten in Feld (D) vor dem Ersten Weltkrieg typischerweise ausgehen haben dürfte. Da alle Kassen in der Regel zuerst die ortsansässige Bevölkerung mit Krediten versorgten, dürfte vor dem Hintergrund eines größeren Handwerker- und Kaufmannsstand die Berufsgruppe der Gewerbetreibenden überwogen haben. Für die Finanzierung von kleinen und mittelgroßen Industriebetrieben werden die Finanzmittel dagegen wahrscheinlich kaum ausgereicht haben. Andernfalls läge eher schon ein Institut vom Typ (A) vor. Eine Unwägbarkeit in diesem Zusammenhang ist die Frage, ob Stadtsparkassen ausschließlich Spareinlagen aus dem Gebiet ihres Trägers annahmen. Sofern sie eine Funktion als Einlagensammelstelle für das weitere ländliche Umfeld ausübten, wären auch abweichende Muster möglich. Letztlich können nur weitere archivalische Untersuchungen gesicherte Antworten auf diese Fragen geben.

Nach dieser grundsätzlichen Vorstellung des Modells über das Kreditgeschäft der Sparkassen ist nachfolgend auf die vielfältigen Abweichungen, Besonderheiten und Widersprüche einzugehen. Wie oben erwähnt, stellt die schematische Einstufung der Institute nur ein oberflächliches Abbild dar. Zunächst ist festzuhalten, dass sowohl die vertikale wie auch die horizontale Grenzziehung zwischen den einzelnen Feldern nicht mit letzter Gewissheit vorgenommen werden kann. Beispielsweise könnte die Oberamtssparkasse Kirchheim anstatt in Feld (A) alternativ auch in Feld (B) bei den größeren ländlichen Sparkassen verortet werden. Angesichts eines Gewerbesteuerbetrages von 73 Pfennigen pro Kopf ist der Abstand zu Biberach mit 56 Pfennigen nicht besonders hoch. Außerdem vergab die Kirchheimer Sparkasse wie gezeigt phasenweise ebenfalls überschüssige Kapitalsummen an auswärtige Kreditnehmer, was oben als ein Charakteristikum für das Feld (B) genannt wurde. Dies geschah in Kirchheim jedoch nicht so häufig und auch nicht so umfangreich wie in Biberach. Insofern ist die Grenzziehung an der markierten Stelle begründbar, auch wenn der Übergang zwischen den Institutstypen eher fließend war. Auf der anderen Seite muss die Oberamtssparkasse Ravensburg mit einem Gewerbesteuerbetrag von 65 Pfennigen, der zwischen Kirchheim und Biberach lag, definitiv in Feld (A) verortet werden. Die Ravensburger Sparkasse vergab während der Hochindustrialisierung bis 1908 keine Darlehen an auswärtige Kunden und danach nur in wenigen Einzelfällen.

Noch schwieriger ist die Einschätzung, ab wann eine Sparkasse mit „hohem“ Finanzvermögen vorliegt und damit zu den tatsächlichen oder potenziellen Industriefinanzieren gehört. Die im Schaubild 7 eingezeichnete horizontale Linie auf Höhe von 3,0 Mio. Mark stellt eine Obergrenze dar. So vergab die Sparkasse in Waldsee bereits im Februar 1898 und damit drei Jahre nach Geschäftsbeginn ein größeres Hypothekendarlehen über 50.000 Mark an einen Brauereibesitzer. Damals betrug das Finanzvermögen gerade einmal etwa 750.000 Mark. Allerdings liegt hier eine Sondersituation vor, denn junge Sparkassen verzeichneten in ihren ersten Jahren in der Regel stets einen sprunghaften Anstieg der Spareinlagen, möglicherweise durch das Auflösen von bisherigen Bargeldhorten. Das viele Geld musste dann schnell zinsbringend angelegt werden, so dass die Abgabe größerer Darlehen zumindest vorübergehend möglich war. In den Folgejahren war dies bei eher kleinen und langsam wachsenden Kasse nicht mehr der Fall.

Während diese Aspekte jeweils kleinere Abgrenzungsschwierigkeiten darstellen, liegt mit der Oberamtssparkasse Nagold ein Fall vor, der sich vollkommen den oben beschriebenen Mustern entzieht. Angesichts des überschaubaren Finanzvermögens und des verhältnismäßig geringen Grades der Industrialisierung im Geschäftsgebiet befindet sich das Institut in Feld (D). Die Nagolder Kreditpraxis bewegte sich jedoch nicht in denjenigen Bahnen, die für dieses Feld typisch wären. Angesichts der häufig vorkommenden Finanzierungen für lokale Unternehmen müsste Nagold eher in Feld (A) verortet werden. Und da auch immer wieder größere Beträge an auswärtige Gewerbetreibende und Firmen ausgezahlt wurden, entsprach das Kreditgeschäft in Nagold sogar noch stärker den Kassen in Feld (B).

Allerdings besteht ein relevanter Unterschied von Nagold auf der einen Seite und Biberach sowie Leutkirch in Feld (B) auf der anderen. Er erklärt die Besonderheit Nagolds zumindest teilweise. In den beiden neuwürttembergischen Bezirken Biberach und Leutkirch wurde die Landwirtschaft intensiv betrieben und der hohe Anteil großer Höfe bedingte wahrscheinlich einen frühen und im Zeitablauf immer intensiveren Einsatz von Maschinen. Der Kreditbedarf der Landwirte war dementsprechend hoch. Auswärtige Unternehmen konnten nur deshalb finanziert werden, da das Sparaufkommen die hohe Kreditnachfrage der Gutsbesitzer überstieg. Dagegen dominierten in dem protestantisch geprägten Nagold vor allem landwirtschaftliche Kleinbetriebe. Bei ihnen setzte der Investitions- und Kreditbedarf grundsätzlich später und weniger ausgeprägt ein. Außerdem waren 45 % der Markungsfläche bewaldet.[809] Weitere 10 % dienten als Wiesen. Es überwog eine extensive Landnutzung, was ebenfalls mit einem geringen Investitionsbedarf einherging. Getreide wurde in Nagold auf lediglich 21 % der Markungsfläche angebaut. Die Landwirtschaft hatte demnach zwar einen im Zeitablauf wachsenden, aber insgesamt vergleichsweise geringen Kreditbedarf.

809 Diese und die folgenden Angaben wurden berechnet auf der Grundlage von Angaben in: K.[öniglich] Statistisches Landesamt (1910).

Deshalb betrug der Anteil der Berufsgruppe der Landwirte an der Darlehensvergabe anfänglich nur etwa 8 % und am Ende des Untersuchungszeitraumes 20 %. Es blieb demnach ausreichend Geld übrig, um größere heimische Gewerbebetriebe wie Sägewerke und auch auswärtige Unternehmen zu finanzieren.

Der Fall Nagold verdeutlicht die Bedeutung der Religionszugehörigkeit des überwiegenden Teils der Bevölkerung als Einflussfaktor für den Kreditbedarf der Landwirtschaft. Über den Wirkungskanal des unterschiedlichen Erbrechts und damit aufgrund der unterschiedlichen Größe der landwirtschaftlichen Anwesen fand entweder ein früher und umfassender oder ein später und zurückhaltender Einsatz von Maschinen und modernen Bewirtschaftungsmethoden statt. Denkbar ist, dass auch die notwendige Auszahlung von Geschwistern in den Anerbengebieten eine Rolle gespielte haben könnte, doch hierfür finden sich in den Archivalien keine Hinweise. Auf jeden Fall resultierte in den katholischen Bezirken mit großen Höfen ein umfassender Kreditbedarf der Landwirtschaft und in den protestantischen Realteilungsgebieten ein geringer. So betrug der Anteil der Berufsgruppe der Landwirte an der Darlehensvergabe in Biberach in den Jahren 1907 bis 1913 immerhin 29,2 % und in Kirchheim zur gleichen Zeit nur 15,9 %. In absoluten Beträgen fällt der Unterschied mit 1,25 Mio. Mark in Biberach gegenüber 0,5 Mio. Mark in Kirchheim sogar noch deutlicher aus. Hieran würde sich übrigens kaum etwas ändern, wenn die in Kirchheim auftretenden und zur Berufsgruppe der Arbeiter gezählten Kunden mit der Bezeichnung „Arbeiter und Bauer“ ebenfalls bei den Landwirten berücksichtigt werden. Für die grundsätzliche Bereitschaft zu Industriefinanzierungen war die Konfession jedoch nicht relevant. Die Oberamtssparkassen aus Kirchheim und Göppingen waren mindestens ebenso in der Finanzierung von Unternehmen und größeren Betrieben engagiert wie ihre Schwesterinstitute in Biberach und Ravensburg. Umgekehrt war eine Sparkasse mit konventionellem Kreditgeschäft sowohl im protestantischen Maulbronn als auch im katholischen Waldsee tätig.

Abschließend soll noch kurz ein Aspekt angesprochen werden, der die Kreditvergabe der Institute in Feld (A) betrifft: Nach Göppingen waren die Bezirke Geislingen und Ludwigsburg diejenigen mit dem höchsten Grad der Industrialisierung. Bei beiden Sparkassen ist hierzu passend der Anteil der Gewerbetreibenden an der Darlehenssumme verhältnismäßig hoch. Die Geislinger Kasse vergab jedoch nach Einsetzen der Hochindustrialisierung weiterhin hohe Kapitalsummen an auswärtige Kunden und insbesondere an Unternehmer im Nachbarbezirk Göppingen. Und in Ludwigsburg wurden im Vergleich zu den anderen Instituten in den Feldern (A) und (B) verhältnismäßig selten Unternehmen finanziert.

Eine Erklärung hierfür bietet die lokale Wirtschaftsstruktur. Das Zustandekommen eines hohen Gewerbesteuerbetrages sagt noch nichts darüber aus, ob die Unternehmen als Kreditnehmer für die Sparkassen in Frage gekommen wären. Im Bezirk Geislingen dominierten vor allem Großbetriebe. Zu nennen sind die Württembergische Metallwarenfabrik AG mit vierstelliger Arbeiterzahl sowie die Mechanische Baumwollspinnerei- und Weberei der Firma Süddeutsche Baumwollindustrie mit 700 Arbeitern.[810] Diese Unternehmen gehörten zu den größten im Land und ihren Kapitalbedarf befriedigten sie auf andere Weise, unter anderem über die Ausgabe von Anleihen an der Börse.[811] Neben den zwei weiteren großen Betrieben, der Maschinenfabrik Geislingen mit 220 Arbeitern und dem Portlandzementwerk C. Hägele & Sohn mit 115 Arbeitern, bestanden noch Filialwerke von auswärtigen Unternehmen. Diese wurden unter anderem von Göppinger Firmen gebaut, um das vorhandene Potenzial an Arbeitern und nutzbaren Wasserkräften zu erschließen. Dagegen existierten nur wenige mittlere bis kleine Firmen, die als Kreditnehmer für die Sparkasse in Frage gekommen wären.[812] Insofern musste die Sparkasse zur Unterbringung ihres Kapitals auf bezirksfremde Kunden ausweichen. In Ludwigsburg bestand ansatzweise eine ähnliche Problematik. Neben Großbetrieben wie der Ersatzkaffeefabrik Heinrich Franck Söhne mit 600 Arbeitern und der Ziegelwerke Ludwigsburg AG, der Gießerei Stotz sowie der Schuhfabrik von Sigle & Cie. mit jeweils 300 Arbeitern bestanden jedoch auch eine ganze Reihe von mittelgroßen Betrieben.[813] Die Sparkasse konzentrierte sich aber hauptsächlich auf die Bereiche Handwerk, Einzelhandel, Gastronomie und Bierbrauerei, die in der Garnisonsstadt besonders stark vertreten waren.[814] Auch die hohe Beanspruchung der Kasse durch öffentliche Körperschaften dürfte eine Rolle gespielt haben. Auf diesen Aspekt ist noch in Unterkapitel 7.6 einzugehen. An dieser Stelle ist zunächst aber die Erkenntnis festzuhalten, dass neben der Wirtschaftsstruktur des Geschäftsgebietes als wichtige Determinante auch die Größenstruktur etwaig vorhandener Unternehmen das Kreditgeschäft beeinflusste.

7.5 Darlehensverwendungen im Spiegel der quantitativen Untersuchungsergebnisse

Der Ergebnisse der quantitativen Untersuchung der Panel-Sparkassen mit Hilfe des einheitlichen Auswertungskonzeptes eröffnen die Möglichkeit, nochmals der Frage nachzugehen, welchen Zwecken die Darlehen insbesondere während der Hochindustrialisierung dienten. Im Vordergrund steht dabei vor allem der noch offene Punkt, wie bedeutend die typischen Nutzungen und Kundengruppen für die Sparkassen waren.

Die eher kleinen Darlehen von bis zu 1.000 Mark wurden überall sowohl von Landwirten, Gewerbetreibenden und Arbeitern aufgenommen. Lediglich die Be-

810 K.[öniglich] Statistisches Landesamt (1907), S. 142.
811 Volker Hecht (1995): *Die Württembergische Metallwarenfabrik Geislingen/Steige 1853–1945, Geschäftspolitik und Unternehmensentwicklung*, St. Katharinen, S. 140.
812 Dies zeigt beispielsweise ein Vergleich der Aufzählungen der vorhandenen Firmen in: K.[öniglich] Statistisches Landesamt (1907), S. 142 und S. 182 f.
813 K.[öniglich] Statistisches Landesamt (1904), S. 423 f.
814 Ebd.

rufsgruppe der Bezieher anderer Einkünfte hatte vergleichsweise selten Bedarf für entsprechende Summen. Möglicherweise konnten Angestellte, Beamte und Privatiers bei Ausgaben in dieser Höhe eher auf vorhandene Ersparnisse zurückgreifen. Die Kleindarlehen, die dem Grundstückskauf, baulichen Erweiterungen und Renovierungen sowie mutmaßlich für sonstige größere Anschaffungen wie dem Erwerb von Vieh oder gewerblichen und landwirtschaftlichen Ausrüstungsgegenständen dienten, betreffen bei den größeren Sparkassen nur das erste und zweite Dezil der vergebenen Darlehen. Das bedeutet, dass sie grob gesprochen etwa 5 % bis 15 % der Schuldaufnahmen mit etwa 1 % bis 3 % der Darlehenssummen ausmachten. Bei kleinen beziehungsweise noch jungen Sparkassen mit kleinteiliger Kreditvergabe wie beispielsweise in Nagold in den 1890er Jahren beinhaltet auch das dritte und das vierte Dezil entsprechende Darlehen. Dabei ist zu berücksichtigen, dass aufgrund der Tendenz zu höheren Preisen während des Untersuchungszeitraumes Auswertungen aus früheren Jahren etwas mehr Darlehen in kleineren Betragsregionen aufweisen als solche aus späteren Jahren. Allerdings stellt der gewählte Betrag von 1.000 Mark ohnehin nur eine sehr grobe Grenzziehung dar. Die genannten Verwendungszwecke betrafen auch größere Darlehen.

Die typische Eigenheimfinanzierung von Privatpersonen lässt sich anhand der Archivalien aus Kirchheim in zahlreichen Einzelfällen nachweisen. Auf der Makroebene ist eine Einschätzung über die Häufigkeit aus verschiedenen Gründen ungleich schwieriger. Darlehen in der Betragsregion von etwa 2.000 Mark bis 5.000 Mark können zwar zum Kauf von typischen Einfamilienhäusern gedient haben. Dieser Bereich umfasst aber zusätzlich auch noch größere Darlehensfälle vom Typ der oben besprochenen kleineren Kredite. Und auf der anderen Seite ragen schon die kleineren Betriebsmittel- und Investitionskredite von Unternehmern in diese Größenordnung hinein. Dazu kommt, dass Darlehen in der genannten Spanne außerdem der Finanzierung von landwirtschaftlichen Anwesen und von Immobilien mit Werkstätten und Ladengeschäften gedient haben können, womit es sich nicht mehr um reine Eigenheimfinanzierungen handelt. Es ist deshalb kein Zufall, dass der Bereich von etwa 2.000 Mark bis 5.000 Mark bei den meisten Sparkassen etwa vier bis sechs Dezile umfasst und somit vergleichsweise bedeutend war. Je nachdem, ob Institute mit kleinteiliger Kreditvergabe oder Kassen mit vielen Großkrediten betrachtet werden, umfassen diese Dezile aber unterschiedliche Anteile an den Darlehenssummen. In Göppingen mit einen Schwerpunkt der Kreditvergabe auf Gewerbebetriebe lag er in den Jahren 1907 bis 1913 bei lediglich 11 % der Kreditvergabe. In Biberach mit viel Großlandwirtschaft und Darlehen an auswärtige Kunden waren es im gleichen Zeitraum 14 %. Dagegen machte der Anteil der Geldvergaben in der Spanne von 2.000 Mark bis 5.000 Mark bei der Oberamtssparkasse Kirchheim in dieser Zeit 27 % der Darlehenssumme aus und im Fall Leutkirch in den Jahren 1912 und 1913 rund 26 %. Im anderen Extrem entfielen in Maulbronn 1907 bis 1913 sogar 51 % des ausgereichten Kapitals auf Darlehen zwischen 2.000 Mark und 5.000 Mark.

Besonders gut geeignet für eine Einschätzung der Bedeutung von Eigenheimfinanzierungen ist die Berufsgruppe der Arbeiter. Bei diesen Kunden kann per Definition nahezu ausgeschlossen werden, dass größere Darlehen einem beruflichen Zweck dienten. Das Sachkapital und die Räumlichkeiten zur Leistungserbringung für Fabrikarbeiter, Maschinisten, Lokomotivführer und Straßenwärter musste vom jeweiligen Arbeitgeber zur Verfügung gestellt werden. Im Umkehrschluss bedeutet dies, dass größere Hypothekenkredite über zum Teil mehrere Jahresgehälter, wie sie die betroffene Personengruppe vermutlich nur ein einziges Mal im Leben aufnahm, sehr wahrscheinlich für den Bau oder den Erwerb einer Wohnimmobilie vorgesehen waren.

In Kirchheim entfielen zwischen 1907 und 1913 insgesamt 43 Darlehen aus der Spanne von 2.000 Mark bis 5.000 Mark auf die Berufsgruppe der Arbeiter.[815] Somit scheint eine beachtliche Anzahl von Eigenheimfinanzierungen ermöglicht worden zu sein. Diese Einschätzung wird zusätzlich untermauert, wenn man bedenkt, dass einige Darlehen von weniger als 2.000 Mark ebenfalls der Finanzierung von Wohnhäusern gedient haben können sowie die in wenigen Einzelfällen an Arbeiter vergebene Darlehen über mehr als 5.000 Mark. Auf der anderen Seite kam die Berufsgruppe damit aber nur auf einen Anteil von jeweils rund 17 % gemessen an der Anzahl der Darlehen und der Darlehenssumme in der hier näher betrachteten Spanne. Und darüber hinaus beläuft sich der Anteil der Arbeiter an der gesamten Kirchheimer Darlehenssumme in diesem Siebenjahreszeitraum auf lediglich 6,5 %. Damit nimmt Kirchheim bereits einen der obersten Plätze ein. Auch in Maulbronn war der Anteil der Arbeiter mit 6,0 % im gleichen Zeitraum relativ hoch. Dort vergab die Sparkasse mehrmals Darlehen an Goldarbeiter, die vermutlich in einer der Schmuckfabriken im nahe gelegenen badischen Pforzheim beschäftigt waren und die sich Wohnhäuser in ihren Heimatdörfern leisten konnten. Aber bei den anderen Sparkassen entfielen zu Beginn des 20. Jahrhunderts meistens deutlich geringe Anteile auf die Berufsgruppe der Arbeiter. In Biberach waren es beispielsweise nur 1,7 % und in Ravensburg nur 1,5 %.

Die Bedeutung der Eigenheimfinanzierung war mit Sicherheit umfangreicher, als die Zahlen über die Hypothekendarlehen an Arbeiter belegen können. Schließlich nahmen auch Vertreter der anderen Berufsgruppen Geld bei den Sparkassen für diesen Zweck auf. Und sie taten dies möglicherweise öfter in Relation zu ihrer Anzahl als die Arbeiter und erwarben preislich teurere Anwesen. Allerdings scheinen nach den aussagekräftigen Archivalien aus Kirchheim und Biberach im Fall von Kleingewerbetreibenden und von Landwirten eher Mischimmobilien überwogen zu haben, die mit ihren Stallungen und Arbeits- sowie Kundenräumen sowohl einem beruflichen wie auch einem Wohnzweck dienten. Damit kann festgehalten werden, dass klassische Eigenheimfinanzierungen, wie sie oftmals typischerweise mit dem Kreditgeschäft einer Sparkasse in Verbindung gebracht

815 In dieser Zahl sind Kunden enthalten, die als Beruf „Arbeiter und Bauer“ angaben. Vgl. hierzu die Ausführungen über die Arbeiter-Bauern in Kapitel 5.2.

werden, bereits während der Hochindustrialisierung vorgenommen wurden. Sie waren aber trotz verbleibender blinder Flecken in der Gesamtbetrachtung definitiv bei keiner Sparkasse das wichtigste Geschäftsfeld. Selbst bei solchen Instituten wie der Oberamtssparkasse Kirchheim, die für diesen Zweck besonders beansprucht wurden, rangieren Eigenheimfinanzierungen in ihrer Bedeutung erst an nachgeordneter Stelle. Dies gilt auch, wenn Kredite gegen die hypothekarische Belastung von städtischen Mehrfamilienhäusern berücksichtigt werden, die ebenfalls eine Form der Wohnraumfinanzierung darstellen. Solche Darlehen kamen wie gezeigt bei den größeren Sparkassen vor. Es handelt sich aber nur um vergleichsweise wenig Fälle. Bei großstädtischen Sparkassen könnte es allerdings anders gewesen sein. Auf diesen Punkt wird mit Blick auf die Städtische Sparkasse Stuttgart und die Landessparkasse noch in Kapitel 12 zurückzukommen sein.

Die dominierenden Felder des Kreditgeschäftes der untersuchten Sparkassen waren die Finanzierung von Landwirtschaft und Gewerbe. Sie umfassen die gesamte Bandbreite von kleineren Darlehen für allfällige Anschaffungen von Land und Betriebsmitteln über Darlehen zur Finanzierung von Höfen und gemischt genutzten Wohn- beziehungsweise Gewerbeimmobilien bis hin zu großen Krediten an Gutsbesitzer, Fabrikanten und Industrieunternehmen. Ausnahmslos bei allen Sparkassen nimmt entweder die Berufsgruppe der Landwirte oder die der Gewerbetreibenden die wichtigste Rolle unter den Kreditkunden ein. Zusammen beläuft sich ihr Anteil in der Regel auf etwa 85 % bis 93 % der Darlehenssummen, sofern die Sparkassenmitarbeiter nicht ab und zu auf die Nennung von Berufsangaben verzichteten. In diesen Fällen resultieren ein erhöhter Anteil der Berufsgruppe Sonstige und spiegelbildlich niedrigere Werte für Landwirte und Gewerbetreibende. Anhand der Archivalien aus Biberach und Kirchheim lässt sich zwar zeigen, dass auch Landwirte und Gewerbetreibende Darlehen zur Eigenheimfinanzierung aufnahmen. Soweit dies ersichtlich ist, überwogen jedoch die kommerziellen oder teilkommerziellen Kredite bei Weitem. Besonders deutlich wird der gewerbliche Charakter mit Blick auf die größeren Finanzierungen. Die Dezile mit den 10 % der größten Darlehen machen bei den Panel-Sparkassen während der Hochindustrialisierung in der Regel etwa ein Drittel der gesamten Darlehenssumme aus. Teilweise wurden auch deutlich höhere Werte erreicht wie beispielsweise in Biberach von 1900 bis 1906 mit 45 % oder in Nagold im gleichen Zeitraum mit 48 %. Allerdings beinhalten vielfach schon das siebte, das achte und das neunte Dezil größere Kredite. Werden beispielsweise alle Darlehen ab 10.000 Mark betrachtet, dann beträgt deren Anteil im letzten Siebenjahreszeitraum vor dem Ersten Weltkrieg in Göppingen und Ravensburg jeweils 71 % der Darlehensumme, in Biberach 63 % und in Kirchheim immerhin 48 % des gewährten Gesamtkapitals.

Für eine genauere Quantifizierung des gewerblichen Anteils muss nochmals auf die qualitativ aussagekräftigen Archivalien aus Biberach und Kirchheim zurückgegriffen werden. In Kirchheim belief sich der Anteil der Geldvergaben an Gewerbetreibende und Unternehmen, bei denen ein kommerzieller Einsatz belegt ist oder aufgrund der Beleihung von Industrieanlagen beziehungsweise durch die Auszahlung an Firmen als sicher angesehen werden kann, zwischen 1907 und 1913 auf über 25 % der Darlehenssumme.[816] Dies entspricht 36 % des an die Berufsgruppe der Gewerbetreibenden ausgezahlten Hypothekenkapitals. Zu diesem Wert sind noch Darlehen zu addieren, die gelegentlich an Bauunternehmer ausgezahlt wurden sowie gegen die hypothekarische Belastung von Immobilien mit Wohn- und Wirtschaftsräumen. Nach vorsichtiger Schätzung sind deshalb mindestens weitere 9 % der Kapitalvergaben an Handwerker und Kaufleute als gewerblich einzustufen, selbst wenn die Mischimmobilien nur zu einem kleineren Anteil berücksichtig werden. Insgesamt belief sich der Anteil der Geldvergaben mit kommerziellem Hintergrund somit auf mindestens 32 % der Darlehenssumme beziehungsweise auf etwa 45 % des Anteils der Berufsgruppe der Gewerbetreibenden. Diese Schätzung stellt aus verschiedenen Gründen aber nur eine Untergrenze dar. Sie berücksichtigt nicht die Klein- und Zusatzdarlehen, die wie gezeigt auch einen kommerziellen Hintergrund gehabt haben könnten. Des Weiteren ist es denkbar, dass Darlehen gegen die Belastung von längst bestehenden und im Eigentum des Schuldners befindlichen gemischt genutzten Immobilien nicht nur anteilig, sondern ausschließlich einem gewerblichen Zweck gedient haben könnten. Dies gilt ebenso für die Beleihung reiner Wohnimmobilien. Und drittens bleibt ein Teil der Darlehen unberücksichtigt, für die aufgrund von unvollständigen Archivalien keine Informationen über die beliehene Immobilie bestehen.

In Biberach spielten im gleichen Zeitraum im Vergleich zu Kirchheim Kapital- und Personengesellschaften als Kunden eine weit kleinere Rolle. Der unzweifelhaft und vollumfänglich als gewerblich beziehungsweise industriell zu deklarierende Anteil der Darlehenssumme ist deshalb nur mit knapp 9 % zu veranschlagen. Allerdings wurden für fast die Hälfte des Darlehenskapitals an Gewerbetreibenden gemischt genutzte Anwesen beliehen und hierunter befinden sich einige Sägewerke, Mühlen und Brauereien mit nur kleinem Wohnanteil. Außerdem fehlen auch in Biberach bei einer ganzen Reihe von größeren Darlehen an Kaufleute und Handwerker Angaben über die beliehenen Immobilien. Insgesamt dürften nach vorsichtiger Schätzung mindestens 26 % der Darlehenssumme beziehungsweise mindestens 48 % des an die Berufsgruppe der Gewerbetreibenden ausgezahlten Kapitals gewerblich genutzt worden sein. Diese Zahl ist aber aus den gleichen Gründen wie oben wiederum nur als Untergrenze zu verstehen.

In den stärker industrialisierten Oberämtern wie Göppingen könnten diese Werte vor dem Ersten Weltkrieg noch deutlich übertroffen worden sein. Aufgrund des Mangels an geeigneten Archivalien ist zwar keine vergleichbare Auswertung möglich. Aber alleine schon die vorhandenen Daten aus dem letzten Siebenjahreszeitraum mit Berufsangaben, 1890 bis 1896, legen diesen Schluss nahe. Werden allein die Darlehen an Firmen, Fabrikanten sowie an Müller und

816 Die Auswertung für Kirchheim wurde bereits veröffentlicht in: Proettel (2013), S. 25.

Wirte beziehungsweise Bierbrauer gezählt, dann ergibt sich ein vermutlich kommerziell genutzter Anteil des gesamten Darlehenskapitals von mindestens 36 %.

Auch wenn die vorstehenden Berechnungen letztlich lückenhaft bleiben, ermöglichen sie dennoch ungefähre Aussagen über eine Rangfolge der verschiedenen Darlehensnutzungen gemessen am Kreditkapital. An erster Stelle kamen bei den größeren Instituten des Panels entweder reine Unternehmensfinanzierungen oder Finanzierungen des größeren Gewerbes und des Handwerks, zum Teil über Mischimmobilien. Dann folgten die Landwirtschaft und mutmaßlich erst danach die Darlehensgewährung zum Eigenheimerwerb. Und ganz zum Schluss kamen die Kleinkredite.

7.6 Infrastrukturfinanzierungen und die Konkurrenz zwischen privaten und öffentlichen Kreditnehmern

Ein Überblick über das Kreditgeschäft der Sparkassen wäre unvollständig, wenn er nicht auf Darlehen an öffentliche Körperschaften einginge. Aus der Perspektive der vielfältigen Fragestellungen der vorliegenden Arbeit sind die einfachen Schuldscheindarlehen ohne hypothekarische Besicherung[817] in mehrfacher Hinsicht relevant. Mit ihnen wurden Infrastrukturmaßnahmen finanziert, die in Württemberg von der öffentlichen Hand bereitgestellt wurden, aber die größtenteils auch als private Investitionen hätten erfolgen können. Dies betrifft beispielsweise den Aufbau der Elektrizitätswirtschaft, des Eisenbahnnetzes, aber auch Straßen, Brücken und Schulen. Manche dieser Kapitalvergaben können deshalb im weiteren Sinne als gewerblich angesehen werden. Wo dies nicht gilt, handelt es sich zumindest um Finanzierungen, die eine vermehrte Güternachfrage auslösten und die zur Weiterentwicklung des Landes beitrugen. Darüber hinaus stieg die Vergabe von Schuldscheindarlehen an öffentliche Körperschaften im Untersuchungsraum allmählich von einer Randaktivität zur zweiten bedeutenden Kapitalanlage auf. Ihr Anteil am Finanzvermögen aller Oberamtssparkassen nahm von 4,8 % im Jahr der ersten veröffentlichten umfassenden Sparkassenstatistik 1887 auf 19,4 % am Ende des Untersuchungszeitraumes 1913 zu.[818] Da die Institute von den Oberämtern eingerichtet wurden, konnten sie sich den Darlehenswünschen der angeschlossenen Gemeinden und der Bezirksverwaltungen grundsätzlich nicht entziehen. In manchen Fällen bestanden möglicherweise aber Entscheidungsspielräume. Jedenfalls kam es unter bestimmten Bedingungen zu einer Verdrängung von privaten Kreditnehmern. Damit handelt es sich bei den

817 Zu den Wesensmerkmalen von Schuldscheindarlehen vgl. Proettel (2013), S. 11.

818 Eigene Berechnung auf Grundlage der Angaben in der Sparkassenstatistik. Geringfügig abweichende Zahlen bei Proettel (2013), S. 6, resultieren aus der dort vorgenommenen Heranziehung des Gesamtvermögens der Sparkassen inklusive Liegenschaften und Stückzinsen als Bezugsgröße.

Finanzierungen öffentlicher Körperschaften um einen Einflussfaktor des gewerblichen Darlehensgeschäftes.

Von den Sparkassen wurde die Abgabe von Schuldscheindarlehen typischerweise an der gleichen Stelle verbucht wie die Auszahlung von Hypothekendarlehen. Die Aussonderung und Zählung dieser Fälle ergibt beispielsweise, dass die Oberamtssparkasse Künzelsau zwischen 1900 und 1913 insgesamt 624.294 Mark an öffentliche Körperschaften auszahlte. Die Geldvergaben erstreckten sich gemäß Aktenüberlieferung auf 53 Gemeinden und Teilgemeinden, drei Religionsgemeinschaften und außerdem auf zwei Amtskorporationen. Neben dem eigenen Oberamt erhielt nämlich auch das Oberamt Weinsberg zwei Darlehen. Daneben finanzierte die Sparkasse in Künzelsau mit drei Darlehen über insgesamt 41.500 Mark den Gemeindeverband Elektrizitätswerk Kocherstetten. Die Rechnungsbücher der Oberamtssparkasse in Leutkirch aus den Jahren 1912 und 1913 dokumentieren insgesamt 34 Geldvergaben über 394.451 Mark an 20 Gemeinden, das Oberamt, eine Kirchengemeinde und an einen Wasserversorgungs-Gemeindeverband.

Die zwei Beispiele aus Künzelsau und Leutkirch enthalten bereits alle wichtigen äußeren Aspekte. Die Infrastrukturfinanzierungen konnten einerseits über direkte Geldvergaben an originäre öffentliche Körperschaften erfolgen. Hierzu gehörten Gemeinden, Städte, Oberämter und Kirchengemeinden, die den öffentlichen Körperschaften in diesem Punkt rechtlich gleichgestellt waren. Daneben konnten sich Gemeinden und Oberämter zur Durchführung gemeinschaftlicher Aufgaben zu Gemeinde- beziehungsweise Bezirksverbänden zusammenschließen. Dies betraf im Untersuchungszeitraum vor allem Elektrizitätswerke und Einrichtungen zur Gas- und Trinkwasserversorgung. Auch diese Verbände hatten den Status von öffentlichen Körperschaften, was sie nach entsprechenden Einzelfallgenehmigungen durch die Kreisregierung dazu ermächtigte, bei Sparkassen Darlehen auf einfache Schuldscheine aufzunehmen.

Eine dritte Möglichkeit der Finanzierung von öffentlichen Aufgaben kam sehr selten vor und soll hier deshalb nur zur Vervollständigung kurz erwähnt werden: Es war für Kommunen alternativ möglich, privatwirtschaftliche Unternehmen zu gründen, welche dann Hypothekendarlehen aufnehmen konnten. Beispielsweise errichtete man in Göppingen im Jahr 1899 ein Hallenbad, das von der Göppinger Badgesellschaft AG mit dem Oberbürgermeister als Aufsichtsratsvorsitzendem betrieben wurde.[819] Im Jahr 1906 bekam dieses Unternehmen von der örtlichen Sparkasse ein Darlehen in Höhe von 125.000 Mark zum Vorzugszinssatz von 3 %.[820] Einen ähnlichen Fall belegt das Zinszahlungsverzeichnis der Geislinger Sparkasse von 1914. Das von den umliegenden Gemeinden und Privatpersonen ins Leben gerufene genossenschaftliche Alb-Elektrizitätswerk in Geislingen ist mit

819 Adreß- und Geschäfts-Handbuch der Oberamtsstadt Göppingen 1912, S. 17 und Annonceteil S. 14.
820 KrA GP, P 1, A 238, „Beilagen zur Rechnung pro 1906".

halbjährlichen Zahlungen in Höhe von jeweils 1.935 Mark eingetragen.[821] Demnach war das 1910 gegründete Stromversorgungsunternehmen zu diesem Zeitpunkt Schuldnerin eines Darlehens in Höhe von wahrscheinlich 86.000 Mark.

Vielfach sind in den die Archivalien lediglich die Auszahlungsbeträge und -zeitpunkte sowie die Namen der Körperschaften vermerkt. Dabei bleibt der Verwendungszweck im Dunkeln und auch die Frage, ob es sich um viele kleine Einzelkredite handelte oder um Teilauszahlungen von größeren Darlehen. In manchen Fällen ergeben sich die Gründe für die Kreditaufnahmen durch Angaben in der lokalhistorischen Literatur oder durch zusätzliche Überlieferungen. Beispielsweise haben sich in den Rechnungsbeilagen der Oberamtssparkasse Künzelsau aus dem Jahr 1912 Originalrechnungen der Maschinenfabrik Esslingen erhalten.[822] Sie zeigen, dass dieses Unternehmen mit dem Bau des finanzierten Gemeindeverbandelektrizitätswerkes Kocherstetten beauftragt wurde. Die Hauptkreditsumme in Höhe von 40.000 Mark wurde dann je nach Baufortschritt in Teilbeträgen ausgezahlt. Erhaltene Protokolle von Bezirksratssitzungen aus Leutkirch dokumentieren die Vergabe von Darlehen der örtlichen Sparkasse über insgesamt 35.000 Mark ab 1909 für die Erweiterung des Bezirkskrankenhauses. Damals wurde unter anderem ein moderner Röntgenapparat erworben, der 2.500 Mark kostete.[823] Eine Darlehensvergabe der Oberamtssparkasse Ludwigsburg über 18.000 Mark an die lokale Israelitische Kirchenpflege im Jahr 1884[824] diente dem Bau einer Synagoge. Zunächst wurde im Dezember 1883 ein 728 Quadratmeter großes Grundstück für rund 3.350 Mark gekauft und im März 1884 begann der Bau.[825] Für das Gebäude wurden Kosten in Höhe von 35.000 Mark bei einer Gebäudegrundfläche von rund 345 Quadratmetern veranschlagt. Und die Oberamtssparkasse Göppingen finanzierte ein regionales Trinkwassernetz. Dies belegt der Abgleich von Darlehensauszahlungen mit mehreren Orts-Chroniken.[826] Im Jahre 1907 bemühten sich zunächst nur die Göppinger Bezirksgemeinden Uhingen und Faurndau um eine moderne Wasserversorgung. Man fand eine Sickergalerie, die reines Wasser enthielt und plante mit verschiedenen umliegenden

821 KrA GP, P 1, B 76, „Verzeichnis über Kapitalien u. Zinse 1914“.
822 Archiv Spk Ho, Register Nr. 110.01, Lfd. Nr. 43, Standort Kün„ „Rechnungsbeilagen 1912“.
823 WABW, B 202, (Lfd. Nr. 5) B-Nr. 377, „Protokolle der Amtsversammlungen und der Bezirksratssitzungen des Oberamts Leutkirch“.
824 HA KSK LB, Kapitalienbuch 2.
825 Hier und im Folgenden: Joachim Hahn und Jürgen Krüger (2007): *„Hier ist nichts anderes als Gottes Haus …“, Synagogen in Baden-Württemberg, Teilband 2: Orte und Einrichtungen*, Stuttgart, S. 302f.
826 Hier und im Folgenden: Helmut Mayer (1988): *Mit der Technik ins 20. Jahrhundert*, in: Klaus Pavel und Walter Ziegler (Hg.): Boll, Dorf und Bad an der Schwäbischen Alb, Weißenhorn in Schwaben, S. 170–182, hier S. 174ff; Karl Kirschmer und Walter Ziegler (1974): *Faurndau 875–1975, Weg und Schicksal einer Gemeinde*, Göppingen, S. 280ff; Anton Lechner (2006): *Eine „Angelegenheit der Neuzeit“, Strom und Wasser kommen ins Haus*, in: Anton Hegele und Karl-Heinz Rueß (Hg.): 800 Jahre Jebenhausen, Vom ritterschaftlichen Dorf zum Stadtbezirk, Göppingen, S. 90–94, hier S. 92f.

Gemeinden ein Leitungsnetz mit einer Pumpstation und mehreren Hochbehältern. Der Kostenvoranschlag belief sich auf 830.000 Mark, wobei mit einem Zuschuss der Regierung in Höhe von 15 % gerechnet werden konnte. Auf Faurndau entfielen Kosten in Höhe 120.000 Mark. Dass diese Summe über Darlehen der Oberamtssparkasse finanziert wurde, ist an Auszahlungen über 60.000 Mark 1908 und weiteren 65.0000 Mark 1909 ersichtlich.[827] In einem Werk zur Geschichte der Gemeinde Boll wird ein Darlehen der Sparkasse über 110.000 Mark aus dem August 1908 erwähnt. Das historische Archivgut bestätigt diesen Vorgang weitgehend. Im Jahr 1908 wurden 53.000 Mark an die Gemeinde Boll ausgezahlt und 1909 weitere 56.000 Mark. Auch die anderen an dem Gemeinschaftsprojekt beteiligten Orte sind in diesen Jahren mit großen Beträgen vermerkt. Uhingen erhielt 1908 und 1909 insgesamt 175.000 Mark, Jebenhausen 108.000 Mark, Sparwiesen 21.000 Mark, Albershausen 97.800 Mark, Hattenhofen 90.000 Mark und Schlierbach 93.000 Mark. Alle diese Gemeinden bis auf Faurndau erhielten 1910 übrigens Zusatzdarlehen über zusammen 99.000 Mark, was auf vorab nicht eingeplante Kostensteigerungen hindeutet. An das Gemeindeverband-Gaswerk Eislingen wurde nach dem Bau 1908[828] erstmals 1909 ein Darlehen über 100.000 Mark von der Göppinger Sparkasse ausgezahlt und 1910 ein Zusatzdarlehen über 23.000 Mark. Bis 1913 kamen noch drei Krediterhöhungen über insgesamt 17.800 Mark hinzu.

In einem Teil der archivalischen Überlieferung wurden zumindest gelegentlich durch Stichworte und weitere Hinweise die Verwendungszwecke festgehalten. Dies betrifft die Sparkassen in Ludwigsburg, Geislingen und vor allem in Kirchheim[829] und Biberach. Beispielsweise erhielt die Stadtpflege Markgröningen aus dem Oberamt Ludwigsburg von ihrer Sparkasse zwischen August 1900 und Januar 1902 insgesamt neun Tranchen eines Darlehens über 50.000 Mark für den Bau von Wasserleitungen ausgezahlt.[830] Die Oberamtspflege Ludwigsburg nahm in den Jahren 1900 bis 1904 drei Darlehen über zusammen 247.000 Mark für den Bau des Bezirkskrankenhauses auf.[831] Und die Gaswerksverwaltung der Stadtgemeinde Geislingen bekam 1909 den Betrag von 16.000 Mark von der lokalen Oberamtssparkasse.[832]

Im Fall der Oberamtssparkasse Biberach ist der Zeitabschnitt von 1905 bis einschließlich 1910 besonders gut dokumentiert. In den sechs Jahren gewährte das Institut insgesamt 56 Darlehen an öffentliche Körperschaften. Davon entfallen

827 KrA GP, P 1, A 240, „Beilagen zur Rechnung pro 1908"; A 241, „Beilagen zur Rechnung pro 1909".
828 Stadt Eislingen (Hg.) (2011): *Eislingen, Stadt der Vielfalt, Herausgegeben von der Stadt Eislingen zum 1150-jährigem Stadtjubiläum*, Eislingen, S. 400.
829 Proettel (2013), S. 11 ff, enthält eine Auswertung für die Verwendung von Darlehen an öffentliche Körperschaften der Oberamtssparkasse Kirchheim in den Jahren 1907 bis 1913.
830 HA KSK LB, Rapiate 1900, 1901 und 1902.
831 HA KSK LB, Rapiate 1900, 1901 und 1904.
832 KrA GP, P 1, A 241, „Beilagen zur Rechnung pro 1909".

sieben auf Schuldner außerhalb des eigenen Oberamtes und 49 auf Körperschaften im Bezirk Biberach. Das Volumen der letztgenannten Darlehen summierte sich auf 792.250 Mark.

Tabelle 18: Darlehen an Öffentliche Körperschaften im Oberamt Biberach 1905–1910

Verwendungszweck	Anzahl der Darlehen	Summe in Mark	Anteil in %
Kirchen	3	1.900	0,2
Feldbereinigung	8	61.000	7,7
Straßen und Brücken	3	66.000	8,3
Öffentlicher Hochbau	12	184.050	23,2
Wasserleitungsbau	15	240.400	30,3
Schwebende Schulden, Sonstiges	8	238.900	30,2
Summe	49	792.250	100,0

Quelle: Eigene Auswertung auf der Grundlage von: HA KSK BC, D 03-005.01, „Protokoll der Ausleihe-Kommission Band III“.

Den kleinsten Anteil der Darlehen innerhalb des Bezirks beanspruchten zwei Kirchengemeinden für sich. In der Summe über 1.900 Mark sind Geldvergaben über 300 Mark zum Kauf einer neuen Turmuhr[833], über 600 Mark für den Neubau einer Sakristei und über 1.000 Mark für eine Kirchenmauer enthalten. Acht Darlehen in Höhe von insgesamt 61.000 Mark wurden von Landgemeinden für die Feldbereinigung aufgenommen. Der Straßen- und Brückenbau im Bezirk wurde von der Sparkasse mit drei Darlehen über insgesamt 66.000 Mark finanziert. Relativ bedeutend mit einem Anteil von gut 23 % an der Darlehenssumme beziehungsweise mit 12 Darlehen über zusammen rund 184.000 Mark waren Geldaufnahmen für öffentliche Hochbauten. In diesem Posten zusammengefasst sind einerseits Kredite zum Umbau und der Sanierung von Schul-, Feuerwehr- und Rathäusern sowie Lehrerwohnungen. Zweitens wurden damit in dem hier betrachteten Zeitabschnitt mehrere Gebäude erstellt. Für drei neue Schulhäuser fanden Kapitalaufnahmen über 20.000 Mark, 30.000 Mark und 34.000 Mark statt. Ein Darlehen über 25.000 Mark diente dem Bau eines neuen Schulhauses mit Lehrerwohnung sowie ein anderes über 30.000 Mark für die Errichtung eines neuen Schul- und Rathauses. Noch stärker als für den öffentlichen Hochbau wurde die Sparkasse von den Gemeinden für die Finanzierung von Wasserleitungen herangezogen. Auf diesen Schwerpunkt im betrachteten Zeitraum entfallen

833 Hier und im Folgenden: HA KSK BC, D 03-005.01, „Protokoll der Ausleihe-Kommission Band III“.

mit gut 240.000 Mark etwa 30 % der Darlehenssumme. Hierin ist auch ein Darlehen über 2.000 Mark enthalten, das gemäß Beschreibung vermutlich der Anlage eines Abwasserkanals diente. Bei den restlichen acht Darlehen im Umfang von knapp 240.000 Mark in der Kategorie „Sonstiges" handelt es sich überwiegend um kurzfristige Geldaufnahmen, sogenannte schwebende Schulden, beziehungsweise die Mittelverwendung wurde in den Protokollen nicht festgehalten.

Dass neben den beschriebenen Finanzierungen weitere kleine und große damals wichtige öffentliche Leistungen mit Hilfe von Spargeldern ermöglicht wurden, belegen auch Darlehen aus den Jahren vor und nach dem betrachteten Zeitausschnitt. Eine Gemeinde nahm beispielsweise 1901 ein Darlehen über 2.000 Mark zur „*Anschaffung einer neuen Feuerspritze*" auf[834] und eine andere Gemeinde 1904 den Betrag von 400 Mark „*zum Zweck des Ankaufs eines Farrens*[835]".[836] Das Gleiche ist übrigens für Kirchheim zu beobachten. Dort nahm eine Bezirksgemeinde 1911 ein Darlehen über 1.500 Mark auf, das unter anderem dem Kauf von Feuerwehrgeräten diente.[837] Und drei Gemeinden brauchten Geld für den Bau beziehungsweise die Erweiterung ihrer Farrenscheuer.[838] Bemerkenswert sind die Darlehensvergaben der Oberamtssparkasse Biberach an mehrere Bezirksgemeinden vom Sommer 1913 zur Finanzierung des Baus einer Eisenbahnlinie von der Stadt Biberach nach Uttenweiler. Die sechs Geldvergaben summierten sich auf 122.000 Mark.[839] Der Bahnbau wurde jedoch durch den Beginn des Ersten Weltkrieges 1914 unterbrochen und die Fertigstellung der Trasse in der Folgezeit nie vollzogen.[840]

Auch die im Abschnitt 1905 bis 1910 an Körperschaften außerhalb des Bezirks vergebenen Biberacher Darlehen wurden für die Verbesserung der Infrastruktur genutzt. Unter ihnen befindet sich eine Geldvergabe über 25.000 Mark für den Bau eines Schulhauses an eine Gemeinde im benachbarten Oberamt Waldsee[841] und zwei Kredite über 39.000 Mark und 140.000 Mark für Wasserversorgungsanlagen an Gemeinden im Oberamt Balingen.[842] Daneben spielte der Bahnbau ebenfalls eine Rolle. Ein Darlehen über 19.150 Mark diente einer Gemeinde im Bezirk Balingen zur Finanzierung ihres Beitrags an der Eisenbahnlinie zwischen der Stadt Balingen und Schömberg.[843] Und einer Gemeinde im Oberamt Herrenberg wurden 45.000 Mark zugesagt, die zum Grundstückserwerb für den Bau der

834 HA KSK BC, D 03-004.01, „Protokoll der Ausleihe-Kommission Band II".
835 Schwäbisch für Zuchtbulle, der von der Gemeinde zur Bedeckung von weiblichen Jungtieren der Einwohner gehalten wurde.
836 HA KSK BC, D 03-004.01, „Protokoll der Ausleihe-Kommission Band II".
837 Proettel (2013), S. 13.
838 HA KSK E-N, Kreditanträge/-beschlüsse usw., Jahrgänge 1908, 1912 und 1913.
839 HA KSK BC, D 03-006.01, „Protokoll der Ausleihe-Kommission Band IV".
840 Hans-Wolfgang Scharf (1997): *Die Eisenbahn im Donautal und im nördlichen Oberschwaben*, Freiburg, S. 164f.
841 HA KSK BC, D 03-006.01, „Protokoll der Ausleihe-Kommission Band IV".
842 HA KSK BC, D 03-005.01, „Protokoll der Ausleihe-Kommission Band III".
843 HA KSK BC, D 03-006.01, „Protokoll der Ausleihe-Kommission Band IV".

Ammertalbahn zwischen Herrenberg und Tübingen sowie für Feldbereinigungen benötigt wurden.[844] Für die Erweiterung des städtischen Wasserwerks wurden der Stadt Reutlingen 500.000 Mark zugesagt.[845] Außerdem erhielt ein öffentliches Energieversorgungsunternehmen, der Gemeindeverband Elektrizitätswerk für den Bezirk Calw, ein Darlehen über 600.000 Mark.[846]

Die Verwendungszwecke der Darlehen an öffentliche Körperschaften wiederholen sich somit, wobei lediglich die Größenanteile je nach Sparkasse und betrachtetem Zeitraum variieren. Es bestanden jedoch auch strukturelle Unterschiede zwischen den einzelnen Instituten. Bei den beiden letztgenannten Geldvergaben der Oberamtssparkasse Biberach über 500.000 Mark und 600.000 Mark handelt es sich um die mit Abstand größten Einzeldarlehen aller elf betrachteten Institute im gesamten Untersuchungszeitraum. Die beiden Darlehen zeigen, dass die erfolgreiche Tätigkeit der Kasse im Passivgeschäft die Bedürfnisse des Aktivgeschäfts überstieg und somit die Hinwendung zu auswärtigen Kreditnehmern notwendig machte. Es bestand kein äußerer Zwang, jene mit Kapital zu versorgen. Der Bau des Reutlinger Wasserwerkes und des Schwarzwälder Elektrizitätswerkes waren aus Biberacher Sicht lediglich günstige Gelegenheiten zur Unterbringung größerer Kapitalbestände. Auf der anderen Seite überließen manche Sparkassen die Finanzierung der heimischen Infrastruktur der Landessparkasse. Ein Beispiel hierfür ist der Bau des Gemeindeverband Elektrizitätswerkes Enzberg ab 1910, das unter anderem für die Versorgung von Maulbronner Bezirksgemeinden vorgesehen war.[847] Aus der Geschichtsschreibung ist bekannt, dass die Finanzierung durch die Landessparkasse sichergestellt wurde, die dem Verband ein Darlehen von bis zu 600.000 Mark gewährte. Die kleine Oberamtssparkasse Maulbronn mit ihrem Finanzvermögen von lediglich 933.000 Mark Ende 1909 konnte diese Aufgabe nicht leisten. Es ist lediglich einem Detail aus der Bauzeit geschuldet, dass sich in ihrem Archivgut dennoch eine Darlehensvergabe von Anfang November 1912 an das Elektrizitätswerk über den vergleichsweise geringen Betrag von 10.000 Mark[848] finden lässt. Der Unternehmer, der das mit Abstand günstigste Angebot für die Grab- und Betonierungsarbeiten einreichte, hatte sich verkalkuliert und stellte im Oktober 1912 eine Nachforderung.[849] Er brauchte dringend 15.000 Mark, um seinen Konkurs abzuwenden. Die nur wenige Tage später erfolgte Geldvergabe der Oberamtssparkasse diente deshalb vermutlich der Regelung des in den bisherigen Planungen nicht berücksichtigten Sachverhalts.

Vermutlich verzichteten manche Sparkassen auch auf Finanzierungsbeiträge für größere Infrastrukturprojekte, selbst wenn ihnen die Darlehensvergabe mög-

844 HA KSK BC, D 03-005.01, „Protokoll der Ausleihe-Kommission Band III".
845 HA KSK BC, D 03-006.01, „Protokoll der Ausleihe-Kommission Band IV".
846 Ebd.
847 Hier und im Folgenden: Leiner (1985), S. 114ff.
848 Archiv Spk Pf Cw, MA.03., Lfd. Nr. 17, „Jahresrechnung 1912".
849 Hier und im Folgenden: Leiner (1985), S. 120f.

lich war. Da stattdessen die Landessparkasse einsprang, bestanden größere Spielräume für die Kapitalversorgung heimischer Kreditnehmer. Auf diese Strategie deutet die vergleichsweise geringe Finanzierung öffentlicher Körperschaften durch die Oberamtssparkasse Ravensburg hin. Gemäß Sparkassenstatistik betrug ihr Bestand an entsprechenden Schuldscheindarlehen Ende 1903 lediglich 17.600 Mark. Damit rangierte Ravensburg weit abgeschlagen an letzter Stelle unter den Instituten des Donaukreises, obwohl der Bezirk überdurchschnittlich bevölkert und industrialisiert war. Die Sparkassen in Biberach, Kirchheim, Geislingen und Göppingen hatten zu diesem Zeitpunkt bereits Darlehen an öffentliche Körperschaften über jeweils mehr als 500.000 Mark ausstehen.[850] Ein Gegenbeispiel für Ravensburg bietet die Oberamtssparkasse Göppingen, die möglichst den gesamten Investitionsbedarf ihrer Gemeinden selbst abdeckte. Unter anderem die oben beschriebene umfangreiche Finanzierung des Baus einer Trinkwasserversorgung für mehrere Bezirksgemeinden führte dazu, dass das Volumen der neu vergebenen Schuldscheindarlehen an öffentliche Körperschaften das Volumen der Darlehensgewährung gegen Hypotheken von 1907 bis 1910 und dann wieder 1913 überstieg. Hieran zeigt sich das Bestreben, ein möglichst effiziente, da wenig arbeitsintensive Kapitalanlage zu praktizieren.

Das konkrete Verhalten der jeweiligen Sparkasse hing letztlich von den Einstellungen der Verantwortlichen ab, weshalb es sich in diesem Punkt um einen nichtsystematischen Faktor handelte. Abgesehen hiervon kann aber eine allgemeine Tendenz beschrieben werden. Zu Beginn des Untersuchungszeitraumes in den 1840er und 1850er Jahren spielten Darlehen an öffentliche Körperschaften für die Oberamtssparkassen noch keine Rolle. Sie setzten erst im Zuge der Hochindustrialisierung vermehrt ein und sind ein Spiegelbild für die Zunahme der Infrastrukturinvestitionen. Besonders betroffen waren Gemeinden und Bezirke mit hohem Industrialisierungsgrad, da die Zuwanderung von Menschen einen Ausbau bestehender Einrichtungen wie Schulen, Rathäuser und Krankenhäuser erforderte. Außerdem bestand vor allem in den städtischen Gebieten ein zeitlich früherer und höherer Bedarf an einer modernen Trinkwasser-, Gas- und Stromversorgung sowie weiterer Annehmlichkeiten wie Hallenbäder. Der daraus resultierende Kapitalbedarf schmälerte tendenziell die für Darlehensvergaben an Private zur Verfügung stehenden Kreditfonds. Dabei fand übrigens kein sogenanntes Crowding Out, also ein Herausdrängen privater Nachfrager gemäß Lehrbuch statt. Das wäre dann der Fall gewesen, wenn die Nachfrage der öffentlichen Hand die Preise beziehungsweise im vorliegenden Fall die Zinsen nach oben getrieben und sich Private wegen der nun geänderten Kalkulationsgrundlage zurückgezogen hätten. Die Zinssätze waren aber zumindest im Zeitraum der Hochindustrialisierung bei den jeweiligen Sparkassen für alle privaten Darlehensnehmer einheitlich und die bezirkseigenen öffentlichen Körperschaften zahlten in der Regel

850 Erst nach dem Ende der Amtszeit des langjährigen Ravensburger Sparkassiers Lorenz Simon holte die Oberamtssparkasse Ravensburg in der Kommunalfinanzierung kräftig auf, vgl. Sparkassenstatistiken, diverse Jahrgänge.

sogar einen um 0,25 Prozentpunkte niedrigeren Vorzugszins.[851] Das Crowding Out geschah vielmehr dann, wenn Sparkassen die Ausgaben der örtlichen Körperschaften finanzieren mussten und die Mittel dann nicht mehr zur Abgabe von Hypothekendarlehen ausreichten. Im Extremfall nutzten einzelne Sparkassen sogar ihr Kündigungsrecht, um ausreichend Mittel für Infrastrukturfinanzierungen zu erlangen. Beispielsweise kündigte die Oberamtssparkasse Rottenburg 1906 ein bestehendes Darlehen an einen Brauereibesitzer im Oberamt Horb, da sie das Geld für die Gemeinden des eigenen Bezirks brauchte.[852] Der Horber Stadtschultheiß kümmerte sich daraufhin um eine Anschlussfinanzierung, und die Oberamtssparkasse Biberach gewährte die benötigten 35.000 Mark, die ursprünglich vermutlich der umfassenden Modernisierung der Brauerei dienten.[853]

851 Die Bevorzugung der eigenen Körperschaften durch einen Vorzugszins kann wirtschaftlich mit dem nicht vorhandenen Kreditausfallrisiko begründet werden.
852 HA KSK BC, Signatur D 03-005.01.
853 Norbert Geßler (2002): *Horber Wirtschaften, Eine Kulturgeschichte vom Mittelalter bis ins 20. Jahrhundert*, Horb, S. 63, erwähnt die Modernisierung 1899. Zum Zeitpunkt des Kaufes der Brauerei 1893 bestand die Oberamtssparkasse Rottenburg dagegen noch nicht.

IV. Teil

Betriebswirtschaftliche und banktheoretische Untersuchungen

8. Das Management des Kreditrisikos durch die Sparkassen

8.1 Vorbemerkungen

In dem hier im Vordergrund stehenden Zeitabschnitt der Hochindustrialisierung stellte das Spargeschäft die primäre Aufgabe der untersuchten Sparkassen dar. Die Darlehensvergabe diente dagegen in erster Linie nur zur Erwirtschaftung der versprochenen Zinsen und zur Deckung der Kosten. Vor diesem Hintergrund und angesichts der Haftung der Amtskörperschaften für die Einlagen ist zu erwarten, dass die Gelder möglichst sicher investiert wurden. Die häufigen und umfangreichen Kreditvergaben an Gewerbetreibende und Industrieunternehmen werfen jedoch die Frage auf, ob die Sparkassen möglicherweise eine zu riskante Geschäftspolitik betrieben. Immerhin waren die Kaufleute und Betriebe den Wechsellagen der Konjunktur und einer sich insgesamt stark verändernden Wirtschaftswelt unterworfen.

Konkurse von Unternehmenskunden der hier untersuchten Panel-Sparkassen kamen tatsächlich vor. Beispielsweise mussten in Kirchheim eine Holzwarenfabrik und eine Maschinenfabrik den Betrieb einstellen. Die örtliche Sparkasse erlitt in diesen Fällen keine Verluste, da interessierte Unternehmen die Anwesen mitsamt den darauf lastenden Hypotheken übernahmen.[854] Bei anderen Sparkassen finden sich aber auch ab und an Angaben über Zwangsversteigerungen der Immobilien von Kunden verschiedener Berufsgruppen. Und bei den in den württembergischen Sparkassenstatistiken als sonstige Vermögenswerte ausgewiesenen Liegenschaften dürfte es sich wahrscheinlich in einigen Fällen um solche Grundstücke handeln, die zuvor Kunden als Kreditsicherheiten dienten und die dann nach einer erfolglosen Zwangsversteigerung in den Besitz der Sparkasse gelangten. Wenn sich zunächst kein Interessant für die Immobilien finden ließ, war es auf diese Weise möglich, das Verbuchen eines Verlustes zunächst zu vermeiden. Hierauf deuten auch in manchen Rechnungsabschlüssen zu findende Einnahmen für verpachteten Äcker der Sparkassen hin.

Grundsätzlich gilt, dass alle Geldvergaben für Gläubiger mit Risiken verbunden sind. Es besteht die Gefahr des Ausbleibens von Zinszahlungen und der Tilgung. Insofern ist das Eingehen von Risiken ein unvermeidbarer Teil der Geschäftstätigkeit von Finanzintermediären wie Banken und Sparkassen. Selbstverständlich hatten die Mitarbeiter der Sparkassen ein hohes Interesse daran, die Risiken möglichst gering zu halten und ihre Kreditentscheidungen sorg-

854 Proettel (2013), S. 17.

fältig abzuwägen. Dies führt zu der grundsätzlichen Frage des allgemeinen Vorgehens der Sparkassen in der Kreditprüfung und ihrer Möglichkeiten zur Erzwingung von finanziellen Ansprüchen gegen säumige Schuldner.

Timothy Guinnane veröffentlichte ausführliche Beschreibungen, wie die ländlichen Kreditgenossenschaften vor dem Ersten Weltkrieg dem Problem asymmetrischer Informationen zwischen Geldnehmern und -gebern begegneten.[855] Das wesentliche Merkmal dieser Einrichtungen war die Beschränkung auf das überschaubare Gebiet einer einzelnen Gemeinde und ihr Umland, in dem die Menschen durch vielfältige gegenseitige Abhängigkeiten verbunden waren. Die Mitglieder der Genossenschaften verfügten deshalb über ein beträchtliches Wissen über die Gewohnheiten sowie den Charakter potenzieller Darlehensnehmer. Sie konnten auch überwachen, ob die vergebenen Gelder in ihren Augen sinnvoll eingesetzt wurden. Auf diesem Weg war es möglich, das Informationsdefizit zu überwinden, das die Kreditvergabe durch entfernte Bankiers und Geldverleiher üblicherweise hemmt. Außerdem konnten die Kreditgenossen durch die räumliche Nähe und Verbundenheit umfangreiche ökonomische und nicht-ökonomische Sanktionen gegen säumige Schuldner verhängen.

Die vergleichsweise detaillierten Archivalien der Oberamtssparkassen Kirchheim und Biberach ermöglichen es, den zeitgenössischen Prozess der Kreditwürdigkeitsprüfung bei diesen Instituten nachzuvollziehen. Wie zu zeigen sein wird, nutzten auch die Sparkassen in gewissem Umfang lokal gewonnenes Wissen. Generell weist ihre Vorgehensweise aber erhebliche Unterschiede zu den von Guinnane beschriebenen Methoden auf, da vollkommen andere Voraussetzungen vorlagen. Die in Württemberg dominierenden Oberamtssparkassen waren für ein vergleichsweise großes Geschäftsgebiet zuständig. Im Durchschnitt lebten im Jahr 1907 ohne Berücksichtigung der weit vom Mittelwert abweichenden Hauptstadt Stuttgart mehr als 33.000 Menschen in einem Verwaltungsbezirk.[856] Dessen Fläche erstreckte sich auf mehr als 300 Quadratkilometer und umfasste durchschnittlich etwa 30 Einzelgemeinden. Und wie gezeigt, vergaben die Sparkassen darüber hinaus immer wieder umfangreiche Darlehen an bezirksfremde Kunden. Die Distanz zwischen Kreditnehmer und -geber betrug in einigen Fällen mehr als 100 Kilometer Luftlinie. Hierdurch war es den Entscheidern in den Ausleihekommissionen der Sparkassen sehr häufig nicht möglich, ihre Urteile auf eigene Anschauungen über die Kreditnehmer zu stützen. Außerdem war die von den Genossenschaften praktizierte Verhängung von nicht-ökonomischen Sanktionen gegen säumige Kreditnehmer ebenfalls keine Option. Zu der praktischen Unmöglichkeit aufgrund der räumlichen Distanz kam die Garantie der Amtskörperschaften für die Spareinlagen. Es bestand für die Sparer also kein Anreiz, im eigenen Interesse und damit im Interesse ihrer jeweiligen Sparkasse eine soziale Kontrolle über die Kreditnehmer auszuüben. Abgesehen hiervon verlief der Pro-

855 Hier und im Folgenden: Guinnane (2001), S. 370ff.
856 Für die Angaben hier und im Folgenden: K.[öniglich] Statistisches Landesamt (1910).

zess der Geldvergabe weitgehend diskret, so dass die Bewohner eines Dorfes in der Regel nicht gewusst haben dürften, wer Kapital von der Sparkasse bekommen hatte und wer nicht. Über diese Argumente hinaus ist noch zu berücksichtigen, dass manche Kreditkunden der Sparkassen wie die Industriellen an der Spitze der sozialen Schichtung standen. Dies hätte die Möglichkeiten einer Sanktionierung von Fehlverhalten vermutlich selbst dann gemindert, wenn die Faktoren räumliche Nähe und Informationen über die Darlehensvergabe gegeben gewesen wären.

Nachfolgend wird zunächst ein allgemeiner Überblick über das Konzept der Kreditwürdigkeitsprüfung der Sparkassen gegeben und im Anschluss daran detailliert auf dessen beiden wesentlichen Säulen eingegangen. Wie zu zeigen sein wird, erlaubte ein weitgehend standardisierter Prozess den Sparkassen, Darlehen mit geringem Aufwand sehr schnell anzubieten. Ökonomische Anreize und die leichte Geltendmachung von Ansprüchen auf dem juristischen Weg sollten außerdem helfen, Verluste im Kreditgeschäft weitgehend zu vermeiden. Zum Abschluss dieses Kapitels finden diverse Untersuchungen über die Wirksamkeit dieses Konzept der Kreditüberprüfung statt. Hierzu werden Archivalien der Oberamtssparkassen Göppingen, Maulbronn, Nagold und Ludwigsburg herangezogen, die eine entsprechende Evaluierung zulassen.

8.2 Das Grundkonzept der Kreditwürdigkeitsprüfung der Sparkassen

Heute ist es im Bankwesen üblich, Kreditentscheidungen auf drei Säulen zu stützen. Hierzu gehört erstens die Prüfung der Sicherheiten bei entsprechend garantierten Krediten, zweitens die Beurteilung der persönlichen Kreditwürdigkeit und drittens die Ermittlung der materiellen beziehungsweise wirtschaftlichen Kreditwürdigkeit[857]. Letztere ist gegeben, wenn die gegenwärtigen und künftig erwarteten wirtschaftlichen Verhältnisse die Zins- und Rückzahlungsleistungen als gesichert erscheinen lassen. Für diesen Zweck werden von Unternehmen Jahresabschlüsse und gegebenenfalls sogenannte Business-Pläne mit Projektionen für die Zukunft eingefordert. Bei Privatpersonen als Kreditnehmern werden individuelle Berechnungen durchgeführt, ob sich diese gemessen an ihren laufenden Einkommen und ihren regelmäßigen Ausgaben zusätzliche Geldabflüsse in Form von Darlehenszinsen und -tilgungen leisten können.

Die zeitgenössischen Kreditakten der Oberamtssparkasse Kirchheim und die Protokolle der Darlehenskommission aus Biberach zeigen, dass zu Beginn des 20. Jahrhunderts vor allem die beiden erstgenannten Säulen genutzt wurden. Eine Überprüfung der wirtschaftlichen Verhältnisse fand – wenn überhaupt – lediglich auf der Grundlage einer allgemeinen Einschätzung statt. Der Grund hierfür ist

857 Hier und im Folgenden: Hannelore Grill und Hans Perczynski (1998): *Wirtschaftslehre des Kreditwesens*, 32. Auflage, Bad Homburg vor der Höhe, S. 338–340.

wahrscheinlich, dass die Methoden der materiellen Kreditwürdigkeitsprüfung damals noch nicht entwickelt waren.

Auch die Landessparkasse stützte ihre Kreditentscheidungen nur auf die Prüfung der Kreditsicherheiten und die Einschätzung der persönlichen Kreditwürdigkeit. Dies geht aus Angaben aus der zeitgenössischen Dissertation von Spitta hervor. Demnach waren den Darlehensgesuchen beizuschließen,

„a) eine vollständige Ausfertigung aus dem gemeinderätlichen Schätzungsprotokoll über die in Gemässheit der Justizministerialverfügung vom 21.X.99 § 36–43 vorgenommene Schätzung der zu beleihenden Liegenschaft.
b) Ein Zeugnis des Gemeinderats über die Kreditwürdigkeit und die Vermögensverhältnisse des Darlehensuchenden.“[858]

Diese Überlieferung ist ein seltenes Zeugnis einer Vorgabe für die Kreditprüfung einer Sparkasse. Im Fall der Oberamtssparkassen wurde der Prozess in der Phase der Hochindustrialisierung nämlich nirgends schriftlich festgehalten. Wie noch zu zeigen sein wird, beruhte die Prüfung der persönlichen Kreditwürdigkeit bei den Partikularinstituten zu Beginn des 20. Jahrhunderts zudem auf weit weniger strengen Vorgaben. Diverse Satzungen aus der Mitte des 19. Jahrhunderts dokumentieren allerdings, dass die Sparkassen in den Bezirken zu diesem früheren Zeitpunkt ähnlich wie die Landessparkasse vorgingen. Beispielsweise enthielten die Gründungsstatuten der Oberamts-Spar- und Leih-Kasse Göppingen von 1846 die Bestimmung, wonach die *„Tüchtigkeit“* der zwei *„in gutem Ruf stehenden“* Bürgen gemeinderätlich beurkundet sein musste.[859] Damit wird auch deutlich, dass die Oberamtssparkassen ihre internen Regelungen im Zeitablauf lockerten, während die Landessparkasse noch lange Zeit an den strengeren althergebrachten Vorgaben festhielt.

8.3 Prüfung der Kreditsicherheiten

Während die Satzungen der Oberamtssparkassen keine Regeln über die konkrete Vorgehensweise in der Kreditprüfung machten, wurden die Voraussetzungen für die Bestellung von Hypotheken im Zeitablauf immer detaillierter definiert. Darlehen waren grundsätzlich nur auf erste Hypothek möglich und die Beleihung der Immobilien war zunächst nur bis zu höchstens 50 % des Schätzwertes zulässig.[860] Für Fabrikanlagen setzte sich in Württemberg zu Beginn des 20. Jahrhunderts eine Beleihungsgrenze von 40 % durch. Zubehör wie Maschinen wurde bei der Berechnung des Immobilienwertes bei manchen Sparkassen berücksichtigt und bei anderen nicht. Anwesen wie Steinbrüche oder Moorflächen, die durch den

858 Spitta (1904), S. 47.
859 § 9 der Statuten von 1846, in: Kreissparkasse Göppingen (1946), S. 12.
860 § 16 der Statuten von 1901 und § 19 der Satzung von 1909, in: HA KSK E-N.

Abbau von Steinen oder Torf an Wert verlieren, waren von der Beleihung ausgeschlossen. Bei Wäldern und landwirtschaftlichen Flächen durfte nur der Bodenwert, nicht aber der Wert des Holzes beziehungsweise der Feldfrüchte einkalkuliert werden. Tendenziell ist eine Lockerung der Bestimmungen im Zeitablauf erkennbar. Noch in den 1890er Jahren wurde vielfach gefordert, dass die Immobiliensicherheit zu nicht mehr als einem Drittel aus Gebäuden bestehen dürfte. Reine Ackerflächen und Gemüsegärten wurden offenbar als leichter veräußerbar angesehen. Immer mehr setzten sich dann Ausnahmenbestimmungen durch. Vielfach wurde zunächst nur für Bezirksangehörige und später auch für alle Kunden ein reduzierter Grundstücksanteil als zulässig angesehen. Kurz vor dem Ersten Weltkrieg finden sich in den Satzungen Regelungen, dass reines „Stockwerkseigentum", also Eigentumswohnungen, als Sicherheit angenommen werde, solange es baulich klar abgetrennt und eine unabhängige Nutzung möglich sei.

Vor dem Hintergrund der strengen und später immer vielfältigeren Regeln benötigten die Mitarbeiter der Sparkasse eine ganze Reihe von Informationen über die zu belastenden Immobilien. Aufgrund ihrer umfangreichen Tätigkeiten und der teilweise weit entfernt liegenden Immobilien konnten sie diese aber nicht selbst begutachten. Die Archivalien aus Kirchheim und Biberach bestätigen dies. Die Sparkassenmitarbeiter nutzten stattdessen die bereits oben erwähnten amtlichen Schätzungsurkunden, die von den Kunden bei der Darlehensbeantragung einzureichen waren. In diesen Dokumenten wurden unter anderem Katasterinformationen über die Größe der Grundstücke, die Benutzungsart, in das Grundbuch eingetragene Rechte, Pflichten und Belastungen sowie der Zustand der darauf bestehenden Gebäude festgehalten. Daneben enthielten sie auch die Versicherungssumme für die Gebäudebrandversicherung, deren korrekte Festlegung von den Sparkassen vor der Beleihung von Bauwerken vorausgesetzt wurde.

Es handelte sich bei den Urkunden somit einerseits um eine Zusammenstellung von Informationen aus öffentlichen Verzeichnissen, die ohnehin von der Verwaltung erfasst wurden. Ihre Bezeichnung erhielten die Dokumente aber aufgrund einer weiteren zentralen Information, nämlich den amtlichen Schätzwerten für den jährlichen Pachtertrag sowie den Wert der Immobilien. Diese bildeten den Schlüssel für die Sparkassen zur Berechnung der möglichen Kreditobergrenze. Die Schätzung der Immobilien kann als eine Dienstleistung der Behörden angesehen werden. Sie war im Grunde jedoch eher ein Nebenprodukt des zeitgenössischen Steuerwesens. Im 19. Jahrhundert herrschte in den süddeutschen Staaten ebenso wie in Frankreich ein Objektsteuersystem vor.[861] Angesichts der damals geringeren verwaltungsmäßigen Erschließung, knüpfte das Besteuerungswesen an gut sicht- und quantifizierbaren Tatbestände an.[862] In Württemberg wurden vor allem die Erträge von Grundstücken, von Gebäuden und aus dem Gewerbe

861 Mark Spoerer (2004): *Steuerlast, Steuerinzidenz und Steuerwettbewerb, Verteilungswirkungen der Besteuerung in Preußen und Württemberg (1815–1913)*, Berlin, S. 11 und S. 14.
862 Ebd., S. 13.

zur Staatsfinanzierung herangezogen.[863] Insofern stellte die Schätzung aller Immobilien die Voraussetzung für die Erhebung von zwei der drei wichtigsten Steuern dar. Objektsteuern zielen auf den durchschnittlichen Ertrag ab und nicht auf den tatsächlich erzielten.[864] Dies dürfte der Grund sein, warum die ausgewiesenen Schätzwerte in den Urkunden häufig leicht von den Steueranschlägen abwichen. Außerdem erklärt sich, warum für die geschätzten Gebäude nie die Anzahl der Zimmer oder eine Quantifizierung der Wohnfläche angegeben wurde, sondern allenfalls die Größe der bebauten Fläche. Objektsteuersysteme verzichten aus praktischen Gründen und aus steuerpolitischer Rücksichtnahme gegenüber den Bürgern auf nähere Einblicke in die persönlichen Verhältnisse.[865] Vermutlich wurden die Gebäudeschätzungen nur aufgrund der äußeren Inaugenscheinnahme vorgenommen, aber nicht im Zuge einer Innenbesichtigung. Durchgeführt wurden die Schätzungen vom jeweiligen Gemeinderat. Größere Städte richteten alternativ eigene Behörden ein wie die „*Gemeinderätliche Liegenschaftsschätzungscommission*" in Stuttgart.[866]

Die amtlichen Angaben deckten die Bedürfnisse der Sparkassen fast immer vollständig ab. Nur in Ausnahmefällen, wie der Bewertung von zu beleihenden Wasserkräften, beauftragte die Oberamtssparkasse Kirchheim Wasserbautechniker als externe Gutachter. Ähnliches wird an verschiedenen Stellen der Biberacher Protokolle sichtbar. Die dortige Sparkasse zog einen Oberamtsbaumeister für die Schätzung der Wasserkraft einer Mühle[867] und die Bewertung einer Brauerei[868] heran.

Die Sparkassiere überprüften stets, ob die Schätzwerte der Gemeinderäte in Einklang mit den Steueranschlägen und gegebenenfalls mit den Angaben für die Gebäudebrandversicherung standen. Etwaige größere Differenzen monierten sie unverzüglich. Nur wenn die Versicherungssumme den Wert der Gebäude abdeckte, konnten die Institute im Falle eines Brandes mit der Rückzahlung des Darlehens rechnen. Außerdem ließ sich auf diese Art möglicherweise Betrugspotenzial eindämmen. Die Kunden hatten einerseits ein Interesse an hohen Schätzwerten zur Aufnahme hoher Kreditbeträge. Auf der anderen Seite waren niedrige Steueranschläge und Versicherungssummen attraktiv, um die laufenden Zahlungen gering zu halten. Die Notwendigkeit der weitgehenden Übereinstimmung der Zahlen dürfte den Anreiz für in betrügerischer Absicht zu hoch angesetzter Schätzwerte verringert haben. Und durch die Nutzung amtlicher Urkunden, in denen die jeweiligen Schreiber und Urheber der Zahlen vermerkt wurden, bestand zudem eine hohe Hemmschwelle für das absichtliche Eintragen falscher Daten.

863 Ebd., S. 16ff.
864 Ebd., S. 14.
865 Ebd. und S. 91.
866 HA KSK E-N, Kreditanträge/-beschlüsse usw. 1907.
867 HA KSK BC, D 03-005.01, „Protokoll der Ausleihe-Kommission Band III".
868 Ebd.

Für die Ausstellung einer Urkunde berechneten die Gemeinden den Grundstückseigentümern eine wertabhängige Gebühr, die bei mittelgroßen Darlehen niedrige einstellige Markbeträge ausmachte. Die Kirchheimer Satzung forderte, dass die Schätzungsurkunden nicht älter als drei Monate sein durften. In der Praxis wurde aber öfters auf die Neuausstellung verzichtet, insbesondere wenn sich der Immobilienwert durch Modernisierungen oder Erweiterungen zwischenzeitlich zweifelsohne erhöht hatte. Hierdurch reduzierten sich die Nebenkosten der Darlehensaufnahme aus Sicht der Kreditnehmer.

Gewerbetreibende und Firmen wurden übrigens in allen Aspekten der Kreditprüfung wie die Vertreter anderer Berufsgruppen behandelt. Allerdings wird im Fall der Oberamtssparkasse Biberach deutlich, dass die Mitglieder der Kommission die Gesuche umso eingehender berieten, je größer die angefragten Darlehensbeträge waren. Außerdem dokumentieren die Protokolle an verschiedenen Stellen durchaus Vorsicht gegenüber Gewerbetreibenden. Beispielsweise erhielt der Eigentümer eines „*Gasfabrik-Gebäudes*“ aus dem Neckarkreis kein Darlehen, was mit der vermuteten „*Feuergefährlichkeit der Anlage*“ begründet wurde.[869] Wahrscheinlich spielte auch die erschwerte Verwertbarkeit einer Kohlenverschwelungsanlage im Fall einer Zwangsversteigerung eine Rolle für die Ablehnung. Denn wie gezeigt, genehmigte die Ausleihekommission durchaus große Darlehen an Fabrikanten. Dieser Einzelfall belegt deshalb keine pauschale Abneigung gegenüber der Industrie.

Neben den erläuterten eher technischen Aspekten setzten die Statuten der Sparkassen zudem voraus, dass sich für die als Sicherheiten angebotenen Immobilien „*jederzeit ein Kaufsliebhaber*“ finden lassen musste. Dies schloss beispielsweise die Besicherung von baufälligen Gebäuden oder Immobilien in unvorteilhaften Lagen aus. Die Schätzungsurkunden enthielten über diesen Punkt jedoch keine Information. Entsprechende Hinweise wurden bei Bedarf stattdessen zusätzlich zu der Beurteilung der persönlichen Kreditwürdigkeit gegeben, worauf im Abschnitt 8.4 näher einzugehen ist. Beispielsweise hieß es in einem der seltenen negativen Urteile im Fall eines Kreditwunsches gegenüber der Kirchheimer Sparkasse, „*Es ist fraglich ob das Anwesen jederzeit einen Kaufsliebhaber findet, aber nicht bloß weil es außerhalb Etters*[870] *[...] ist, sondern weil die Häuser überhaupt hier nicht gut veräußert werden können.*“[871] Auch in Biberach hinterfragten die Mitglieder der Darlehenskommission die Verkehrsfähigkeit bei abgelegenen Immobilien kritisch. Nur in sehr seltenen Fällen wurden Sparkassenmitarbeiter mit der Besichtigung beauftragt, um Zweifel an den Angaben auszuräumen.[872]

869 HA KSK BC, D 03-005.01, „Protokoll der Ausleihe-Kommission Band III“.
870 Schwäbisch für einen Zaun zur Eingrenzung des Dorfes.
871 HA KSK E-N, Kreditanträge/-entscheidungen usw. 1909.
872 Ein Beispiel in: HA KSK BC, D 03-005.01, „Protokoll der Ausleihe-Kommission Band III“.

8.4 Prüfung der persönlichen Kreditwürdigkeit

Für die Beurteilung der persönlichen Kreditwürdigkeit der Darlehensnehmer stützten sich die Sparkassen an der Wende vom 19. Jahrhundert zum 20. Jahrhundert nicht mehr auf die Jahrzehnte früher geforderten formellen gemeinderätliche Zeugnisse. Sie nutzten vielmehr eine ganze Reihe von eher informellen Quellen. Offenbar gab es in diesem Punkt einen schleichenden Wandel, der jedoch nur die Oberamtssparkassen betraf.

Da ein Teil der Kreditkunden wiederholt Fremdkapital aufnahm, war die Berücksichtigung der bislang gewonnenen individuellen Erfahrungen naheliegend. Beispielsweise hielt der Schriftführer der Biberacher Darlehenskommission in einem Fall im Protokoll fest: *„Der Kassier bemerkt, daß dieselbe Person schon früher ein Darlehen von der Kasse hatte, solches aber heimbezahlte. Aus den Büchern geht hervor, daß [...] pünktlich den Zins bezahlte.“*[873] Ähnliches ist aus den Kirchheimer Kreditakten ersichtlich, wo jedoch nur die negativen Einschätzungen schriftlich festgehalten wurden. Beispielsweise enthält ein Gesuch um Krediterhöhung die Anmerkung, *„Schuldner ist ganz säumiger Zinszähler“*[874]. Bei einem anderen Kreditgesuch schrieb der Sparkassenleiter an die Mitglieder der Ausleihekommission, *„Gleichwohl aber vermag ich angesichts der in letzter Zeit nicht pünktlich [...] erfolgten Zinszahlungen [...] der Firma [...] eine Erhöhung des Darlehens nicht zu befürworten [...].“*[875] In einem weiteren Fall hielt er fest, *„Ich trage alle Bedenken, [das Darlehensgesuch] in Antrag zu bringen, weil [...] nicht einmal den kleinen Zins aus seiner bestehenden Schuld [...] rechtzeitig bezahlt hat und um so weniger im Stande sein kann, den grossen Zins [...] künftig aufzubringen.“*[876]

Insbesondere für die Beurteilung von neuen Kunden waren Auskünfte von Schultheißen und in kleinerem Umfang von anderen Personen der lokalen Verwaltung eine sehr wichtige Quelle. Wie erläutert, vermittelten die Ortsvorsteher, Gemeindepfleger und Amtsschreiber immer wieder Darlehensgesuche an die Sparkassen.[877] Dabei teilten sie auch eigene Einschätzungen über die Verkehrsgängigkeit der Immobilien und die Kreditwürdigkeit der Gesuchsteller mit. Angesichts der Überschaubarkeit vieler Landgemeinden dürften die Vertreter der lokalen Verwaltung viele Mitbürger persönlich etwas näher gekannt und Einsichten in ihre Lebensumstände gehabt haben. Es ist aber fraglich, inwieweit diese allgemeinen Kenntnisse an die Qualität der Einschätzungen von ländlichen Kreditgenossenschaften heranreichten, bei denen eine ganze Gruppe von Mitgliedern über Darlehensgesuche entschied. Die Schultheißen und gegebenenfalls ihre Amtsdiener konnten jedoch aufgrund eines anderen Umstandes ausnahmslos alle

873 HA KSK BC, D 03-004.01, „Protokoll der Ausleihe-Kommission Band II“.
874 HA KSK E-N, Kreditanträge/-entscheidungen usw. 1907.
875 HA KSK E-N, Kreditanträge/-entscheidungen usw. 1910.
876 HA KSK E-N, Kreditanträge/-entscheidungen usw. 1913.
877 Vgl. Kapitel 7.3.

potenziellen Hypothekendarlehensnehmer sehr gut beurteilen: Sie verwalteten nicht nur die Kataster als Grundlage für die Besteuerung, womit sie exzellente Einblicke in die Vermögensverhältnisse hatten. Die Ortsvorsteher waren zudem für die Steuereintreibung zuständig.[878] Es war vorgesehen, dass die Steuerpflichtigen das Rathaus aufsuchen und ihre Beträge in bar begleichen mussten. Die Schultheißen konnten auf dieser Grundlage zwar keine umfassenden Einschätzungen der Charaktereigenschaften vornehmen. Sie dürften aber sehr gut darüber informiert gewesen sein, wer seinen Verpflichtungen einigermaßen pünktlich nachkam und wer nicht.

Deutlich wird dies bei einem negativen Urteil, das zur Ablehnung eines Kreditwunsches durch die Sparkasse in Kirchheim führte. Der befragte Schultheiß schrieb, „*Wenn das Darlehen von der Oberamtssparkasse gereicht würde, so kann ich heute schon sagen, dass der Zins alle Jahre im Zwangsweg beigetrieben werden muss, denn [...] bezahlt freiwillig nichts, jedes Jahr muss auch die Gemeindeumlage von ihm zwangsweise beigetrieben werden [...].*“[879]

Der ganz überwiegende Teil der Darlehensnehmer wurde positiv eingeschätzt, wozu allgemein gehaltene Formulierungen dienten. In den Protokollen der Oberamtssparkasse Biberach findet sich immer wieder die Aussage, „*... ist vom Schulth[eißen-]Amt als ein guter u. pünktlicher Zinszähler geschildert*“[880] oder „*Darlehenssucher ist vom Stadtschulth[eißen]-Amt [...] als gut beleumundet, in guten Vermögensverhältnissen lebend geschildert ...*“.[881] Und im Schriftverkehr der Oberamtssparkasse Kirchheim heißt es beispielsweise, „*Die Verhältnisse der [...] Eheleute sind geordnete, [...] ist auch ein pünktlicher Zinszähler*“[882] oder „*Schuldner hat noch nie zu Klagen Anlaß gegeben u. wird wie bisher seine Zinse rechtzeitig bezahlen*“.[883] In einem anderen Fall hielt ein Schultheiß fest, „*Da die Sicherheit eine unbedingt gute ist u. [...] in geordneten Verhältnissen lebt u. die Zinse pünktlich bezahlen wird, kann ich die Abgabe des Darlehens an [...] befürworten*“.[884]

Bei Auskünften über Gewerbetreibende wurden teilweise Angaben über die Geschäftstätigkeit gemacht. Ein Schultheiß schrieb an die Sparkasse in Kirchheim, „*Das Geschäft geht bei [...] gut, [...] auch die Lage ist günstig. [...] Die volle Beleihung kann ich empfehlen*“.[885] An anderer Stelle lauteten die Einschätzungen, „*[...] betreibt sein Geschäft sehr umsichtig, hat eine gute Kundschaft und ist*

878 Paul Hensler (1904): *Die Erhebung der direkten Steuern in Württemberg*, Göppingen, S. 19ff. Dies blieb auch nach dem Übergang zum Einkommensteuersystem kurz nach Beginn des 20. Jahrhunderts so, da die Kommunen eigene Abgaben und Zuschläge auf die Staatssteuern erhoben. Vgl. hierzu: Spoerer (2004), S. 19.
879 HA KSK E-N, Kreditanträge/-entscheidungen usw. 1913.
880 HA KSK BC, D 03-004.01, „Protokoll der Ausleihe-Kommission Band II“.
881 Ebd.
882 HA KSK E-N, Kreditanträge/-entscheidungen usw. 1907.
883 HA KSK E-N, Kreditanträge/-entscheidungen usw. 1911.
884 Ebd.
885 HA KSK E-N, Büschel „Kreditanträge/-entscheidungen usw. 1907.

solid."[886] beziehungsweise, „*Der Gesuchsteller ist ein durchaus solider, tüchtiger Geschäftsmann und kann als pünktlicher Zähler bestens empfohlen werden*".[887]

Es ist nicht bekannt, inwiefern schon vor der Einführung der Reichsabgabenordnung von 1919 ein schriftlich festgehaltenes Steuergeheimnis in Württemberg existierte.[888] Wenn dies der Fall gewesen sein sollte, dann wurde das Steuergeheimnis gegenüber den Sparkassen jedoch weitgehend gewahrt, da die Schultheißen nur allgemeine Informationen ohne konkrete Betragsangaben oder ähnliches weitergaben.

Im Verlauf des 20. Jahrhunderts dürfte die Möglichkeit der Schultheißen zur Kreditnehmerbeurteilung allmählich zurückgegangen sein, da die Steuereintreibung in die Hände der Finanzämter gelegt wurde. Württemberg führte im Jahre 1903 die Einkommenssteuer ein und entschied sich damit für ein modernes Subjektsteuersystem.[889] Zunächst behielten die Schultheißen jedoch ihre Bedeutung, da die Gemeinden zur Erhebung von Zuschlägen auf die staatlichen Steuern berechtigt waren.[890] Die offenbar informelle Zusammenarbeit der lokalen Verwaltung mit den Sparkassen ist übrigens wenig überraschend. Zum einen waren die Institute Einrichtungen der Oberämter. Zum anderen waren die Ausleihekommissionen als relevante Gremien für die Kreditgewährung wie beschrieben hauptsächlich mit Schultheißen der Bezirksgemeinden besetzt.

Die nebenberuflich mit der Entgegennahme von Spargeldern in den Gemeinden beschäftigen Ortssparpfleger sowie Privatbankiers leiteten ebenfalls Darlehensgesuche weiter und sprachen Empfehlungen aus.[891] Darüber hinaus dokumentieren die archivalischen Überlieferungen aus Kirchheim und Biberach die Zusammenarbeit der Sparkassen untereinander. Wurde die Biberacher Sparkasse beispielsweise von einem anderen Institut mit vorübergehendem Kapitalmangel um eine Finanzierung gebeten, dann stellte dieses entsprechende Informationen über die Kreditnehmer zur Verfügung.[892] Und in Kirchheim notierte der Leiter der Sparkasse in einem Fall, „*Nach eingezogener telephonischer Erkundigung ruht der höhere Gebäudewert von baulicher Verbesserung her. Die Beleihung würde von der Oberamtssparkasse Göppingen anstandslos erfolgen*".[893] In einem anderen Fall lautete das Resultat, „*Nach den bei dem Schultheißenamt Kornwestheim u. bei der Oberamtssparkasse Ludwigsburg eingezogenen Erkundigungen ist der Gesuchsteller [...] ein durchaus solider u. zuverlässiger Mann & pünktlicher Zins-*

886 HA KSK E-N, Büschel „Kreditanträge/-entscheidungen usw. 1913.

887 HA KSK E-N, Büschel „Kreditanträge/-entscheidungen usw. 1907.

888 Zum Steuergeheimnis vgl. § 10 und § 17 der *Reichsabgabenordnung* vom 13. Dezember 1919, in: Reichs-Gesetzblatt Nr. 242 vom 22. Dezember 1919.

889 Spoerer (2004), S. 17.

890 Ebd., S. 20.

891 Beispielsweise HA KSK BC, D 03-004.01 und D 03-005.01, „Protokoll der Ausleihe-Kommission Band II", dito III.

892 Beispielsweise HA KSK BC, D 03-005.01, „Protokoll der Ausleihe-Kommission Band III".

893 HA KSK E-N, Kreditanträge/-entscheidungen usw. 1911.

zahler. Die Pfandobjekte liegen [...] in zukunftsweiser Lage. Die Beleihung ist demnach von beiden Seiten empfohlen".[894]

Selbst zu Beginn des 20. Jahrhunderts scheint der nicht bankmäßig organisierte Kreditmarkt eine wichtige Rolle gespielt zu haben, denn auch in dieser Zeit kamen immer wieder Kreditgesuche von Schuldnern vor, denen die private Hypothek gekündigt wurde. In solchen Fällen scheuten die Sparkassen nicht davor zurück, sich bei den bisherigen Gläubigern nach den Gründen für die Kündigung und dem Zahlungsverhalten zu erkundigen. In der Rückantwort eines Schreibens an ein nicht näher bezeichnetes Fräulein hieß es beispielsweise über den bisherigen Schuldner: „*Was das Zinsenbezahlen betrifft, er war gerade kein schlechter, aber etwas gleichgültiger Zinszähler und ließ sich gerne mahnen.*"[895] Die Sparkasse verzichtete nach dieser Auskunft auf eine Geldvergabe.

Bei größeren Darlehensgesuchen auswärtiger Interessenten mit gewerblichem Hintergrund kam es schließlich auch vor, dass die Ausleihekommission in Biberach eine Auskunft von einem örtlichen Spar- und Darlehensverein einholte.[896] Das Gleiche gilt für die Sparkasse in Kirchheim. In einem Fall empfahl Fritz Hohl der Darlehenskommission , „*[...] im Hinblick auf die mir seit der Stellung des Gesuchs um Abgabe eines Darlehens [...] bekannt gewordenen persönlichen u. Vermögensverhältnisse des Schuldners, die eine pünktliche Zinszahlung nicht erwarten lassen, – er ist derzeit mit dem Darlehenskassenverein [...] verhängt –, das Darlehensgesuch abzulehnen*".[897]

Die Anfragen an die Schultheißen wurden übrigens nicht nur getätigt, um erste Informationen zu erlangen. Sie dienten auch zur Verifizierung von Einschätzungen. Das erkennbare Ziel des Kirchheimer Sparkassenleiters war es, sachlich begründete und auf Konsens beruhende Darlehensentscheide in der Ausleihekommission zu erreichen. Beispielsweise schrieb er an einen Schultheißen, „*Nach den mir annähernd bekannten Verhältnissen des Gesuchstellers [...] wird von der Abgabe eines Darlehens an ihn keine Rede sein können. Sie werden auch nicht in der Lage sein, das Gesuch zu empfehlen?*".[898] Die Antwort führte dann doch zur Auszahlung des Darlehens: „*Es handelt sich nicht um den bekannten [...], sondern um dessen Nachfolger – zufällig gleichen Namens, der recht fleißig & sparsam ist. [...] M[ark] können ruhig abgegeben werden.*"[899]

Insgesamt erwecken die Archivalien den Eindruck, dass die Darlehensvergabe durch das System mit der Vorlage von Schätzungsurkunden und den Auskünften durch die Schultheißen sehr zügig, mit verhältnismäßig geringem Aufwand und weitgehend standardisiert verlief. Hieran ändern auch die vielen Schriftwechsel

894 HA KSK E-N, Kreditanträge/-entscheidungen usw. 1910.
895 HA KSK E-N, Kreditanträge/-entscheidungen usw. 1913.
896 HA KSK BC, D 03-005.01, „Protokoll der Ausleihe-Kommission Band III".
897 HA KSK E-N, Kreditanträge/-entscheidungen usw. 1909.
898 Ebd.
899 Ebd.

zu offen gebliebenen Fragen und auch teilweise skeptischen Rückfragen nichts, die trotz der einzukalkulierenden Postlaufzeiten erstaunlich schnell abliefen.

8.5 Vertragsklauseln und Instrumente

In der Zeit vor dem Ersten Weltkrieg verfügten nur wenige große Unternehmen über ein eigenes Girokonto bei einem privaten Bankhaus oder der Reichsbank. Die Sparkassen führten dieses Dienstleistungsangebot erst später ein und die meisten Kreditkunden wickelten ihre alltäglichen Zahlungen mit Bargeld ab. Es war vor allem aus diesen Gründen noch nicht möglich, die auf Kredite fälligen Zinszahlungen von persönlichen Konten abzubuchen. Die Darlehensnehmer mussten vielmehr selbst aktiv werden. Sie hatten jährlich beziehungsweise halbjährlich ihre Zinsen und Tilgungsleistungen bar bei der Sparkasse oder einer Ortssparpflege einzuzahlen, beziehungsweise eine Überweisung an die Sparkasse zu veranlassen. Damit dies nicht vergessen wurde und möglichst pünktlich geschah, nutzten die meisten württembergischen Sparkassen einen ökonomischen Anreiz. Sie erhoben einen Strafzins für säumige Kreditnehmer. Die Darlehensanträge der Oberamtssparkasse Kirchheim enthielten neben der Festlegung der Zinshöhe regelmäßig die Klausel, *„...und wenn der Zins nicht binnen 4 Wochen nach Verfall bezahlt wird, 1/2 % mehr für das betreffende Jahr"*. Säumige Kreditnehmer mussten somit für zwölf Monate einen um 0,5 % erhöhten Darlehenszins zahlen, was gleichbedeutend mit einer Strafe in dieser Höhe gemessen am Darlehensbetrag ist.

Die Regelung war bei den Panel-Sparkassen weit verbreitet, wobei die jeweilige Kulanzfrist für verspätete Zahlungen unterschiedlich lang ausfiel. Bei der Oberamtssparkasse Ludwigsburg betrug der kritische Zeitraum im 19. Jahrhundert offenbar drei Monate. Dies lässt sich anhand der fortlaufenden Eintragungen in den beiden Kapitalienbüchern berechnen. Der Darlehenszins erhöhte sich bei säumigen Kunden beispielsweise von 4,5 % auf 5,0 %. Die Oberamtssparkasse Geislingen führte die Klausel gemäß einer Angabe im Kapitalienhauptbuch spätestens 1892 ein.[900] Der Zinssatz betrug damals 4 % und nach Versäumnis einer Kulanzfrist von zwei Monaten 4,5 %. Im Fall der Oberamtssparkasse Nagold ist anhand der abgerechneten Zinsbeträge ebenfalls ein Kulanzzeitraum von zwei Monaten erkennbar.

In Göppingen findet sich die Bestimmung mit einer kürzeren Frist erstmals um 1909 in der Satzung und hier auch nur im Abschnitt für die Rentendarlehen. Demnach wurde eine Annuität als rechtzeitig geleistet angesehen, *„wenn sie innerhalb [von] 42 Tagen nach Verfall erfolgt, andernfalls werden die laufenden Zinse um*

900 KrA GP, P 1, B 75, Angaben auf der vorderen Umschlaginnenseite im Kapitalienhauptbuch.

1/2 % erhöht".[901] Die Sparkassiere wendeten die Regelung aber schon früher und bei allen Hypothekendarlehen an. Die Göppinger Amtsversammlung beschloss im Juli 1881, den regulären Zinsfuss von 5 % auf 4,5 % unter der Bedingung zu senken, *„daß der Zins längsten 6 Wochen nach der Verfallzeit bezahlt sein muß, andernfalls 5 % belassen resp[ektive] angesetzt werden"*.[902] Im April 1889 wurde diese Bestimmung durch eine zusätzliche Regelung ergänzt. Demnach war der Verwaltungsausschuss der Sparkasse ermächtigt, bei Vorhandensein von Billigkeitsgründen den Ansatz des erhöhten Zinsfußes bis zu einer Gesamtüberschreitung des Zinstermins um zwölf Wochen zu erlassen.[903]

Die Sparkassen verfügten mit der hypothekarischen Beleihung der Immobilien über ein grundsätzlich wirksames Instrument, ausstehende Zins- und Tilgungsleistungen nötigenfalls zu erzwingen. Aus den Kreditakten der Oberamtssparkasse Kirchheim geht hervor, dass sich dieses Institut von allen Schuldnern eine *„Notarielle Schuldanerkenntnis mit vollstreckbarer Ausfertigung"* ausstellen ließ. Vermutlich dient diese Maßnahme dazu, den regulären Verwaltungsweg im Bedarfsfall zu beschleunigen. Passend hierzu findet sich im Aktivkapitalienbuch der Oberamtssparkasse Geislingen bei allen selbst vergebenen Darlehen der Hinweis *„Vollstreckungs-Clausel"*. Kaufte der Sparkassier dagegen Briefhypotheken auf dem Wege der Zession von Dritten an, dann fehlte dieser Hinweis. Erst wenn diese Darlehen später auf andere Schuldner übertragen wurden oder eine Darlehenserhöhung stattfand, forderte die Sparkasse die Klausel nach. Dies geht aus entsprechenden Anmerkungen hervor. Dies deutet darauf hin, dass diese Vorgehensweise auf dem Hypothekenmarkt nicht allgemein üblich war und zumindest die beiden genannten Sparkassen etwas strengere Maßstäbe als andere Gläubiger anlegten.

Die Einleitung von Zwangsmaßnahmen gegen Schuldner war für die Sparkassen das letzte Mittel, um bereits längere Zeit offen gebliebene Ausstände einzutreiben. Als abschließendes Glied in der Kette der Möglichkeiten stand die Zwangsversteigerung der beliehenen Immobilien. Sie bedeutete für Landwirte und Gewerbetreibende in der Regel den Entzug der Ackerflächen beziehungsweise der Wirtschaftsräume und damit nicht immer, aber meistens den Verlust der Existenzgrundlage. Die Sparkassen hielten somit ein sehr starkes Mittel in Händen, um ihre Ansprüche geltend machen zu können. Der Anreiz für die Schuldner zur Begleichung ihrer Verpflichtungen dürfte somit höher gewesen sein als bei einem unbesicherten Kredit oder einem Bürgschaftsdarlehen, mit dem sich das Problem auf eine andere Person abwälzen lässt. Soweit sich das in den Archivalien erkennen lässt, gingen die Sparkassenmitarbeiter auf der anderen Seite mit dem Mittel der Zwangsversteigerung sehr behutsam um. Für in Not geratene und deshalb vorübergehend zahlungsunfähige Schuldner

901 § 19, Absatz 2, der Statuten von 1909, in: KrA GP, P 1, A 241 „Beilagen zur Rechnung pro 1909".
902 KrA GP, P 1, A 45 „Rechnungsbuch 1896".
903 Ebd.

gab es bei allen Sparkassen die Möglichkeit der sogenannten Borgfristerteilung. In Biberach entschied die Darlehenskommission über entsprechende Gesuche der Kunden. Konkrete Begründungen enthalten die Protokolleinträge nicht. Aber in der Regel wurden die Gesuche genehmigt, so dass kein Zusatzzins bezahlt und die Zinsen erst zu einem späteren Zeitpunkt entrichtet werden konnten.

Als weitere Maßnahme im Umgang mit dem Kreditrisiko ist die Regelung anzusehen, wonach den Schuldnern größerer Darlehen ab den 1890er Jahren eine halbjährliche Zinszahlung auferlegt wurde. Im Fall von ausbleibenden Leistungen konnten die Sparkassen bei den für sie wichtigen Kapitalbeträgen früher Maßnahmen ergreifen.

8.6 Evaluierung der Maßnahmen gegen Kreditrisiken

Ein Teil der Archivalien enthält taggenaue Angaben über die Zinszahlungen der Kunden und Informationen über leistungsgestörte Darlehen. Genutzt werden können mehrere Aktivkapitalienbücher, die Zahlungsverzeichnisse aus Göppingen sowie die Rapiate der Ludwigsburger Sparkasse und die Rechnungsbücher aus Maulbronn. Sie erlauben einerseits eine Evaluierung der ergriffenen Maßnahmen gegen die Kreditrisiken und zweitens eine allgemeine Einschätzung über das Ausmaß von leistungsgestörten Darlehen im Untersuchungszeitraum.

Die Betrachtung der diversen Sparkassen führt zu einer allgemeingültigen Erkenntnis: Die wirklich problematischen Kreditkunden mit nachhaltiger Zahlungsverzögerung beschäftigten die Sparkassenmitarbeiter meistens nicht nur in einem einzigen Jahr, sondern in einer ganzen Reihe von Jahren immer wieder. Anders formuliert lässt sich sagen, dass der größte Teil der Kunden die Zinsen mehr oder minder pünktlich, aber grundsätzlich anstandslos beglich. Auf der anderen Seite verursachte ein nur sehr kleiner Teil der Kreditnehmer fortgesetzt sehr viel Arbeit in Form von zusätzlichen Buchungen, Mahnschreiben und juristischen Schritten.

Vor diesem Hintergrund waren die persönlichen Einschätzungen von Gesuchstellern durch die Schultheißen ein wirkungsvoller Baustein zur Reduzierung der Kreditrisiken. Diese Feststellung gilt unabhängig davon, dass die Beschreibungen oft nur aus einem Satz oder Halbsatz bestanden und zuweilen etwas oberflächlich erscheinen. Wenn es auf diesem Weg gelang, lokal als unzuverlässig bekannte Personen auszuschließen, dann wurde bereits sehr viel erreicht.

Der ökonomische Anreiz in Form einer Zinserhöhung für säumige Kunden ist in der angewendeten Form nur verhalten positiv zu beurteilen. Die Mehrheit der Kreditnehmer sah die Kulanzfrist offenbar wie eine kostenlose Verlängerung des Zahlungsziels an. Dies belegt beispielsweise ein Abgleich des Datums von 750 geleisteten Zinszahlungen mit den eigentlich vorgesehen Terminen im Fall der Oberamtssparkasse Ludwigsburg von Anfang der 1850er Jahre bis Anfang der

1890er Jahre.[904] Nur in 10,3 % der Fälle zahlten die Kunden ihre Zinsen pünktlich oder überpünktlich. Etwa 60 % der Zahlungen wurde innerhalb der nachfolgenden 90 Tage geleistet und rund 30 % erst nach Verstreichen der Frist.

Immerhin ist erkennbar, dass der Strafzins eine gewisse Wirkung entfaltete und viele Kunden noch schnell vor dem letztmöglichen Termin zur Sparkasse kamen. Von den 750 Zinszahlungen entfallen 74 Beobachtungen auf die Zeit zwischen dem 81. Tag und dem 90. Tag nach dem Zinstermin, also auf den letzten Teil der Phase ohne Strafzins. Dagegen fanden mit 33 Zahlungen weniger als halb so viele Leistungen zwischen dem 91. Tag und dem 100. Tag nach dem relevanten Datum statt. Noch deutlicher erscheint das Ergebnis, wenn berücksichtigt wird, dass das Ende der Kulanzfrist immer wieder auf ein Wochenende oder einen Feiertag beziehungsweise einen Tag ohne Schalterstunden der Sparkasse fallen konnte. Dies soll hier nicht im Detail überprüft werden. Alternativ lässt sich für eine Untersuchung die Grenze pauschal auf 92 Tage festsetzen. In diesem Fall verschiebt sich das Verhältnis auf 95 Zahlungen vor der Grenze[905] zu 12 Zahlungen in den folgenden Tagen.[906] Der Strafzins entfaltete demnach durchaus eine Anreizwirkung, die Zinsbegleichung nicht zu weit hinauszuschieben.

Dennoch blieb die Wirkung der Klausel mit dem Zusatzzins ambivalent. Vermutlich reichte es nicht aus, den Zeitraum der Kulanzfrist einfach zu verkürzen, um einen zügigeren Eingang aller fälligen Beträge zu erwirken. Diese Einschätzung legt das Zahlungsverhalten von Kunden der Oberamtssparkasse Nagold nahe. Das Institut im Nordschwarzwald führte den Passus mit einer Frist von zwei Monaten für alle neuen und bestehenden Darlehen im Jahr 1909 ein. Der Grund hierfür könnte die Übernahme der Mustersatzung des Württembergischen Sparkassenverbandes gewesen sein oder auch die deutliche Zunahme des Anteils säumiger Kunden im Rezessionsjahr 1908.

Die nachfolgende Abbildung illustriert das Zahlungsverhalten für ein Panel aus 76 Darlehen der Sparkasse, die vor dem Jahr 1900 gewährt wurden und die mindestens bis zum Jahr 1912 bestanden.[907] Die schwarzen Balken geben für jedes Jahr den Prozentanteil derjenigen Darlehen an, für die erst nach zwei Monaten Zahlungen eingingen. Die grauen Balken dokumentieren die durchschnittliche Säumnis nach dem eigentlichen Termin in Tagen für alle betrachteten Kredite.

904 Zu der Auswahl der Kunden siehe die Anmerkungen weiter unten.
905 Zahlungen zwischen dem 81. Tag und dem 92. Tag nach dem Zinstermin.
906 Zahlungen zwischen dem 93. Tag und dem 100. Tag nach dem Zinstermin.
907 Zu der Auswahl der Kunden siehe die Anmerkungen weiter unten.

Abbildung 8: Zahlungsverhalten für 76 Panel-Darlehen der Oberamtssparkasse Nagold

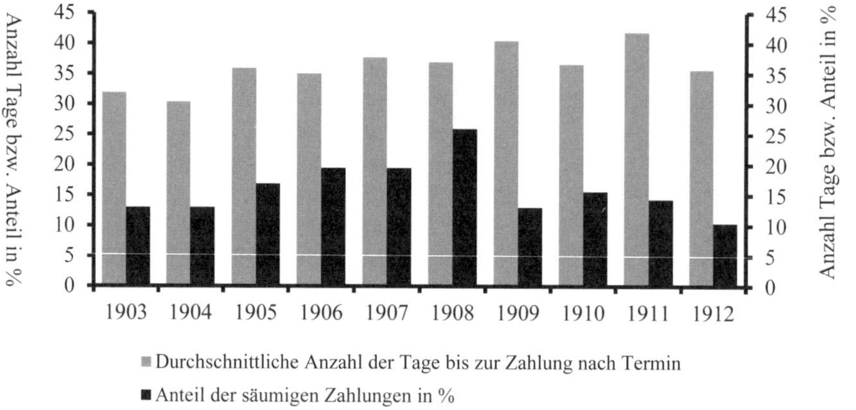

Quellen: Eigene Auswertung und Darstellung auf der Grundlage von: Archiv Spk Pf Cw, N 900, „Capitalien-Hauptbuch von Nr. 1–600“, N 903, „Capitalien-Hauptbuch von Nr. 601–1200“.

In den Jahren 1905 bis 1907 belief sich der Anteil derjenigen Kunden, die erst nach zwei Monaten oder später ihre Zinsen bezahlten, zwischen 16,9 % und 19,5 %. Der Zeitraum von zwei Monaten ist für diese Jahre insofern fiktiv, da es damals keine Kulanzfrist gab, aber auch keine Strafen für Zahlungen nach dem eigentlichen Zinstermin. Im Rezessionsjahr 1908 stieg der Anteil der erst nach zwei Monaten geleisteten Zahlungen auf 26 % an. Die Einführung des Zusatzzinses scheint das Verhalten einiger Kunden spürbar verbessert zu haben. Für 1909 halbiert sich der Wert auf nur noch 13 %. Auch in der Folgezeit blieb das niedrigere Niveau unter leichten Schwankungen bestehen. Aber trotz dieses Teilerfolgs verbesserte sich aus der Sicht der Sparkasse der Zahlungseingang in der Summe nicht. Die durchschnittliche Säumnis nach dem Zinstermin verblieb nämlich ungeachtet der Einführung der Strafzinsen auf ihrem ursprünglichen Niveau, beziehungsweise sie stieg sogar leicht an. In den Jahren 1905 bis 1908 betrug sie durchschnittlich 36 Tage. Im Jahr 1909 erreichte sie dann 41 Tage und 1911 sogar 42 Tage.

Dieses Ergebnis lässt sich damit erklären, dass die Klausel nicht nur in der gewünschten Weise auf das Verhalten der Kunden einwirkte. Vor Einführung des Passus wurden alle Kreditnehmer vertragsbrüchig, die ihre Zinsen nicht rechtzeitig zum vereinbarten Termin leisteten. In Abhängigkeit von weiteren Maßnahmen der Sparkasse bestand ein mehr oder minder großer Anreiz, die Zahlung bald nachzuholen. Durch die Einführung der Klausel konnte die Zinszahlung bis an das Ende der Kulanzfrist hinausgeschoben werden, ohne Konsequenzen befürchten zu müssen. Manche bislang pünktliche Kunden zahlten nun kurz vor Ende der Zweitmonatsfrist. Außerdem zeigen die Daten, dass einzelne notorisch säumige Kreditnehmer die Zinszahlung ab 1909 noch länger als bisher hinauszögerten. Anscheinend führte das Überschreiten des kritischen Punktes zu einer gewissen Gleichgültigkeit, da der negative Fall mit der Erhebung zusätzlicher Zinsen ohnehin eingetreten war. Oder diese Kunden sahen die Bestrafung mit dem Zusatzzins grundsätzlich als eine Art Freibrief für längere Verspätungen an.

Insgesamt blieb der Erfolg der Klausel in der Summe somit eher gering. Diese Maßnahme der Sparkassen fügt sich deshalb in eine Reihe von anderen Beispielen ein, bei denen das Setzen von ökonomischen Anreizen in der Praxis nicht die ursprünglich gewünschte positive Verhaltensänderung bewirkte, sondern im Gegenteil unerwünschte Folgen hervorbrachte. Ein ähnliches Grundmuster wie im Fall der Zinszahlungen stellten Uri Gneezy und Aldo Rustichini bei einem Experiment in Kindertagesstätten in unserer Zeit fest.[908] Nachdem Eltern für das verspätete Abholen ihrer Kinder eine Geldstraße in Rechnung gestellt wurde, erhöhte sich die Anzahl der unpünktlich kommenden Eltern. Gneezy und Rustichini erklären das zunächst kontraintuitive Verhalten damit, dass die mäßige Strafe Klarheit über die Konsequenzen des Regelverstoßes brachte und auf dieser Grundlage eine Abwägung möglich war. Vor Einführung der Strafe bestand dagegen eine Lücke im Vertragswerk zwischen Eltern und Kindertagesstätte. Da der Fall des zu späten Abholens der Kinder nicht geregelt war und manche Eltern möglicherweise schwerwiegende Konsequenzen wie einen Ausschluss von der Einrichtung fürchteten, war die Anzahl der verspäteten Abholungen niedriger. Diese Erklärung lässt sich auch auf das Kreditgeschäft der Sparkassen anwenden. Vor Einführung der Zinszusatzklausel bestand dort ebenfalls eine Vertragslücke, da der Fall einer verspäteten Zinszahlung nicht geregelt war. Erst die Einführung der Strafzinsen schuf Transparenz.

Bevor auf die möglichen weiteren Maßnahmen der Sparkassen im Fall von notleidenden Krediten eingegangen wird, sollen hier wichtige Erläuterungen zu den beiden oben beschriebenen Untersuchungen nachgeholt und eine verblüffende allgemeingültige Erkenntnis vorgestellt werden: Die insgesamt große Anzahl der Darlehen der zwei hier betrachteten Sparkassen mit vielen individuellen Zahlungsterminen sowie die im Fall der Oberamtssparkasse Ludwigsburg unübersichtliche und wahrscheinlich unvollständige Überlieferung machten eine Auswahl notwendig. Die Darlehen für die beiden Panels wurden nicht zufällig bestimmt, sondern auf der Grundlage verschiedener wichtiger Kriterien. Das übergeordnete Ziel war, das Zahlungsverhalten typischer Darlehen zu erfassen und gleichzeitig ein möglichst repräsentatives Gesamtbild zu erlangen. Diese Absicht wird nicht zwangsläufig erreicht, wenn eine vollständige chronologische Abfolge von Darlehensvergaben in einem bestimmten Zeitraum genutzt wird. Manche Kunden tilgten ihre Schulden nämlich bereits nach zwei oder drei Jahren, weshalb diese zügig aus einem Panel herausfallen würden. Bei dem im Zeitablauf

908 Hier und im Folgenden: Uri Gneezy und Aldo Rustichini (2000): *A Fine Is a Price*, in: Journal of Legal Studies, Vol. 29, 1, S. 1–17.

immer kleiner werdenden Panel bekommen die verbleibenden Darlehen somit ein übergroßes Gewicht und können deshalb ein verzerrtes Bild abgeben. Das ist dann der Fall, wenn diejenigen Kunden mit langsamer Tilgung oder überhaupt keiner Tilgung gleichzeitig eher säumige Zinszahler sind. Somit würde in Abhängigkeit von der Länge des betrachteten Zeitraumes ein zu negativer Eindruck der Zahlungsmoral entstehen. Auch eine Beschränkung der Analyse auf die ersten ein oder zwei Jahre nach Darlehensauszahlung mit einem noch relativ vollständigen Panel würde das Ziel nicht erreichen. Die tendenziell eher guten Schuldner mit überdurchschnittlichem Tilgungsverhalten wären in dieser Auswahl überrepräsentiert gegenüber denjenigen Darlehensnehmern, die ihre Kredite teilweise erst nach Jahrzehnten zurückzahlten und deshalb in der Realität einen gewichtigen Teil des Darlehensbestandes ausmachten.

Um diesen Schwierigkeiten Rechnung zu tragen, wurden oben und werden nachfolgend die ersten zehn Zahlungstermine von mindestens zehn Jahren bestehenden Darlehen betrachtet. Dieser Zeitraum stellt sozusagen einen Mittelweg dar zwischen häufigen Darlehen mit kurzen Laufzeiten und wenigen Darlehen mit sehr langer Laufzeit. Verschiedene als Test durchgeführte Berechnungen zeigen, dass die Betrachtung der ersten Dekade im Großen und Ganzen zu einem langfristig repräsentativen Abbild für den gesamten Darlehensbestand einer Sparkasse führt.

Über die so vorgenommene Auswahl hinaus wurden nur solche Schuldverhältnisse berücksichtigt, die innerhalb der betrachteten Zeit nicht auf einen neuen Kreditnehmer umgeschrieben wurden. Auch Kredite mit Umschreibungen innerhalb der Familie, beispielsweise von einem Ehepaar auf die Witwe, blieben ausgeschlossen. Außerdem wurden keine Darlehen verwendet, die aus einer Zession, also dem Ankauf einer Forderung stammten. Hiermit soll eine Verzerrung vermieden werden, die durch ein möglicherweise abweichendes Verhalten von Kreditnehmern entstehen könnte, die ihren Vertrag ursprünglich mit einer dritten Partei und nicht mit der Sparkasse abgeschlossen hatten.

Ein weiterer wichtiger Grund für die Betrachtung von Panels mit langfristig bestehenden Darlehen ist die zunehmende Nachlässigkeit der Schuldner im Zeitablauf. Wie die nachfolgenden Abbildungen zeigen, zahlten die Kunden ihre Zinsen in den ersten Jahren nach Beginn des Kreditverhältnisses noch relativ pünktlich. In späteren Jahren nahm die Zahlungsmoral dagegen immer mehr ab. Zur Verdeutlichung des Umstandes, dass dieser Effekt offenbar unabhängig von dem Zeitpunkt der Darlehensgewährung auftritt, werden nachfolgend mehrere Kredite eines Auszahlungsjahrgangs zu Kohorten gebündelt.

Abbildung 9: Säumnis von sechs Jahrgangskohorten der Oberamtssparkasse Nagold in Tagen

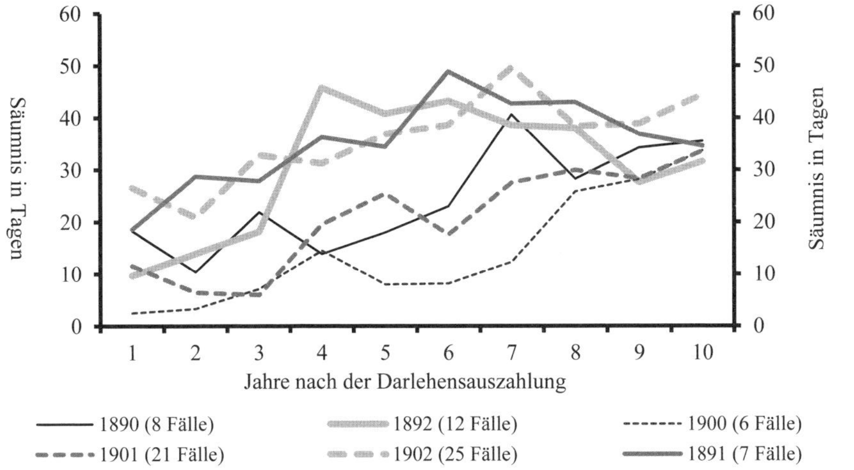

Quellen: Eigene Auswertung und Darstellung auf der Grundlage von: Archiv Spk Pf Cw, N 900, „Capitalien-Hauptbuch von Nr. 1–600", N 903, „Capitalien-Hauptbuch von Nr. 601–1200".
Anmerkung: Verwendet wurde der arithmetische Mittelwert.

Die obige Abbildung gibt für sechs Kohorten aus Nagold den arithmetischen Mittelwert für die Säumnis in Tagen in Abhängigkeit vom Laufzeitjahr der Darlehen an. Abgesehen von den relativ individuellen Entwicklungen, die möglicherweise auf Konjunktureinflüsse und abweichende Ernteergebnisse zurückgeführt werden können, nimmt die Dauer der Säumnis bei allen sechs Kohorten trendmäßig zu. Die pünktlichsten Zinszahlungen wurden jeweils in den ersten drei Jahren nach Gewährung der Darlehen gemessen. Und in allen sechs Teilgruppen übersteigt der Endwert im zehnten Jahr den Anfangswert des ersten Jahres deutlich. Für die Summe der hier betrachteten 79 Darlehen ergeben sich durchschnittliche Zeitverzögerungen zwischen dem offiziellem Zinstermin und der tatsächlicher Zinszahlung von 17 Tagen im ersten Laufzeitjahr der Darlehen und von 37 Tagen im zehnten Laufzeitjahr.

Das grundsätzlich gleiche Bild vermitteln sechs Jahrgangskohorten der Oberamtssparkasse Ludwigsburg. Der Vergleich dieser Darlehen aus den 1850er Jahren und 1880er Jahren mit Darlehen aus den 1890er Jahren und 1900er Jahren aus Nagold verdeutlicht, dass der beschriebene Effekt schon damals und darüber hinaus in einer anderen Region auftrat. Auch in Ludwigsburg lag die durchschnittliche Säumnis zu Beginn der Kreditverhältnisse stets unter der Säumnis nach zehn Jahren.

Abbildung 10: Säumnis von sechs Jahrgangskohorten der Oberamtssparkasse Ludwigsburg in Tagen

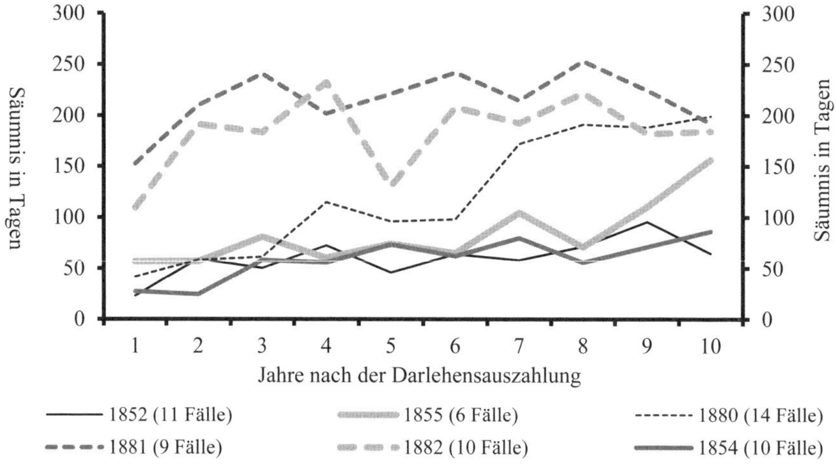

Quellen: Eigene Auswertung und Darstellung auf der Grundlage von: HA KSK LB, Kapitalienbuch 1, Kapitalienbuch 2.
Anmerkung: Verwendet wurde der arithmetische Mittelwert.

Die Ursache für die universell auftretende zunehmende Nachlässigkeit der Schuldner könnte vielleicht ein Gewöhnungseffekt sein. Theoretisch denkbar wäre auch eine allmähliche strukturelle Verschlechterung der Zahlungsfähigkeit, insbesondere im Fall von Kleinhandwerkern und Landwirten. Gegen diese Annahme spricht allerdings, dass selbst zahlungskräftige Kunden mit Tilgungsleistungen im Zeitablauf dazu neigten, ihre Zinsen später zu begleichen. Vielleicht wäre als Gegenmaßnahme eine Befristung der Kreditlaufzeiten mit anschließend neuen Vertragsverhandlungen sinnvoll gewesen. Auf jeden Fall ist der Effekt bei Längsschnittsvergleichen zu berücksichtigten, weshalb für die obige Untersuchung zu der Einführung von Strafzinsen in Nagold nur bereits vor 1899 vergebene und damit ältere Darlehen herangezogen wurden. Es ist davon auszugehen, dass sich die Zahlungsgewohnheiten der betrachteten Kreditnehmer zum Zeitpunkt 1909 bereits auf dem typischen schlechteren Endniveau eingependelt hatten.

Der durchschnittliche Zahlungseingang für den gesamten Kundenbestand einer Sparkasse war jedoch nicht konstant, sondern er schwankte im Zeitablauf. Beispielsweise gab es immer wieder Phasen, in denen die Sparkassenmitarbeiter und insbesondere neu in die Leitung der Institute berufene Sparkassiere konzentriert den Kreditbestand um dauerhaft leistungsgestörte Darlehen bereinigten. Dies zeigen die später zu erläuternden Entwicklungen in Maulbronn und Ludwigsburg. Hierdurch verbesserten sich dann in den Folgejahren die Kennzahlen der verbliebenen Kredite etwas. Außerdem ist ein Einfluss der Konjunktur und der Erntezyklen auf das Zahlungsverhalten wahrscheinlich. Hierauf deutet das Zahlungsverhalten von Kunden der Oberamtssparkasse Göppingen hin. Die Summarischen Hauptbücher des Instituts enthalten zum einen die tatsächlich gezahlten Zinsen sowie alle Angaben zur Berechnung der bei ordnungsgemäßen Vertragserfüllung zu zahlenden Beträge. Der Abgleich von ausgewiesenen und von berechneten Zinsen ermöglicht die Identifikation derjenigen Kunden, von denen ein Strafzins erhoben wurde. Damit werden wiederum Querschnittsvergleiche für einzelne Jahre darstellbar. Beispielsweise mussten im Jahr 1902 und damit am Ende einer kurzen Rezession 34 Göppinger Kreditkunden bei insgesamt 183 ausstehenden Hypothekendarlehen einen Zinszuschlag in Höhe von 0,5 % zahlen. Das bedeutet, dass fast jeder fünfte Kreditnehmer die sechswöchige Kulanzfrist ungenutzt verstreichen ließ. Im Jahre 1904 und damit in einem konjunkturell besseren Umfeld waren dagegen nur 15,5 % aller Schuldner säumig.

Der Anteil der Darlehen mit schwerwiegenden Leistungsstörungen war bei allen Sparkassen deutlich geringer als der Anteil der säumigen Kunden. Zu dieser zweiten Stufe können diejenigen Fälle gerechnet werden, bei denen noch keine Zinszahlung erfolgte, wenn die Sparkassenmitarbeiter in der Regel im Sommer des Folgejahres die Bücher für das betreffende Geschäftsjahr endgültig schlossen. Die Kreditnehmer waren zu diesem Zeitpunkt also bereits mindestens fünf bis sechs Monate im Rückstand. In Göppingen waren in dem Siebenjahreszeitraum von 1900 bis 1906 hiervon durchschnittlich 6,1 Darlehen pro Jahr betroffen.[909] Sie stehen für einen Anteil von durchschnittlich 2,9 % der ausstehenden Darlehen. In dem Zeitabschnitt von 1907 bis 1913 verbesserten sich die Werte deutlich. Es waren nur noch 1,4 Darlehen pro Jahr leistungsgestört, die für etwa 0,5 % der durchschnittlich ausstehenden Anzahl der Darlehen standen. Der Rückgang lässt sich vor allem auf das Ausscheiden von chronisch problematischen Krediten nach Zwangsversteigerungen zurückführen.

Eine ähnliche Entwicklung ist für Maulbronn zu beobachten, wo in den Rechnungsbüchern dokumentiert ist, wer bei Abschluss der Jahresrechnungen seine Zinsen noch nicht bezahlt hatte. Ein Spitzenwert wurde für das Geschäftsjahr 1896 erreicht, als 34 Darlehensnehmer langfristig säumig waren. Dies entsprach einem Anteil in Höhe von 18,5 % aller Hypothekenschuldner. In den nachfolgenden Jahren ist eine deutliche Verbesserung erkennbar. Von 1898 bis 1905 waren durchschnittlich nur knapp sechs Darlehensnehmer im Rückstand, was einem Anteil von lediglich gut 2 % der bestehenden Hypotheken entsprach. Über die Ursachen dieser Entwicklung geben die Jahresrechnungen keinen Aufschluss.

Die Möglichkeiten der Institute im Umgang mit nachhaltig problematischen Darlehen sind anhand von Angaben in den Rapiaten der Oberamtssparkasse Ludwigsburg erkennbar. In ihnen hielten die Mitarbeiter als Teil der Verwaltungsauf-

909 Darlehen, die jeweils in mehreren Jahren betroffen waren, sind hier und im Folgenden entsprechend mehrfach berücksichtigt.

wendungen auch die Kosten von gerichtlichen Mahnverfahren fest. Damit kann dieses wichtige Feld des Darlehensgeschäftes näher betrachtet werden.

Von 1900 bis zur ersten Jahreshälfte 1903 stellten sogenannte Mahnklagen für rückständige Zinsen den ersten gerichtlichen Schritt dar. Zu diesem Zeitpunkt scheint eine kleine Änderung stattgefunden zu haben, denn seitdem wurden zunächst sogenannte Zahlungsbefehle beantragt. Kam ein Kreditkunde dieser Zahlungsaufforderung nicht nach, dann wurde im nächsten Schritt ein Vollstreckungsbefehl erlassen. Er hatte offenbar zur Folge, dass ein Gerichtsvollzieher eine Pfändung von beweglichem Hab und Gut vornahm, durch deren Erlös die überfälligen Zinsen beglichen werden sollten. Erst bei einem erfolglosen Pfändungsversuch wurde als letzter Schritt die Zwangsversteigerung der für das Hypothekendarlehen haftenden Immobilie beantragt.

Durch den Abgleich der Schuldnernamen, für die entsprechende Gebühren unter den Aufwendungen vermerkt wurden, lässt sich die Inanspruchnahme des gerichtlichen Mahnverfahrens auswerten. In den Jahren 1904 wurden gegen 26 Schuldner Zahlungsbefehle beantragt, 1905 waren es 20 Schuldner, 1906 insgesamt 23 Schuldner und 1907 schließlich 18 Schuldner.[910] Diese Zahlen vergleichen sich mit einem Darlehensbestand, der damals rund 700 Posten umfasste. Der Anteil der nachhaltig leistungsgestörten Kredite belief sich demnach auf lediglich 3 % bis 4 %, was auch im Vergleich zu heute ein gutes Resultat darstellt.[911] Die Zahlungsbefehle scheinen ein wirksames Mittel gewesen zu sein, denn im Durchschnitt musste nur bei rund einem Drittel der betroffenen Schuldner die nächste Stufe, nämlich die Erwirkung eines Vollstreckungsbefehls, beschritten werden. Zu der Anordnung einer Zwangsversteigerung kam es zudem nur in weniger als

910 Zwei bis drei doppelte Zahlungsbefehle pro Jahr, da manche Kunden halbjährig die Zinsen zu entrichten hatten, sind in diesen Zahlen nicht enthalten.

911 Diese Einschätzung ergibt sich insbesondere durch einen Abgleich mit aktuellen Zahlen. Gemäß den jüngsten vorliegenden Erhebung der Europäischen Kommission waren im dritten Quartal 2017 in Deutschland in einem konjunkturell sehr positiven Umfeld 4,0 % aller Kredite der Banken an den Privatsektor notleidend. Für die Nachbarstaaten Frankreich und Österreich ergaben sich höhere Anteile von 4,5 % beziehungsweise 5,3 %. In Slowenien, Ungarn, Portugal, Irland, Italien, Kroatien und Bulgarien waren trotz teilweise deutlicher Verbesserungen zum Vorjahr immer noch zwischen 13,9 % und 18,6 % aller Kredite notleidend. In Griechenland und Zypern betraf dies sogar 50,4 % beziehungsweise 51,3 % der Kredite. Niedrigere Werte als in Deutschland wurden aus Skandinavien, den Benelux-Staaten und dem Vereinigten Königreich gemeldet. Gemäß der heute üblichen Vorgehensweise wird ein Darlehen als notleidend eingestuft, wenn die Zins- und Tilgungszahlungen seit mehr als 90 Tagen fällig sind. Vgl. Europäische Kommission (Hg.) (2018): *Zweiter Fortschrittsbericht über den Abbau notleidender Kredite in Europa, Mitteilung der Kommission an das Europäische Parlament, den Europäischen Rat, den Rat und die Europäische Zentralbank*, Brüssel, S. 7 und Fußnote 10 auf S. 3. Die Ergebnisse nach dieser Methodik lassen sich insofern grob mit den Zahlen der Oberamtssparkasse Ludwigsburg vergleichen. Dort wurden die Zahlungsbefehle nach Ablauf der 90tägigen Kulanzfrist zuzüglich einer mehr oder minder ausgedehnten Nachfrist und Bearbeitungszeit beantragt.

jedem zehnten Fall, bei der ein Schuldner in dem betreffenden Jahr zunächst einen Zahlungsbefehl erhielt.

Tabelle 19: Gerichtliches Mahnverfahren der Oberamtssparkasse Ludwigsburg

Jahr	Zahlungs-befehle	Vollstreckungs-befehle	Anordnungen von Zwangsversteigerungen
1904	26	12	3
1905	20	5	3
1906	23	8	1
1907	18	5	1
Summen	87	30	8
Arith. Mittelwert	21,75	7,5	2

Quellen: Eigene Auswertung auf der Grundlage von: HA KSK LB, Rapiate, 1904 bis 1907.

Die mit acht Fällen innerhalb von vier Jahren scheinbar häufige Anzahl von Zwangsversteigerungen ist vor dem Hintergrund eines bis dahin sehr kleinteiligen Kreditgeschäftes der mittelgroßen Ludwigsburger Sparkasse zu sehen. Mit durchschnittlich zwei Anordnungen einer Zwangsversteigerung pro Jahr waren jedoch gerade einmal knapp 3 Promille der Darlehen des Bestandes von diesem letzten Mittel betroffen. Dies erklärt, warum bei anderen Sparkassen mit eher wenigen, aber dafür größeren Darlehen Zwangsversteigerungen noch seltener vorkamen.

In der Summe kann festgestellt werden, dass nicht wenige Sparkassenkunden säumige Zinszahler waren und viele die ihnen gegebene Freiheit der Kulanzfrist zu ihrem Vorteil nutzten. Dennoch waren echte Kreditausfälle und Zwangsversteigerungen eher selten. Abgesehen von dem damit verbundenen zeitlichen Verwaltungsaufwand fand keine Beeinträchtigung der Solidität der Oberamtssparkassen durch Kreditausfälle statt. Hierzu trug neben der Selektion der Antragsteller vor der Kreditvergabe die niedrige Beleihungsgrenze für Immobilien bei. Sie schaffte einen hohen Puffer, so dass zusätzliche Ausgaben im Zusammenhang mit einer Zwangsversteigerung und zunächst ausgefallene Zinszahlungen sowie ein möglicherweise unterhalb von dem Schätzwert verbleibender Veräußerungserlös in der Regel nicht zu Verlusten führten.

8.7 Zahlungsmoral diverser Berufsgruppen

Die im Abschnitt 8.6 vorgestellten Daten und Methoden machen es möglich, die Zahlungsmoral von unterschiedlichen Berufsgruppen näher zu betrachten. Dies soll hier vor allem in Hinblick auf die eingangs aufgeworfene Frage nach den

Auswirkungen der Kreditvergaben an die Inhaber größerer Gewerbebetriebe und an Unternehmen geschehen.

Wie oben bereits erwähnt, bewegte sich der Anteil der säumigen Schuldner der Oberamtssparkasse Göppingen im Bereich von etwa 15 % bis 20 %. Nur in wenigen Einzelfällen befanden sich hierunter größere Gewerbekunden. Eine systematische Auswertung der Daten ist allerdings nicht möglich, da in Göppingen wie beschrieben ab 1897 auf die Nennung von Berufsangaben verzichtet wurde. Soweit sich das erkennen lässt, handelte es sich bei dem kleinen Anteil der stark säumigen Schuldner ohne Zahlung bis zum Rechnungsabschluss aber stets um Angehörige des Kleinhandwerks und der Landwirtschaft. Im gesamten hier näher betrachteten Zeitraum von 1900 bis 1913 waren niemals Firmen oder andere größere Gewerbebetriebe betroffen.

Im Fall der Oberamtssparkasse Ludwigsburg lassen sich 500 Einzelangaben über die Zinszahlungen anstatt nach Jahrgangskohorten alternativ nach Berufsgruppen sortieren. Demnach wiesen Kleingewerbetreibende wie Wagner, Schuhmacher und Schmiede das schlechteste Zahlungsverhalten auf. Im zehnjährigen Durchschnitt beglichen sie erst 185 Tage nach dem eigentlichen Termin ihre Verbindlichkeiten. Die durchschnittliche Säumnis der Berufsgruppe der Landwirte, die in Ludwigsburg neben Bauern sehr viele Weingärtner umfasste, betrug 77 Tage pro Jahr. Zumindest in der Summe blieben sie demnach noch innerhalb der Kulanzfrist in Höhe von drei Monaten. Unselbständig Beschäftigte bilden mit nur vier beobachteten Darlehen eine relativ kleine Teilgruppe. Die Ergebnisse der Berechnung sind deshalb mit Vorsicht zu interpretieren. Es scheint jedoch, dass der Erhalt von regelmäßigen Einkommen die Amtsdiener und Bahnwärter nicht unbedingt zu pünktlichen Zinszahlern machte. Von 40 beobachteten Geldeingängen erfolgten nur sechs am Zinstermin oder davor. Fünf Zahlungen geschahen erst nach mehr als 90 Tagen. Immerhin betrug die Säumnis im zehnjährigen Mittel nur 52 Tage. Die mit Abstand beste Zahlungsmoral wiesen Unternehmer und die Inhaber von größeren Betrieben auf, die überdurchschnittlich großen Darlehen von der Sparkasse erhielten. Ihr Säumnis betrug im Durchschnitt nur 32 Tage. Bei 15 von 70 Terminen erfolgte die Zahlung pünktlich oder überpünktlich, bei weiteren zwölf Terminen mit einer Verspätung von lediglich einem oder zwei Tagen.

Die Sortierung nach Berufsgruppen ist auch mit den Daten der Oberamtssparkasse Nagold möglich. Dort bilden die Unselbständigen mit einer durchschnittlichen Säumnis von 51 Tagen die unpünktlichste Gruppe. Sie umfasst mit einem Straßenwart, einem Fabrikarbeiter und einem Mahlknecht jedoch nur drei Kreditnehmer. Die Vertreter des Kleinhandwerks ließen durchschnittlich 30 Tage nach dem Zinstermin vergehen, bevor sie ihre Verbindlichkeiten beglichen. Sie waren damit überdurchschnittlich säumige Kunden, auch wenn das absolute Niveau der Verzögerung deutlich niedriger als in Ludwigsburg ausfiel. Diese Abweichung zwischen den beiden Instituten geht vermutlich nicht auf grundsätzliche regionale Unterschiede zurück, sondern nur auf einen anderen Umgang der Sparkassen mit ihren nachlässigen Kunden. Die Landwirte kamen in Nagold auf eine durchschnittliche Säumnis innerhalb der ersten zehn Jahre nach der Kreditauszahlung in Höhe von 17 Tagen. Und bei den Inhabern größerer Gewerbebetriebe betrug die Säumnis durchschnittlich 15 Tage. Demnach waren sie auch im Nordschwarzwald die pünktlichsten Kreditnehmer.

Abbildung 11: Säumnis in Tagen von Darlehensnehmern der Oberamtssparkasse Ludwigsburg innerhalb von zehn Jahren nach Berufsgruppen

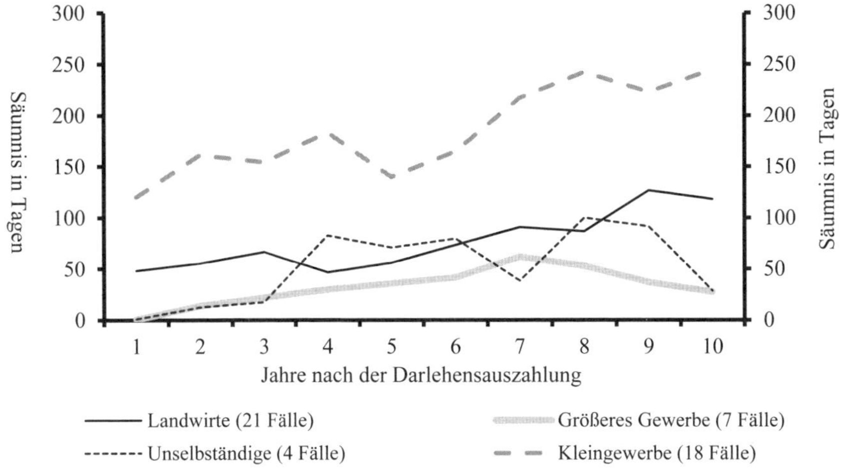

Quellen: Eigene Auswertung und Darstellung auf der Grundlage von: HA KSK LB, Kapitalienbuch 1, Kapitalienbuch 2.
Anmerkung: Verwendet wurde der arithmetische Mittelwert.

Die vorgenommenen Untersuchungen der Zinsbuchungen aus Göppingen, Ludwigsburg und Nagold zeigen, dass das größere Gewerbe bei allen drei Sparkassen zu den zuverlässigsten Schuldnern gehörte. Die zunehmende Hinwendung der Institute zur Unternehmensfinanzierung ab Ende der 1890er Jahre war demnach faktisch nicht mit einer Erhöhung des Kreditrisikos verbunden. Dagegen leisteten Vertreter des Kleingewerbes und hierunter insbesondere Handwerksmeister ihre Zinszahlungen im Durchschnitt eher unpünktlich. Sie verursachten deutlich mehr Verwaltungsaufwand durch langfristige Verspätungen und juristische Schritte bis hin zu Zwangsversteigerungen. Dies bedeutet nicht, dass die Finanzierung von Unternehmen während der Industrialisierung nicht mit Risiken verbunden war. Wie in Abschnitt 8.1 beschrieben, hatte manche Sparkasse zumindest vereinzelt durchaus Probleme mit Kunden aus der Industrie. Aber die Auswahl derjenigen Firmen, deren Kreditgesuche von den Sparkassen stattgegeben wurden, verfügte über eine überdurchschnittliche Zahlungsmoral.

Ein Grund für die pünktlichen Zahlungen könnte sein, dass die Inhaber von größeren Gewerbebetrieben besser kaufmännisch geschult und besser organisiert waren als die oftmals allein tätigen Handwerksmeister. Möglicherweise war der erstgenannten Gruppe auch stärker bewusst, dass das gegenwärtige Zahlungsverhalten bei späteren Darlehensgesuchen wieder zur Beurteilung der Kreditwürdigkeit herangezogen wurde.

Abbildung 12: Säumnis in Tagen von Darlehensnehmern der Oberamtssparkasse Nagold innerhalb von zehn Jahren nach Berufsgruppen

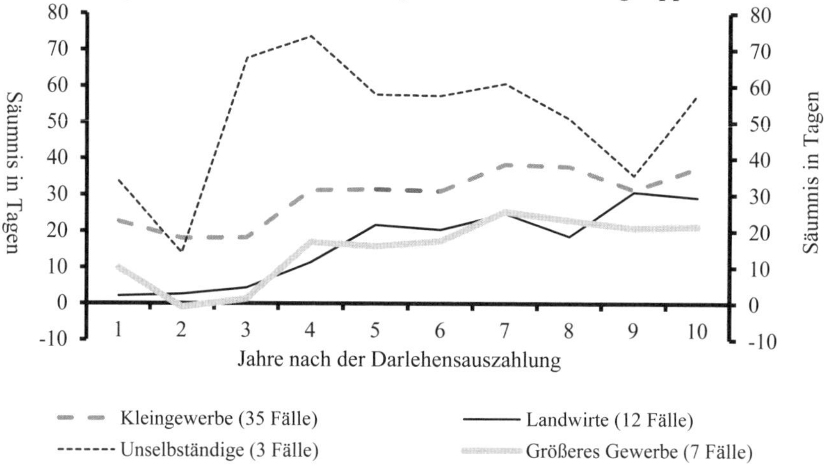

Quellen: Eigene Auswertung und Darstellung auf der Grundlage von: Archiv Spk Pf Cw, N 900, „Capitalien-Hauptbuch von Nr. 1–600", N 903, „Capitalien-Hauptbuch von Nr. 601–1200".
Anmerkung: Verwendet wurde der arithmetische Mittelwert.

9. Warum Sparkassen Industrieunternehmen finanzierten – Eine Interessenanalyse

9.1 Vorbemerkungen

Die Ausführungen in den Kapiteln 3 und 6 beziehungsweise 7 zeigen, dass größere Sparkassen vor allem in der Phase der Hochindustrialisierung wiederholt umfangreiche Finanzierungen von kleinen und mittelgroßen Industrieunternehmen vornahmen. Dieser Befund steht in Kontrast mit den Hypothesen eines großen Teils der Geschichtsschreibung über das Kreditgeschäft der Sparkassen.[912] Und er widerspricht aus verschiedenen Gründen der Intuition.

Sparkassen wurden als Einrichtungen der Armenfürsorge gegründet und nicht zur finanziellen Unterstützung des vermögenderen Teils der Bevölkerung. Hierzu sind die Industriellen aufgrund ihrer Immobilien und der Betriebsanlagen zu rechnen, auch wenn sie Kredite brauchten. Die Sparkassen waren im Gegensatz zu manchen der später aufgelösten Leihkassen grundsätzlich auch nicht zur Wirtschaftsförderung gedacht. Des Weiteren waren Sparkassen als Geschäftspartner für die Industrie wenig prädestiniert. Sie boten im Gegensatz zu Privatbankiers keine Wechseldiskontierungen oder ähnliche Dienstleistungen an. Als Hausbank für Unternehmen kamen Sparkassen deshalb nicht in Betracht. Diese Einschätzung wird dadurch betätigt, dass sich Unternehmer ihre Darlehen vielfach nicht in Bargeld auszahlen, sondern zur weiteren Verwendung auf Konten ihrer Privatbankiers überweisen ließen. Und wie in Kapitel 7.3 ausgeführt, vermittelten die Bankiers häufig Kreditgesuche von Unternehmen an die Sparkassen. Dies wirft die Frage auf, warum sie ihre Kunden nicht selbst finanzierten.

Weshalb trotz dieser Argumente Unternehmensfinanzierungen durch Sparkassen stattfanden, soll nachfolgend durch die Analyse der unterschiedlichen Perspektiven der Beteiligten geklärt werden. Wie zu zeigen sein wird, lagen die Darlehen im besten Interesse aller Akteure.

9.2 Die Interessen der Industriellen als Darlehensnehmer

Grundsätzlich ist es für Kreditnehmer sinnvoll, die Laufzeit eines Darlehens an den Zeithorizont der damit geplanten Investition auszurichten. Für vorübergehende Geldbedürfnisse kamen kurzlaufende flexible Kreditmöglichkeiten wie Kontokorrentkredite oder die Finanzierung über Wechsel infrage. Für große In-

912 Proettel (2013), S. 6ff.

vestitionen in langfristiges Sachkapital eigenen sich dagegen grundsätzlich langfristige Kreditmöglichkeiten besser. Mit ihnen werden einerseits Transaktionskosten minimiert, da keine fortlaufende Prolongation der Kredite oder die Suche nach neuen Kreditgebern notwendig ist. Zweitens entfällt das Risiko, während einer Finanzkrise oder aus sonstigen Gründen nicht mehr auf die bislang genutzten kurzfristigen Kapitalquellen zurückgreifen zu können und insolvent zu werden.

Hypothekendarlehen der Sparkassen waren vor diesem Hintergrund ideal für langfristige Finanzierungen. Die Kreditvereinbarungen sahen zwar eine beiderseitige dreimonatige Kündigungsfrist vor. Diese Regelung hat sich aus der Anfangszeit des Sparwesens erhalten. Die Gründer wollten eine Zahlungsunfähigkeit der Sparkassen vermeiden, indem sie die Kredite mit den gleichen Kündigungsfristen ausstatteten wie die Spareinlagen.[913] In der Praxis handelte es sich bei den regulären Hypothekendarlehen aber um „ewige Schulden" oder ab Ende der 1890er Jahre um Rentendarlehen mit gleichbleibenden Annuitäten und Tilgungszeiträumen zwischen fünf und etwa 30 Jahren.

Darüber hinaus sprachen auch die vergleichsweise niedrigen und wenig volatilen Zinsen für Hypothekenkredite. In diesem Punkt lohnt ein Blick auf die Details und die Praxis: Standardmäßig wurden die Konditionen mit der Darlehensgewährung zwar ad infinitum festgelegt. Bei Bedarf setzten die Sparkassen notwendige Zinserhöhungen aber mit Verweis auf ihr dreimonatiges Kündigungsrecht für die Darlehen durch. Allerdings reagierten die Institute eher langsam auf geänderte Marktkonditionen. Dies dürfte an den umständlichen Entscheidungsprozessen gelegen haben, in welche die Verwaltungskommissionen oder sogar die Amtsversammlungen einzubeziehen waren. Der Zinssatz für Sparkassenkredite blieb deshalb über längere Zeiträume unverändert. Er vollzog jedenfalls nicht die häufigen Richtungswechsel der Leitzinsen, zu denen die Reichsbank aufgrund der Besonderheiten des internationalen Goldstandards gezwungen war.[914] Phasenweise war die Finanzierung über ein Hypothekendarlehen sogar günstiger als über eine Wechseldiskontierung. Dies zeigt beispielsweise der Vergleich der Kreditkonditionen der Oberamtssparkasse Kirchheim im Zeitraum 1900 bis 1913 mit denen der Württembergischen Notenbank.

913 Dies geht aus manchen älteren Statuten hervor, beispielsweise den in Kapitel 3.1 genannten Regelwerken.

914 Zu den Besonderheiten des Goldstandards: Spoerer und Streb (2013), S. 68 ff.

Abbildung 13: Zinssatz für Hypothekendarlehen sowie Diskontsatz und Lombardsatz in %

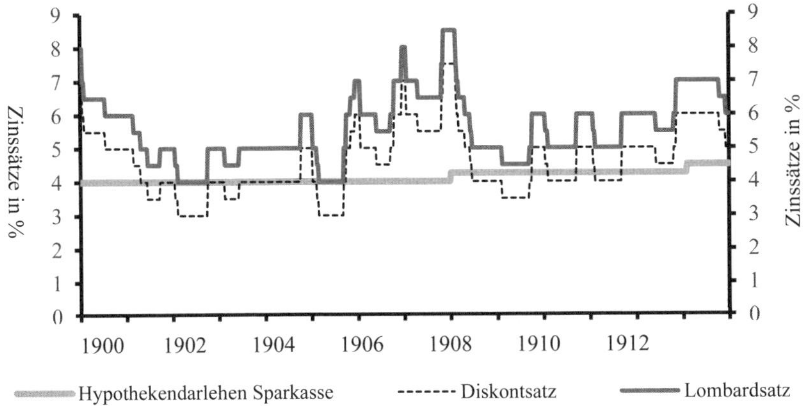

Quellen: Hypothekendarlehen Sparkasse: HA KSK E-N: Verzeichnis der Annuitätendarlehen, Kredit-anträge/-beschlüsse usw., diverse Jahrgänge; Diskont- und Lombardsatz: Deutsche Bundesbank (Hg.) (1976): Deutsches Geld- und Bankwesen in Zahlen 1876–1975, Frankfurt am Main, S. 276, Tabelle F. 1.01; eigene Darstellung.
Anmerkung: Zinsänderungen der Reichsbank wurden taggleich von der Württembergischen Notenbank nachvollzogen.

Die grundsätzliche Flexibilität der Darlehenszinsen wirkte übrigens nicht nur einseitig zu Lasten der Schuldner. Dies zeigt das Beispiel der Biberacher Sparkasse, die bereits in einer frühen Phase der Finanzkrise von 1907 dazu überging, 4,5 % als regulären Zinssatz von neuen Kunden zu fordern. Als sich die Verhältnisse am Kapitalmarkt Ende 1908 normalisierten, war dies jedoch zu hoch. Während die Zinssätze der Kirchheimer Kredite durch den Wegfall der Zuschläge für die Notenbankrefinanzierung automatisch auf das vereinbarte Niveau von 4,25 % zurückfielen, war in Biberach eine Absenkung notwendig. Neue Darlehen konnten zu dem hohen Zinsfuß von 4,5 % nicht mehr untergebracht werden.[915] Die dreimonatige Kündigungsfrist half den bisherigen Kreditkunden, bei der Durchsetzung ihrer Forderung. Der Vorsitzende der Ausleihekommission stellte im Februar 1909 fest: „*Auch sei aus Anlaß der Zinszahlung [zum einheitlichen Rechnungsstichtag] von dem größten Teil der Schuldner die Herabsetzung des Zinsfußes gefordert oder Kündigung der Darlehen in Aussicht gestellt worden.*“ Der Bezirksrat reagierte daraufhin zügig mit einer Absenkung. Dies zeigt, dass Kreditnehmer von Sparkassen sowohl relativ günstige und wenig volatile Zinsen erwarten konnten, aber gleichzeitig durchaus marktgerechte Konditionen.

915 Hier und im Folgenden: HA KSK BC, D 03-005.01, „Protokoll der Ausleihe-Kommission Band III“.

Aus Sicht der Unternehmer dürfte darüber hinaus ein dritter Aspekt für Sparkassendarlehen gesprochen haben, nämlich die vorteilhaften Umstände der Gewährung. Der Prozess der Kreditvergabe war wie in Kapitel 8 geschildert relativ einfach. Außer dem Besitz einer beleihungsfähigen Immobilie und eines guten Leumunds waren keine weiteren Voraussetzungen zu erfüllen. Es fand keine Überprüfung der Wirtschaftlichkeit eines Unternehmens statt und die Mitarbeiter der Sparkassen fragten auch nicht nach der beabsichtigten Kapitalverwendung. Insbesondere für junge Unternehmen und Gründer waren Sparkassendarlehen deshalb ideal. Beispielsweise konnten Handwerker und Kaufleute auf der Grundlage ihrer Wirtschaftsimmobilie, ihres privaten Wohnhauses oder auch nur eines kleinen Ackers Kapital aufnehmen und vollkommen frei verwenden. Auf diesem Weg ließ sich der private Wohnraumerwerb ebenso finanzierten wie riskante technische Neuerungen beziehungsweise unternehmerische Wagnisse. Auch während der Laufzeit des Darlehens gab es keinerlei Einflussnahme durch die Sparkassen, solange die Schuldner ihre Zinsen einigermaßen pünktlich zahlten.

9.3 Die Interessen der Bankiers als Außenstehende oder Vermittler

Die private Geldbranche war während der Industrialisierung eher heterogen. Vor allem hinsichtlich der Größe der Institute und ihrer Ausrichtung bestand eine weite Bandbreite. Eine größere Anzahl von Privatbankiers betrieb ihre Geschäfte in einem kleinen Rahmen. Hierzu gehörte beispielsweise das Bankkontor Amandus Ott aus Stuttgart. Der Inhaber richtete häufig Kreditanfragen an die Kirchheimer Sparkasse, weshalb entsprechende Schreiben von ihm erhalten sind.[916] In den Briefköpfen warb Ott für seine „*Bank-Abteilung*“, die „*sämtliche bankgeschäftliche Transaktionen*“ vornahm, und für seine „*Hypotheken-Abteilung*“, die für „*Kapitalisten und Käufer*“ kostenfrei Hypothekendarlehen beschaffte. Diese Angaben stellen eine sehr großzügige Selbstbeschreibung dar, denn der Bankier war vermutlich ohne weitere Gehilfen tätig[917] und betrieb ein reines Vermittlungsgeschäft. Er konnte über seine eigenen Girokonten bei größeren Banken Zahlungsdienstleistungen anbieten. Aber er selbst vergab keine Darlehen und hätte vermutlich auch nicht aus eigener Kraft das für Unternehmensfinanzierungen notwendige Kapital aufbringen können. Vor diesem Hintergrund bedeutete eine Kreditvermittlung für ihn nicht einen entgangenen Gewinn. Es handelte sich vielmehr um seinen Geschäftszweck.

Ähnliches gilt für andere Vertreter der Branche wie beispielsweise das Bank- und Agenturgeschäft von Leonhard Allgoewer in Geislingen. Der Inhaber war

916 Beispielsweise in: HA KSK E-N, Kreditanträge/-beschlüsse usw. 1907.
917 Über Mitarbeiter ist nichts bekannt. Die Ehefrau und später der Sohn mussten die Tätigkeiten von Amandus Ott während dessen Teilnahme am Ersten Weltkrieg übernehmen. Vgl. Wilhelm Hohmann (2009): *Kompendium der Privatbanken in Stuttgart 1865 bis Ende der 1980er Jahre*, Ostfildern, S. 222.

von 1876 bis zu seinem Tod 1894 in Personalunion nebenberuflicher Leiter der örtlichen Oberamtssparkasse, die er in seinen Geschäftsräumen führte.[918] Anschließend übernahm sein Sohn und Nachfolger Emil Allgoewer für mehrere Monate vorübergehend dieses Amt. Gemäß einer Annonce in einem zeitgenössischen Adressbuch[919] war das Geschäft gleichzeitig Agentur der Württembergischen Privat-Feuer-Versicherungs AG, des Allgemeinen Deutschen Versicherungsvereins und der Norddeutschen Hagelversicherungsgesellschaft. Darüber hinaus betrieben die Bankiers den An- und Verkauf von Wertpapieren aller Art und als Agenten der Württembergischen Notenbank Zahlungsverkehrsdienstleistungen. Auch bei dieser Bankiersfamilie war demnach nur die risikolose Generierung von Provisionen das Ziel, aber nicht die Führung eines eigenen Kreditbuches. Interessenten von langfristigen Finanzierungen konnten die Allgoewers in ihrer Funktion als Oberamtssparkassiere bedienen beziehungsweise ab Ende 1894 an den neuen hauptamtlichen Sparkassenleiter verweisen. Dieses markante Beispiel der Führung einer Sparkasse durch einen Bankier zeigt, dass aufgrund unterschiedlicher Geschäftsfelder keine Konkurrenzsituation bestanden hat, denn andernfalls hätte die Amtsversammlung Leonhard Allgoewer vermutlich nicht zum Kassier bestellt. Der Bezirk profitierte vielmehr von seinen Buchhaltungskenntnissen, während er eine zusätzliche Provision bekam. Es wird übrigens auch sichtbar, dass zumindest bei dem Senior keine Berührungsängste zur typischen Sparkassenkundschaft bestanden.

In eine andere Größenklasse fallen damalige Geldhäuser wie der Heilbronner Bankverein m.b.H. oder die Stahl & Federer AG. Das letztgenannte Kreditinstitut betrieb vor dem Ersten Weltkrieg immerhin elf Niederlassungen in verschiedenen Städten Württembergs, und beide Einrichtungen nahmen im Gegensatz zu den kleinen Privatbankiers auch Kreditvergaben vor.[920] Dennoch finden sich in den Kreditakten der Oberamtssparkasse Kirchheim von ihnen vermittelte Gesuche um Hypothekendarlehen. Es muss also auch für sie ein wichtiger Grund bestanden haben, trotz eines eigenen Kreditgeschäfts Darlehenswünsche der Kunden nicht selbst zu bedienen.

Vermutlich sahen die Banken Hypothekendarlehen aus verschiedenen Gründen als wenig attraktives Geschäftsfeld an: Verzinst wurden solche Kredite nur ungefähr einen halben Prozentpunkt über dem Niveau der Rendite von Staatsanleihen. Die Verdienstmöglichkeiten waren also nicht besonders gut. Dies gilt insbesondere dann, wenn die Refinanzierung der Kapitalvergaben nicht wie bei Sparkassen oder Hypothekenbanken mit etwas niedriger verzinsten Spareinlagen beziehungsweise Pfandbriefen erfolgte, sondern mit teurem Eigenkapital. Eine Margenausweitung durch höhere Kreditzinssätze war auf dem wettbewerbsintensiven Markt auch nicht möglich. Hierfür sorgten neben den Sparkassen und

918 Kreissparkasse Göppingen (1952), S. 8.
919 *Adressbuch der Oberamtsstadt Geislingen-St. und der Gemeinde Altenstadt 1911*, Geislingen, vordere Umschlaginnenseite.
920 Zu Stahl & Federer vgl. Tabelle 13 bei Kollmer-von Oheimb-Loup (2004), S. 44.

Hypothekenbanken Privatpersonen, Stiftungen und Pflegschaften, die als private Anbieter umfassend aktiv waren. Deren nicht unwesentliche Bedeutung wird unter anderem durch häufige Zessionen von Krediten an Sparkassen während des gesamten Untersuchungszeitraumes belegt. Zweitens banden Hypothekendarlehen größere Kapitalsummen auf längere Zeiträume. Für Sparkassen war dies ideal, doch für Privatbanken mit einem knappen Arbeitskapital vermutlich wenig vorteilhaft.

Aus Sicht der Kreditinstitute war es deshalb sinnvoll, sich auf margenstarke kurzfristige Bankgeschäfte mit eher hohen Markteintrittsbarrieren zu konzentrieren und langfristige Finanzierungen gegebenenfalls für eine Provision von den Kreditsuchenden an Sparkassen zu vermitteln. Diese Einschätzung wird auf zwei Wegen indirekt bestätigt. Erstens enthalten zeitgenössische Lehrbücher über das Bankbetriebswesen keine Erläuterungen über Hypothekendarlehen.[921] Sie gehörten offenbar nicht zum typischen Geschäft. Und zweitens finden sich in Bankbilanzen keine Hinweise auf solche Finanzierungen. Für ein Zahlenkompendium erfasste die Deutsche Bundesbank die Aktiva von 160 deutschen Aktien-Kreditbanken. Diese hatten ihre Mittel beispielsweise Ende 1913 zu 41,8 % in Kontokorrentkrediten, zu 20,7 % in Wechsel, zu 11,0 % in Lombarddarlehen und zu 5,0 % in Wertpapieren angelegt.[922] Die restlichen 21,5 % verteilten sich auf kleinere Positionen wie beispielsweise Kredite auf eingelagerte und verfrachtete Waren, Guthaben bei anderen Banken und Barreserven. Hypothekendarlehen spielten demnach keine nennenswerte Rolle.

Darüber hinaus bestätigen Untersuchungen von Gert Kollmer-von Oheimb-Loup über die Finanzierung großer württembergischer Industrieunternehmen wie der Maschinenfabrik Esslingen und dem Musikinstrumentenhersteller Hohner die Vermittlerrolle des Bankensektors. Seine Erkenntnisse legen ebenfalls den Schluss nahe, dass die Banken im langfristigen Kreditgeschäft nur in geringem Maße herangezogen worden sind.[923]

Vor dem Hintergrund der erläuterten Aspekte gilt auch für die größeren privaten Bankhäuser, dass wenig Interesse an eigenen Hypothekenfinanzierungen bestand. Die Vermittlung von Darlehensgesuchen an die Sparkasse war vermutlich ein Zusatzgeschäft beziehungsweise eine Dienstleistung für gute Kunden.

921 Zum Beispiel Bruno Buchwald (1910): *Die Technik des Bankbetriebes, Ein Hand- und Lehrbuch des praktischen Bank- und Börsenwesens*, Sechste Auflage, Berlin und Heidelberg; Georg Obst (1910): *Geld-, Bank- und Börsenwesen, Ein Handbuch für Bankbeamte, Juristen, Kaufleute und Kapitalisten sowie für den akademischen Gebrauch*, Sechste Auflage, Leipzig.
922 Berechnet auf der Grundlage von Zahlenangeben in: Deutsche Bundesbank (1976), S. 56f, Tabelle D.I. 1.01.
923 Kollmer-von Oheimb-Loup (2004), S. 43f.

9.4 Die Interessen der Sparkassen als Darlehensgeber

Um die Perspektive der Sparkassenmitarbeiter einzunehmen, ist es sinnvoll, zunächst die Grundlagen ihrer Tätigkeit zu betrachten. Der primäre Zweck der Einrichtungen lag in der Förderung des Spargedankens sowie in der Annahme von kleinen Beträgen der wenig vermögenden Bevölkerung. Daneben spielte die Kreditvergabe als Mittel der Nachsorge und Förderung ärmerer Schichten wie gezeigt bei den Instituten mit Leihkassengeschäften bis zu den Beschränkungen am Beginn der 1860er Jahre eine wichtige Rolle. Aber spätestens seit dieser Zeit war die Darlehensvergabe zunächst nur ein Mittel zur Erreichung der primären Aufgabe der Sparförderung. Hieraus ergibt sich, dass die Sparkassenmitarbeiter in erster Linie die möglichst sichere und gleichzeitig gut verzinsliche Anlage der Mittel im Blick haben mussten.

Die Statuten und Satzungen enthielten keine Vorgaben zur Kreditpolitik der Sparkassen. Sie schufen mit den in Kapitel 3 umrissenen grundsätzlichen Möglichkeiten lediglich Leitplanken, in denen sich die Verantwortlichen bewegen durften. Eine Ausweitung über andere Optionen hinaus war kaum möglich, da Satzungsänderungen von den jeweiligen Kreisregierungen genehmigt werden mussten. Als kreditpolitische Einschränkung bestand bei allen Sparkassen und zu allen Zeitpunkten die Regel, wonach Bezirksangehörige vor auswärtigen Darlehenssuchenden zu bevorzugen seien. Die Kirchheimer Satzung enthielt wie gezeigt zudem noch Vorschriften über den Kauf von Wertpapieren.[924]

Unabhängig hiervon zeigen die detaillierten Archivalien der Oberamtssparkassen Biberach und Kirchheim, dass in der Praxis soziale Kriterien durchaus eine Rolle spielten. Beide Institute bevorzugten stets die Kreditgesuche von „kleinen Leuten", selbst wenn sie nicht aus dem eigenen Bezirk stammten. Allerdings wird nicht zuletzt durch die hier vorgenommenen statistischen Auswertungen auch sichtbar, dass deren Kapitalbedürfnisse niemals ausreichten, um den Anlagebedarf der Sparkassen zu befriedigen. Weitere Möglichkeiten zur Unterbringung der Gelder waren notwendig.

Der denkbare Kauf von Staatsanleihen oder Pfandbriefen war wie bereits beschrieben aufgrund der etwas niedrigeren Rendite im Vergleich zur Darlehensvergabe unbeliebt.[925] Zweitens drohte bei einem allgemeinen Zinsanstieg ein Rückgang der Notierungen. Und umgekehrt waren selbst erstklassige Staatsanleihen bei einem allgemeinen Absinken der Renditen keineswegs eine Anlage zum „risikolosen Zins". Verschiedene Emittenten nahmen Konvertierungen vor, was gemäß einer Festschrift der Sparkasse Kirchheim *„beträchtliche Kursverluste zur Folge hatte"*.[926] Die heute nahezu in Vergessenheit geratenen, zeittypischen Konvertierungen liefen beispielsweise folgendermaßen ab:[927] Am 22. Dezember 1896

924 Vgl. Kapitel 7.3.
925 Vgl. ebd.
926 [Einsele] (1928) (in: HA KSK E-N), S. 10.
927 Pohl (2005), S. 57, erwähnt jedoch die Herabstufung der Kupons 1896.

und damit zwei Tage vor Weihnachten erschien eine Ausgabe des Regierungsblattes für das Königreich Württemberg mit nur einem einzigen Titel. Es enthielt das zwei Tage zuvor vom König ratifizierte „Gesetz, betreffend die Umwandlung der 4 %igen Staatsanlehen aus den Jahren 1875 bis 1887 in eine 3 1/2 %ige Schuld".[928] Die Rechtsnorm sah vor, den Anleihegläubigern eine Abstempelung ihrer Wertpapiere anzubieten sowie den Tausch der dazugehörigen Bögen mit Kupons über 4 % Zinsen in solche mit einem Zinssatz von nur noch 3,5 %.[929] Zuzüglich zu dieser Schlechterstellung mussten die Anleiheinhaber auch noch eine Gebühr in Höhe von 20 Pfennig für jede Obligation über 200 Mark entrichten.[930] Das Angebot galt als angenommen, wenn die Gläubiger nicht innerhalb einer bestimmten Frist Widerspruch einlegten.[931] Das Gesetz enthält zwar keine Angaben, welche Konsequenzen im Fall der Verweigerung der Annahme eintraten. Wahrscheinlich erhielten unwillige Anleger aber einfach den Nennwert ihrer Wertpapiere zuzüglich der bis dahin angefallenen Zinsen ausgezahlt, womit sie vor der Suche nach einer neuen Anlagemöglichkeit standen. Artikel 1 des Gesetzes lautete nämlich, „Schuldverschreibungen der Jahre 1875 bis 1887 können zur baaren Heimzahlung im Wege der außerordentlichen Tilgung gekündigt werden." Bei der Konvertierung von Ende 1896 handelte es sich wahrscheinlich um eine abgesprochene Aktion, denn im Königreich Preußen wurde am 23. Dezember 1896 ebenfalls ein Gesetz erlassen, das die Herabsetzung der bisher zu 4 % verzinsten Staatsschulden durch Abstempelung auf nur noch 3,5 % vorsah.[932] Das Deutsche Reich als Emittentin folgte mit einem entsprechenden Gesetz am 8. März 1897.[933]

Grundsätzlich waren die Konvertierungen eine Reaktion der Regierungen auf längerfristige Rückgänge des allgemeinen Zinsniveaus. Sie wurden insbesondere von Staaten „mit günstiger Finanzlage wiederholt im großem Maßstabe vorgenommen, um dadurch eine bedeutende Entlastung ihrer Budgets zu erzielen".[934] Als Folge zogen Sparkassen Staatsanleihen nur äußerst widerwillig in Erwägung. Die Oberamtssparkasse Ravensburg hielt, wie erwähnt, bis einschließlich 1909 keinerlei Anleihen und auch der Privatsparverein Altensteig verzichtete vor dem Ersten Weltkrieg komplett auf diese Option.[935] Die Kehrseite war eine häufig vollkommen unzureichende Liquiditätsausstattung dieser Institute für den Fall

928 *Gesetz, betreffend die Umwandlung der 4 %igen Staatsanlehen aus den Jahren 1875 bis 1887 in eine 3 1/2 %ige Schuld* vom 20. Dezember 1896, in: Regierungsblatt für das Königreich Württemberg, Nr. 28 vom 22. 12. 1896.

929 Ebd., Artikel 2.

930 Ebd., Artikel 4.

931 Ebd., Artikel 2.

932 *Die deutschen und ausländischen Staatspapiere sowie die übrigen an deutschen Börsenplätzen notierten Fonds etc.*, Supplement in: Handbuch der Deutschen Aktiengesellschaften, Dritte vermehrte und verbesserte Auflage, Ausgabe 1898–99, I. Band, Leipzig, S. 8.

933 Ebd., S. 1.

934 *Salings's Börsenpapiere, Erster allgemeiner Teil, Die Börse und die Börsengeschäfte, Ein Handbuch für Bankiers, Juristen und Kapitalisten*, 11. Auflage 1908, S. 7.

935 [Walz] [1936], S. 26.

plötzlich und massiv auftretender Abhebungen im Zuge eines Bank-Runs. Gemäß einer Untersuchung von Wilhelm Haemmerle per Ende 1903 überstiegen die kurzfristig fälligen Verbindlichkeiten bei 40 von 64 Oberamtssparkassen die liquiden Anlagen zum Teil erheblich.[936] Sowohl Haemmerle wie auch der einflussreiche Mannheimer Bankier Felix Hecht[937] empfahlen den Instituten deshalb leicht realisierbare Anlagen wie Wertpapierbestände. Zu Beginn des 20. Jahrhunderts gingen einige deutsche Bundesstaaten dazu über, ihre Sparkassen zum Erwerb der ungeliebten Anleihen zu zwingen. Das Königreich Sachsen ordnete mit Wirkung zum Jahresanfang 1907 die Anlage von 25 % des verzinslichen Vermögens in mündelsichere Inhaberpapiere an.[938] Die ländlichen bayerischen Sparkassen hatten nach den neuen Grundbestimmungen von 1912 mindestens 15 % ihres Gesamtvermögens in Wertpapieren anzulegen und städtische Kassen mindestens 20 %.[939] Und in Preußen wurden mit dem „Gesetz, betreffend Anlegung von Sparkassenbeständen in Wertpapieren“ vom 23. Dezember 1912 abgestuft Mindestanteile von 15 %, 20 % oder 25 % angeordnet.[940] Geplant war die Verpflichtung der preußischen Sparkassen zur Staatsfinanzierung bereits seit 1893.[941]

Die württembergischen Institute wurden in diesem Punkt nicht eingeschränkt, weshalb sie sich vor allem der Darlehensvergabe zuwendeten. Die Forcierung des kleinteiligen Personalkreditgeschäftes hätte bei der Unterbringung des Kapitals kaum geholfen. Es war für die Sparkassen zudem vollkommen ungeeignet, worauf noch im nächsten Unterkapitel einzugehen ist. Die einzige verbleibende satzungsgemäße und realistische Anlageoption war damit die Ausdehnung des Hypothekengeschäftes in Richtung der Abnehmer mit höheren Kreditbedürfnissen. Hypothekendarlehen entsprachen erstens dem Sicherheitsbedürfnis. Sie ermöglichten zweitens die Erzielung eines für Sparkassenverhältnisse vorteilhaften Zinsgewinnes. Drittens drohten keine Kursrückgänge oder Konvertierungen wie bei Anleihen, da die Darlehen stets zum Nominalwert in den Büchern standen. Und viertens war der Hypothekenmarkt im oberen Betragsbereich durch den Kapitalbedarf der Unternehmen sehr aufnahmefähig. Die Vergabe von wenigen zusätzlichen, aber dafür eher großen Darlehen löste somit nicht nur das Anlageproblem, sondern sie hielt gleichzeitig den zusätzlichen Verwaltungsaufwand in engen Grenzen. Außerdem waren die Inhaber von Industrieunternehmen und

936 Haemmerle (1908), S. 48 ff.
937 Felix Hecht (1893): *Die Anlage der Sparkassengelder in Hypotheken, Denkschrift erstattet an das Großherzoglich Badische Ministerium des Innern*, Mannheim, S. 8 ff.
938 Georg Andreas Handschuh (2010): *Der öffentliche Auftrag der sächsischen Sparkassen, Von der Inpflichtnahme Privater über die Reglementierung als öffentliche Aufgabe bis zur Geschäftstätigkeit nach eigentümergeprägten Oberzielen*, Baden-Baden, S. 85; Ashauer (1991), S. 147.
939 Ashauer (1991), S. 233.
940 Ebd., S. 147.
941 Josef Hoffmann (1931): *Deutsche Sparkasseneinheit, Geschichte – Aufbau – Leistungen des zentralen Sparkassenverbandes*, Berlin [auch als Nachdruck: Stuttgart 1991], S. 44.

anderen größeren Gewerbebetrieben, wie in Kapitel 8.7 gezeigt, überdurchschnittlich zuverlässige Schuldner.

Neben diesen vielfältigen Vorteilen der Kreditgewährung an Untenehmen dürfte aus Sicht der Verantwortlichen in den Sparkassen ein weiterer Punkt relevant gewesen sein. Er ergibt sich weniger aus den Interessen der Sparer als mittelbaren Auftraggebern oder den Gründungszwecken der Sparkassen, sondern eher aus den Eigeninteressen der Lokalpolitiker in den Gremien sowie den von ihnen bestellten Sparkassenmitarbeitern. Betroffen hiervon ist auch die Vergabe von Infrastrukturdarlehen an öffentliche Körperschaften.

Während der Hochindustrialisierung verstärkten sich die Gegensätze zwischen den größeren Städten und den eher ländlichen Gegenden immens. In Württemberg siedelte sich die Industrie zwar an vielen verschiedenen Orten an. Dies ist ein wichtiger Unterschied zu anderen Staaten wie beispielsweise Bayern oder Frankreich mit ihrer Konzentration auf die Hauptstädte und wenige weitere Metropolen. Dennoch galt auch in Württemberg, dass die gut bezahlten Industriearbeitsplätze[942] vor allem in den größeren Ortschaften mit Eisenbahnanbindung entstanden und dass die Verdienstmöglichkeiten mit der Größe der Städte zunahmen.[943] Die hierdurch ausgelöste Landflucht führte zu einem stark überproportionalen Anteil der im Berufsleben stehenden Altersgruppe der 18jährigen bis 45jährigen in Stuttgart im Vergleich zum gesamten Königreich.[944] Ein vielfältigeres öffentliches Leben dürfte die Attraktivität der Städte zusätzlich erhöht haben. Außerdem wurden Annehmlichkeiten wie Gasbeleuchtung, Wasserleitungen, öffentlicher Nahverkehr und später die Stromversorgung in der Regel zuerst in der Hauptstadt eingeführt, bevor sie sich auch in den nächstgrößeren Städten verbreiteten und erst viel später die Kleinstädte erreichten.[945] Das Leben auf dem Land änderte sich dagegen zunächst nur wenig. Es hinkte der Entwicklung in den Städten hinterher und es büßte aufgrund des relativen Rückgangs der Preise für Agrarprodukte an Attraktivität ein.[946]

Viele Lokalpolitiker sowie die örtlichen tonangebenden Eliten hatten vermutlich in dieser Epoche des allgemeinen Vorwärtsstrebens ein starkes Interesse daran, nicht weiter abgehängt zu werden, sondern zu den Großstädten aufzuschlie-

942 Gemäß Loreth (1974), S. 42 und S. 50, lagen die im württembergischen Gewerbesektor bezahlten Löhne in der zweiten Hälfte des 19. Jahrhunderts stets über den landwirtschaftlichen Löhnen. Außerdem zahlten die gewerblichen Großbetriebe ab 50 Mitarbeitern am Anfang des 20. Jahrhunderts um mehr als 50 % höhere Löhne als Kleinbetriebe mit bis zu fünf Mitarbeitern.

943 Die durchschnittlichen Arbeiterverdienste für 1907 in: K.[öniglich] Statistisches Landesamt (1910).

944 Exemplarisch in: H.J. Losch (1912): *Die Volkszählung vom 1. Dezember 1910*, in: Königlich Statistisches Landesamt (Hg.): Württembergische Jahrbücher für Statistik und Landeskunde, Jahrgang 1912, Zweites Heft, S. 175–426, hier beigelegte Tafel 4.

945 Vgl. hierzu die Ausführung über die Infrastrukturfinanzierungen der Sparkassen in Kapitel 7.6.

946 Zu dem allgemeinen relativen Rückgang der Preise für Agrarprodukte vgl. Spoerer und Streb (2013), S. 123f.

ßen. Der lokale Selbstbehauptungswille zeigt sich sehr deutlich in zeitgenössischen Berichten und in Rückblicken. Jeder Entwicklungsschritt und jede Infrastrukturmaßnahme wurden als wichtige Errungenschaft gefeiert. In einer Denkschrift zum 50jährigen Jubiläum des Ravensburger Handels- und Gewerbevereins aus dem Jahr 1913 heißt es beispielsweise, „...und in schöner Eintracht zeigte man 1878 in der Ausstellung in der neuerbauten Turnhalle, daß Ravensburg auf allen Gebieten des Wirtschaftslebens, in Landwirtschaft, Gewerbe und Industrie, den Fortschritt der Zeit wohl verstanden hatte."[947] Auch auf Landesebene wurde der Hervorhebung der „industriellen Leistungsfähigkeit" von den tonangebenden Eliten große Bedeutung beigemessen.[948]

Mit der Darlehensvergabe ihrer Sparkassen besaßen die in den Ausleihekommissionen tätigen Schultheißen und die von der Amtsversammlung bestellten Sparkassiere ein wirksames Instrument, um die Entwicklung des eigenen Bezirks zu fördern. Für Kredite an Unternehmensgründer und an etablierte Industrielle zur Modernisierung und Erweiterung von Betrieben dürfte die Aussicht auf neue Arbeitsplätze und die Sicherung der bestehenden Stellen gesprochen haben. Ortsangehörige, die in nicht mehr rentablen Handwerksberufen oder der Landwirtschaft arbeiteten, kamen auf diese Weise zu einem Auskommen und brauchten nicht in die größeren Städte abzuwandern. Der Verbleib der Menschen vor Ort oder vielleicht sogar die Hinzugewinnung neuer Bewohner verbesserte wiederum die Möglichkeiten, Investitionen in die öffentliche Infrastruktur mit hohen Fixkosten wie beispielsweise Schulen, Wasser- und Elektrizitätswerke vorzunehmen. Im besten Fall trugen Sparkassendarlehen an die Industrie auf diesem Wege zu einer Art Aufwärtsspirale bei. Modern ausgestattete Orte mit Arbeitsplätzen zogen Menschen an, was höhere Spareinlagen bei der örtlichen Sparkasse nach sich zog, womit wiederum neue Geldvergaben an Unternehmen und für Infrastrukturinvestitionen möglich wurden.

Letztendlich waren die Sparkassen ein Teil jener Struktur, die der deutsch-amerikanische Entwicklungsökonom Albert O. Hirschman die „kooperative Komponente des Unternehmertums" nannte.[949] Gemeint ist das erfolgreiche Zusammenspiel von Erfindern, Unternehmern, Behörden und Financiers in einem Land mit dem gemeinsamen Ziel, die Entwicklung voranzutreiben.[950]

Wie in den vorstehenden Kapiteln vielfach beschrieben, geben die Archivalien der meisten betrachteten Sparkassen keine näheren Auskünfte über den Prozess der Darlehensgewährung und damit auch nicht über die Motive der Handelnden.

947 Handels- und Gewerbeverein Ravensburg (Hg.) (1913): 1863–1913, *Denkschrift zur 50jährigen Jubelfeier des Handels- und Gewerbevereins Ravensburg*, Ravensburg, S. 11.
948 Beispielsweise in Huber (1910), S. VIff.
949 Albert O. Hirschman (1958): *The Strategy of Economic Development*, New Haven, S. 17, eigene Übersetzung.
950 Gleichwohl betonte Hirschman, dass ein zu starkes Maß an Kooperation der Kreativität des Unternehmertums abträglich sei. Konformismus und der Wunsch, zwischenmenschliche Beziehungen nicht zu beeinträchtigen, würden den Willen zum Widerspruch untergraben.

Selbst bei den beiden Instituten in Biberach und Kirchheim mit umfassender Dokumentation ist dies nur dann der Fall, wenn ein Sachverhalt unklar war oder nicht der Norm entsprach und deshalb entsprechende Rückfragen mit schriftlichem Niederschlag verursachte. In diesem Sinne zeigt die nachfolgend beschriebene Darlehensvergabe jedoch sehr deutlich den hohen Stellenwert der Gewerbeförderung für die Biberacher Sparkasse.

Zur Behebung von Wassermangel schlossen sich im Jahr 1901 insgesamt 18 Eigentümer von Wasserrädern und Turbinen am Forellen- beziehungsweise Gießenbach nahe der bayerischen Grenze zu einer Genossenschaft zusammen.[951] Ihr Ziel war der Bau eines Kanals, mit dem Wasser von der Iller zugeleitet werden sollte. Die Genossenschaft wendete sich zur Finanzierung der Ausgaben in Höhe von rund 40.000 Mark an die Oberamtssparkassen in Biberach und Laupheim. Sie bat gleich zwei Institute um die hälftige Abgabe eines Darlehens, da die Besitzer der Wassertriebwerke auf beide Bezirke verteilt waren. Die Satzung der Oberamtssparkasse Biberach erlaubte zu diesem Zeitpunkt aber noch keine Kapitalvergabe an Wassergenossenschaften, weshalb das Gesuch ohne Zögern hätte abgewiesen werden können. Im Protokoll wurde hierzu festgehalten, „*Die Ausleihekommission steht dem Gesuch jedoch sympatisch gegenüber, weil sie glaubt, daß diese [...] Genossenschaften u. deren wirtschaftl. Bestrebungen tunlichst zu unterstützen seien*“. Das Entscheidungsgremium der Sparkasse suchte deshalb nach einem Weg, das gewünschte Darlehen trotz der Beschränkungen abgeben zu können. Es beschloss, den Betrag aus dem Reservefonds auszuzahlen. Hierbei ist anzumerken, dass der Reservefonds keine gesonderte Kasse war, sondern als bilanzielles Eigenkapitel nur eine buchhalterische Größe. Somit handelte es sich eher um einen symbolischen Akt, der heute einer einhundertprozentigen Unterlegung des Darlehens mit Eigenkapital entspräche. Der Vorgang verdeutlicht aber, wie entschlossen man vorging. Zweitens erwirkte die Kommission eine Erlaubnis der Amtsversammlung und darüber hinaus eine Sondergenehmigung des Innenministeriums.

Die von den Verantwortlichen im Sparkassenwesen selbst auferlegte Zielsetzung zur Wirtschaftsförderung ergibt sich indirekt auch aus der „*Kommentierung und Begründung zur Mustersatzung*“ des Württembergischen Sparkassenverbandes von 1906. In der Einleitung wird festgehalten, dass die Mustersatzung die Sparkassen dazu befähigen soll, „*..zu der vorteilhaften Entwicklung des gesamten württembergischen und deutschen Wirtschaftslebens*“ beizutragen.[952]

Die hohe Bedeutung, die von den Sparkassenmitarbeitern der Gewerbe- und Unternehmensfinanzierung beigemessen wurde, zeigt sich darüber hinaus an dem unbedingten Willen, die Darlehensvergabe selbst in Krisenzeiten mit Liquiditätsmangel aufrecht zu erhalten und Kreditklemmen abzumildern. Die Refinanzierungen über die Württembergische Notenbank, die Königliche Hofbank

951 Hier und im Folgenden: HA KSK BC, D 03–004.01, „Protokoll der Ausleihe-Kommission Band II“, Einträge vom 12.12.1901 und vom 11.05.1904.
952 WABW, B 201, (Lfd. Nr. 3) B-Nr. 12, „Statuten und Satzungen“.

und andere Institute belegen eindrücklich das Engagement der Sparkassen für die lokale Wirtschaft, denn diese Maßnahmen kamen vor allem den größeren Kreditnehmern zugute.[953]

Der Vergleich der elf hier näher untersuchten Institute zeigt, dass nicht alle Sparkassen eine Wirtschaftsförderung durch die Finanzierung von Industrieunternehmen vornehmen konnten. Wo dies nicht möglich war, beschränkte sich die Geldvergabe vor allem auf Geldvergaben an das Handwerk und die Landwirtschaft. Außerdem konnte selbst in den Oberämtern mit größeren Kassen nicht jede Bezirksgemeinde profitieren, denn der Impuls für eine Darlehensvergabe musste ja von außen durch einen Unternehmer kommen. Aber zumindest blieb der Nutzen in dem räumlich eher eng begrenzten Gebiet eines Verwaltungsbezirkes oder in der umliegenden Region oder wenigstens im eigenen Bundesstaat.

Der Einsatz von Kapitalbeträgen am Orte ihrer Ersparung war ein ausgesprochen wichtiges Motiv für die Sparkassenmitarbeiter. Es wurde immer wieder in der zeitgenössischen Literatur zu den deutschen Sparkassen erwähnt[954] und insbesondere im Vergleich zum Ausland betont.[955] In Frankreich und Großbritannien dienten die Sparkassen lediglich als Einlagensammelstellen, die ihr Kapital entsprechend den Postsparkassen vieler Länder an den Zentralstaat abführten.[956] Außerdem wurden die Sparkassen geradezu als Gegenkonzept zum Wirken der Aktien-Kreditbanken angesehen. Der pensionierte preußische Landrat Graf Reventlow schrieb, „Die Großbanken müssen hier ihrer Natur nach versagen. Ihre Depositenkassen saugen das Geld des kleinen Sparers und des mittleren Depositengläubigers in der Kleinstadt und auf dem platten Lande auf, um es den aus ihrer Finanzmacht gespeisten Großunternehmungen in Industrie und Handel zuzuleiten. Ein volkswirtschaftlich befruchtender ‚Kreislauf' des Geldes findet hier also nicht statt; ihn vermag nur die Sparkasse herzustellen."[957]

9.5 Die Sparkassen und das Trilemma gemeinnütziger Finanzintermediäre

Wie oben erwähnt, entschieden sich die Sparkassen gegen eine Ausweitung des kleinteiligen, kurzfristigen und unbesicherten Kreditgeschäftes mit Handwer-

953 Vgl. Kapitel 7.3.

954 Johannes Müller (1924): *Der städtische und ländliche Realkredit der deutschen Sparkassen*, in: H.[einrich] Höpker (Hg.): Die deutschen Sparkassen, ihre Entwicklung und ihre Bedeutung, Berlin [auch als Nachdruck: Stuttgart 1997], S. 98–101, hier S. 98; Reventlow (1924): *Der Personalkredit bei den Sparkassen*, in: Ebd., S. 118–122, hier S. 119; Ähnliche Aussagen bei Haemmerle (1908), S. 3, und bei [Einsele] (1928) (in: HA KSK E-N), S. 21f sowie zur Kreissparkasse Saarbrücken 1858 bei Thomes (1985), S. 82 und insbesondere Fußnote 123.

955 Haemmerle (1908), S. 15; Hecht (1893), S. 11f.

956 Proettel (2017), S. 187ff.

957 Reventlow (1924), S. 119; Mößner (1934), S. 20, zitiert ähnliche Aussagen aus einem Protokoll des Württembergischen Sparkassenverbandes von 1913.

kern und Landwirten. Hierdurch gaben sie ein breites Betätigungsfeld für genossenschaftliche Darlehenskassen, aus denen später die Gruppe der Volks- und Raiffeisenbanken hervorging. Letztlich züchteten die Sparkassen damit selbst ihre stärksten Konkurrenten auf dem Feld des Retail Bankings in der zweiten Hälfte des 20. Jahrhunderts heran. Mit Bedauern stellte Manfred Pix Ende der 1980er Jahre diese „fatalen Folgen" des zurückhaltenden Engagements der Sparkassen im Personalkreditgeschäft fest.[958] Das Unverständnis wiegt umso schwerer, da den Sparkassen bereits von zeitgenössischen Kritikern unmissverständlich eine stärkere Hinwendung zu Kleinkrediten und insbesondere zu unbesicherten Darlehen nahegelegt wurde. So wies der Landrat Max Seidel 1895 auf der Generalversammlung des Deutschen Sparkassenverbandes darauf hin, dass „die Pflege eines gesunden Personalkredites nicht nur eine sehr wichtige, sondern vielleicht die wichtigste Aufgabe der Sparkassen sei".[959] Im Jahre 1913 musste er zusammen mit Johannes Pfitzner in einer vom Verein für Socialpolitik herausgegebenen Untersuchung allerdings feststellen, „Die Sparkassen haben bezüglich der Personalkreditgewährung im allgemeinen völlig versagt". [960] Erst mit den Genossenschaften sei für die kleinen Landwirte und auch die kleinen Gewerbetreibenden ein „Retter in der Not" entstanden.

In Württemberg entsprachen die Verhältnisse weitgehend der Lage in den anderen deutschen Bundesstaaten. Auf der einen Seite hielten sich die Sparkassen mit Personaldarlehen zurück und auf der anderen Seite bestanden umfassende Forderungen nach kleinen und zinsgünstigen Finanzierungen. Insbesondere die Landwirtschaft drängte auf eine umfassende Berücksichtigung ihrer Bedürfnisse, die auch in akademischen Kreisen vorbehaltlos übernommen wurden. Wolfgang Spitta forderte 1904 in seiner Dissertation über den landwirtschaftlichen Grundkredit in Württemberg möglichst flexible Tilgungsbedingungen, eine möglichst niedrige Festlegung der Betragsuntergrenze von Darlehen und vor allem günstige Zinsen.[961] Es „...muss der Immobiliarkredit [...], wenn er der Landwirtschaft auch wirklich Nutzen bringen soll, billig sein; ja er sollte für den kleinen Landwirt noch billiger sein, wie für den mittleren, für diesen noch billiger, wie für den Grossgrundbesitzer."[962]

Diese Perspektiven konzentrieren sich allerdings nur auf das für bestimmte Interessengruppen Wünschenswerte beziehungsweise auf das rückwärts betrachtet Sinnvolle. Sie übersehen dagegen die Realitäten und die ökonomischen Notwendigkeiten. Wie nachfolgend zu zeigen sein wird, existierten wichtige Zielkon-

958 Manfred Pix (1989): *Der Personalkredit von den Anfängen bis 1908*, in: Mura, Jürgen (Bearbeiter), Entwicklungslinien im Personalkredit der Sparkassen, Stuttgart, S. 17–46, hier S. 39.
959 Hoffmann (1931), S. 101.
960 J[ohannes] Pfitzner und M[ax] Seidel (1913): *Der Personalkredit der Sparkassen im Vergleich zu anderen Instituten*, in: Verein für Socialpolitik (Hg): Untersuchungen über das Volkssparwesen, 2. Band, München und Leipzig, S. 1–66, hier S. 7.
961 Spitta (1904), S. 6f.
962 Ebd., S. 7.

flikte für die Sparkassen. Sie standen einer Berücksichtigung der geforderten kleinteiligen beziehungsweise zinsgünstigen Kreditvergabe im Wege. Und sie begünstigten gleichzeitig die Finanzierung von Unternehmen und Kaufleuten.

Als wichtiges Ziel der Sparkassen galten die Förderung des Sparsinnes der Bevölkerung sowie die praktische Umsetzung mit der sicheren und verzinslichen Anlage von kleinen bis mittelgroßen Sparbeträgen. Die vielen Ein- und Auszahlungen sowie die Verwaltung der Sparkonten verursachten einen hohen Aufwand. Alle Buchungen erfolgten handschriftlich und auch die Zinsberechnung wurde von Hand oder nur mit Hilfe von Zinstabellen durchgeführt.[963] Das Spargeschäft dürfte deshalb insbesondere mit Blick auf die Sparkonten der im Mittelpunkt stehenden ärmeren Bevölkerungsschichten nicht wirtschaftlich gewesen sein. Etwas anders ausgesehen haben könnte es im Bereich der mittelgroßen und hohen Sparguthaben, bei denen die Verwaltungskosten gemessen an den Beträgen weniger Gewicht hatten und somit prozentual niedriger waren. Ein profitorientierter Finanzintermediär könnte die Verzinsung von Sparguthaben an seinem Nutzen ausrichten. Dies würde bedeuten, dass Kunden mit großen Sparguthaben einen hohen Zins erhalten. Auf der anderen Seite würden Kunden mit kleinem Guthaben nur einen geringen Zins gewährt bekommen. Oder ihnen wäre theoretisch sogar ein negativer Zins zur Abgeltung ihrer Kosten in Rechnung zu stellen beziehungsweise einfach die Annahme ihrer Gelder zu verweigern. Für die Sparkassen spielten solche Überlegungen im Großen und Ganzen keine Rolle,[964] denn sie waren als gemeinnützige Einrichtungen zur Pflege eines sozialen Sparmarktes gegründet worden. Und während des Untersuchungszeitraumes bekamen alle Sparer der württembergischen Sparkassen den jeweils einheitlichen Zinssatz unabhängig von der Guthabengröße.[965] Für die Pflege eines sozialen Sparmarktes wurde demnach ein erhöhter Verwaltungsaufwand in Kauf genommen. Sparer mit höheren Guthaben subventionierten sozusagen Sparer mit kleinerem Guthaben.

Die frühesten Sparkassen vom Ende des 18. Jahrhunderts beziehungsweise von Beginn des 19. Jahrhunderts wurden hauptsächlich von sozial engagierten Gründern aus dem wohlhabenden Bürgertum geführt.[966] Sie arbeiteten freiwillig sowie

963 Dies ergibt sich aus den Archivalien zum Spargeschäft der hier näher betrachteten Institute.

964 Die Sparkassen setzten jedoch Mindesteinlagesummen wie beispielsweise ein Gulden oder zwei Mark voraus und ließen einen Teil des Kleinstgeschäftes mit Schülern von „Schulsparkassen“ abwickeln.

965 Dies gilt jedoch nur im originären Sparkassengeschäft. Große Einlagen, die zur Refinanzierung von Leihkassengeschäften bis Anfang der 1860er Jahre dienten, konnten besser verzinst werden.

966 Beispielhaft sei auf die Angaben in den folgenden Festschriften verwiesen: Josef Wysocki (1996b): *Stadtsparkasse Dresden 1821–1996, Geschichte und Gegenwart, Herausgegeben von der Stadtsparkasse Dresden aus Anlaß des 175jährigen Jubiläums im Februar 1996*, Stuttgart, S. 22f; Broder Schwensen (1994): *175 Jahre Stadtsparkasse Flensburg: 26. Juni 1819–16. Juni 1994*, Flensburg, S. 16 und S. 31; Betina Meißner [1996]: *200 Jahre Sparkasse Kiel*, Göttingen, S. 21f; Hans Schröder (1967): *150 Jahre Sparkasse zu Lübeck*,

unentgeltlich und stellten gelegentlich auch das notwendige Arbeitsmaterial auf eigene Kosten bereit. Mit der Weiterentwicklung des Sparwesens zu einer Massendienstleistung stieß dieses Konzept an seine Grenzen. Dies ist besonders deutlich am englischen Sparwesen sichtbar, wo die Führung der lokalen Sparkassen durch unbezahlte freiwillige Gewährsleute gesetzlich festgeschrieben war.[967] Nach einer anfänglichen Gründungseuphorie in den 1810er und 1820er Jahren hemmte diese Regelung die Gründung weiterer Institute und mit der Gründung der Postsparkasse 1861 gaben viele lokale Sparkassen ihre Geschäftstätigkeit auf.[968] Die württembergischen Oberamtssparkassen etablierten sich dagegen mit der Einstellung von hauptberuflich beschäftigten Mitarbeitern und der Eröffnung eigener Geschäftsräume.[969] Die Kehrseite dieser Entwicklung war die Notwendigkeit, gewisse Überschüsse zur Bezahlung der Personal- und Sachaufwendungen zu erarbeiten. Darüber hinaus mussten die Sparkassen selbstverständlich auch Gewinne erzielen, um ihre Solidität zu erhalten. Jeder Finanzintermediär sollte über ein Mindestmaß an Eigenkapital verfügen. Es dient als Puffer für Kreditausfälle und ermöglicht bei einer Abwicklung der Kasse die vollständige Auszahlung aller Sparer, selbst wenn auf der Aktivseite der Bilanz Abschreibungen vorzunehmen sind.[970] Im Zeitraum von 1887 bis 1913 stiegen die Einlagen der Oberamtssparkassen um durchschnittlich 7,7 % pro Jahr an.[971] Um das bisherige Verhältnis zwischen Einlagenvolumen und dem Reservefonds zu erhalten, war demnach auch ein jährlicher Reingewinn in Höhe von 7,7 % gemessen am Eigenkapital notwendig. Junge Sparkassen mit zunächst negativem Reservefonds aufgrund von anfänglichen Ausgaben für die Gründung mussten deutlich mehr erwirtschaften. Ohne diesen Puffer wäre im Fall von Verlusten aus der Geldanlage die Bürgschaft des Oberamts zum Tragen gekommen. Damit hätten letztlich die Steuerzahler die Verluste ausgleichen müssen oder es wären Leistungen der öffentlichen Haushalte gestrichen worden. Die Gewinnerzielung der Sparkassen zur Erhaltung ihrer Solidität und ihrer finanziellen Unabhängigkeit von ihren Trägern muss deshalb als ein weiteres Ziel angesehen werden, auch wenn dieses nirgends postuliert wurde. Zur Vervollständigung sei erwähnt, dass fast alle Sparkassen aus ihren Gewinnen wiederholt Spenden für gemeinnützige Zwecke leisteten. Das Geld ging an Waisenheime und Pflegeeinrichtungen für Menschen mit körperlichen und geistigen Gebrechen. Es diente teilweise zur Unterstützung von Krankenhäusern und oft als Zuschuss für die Ausbildung von Krankenpflege-

[Lübeck], S. 13 ff; Auch die Vorsteher der Württembergischen Landessparkasse arbeiteten unentgeltlich. Vgl. hierzu Württembergische Sparkasse [1900], S. 15.

967 Horne (1947), S. 77; Proettel (2017), S. 183.

968 Moss und Russell (1994), S. 35 und S. 37; Proettel (2017), S. 193 f.

969 Vgl. Kapitel 7.2.

970 Eine kurze zeitgenössische Betrachtung des Reservefonds bei Haemmerle (1908), S. 41 ff.

971 Eigene Berechnung auf Grundlage der Angaben in den Sparkassenstatistiken.

schwestern, um nur einige Beispiele zu nennen.[972] Der Verzicht auf die Gewinnerzielung hätte somit auch aus dieser Perspektive negative soziale Folgen gehabt.

Neben diesen zwei Zielen kann die Kreditversorgung der ärmeren beziehungsweise bedürftigen Bevölkerungsschichten als dritte Aufgabe eines gemeinnützigen Finanzintermediärs angesehen werden. Grundsätzlich ist als Zielsetzung denkbar, vor allem solchen Bevölkerungsschichten zu dienen, die von anderen Geldgebern nicht versorgt wurden. Dieser Punkt wird in der Literatur über die Sparkassen sehr häufig genannt. Er dürfte zumindest in gewissen Notzeiten bei den Leihkassen relevant gewesen sein.

An dieser Stelle setzen die einführend genannten Forderungen an. Sie sind in zwei verschiedene Aspekte zu unterteilen, die jedoch beide auf eine Verschlechterung der Wirtschaftlichkeit des Finanzintermediärs hinauslaufen. Erstens sollten die Darlehen „billig“ abgeben werden, also spürbar unterhalb des normalen Zinssatzes am allgemeinen Kreditmarkt. Hieraus resultieren geringere Verdienstmöglichkeiten für die Sparkassen. Die zweite Forderung besteht darin, mit einem umfassenden Kleinkreditgeschäft möglichst alle Kapitalbedürfnisse abzudecken. Die Kleinkreditvergabe verursacht jedoch ähnlich wie die Annahme von kleinen Spareinlagen einen hohen Verwaltungsaufwand. Ein wirtschaftlich arbeitendes Geldhaus müsste bei geringen Losgrößen entsprechend hohe Gebühren oder Zinsen als Ausgleich verlangen. Allein durch die fixen Aufwendungen für die Anlegung eines Kontos und die Kreditprüfung ist es denkbar, dass man für ein Kleindarlehen das Doppelte, Dreifache oder Vierfache des üblichen Zinssatzes hätte verlangen können, ohne dass Wucher im eigentlichen Wortsinne vorgelegen hätte. Aus ökonomischer Sicht ist es deshalb eine kostspielige Forderung, erstens Kleindarlehen und zweitens auch noch verbilligte Zinssätze zu wünschen.

In der Summe ist festzuhalten, dass gemeinnützige Finanzintermediäre wie Sparkassen mit drei Erwartungshaltungen konfrontiert wurden und werden, die zueinander in einem Spannungsverhältnis stehen. Sie sollen erstens einen sozialen Sparmarkt etablieren und pflegen, was die Profitabilität ungünstig beeinflusst. Zweitens sollen die Geldhäuser einen sozialen Kreditmarkt pflegen. Auch dies erhöht die Kosten beziehungsweise es schränkt die Verdienstmöglichkeiten ein. Und drittens ist es unabdingbar, Erlöse zur Bezahlung der Aufwendungen zu erwirtschaften sowie bei Wachstum auch einen kleinen Gewinn zur Beibehaltung der Eigenkapitalquote zu erzielen. Aufgrund der vorhandenen Gegensätzlichkeit kann von einem Trilemma gesprochen werden. Es ist in der nachfolgenden Abbildung bildhaft dargestellt.

972 Vielfältige Beispiele hierzu in den Fußnoten der jährlichen Sparkassenstatistiken; Vgl. auch die Kritik von Haemmerle (1908), S. 58f.

Abbildung 14: Schematische Darstellung des Trilemmas gemeinnütziger Finanzintermediäre

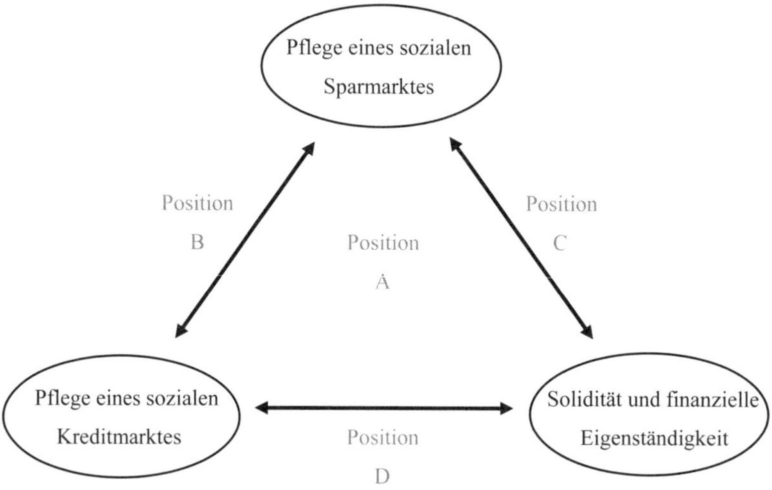

Quelle: Eigene Entwicklung und Darstellung.

Theoretisch denkbar wäre die Auffassung, jedes der drei Ziele gleichzeitig oder zumindest ein bisschen erreichen zu wollen, also innerhalb der obigen Abbildung die Position A einzunehmen. In diese Richtung argumentieren Autoren wie Pix, Spitta sowie Seidel und Pfitzner. Durch das Trilemma war es aber nur möglich, höchstens zwei der drei Ziele gleichzeitig zu verwirklichen.

Die umfangreichen württembergischen Sparkassenstatistiken erlauben es, diesen Zusammenhang für die Epoche der Hochindustrialisierung mit Zahlen zu belegen. Ende 1913 verzinsten von den elf Sparkassen des Panels fünf ihre Spareinlagen mit einem Zinssatz von 3,75 %. Die anderen sechs Institute gewährten ihren Kunden einen Zinssatz in Höhe von 4,00 %. Der gleichgewichtete Mittelwert beträgt demnach 3,89 % für das Panel. Im Kreditgeschäft fielen die durchschnittlichen Zinsen für das angelegte Vermögen individuell unterschiedlich aus. Der jeweilige Wert hing neben dem teilweise abweichenden Standardhypothekenzinssatz von dem Umfang und der Art des Anleihenbestandes und beispielsweise auch von dem Umfang der vergebenen Rentendarlehen mit fixem Zinssatz ab. Die resultierenden Werte wurden ebenfalls in der Sparkassenstatistik veröffentlicht. Ende 1913 stand die Oberamtssparkasse Ravensburg mit 4,47 % an der Spitze des Panels, wohingegen ihr Schwesterinstitut in Biberach mit 4,09 % den elften Platz belegte. Die Differenz zwischen dem durchschnittlichen Kreditzinssatz und dem Einlagenzinssatz ergibt die Brutto-Zinsmarge, die den Ertrag der Sparkasse repräsentiert. Sie war in Kirchheim mit 0,63 % beziehungsweise im Bankenjargon mit 63 Basispunkten am höchsten. Dagegen wiesen Göppingen sowie Leutkirch mit 25 Basispunkten den niedrigsten Wert auf. Der ungewichtete

Mittelwert des Panels liegt bei 41 Basispunkten. Zur Ermittlung der Netto-Zinsmarge müssen die Aufwendungen abgezogen werden, die in den Sparkassenstatistiken nur in absoluten Markbeträgen angegeben sind. Für die hier vorgenommene Betrachtung werden diese Werte für das Kalenderjahr 1913 zu dem Mittelwert der jeweiligen Finanzvermögen der Institute an den Bilanzstichtagen Ende 1912 und Ende 1913 ins Verhältnis gesetzt. Die resultierende Approximation der prozentualen Aufwendungen ist in der unten stehenden Tabelle in Spalte 4 wiedergegeben. Sie fällt aufgrund der ungleichen Verteilung der Fixkosten bei der kleinsten Oberamtssparkasse in Maulbronn mit 34 Basispunkten am höchsten aus und bei dem größten Institut in Ravensburg mit nur 12 Basispunkten am geringsten.

Tabelle 20: Erlössituation der Panel-Sparkassen 1913

Oberamts-sparkasse	Einlagen-zinssatz in %	Durchschnittlicher Zins ausgeliehener Kapitalien in %	Brutto-Zinsmarge in %	Verwaltungs-aufwand in %	Netto-Zinsmarge in %	Für EK-Erhalt notwendige Netto-Marge
(Spalte)	1	2	3	4	5	6
Biberach	3,75	4,09	0,34	0,15	0,19	0,24
Kirchheim	3,75	4,38	0,63	0,18	0,45	0,50
Künzelsau	4,00	4,39	0,39	0,25	0,14	0,18
Ludwigsburg	3,75	4,11	0,36	0,25	0,11	0,42
Maulbronn	4,00	4,35	0,35	0,34	0,01	0,07
Nagold	4,00	4,41	0,41	0,17	0,24	0,20
Göppingen	4,00	4,25	0,25	0,17	0,08	0,20
Geislingen	3,75	4,32	0,57	0,17	0,40	0,25
Ravensburg	4,00	4,47	0,47	0,12	0,35	0,19
Waldsee	3,75	4,22	0,47	0,24	0,23	0,18
Leutkirch	4,00	4,25	0,25	0,16	0,09	0,35
Ungewichtete	3,89	4,29	0,41	0,20	0,21	0,21

Quellen: Spalte 1 und 2: Blätter für das Armenwesen, Jahrgang 1914, Spalte 3 bis 6: eigene Berechnungen auf dieser Grundlage (vgl. Angaben im Text).

Im ungewichteten Durchschnitt aller Sparkassen betrugen die Sach-, Personal- und sonstigen Aufwendungen 20 Basispunkte des verwalteten Vermögens. Das bedeutet, dass die Kosten etwa die Hälfte der Erträge absorbierten und der ungewichtete Reingewinn beziehungsweise die Netto-Zinsmarge nur noch bei 21 Basispunkten lag. Dieser Gewinn konnte zur Erhöhung des Reservefonds, also des Eigenkapitals verwendet werden. Wie erwähnt, war angesichts des Anstiegs der Einlagen auch ein fortwährendes Mitwachsen des Reservefonds notwendig. Die Spalte 6 in der obigen Tabelle enthält für jede Sparkasse einen fiktiven Wert. Er gibt an, wie hoch die Netto-Zinsmarge hätte sein müssen, damit der prozentuale Anteil des Eigenkapitals von jedem Institut Ende 1913 trotz des Zuwachses der Spareinlagen gemessen am Stand von Ende 1912 unverändert geblieben wäre.

Bei Betrachtung der Zahlen fällt auf, dass die Sparkasse in Ludwigsburg im Jahr 1913 eine Nettozinsmarge in Höhe von 42 Basispunkten gebraucht hätte, aber nur 11 Basispunkte erwirtschaftete. Angesichts des höchsten Reservefonds des Panels im Umfang von 7,8 % der Einlagen per Ende 1912 konnte sich diese Sparkasse vorübergehend einen etwas geringeren Gewinn erlauben. Umgekehrt erwirtschaftete die Sparkasse in Göppingen, die Ende 1912 nur einen niedrigen Reservefonds in Höhe von 2,6 % der Spareinlagen aufwies, mit 20 Basispunkten mehr als doppelt so viel wie zur Erhaltung der tiefen Quote notwendig. Insgesamt beträgt die Netto-Zinsmarge, die zum Erhalt des relativen Eigenkapitals notwendig war, für die Panel-Institute im ungewichteten Durchschnitt 21 Basispunkte. Sie entspricht damit zufällig exakt dem tatsächlich erreichten Wert in Spalte 5. Aber selbst eine geringfügige Abweichung hätte das im Großen und Ganzen stimmige Ergebnis nicht infrage gestellt: Die Zahlen belegen, wie akkurat die Verantwortlichen der Sparkassen in der Erlösplanung vorgingen und wie knapp kalkuliert wurde. Und sie zeigen, dass unter sonst gleichen Umständen kein Spielraum für geringere Erlöse oder höhere Verwaltungsaufwendungen bestand.

Jede Vergünstigung des Hypothekenzinssatzes hätte in vollem Umfang von den Sparzinsen abgezogen werden müssen. Die Begünstigung der Kreditkunden setzt somit eine Schlechterstellung der Sparkunden voraus. Angenommen die Sparkassen hätten diesen Weg beschreiten wollen, dann wäre die Konsequenz vermutlich vor allem ein Einlagenabzug der Sparer mit hohen Guthaben gewesen, denen tendenziell eher alternative Anlageformen zur Verfügung standen. Sie hätten Wertpapiere kaufen oder sich am nicht bankmäßig organisierten privaten Kreditmarkt beteiligen können. Als bequeme Alternative kamen auch die Depositenkassen der Großbanken in Frage, deren Anzahl ab der zweiten Hälfte der 1890er Jahre stark zunahm.[973] Dagegen wären die „schlechten“ Sparer mit kleinen Einlagen aus Mangel an sonstigen Möglichkeiten Kunden der Sparkassen geblieben. Damit hätten sich die fixen Verwaltungskosten auf einen kleineren Geldbestand verteilt, wodurch sich die Netto-Zinsmarge verringert und der Zinssatz für Spareinlagen noch weiter hätte abgesenkt werden müssen. Es wäre zu einer Abwärtsspirale gekommen, an deren Ende unweigerlich die dauerhafte Alimentierung der Sparkasse durch den Träger oder die Liquidation gestanden hätte. Wie konsequent die Einleger reagierten, zeigt übrigens eindrücklich das Beispiel der Oberamtssparkasse Leutkirch, die 1897 nach einer Reduzierung des Zinssatzes für Spareinlagen um 60 Basispunkte in Liquiditätsnöte geriet.[974]

Die gleiche Problematik gilt grundsätzlich für eine stärkere Hinwendung zum kleinteiligen Personalkreditgeschäft. In diesem Fall ist es jedoch sehr viel schwe-

973 Vor dem Ersten Weltkrieg bestanden in Deutschland mehr als 400 Depositenkassen. Vgl. hierzu: Simon Gonser (2014): *Der Kapitalismus entdeckt das Volk, Wie die deutschen Großbanken in den 1950er und 1960er Jahren zu ihrer privaten Kundschaft kamen*, Berlin, S. 28 f; Zum Wettbewerb zwischen Sparkassen und Banken um Spareinlagen vgl. auch Mößner (1934), S. 16 f und S. 20.

974 Vgl. Kapitel 7.3.

rer konkret abzuschätzen, wie stark sich die Erlössituation der Sparkassen verändert hätte. Hierzu wären umfangreiche Informationen und Annahmen über das hypothetisch zu bearbeitende Geschäftsfeld notwendig. Einen Anhaltspunkt bieten jedoch tabellarische Übersichten von Frauke Schlütz über die Zinspolitik und Verwaltungskosten ländlicher rheinischer Kreditgenossenschaften. Demnach betrug die Differenz zwischen den Zinsen auf Darlehen und Einlagen bei acht Instituten im Kreis Wipperfürth im Geschäftsjahr 1906/07 durchschnittlich 60 Basispunkte.[975] Diese Einrichtungen hatten jedoch lediglich Verwaltungskosten im Bereich von zweistelligen bis niedrigen dreistelligen Markbeträgen pro Jahr zu erwirtschaften.[976] Offenbar erhielten die nebenberuflich beschäftigten Rendanten und andere Gremienmitglieder nur geringe oder symbolische Entlohnungen. Die Kostenstrukturen der Wipperfürther Kreditgenossenschaften sind deshalb kaum auf die Sparkassen übertragbar. Mit deutlich höheren Zinsmargen wurde im Kreis Gummersbach kalkuliert. Für die fünf dort gelegenen genossenschaftlichen Institute ergeben sich für das Jahr 1907 Differenzen zwischen herkömmlichen Darlehen beziehungsweise Darlehen in laufender Rechnung zu entsprechenden Depositen von durchschnittlich 110 Basispunkten beziehungsweise 104 Basispunkten.[977] Im Fall der Spar- und Darlehnskasse Derschlag, die offenbar einen Rendanten in Vollzeit beschäftigte und adäquat bezahlte,[978] betrug die Marge sogar 150 Basispunkte. Diese Zahlen lassen vermuten, dass die von den Kreditgenossen mit anderen Zielen und Mitteln sowie mit anderen Losgrößen erfolgreich praktizierte Tätigkeit höhere prozentuale Aufwendungen bedingte.[979] Die elf württembergischen Panel-Sparkassen kamen 1907 übrigens mit einer Brutto-Zinsmarge von lediglich 43 Basispunkten aus.[980]

In der Summe zeigen die vorgestellten Berechnungen und Überlegungen, dass es für einen gemeinnützigen Finanzintermediär in einer Wettbewerbssituation unmöglich ist, alle drei Ziele des Trilemmas gleichzeitig zu verfolgen oder die Position B in dem obigen Schaubild nachhaltig zu besetzen.

In der Praxis pflegten die Sparkassen den sozialen Sparmarkt und erwirtschaften die für eine dauerhafte Solidität notwendigen Gewinne. Sie nahmen damit im Schaubild die Position C ein. Die Arbeit auf einem sozialen Kreditmarkt ist nur über die Position D möglich, also unter Verzicht auf ein kostenträchtiges Spargeschäft. Diesen Weg beschritt beispielsweise der erfolgreiche Teil der württembergischen Leihkassen bis in die Mitte des 19. Jahrhunderts und die seit dem Mittel-

975 Eigene Berechnung auf Grundlage der Daten von Schlütz (2013), S. 382.
976 Ebd., S. 394, Tabelle 38.
977 Eigene Berechnung auf Grundlage der Daten von Ebd., S. 381.
978 Der Rendant bekam ein Jahresgehalt zwischen 3.000 Mark und 3.750 Mark, vgl. hierzu Ebd., S. 390, Tabelle 35.
979 Zu beachten ist jedoch, dass die Differenz der Zinssätze aus dem Einlagen- und dem Kreditgeschäft nicht der tatsächlichen Brutto-Zinsmarge entspricht, da unverzinsliche Bilanzposten wie beispielsweise Barmittel bestehen.
980 Eigene Berechnung gemäß obigem Schema auf Grundlage der Daten der Sparkassenstatistik.

alter in vielen europäischen Städten bestehenden Versatzämter. Ihre Mittel beschafften sich diese Einrichtungen kostengünstig über größere Depositen von vermögenden Mitbürgern beziehungsweise durch eine Dotierung von öffentlichen Stellen.

Natürlich handelt es sich bei dem Trilemma der gemeinnützigen Finanzintermediäre nur um eine theoretische Abstraktion, die nicht notwendigerweise mit allen Details der Realität vollständig übereinstimmen muss. Beispielsweise engagierten sich die Panel-Sparkassen wie gezeigt durchaus im Bereich der kleinen Hypothekendarlehen. Gemessen an den oben beschriebenen Berechnungen erwirtschaftete eine Ausleihung über 100 Mark nur einen Verwaltungsbeitrag von ungefähr 20 Pfennigen pro Jahr und deckte damit sicherlich nicht den tatsächlichen Aufwand ab. Außerdem forderten die Oberamtssparkassen für Darlehen von den eigenen Bezirksgemeinden und der Amtskörperschaft einen um 0,25 % reduzierten Zins. Es bestand also eine Besserstellung für einen Teil der Kreditnehmer, der jedoch auch per Definition kein Ausfallrisiko bedeutete. Trotz dieser Detailabweichungen behält das Trilemma seine grundsätzliche Bedeutung.

Es eignet sich auch als Erklärungsansatz für die Arbeitsteilung in der Kreditwirtschaft und für das Funktionieren, die Entwicklung und das Scheitern vieler Geldhäuser aus der Vergangenheit und der Gegenwart. Der Zusammenbruch von vielen privaten und öffentlichen Spar- und Leihkassen in den 1830er bis 1850er Jahren könnte möglicherweise darauf zurückgeführt werden, dass diese Einrichtungen versuchten, gleichzeitig einen sozialen Spar- und Kreditmarkt zu pflegen und damit die fatale Position B einnahmen. Es wäre denkbar, dass die Regierungsstellen neben anderen Argumenten auch die vermutliche Häufung von Problemen solcher Mischinstitute zum Anlass für die Abschaffung der Leihkassengeschäfte nahmen. Dieser Schritt könnte demnach als eine Grundsatzentscheidung für die Position C interpretiert werden, zumal die Vorsorge mit Sparinstituten aus sozialpolitischer Sicht ohnehin attraktiver erscheint als die Nachsorge mit Leihkassen.

Grundsätzlich ähnliche Entwicklungen sind auch in anderen Teilen Deutschlands beobachtbar. Gemäß einer Untersuchung von Paul Thomes zog sich die Kreissparkasse Saarbrücken ab Mitte der 1870er Jahre aus dem Personalkreditgeschäft zurück. Die Sparkassenverwaltung verfuhr mit der Vernachlässigung dieses Geschäftszweiges „weniger nach gemeinnützigen als vielmehr rein betriebswirtschaftlichen Prinzipien".[981] Es fand also ebenfalls eine stärkere Ausrichtung des Instituts auf die Position C im Schaubild statt. Als konkrete Gründe vermutet Thomes die vergleichsweise schlechten Erfahrungen mit der Rückzahlung der Kredite und den „beträchtlichen Arbeitsaufwand" durch diese Schwierigkeiten.[982]

981 Thomes (1985), S. 165.
982 Ebd.

Die Oberamts-Spar- und Leihkasse Göppingen belegte im Zeitraum ihres Bestehens von 1846 bis ungefähr 1862 übrigens nicht etwa die Positionen A oder B, sondern gleichzeitig die Positionen C und D. Dies war möglich, da die Einrichtung wie in Kapitel 6.7 gezeigt einerseits den Spareinlagenbestand zur Vergabe größeren Darlehen an Gewerbetreibende nutzte. Die hypothekarisch gesicherte Ausleihungen wurden in den komplizierten Jahresabschlüssen dementsprechend gesondert als *„Sparcassefonds-Capitalien"* verbucht. Und auf der anderen Seite beruhte die Vergabe der vielen kleinen Bürgschaftsdarlehen zu einem wesentlichen Teil auf großen Depositen von vermögenden Bürgern.[983] Auch die 1854 gegründete Oberamtsspar- und Leihkasse für den Bezirk Stuttgart (Amt) nutzte für ihre Leihkassengeschäfte kaum Spareinlagen, sondern vor allem selbst aufgenommene Gelder.[984] Und schon 1908 schrieb Wilhelm Haemmerle allgemein über die Finanzierung der Leihkassengeschäfte, „Die hierzu erforderlichen Mittel rührten her einerseits aus Spareinlagen, andererseits aus Anleihen, welche die Kassen zu diesem Zweck aufnahmen".[985]

Zu dem Funktionieren der Doppelstrategie in Göppingen mit eigentlich zwei Geldhäusern unter einer Verwaltung dürfte auch beigetragen haben, dass in den 1840er und 1850er Jahren in dem damals noch stark ländlich geprägten Verwaltungsbezirk kein nennenswerter Wettbewerb unterschiedlicher Institute bestand. Durch das Fehlen von Konkurrenz wird das Trilemma ausgehebelt. Wenn die Sparer keine Alternative haben, dann können selbst bei einem aufwendigen Kreditgeschäft durch ein deutliches Absenken der Sparzinsen auskömmliche Margen verdient werden. Oder Kreditnehmer ohne Alternative müssen entsprechend hohe Zinsen zahlen.

In dieser komfortablen Situation dürfte der Erfolg mancher ländlicher Kreditgenossenschaften begründet gewesen sein. Sie nahmen mit ihrer Pflege des kleinteiligen und eher individuellen Kreditmarktes in abseits gelegenen Orten grundsätzlich die Position D im Schaubild ein, vergaben jedoch keine Darlehen zu Vorzugszinsen. Die Zinssätze der oben genannten Institute aus den Kreisen Wipperfürth und Gummersbach betrugen 4,25 % bis 5,5 %[986] und waren damit unter Berücksichtigung des 1907 nach oben weisenden Zinstrends zwischen 25 Basispunkte und 125 Basispunkte teurer als württembergische Sparkassendarlehen.[987] Gleichzeitig beruhte ein Teil der rheinischen Institute wie gezeigt anscheinend

983 Ähnliches könnte für Ravensburg gegolten haben. Ein Indiz hierfür ist die explizite Selbstbeschreibung als „vereinigte Anstalten" in der Satzung von 1843. Vgl. hierzu Kapitel 6.10.

984 Zentralleitung für Wohltätigkeit (1855): *Die Spar- und Leihanstalt im Oberamtsbezirk Stuttgart*, in: dieselbe (Hg.): Blätter für das Armenwesen, Nro. 46 vom 17. November 1855, S. 229. Demnach wurden im ersten Geschäftsjahr 1854/55 von 82.802 Gulden (141.946 Mark) im Passivgeschäft 56.660 Gulden (97.131 Mark) am Kapitalmarkt aufgenommen.

985 Haemmerle (1908), S. 6.

986 Schlütz (2013), S. 381 f, Tabelle 33 und Tabelle 34.

987 In dieser Gegenüberstellung sind jedoch die teilweise berechneten Zusatzzinsen für Refinanzierungskosten im Fall großer Darlehen nicht berücksichtigt.

auf freiwilliger Mitarbeit. Dementsprechend ist es kein Wunder, dass die Kreditgenossenschaften im Kreis Bitburg die Gründung einer öffentlichen Sparkasse 1904 als unerwünschte Konkurrenz ansahen. Wie Frauke Schlütz ausführt, forderten sie vom Oberpräsidenten der Rheinprovinz, den „zügellosen" Wettbewerb der Sparkassen einzudämmen und weitere „Zinstreibereien" künftig zu unterbinden.[988]

In einem System mit vollkommenem Wettbewerb lässt das Trilemma erwarten, dass nur eines von drei Zielen erreicht werden kann und selbst die Pflege des sozialen Sparmarktes durch den Träger subventioniert werden muss. Insofern kann die Geschichte der Sparkassen im 19. und 20. Jahrhundert auch als eine Entwicklung mit zunehmendem Wettbewerb interpretiert werden, die immer weniger Raum für Sonderaufgaben ließ und damit eine sehr starke Angleichung der Geschäftsmodelle von Banken, Sparkassen sowie Volks- und Raiffeisenbanken bedingte.

Für die Betrachtung des historischen Kreditgeschäftes der Sparkassen während der Industrialisierung ergibt sich aus dem grundsätzlichen Trilemma gemeinnütziger Finanzintermediäre das folgende Fazit: Die weit verbreitete Annahme, dass von dem sozialen Auftrag der Sparkassen im Spargeschäft auch auf eine soziale Ausrichtung des Kreditgeschäftes geschlossen werden kann, ist naheliegend, aber ein Fehlschluss! Exakt das Gegenteil ist richtig. Gerade weil die Sparkassen die ärmeren Schichten mit ihrem Vorsorgeangebot unterstützen sollten, mussten sie angesichts der kostspieligen Ausweitung ihres Spargeschäfts zu einer Massendienstleistung und bei zunehmendem Wettbewerb um etwas größere Einlagen ein sicheres, profitables und wenig aufwendiges Kreditgeschäft betreiben. Dies schloss die verstärkte Hinwendung zu Kleinkrediten und Zinsvergünstigungen praktisch aus. Zu den Gründen, warum Sparkassen Industrieunternehmen finanzierten, gehört deshalb auch die Feststellung, dass die Kapitalvergabe an überdurchschnittlich gute Schuldner zu Marktkonditionen und mit geringem Verwaltungsaufwand die Erfüllung des öffentlichen Auftrages im Spargeschäft maßgeblich erleichterte.

988 Schlütz (2013), S. 398.

10. Bedeutung und Umfang der Darlehen auf der betrieblichen Ebene

10.1 Vorbemerkungen

Die Darstellung einzelner gewerblicher Finanzierungen in den Kapiteln 3, 4 und 6 gibt einen Eindruck davon, dass Sparkassen zum Teil essentielle Beiträge zur Kapitalausstattung von Betrieben leisteten. Untermauert wurde diese Sichtweise an verschiedenen Stellen durch die Gegenüberstellung der Darlehensbeträge mit dem Wert von typischen Wohnimmobilien. Das Ziel des vorliegenden Kapitels besteht darin, neben diesen eher individuellen Schilderungen auch verallgemeinerungsfähige Erkenntnisse über die Bedeutung und den Umfang von kommerziellen Sparkassenfinanzierungen zu gewinnen. Hierzu werden zwei verschiedene Perspektiven eingenommen. Im folgenden Abschnitt findet zunächst eine Untersuchung auf der Ebene der Kreditkunden statt. Anschließend werden die Finanzierungspotenziale aus Sicht der Sparkassen betrachtet. Wie zu zeigen sein wird, ermöglicht die Analyse des historischen Kreditgeschäftes, allgemeingültige Erkenntnisse über das Funktionieren von konventionellen Finanzintermediären zu gewinnen. Der zweite Teil des Kapitals stellt insofern einen Beitrag zur Banktheorie dar.

10.2 Die Finanzierungsleistungen aus Sicht der Unternehmer

Hypothekendarlehen von Sparkassen mit industriellem Hintergrund lassen sich vereinzelt bereits im vierstelligen Markbereich nachweisen.[989] Viele Industriekredite bewegten sich aber eher in der Größenordnung von 20.000 Mark bis 50.000 Mark. Und wie gezeigt waren in einigen Fällen auch Darlehen deutlich über 100.000 Mark möglich. Um stichhaltig beurteilen zu können, ob es sich hierbei um bedeutende oder um nebensächliche Beträge handelte, sind zusätzliche Informationen über die Kreditnehmer notwendig. Für einen kleinen Betrieb kann bereits ein Kredit über 10.000 Mark im Gegenwert eines Einfamilienhauses überaus bedeutend gewesen sein. Umgekehrt stellte vielleicht sogar ein Darlehen über 100.000 Mark aus Sicht eines für damalige Verhältnisse großen Unternehmens nur eine ergänzende Finanzierung dar.

Die Schwierigkeit besteht darin, einen geeigneten Maßstab für die Größe der finanzierten Unternehmen zu finden. Da es sich bei den Sparkassenkunden fast

989 Proettel (2013), S. 17.

nie um Firmen in der Rechtsform einer Aktiengesellschaft handelte, kann nicht auf publizierte Jahresabschlüsse mit Angaben über die Summe der Sachanlagen, das insgesamt genutzte Fremdkapital oder den Umsatz zurückgegriffen werden. Gewerbesteueranschläge der Unternehmen liegen nur vereinzelt vor und sie wären zudem nur eine relativ abstrakte Bezugsgröße. Die oftmals einzige vorhandene Information, die eine Vorstellung über den Umfang der Betriebstätigkeit gibt, ist die Anzahl der beschäftigten Arbeiter. Sie wird zuweilen in Festschriften, in Werken zur Lokalgeschichte und in zeitgenössischen Publikationen wie den Oberamtsbeschreibungen des Königlich Statistischen Landesamtes genannt.

Die nachfolgende Tabelle 21 enthält eine Zusammenstellung von finanzierten Industrieunternehmen beziehungsweise inhabergeführten Fabrikbetrieben mit Kreditbeträgen und der Mitarbeiterzahl. Ein Teil dieser Kunden erhielt mehrmals Darlehen von einer Sparkasse und außerdem bestehen stellenweise mehrere Angaben über die Mitarbeiterzahl zu unterschiedlichen Zeitpunkten. Für die Tabelle wurden deshalb nur solche Finanzierungen ausgewählt, die zeitlich am nächsten zu einer Nennung der Mitarbeiterzahl erfolgten. Da dennoch häufig eine zeitliche Diskrepanz vorliegt und die Unternehmen im Zeitablauf tendenziell immer größer wurden, bildet die Gegenüberstellung die Realität nur grob ab. Dies gilt umso mehr, da die Kredite in der Regel für Investitionen genutzt wurden, die häufig eine Erhöhung der Arbeiterzahl nach sich zogen.[990] Es ist auch zu berücksichtigten, dass die Inhaber und gegebenenfalls mithelfende Familienangehörige sowie Angestellte in den Arbeiterzahlen nicht enthalten sind.

Durchschnittlich beschäftigten die Unternehmen der Auswahl gemessen am Median 34 Arbeiter und erhielten Darlehen über 40.000 Mark. Bei Betrachtung des arithmetischen Mittelwertes ergeben sich höhere Werte von 86 Arbeitern und 48.040 Mark. Es sei ausdrücklich darauf hingewiesen, dass diese Selektion nur eingeschränkt repräsentativ für die Industriekunden ist und lediglich einen kleinen Ausschnitt des gewerblichen Kreditgeschäftes der Panel-Sparkassen abbildet. Bei Berücksichtigung der vielen Handwerks- und Kleinbetriebe ergäben sich deutlich geringere Arbeiterzahlen und kleinere Kredithöhen, doch für diesen Teil der Kunden liegen keine Angaben aus Festschriften und ähnlichen Publikationen vor. Umgekehrt würde die Einbeziehung des einzigen Darlehens der Oberamtssparkasse Göppingen an das Großunternehmen WMF AG zur einer Verdoppelung der durchschnittlichen Arbeiterzahl führen.

990 Ein relativ gut dokumentiertes Beispiel hierfür ist die Eisengießerei Grüninger & Prem. Vgl. Proettel (2013), S. 17f.

Tabelle 21: Auswahl Unternehmensfinanzierungen mit Anzahl der Arbeiter

Branche/Art der Unternehmung	Firma/Inhaber	Jahr	Oberamts-sparkasse	Betrag in Mark	Anzahl Arbeiter	Mark je Arbeiter
Pianofortefabrik	F. Kaim & Sohn GmbH	1901	Kirchheim	75.000	65	1.154
Haushaltsgeräte, Bohrer	Christian Gaier	1909	Kirchheim	50.000	100	500
Herdfabrik	Richard Wiest	1907	Kirchheim	31.000	12	2.583
Tuchfabrik	W. F. Berger Wwe.	1908	Kirchheim	30.000	30	1.000
Möbelfabrik	Gebr. Rohrer & Gerber	1913	Kirchheim	83.000	34	2.441
Eisengießerei	Georg Grüninger	1909	Kirchheim	65.000	32	2.031
Kunststickereianstalt	Karl Neff oHG	1912	Biberach	25.000	25	1.000
Säge- und Hobelwerk	Central-Säge- und Hobelwerk Biberach GmbH	1901	Biberach	50.000	20	2.500
Posamentenfabrikant	Gustav Gerster	1913	Biberach	46.000	70	657
Metalltuchfabrik	Herrmann Steinhart	1907	Biberach	40.000	26	1.538
Putzwollfabrik	Gebr. Walker	1902	Biberach	20.000	71	282
Elektrotechn. Uhrenfabrik	J. G. Mehne	1905	Biberach	27.500	20	1.375
Dampfziegelei	Friedrich Mehl	1905	Biberach	120.000	45	2.667
Leimfabrik	Schieber & Söhne	1902	Nagold	18.000	50	360
Orgelmanufaktur	Walcker & Cie.	vor 1900	Ludwigsb.	11.000	180	61
Fahnen- und Paramentenstickerei	Osiander'sche Kunststickereianstalten	1893	Ravensburg	25.000	80	313
Dampfziegelei	Bürk & Vetter	1911	Göppingen	18.500	43	430
Eisengießerei und Maschinenfabrik	Heinrich Jetter	1905	Göppingen	55.000	33	1.667
Flaschenkapselfabrik	Immanuel Langbein	1903	Göppingen	20.000	12	1.667
Säge- u. Hobelwerk	Mathäus Hieber	1912	Göppingen	17.000	20	850
Papierfabrik	Lutz & Fenchel	1904	Göppingen	90.000	52	1.731
Metallwarenfabrik	F. & R. Fischer	1906	Göppingen	160.000	328	488
Dampfsägewerk	Johann Weber	1907	Geislingen	69.000	32	2.156
Hornwarenfabrik	Johann Kayser	1896	Geislingen	15.000	20	750
Horn- u. Celluloidwaren	Philipp Krathwohl	vor 1914	Geislingen	40.000	27	1.481
Werkzeugmaschinen	Gebr. Boehringer	vor 1914	Geislingen	>283.000	800	>354
Arithmetisches Mittel				48.040	86	1.232
Median				40.000	34	1.077

Quellen: Für die Einzelangaben vgl. Kapitel 3, 4 und 6; eigene Berechnung und Darstellung.

Der durchschnittliche Kreditbetrag pro Arbeiter betrug 1.077 Mark im Median beziehungsweise 1.232 Mark im arithmetischen Mittel. Dies sind durchaus bedeutende Beträge, wenn berücksichtigt wird, dass der Jahreslohn eines einfachen württembergischen Arbeiters im Jahre 1909 je nach Region ungefähr 700 Mark bis 900 Mark ausmachte.[991] Gelernte Kräfte erreichten höhere Gehälter, und allgemein fanden zu Beginn des 20. Jahrhunderts deutliche Steigerungen statt. Der Schreibergehilfe der Oberamtssparkasse Göppingen erhielt beispielsweise 1912 ein Jahresgehalt von 1.200 Mark.[992] Ein Krankenhausgärtner mit Führungsfunk-

991 Gemäß K.[öniglich] Statistischem Landesamt (1910), passim, bewegten sich die Tagelöhne zwischen 2,20 Mark und 3,00 Mark.
992 Hier und im Folgenden: KrA GP, P 1, A 246 „Beilagen zur Rechnung pro 1913".

tion erzielte in diesem Jahr 1.100 Mark und ein Maschinist 1.400 Mark. Göppinger Krankenschwestern mussten sich dagegen mit einem Jahresverdienst von 300 Mark begnügen, der 1913 auf 400 Mark erhöht wurde. Die Spanne der Kreditbeträge pro Arbeiter in der obigen Auswahl beginnt bei 61 Mark und sie endet bei 2.667 Mark. Bei fünf Unternehmen ergeben sich Werte von mehr als 2.000 Mark pro Arbeiter. Das bedeutet, dass manche Kredite sogar grob dem doppelten Jahreslohn der beschäftigten Arbeiterschaft entsprachen.

Eine alternative Vergleichsmöglichkeit sind volkswirtschaftliche Größen. Gemäß den Berechnungen von Walter G. Hoffmann und J. Heinz Müller stieg das württembergische Volkseinkommen von 1,273 Mrd. Mark im Jahr 1904 auf 1,747 Mrd. Mark im Jahr 1913 an.[993] Damit ergibt sich rechnerisch ein Betrag pro Kopf der Bevölkerung von 562 Mark im Jahr 1904, der bis auf 697 Mark am Ende des Untersuchungszeitraumes anstieg. Gemessen an diesen Zahlen entsprachen einige der bedeutenderen Sparkassendarlehen rechnerisch dem Gegenwert des jährlichen Nettosozialproduktes von ganzen Dörfern. Und je beschäftigten Arbeiter entsprachen die Kredite der obigen Zusammenstellung 1,6 Pro-Kopf-Volkseinkommen bei Betrachtung des Medians beziehungsweise 2,0 Pro-Kopf-Volkseinkommen mit Blick auf das arithmetische Mittel.[994]

Aus diesen Vergleichen lassen sich mehrere Schlüsse ableiten: Sparkassendarlehen, die zu Beginn des 20. Jahrhunderts rechnerisch etwa 1.000 Mark pro Arbeiter oder mehr ausmachten, dürften für die Kunden ausgesprochen bedeutend gewesen sein. Dies betrifft die Mehrheit der Kredite in der Auswahl. Bei diese Größenordnung ist nicht zu vergessen, dass die Sparkassen gewerbliche Anwesen nur mit 50 % und am Vorabend des Ersten Weltkrieges nur noch mit 40 % hypothekarisch beliehen. Für einen Kreditbetrag von 1.000 Mark pro Arbeiter mussten deshalb Immobilienwerte von 2.000 Mark bis 2.500 Mark pro Arbeiter zur Verfügung gestanden haben. Diejenigen Kreditkunden, die in der obigen Tabelle Spitzenwerte von mehr als 2.000 Mark Darlehenskapital pro Kopf einnehmen wie die Möbelfabrik Rohrer & Gerber, die Eisengießerei von Georg Grüninger und der Dampfziegeleibesitzer Friedrich Mehl, erreichten dies nur durch die Nutzung großer Wohnhäuser beziehungsweise ihrer privaten Wohnimmobilien als Hilfs-

993 Hier und im Folgenden: Hoffmann und Müller (1959), S. 147. Jüngere und möglicherweise akkuratere Schätzungen über die Entwicklung der deutschen Wirtschaftsleistung wurde beispielsweise erstellt von Albrecht Ritschl und Mark Spoerer (1997): *Das Bruttosozialprodukt in Deutschland nach den amtlichen Volkseinkommens- und Sozialproduktsstatistiken 1901–1995*, in: Jahrbuch für Wirtschaftsgeschichte 2/1997, S. 27–54; Carsten Burhop und Guntram B. Wolff (2005): *A compromise estimate for German net national product, 1851–1913, and its implications for growth and business cycles*, in: The Journal of Economic History 65 (3), S. 613–657; Bei den Zahlen dieser Autoren handelt es sich jedoch um Schätzungen in konstanten und nicht in laufenden Preisen, die sich zudem auf das gesamte Deutsche Reich beziehen. Angesichts der beachtlichen Unterschiede zwischen den deutschen Bundesstaaten und dem erheblichen Preisdrift zu Beginn des 20. Jahrhunderts sind die älteren Werte von Hoffmann und Müller für den hier beabsichtigten Vergleich unzweifelhaft am besten geeignet.

994 Betrachtet wurden aus der Auswahl nur die 13 ab 1904 vergebenen Darlehen.

pfänder.[995] Die Masse der zur Verfügung stehenden Sicherheiten limitierte aus Kundensicht die Kredithöhe.

Einige der aufgelisteten Darlehensfälle machen nur mittlere dreistellige Markbeträge pro Arbeiter aus. Dies betrifft die absolut betrachtet umfangreichen Finanzierungen über 160.000 Mark für die Metallwarenfabrik von F. & R. Fischer sowie das mindestens 283.000 Mark umfassende Darlehen an die Werkzeugmaschinenfabrik Gebrüder Boehringer. Rechnerisch ergeben sich Werte von ungefähr 490 Mark beziehungsweise 350 Mark pro Arbeiter. Hieraus kann geschlossen werden, dass es sich aus Unternehmenssicht zwar durchaus um beachtliche Kreditsummen handelte, für die der vorhandene Unternehmenswert jedoch nicht vollständig hypothekarisch belastet werden musste. Passend hierzu verfügte die Firma F. & R. Fischer damals über zwei Werke in Göppingen und in Grünbach und die Firma Gebrüder Boehringer bezog wie beschrieben gerade ein drittes Werk.

Bei manchen Kreditkunden mit Finanzierungen in dreistelliger Markhöhe pro Arbeiter geht der mittelgroße Betrag auf die hier vorgenommene Auswahl der Darlehen zurück. So erhielt die Dampfziegelei Bürk & Vetter mit 18.500 Mark im Jahr 1911 für ihre 43 Arbeiter lediglich 430 Mark pro Kopf. Das Unternehmen hatte aber bereits 1897 ein Darlehen über 35.000 Mark erhalten und bis 1911 nur anteilig getilgt. Der gesamte Schuldbetrag machte deshalb nach der zweiten Kreditvergabe etwa 1.197 Mark pro Kopf aus, womit die Sparkasse für die Firma sehr wichtig gewesen sein muss. Im Fall der Haushaltsmaschinen- und Spiralbohrerfabrik von Christian Gaier kam zu der Kreditvergabe 1909 über insgesamt 50.000 Mark eine weitere 1913 über 43.000 Mark hinzu. Der Pro-Kopf-Betrag erhöht sich dadurch von etwa 500 Mark auf 930 Mark. Ähnliches lässt sich über die Osiander'schen Kunststickereianstalten berichten, die in der obigen Zusammenstellung nur auf 313 Mark pro Kopf kommen. Zusammen mit den bereits 1888 und 1889 aufgenommenen Darlehen ergibt sich für Ende 1893 der doppelte Wert von 626 Mark pro Kopf. In diesem Fall ist auch der frühe Zeitpunkt Anfang der 1890er Jahre zu berücksichtigen, als die Löhne und die Wirtschaftsleistung noch niedriger waren.

Verschiedentlich scheint es sich bei den Sparkassendarlehen aus Sicht der Schuldner aber nur um willkommene, da preisgünstige, ansonsten jedoch nebensächliche Finanzierungen gehandelt zu haben. Im Fall des 20.000 Mark umfassenden Kredits an die Putzwollfabrik Gebr. Walker ergibt sich ein Wert von 282 Mark pro Kopf, wobei hier allerdings nur das Stammwerk mit 71 Arbeitern berücksichtigt wurde und wie in Kapitel 6.2 geschildert mehrere weitere Werke mit unbekannter Arbeiterzahl bestanden. Und das von der Oberamtssparkasse Göppingen vor 1910 auf die Württembergische Metallwarenfabrik AG umgeschriebene und nicht in der obigen Tabelle enthaltene Hypothekendarlehen im Umfang

995 Vgl. hierzu Kapitel 3.6; Proettel (2013), S. 15 und S. 18.

von beachtlichen 62.000 Mark entsprach in Relation zu den 1.200 Arbeitern allein im lokalen Werk lediglich einem Wert von 52 Mark pro Kopf.[996]

Darlehen an kleine bis mittelgroße Industrieunternehmen in einem ähnlich niedrigen Umfang wie beispielsweise 50 Mark pro Arbeiter kamen wie eingangs angemerkt nur sehr selten vor. Der Grund hierfür dürfte sein, dass der resultierende Kreditbetrag aus Sicht der Firmeninhaber kaum die Aufnahme eines Hypothekendarlehens gerechtfertigt hätte oder notwendig machte. Für das Median-Unternehmen mit 34 Arbeitern ergibt sich bei einem Kapitelbedarf von 50 Mark pro Kopf ein Kreditbetrag von 1.700 Mark. Vermutlich war es für den Unternehmer in so einem Fall einfacher, die Bezahlung von Lieferanten zeitlich zu strecken, Wechsel mit Zahlungsziel in der Zukunft auszustellen, selbst erhaltene Wechsel zu diskontieren oder bei einem Privatbankier um einen Zwischenkredit anzufragen. Die üblicherweise hohen Pro-Kopf-Beträge legen somit nahe, dass kleine bis mittelgroße Industrieunternehmen ihren Kreditbedarf häufig dann bei einer Sparkasse befriedigten, wenn sie viel Geld für umfangreiche Investitionen brauchten.

10.3 Too small to perform? – Die Finanzierungspotenziale der Sparkassen

Bislang unbeantwortet bleibt die Frage, warum die kleineren der Sparkassen überhaupt keine Industriebetriebe finanzierten und sich die größeren Institute im industriellen Kreditgeschäft üblicherweise auf kleine bis mittelgroße Unternehmen beschränkten. In manchen Bezirken des hier untersuchten Panels bestanden für damalige Verhältnisse durchaus größere Unternehmen mit dreistelligen Arbeiterzahlen. Beispielsweise beschäftigte die Ludwigsburger Zichorien- und Ersatzkaffeefabrik Heinrich Franck Söhne um 1904 in ihrer Zentrale 600 Arbeiter.[997] Im Bezirk Göppingen waren mit Gutmann u. Cie. sowie Schachenmayr, Mann u. Cie. gleich zwei Spinnereien tätig, die um das Jahr 1907 jeweils 700 Arbeiter aufwiesen.[998] Und die Firma Süddeutsche Baumwollindustrie kam zu diesem Zeitpunkt allein im Oberamt Geislingen ebenfalls auf etwa 700 Arbeiter.[999] Berührungsängste können kaum die entscheidende Rolle gespielt haben, denn wie gezeigt war selbst die WMF AG als eines der größten und renommiertesten Unternehmen der württembergischen Industrie Kundin einer Sparkasse. Außerdem verwalteten die Institute der hier genannten Bezirke Finanzvermögen in Millionenhöhe. Die Oberamtssparkasse Ludwigsburg kam in dem besagten Jahr 1904 auf 3,4 Mio. Mark, die Einrichtungen in Göppingen und Geislingen zu dem Zeitpunkt der Angaben über die Arbeiter 1907 auf 5,8 Mio. Mark beziehungsweise auf 4,3 Mio. Mark. Zumindest auf den ersten Blick scheint es deshalb durchaus

996 Vgl. hierzu Kapitel 6.8.
997 K.[öniglich] Statistisches Landesamt (1904), S. 423.
998 K.[öniglich] Statistisches Landesamt (1907), S. 182 f.
999 Ebd., S. 142.

möglich gewesen zu sein, dass auch die örtlichen Großbetriebe substantielle Kreditbeträge von ungefähr 1.000 Mark je Arbeiter hätten erhalten können. Die gleiche Aussage ließe sich mit Blick auf die wenigen kleinen bis mittelgroßen Industriebetriebe in den ländlichen Bezirken Maulbronn und Künzelsau sagen. Warum solche Finanzierungen in der Praxis aber nicht vorkamen, soll nachfolgend durch die Analyse des Intermediationsprozesses der Sparkassen erläutert werden.

Bereits in Kapitel 7 wurde auf der Grundlage empirischer Beobachtungen beschrieben, dass die Größe der Institute das entscheidende Kriterium war, ob Industriefinanzierungen durchgeführt wurden oder nicht. Die bloße Deskription dieser Korrelation stellt aber noch keine Erklärung dar. Die entscheidenden Wirkungszusammenhänge werden bei einer Betrachtung des zeitgenössischen Liquiditätsmanagements deutlich.

Wenn größere Darlehenswünsche an die Kirchheimer Oberamtssparkasse herangetragen wurden, dann stellte ihr Leiter Fritz Hohl ab und zu Prognosen für die kommenden Monate auf. Die unregelmäßigen, überschlägigen Berechnungen haben sich als Teil der Kreditakten erhalten. Einerseits ermittelte Hohl, mit welchen Mittelabflüssen zu rechnen war. Hierfür addierte er die zusagten, aber noch nicht ausgezahlten Darlehen sowie die noch nicht abgerufenen Darlehensreste. Gegebenenfalls trat er in diesem Zusammenhang in Kontakt zu Gemeindeverwaltungen mit größeren Bauvorhaben. Im Mai 1913 schrieb er beispielsweise, *„Zum Zwecke der Einteilung der Gelder [...] in den nächsten 6 Monaten wäre mir eine ungefähre Angabe – nötigenfalls im Benehmen mit der Bauleitung – darüber dringend erwünscht: Wann (in welchen Monaten ungefähr) und in welchen Beträgen (auf genaue Summen kommt es hierbei nicht an) die einzelnen Gelder voraussichtlich gebraucht werden, damit ich rechtzeitig für die Bereitstellung derselben Fürsorge treffen kann.“*[1000] Diesen Bedürfnissen stellte Hohl zum einen die aktuell zur Verfügung stehenden liquiden Mittel gegenüber. Außerdem schätzte er die Höhe der voraussichtlich eingehenden Gelder ab. Er addierte hierfür erstens die gekündigten demnächst fälligen Darlehen, also die vollständigen oder anteiligen Tilgungen. Relativ gut kalkulierbar war zweitens der Zufluss an Kreditzinsen. Angesichts der Kulanzfrist von vier Wochen erwartete Hohl den Eingang der in Kirchheim jeweils zum einheitlichen Zinstermin am 1. November fälligen Beträge übrigens erst am Ende dieses Monats.[1001] Und drittens gab er eine Prognose über den Zugang von Spareinlagen ab. In diesem Punkt spielten trotz der Industrialisierung auch zu Beginn des 20. Jahrhunderts die Ernteergebnisse offenbar noch eine wichtige Rolle. Im Jahr 1908 verwies Hohl beispielsweise auf das gute *„in Aussicht stehende Obstjahr“*.[1002] Danach folgte die Berücksichtigung eines Liquiditätspuffers für Unwägbarkeiten angesichts der *„politisch und wirtschaftlich*

1000 HA KSK E-N, Kreditanträge/-beschlüsse usw. 1913. Ein anderes Beispiel in: Kreditanträge/-beschlüsse usw. 1909.
1001 Ersichtlich in einer Zusammenstellung in: HA KSK, E-N, Kreditanträge/-beschlüsse usw. 1908.
1002 Ebd.

unruhigen Zeitverhältnisse“[1003] mit der Gefahr von Krieg und Bank-Runs. Ganz zum Schluss legte der Oberamtssparkassier fest, wie hoch die für die allgemeine Darlehensvergabe zu Verfügung stehende Summe war und inwiefern größere Darlehen berücksichtigt werden konnten.[1004]

Entscheidend ist, dass der Sparkassier in seinen Finanzplanungen nicht wie eine Investmentgesellschaft oder ein Hedge-Fonds agierte. Das bestehende Finanzvermögen war keine Verfügungsmasse, die je nach Opportunität mal hier und mal dort investiert und dann wieder abgezogen wurde. Man war froh, wenn die Spargelder zinstragend bei zuverlässigen Schuldnern untergebracht waren und außerdem bestand ein Interesse daran, den Kunden das Kapital für langfristige Investitionen zu überlassen. Das bereits angelegte Finanzvermögen spielte deshalb im Entscheidungsprozess keine unmittelbare Rolle. Der für neue Darlehen zur Verfügung stehende Fonds speiste sich nur aus den laufend zufließenden Mitteln, weshalb es sich um deutlich kleinere Summen im Vergleich zum jeweiligen Finanzvermögen handelte. Und Notenbankkredite als Möglichkeit der Bilanzausdehnung wurden wie bereits in Kapitel 7 geschildert nur als Überbrückungsmöglichkeit, aber nicht zur dauerhaften Refinanzierung angesehen.

Welcher Anteil von den zur Verfügung stehenden Geldern für größere Industriedarlehen abgegeben werden konnte, stand grundsätzlich im Ermessen der Verantwortlichen in den Sparkassen und den Ausleihekommissionen. Allerdings wurden ihre Möglichkeiten in zweierlei Hinsicht begrenzt. Erstens wurden die Kreditbedürfnisse von Kleingewerbetreibenden, Kleinlandwirten und ähnlichen Kunden in der Regel bevorzugt bedient.[1005] Es musste somit zuerst eine gewisse Basisnachfrage bedient werden, bevor an die Vergabe von größeren Darlehen gedacht werden konnte. Und zweitens betrieben die Sparkassen bewusst oder unbewusst eine Risikodiversifizierung. Das bedeutet, dass sie ihre überschüssigen Gelder üblicherweise nicht auf einen Kreditnehmer konzentrierten, sondern auf mehrere Schuldner verteilten. Dies hat den Vorteil, dass bei einem einzelnen Kreditausfall keine potenziell verheerenden Verluste eintreten. Zwar existierten damals noch keine Normen ähnlich der heute bei Banken und Sparkassen anzuwendenden Großkreditverordnung oder der sogenannten Basel-Regelwerke zur Eigenkapitalunterlegung. In den Archivalien findet sich zudem nirgends ein expliziter Hinweis auf eine angestrebte Kreditdiversifizierung. Aber die Struktur des Kreditgeschäftes kann so interpretiert werden, dass die Risikostreuung unabhängig von Vorschriften eine gelebte kaufmännische Praxis war.[1006] Dies zeigt sich eindrücklich nach den Gründungen der Sparkassen in Nagold und Waldsee 1889 beziehungsweise 1895. Zunächst wurden eher kleine Beträge mit kurzen Laufzeiten in Form von Personaldarlehen vergeben. Nach einer gewissen Anlaufphase

1003 HA KSK E-N, Kreditanträge/-beschlüsse usw. 1913.
1004 Siehe hierzu auch die Ausführungen über die Weitergabe der Information über verfügbare Gelder an Privatbankiers und Schultheißen in Kapitel 7.3.
1005 Zu den Ausnahmen von dieser Regel vgl. Kapitel 10.4.
1006 Zu Ausnahmen vgl. hierzu ebenfalls das folgende Unterkapitel 10.4.

konzentrierte man sich dann in beiden Kassen auf die in der Regel umfangreicheren Hypothekendarlehen. Nicht auszuschließen ist allerdings, dass die Diversifizierung bei manchen Sparkassen eher zufällig zustande kam. Wenn sich die Sparkassiere in ihren Liquiditätsüberlegungen nicht in jährlichen, sondern nur in mehrmonatigen Zeithorizonten bewegten, dann resultiert automatisch eine Aufteilung der überschüssigen Gelder an größere Kreditnehmer innerhalb eines Jahres.

Als Zwischenfazit lassen sich die Unterschiede im Kreditgeschäft von kleinen und großen Sparkassen folgendermaßen erklären: Die kleinen Institute erhielten aufgrund ihres geringen Bestandes an Kapitalanlagen nur mäßige Mittelzuflüsse in Form von Zinszahlungen und Tilgungen. Auch der Einlagenzuwachs blieb über längere Zeit konstant niedrig. In der Summe stand deshalb nur ein überschaubarer Fonds für neue Darlehensvergaben zur Verfügung, der mehr oder minder im vollen Umfang für die lokalen Kleinkunden gebraucht wurde. Überschüsse für größere Darlehen bestanden üblicherweise nicht. Und wenn dies doch der Fall war, dann reichten die Mittel nicht für substanziell bedeutende Industriedarlehen aus. In Anlehnung an das zur Einschätzung von Großbanken häufig gebrauchte Schlagwort „too big to fail", also zu groß zum Scheitern zu sein, ließen sich die kleinen Sparkassen mit Blick auf das Kreditgeschäft als „too small to perform" beschreiben. Sie waren damals zu klein, um aus dem Fundament ihres Geschäftes heraus eine Funktion als Unternehmensfinanzierer einnehmen zu können. Diese Aussage soll jedoch nicht als Kritik missverstanden werden, wonach kleine Sparkassen im Kreditgeschäft versagt hätten. Ihre primäre Aufgabe lag in der Annahme von Einlagen, die sie ebenso ausgezeichnet erfüllten wie die wichtige Kreditversorgung des lokalen Handwerkerstandes und der Landwirtschaft. Und auf die Höhe der lokalen Spartätigkeit hatten diese Institute nur begrenzt Einflussmöglichkeiten.

Bei größeren Sparkassen kamen zu Beginn des 20. Jahrhunderts aufgrund der umfangreichen Anlagebestände höhere Zins- und Tilgungsbeträge sowie Einlagenerhöhungen zustande, die in Form von Krediten angelegt werden mussten. Für diese Institute gilt deshalb, dass kleine und mittelgroße Unternehmen mit substanziellen Darlehen finanziert werden konnten. Aus Sicht von größeren Industriebetrieben in den stark industrialisierten Oberämtern kamen die örtlichen Sparkassen aber nur für beiläufige Finanzierungen infrage. Für substanzielle Fremdkapitalaufnahmen durch Großunternehmen waren auch diese Sparkassen „too small to perform".

10.4 Modellierung der Finanzintermediation der Sparkassen

Die soeben qualitativ erläuterte Too small to perform-Problematik lässt sich auch quantitativ beschrieben. Die formale Darstellung der Einflussfaktoren ergibt ein Modell über die Finanzintermediation der Sparkassen, also der Transformation der Mittelzuflüsse in Darlehen. Damit dieses Modell in Kapitel 10.5 an ausgewählten Beispielen angewendet werden kann, findet in einem zweiten Schritt die Ermittlung von konkreten Parametern statt. Im Blickpunkt steht hier die Phase von Ende des 19. Jahrhunderts bis zu Beginn des 20. Jahrhunderts, doch grundsätzlich sind auch Berechnungen für andere Epochen beziehungsweise andere Zweige der Kreditwirtschaft möglich, sofern entsprechende Daten zur Verfügung stehen. Abschließend wird eine Überprüfung der Parameter anhand der empirisch beobachteten Kreditvergaben der Panel-Sparkassen vorgenommen. Dabei zeigt sich, dass die Modellierung zwar keine exakten Schlüsse über die größten Darlehen in einem bestimmten Jahr zulässt, aber dass sie grobe Indikationen über die Höhe der Geldvergaben ermöglicht.

Die von den Sparkassen praktizierte Vorgehensweise im Kreditgeschäft lässt sich folgendermaßen in eine allgemeingültige Regel übersetzen: Der für Geldvergaben in einer Periode zur Verfügung stehende Darlehensfonds (DF_t) eines Finanzintermediärs ergibt sich aus den Zinszahlungen (I_t) der bisherigen Kreditnehmer und den geleisteten Tilgungen beziehungsweise Rückzahlungen (R_t) sowie der Veränderung des Einlagenbestandes (ΔE_t).

$$(1) \qquad DF_t = I_t + R_t + \Delta E_t$$

Die absolute Höhe der Zinszahlungen lässt sich mit Hilfe des Kapitalanlagenbestandes am Ende der Vorperiode (KB_{t-1}) und der Höhe des bekannten Zinssatzes (i) berechnen:

$$(2) \qquad I_t = KB_{t-1}\ i$$

Außerdem lassen sich Erfahrungswerte über den durchschnittlichen Prozentanteil (r) der Tilgungen beziehungsweise Rückzahlungen in Relation zum Kapitalanlagenbestand ermitteln. Damit gilt:

$$(3) \qquad R_t = KB_{t-1}\ r$$

Die Veränderung des Einlagenbestandes (ΔE_t) konnte unter besonderen Umständen wie einer Missernte oder einer Rezession negativ sein. Während des Untersuchungszeitraumes nahmen die Einlagen der Sparkassen jedoch im überwiegenden Teil der Jahre zu. Anhand der veröffentlichten Sparkassenstatistiken lässt sich ein Durchschnittswert ermitteln. Grundsätzlich bezieht sich die Veränderungsrate der Einlagen (e) auf den bisherigen Einlagenbestand (E_{t-1}). Zur Vereinfachung des Sachverhaltes kann sie aber auch als Prozentwert des letzten Kapitalanlagebestandes (KB_{t-1}) angegeben werden, der gewissermaßen ein Spiegelbild der Einlagen darstellt. Damit gilt:

$$(4) \qquad \Delta E_t = KB_{t-1}\ e$$

Die Formel (1) lässt sich somit unter Berücksichtigung von (2), (3) und (4) folgendermaßen umstellen:

$$(5) \qquad DF_t = KB_{t-1}\,(i + r + e) - \varepsilon_t$$

Zur Vervollständigung der formalen Darstellung wurde oben zusätzlich eine Störvariable ε_t angefügt. Sie umfasst alle Vorgänge, die zu einer Veränderung des Darlehensfonds führen, die aber nicht systematisch erfassbar beziehungsweise prognostizierbar sind. Hierzu gehört die Möglichkeit, dass der Finanzintermediär seine liquiden Mittel in der laufenden Periode zugunsten einer höheren Kreditvergabe abbaut oder dass er das Gegenteil vollzieht. Außerdem werden mit der Störvariablen Umschichtungen zwischen den verschiedenen Kapitalanlagen berücksichtigt. Im Gegensatz zu dem absolut perfekten Modell eines Finanzintermediärs mit einer einzigen Kreditvergabemöglichkeit konnten die Oberamtssparkasse auf verschiedenen Wegen Mittel unterbringen. Beispielsweise würden höhere Wertpapierkäufe in einem Jahr den Fonds für Darlehen an Private schmälern und umgekehrt. Außerdem bestand mit den Schuldscheindarlehen an öffentliche Körperschaften ein weitere Sparte des Kreditgeschäftes, die vor allem während der Hochindustrialisierung an Bedeutung gewann.

Das größtmögliche Darlehen (D_t^{max}) eines Jahres entspricht wie beschrieben grundsätzlich nicht der Höhe des Darlehensfonds. Es fällt in der Regel deutlich niedriger aus und umfasste nur einen Bruchteil der zur Verfügung stehenden Gelder, da eine Vielzahl von Darlehensgesuchen bedient wurde. Außerdem betrieb man bewusst oder unbewusst eine Risikodiversifikation. Diese Umstände können mit einem Teiler (T) berücksichtigt werden. Formal ergibt sich die Höhe des maximal auszahlbaren Darlehens somit aus dem Darlehensfonds und dem Teiler:

$$(6) \qquad D_t^{max} = \frac{DF}{T} = \frac{KB_{t-1}\,(i + r + e) - \varepsilon_t}{T}$$

Formel (6) ermöglicht näherungsweise Prognosen über das jährliche Kreditvolumen von konventionellen Finanzintermediären wie Sparkassen und über ihre größten Darlehen. Durch Umstellung der Formel zu (7) sind außerdem näherungsweise Berechnungen möglich, wie groß ein Finanzintermediär für ein bestimmtes gewünschtes Darlehen sein muss.

$$(7) \qquad KB_{t-1} = \frac{D_t^{max}\,T}{(i + r + e) - \varepsilon_t}$$

Zur praktischen Anwendung müssen zunächst die Parameter für das jeweilige Bankensystem ermittelt werden. Auf eine Berücksichtigung der Störvariable ε_t wird nachfolgend bei der Berechnung für die Oberamtssparkassen allerdings verzichtet.

In den offiziellen Statistiken über den Geschäftsbetrieb und Vermögensstand der württembergischen Sparkassen wurden die Gesamtrenditen der ausgeliehenen Kapitalien für jedes Jahr und jedes Institut bis auf die zweite Nachkommastelle angegeben.[1007] Derart exakt Zahlen werden für die hier angestrebten groben Schätzwerte jedoch nicht benötigt. Die Verzinsung von Hypothekendarlehen als der wichtigsten Anlageform stieg ab Ende der 1890er Jahre bis 1913 bei den meisten Kassen von 4,00 % über 4,25 % auf 4,50 % an.[1008] Die Zinssätze für Schuldscheindarlehen an öffentliche Körperschaften lagen wie gezeigt in der Regel etwas niedriger. Vor diesem Hintergrund soll hier der nachfolgend verwendete Zinssatz (i) pauschal mit 4,0 % festgelegt werden.

Die Tilgungen beziehungsweise die Tilgungsraten auf das Anlagekapital wurden weder in den württembergischen Sparkassenstatistiken noch in denjenigen der anderen deutschen Staaten ausgewiesen. Sie lassen sich häufig nicht einmal aus den kameralistischen Jahresabschlüssen der Sparkassen direkt herauslesen, da verschiedene Geldeinnahmen oftmals zusammengefasst wurden. Allerdings ist eine Berechnung auf der Grundlage der archivalischen Erhebung der Darlehensvergabe in Kombination mit den Bestandsangaben in den Sparkassenstatistiken möglich. Veranschaulichen lässt sich die Vorgehensweise mit dem oft bemühten Bild von einer gefüllten Badewanne, in die fortwährend frisches Wasser zufließt, aber auch gleichzeitig Wasser durch den Abfluss ausströmt. Die Kapitalbestände zum jeweiligen Geschäftsjahresende aus den offiziellen Statistiken entsprechen der Höhe des Wasserspiegels in der Badewanne zu verschiedenen Zeitpunkten. Der Zufluss in Form von neuen Darlehen ist im Fall der Panel-Sparkassen durch die archivalische Erhebung bekannt. Im Gegensatz zu den in den meisten anderen Kapiteln verwendeten Darlehenssummen werden hier nur liquiditätswirksame Kreditneuvergaben berücksichtigt, aber beispielsweise keine Umschreibungen bestehender Darlehen auf andere familienfremde Schuldner. Als Residuum dieser Angaben lassen sich die impliziten Tilgungen berechnen, die dem Wasserabfluss aus der Badewanne entsprechen. In Relation zu den Kapitalbeständen am Ende der Vorperiode ergeben sich dann die Tilgungsraten. Da der Schwerpunkt der vorliegenden Arbeit auf den Hypothekendarlehen als wichtigster Anlageform der Sparkassen liegt, werden die Berechnungen nur für diesen Teil der Anlagen vorgenommen. In Abbildung 15 sind die berechneten Tilgungsraten für eine Zusammenstellung von 100 Beobachtungsjahren aus dem Panel wiedergegeben.[1009]

1007 Vgl. hierzu beispielhaft die Angaben in Kapitel 9.5.

1008 Vgl. hierzu beispielhaft die Entwicklung bei der Oberamtssparkasse Kirchheim in Kapitel 9.2.

1009 Herangezogen wurden die Geschäftsjahre der folgenden Oberamtssparkassen: Biberach 1900–1913; Ludwigsburg 1900–1907; Kirchheim 1907–1913; Geislingen 1895–1901; Maulbronn 1896–1913 ohne das Jahr 1906 mit der Abtrennung der Gemeindesparkasse Dürrmenz-Mühlacker; Künzelsau 1902–1913; Nagold 1892–1913; Göppingen 1891–1896 und 1907–1913.

Abbildung 15: Verteilung der impliziten Tilgungsraten von 100 Beobachtungsjahren auf Prozentklassen

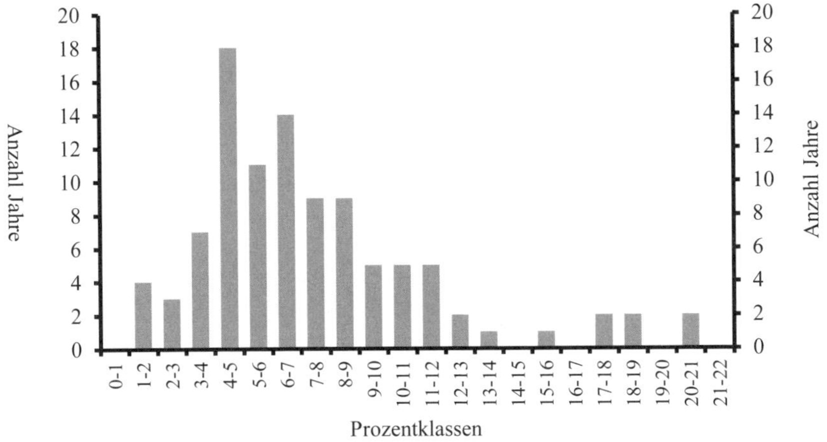

Quelle: Eigene Berechnung und Darstellung.
Anmerkung: Die angegebenen Prozentklassen „0–1", „1–2" usw. weisen immer einen überlappenden Grenzwert auf, hier 1,00 %. Dies ist jedoch insofern unproblematisch, da die Berechnungen keine Tilgungsraten ergaben, die exakt dem gemeinsamen Grenzwert zwischen zwei Prozentklassen entsprechen.

Die niedrigste berechnete Tilgungsrate beträgt 1,4 %. Der höchste Wert beläuft sich auf 20,8 %. Nachfolgend soll der Median aus den 100 Beobachtungsjahren genutzt werden, der einer Tilgungsrate von 6,4 % entspricht. Die verstärkte Nutzung von Annuitätendarlehen mit vorab festgelegter Rückzahlung nach Verbreitung der Mustersatzung scheint übrigens keine messbaren Auswirkungen auf die Tilgungsraten ausgeübt zu haben. Für den Siebenjahreszeitraum 1900 bis 1906 ergibt sich wie oben ein Median von 6,4 % und für die Zeit von 1907 bis 1913 ein nur geringfügig abweichender Wert von 6,3 %. Auch die Gegenüberstellung einzelner Sparkassen mit vergleichsweise vielen Annuitätendarlehen gegenüber Instituten mit weiterhin fast ausschließlich herkömmlicher Kreditgewährung zeigt keinen erkennbaren Einfluss. Der Grund für die Kontinuität liegt vermutlich in den eher langen vereinbarten Tilgungszeiträumen für Annuitätendarlehen von beispielsweise 20 oder 30 Jahren,[1010] die nur zu kleinen verpflichtenden Rückzahlungen gemessen am gesamten Kreditbestand führten. Allerdings sind für alle Zeitabschnitte größere Schwankungen zwischen einzelnen Jahren beobachtbar,

1010 Die Sparkassen waren um eine schonende Einführung der Annuitätendarlehen bemüht. Eine Überforderung der Kreditkunden mit dem neuen Kreditinstrument sollte offenbar vermieden werden, um die neue Kreditart nicht zu diskreditieren.

die auf selbständig von den Kunden veranlasste Tilgungen zurückgehen, und die durch die Betrachtung von mehrjährigen Zeiträumen ausgeglichen werden.[1011]

Wie in Kapitel 2.7 beschrieben, betrug die Wachstumsrate der Spareinlagen bei den württembergischen Oberamtssparkassen von 1887 bis 1900 etwa 6,7 % pro Jahr und ab da bis 1913 durchschnittlich 8,8 % pro Jahr. In diesen Zahlen sind allerdings Zinsen und Zinseszinsen enthalten, die nicht für neue Darlehensvergaben zur Verfügung standen. Die kapitalisierten Guthabenzinsen stellen lediglich das Gegenstück zu den eingenommenen Darlehenszinsen abzüglich von Verwaltungskosten dar. Und die Darlehenszinsen wurden bereits oben berücksichtigt. An dieser Stelle sind deshalb alleine die baren Überschüsse aus den laufenden Einzahlungen zu erfassen. Gemessen an dem jeweiligen Einlagenstand der Vorperiode errechnet sich im Fall der Oberamtssparkassen für den Zeitraum 1887 bis 1913 ein durchschnittliches jährliches Wachstum durch Netto-Neueinlagen in Höhe von 4,4 %. Wird dagegen das etwas höhere Finanzvermögen als Grundlage betrachtet, dann ergibt sich ein durchschnittliches Wachstum von 4,2 %.

Abbildung 16: Verteilung der jeweils größten Darlehen von 100 Beobachtungsjahren auf Prozentklassen

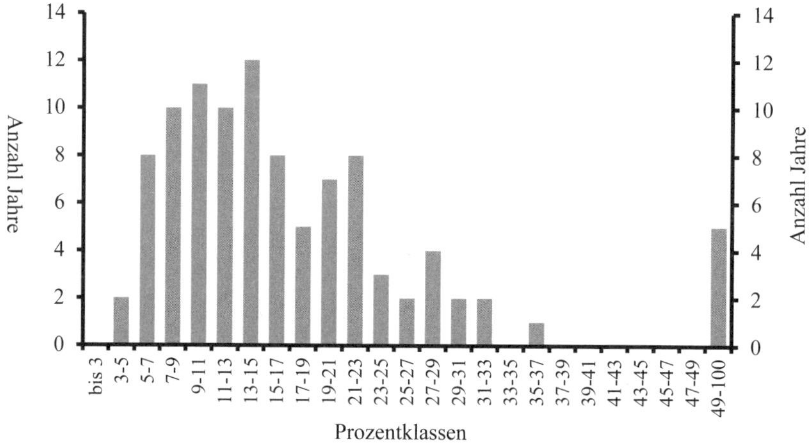

Quelle: Eigene Berechnung und Darstellung.
Anmerkung: Die angegebenen Prozentklassen „3–5", „5–7" usw. weisen immer einen überlappenden Grenzwert auf, Dies ist jedoch insofern unproblematisch, da die Berechnungen keine Darlehensanteile ergaben, die exakt dem gemeinsamen Grenzwert zwischen zwei Prozentklassen entsprechen.

1011 Die Betrachtung von Siebenjahreszeiträumen sorgt hier ebenso wie bei der Berechnung der Anteile der Berufsgruppen an den Darlehenssummen zu einem Ausgleich konjunktureller Schwankungen.

Für die Berechnung eines Teilers müssen wiederum die archivalisch erhobenen Daten herangezogen werden. Anhand der Summe der liquiditätswirksam vergebenen Darlehen pro Jahr lässt sich der Prozentanteil des jeweils größten Darlehens bestimmen. Die Verteilung der Prozentwerte für 100 Beobachtungsjahre wird durch Abbildung 16 illustriert.[1012]

In 27 % der Beobachtungsjahre entfiel auf das größte Darlehen weniger als ein Zehntel der Darlehenssumme. Auf der anderen Seite umfasste es in 16 % der Fälle sogar mehr als ein Viertel der jeweils ausgezahlten Kreditsumme. Zwei Sparkassen aus dem Panel stechen durch besonders hohe Geldvergaben in Relation zu ihren Darlehenssummen hervor. Die Werte sind gestaucht am rechten Rand der Abbildung dargestellt. Zum einen handelt es sich hierbei um die Oberamtssparkasse Künzelsau, deren Sparkassier als einziger des Panels keine diskretionären Entscheidungen über die Kreditvergabe treffen konnte. Gemäß § 6, Absatz 5 der Satzung mussten alle Darlehensgesuche *„nach der Zeitfolge ihrer Einreichung“* berücksichtigt werden.[1013] Diese seltene Regelung, die vermutlich zu einer gerechten Mittelverwendung beitragen sollte, führte dazu, dass im Krisenjahr 1907 mit den erläuterten Geldengpässen nur ein einziges großes Darlehen über 22.000 Mark an einen Kaufmann abgegeben werden konnte, der offenbar zufällig an der Reihe war. Bei den anderen Kassen wären zunächst kreditbedürftige Kleinhandwerker, Bauern und ähnliche Kunden vorgezogen worden, wie entsprechende Anmerkungen aus Kirchheim zeigen.[1014] Zudem nutzte man in Künzelsau noch keine Refinanzierungen über die Notenbank. Angesichts dieser Besonderheit besteht ein Beobachtungsjahr mit einem Wert von 100 %. Die zweite Sparkasse mit teilweise ungewöhnlich hohen Einzeldarlehen im Vergleich zur Darlehenssumme ist Göppingen. In den Jahren 1895, 1896, 1908 und 1909 wurden Werte zwischen 50 % und 89 % erreicht. Der Grund hierfür sind keine besonders hohen Einzeldarlehen, sondern die bereits erläuterte Neigung der Sparkasse, große kommunale Aufgaben möglichst selbst zu finanzieren und dafür weniger Kapital an Private zu gewähren. In den genannten Jahren fiel die Darlehenssumme sehr gering aus und der Bestand an Hypothekendarlehen war sogar rückläufig. Hierbei handelte es sich jedoch um eine Besonderheit. Typischerweise praktizierten die Sparkassen eine gewisse Streuung des Darlehenskapitals. Für die nachfolgenden Berechnungen soll deshalb der Median der 100 Beobachtungsjahre genutzt werden, gemäß dem der Anteil des größten Darlehens 14,5 % der Darlehenssumme der jeweiligen Sparkasse in dem betreffenden Jahr ausmachte. Anders ausgedrückt, konnte der Empfänger der größten Geldvergabe etwa ein Siebtel des zur Verfügung stehenden Geldes für sich beanspruchen.

Durch Einsetzen der ermittelten Parameter in Formel (6) lässt sich berechnen, welche Größenordnung die maximalen Darlehen einer betrachteten Sparkasse

1012 Es wurden die gleichen 100 Beobachtungsjahre wie für Abbildung 15 verwendet.
1013 Archiv Spk Ho, Register Nr. 110.01, Standort Kün, „Satzung der Oberamtssparkasse Künzelsau vom 19. November 1900“.
1014 Vgl. Kapitel 7.3.

ungefähr eingenommen haben dürften. Dieses Resultat erlaubt dann wiederum eine Vorstellung über die Größe der finanzierten Gewerbebetriebe. Hierzu lassen sich auch die Erfahrungswerte über die typischen zeitgenössischen Finanzierungsleistungen aus Sicht der Kunden heranziehen, auf die im folgenden Abschnitt 10.5 noch einmal zurückzukommen ist.

$$(6a) \qquad D_t^{max} = \frac{DF}{7} = \frac{KB_{t-1}\,(0{,}04 + 0{,}064 + 0{,}042)}{7}$$

Die ermittelten Parameter können auch in Formel (7) eingesetzt werden. Damit wird es möglich zu berechnen, wie groß eine Sparkasse für die Abgabe eines bestimmten Darlehens hätte sein müssen. Auch hierzu folgen im nächsten Unterkapitel Beispiele.

$$(7a) \qquad KB = \frac{D^{max}\,7}{(0{,}04 + 0{,}064 + 0{,}042)}$$

Bevor eine Anwendung an Beispielen erfolgen soll, ist das entwickelte Modell zunächst anhand der Realität zu überprüfen. In Abbildung 17 werden den mit Hilfe von Formel (6a) berechneten hypothetischen maximalen Darlehen pro Sparkasse die tatsächlich gewährten größten Darlehen eines Jahres für die betreffenden Zeitpunkte und Institute gegenübergestellt. Die Grafik umfasst diejenigen 100 Beobachtungsjahre, die bereits stellenweise in die Kalkulation der Parameter eingeflossen sind.

Abbildung 17: Hypothetische und tatsächlich gewährte größte Darlehen der Panel-Sparkassen in Mark

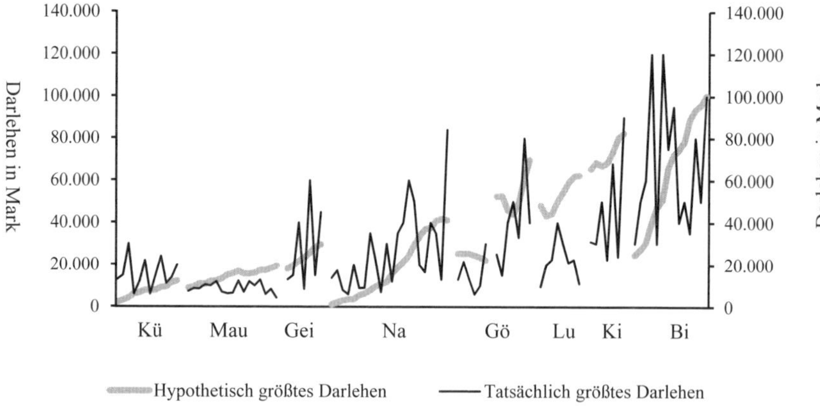

Quelle: Eigene Berechnung und Darstellung.

Der Vergleich verdeutlicht, dass die Berechnungen nur in wenigen Fällen eine einigermaßen zutreffende Prognose über die tatsächlich gewährten größten Darlehen abgeben. Diese liegen zum Teil beträchtlich unter den Schätzungen oder sie gehen stark darüber hinaus. Ein wichtiger Grund hierfür sind die Schwankungen der faktisch zustande gekommenen Kredite im Zeitablauf. Im Gegensatz hierzu verändern sich die hypothetischen Werte nur mäßig. Sie spiegeln die allmähliche Entwicklung der in ihre Berechnung eingegangenen bisherigen Darlehensbestände wider.[1015]

Darüber hinaus zeigt sich, dass die pauschale Anwendung des Modells mit einheitlichen Parametern, welche von vielen Sparkassen über einen längeren Zeitraum gewonnen wurden, die individuelle Geschäftssituation einzelner Institute nur ungenau abbildet. Beispielsweise liegen die tatsächlich vergebenen Darlehen der Oberamtssparkasse Künzelsau oftmals über der Höhe ihrer Schätzwerte. Dies liegt in diesem Fall an der bereits oben erläuterten Bestimmung, wonach alle Kreditgesuche der Einwohner nach der Reihenfolge ihres Eingangs berücksichtigt wurden und deshalb im Extremfall lediglich ein größeres Hypothekendarlehen pro Jahr abgegeben werden konnte. Die Biberacher Sparkasse erzielte in den 1900er Jahren ebenfalls deutlich höhere faktische Werte. Dies lässt sich hier mit den hohen Sparüberschüssen des Instituts erklären, die in Form größerer Darlehen gelegentlich auch an Industrielle außerhalb des eigenen Bezirks weitergegeben wurden. Im Gegensatz dazu erreichte die Oberamtssparkasse Maulbronn mit ihrem kleinteiligen Kreditgeschäft für lokale Landwirte und Handwerker im Betrachtungszeitraum kein einziges Mal das berechnete Maximum. Noch deutlicher ist der Abstand im Fall der Oberamtssparkasse Ludwigsburg, die sich wie erläutert vor allem auf die Inhaber von Ladengeschäften, Wirtschaften und Handwerksbetriebe in der Garnisonsstadt und auf die Weingärtner sowie Landwirte der Umgebung konzentrierte. Neben diesen grundsätzlichen Unterschieden zwischen den einzelnen Sparkassen wirkten sich auch Schwankungen der Konjunktur und der Kapitalmarktverhältnisse auf die Darlehensvergabe aus. Sie können von dem auf langjährigen Durchschnittswerten beruhenden Modell nur unzureichend und mit Zeitverzögerung berücksichtigt werden. Der Einbruch der größten faktischen Darlehen in Biberach, der im rechten Teil der Kurve für diese Sparkasse sichtbar wird, geht auf die Krisenzeit 1907/08 zurück. Das Gleiche gilt für Nagold und hier ebenso für die kurze Rezession um das Jahr 1901. Auch im Fall der Oberamtssparkasse Ludwigsburg markieren die absolut niedrigsten Darlehen am Anfang und am Abschluss des oben abgebildeten Zeitraums die Jahre 1900 und 1907. Darüber hinaus darf nicht vergessen werden, dass ein hoher Kredit nur vergeben werden konnte, wenn ein entsprechender Bedarf eines Kreditnehmers bestand.

1015 Für die Berechnung wurden die Bestände an Hypothekendarlehen genutzt. Wertpapierbestände und Darlehen an öffentliche Körperschaften bleiben dagegen wie auch bei der Erstellung des Modells außen vor.

Trotz dieser Mängel erfüllt das entwickelte Modell über die Finanzintermediation der Sparkassen mit den berechneten Parametern den beabsichtigten Zweck. Es vermittelt eine grobe, aber grundsätzlich zutreffende Vorstellung davon, welche Betragsregion die größten Darlehen einer Sparkasse ungefähr erreichten. Die hypothetischen und die tatsächlichen Kredite der kleinen Institute in Künzelsau und Maulbronn liegen unter den hypothetischen und tatsächlichen Werten der größeren Sparkassen in Kirchheim und Biberach. Das ist insofern aufschlussreich, da sich die Institute in Württemberg hinsichtlich ihrer Geschäftsvolumina beträchtlich unterschieden. Und wie noch in Kapitel 13 zu zeigen sein wird, bestanden in anderen deutschen Bundesstaaten sogar noch deutlichere Größenunterschiede. Teilweise liefert das Modell auch relativ gute Indikationen. Für Geislingen und Nagold erwecken die berechneten Maximaldarlehen fast den Eindruck, als handele es sich um gleitende Durchschnitte der tatsächlichen Werte.

10.5 Beispiele für die Too small to perform-Problematik

Ein sehr kleines Sparinstitut wie die Gemeindesparkasse Obermarchtal konnte gemäß Modell im Jahr 1913 maximal Hypothekendarlehen in der Größenordnung von etwa 1.100 Mark gewähren.[1016] Der Gemeindesparkasse Dürrmenz-Mühlacker im Bezirk Maulbronn wäre dagegen zur gleichen Zeit die Abgabe eines Darlehens von rund 13.000 Mark möglich gewesen. Und für die Oberamtssparkasse Heilbronn ergibt sich ein maximaler Betrag von 200.000 Mark. Die tatsächlichen Werte, die für diese Institute gänzlich unbekannt sind, betrugen eventuell auch nur einen Bruchteil oder das Doppelte der errechneten Beträge. Doch trotz der einzukalkulierenden Schätzfehler erlauben die Zahlenangaben eine grobe Vorstellung darüber, welche Kapitalverwendungen möglich waren und welche außerhalb der Reichweite der jeweiligen Sparkassen lagen.

Gemäß den Erfahrungswerten aus Kapitel 3 hätte die Sparkasse Obermarchtal beispielsweise den Kauf eines Ackers oder einer landwirtschaftlichen Maschine finanzieren können. Das Institut in Dürrmenz-Mühlacker wäre dagegen für den Erwerb oder den Bau einer Gastwirtschaft beziehungsweise eines Hauses mit Ladengeschäft in Frage gekommen. Denkbar ist alternativ die Bereitstellung des Kapitals für die Investition eines kleinen Unternehmens. Für die Oberamtssparkasse in Heilbronn ist dagegen die umfassende Finanzierung eines kleinen bis mittelgroßen Industriewerks vorstellbar oder aber nur eine beiläufige Kapitalvergabe an ein für württembergische Verhältnisse sehr großes Unternehmen.

Diese Beispiele deuten nochmals auf eine bereits in Abschnitt 10.2 vorgestellte wichtige Erkenntnis hin: Ob eine Sparkasse der wichtigste Finanzierungspartner für ein Unternehmen war oder aber nur ein kleinen Beitrag lieferte, hing außer von ihrer Finanzkraft wesentlich von der Größe des jeweiligen Kreditnehmers ab.

1016 Berechnet auf der Grundlage des Hypothekenbestandes.

Dieser Zusammenhang wird schematisch in der nachfolgenden Abbildung 18 dargestellt. Dort beschreibt die graue Fläche alle denkbaren Varianten, die mit einem fiktiven Darlehen in Höhe von maximal 80.000 Mark erreicht werden konnten. Beispielsweise war es möglich, einem Unternehmen mit 80 Arbeitern einen Pro-Kopf-Betrag von 1.000 Mark zu gewähren. Hierbei würde es sich um einen substanziellen Finanzierungsbeitrag für einen Betrieb dieser Größenordnung handeln. Wie mit Hilfe von Tabelle 21 in Abschnitt 10.2 gezeigt, betrugen die Darlehen im Median der dort enthaltenden Zusammenstellung 1.077 Mark pro Arbeiter. Alternativ wäre es auch möglich, mit dem besagten Darlehen einem Unternehmen mit nur 40 Arbeitern den Betrag von 2.000 Mark pro Arbeiter und damit ein relativ hohes Kreditvolumen auszuzahlen. Werte unterhalb der schwarzen Grenzlinie entsprechen niedrigeren Darlehensbeträgen. So stellt die Linie aus kurzen Strichen alle Kombinationen dar, die mit einem Kredit in Höhe von 40.000 Mark erreichbar waren und die Linie aus langen Strichen alle Variationen mit nur 20.000 Mark. Der letztgenannte Betrag hätte immerhin noch für die substanzielle Finanzierung eines kleinen Unternehmens mit etwa 20 Arbeitern ausgereicht. Wäre das Geld dagegen an einen größeren Betrieb mit beispielsweise 100 Arbeitern gegangen, dann handelte es sich nur um eine beiläufige Finanzierung. Der Darlehensbetrag entsprach in diesem Fall lediglich 200 Mark pro Kopf.

Abbildung 18: Schematische Darstellung durchführbarer Unternehmensfinanzierungen

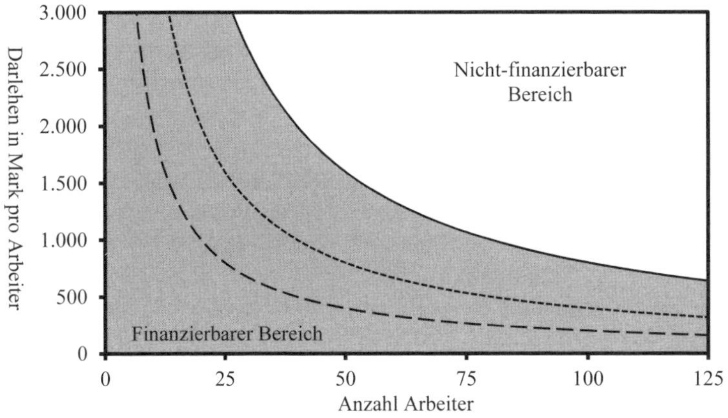

Quelle: Eigene Darstellung.

Die weiße Fläche in der obigen Abbildung stellt den nicht-finanzierbaren Bereich für das gewählte Beispiel eines Darlehens über 80.000 Mark dar. Einem Unternehmen mit 100 Arbeitern und ausreichend Sicherheiten für einen Kredit von 2.000 Mark pro Arbeiter hätte der Darlehenswunsch nicht erfüllt werden können.

Dass die schematische Darstellung die tatsächlichen Verhältnisse relativ gut widerspiegelt, wird durch den Abgleich mit Abbildung 19 deutlich. Hier sind die tatsächlich zustande gekommenen Darlehensfälle aus Tabelle 21 in Abschnitt 10.2 als Punktwolke eingezeichnet.[1017] Schemenhaft wird die gleiche Struktur wie oben erkennbar: Die realisierten Darlehen konzentrieren sich in der Fläche unterhalb einer konvexen Kurve, die im Schaubild in der Mitte oben beginnt und nach rechts unten ausläuft. Die Panel-Sparkassen führten keine Finanzierungen oberhalb dieses Grenzbereichs durch, da auch die größeren unter ihnen hierfür „too small to perform" waren.

Abbildung 19: Unternehmensfinanzierungen nach Arbeiterzahl und Pro-Kopf-Darlehensbetrag in Mark

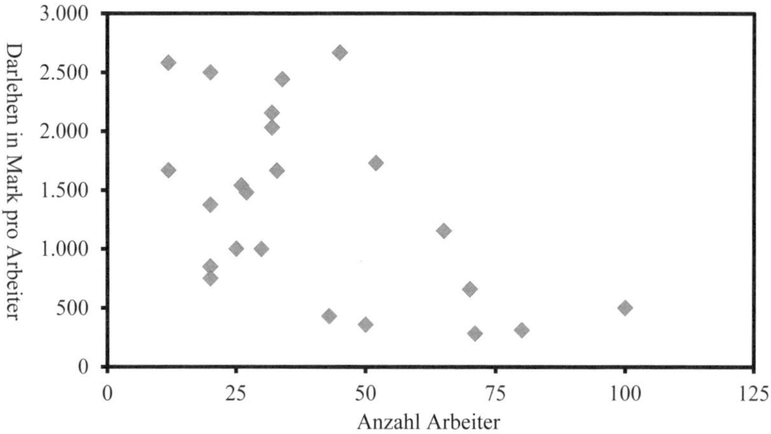

Quelle: Eigene Darstellung auf der Grundlage von Angaben in Tabelle 21.
Anmerkung: Derjenige Teil der Finanzierungsfälle, der Unternehmen mit mehr als 125 Arbeiter betrifft, liegt außerhalb der grafischen Darstellung.

Die oben aufgeworfene Frage, warum Sparkassen aus dem Untersuchungs-Panel nicht auch größere örtliche Firmen wie die Ersatzkaffeefabrik Heinrich Franck Söhne, die Spinnereien Gutmann u. Cie. sowie Schachenmayr, Mann u. Cie. oder die Süddeutsche Baumwollindustrie finanzierten, kann letztlich auch mit Hilfe des Modells beantwortet werden. Gemäß Formel (7a) und der ermittelten Parameter wäre für die Abgabe eines Darlehens über 700.000 Mark eine Sparkasse mit einem Kapitalbestand von ungefähr 34 Mio. Mark notwendig gewesen. Angesichts der Schwankungsbreite, die sich aus den Unwägbarkeiten des Modells er-

1017 Derjenige Teil der Finanzierungsfälle, der Unternehmen mit mehr als 125 Arbeiter betrifft, wurde im rechten Teil der Abbildung abgeschnitten.

gibt, ist diese Zahl wiederum nur als sehr grober Richtwert zu verstehen. Aber selbst ein nur halb so großer Kapitalbestand wurde von keinem der Panel-Institute erreicht. Die Finanzvermögen der örtlichen Oberamtssparkassen beliefen sich wie geschildert nur grob auf ein Zehntel des notwendigen Wertes.

Für größere Kapitalbedürfnisse musste die Industrie somit andere Finanzierungslösungen finden. So nutzte beispielsweise die Mechanische Buntweberei Kirchheim unter Teck, vormals Kolb & Schüle, zur Erlangung von 500.000 Mark Fremdkapital die Stuttgarter Wertpapierbörse[1018] und nicht die lokale Oberamtssparkasse. Diese verwaltete in dem betreffenden Jahr 1898 zwar ein Finanzvermögen in Höhe von 2,2 Mio. Mark. Für ein Darlehen über 500.000 Mark hätte es gemäß den oben ermittelten Werten aber eines Kapitalbestandes von etwa 24 Mio. Mark bedurft. Die Maschinenfabrik Esslingen, die 1896 eine Anleihe über 2 Mio. Mark begab,[1019] hätte dementsprechend eine Sparkasse mit einem Kapitalbestand in der Größenordnung von ungefähr 96 Mio. Mark als Finanzierungspartnerin gebraucht. Selbst wenn der Teiler von 7 wie im Median der Beobachtungsjahre auf 4 entsprechend den 16 % der Jahre mit den kleinsten Faktoren gesenkt wird, ergäbe sich eine Mindestgröße des Finanzintermediärs von etwa 55 Mio. Mark. Die Oberamtssparkasse Esslingen verwaltete damals aber lediglich ein Finanzvermögen von 1,3 Mio. Mark und damit weit weniger Kapital, als die Anleihe umfasste. Denkbar wäre in diesem Fall allerdings eine Finanzierung durch die Landessparkasse, die Ende 1896 auf ein Finanzvermögen von 96,1 Mio. Mark kam. Doch auch die damals zweitgrößte Sparkasse im Deutschen Reich hätte keine Kapitalvergabe an sehr große Unternehmen vornehmen können. Beispielsweise begab die Badische Anilin- & Sodafabrik (BASF) 1901 eine Anleihe über 10 Mio. Mark, die unter anderem an der Stuttgarter Börse gehandelt wurde.[1020] Selbst bei einem niedrigen Teiler von 4 wäre zur Finanzierung aus dem laufenden Betrieb ein Kreditinstitut mit einem Kapitalbestand in Höhe von ungefähr 274 Mio. Mark notwendig gewesen. Die Landessparkasse verwaltete damals 122,8 Mio. Mark. Insofern zeigt sich an diesen Werten die Bedeutung der Börsen für die Finanzierung großer Unternehmen.

1018 *Handbuch der Süddeutschen Aktiengesellschaften und der an süddeutschen Börsen kurshabenden Staatspapiere, sonstigen Fonds, Bank- und Industriewerte, Ausgabe 23*, Leipzig 1905, S. 364.
1019 Ebd., S. 221.
1020 Ebd., S. 396.

V. Teil
Hochrechnungen und Vergleiche

11. Der Beitrag der württembergischen Sparkassen zur Finanzierung des Eisenbahnbaus und der Elektrizitätswirtschaft

11.1 Vorbemerkungen

Innerhalb des Bereichs der Schuldscheindarlehen an öffentliche Körperschaften stechen insbesondere die Kredite für den Aufbau der öffentlichen Elektrizitätswirtschaft und für den Eisenbahnbau hervor. Die Organisation beider Bereiche wäre auch durch privatwirtschaftliche Unternehmen möglich gewesen, weshalb gewerbliche Finanzierungen im weiteren Sinne vorliegen. Und außerdem sind Eisenbahn- und Stromnetze ausgesprochen wichtige Infrastruktureinrichtungen und geradezu Sinnbilder für Entwicklung und Industrialisierung. Vor diesem Hintergrund soll die Finanzierungstätigkeit der Sparkassen auf diesen Feldern näher betrachtet werden. Das Ziel besteht darin, eine Vorstellung von der Bedeutung der Institute für den Ausbau des Schienennetzes und der Stromversorgung zu erlangen. Hierzu werden jeweils zunächst die Aktivitäten der Panel-Sparkassen erläutert und anschließend Überlegungen über das vermutete Engagement aller württembergischen Sparkassen vorgestellt.

11.2 Eisenbahnen

Verschiedene Hinweise aus der Literatur belegen, dass die Sparkassen in Deutschland bereits an der Finanzierung der ersten Eisenbahnlinien beteiligt waren. Beispielsweise zeichnete die Kieler Spar- und Leihkasse 1842 für die Erstellung der Strecke nach Altona 1.000 Aktien zu je 100 dänischen Speciestaler (266 Gulden/455 Mark), die sie nach Kurssteigerungen zwei Jahre später an die Stadt abtrat.[1021] Die Aachener Spar- und Prämienkasse, eines der größten Institute im späteren Deutschen Reich, erweiterte 1842 das Spektrum möglicher Anlagen um staatlich garantierte Eisenbahnaktien und -anleihen.[1022] Dieser Schritt stand offenbar in Zusammenhang mit dem Bau der Linie Köln-Brüssel durch die Rheinische Eisenbahngesellschaft. Im Jahr 1852 betrug der Bestand der Sparkasse an Eisenbahnpapieren knapp 865.000 Taler (1,5 Mio. Gulden/2,6 Mio. Mark).[1023]

1021 Meißner [1996], S. 50ff

1022 Paul Thomes (2010): *175 Jahre Sparkasse Aachen, Fair. Menschlich. Nah.*, Aachen, S. 62.

1023 Ebd. S. 66, Die Angabe von Thomes lautet auf Mark. Hierbei handelt es sich aber vermutlich um einen Irrtum, da Thomes den gesamten Wertpapierbestand in dieser Detail-

Darunter befanden sich neben Prioritätsaktien der Rheinischen unter anderem auch Aktien der Cöln-Mindener und der Niederschlesisch-Märkischen Eisenbahngesellschaft. Bis 1890 wurde das Volumen deutscher Eisenbahnpapiere auf annähernd 4,2 Mio. Mark und die Summe ausländischer Eisenbahnwertschriften auf etwa 6,9 Mio. Mark erhöht.[1024] Die Stadtsparkasse Düsseldorf kaufte erstmals 1850 Eisenbahnwerte und baute ihr Portfolio in diesen Titeln in der Folgezeit stark aus.[1025] Im Jahre 1860 besaß sie Cöln-Mindener Prioritäts-Obligationen, Aachen-Düsseldorfer Eisenbahn-Stammaktien und einen kleinen Bestand an Prioritätsobligationen dieser Gesellschaft sowie Bergisch-Märkische Eisenbahn-Prioritäts-Obligationen über insgesamt 133.300 Taler (233.275 Gulden/399.900 Mark). Um 1875 belief sich der Bestand an Eisenbahnpapieren auf etwas mehr als 1,5 Mio. Mark.[1026] In Saarbrücken erwarb die Kreissparkasse 1870 staatlich garantierte Rheinische Eisenbahnprioritäten.[1027] Die Sparkasse im bayerischen Augsburg besaß 1858 immerhin Eisenbahn-Obligationen im Nominalwert von 10.000 Gulden (17.143 Mark).[1028] Und aus Württemberg ist bekannt, dass die Landessparkasse Ende 1899 bei einem gesamten Wertpapierbestand von knapp 28,5 Mio. Mark Eisenbahnobligationen in Höhe von 3,9 Mio. Mark hielt.[1029] Daneben vergab sie Darlehen zum Eisenbahnbau, deren Höhe allerdings unveröffentlicht blieb.

Die archivalisch untersuchten Oberamtssparkassen trugen ebenfalls zur Finanzierung der Schienenstränge bei. Dies war einerseits der Fall, wenn entsprechende Wertpapiere als Kapitalanlage gekauft wurden. Die Sparkasse in Göppingen erwarb im Geschäftsjahr 1858/59 Neuenburger Eisenbahn-Prioritätsanleihen im Nominalwert von 4.000 Schweizer Franken (Kaufpreis 1.810 Gulden/3.103 Mark), Schweizer Centralbahn-Obligationen über 8.000 Franken (Kaufpreis 3.509 Gulden/6.015 Mark), Obligationen der Vereinigten Schweizer Bahnen über 20.000 Franken (Kaufpreis 8.866 Gulden/15.199 Mark) und Wertpapiere einer Englisch-Österreichischen Eisenbahngesellschaft über 1.400 Pfund Sterling (Kaufpreis 15.394 Gulden/26.390 Mark).[1030] Im darauffolgenden Geschäftsjahr wurden staatliche Bayerische Eisenbahnanleihen im Wert von 9.910 Gulden (16.989 Mark)und 1860/61 im Wert von 7.000 Gulden (12.000 Mark) gekauft.[1031] Der Finanzierungsbeitrag des Göppinger Instituts dürfte vermutlich über die genannten Zahlen hinausgegangen sein. Die Sparkasse erwarb in dieser Zeit näm-

tabelle mit 913.378 Mark angibt, während in der mehrjährigen Übersicht auf S. 65 für das betreffende Jahr 1852 ein korrekt umgerechneter Wertpapierbestand in Höhe von 2,7 Mio. Mark angegeben ist.

1024 Ebd. S. 67.

1025 Hier und im Folgenden: Haas (1976), S. 124 f.

1026 Berechnet auf Grundlage der Angaben von: Ebd., S. 125.

1027 Thomes (1985), S. 176.

1028 Merz (1997), S. 141.

1029 Württembergische Sparkasse [1900], S. 74 f.

1030 KrA GP, P 1, A 13 „Rechnung pro 1858/59“.

1031 KrA GP, P 1, A 14 „Rechnung pro 1856/60“ und A 15 „Rechnung pro 1860/61“.

lich weitere Anleihen der süddeutschen Staaten, die in den Rechnungsbüchern aber nicht näher bezeichnet wurden beziehungsweise auch in der Form als allgemeine Staatspapiere dem Bahnbau gedient haben könnten. Das Gleiche gilt für andere Oberamtssparkassen wie beispielsweise Ludwigsburg.

Zweitens wurden von den Panel-Sparkassen spätestens ab Ende des 19. Jahrhunderts mehrere Darlehen direkt an diverse Gemeinden zum Bau von Nebenbahnen ausgezahlt. Insgesamt lassen sich anhand der Archivalien mindestens 14 Geldvergaben über mehr als 480.000 Mark eindeutig für diesen Zweck nachweisen und weitere vermuten.

Zu den Kreditnehmern gehörte die Stadt Geislingen. Sie erhielt 1903 von der örtlichen Oberamtssparkasse ein Darlehen von bis zu 60.000 Mark zugesagt. Vermerkt wurde es als *„Schuld z[ur] Bestreitung der restl[ichen] Grunderw[erbungs]kosten der Bahn Geislingen-Wiesensteig“*.[1032] Letztlich wurden nur 47.512,17 Mark beansprucht, die in sechs Raten von Mai bis August abgehoben wurden. Der Hinweis auf die Verwendung für den Kauf von Grundstücken und der eher geringe Betrag für die mehr als 21 Kilometer lange Strecke im oberen Filstal deuten an, dass das Darlehen nur einen Teil der Bauaufwendungen abdeckte. Hierauf ist später noch näher einzugehen. Die Oberamtssparkasse in Kirchheim unter Teck vergab 1908 an drei Gemeinden insgesamt vier Darlehen über zusammen 167.000 Mark für den Bahnbau nach Weilheim an der Teck.[1033] Aus den Kirchheimer Archivalien ergibt sich zudem ein indirekter Hinweis auf eine weitere Eisenbahnfinanzierung, denn der Ratsschreiber aus dem benachbarten Oberamt Göppingen wich im Mai 1907 mit einem Darlehensgesuch auf die Kirchheimer Sparkasse aus, da ihr Göppinger Pendant zu diesem Zeitpunkt 80.000 Mark für den Bau der Trasse nach Gmünd bereitstellen musste.[1034] Die Oberamtssparkasse Biberach gewährte ebenfalls im Jahr 1907 einer Gemeinde im Oberamt Herrenberg 45.000 Mark, die zum Grundstückserwerb für den Bau der Ammertalbahn zwischen den Städten Herrenberg und Tübingen sowie für Feldbereinigungen benötigt wurden.[1035] Drei Jahre später zahlte sie ein Darlehen über 19.150 Mark an eine Gemeinde im Bezirk Balingen aus. Es diente der Finanzierung des Beitrags an der Eisenbahnlinie zwischen der Stadt Balingen und Schömberg.[1036] Ab Sommer 1913 vergab die Biberacher Sparkasse zudem mehrmals Gelder an eigene Bezirksgemeinden zur Finanzierung des Baus einer Eisenbahnlinie von Biberach nach Attenweiler. Die sechs Kredite summierten sich auf 122.000 Mark.[1037] Der

1032 KrA GP, P 1, B 75, „Kapitalienhauptbuch Band I“, Anfügungen in eckigen Klammern durch den Autor.
1033 Proettel (2013), S. 12.
1034 Ebd., S. 12f.
1035 HA KSK BC, D 03-005.01, „Protokoll der Ausleihe-Kommission Band III“.
1036 HA KSK BC, D 03-006.01, „Protokoll der Ausleihe-Kommission Band IV“.
1037 Ebd.

Bahnbau wurde jedoch durch den Beginn des Ersten Weltkrieges 1914 unterbrochen und die Fertigstellung der Trasse in der Folgezeit nie vollzogen.[1038]

Der tatsächliche monetäre Beitrag der archivalisch untersuchten Institute könnte auch bei der Variante mit direkten Darlehen größer ausgefallen sein als hier bislang geschildert. Erstens ist die Überlieferung wie mehrfach geschildert nur bruchstückhaft und zweitens wurden in manchen der betrachteten Quellen nur sporadisch die Gründe der Schuldaufnahmen dokumentiert. Beispielsweise fällt auf, dass die Geislinger Bezirksgemeinden entlang der 1902 eröffneten Nebenbahn Süßen-Weißenstein in den vorangegangenen Jahren insgesamt sieben Darlehen über zusammen 119.000 Mark von ihrer Oberamtssparkasse erhielten. Diese relativ große Summe sowie der zeitliche und örtliche Zusammenhang machen eine Verwendung der Spargelder für den Bahnbau sehr wahrscheinlich, was aber aufgrund des Fehlens entsprechender Angaben im Kapitalienhauptbuch nicht eindeutig belegt werden kann. Auch im Fall des Baus der Bahn von Göppingen nach Gmünd überstieg die Finanzierungsleistung der Oberamtssparkasse Göppingen vermutlich den genannten Betrag von 80.000 Mark. In den Archivalien lassen sich im betreffenden Zeitraum einige Darlehen an Gemeinden entlang der Bahnstrecke nachweisen. Allerdings ist eine genau Zuordnung im Vergleich zur Sparkasse in Geislingen wesentlich schwieriger, da das Göppinger Institut deutlich stärker in der Kommunalfinanzierung engagiert war. Beispielsweise wurden zeitgleich wie beschrieben Darlehen zum Ausbau die Wasserversorgung vergeben.[1039] Deshalb soll in diesem Fall auf die Benennung weiterer mutmaßlicher Darlehen für die Eisenbahnfinanzierung verzichtet werden.

Tabelle 22: Finanzierungen von Eisenbahnen durch Panel-Sparkassen

Bahnlinie	Streckenlänge in Kilometer	Jahr der Finanzierung	Oberamts-sparkasse	Anzahl Darlehen	Darlehenssumme in Mark
Süßen-Weißenstein*	10,41	1899-1901	Geislingen	7	119.000
Geislingen-Wiesensteig	21,26	1903	Geislingen	1	47.512
Göppingen-Gmünd	27,24	1907	Göppingen	1	80.000
Tübingen-Herrenberg	21,25	1907	Biberach	1	45.000
Kirchheim-Weilheim	8,40	1908	Kirchheim	4	167.000
Balingen-Schömberg	12,90	1910	Biberach	1	19.150
Biberach-Attenweiler	ca. 11,5	1913	Biberach	6	122.000
Summen	101,46			21	599.662

Quellen: Für die Einzelangaben vgl. die Nennungen im Text; eigene Zusammenstellung.
Anmerkung: * Vermutete Finanzierung.

1038 Scharf (1997), S. 164f.
1039 Vgl. Kapitel 7.6.

Insgesamt scheint es damit so, als ob die örtlichen Sparkassen üblicherweise mit beträchtlichen Summen zur Finanzierung von Nebenbahnen herangezogen wurden. In denjenigen Bezirken, wo die Institute über keine ausreichende Kapitalkraft verfügten oder aufgrund anderweitiger Ansprüche vorübergehend nicht in der Lage waren, größere Darlehen abzugeben, griffen die Gemeinden offenbar auf auswärtige Sparkassen zurück. Hierauf deuten einerseits die beiden Geldvergaben der Oberamtssparkasse Biberach an Körperschaften in den Bezirken Herrenberg und Balingen hin. Umgekehrt finden sich in der Überlieferung der kleinen Oberamtssparkasse Maulbronn keine Darlehen, die für den 1911 begonnenen Bau der Stichbahn vom abgelegenen Fernbahnhof „Maulbronn West" zum neuen Stadtbahnhof des Ortes genutzt worden sein könnten. Es muss also eine andere Finanzierungsquelle zum Einsatz gekommen sein. Neben den kapitalstarken Oberamtssparkassen engagierte sich wie oben erwähnt auch die Landessparkasse immer wieder mit größeren Summen.

Allerdings ergeben sich bereits aus den Achivalien Hinweise, wonach die Darlehen nur zur teilweisen Bestreitung des Aufwandes ausgereicht haben können. Zur Beurteilung der Bedeutung der Sparkassen für den Bahnbau müssen möglichst die gesamten Baukosten berücksichtigt und deshalb zunächst ermittelt werden. Nähere Einblicke in die damaligen Finanzierungsgepflogenheiten ergeben sich aus dem württembergischen Etat.[1040]

In Württemberg wurden alle Hauptbahnen und die meisten Nebenstrecken von den Königlich Württembergischen Staats-Eisenbahnen (K.W.St.E.) betrieben. Durch deren Eigenschaft als öffentliches Unternehmen erhielten Investitionskredite den gleichen Charakter wie allgemeine Staatsschulden. Anscheinend war die Mittelbewilligung für den Eisenbahnbau aus diesem Grund an eine bestimmte Form gebunden. Die Finanzierungspläne wurden jedenfalls in Form von Gesetzen erlassen und im Regierungsblatt veröffentlicht.[1041]

Demnach waren für den Bau von Nebenbahnen Co-Finanzierungen zwischen der Eisenbahnverwaltung und den betroffenen Gemeinden üblich.[1042] Die stets wiederkehrende Formulierung lautete, „Mit der baulichen Ausführung dieser Bahnen ist vorzugehen, wenn der Eisenbahnverwaltung der für den Bahnbau und dessen Zubehörden dauernd erforderliche Grund und Boden kosten- und lastenfrei zur Verfügung gestellt oder statt der Eigentumsüberweisung genügend Si-

1040 Die sehr umfangreiche Literatur über das historische Eisenbahnwesen bietet in der Regel keine oder nur unzuverlässige Informationen über finanzielle Aufwendungen.
1041 Vgl. *Gesetz, betreffend die Beschaffung von Geldmitteln für den Eisenbahnbau und für außerordentliche Bedürfnisse der Verkehrsanstaltenverwaltung in der Finanzperiode 19../..* in: Regierungsblatt für das Königreich Württemberg, diverse Ausgaben. Neben diesen Doppelhaushalten für jeweils zwei Jahre wurden auch Nachtragshaushalte beschlossen, so am 21.02.1902 und am 23.03.1906, sowie separate Gesetze für Nebenbahnen, so am 29.07.1899. Vgl. Regierungsblatt für das Königreich Württemberg, diverse Ausgaben.
1042 Vgl. für die nachfolgenden Angaben neben den vorgenannten die entsprechenden Gesetze vom 27.05.1899, 25.05.1900, 23.07.1901, 27.07.1903, 28.07.1905, 16.08.1907, 25.08.1909, 15.08.1911.

cherheit für die Erstattung der Grunderwerbungskosten geboten wird." Darüber hinaus mussten sich die Gemeinden auch mit direkten Zahlungen an die K.W.St.E. beteiligen. Der Gesetzgeber legte beispielsweise im Fall der Strecken Geislingen-Wiesensteig und Kirchheim-Weilheim jeweils 50.000 Mark als pauschalen „Baukostenbeitrag" fest. Für die längere Strecke Göppingen-Gmünd waren von den Gemeinden zusammen 140.000 Mark aufzubringen. Dagegen wurde im Fall der Trassen Tübingen-Herrenberg sowie Biberach-Attenweiler ein Beitrag von 5.000 Mark je Kilometer Betriebslänge vorgesehen und für die Strecke Balingen-Schömberg ein solcher in Höhe von 6.000 Mark je Kilometer. Die von den Sparkassen vergebenen Darlehen dienten demnach nur zur Aufbringung dieser Beträge und für den Kauf der Grundstücke.[1043]

Die weitaus größeren Anteile für die Erstellung der Strecken wurden vom Staat bereitgestellt. Die Finanzierungsgesetze enthielten jeweils die Mittelzuweisungen für den Nebenbahnbau und ihre Verteilung auf die einzelnen Strecken. So wurden für die Verbindung Geislingen-Wiesensteig in den drei Doppelhaushalten von 1899/00 bis 1903/04 Raten über zusammen 2 Mio. Mark bestimmt. Für die 27 Kilometer lange Strecke zwischen Göppingen und Gmünd sahen die Gesetze für 1905/06 bis 1913/14 sogar fünf Raten über insgesamt 5,78 Mio. Mark vor. Zur Finanzierung dieser Summen ermächtigten die Gesetze die Regierung, „Staatsanlehen unter möglichst günstigen Bedingungen aufzunehmen".

Um den Gesamtaufwand angeben zu können, sind demnach erstens die Raten der Eisenbahnverwaltung und zweitens die Beiträge der Gemeinden gemäß den Finanzierungsgesetzen sowie drittens die Ausgaben der Gemeinden für den Grundstückskauf zu addieren. Letztere wurden in manchen, aber nicht in allen Fällen im Staats-Anzeiger für das Königreich Württemberg anlässlich der Eröffnung der Strecken erwähnt. Beispielsweise betrugen die Aufwendungen der Gemeinden für den Bodenerwerb im Fall der vorläufigen Verbindung von Gmünd nach Wäschenbeuren 310.000 Mark[1044] und von dort bis Göppingen 280.000 Mark.[1045] Für die Grundstücke der gesamten Strecke mussten somit 590.000 Mark aufgewendet werden. Unter Berücksichtigung des Baukostenbeitrages von 140.000 Mark und der Mittelzuweisungen in Höhe von 5,78 Mio. Mark ergeben sich somit Gesamtkosten von 6,51 Mio. Mark. Das Sparkassendarlehen über 80.000 Mark entsprach somit lediglich einem Anteil in Höhe von 1,2 %. Dieses Beispiel ist für eine solche Gegenüberstellung allerdings ungeeignet, da die Bahnstrecke zwei

1043 Zur Vervollständigung sei erwähnt, dass die Gemeinden fortan auch stets das für den Betrieb der Dampflokomotiven und der weiteren Einrichtungen benötigte Wasser kostenlos bereitstellen mussten. Im Fall der Linie Göppingen-Gmünd befreiten sich die Gemeinden von dieser Pflicht gegen eine Einmalzahlung in Höhe von 20.000 Mark. Vgl. hierzu: *Staats-Anzeiger für das Königreich Württemberg*, Stuttgart, Ausgabe vom 14.05. 1912.

1044 *Staats-Anzeiger für das Königreich Württemberg*, Stuttgart, Ausgabe vom 03.08. 1911.

1045 *Staats-Anzeiger für das Königreich Württemberg*, Stuttgart, Ausgabe vom 14.05. 1912.

Verwaltungsbezirke miteinander verband und wahrscheinlich auch die nicht archivalisch untersuchte Oberamtssparkasse Gmünd an der Finanzierung beteiligt war. Außerdem ist die Gesamthöhe der Sparkassendarlehen aus Göppingen für den Bahnbau unbekannt. Das Gleiche gilt für die punktuellen Finanzierungsleistungen der Biberacher Sparkasse in den Bezirken Herrenberg und Balingen sowie für den Bau der Bahn Geislingen-Wiesensteig. Dort bricht die archivalische Überlieferung der Sparkasse im Frühjahr 1902 ab, weshalb unbekannt ist, ob weitere Darlehen ausgezahlt wurden. Für den Bahnbau zwischen Süßen und Weißenstein dürften zwar alle relevanten Darlehen vorliegen. Hier fehlt jedoch eine Angabe für die Kosten des Grunderwerbs.[1046] Der Anteil der Sparkassendarlehen an der Finanzierungssumme muss deshalb deutlich kleiner als 13,8 % gewesen sein. Diese Zahl stellt den Anteil der Kredite an die Gemeinden im Verhältnis zur Summe aus Staatszahlungen und lokalem Baukostenbeitrag dar.

Für eine Abschätzung des Sparkassenanteils gut geeignet ist dagegen der Bahnbau Kirchheim-Weilheim. Die Gesamtkosten für die 8,4 Kilometer lange Strecke betrugen laut Staats-Anzeiger 900.000 Mark.[1047] Hiervon wurden 670.000 Mark in zwei Raten von der Eisenbahnverwaltung aufgebracht. Die Gemeinden steuerten wie erwähnt weitere 50.000 Mark als Baukostenbeitrag bei. Und die verbleibende Differenz in Höhe von 180.000 Mark entfiel auf den Kauf von Grundstücken. Die Darlehen der Oberamtssparkasse Kirchheim, die vermutlich ausschließlicher Finanzierungspartner der Gemeinden war, entsprachen mit 167.000 Mark somit 72,6 % der Aufwendungen der Kommunen, aber nur 18,6 % der Gesamtkosten.

Tabelle 23: Finanzierung der Nebenbahnen mit Sparkassenbeteiligung in Mark

Bahnlinie	Staatsbeitrag		Baukosten-beitrag der Gemeinden	Grunderwerbs-kosten der Gemeinden	Gesamt-kosten	Bekannte Darlehen	
	Anzahl Raten	Summe				in Mark	in % der Gesamtkosten
Süßen-Weißenstein*	2	835.000	25.000	n.a.	>860.000	119.000	<13,8
Geislingen-Wiesensteig	3	2.000.000	50.000	n.a.	>2.050.000	47.512	<2,3
Göppingen-Gmünd	5	5.780.000	140.000	590.000	6.510.000	80.000	1,2
Tübingen-Herrenberg	4	3.760.000	106.250	n.a.	>3.866.250	45.000	<1,2
Kirchheim-Weilheim	2	670.000	50.000	180.000	900.000	167.000	18,6
Balingen-Schömberg	3	2.045.000	77.400	(erst 1928 fertiggestellt)	-	19.150	-
Biberach-Attenweiler	(Bau abgebrochen)		ca. 57.500	n.a.	-	122.000	-

Quellen: Regierungsblatt für das Königreich Württemberg, diverse Ausgaben; Tabelle 22; eigene Berechnung und Zusammenstellung.
Anmerkung: * Vermutete Finanzierung.

1046 Ein Artikel über die Bahn jedoch in: *Staats-Anzeiger für das Königreich Württemberg*, Stuttgart, Ausgabe vom 5.12.1901.
1047 *Staats-Anzeiger für das Königreich Württemberg*, Stuttgart, Ausgabe vom 15.09.1908.

Ähnlich hohe Prozentwerte wie im Fall Kirchheim-Weilheim wurden vermutlich nur bei den topografisch wenig anspruchsvollen Strecken realisiert. Die genannte Trasse war mit gut 107.000 Mark pro Kilometer vergleichsweise günstig und der Aufwand der K.W.St.E. in Relation zu den Gemeinden somit niedrig. Für die Verbindung Göppingen-Gmünd ergeben sich anhand der beschriebenen Werte dagegen Kosten in Höhe von 239.000 Mark pro Kilometer.

Diese allgemein hohen Beträge für eingleisige, nicht-elektrifizierte Trassen mögen auf den ersten Blick überraschen. Wie in Kapitel 3 beschrieben, beliefen sich die Schätzwerte für gute zeittypische Einfamilienhäuser in der Regel auf bis zu 10.000 Mark. Umgerechnet bedeutet dies, dass ein solches Haus den Gegenwert von nur 93 Metern der Eisenbahnstrecke Kirchheim-Weilheim und von lediglich 42 Metern der Trasse Göppingen-Gmünd entsprach. Die immensen Kosten für den Bahnbau sind jedoch durchaus plausibel. Trotz einer sparsamen Streckenführung entlang von Tälern waren erhebliche Maßnahmen zur Realisierung notwendig. Zwischen Kirchheim und Weilheim mussten 66.000 Kubikmeter Erde für Geländeeinschnitte bewegt werden.[1048] Auf der Strecke Geislingen-Wiesensteig wurden sogar 135.000 Kubikmeter Erde für Einschnitte abgetragen und teilweise zu anderen Stellen für Aufschüttungen transportiert.[1049] Darüber hinaus wurden hier 36.000 Kubikmeter Schotter für den Bahndamm benötigt sowie 12 Brücken zum Überqueren von Bächen und Flüssen, wovon die größte eine Spannweite von 18 Metern aufwies. Auch die Vorarbeiten waren sehr aufwendig. Typischerweise wurden überall zunächst schmalspurige Feldbahnen gebaut, um auf ihnen Loren und dampfbetriebene Seilzugbagger bewegen zu können.[1050] Je nach Lage ergaben sich weitere Aufwendungen. Für die deutlich teurere Bahn zwischen Tübingen und Herrenberg mussten Arbeiter im Dreischichtenbetrieb einen 288 Meter langen Tunnel herstellen und mit einem Aquädukt einen Kanal verlegen. Auf bestimmten Abschnitten wurden 13 Meter lange Eichenpfähle in den moorigen Grund eingerammt und andernorts der Boden 15 Meter tief ausgehoben, um den Bahndamm solide gründen zu können. Auf der Strecke Göppingen-Gmünd machten Erdrutschungen umfangreiche und kostspielige Sicherungs- und Entwässerungsmaßnahmen erforderlich. Zu diesen Aufwendungen kommen die Einrichtungen der Strecken hinzu. Allein entlang des letztgenannten Schienenwegs wurden zehn Bahnhofs- und Verwaltungsgebäude mit Wartehallen erstellt, darüber hinaus zehn Nebengebäude, sieben Güterschuppen, sechs Abstellgleise, fünf Gleiswaagen und vier Verladekräne.[1051]

1048 Ebd.
1049 Hier und im Folgenden: *Staats-Anzeiger für das Königreich Württemberg*, Stuttgart, Ausgabe vom 19. 10. 1903.
1050 Vgl. hier und im Folgenden: Wolfgang Sannwald (2009): *Bau der Ammertalbahn*, in: ders. (Hg.): AngeLOKt, 100 Jahre Ammertalbahn im Landkreis Tübingen, [Tübingen], S. 20 bis 28; Karl Fischer (2004): *Klepperle-Josefle, Die Geschichte der Nebenbahn Schwäbisch Gmünd-Göppingen*, Schwäbisch Gmünd, S. 12 f.
1051 Fischer (2004), S. 16.

Die Erstellung der Nebenbahnen war damit so aufwendig, dass eine vollständige Finanzierung durch reguläre Darlehen der örtlichen Sparkassen kaum möglich gewesen wäre. Wie am Beispiel der Strecke Kirchheim-Weilheim gezeigt, betrug der Anteil der Darlehen zur Begleichung der Gesamtkosten selbst unter solchen Bedingungen, die zu einer hohen finanziellen Beteiligung der Sparkassen führen konnten, nur unter 20 % der Gesamtaufwendungen.

Zwar kann argumentiert werden, dass die Institute in dieser Zeit auch indirekt zur Eisenbahnfinanzierung beitrugen. Sie kauften Staatsanleihen als Liquiditätsreserve, die wie oben ausgeführt zur Mittelaufbringung für die K.W.St.E. vorgesehen waren. Doch wie die nachfolgende grobe Gegenüberstellung zeigt, ändert dieser Umstand nichts an dem Urteil.

Für die Dauer der hier betrachteten Finanzierungsgesetze von 1899 bis 1912 musste die Eisenbahnverwaltung neben den Mittelzuweisungen für den Bau von Nebenbahnen in Höhe von knapp 33,6 Mio. Mark umfangreiche weitere Ausgaben finanzieren. Zu nennen sind 5,0 Mio. Mark als Zuschüsse für private Nebenbahnen. Der Bau neuer Hauptbahnen erforderte knapp 5,8 Mio. Mark und der Ausbau bestehender Hauptbahnen mit einem zweiten Gleis annähernd 34,9 Mio. Mark. Für Bahnhofsbauten mussten insgesamt 88,2 Mio. Mark bereitgestellt werden und für den Bau von Wohngebäuden für das Bahnpersonal 8,1 Mio. Mark. Außerdem wurden für die Erweiterung des Fuhrparks der K.W.St.E rund 48,2 Mio. Mark veranschlagt und für Grundstückskäufe für die Eisenbahnverwaltung weitere 2,3 Mio. Mark. In der Summe betrug der Kapitalbedarf etwa 226,0 Mio. Mark.

Tabelle 24: Staatlicher Kapitalbedarf für Bahn-Investitionen 1899 bis 1912

Verwendungszweck	Beträge in Mark
Bau von Nebenbahnen	33.577.000
Zuschuss für private Nebenbahnen	4.983.400
Bau von Hauptbahnen	5.770.000
Ausbau von Hauptbahnen	34.850.000
Neubau Stuttgarter Hauptbahnhof	22.200.000
Ausbau bestehender Bahnhöfe	65.982.500
Wohngebäude für Bahnpersonal	8.121.000
Vermehrung der Fahrzeuge	48.205.000
Grunderwerb für Eisenbahnverwaltung	2.300.000
Summe	225.988.900

Quellen: Regierungsblatt für das Königreich Württemberg, diverse Ausgaben (vgl. Angaben im Text); eigene Zusammenstellung.

Von diesen Aufwendungen konnten etwa 12,5 Mio. Mark durch vorhandene Finanzmittel gedeckt werden.[1052] Der Finanzierungsbedarf durch Anleiheemissionen belief sich deshalb auf die restlichen 213,5 Mio. Mark.[1053]

Diesem Betrag sind die Anleihekäufe der württembergischen Sparkassen gegenüberzustellen. In dem besagten Zeitraum stieg der Wertpapierbestand aller Institute inklusive der Landessparkasse und der Gemeindesparkassen um 27,2 Mio. Mark auf knapp 62,9 Mio. Mark an. Hierin enthalten sind jedoch auch Pfandbriefe der Hypothekenbanken, städtische Anleihen und gegebenenfalls Schuldverschreibungen anderer Bundesstaaten und des Deutschen Reiches. Wird unterstellt, dass sich die Wertpapierbestände der Sparkassen durchschnittlich zu etwa drei Vierteln aus württembergischen Staatstiteln zusammensetzten,[1054] dann hatte sich der entsprechende Anleihebestand der Sparkassen Ende 1912 um 20,4 Mio. Mark gegenüber dem Stand von Anfang 1899 erhöht. Dieser Betrag entspricht somit lediglich knapp 10 % des Finanzierungsbedarfes für den Eisenbahnbau in Höhe von 213,5 Mio. Mark im gleichen Zeitraum.

Allerdings muss eingeschränkt werden, dass sich die beiden Beträge nicht vorbehaltlos miteinander vergleichen lassen. Der geschätzte Anstieg um 20,4 Mio.

1052 Vgl. die Angaben in den Finanzierungsgesetzen.

1053 Unberücksichtigt bleibt in dieser Rechnung, dass die Finanzierungsgesetze zumindest teilweise auch die Finanzplanungen für den Ausbau des Post- und Telegraphenwesens beinhalteten. Sie umfassten für den Zeitraum 1899 bis 1912 in der Summe 4.359.000 Mark und die oben genannten Finanzreserven in Höhe von 12.535.400 Mark sollten auch zur Deckung dieser Zwecke dienen. Eine Abgrenzung darüber, welche Mittelverwendungen in welchem Umfang durch Finanzreserven gedeckt werden sollten und welche nicht, wurde von den Zeitgenossen nicht durchgeführt, da alle Ausgaben aus dem gleichen Staatshaushalt gespeist wurden. Wollte man diese Abgrenzung nachträglich vornehmen und dabei eine prozentuale Gleichverteilung unterstellen, dann reduziert sich der Finanzierungsbedarf für den Eisenbahnbau nur um 12,3 Mio. Mark, während die restlichen 200.000 Mark auf das Post- und Telegraphenwesen entfallen. Das rechnerische Anleihevolumen für die Eisenbahn würde demnach mit 213,7 Mio. Mark geringfügig höher ausfallen.

1054 Die Anteile der verschiedenen zugelassenen Wertpapieremittenten wurden in den Sparkassenstatistiken nicht veröffentlicht. Nähere Einblicke sind durch Heranziehung von archivalischen Quellen der Panel-Sparkassen möglich. Die Oberamtssparkasse Göppingen als das am meisten am Wertpapiermarkt aktive Institut erwarb um die Jahrhundertwende neben Staatsanleihen auch Wertschriften der Stadt Göppingen, der Stadt Stuttgart, der Württembergischen Hypothekenbank und des Württembergischen Creditvereins. Am Ende des Jahres 1906 betrug der gesamte Anleihebestand 1.280.700 Mark und der Anteil der Staatspapiere 69,4 % (KrA GP, P 1, A 238 „Beilagen zur Rechnung pro 1906"). Bis Ende 1913 änderten sich diese Werte nur marginal. Von der kleinen Oberamtssparkasse Künzelsau sind zwischen 1900 und 1913 Wertpapierkäufe in Höhe von knapp 30.000 Mark dokumentiert, wobei der Anteil heimischer Staatspapiere 90 % betrug (Archiv Spk Ho, Register Nr. 110.01, Lfd. Nr. 2, Standort Kün, „Aktivkapitalienbuch 1900–1924"). Offenbar nahm die Diversifikation bei kleinen Portfolios ab und es wurden nur die besonders liquiden Papiere der Regierung erworben. Der hier verwendete Schätzwert von 75 % für den Anteil der Staatspapiere liegt demnach grob in der Mitte zwischen diesen beiden Extremen, wobei das höhere Gewicht von großen Sparkassen am aggregierten Portfolio aller Institute berücksichtigt wurde.

Mark entspricht nur den Netto-Käufen. Die tatsächlichen Erwerbungen dürften deutlich höher ausgefallen sein, da immer wieder diverse bereits im Eigentum der Kassen befindliche Anleihen fällig oder zur Tilgung ausgelost wurden und deshalb zu ersetzen waren. Bei unterstellten Fälligkeiten in Höhe von 5 % des Altbestandes pro Jahr mussten die Sparkassen von 1899 bis einschließlich 1912 württembergische Staatsanleihen im Umfang von brutto 46,6 Mio. Mark erwerben, um die angenommene Netto-Erhöhung zu erreichen. Bei Fälligkeiten im Umfang von 10 % pro Jahr ergibt sich sogar ein rechnerisches Kaufvolumen von 72,8 Mio. Mark.[1055] Diese deutlich höhere Zahl entspricht dennoch nur etwa ein Drittel des Finanzierungsaufwandes für den Bahnbau in Höhe von 213,5 Mio. Mark. Darüber hinaus lässt sich eine Argumentation anführen, die allgemein für eine letztendlich geringere Bedeutung der Wertpapierkäufe durch Sparkassen und andere Gläubiger spricht, als die eben genannten hohen Zahlen vermuten lassen: Bei einer Finanzierung durch Anleihen ist es möglich, dass die Schuldbeträge zu den ex-ante vereinbarten Terminen an die Gläubiger zurückgezahlt werden müssen, bevor eine vollständige innerbetriebliche Tilgung der finanzierten Investition durch die erzielten Überschüsse erreicht wurde. Bei der Ausgabe neuer Anleihen handelt es sich in diesen Fällen nur um Anschlussfinanzierungen für bereits in der Vergangenheit getätigte Investitionen. Dieser Umstand könnte insbesondere im Bereich der Eisenbahnen mit den langen Nutzungsdauern von Trassen, Bahnhöfen und Fahrzeugen zutreffend sein. Die Betrachtung der Brutto-Anleihekäufe entspräche demnach möglicherweise nur einer mehrfachen Zählung derselben Finanzierungen. Da überdies nicht bekannt ist, welchen Anteil der Eisenbahnsektor an der Wertpapieremission des Staates ausmachte, bleiben die hier vorgenommenen Betrachtungen vage. Sie können lediglich ein Indiz für die ungefähre Größenordnung bieten.

Zumindest theoretisch wäre übrigens eine vollumfängliche Finanzierung aller Kapazitätserweiterungen der Eisenbahn im betrachteten Zeitraum möglich gewesen. Das Finanzvermögen aller württembergischen Sparkassen nahm zwischen Anfang 1899 und Ende 1912 um 377,6 Mio. Mark zu. Dieses hypothetische Ziel hätte sich aber nur durch drastische Einschränkungen der Kreditvergabe an Private oder für andere öffentliche Aufgaben realisieren lassen.

Damit bleibt festzuhalten, dass die Sparkassen in Deutschland seit Beginn des Eisenbahnzeitalters und insbesondere während der Hochindustrialisierung mit bedeutenden Beträgen am Auf- und Ausbau des Streckennetzes beteiligt waren. Die extrem kapitalintensive Erstellung der Bahnen dürfte aber zu den größten finanziellen Herausforderungen der Epoche gehört haben, weshalb die Sparkassen in der Summe letztlich nur die Rolle einer Finanzierungsquelle neben bedeutenden anderen einnahmen. Im Bereich der Nebenbahnen ermöglichten die württembergischen Oberamtssparkassen durch direkte Darlehensvergaben an

1055 Der tatsächliche Umfang der Fälligkeiten ist nicht bekannt. Er könnte aber ähnlich wie im Fall der Tilgungsleistungen auf das Hypothekenkapital durch archivalische Erhebungen abgeschätzt werden.

Gemeinden immerhin die Finanzierung großer Anteile an den kommunalen Aufwendungen. Durch sie war es möglich, die aus ordnungspolitischer Sicht interessanten Co-Finanzierungen durchzuführen.

Die Auseinandersetzung mit dem Nebenbahnbau gibt allerdings Anlass zu der folgenden Überlegung: Möglicherweise waren diese Strecken aus volkswirtschaftlicher Sicht und rückblickend betrachtet Fehlinvestitionen. Die während der Hochindustrialisierung erstellten Nebenbahnen stellen im Großen und Ganzen die weiteste Ausbaustufe des Eisenbahnnetzes dar. Aber sie gehörten auch zu den ersten Verbindungen, die aufgrund mangelnder Rentabilität stillgelegt wurden. Dies geschah teilweise bereits in den 1960er bis 1980er Jahren. Es ist deshalb fraglich und wäre eine eigene Untersuchung wert, ob die kurze Nutzungsdauer der ohnehin wenig befahrenen Strecken ausreichte, um die vergleichsweise hohen Aufwendungen zu amortisieren.

11.3 Stromversorgung und insbesondere öffentliche Elektrizitätswerke

Die Panel-Sparkassen vergaben in der Summe mehr Kapital zur Finanzierung von Elektrizitätswerken als zum Bau von Eisenbahnen. Eine Abschätzung ihrer Bedeutung für diese Aufgabe ist jedoch grundsätzlich etwas komplizierter. Im Gegensatz zum Eisenbahnwesen war die Elektrizitätserzeugung und -verteilung in Württemberg dezentral organisiert. Für Ende 1913 sind 299 Unternehmen statistisch erfasst, doch inklusive kleinster privater Versorgungseinrichtungen dürften etwa 500 Elektrizitätswerke existiert haben.[1056] Hinzu kommt, dass Teile der Stromwirtschaft öffentlich waren und andere in privater Hand lagen. Nachfolgend werden zunächst die verschiedenen Organisationsvarianten der damaligen Zeit vorgestellt sowie gegebenenfalls die Beteiligung von Panel-Sparkassen an ihrer Finanzierung.

Im letzten Drittel des 19. Jahrhunderts entstanden zunächst aus vorhandenen Mühlen zahlreiche kleine private Kraftanlagen zur lokalen Stromversorgung. Die beschriebene Finanzierung eines Sägewerkes mit Kraftwerk durch die Biberacher Sparkasse bietet hierfür ein gutes Beispiel. Vermutlich dienten mehrere Darlehen an Mahl- und Sägemüller der Einrichtung elektrischer Anlagen.[1057] Doch dies lässt sich aufgrund des Mangels an entsprechenden Überlieferungen üblicherweise nicht belegen. Eine Ausnahme ist die in Kapitel 3.8 dargestellte langjährige Geschäftsbeziehung zwischen der Oberamtssparkasse Nagold mit dem Sägewerksbesitzer Cletus Klingler, der ein regionales privates Elektrizitätsunternehmen aufbaute.

1056 Leiner (1985), S. 45.
1057 Ein Beispiel aus Kirchheim in: Proettel (2013), S. 20.

In wenigen Fällen etablierten sich in Württemberg sehr große private Stromunternehmen. Beispielsweise wurde die industriell wichtige Region Mittlerer Neckar durch die Neckarwerke Altbach-Deizisau des Unternehmers Heinreich Mayer abgedeckt. Die Finanzierung erfolgte in diesem Fall durch die Ausgabe von Anleihen über die Wertpapierbörse.[1058] Das hohe Kapitalbedürfnis der Firma hätte die Finanzierungskraft einzelner Oberamtssparkassen überfordert und vermutlich wäre auch die benötigte hypothekarische Besicherung zu einem Hemmnis geworden. Das Sachkapital der Elektrizitätswerke bestand hauptsächlich aus nicht in die Beleihungsmasse einzurechnenden technischen Anlagen und kaum aus Immobilien.

Einige mittlere und größere Zentren wie Stuttgart schufen städtische Stromversorgungsunternehmen. Angesichts der hohen Verbundenheit der Sparkassen mit den Kommunen ist es wahrscheinlich, dass in solchen Fällen zumindest teilweise Spargelder eingesetzt wurden. Die Panel-Institute scheinen gemäß den untersuchten Archivalien jedoch keine entsprechenden Finanzierungen vorgenommen zu haben, zumal nur in Ravensburg ein städtisches Elektrizitätswerk bestand. Ein Hinweis auf eine mögliche Sparkassenfinanzierung in einem solchen Fall ist jedoch ein Auskunftsersuchen des Nürtinger Stadtpflegers bei der Oberamtssparkasse Kirchheim aus dem Jahr 1909.[1059] Er brauchte 135.000 Mark zum Weiterbau des städtischen Elektrizitätswerkes. Sparkassenleiter Fritz Hohl antwortete mit der Empfehlung, sich wegen der Geldaufnahme an die Verwaltungsstelle des Sparkassenverbandes bei der Städtischen Sparkasse Stuttgart und eventuell auch an die Oberamtssparkasse Ehingen zu wenden.

In manchen ländlichen Gegenden scheint der hohe Aufwand für den Bau eines Versorgungsnetzes bei beschränkten Verdienstmöglichkeiten das Engagement privater Unternehmer wie auch einzelner Gemeinden gehemmt zu haben. Da elektrische Kraft und Licht vor allem auf dem Lande immer weniger als Luxusgut, sondern als wirtschaftliche Notwendigkeit angesehen wurden, wuchs die Stromversorgung jedoch in den Status einer öffentlichen Aufgabe hinein.[1060] Als Lösung schlossen sich Lokalpolitiker und Bürger zunächst in privaten Genossenschaften zusammen. Ein Beispiel hierfür ist das von der Oberamtssparkasse Geislingen mit vermutlich 86.000 Mark finanzierte Alb-Elektrizitätswerk. Viel bedeutender wurde aber bald die Organisationsform als öffentlicher Gemeindeverband nach dem Vorbild der etwas älteren Wasserversorgung. Die so entstandenen Gemeindeverband-Elektrizitätswerke dienten in der Praxis einer mehr oder minder großen Anzahl von Kommunen quer über die Oberamtsgrenzen hinweg. In Südostwürttemberg wurden zudem auf der verwaltungstechnisch höheren Ebene der

1058 Im Jahr 1904 waren Anleihen der Gesellschaft über 1,75 Mio. Mark für den Handel an der Börse Stuttgart zugelassen. Vgl. *Handbuch der Süddeutschen Aktien-Gesellschaften*, S. 581.

1059 HA KSK N-E, Kreditanträge/-beschlüsse usw. 1909.

1060 Hier und im Folgenden: Leiner (1985), S. 72f und S. 91.

Oberämter zwei Bezirksverbände gegründet, die sich 1910 zum Bezirksverband Oberschwäbischer Elektrizitätswerke (OEW) zusammenschlossen.[1061]

Gemäß Geschichtsschreibung erfolgte die Finanzierung der Gemeinde- und Bezirksverbände durchweg mit Fremdkapital.[1062] Die Archivalien der untersuchten Institute zeigen, dass mehrere Sparkassen für diese Aufgabe mit zum Teil bedeutenden Beträgen gedient haben. Vier von ihnen vergaben Darlehen über zusammen 856.500 Mark. Darunter fallen Darlehensvergaben der Oberamtssparkassen Künzelsau und Maulbronn über 41.500 Mark beziehungsweise 10.000 Mark an lokale Verbände. Außerdem waren die Oberamtssparkassen Nagold und Biberach mit größeren Beträgen an der Finanzierung eines Gemeindeverbandes im Schwarzwald beteiligt. Bei einem fünften Panel-Institut, der Oberamtssparkasse Leutkirch, ist in dem alphabetischen Verzeichnis der Darlehensnehmer der OEW aufgeführt. Aufgrund der unvollständigen archivalischen Überlieferung sind in diesem Fall aber sowohl der Betrag wie auch der Auszahlungszeitpunkt nicht bekannt und möglicherweise wurde das Kapital erst nach dem Ausbruch des Ersten Weltkrieges vergeben.

Tabelle 25: Finanzierungen von Gemeindeverband-Elektrizitätswerke durch Panel-Sparkassen

Gemeindeverband	Jahr der Finanzierung	Oberamts-sparkasse	Anzahl Darlehen	Darlehenssumme in Mark
Calw/Teinach-Station	1910	Nagold	2	80.000
Calw/Teinach-Station	1910	Biberach	1	600.000
Kocherstetten	1911/12	Künzelsau	3	41.500
Enzberg	1912	Maulbronn	1	10.000
Calw/Teinach-Station	1913	Nagold	1	125.000
Summen			8	856.500

Quellen: Für die Einzelangaben vgl. die Nennungen im Text.

Vor dem Versuch einer Hochrechnung über die Bedeutung der Sparkassen für die Finanzierung der Stromwirtschaft sollen die Finanzierungen in der obigen Tabelle näher vorgestellt werden. Sie verfügen über einen sehr hohen Erklärungsgehalt über einzelne Aspekte des Darlehensgeschäftes der Sparkassen.

Die Oberamtssparkasse Künzelsau gewährte zunächst im Jahre 1911 zwei Darlehen über 500 Mark und 1.000 Mark an den „Gemeindeverband Elektrizitätswerk Kocherstetten".[1063] Im nächsten Jahr folgte das bis dahin größte Darlehen

1061 Ebd. S. 182.
1062 Hier und im Folgenden ebd., S. 73.
1063 Archiv Spk Ho, Lfd. Nr. 24, Register Nr. 110.01, Standort Kün., „Rechnungsbuch 1911".

des kleinen Instituts im Umfang von 40.000 Mark.[1064] Das Geld wurde in Teilbeträgen vermutlich je nach Baufortschritt ausgezahlt. Im Archiv der Sparkasse haben sich in diesem Zusammenhang Originalrechnungen der Maschinenfabrik Esslingen erhalten, die das Wasserkraftwerk im Auftrag des Gemeindeverbands erstellte.[1065] Da die Anlage in der Historiographie nicht behandelt wird, fehlen weitere Angaben, beispielsweise über zusätzliche Kapitalgeber. Allerdings wird das Kraftwerk in der Statistik des Verbandes Deutscher Elektrotechniker aufgeführt, wo die Anzahl der Einwohner des Versorgungsgebietes mit rund 1.900 angegeben ist und die maximale Belastung der Maschine ohne Akkumulatoren und Fremdstrombezug mit 40 Kilowatt (54 PS).[1066] Pro Kilowatt vergab die Sparkasse somit rechnerisch Darlehenskapital in Höhe von 1.037 Mark. Dieser Wert entspricht ziemlich exakt dem Mittelwert der Erstellungskosten der Elektrizitätsanlagen größerer württembergischer Kraftwerksbetreiber, die detailliert in einer anderen Statistik, derjenigen der Vereinigung der Elektrizitätswerke festgehalten wurden.[1067] Demnach betrugen die Aufwendungen dort durchschnittlich 1.022 Mark pro Kilowatt Leistung. Vor diesem Hintergrund könnte das kleine Kraftwerk Kocherstetten in vollem Umfang durch Sparkassengelder finanziert worden sein.[1068]

Die Oberamtssparkasse Maulbronn zahlte 1912 ein Schuldscheindarlehen über 10.000 Mark an den „Gemeindeverband Elektrizitätswerk Enzberg“ aus.[1069] Über diese Einrichtung sind deutlich mehr Informationen aus der zeitgenössischen Statistik und der Geschichtsschreibung bekannt. Konzipiert war die Anlage am nordwestlichen Rand Württembergs für ein größeres Gebiet mit 21 Ortschaften und mehr als 17.000 Einwohner[1070] Die Errichtung wurde im März 1910 mit der Ausschreibung der umfangreichen Grab- und Betonierungsarbeiten begonnen, die dem mit Abstand günstigsten Anbieter für 138.000 Mark zugeschlagen wur-

1064 Archiv Spk Ho, Lfd. Nr. 25, Register Nr. 110.01, Standort Kün., „Rechnungsbuch 1912“

1065 Archiv Spk Ho, Lfd. Nr. 43, Register Nr. 110.01, Standort Kün., „Rechnungsbeilagen 1912“.

1066 Verband Deutscher Elektrotechniker und Georg Dettmar (Hg.) (1913): *Statistik der Elektrizitätswerke in Deutschland nach dem Stande vom 1. April 1913*, Berlin, S. 208.

1067 Eigene Berechnungen aufgrund der Angaben zu den Neckarwerken, dem Elektrizitätswerk Heilbronn-Lauffen und den städtischen Werken Gmünd, Ravensburg, Reutlingen und Stuttgart in: Vereinigung der Elektrizitätswerke (1913): *Statistik für das Betriebsjahr 1912 bzw. 1912/1913*, o. O.

1068 Der genannte Durchschnittswert von 1.022 Mark enthält nicht die Aufwendungen für das Leitungsnetz. Da das Elektrizitätswerk Kocherstetten aber nur ein sehr eingeschränktes lokales Gebiet versorgte und damals die Verbraucher selbst die Kosten für die letzten Meter übernehmen mussten, dürfte dieser Punkt kaum ins Gewicht fallen. Aus den Angaben für die Neckerwerke errechnet sich ein durchschnittlicher Preis für eine oberirdische Niederspannungs-Freileitung in Höhe von 2.639 Mark pro Kilometer. Vgl. die Angaben in: Vereinigung der Elektrizitätswerke (1913), S. 261.

1069 Archiv Spk Pf Cw, MA.03., Lfd. Nr. 17, „Jahresrechnung 1912“.

1070 Verband Deutscher Elektrotechniker/Georg Dettmar (1913), S. 100.

den.[1071] Für die Lieferung von zwei Turbinen mit einer Leistung von jeweils 270 PS für zusammen 30.000 Mark wurde die Firma Voith aus Heidenheim beauftragt. Da die Wasserkraftanlage nicht so schnell wie gewünscht in Betrieb gehen konnte, wurde außerdem ein Dieselmotor mit 200 PS zum Preis von 40.175 Mark aufgestellt und im Juni 1911 in Betrieb genommen. Die Generatoren, Transformatoren und die Schaltanlage wurden für 65.500 Mark von der Maschinenfabrik Esslingen bezogen. Zu den genannten Ausgaben in Höhe von rund 274.000 Mark dürften noch weitere Aufwendungen für die Erstellung des Kraftwerksgebäudes und der Leitungen gekommen sein. Das Darlehen aus Maulbronn stellte somit nur einen Bruchteil der Aufwendungen dar. Die Bezahlung der Rechnungen erfolgte tatsächlich in erster Linie über eine andere Kapitalquelle. Der Historiker Wolfgang Leiner schrieb, „Die Finanzierung war insofern sichergestellt, als die Württembergische Sparkasse in Stuttgart bereit war, dem Verband ein Darlehen bis zu 600 000 M zu genehmigen".[1072] Die originäre Bereitstellung des Kapitals erfolgte hier also nicht über Partikularsparkassen, sondern über die Landessparkasse. Dass sich dennoch ein Darlehen der Oberamtssparkasse Maulbronn nachweisen lässt, geht vermutlich auf ein Detail aus der Bauzeit zurück: Der Unternehmer mit dem Zuschlag für die Grab- und Betonierungsarbeiten hatte sich verkalkuliert und stellte im Oktober 1912 eine Nachforderung. Er brauchte dringend 15.000 Mark, um seinen Konkurs abzuwenden. Die nur wenige Tage später erfolgte Geldvergabe diente deshalb vermutlich der Regelung des in den bisherigen Planungen nicht berücksichtigten Sachverhalts.

Bereits etwas früher als in Enzberg formierten sich zahlreiche Lokalpolitiker im Schwarzwald und gründeten im Mai 1907 den „Gemeindeverband Elektrizitäts-Werk für den Bezirk Calw".[1073] Kontakte zu dieser Einrichtung lassen sich bei mehreren Panel-Sparkassen nachweisen. Zunächst seien jedoch technische Details genannt, welche die Bedeutung des Gemeindeverbandes unterstreichen: Er sollte über eine an dem Fluss Nagold zu erstellende Wasserkraftanlage 24 Gemeinden des Oberamts mit Strom versorgen. Bis März 1908 traten dem Verband zehn weitere Gemeinden und Teilgemeinden aus Calw bei sowie zwei aus dem Oberamt Freudenstadt, sieben aus Leonberg, 19 aus Nagold und 20 aus Neuenbürg. Das zukünftige Versorgungsgebiet umfasste damit 82 weit entfernt liegende Gemeinden mit mehr als 40.000 Menschen.[1074] 1913 erfolgte angesichts der Ausdehnung über die Bezirksgrenzen hinweg eine Umbenennung in „Gemeindeverband Elektrizitätswerk Teinach-Station (G.E.T.)".[1075]

1071 Hier und im Folgenden: Leiner (1985), S. 114ff.
1072 Ebd., S. 115.
1073 Hier und im Folgenden: Ebd., S. 91ff; Gemeindeverband Elektrizitätswerk Teinach-Station (1927).
1074 Leiner (1985), S. 95.
1075 Ebd., S. 99. Der Name leitet sich von dem in der Nähe des Kraftwerks gelegenen Eisenbahnhaltepunkt ab, der etwa zwei Kilometer von dem eigentlichen Ort Teinach entfernt liegt.

Als einer der ersten solchen Zusammenschlüsse musste der Gemeindeverband möglicherweise mit anfänglichen Hürden kämpfen, die den später folgenden Verbänden aus anderen württembergischen Regionen erspart blieben. Die Zentralstelle für Gewerbe und Handel in Stuttgart stellte ein negatives Gutachten aus, das Zweifel an der Rentabilität schürte und die Regierung des Schwarzwaldkreises dazu veranlasste, die Wasserkraftanlage vorerst nicht zu genehmigen.[1076] Vor diesem Hintergrund wurde zunächst der Bau einer günstigeren Braunkohlenverschwelungsanlage beschlossen, die drei Gasmotoren mit jeweils 220 PS versorgen sollte.[1077] Die Kreisregierung genehmigte Ende August 1909 eine Schuldaufnahme in Höhe von 2,075 Mio. Mark.[1078] Doch damit begannen weitere Probleme: Die Leitung des Verbandes hielt in einer Festschrift zum 20jährigen Jubiläum fest, dass der größte Teil des Publikums der Sache „äußerst mißtrauisch" gegenüberstand und nur „wenig Neigung zur Geldhergabe" bestand.[1079] Und „...auch die Oberamtssparkassen des Versorgungsgebietes waren teilweise sehr zurückhaltend". Erst im Laufe der Bauzeit erhielt der Verband „neben ansehnlichen Beträgen von Geldinstituten viele große und kleine Darlehen von Verbandsgemeinden und Stromabnehmern".

Die archivalische Überlieferung der Panel-Sparkassen ermöglicht es, die Finanzierung des Gemeindeverbandes näher und differenzierter zu betrachten. Dabei ist fraglich, ob eine allgemeine Scheu der Sparkassen gegenüber einer Darlehensvergabe herrschte, oder ob die sehr hohe geforderte Summe nicht nur einfach die finanziellen Möglichkeiten der Institute überstieg. Die Oberamtssparkasse Nagold vergab laut Capitalien-Hauptbuch am 1. Februar 1910 ein Darlehen über 40.000 Mark an den Verband und Ende Juli 1910 ein weiteres in gleicher Höhe.[1080] Die Summe von 80.000 Mark machte damit nur knapp 4 % der von der Kreisregierung genehmigten Verschuldungsobergrenze aus. Da der Bezirk Nagold knapp ein Viertel der zu versorgenden Gemeinden umfasste, erscheinen der Darlehensbetrag gering und die Vergabe etwas spät. Andererseits konnten von der Sparkasse in dem betreffenden Jahr 1909 gerade einmal Hypothekendarlehen in Höhe von 179.000 Mark ausgezahlt werden. Für die Abgabe von 80.000 Mark musste erst eine gewisse Ansparzeit vergehen und die Kasse durfte daneben die private Kundschaft nicht vernachlässigen. Demnach sieht es eher so aus, als ob im Fall Nagold die wachsende, aber noch nicht besonders große Sparkasse, ihr Möglichstes zur Finanzierung des Elektrizitätswerkes beigetragen hat. Die erst 1902 gegründete Calwer Sparkasse verwaltete übrigens ein geringeres Finanzvermögen als ihr Pendant aus Nagold, weshalb es ihr vermutlich noch schwerer gefallen sein dürfte, ein hohes Darlehen abzugeben. Im Grunde trat hier also die „Too small to perform-Problematik" auf. Dies lässt sich unter Anwendung der eigent-

1076 Ebd., S. 93 f.
1077 Gemeindeverband Elektrizitätswerk Teinach-Station (1927), S. 23.
1078 Ebd., S. 11.
1079 Hier und im Folgenden: ebd., S. 12.
1080 Archiv Spk Pf Cw, Bestand N 903, „Capitalien-Hauptbuch von Nr. 601–1200".

lich für Hypothekendarlehen gedachten Formel (7a) aus Kapitel 10 mit Zahlen belegen. Die Aufbringung der von der Kreisregierung maximal genehmigten Darlehenssumme in Höhe von 2,075 Mio. Mark hätte bei einem Teiler von 7 ein Anlagevermögen von rund 99 Mio. Mark erfordert. Die im Verbandsgebiet liegenden Oberamtssparkassen Calw, Nagold, Freudenstadt, Leonberg und Neuenbürg kamen Ende 1909 zusammen aber nur auf ein Finanzvermögen in Höhe von 14,6 Mio. Mark. Demnach wäre eine Vollfinanzierung nur dann möglich gewesen, wenn die Institute für etwas mehr als ein Jahr komplett auf die Darlehensvergabe an andere Kunden verzichtet hätten.

Die Verbandsleitung des Elektrizitätswerkes ging vor diesem Hintergrund mit ihrem Anliegen innerhalb der relativ kurzen Zeitspanne von zwei Wochen nach der Regierungsgenehmigung über die eigene Region hinaus. In den Kreditakten der Oberamtssparkasse in Kirchheim hat sich eine entsprechende Anfrage vom 14. September 1909 erhalten.[1081] Es handelt sich um eine hektographische Vervielfältigung, bei welcher nur noch der Name der jeweils angesprochenen Sparkasse in den Briefkopf eingesetzt wurde. Offenbar schrieb der Calwer Verband viele Oberamtssparkassen des Landes mit dem folgenden Text an:

„Da wir [...] grössere Anlehen-Beträge bedürfen, erlauben wir uns die Anfrage, ob die Oberamts-Sparkasse nicht in der Lage wäre, uns einen Teil ihrer verfügbaren Mittel als Anlehen [...] abzugeben. [...] Seitens der Versicherungs-Anstalt Württemberg & der Württembergischen Sparkasse sind uns schon grössere Anlehensbeträge zugesagt & wären wir dankbar, wenn die Oberamts-Sparkasse unserem Unternehmen durch Verwilligung eines Anlehens in absehbarer Zeit Unterstützung angedeihen lassen könnte."

Gemäß diesen Angaben und den Informationen aus der Festschrift scheint somit eine Mischfinanzierung vorgenommen worden zu sein, bei der sich wiederum die Landessparkasse mit einem bedeutendem Darlehen beteiligte. Die angeschriebene Kirchheimer Sparkasse hatte zu jenem Zeitpunkt kein Interesse an einer Kreditvergabe, vermutlich da der Verband nur zur Zahlung eines Zinssatzes in Höhe von 4 % bereit war. Sie verzichtete auf ein Kapitalengagement. Allerdings trug ein anders Institut des Panels, die in mehr als 100 Kilometer Luftlinie entfernte Oberamtssparkasse Biberach in einem großen Umfang zur Finanzierung bei. Wie bereits erläutert, führte das sehr hohe Sparaufkommen bei einer vergleichsweise schwachen lokalen Kreditnachfrage öfters zu größeren Finanzierungen des oberschwäbischen Instituts außerhalb der eigenen Bezirksgrenzen. Am 23. Juni 1910 ist im Protokoll der Biberacher Ausleihe-Kommission die Gewährung von 600.000 Mark an den Gemeindeverband in Calw festgehalten.[1082] Es

1081 HA KSK E-N, Kreditanträge/-entscheidungen usw. 1909.
1082 HA KSK BC, D 03-006.01, „Protokoll der Ausleihe-Kommission Band IV".

handelt sich dabei um das größte Darlehen aller archivalisch untersuchten Sparkassen im gesamten Untersuchungszeitraum.

Mit Hilfe der verschiedenen Finanzierungsbeiträge wurden schon im November 1910 die ersten Ortsnetze in den Bezirken Calw und Nagold mit Fremdstrombezug aus Herrenberg in Betrieb genommen.[1083] Im April 1911 begann die eigene Elektrizitätserzeugung mit den drei Gasmaschinenanlagen und im Herbst desselben Jahres wurde wegen der hohen Nachfrage ein weiterer Gasmotor mit 400 PS Leistung angeschafft. Der Ausbau der Wasserkraftanlage begann am 15. Mai 1913 und dauerte bis Januar 1915. Hierfür ließ der Verband am Wehr einer bisherigen Mühle einen Kanaleinlauf anlegen und einen rund 2.000 Meter langen Stollen durch einen Berg graben, um eine Flussschlaufe abzukürzen. Mit einem Nettogefälle von mehr als zwölf Metern bei einer Wasserausbaumenge von fünf Kubikmetern pro Sekunde wurde mit zwei Francisturbinen eine mittlere Leistung von 300 PS erreicht.[1084] An der Finanzierung war wiederum die Oberamtssparkasse Nagold beteiligt. Sie vergab 1913 ein Darlehen in Höhe von 125.000 Mark, dessen erste Tranche über 50.000 Mark einen Tag nach Beginn der Arbeiten ausgezahlt wurde.[1085]

Als Zwischenfazit lässt sich somit festhalten, dass von den drei betrachteten Gemeindeverbänden das Elektrizitätswerk Enzberg vermutlich vollständig durch Sparkassengelder finanziert worden ist und das kleine Werk in Kocherstetten wahrscheinlich ebenfalls oder zumindest überwiegend. Und im Fall des Kraftwerks Teinach-Station summieren sich die drei Darlehen der Oberamtssparkasse Nagold und das Darlehen aus Biberach auf zusammen 805.000 Mark. Hierzu wäre noch der in der Höhe unbekannte „*größere Anlehensbetrag*“ der Landessparkasse sowie gegebenenfalls weitere Darlehen von Sparkassen des Versorgungsgebietes zu addieren. Der Sparkassensektor dürfte deshalb auch hier mehr als die Hälfte der Finanzierungslasten getragen haben.

Eine konkrete Abschätzung der Bedeutung von Sparkassen für die Finanzierung der Elektrizitätswirtschaft würde aufgrund der dezentralen Organisation eine eigene Vorstudie mit erheblichen Erhebungsaufwand erfordern. Unter anderem müsste hierfür bekannt sein, wie hoch die Anteile der Gemeinde- und Bezirksverbände, der Stadtwerke und der kleinen sowie der großen privaten Elektrizitätswerke am Gesamtmarkt waren. Den umfangreichen Darlehensvergaben an öffentliche Einrichtungen und Kleinbetriebe standen wie gezeigt eher beiläufige Finanzierungsanteile an mittelgroße Gesellschaften wie dem Alb-Elektrizitätswerk gegenüber, während an die größten Unternehmen der Branche wie den Neckarwerken vermutlich überhaupt keine Darlehen ausgezahlt wurden.

1083 Hier und im Folgenden: Gemeindeverband Elektrizitätswerk Teinach-Station (1927), S. 23 ff; Leiner (1985), S. 95 ff.

1084 Karlheinz Dietz (1935): *Die Wasserkraftnutzung im württembergischen Schwarzwald. Ein Beitrag zur Wirtschaftsgeographie Württembergs*, Stuttgart, S. 42 ff und S. 57.

1085 Archiv Spk Pf Cw, N 904, „Capitalien-Hauptbuch von Nr. 1201–2235“.

Die vorliegenden Daten erlauben aber über einen alternativen Weg eine grobe Abschätzung: In der Statistik des Verbandes Deutscher Elektrotechniker wird stellenweise die Bevölkerungsgröße des jeweiligen Versorgungsgebietes aufgeführt und meistens auch die Summe des Anlagekapitals der erfassten Elektrizitätswerke.[1086] Demnach ergeben sich für die öffentlichen und privaten von den Panel-Sparkassen finanzierten Unternehmen bei einer überraschend niedrigen Streubreite Kapitalinvestitionen von durchschnittlich 50 Mark pro Kopf der Versorgungsgebiete.

Tabelle 26: Von Panel-Sparkassen finanzierte öffentliche und private Elektrizitätswerke

Elektrizitätswerk	Organisationsform	Einwohnerzahl des Versorgungsgebietes	Anlagekapital in Mark	Anlagekapital in Mark pro Kopf
Calw/Teinach-Station	Gemeindeverband	53.800	2.300.000	42,75
Enzberg	Gemeindeverband	17.290	1.000.000	57,84
Alb-Elektrizitätswerk	Genossenschaft	23.611	1.300.000	55,06
G. Gunzenhauser	privat	860	40.000	46,51
Cletus Klingler	privat	15.200	900.000	59,21
Summen/gewichteter Mittelwert		110.761	5.540.000	50,02
Ungewichteter Mittelwert				52,27

Quellen: Verband Deutscher Elektrotechniker/Georg Dettmar (1913); eigene Berechnungen.

Unter der Annahme, dass der Wert von rund 50 Mark pro Kopf für das ganze Land repräsentativ ist, hätte die bis zum Jahr 1913 fast abgeschlossene Elektrifizierung Württembergs[1087] bei 2,4 Mio. Einwohnern etwa 120 Mio. Mark gekostet. In den Archivalien der elf Panel-Sparkassen sind wie gezeigt Darlehen über zusammen 856.500 Mark an Gemeindeverbände dokumentiert und darüber hinaus wurden rund 300.000 Mark an die Betreiber von privat organisierten Kraftwerken ausgezahlt. Zusammen machte die Finanzierungsleistung der Panel-Sparkassen damit rund 1,16 Mio. Mark aus.

Für eine Hochrechnung von diesem Punkt aus stehen grundsätzlich mehrere alternative Wege offen. Eine pauschale Übertragung der Finanzierungsleistung der elf Panel-Institute auf die insgesamt 72 öffentlichen Sparkassen bietet sich aufgrund der erheblichen Größenunterschiede der Kassen nicht an. Beheben lässt

1086 Die hier gemachten Angaben liegen leicht über den oben genannten Darlehenssummen und Bauaufwendungen, was sich durch die Ermittlung für den späteren Stand per 1913 erklärt.

1087 Gemäß Leiner (1985) („*Die Zeit der Vollabdeckung (1896–1915)*") war die Vollabdeckung Württembergs 1915 erreicht.

sich das Problem jedoch durch eine Gewichtung mit Hilfe der Finanzvermögen. Gemessen am aggregierten Finanzvermögen der Panel-Institute in Höhe von 68,2 Mio. Mark Ende 1913 stellten diese pro 1 Mio. Mark Finanzvermögen den verschiedenen Zweigen der Elektrizitätswirtschaft Darlehen in Höhe von 16.937 Mark zur Verfügung. Wird nun unterstellt, dass dieser Wert auch für die nicht archivalisch untersuchten Oberamts- und Gemeindesparkassen sowie die Landessparkasse gilt, dann hätten alle württembergischen Sparkassen der Stromwirtschaft bis Ende 1913 in der Summe 10,9 Mio. Mark ausgezahlt. Dieser Betrag entspricht 9 % der oben ermittelten Aufwendungen. Er stellt wie eingangs erläutert nur eine sehr grobe Schätzung dar und möglicherweise fiel der Anteil der Sparkassen etwas höher aus. Denkbar ist, dass nicht alle Geldvergaben der Panel-Sparkassen an die Stromwirtschaft berücksichtigt werden konnten, da die Archivalien den Beobachtungszeitraum nur unvollständig abdecken. Es wäre daneben vorstellbar, dass mehr Müller als vermutet Hypothekendarlehen zur Finanzierung von Kleinkraftwerken nutzten. Und außerdem ist ein überdurchschnittliches Engagement der Landessparkasse im Vergleich zu den Panel-Sparkassen möglich. Der letzte Punkt lässt sich durch eine Überschlagsrechnung mit progressiver Grundannahme durchspielen: Wenn beispielsweise jede fünfte Mark des Schuldschein- und Wertpapierbestandes der Landessparkasse von Ende 1913 in die Elektrifizierung geflossen wäre, dann hätte ihr Beitrag etwa 20,1 Mio. Mark umfasst. Gemeinsam mit den 7,0 Mio. Mark der Partikularinstitute gemäß der bisherigen Rechnung ergibt sich ein Finanzierungsanteil aller Sparkassen in Höhe von 22,6 %.

Insgesamt zeigt sich somit, dass sich der Beitrag der Sparkassen für die Elektrifizierung bei einer einfachen Hochrechnung etwa in der Größenordnung von rund einem Zehntel bewegt. Und selbst bei einer sehr weitgehenden und vermutlich unrealistischen Annahme geht er kaum über zwei Zehntel hinaus. Die Institute waren damit ähnlich wie im Eisenbahnbau in der Summe nur eine Kapitalquelle unter bedeutenden anderen. Positiv zu werten ist jedoch, dass die Sparkassengelder insbesondere dort wirkten, wo privates Engagement aufgrund zu niedriger Renditeerwartungen nicht zum Einsatz kam. Durch die umfassende Finanzierung der Gemeindeverbände war es möglich, auch die Regionen abseits der wirtschaftlichen Zentren mit Strom zu versorgen. Über den Einsatz von Maschinen mit Elektromotor, die der Modernisierung und Rationalisierung dienten, konnten diese Regionen mit der allgemeinen Entwicklung Schritt halten. Und im Gegensatz zu dem Bedeutungsverlust der Eisenbahnnebenstrecken durch private Kraftfahrzeuge besteht bislang keine Alternative zur Elektrizität als Energieträger. Das von Sparkassen finanzierte Wasserkraftwerk Teinach-Station, an dessen Rentabilität die Zentralstelle für Gewerbe und Handel vor mehr als 100 Jahren zweifelte, ist heute noch immer in Betrieb.

12. Verbreitung und Ausmaß der Gewerbefinanzierung unter allen öffentlichen Sparkassen in Württemberg

12.1 Vorbemerkungen

Als Abschluss der Betrachtungen zum württembergischen Sparkassenwesen soll in diesem Kapitel über die Panel-Institute hinaus die Verbreitung und das Ausmaß der Gewerbefinanzierung im ganzen Königreich abgeschätzt werden. Die bisherigen Ausführungen boten Einblicke in das Kreditgeschäft von verschiedenen Sparkassen, so dass Hochrechnungen für die nicht-archivalisch untersuchten Kassen möglich sind. Bislang fehlen aber noch Erkenntnisse über die Landessparkasse. Die Abschnitte 12.2 und 12.3 befassen sich deshalb auf der Grundlage alternativer Quellen mit dieser Einrichtung und auch mit der Städtischen Sparkasse Stuttgart. Danach erfolgt die angestrebte Hochrechnung und abschließend ein Vergleich mit der Stuttgarter Wertpapierbörse.

12.2 Das Kreditgeschäft der Württembergischen Landessparkasse

Mit einem Einlagenstand in Höhe von 152 Mio. Mark Ende 1904 war die Landessparkasse nicht nur die mit Abstand größte Sparkasse Württembergs, sondern nach der Berliner Sparkasse auch die zweitgrößte im Deutschen Reich. Über das Aktivgeschäft im Zeitraum vor dem Ersten Weltkrieg haben sich keine Archivalien erhalten.[1088] Eine Einschätzung kann deshalb nur anhand von zeitgenössischen Beschreibungen und Statistiken sowie anhand der Historiographie erfolgen.

Die allgemein gehaltenen Aussagen in den Festschriften lassen gewerbliche Finanzierungen möglich erscheinen. Aber sie belegen sie nicht. So steht in einer Festschrift anlässlich der Einweihung eines neuen Anstaltsgebäudes im Jahr 1900, „...die durch Arbeit und Sparsamkeit errungen Kapitalien [bilden] in ihrer Gesamtheit ein mächtiges Mittel zur Hebung des Kreditwesens und zur Förderung der Volkswirtschaft."[1089] Und Max Rehm hielt in der Chronik von 1968 fest, konkretisierte Grundbestimmungen ermöglichten ab 1850 „das Hinüberwechseln des Wohlfahrtsinstituts zum gemeinnützigen Wirtschaftsunternehmen, zu einer Anlagepolitik nach volkswirtschaftlichen Überlegungen, mit sozialpolitischem Ziel".[1090] Darüber hinaus resümiert er über die Landessparkasse, „Im Lauf der

1088 Vgl. Schmitt (2006).
1089 Württembergische Sparkasse [1900], S. 43.
1090 Rehm (1968), S. 81.

Zeit wuchs sie unmerklich in die volkswirtschaftliche Aufgabe einer Kreditanstalt hinein: sie schritt von der Wohlfahrtspflege zur Wirtschaftspflege."[1091]

Nähere Einsichten bietet die Dissertation von Wolfgang Spitta über den landwirtschaftlichen Grundkredit in Württemberg aus dem Jahr 1904. Spitta setzte sich mit verschiedenen Geldgebern und darunter mit der Landessparkasse auseinander. Die von ihm aufgezählten Bestimmungen für Hypothekendarlehen sprechen auf den ersten Blick eindeutig gegen gewerbliche Finanzierungen. Demnach galt; „Industrielle Anwesen, Gebäudeanteile, Hintergebäude (ohne Vordergebäude oder Vorderplatz), Steinbrüche und Torffelder werden in der Regel nicht beliehen".[1092]

Die explizit formulierte Ablehnung „industrieller Anwesen" sollte aus verschiedenen Gründen nicht überbewertet werden. Erstens lässt die Formulierung „in der Regel" Spielräume für abweichende Handlungen erkennen. Zweitens enthielten die Satzungen der Landessparkasse im fraglichen Zeitraum zwar detaillierte Vorschriften für die allgemeine Verwaltung und für das Spargeschäft des Instituts, aber keinerlei Einschränkungen über die Anlage des Kapitals.[1093] Ein Verbot auf übergeordneter Ebene existierte somit nicht. Und drittens impliziert die Einschränkung keine generelle Ablehnung gewerblicher Kreditverwendungen. Denkbar ist, dass mit der Klausel nur die Besicherung von sehr speziellen Immobilien vermieden werden sollte, die sich im Konkursfall des Schuldners schwer verwerten ließen. Die Oberamtssparkassen beliehen wie gezeigt eine große Bandbreite gewerblich genutzter Liegenschaften. Das Spektrum reichte von eher stark industriell ausgerichteten Objekten wie Ziegeleien und Eisengießereien über traditionelle Anlagen wie Mühlen, Holzlagerplätze und flexibel nutzbare Fabrikhallen bis hin zu Wohngebäuden mit Werkstätten, Gastwirtschaften und Ladengeschäften. Ein tatsächlicher Verzicht der Landessparkasse auf „industrielle" Anwesen beträfe somit nur einen Teil der großen Bandbreite an möglichen gewerblichen Sicherheiten. Außerdem verzichteten auch die Oberamtssparkassen auf die Beleihung von im Zweifel schwer verwertbaren, da ausschließlich für einen Zweck nutzbaren Sicherheiten wie einem privaten Gaswerk.[1094] Abgesehen hiervon lässt sich die Finanzierung industrieller Anlagen durch die Landessparkasse zumindest im Bereich der Schuldscheindarlehen belegen. Sie vergab wie gezeigt umfassende Kredite zum Aufbau der Elektrizitätswirtschaft.[1095]

1091 Ebd., S. 79.
1092 Spitta (1904), S. 47.
1093 Vgl. *Grundbestimmungen der Württembergischen Sparkasse* vom 5. Mai 1896, in: Regierungsblatt für das Königreich Württemberg No. 13 vom 20. Mai 1896, dergleichen vom 24. Oktober 1908, in: Regierungsblatt für das Königreich Württemberg No. 21 vom 21. November 1908; dergleichen vom 27. Juli 1912, in: Regierungsblatt für das Königreich Württemberg No 24 vom 19. August 1912.
1094 Vgl. Kapitel 8.3.
1095 Vgl. Kapitel 11.3.

Tabelle 27: Hypothekendarlehen der Württembergischen Landessparkasse in Mark

Oberamt	Darlehensbestand 1899			Darlehensvergabe 1902 "Städtische Anlehen"			"Ländliche Anlehen"		
	Summe in Mark	Posten-Anzahl	Durch-schnitt	Summe in Mark	Posten-Anzahl	Durch-schnitt	Summe in Mark	Posten-Anzahl	Durch-schnitt
(Spalte)	1	2	3	4	5	6	7	8	9
Aalen	384.050	47	8.171				36.999	6	6.167
Backnang	519.225	51	10.181	1.500	1	1.500	8.800	1	8.800
Balingen	129.300	17	7.606	89.000	5	17.800			
Besigheim	165.800	44	3.768	4.000	1	4.000	800	1	800
Biberach	153.700	13	11.823	55.000	2	27.500			
Blaubeuren	342.300	43	7.960	6.000	1	6.000	7.500	1	7.500
Böblingen	324.030	79	4.102	15.000	3	5.000	29.300	8	3.663
Brackenheim	428.855	117	3.665				4.500	4	1.125
Calw	290.450	61	4.761	66.000	4	16.500	41.900	4	10.475
Cannstatt	4.022.550	356	11.299	857.050	38	22.554	73.600	10	7.360
Crailsheim	60.400	7	8.629						
Ehingen	760.750	97	7.843	45.500	3	15.167	11.000	2	5.500
Ellwangen	310.600	70	4.437				5.500	1	5.500
Eßlingen	3.961.400	378	10.480	466.570	42	11.109	15.000	4	3.750
Freudenstadt	329.100	41	8.027	8.000	1	8.000	2.000	1	2.000
Gaildorf	279.600	58	4.821	12.000	1	12.000	6.000	1	6.000
Geislingen	137.000	18	7.611				21.000	2	10.500
Gerabronn	237.700	26	9.142				14.000	1	14.000
Gmünd	242.800	51	4.761	24.000	1	24.000	1.050	1	1.050
Göppingen	162.800	16	10.175	140.750	2	70.375	1.500	1	1.500
Hall	169.000	10	16.900				27.000	2	13.500
Heidenheim	127.200	15	8.480						
Heilbronn	2.918.830	254	11.491	1.129.590	109	10.363	40.650	13	3.127
Herrenberg	230.600	73	3.159				11.700	3	3.900
Horb	429.730	138	3.114				25.900	8	3.238
Kirchheim	25.900	3	8.633						
Künzelsau	280.344	68	4.123	19.100	1	19.100	31.000	5	6.200
Laupheim	288.200	34	8.476	11.500	2	5.750			
Leonberg	385.350	81	4.757	17.500	2	8.750	23.150	6	3.858
Leutkirch	44.800	7	6.400				16.000	1	16.000
Ludwigsburg	1.942.575	281	6.913	649.725	90	7.219	36.700	9	4.078
Marbach	525.650	124	4.239				14.800	3	4.933
Maulbronn	519.800	140	3.713	8.000	1	8.000	5.500	2	2.750
Mergentheim	135.500	19	7.132						
Münsingen	622.700	109	5.713				29.300	4	7.325
Nagold	181.550	38	4.778						
Neckarsulm	731.890	158	4.632	10.000	1	10.000	54.200	12	4.517
Neresheim	525.350	112	4.691				45.800	10	4.580
Neuenbürg	165.000	29	5.690	158.000	2	79.000	800	1	800
Nürtingen	149.950	46	3.260	19.900	4	4.975			
Oberndorf	275.300	37	7.441	6.000	1	6.000			
Öhringen	1.211.567	206	5.881	104.850	20	5.243			
Ravensburg	1.449.200	105	13.802	257.700	8	32.213	65.400	5	13.080
Reutlingen	1.145.700	97	11.811	386.100	27	14.300			
Riedlingen	74.600	13	5.738						
Rottenburg	51.950	10	5.195	24.000	1	24.000			
Rottweil	743.210	159	4.674	368.145	59	6.240	14.560	4	3.640
Saulgau	590.400	74	7.978	8.000	2	4.000	24.500	2	12.250
Schorndorf	142.800	40	3.570				15.000	1	15.000
Spaichingen	34.600	12	2.883						

Fortsetzung von Tabelle 27:

Stuttg., Stadt	24.177.476	962	25.133	4.099.260	144	28.467			
Stuttg., Amt	1.666.440	314	5.307	486.400	50	9.728	51.000	11	4.636
Sulz a.N.	224.040	68	3.295				16.000	2	8.000
Tettnang	614.800	64	9.606	51.700	7	7.386			
Tübingen	311.200	41	7.590	123.000	8	15.375	3.700	1	3.700
Tuttlingen	41.800	5	8.360				40.000	1	40.000
Ulm	597.400	28	21.336	12.000	1	12.000			
Urach	140.400	28	5.014	128.000	2	64.000			
Vaihingen	314.375	50	6.288	10.000	1	10.000	16.500	2	8.250
Waiblingen	451.150	134	3.367	12.000	2	6.000	27.100	4	6.775
Waldsee	202.800	19	10.674				1.000	1	1.000
Wangen	190.000	8	23.750				6.100	1	6.100
Weinsberg	999.325	288	3.470	30.000	3	10.000	42.700	10	4.270
Welzheim	123.550	26	4.752						
im Ausland	1.811.100	95	19.064						
Summen/ Durchschnitte	61.227.512	6.212	9.856	9.920.840	653	15.193	966.509	173	5.587

Quellen: Spalten 1 und 2: Württembergische Sparkasse (1900), S. 45f; Spalten 4,5,7 und 8: Spitta (1904), S. 47ff; Spalten 3, 6 und 9: eigene Berechnungen.
Anmerkung: Beide Quellen enthalten abweichende Summenwerte, die hier nicht übernommen wurden.

Spitta führte im Rahmen seiner Untersuchungen eine Erhebung über das Kreditgeschäft unter allen Oberamtssparkassen und der Landessparkasse durch. Dadurch ist die Anzahl der Darlehensvergaben und der Darlehenssummen der Landessparkasse für das Jahr 1902 pro Oberamtsbezirk bekannt. Außerdem besteht für jedes Oberamt eine Unterscheidung zwischen „städtischen Anlehen“ und „ländlichen Anlehen“, worauf noch später einzugehen ist. Daneben steht eine zweite zeitgenössische Statistik zur Verfügung. Die oben erwähnte Festschrift der Landessparkasse aus dem Jahr 1900 enthält eine nach Oberämtern gegliederte Übersicht mit den ausstehenden Hypothekendarlehen und -beträgen für das Jahr 1899. Beide Zahlenwerke sind in der vorstehenden Tabelle wiedergegeben.

Die Statistiken über den Darlehensbestand Ende 1899 und die Erhebung über die Darlehensvergabe im Jahr 1902 von Spitta ermöglichen mit Hilfe der Erfahrungswerte von den Oberamtssparkassen eine relativ präzise Einschätzung des Kreditgeschäftes. Die Landessparkasse wirkte in einigen Oberämtern ähnlich wie eine Bezirkssparkasse. Dies zeigen beispielsweise die Angaben für Neckarsulm und Weinsberg. Im Jahr 1899 betrug der Bestand 158 beziehungsweise 288 Darlehen und 1902 wurden in beiden ländlichen Bezirken jeweils 13 neue Hypothekendarlehen vergeben. Die vier Mittelwerte aus den Beständen und den Kreditgewährungen beliefen sich auf etwa 3.500 Mark bis 5.600 Mark. Das bedeutet, dass die Darlehen gemessen an ihrer Höhe dem Bau und Kauf von Einfamilienhäusern, landwirtschaftlichen Anwesen und kleineren Gewerbeimmobilien gedient haben können. Kleindarlehen wurden jedoch nicht vergeben. Nach einer

Herabsetzung betrug das Minimum für Darlehensvergaben im Jahr 1900 noch 1.000 Mark.[1096]

In einer ganzen Reihe weiterer Bezirke nahm die Landessparkasse eine Rolle als ergänzende Kreditquelle neben der jeweiligen Oberamtssparkasse ein. Dazu gehören Aalen, Brackenheim, Ehingen, Ellwangen, Horb, Leonberg, Marbach, Maulbronn, Münsingen, Neresheim, Öhringen, Rottweil und Waiblingen. Betroffen sind vor allem solche Oberämter, in denen eher kleine Sparkassen wirkten. Umgekehrt war die Landessparkasse in manchen Bezirken mit starker Oberamtssparkasse wie in Kirchheim und in Leutkirch nicht oder nur wenig als Kreditgeberin aktiv.

Viel wichtiger als die ländlichen Verwaltungsbezirke mit vielen ausstehenden Darlehen waren die wirtschaftlichen Zentren des Landes. Allein die acht Oberämter Heilbronn, Ludwigsburg, Cannstatt, Stuttgart Amt und Stadt sowie Esslingen, Reutlingen und Ravensburg vereinten 67 % des Hypothekenbestandes aus dem Jahr 1899 und knapp 68 % der Darlehenssumme des Jahres 1902 auf sich. Lediglich Ulm als sehr wichtiger Wirtschaftsstandort mit der zweitgrößten Oberamtssparkasse des Landes ist deutlich unterrepräsentiert.

Wird das Kreditgeschäft der Landessparkasse in den städtischen Bezirken und auch allgemein betrachtet, dann ergibt sich ein deutlich von einer Oberamtssparkasse abweichendes Bild. Gemäß Spittas Erhebung umfasst die landesweite Darlehensvergabe des Jahres 1902 insgesamt 826 Fälle im Umfang von 10,9 Mio. Mark. Die durchschnittliche Darlehenshöhe belief sich somit auf mehr als 13.000 Mark. Ein so hoher Wert wurde von keiner der elf archivalisch untersuchten Oberamtssparkassen erreicht. Bei den kleineren Instituten in Maulbronn, Künzelsau und Nagold bewegte sich das arithmetische Mittel gemessen an den Darlehensvergaben in den Jahren 1900 bis 1906 nur im Bereich von etwa 3.500 Mark. Höhere Beträge ergaben sich, wenn die Sparkassen stärker durch die großbäuerliche Landwirtschaft beansprucht wurden oder durch das größere Gewerbe und die Industrie. Die höchsten Werte innerhalb des Panels erreichten die Oberamtssparkassen Ravensburg und Göppingen mit 9.160 Mark beziehungsweise 9.671 Mark in dem späteren Zeitraum 1907–1913 (siehe Tabelle 28).

Allein durch diese Betrachtungen wird deutlich, dass sich die Landessparkasse im Darlehensgeschäft definitiv nicht auf die „ärmeren Volksklassen" konzentrierte und damit auch keinen sozialen Kreditmarkt pflegte. Sie gab zwar in manchen Oberämtern ähnlich wie örtliche Sparkassen auch niedrige vierstellige Darlehensbeträge ab. Die Landessparkasse wandte sich allerdings in einem noch viel stärkeren Maße als die Oberamtssparkassen großen Darlehensnehmern zu, die wenig Verwaltungsaufwand verursachten. In dem in Kapitel 8 vorgestellten Schaubild über das Trilemma gemeinnütziger Finanzintermediäre ist die Landessparkasse am Beginn des 20. Jahrhunderts deshalb eindeutig auf Position C zu verorten.

1096 Württembergische Sparkasse (1900), S. 44.

Tabelle 28: Durchschnittliche Höhe der Hypothekendarlehen in Mark

Oberamts-sparkasse	Arithmetischer Mittelwert der Hypothekendarlehen in Mark	beobachteter Zeitraum
Nagold	3.421	1900-1906
Künzelsau	3.452	1900-1906
Maulbronn	3.552	1900-1906
Leutkirch	4.071	1912-1913
Waldsee	4.457	1895-1899
Ludwigsburg	4.721	1900-1906
Kirchheim	5.570	1907-1913
Biberach	8.758	1900-1906
Ravensburg	9.160	1907-1913
Göppingen	9.671	1907-1913
Landessparkasse	13.181	1902

Quellen: Eigene Berechnung auf der Grundlage von Tabelle 4 und Tabelle 27.

Die von Spitta praktizierte oder einfach nur von ihm übernommene Unterscheidung in „städtische Anlehen" und „ländliche Anlehen" ist allgemein wenig aufschlussreich, da Spitta keine Definition für die beiden Kategorien festhielt. Denkbar ist, dass eine Differenzierung nach dem Wohnort des Kapitalnehmers zwischen Weilern und Dörfern beziehungsweise Gemeinden ab 3.000 Einwohnern mit Stadtrecht gemeint ist.[1097] Abgesehen hiervon ist die Unterscheidung für die vorliegende Analyse vorteilhaft, da sie die Granularität der Angaben verfeinert. Dies erlaubt eine detaillierte Betrachtung des Darlehensgeschäftes.

Beispielsweise vergab die Landessparkasse 1902 zwei „städtische Anlehen" in Urach über zusammen 128.000 Mark und zwei weitere in Neuenbürg über zusammen 158.000 Mark. Die Höhe der Einzeldarlehen muss bei jeweils zwei identischen Krediten 64.000 Mark in Urach sowie jeweils 79.000 Mark in Neuenbürg betragen haben. Der Beleihungswert der Immobilien war dann wiederum jeweils doppelt so hoch, also mindestens 128.000 Mark und mindestens 158.000 Mark, sofern nicht unterschiedlich große Kredite vorlagen. In diesem Fall würden zwei noch deutlich höhere Einzeldarlehen resultieren. Gemessen an den Erfahrungswerten über die Finanzierung von Wohnimmobilien überschritten jedoch schon die beiden genannten Mindestsummen sowohl den Wert von luxuriösen Fabri-

1097 Nur nebenbei sei angemerkt, dass nach einem Abgleich der ebenfalls von Spitta dokumentierten Angaben zu den Oberamtssparkassen mit der archivalischen Überlieferung für die Panel-Institute eine Definition von „ländlich" im Sinne von „landwirtschaftlich" ausgeschlossen werden kann. Unabhängig hiervon stimmen die Angaben von Spitta über die Anzahl der Posten und die Darlehenssummen abgesehen von minimalen Differenzen mit den archivalischen Erhebungen für die Panel-Institute überein.

kantenvillen wie auch von einzelnen mehrstöckigen Mietshäusern.[1098] In der Hauptstadt Stuttgart mit höherem Preisniveau als in der Provinz hätten sich für diese Beträge bereits zwei bis drei vierstöckige Mietshäuser bauen lassen. Sowohl Urach wie auch Neuenbürg waren aber eher dörflich geprägt und hatten keine Zentren mit großstädtischer Mietshausbebauung. Wahrscheinlich wurden deshalb andere Immobilienarten beliehen.

Ähnlich verhält es sich im Bereich der „ländlichen Anlehen". Im Oberamt Tuttlingen zahlte die Landessparkasse 1902 ein einziges Darlehen über 40.000 Mark aus.[1099] Durch die Deklarierung als „ländlich" kann die Finanzierung eines städtischen Mietshauses ausgeschlossen werden. Ein landwirtschaftliches Darlehen in dieser Größenordnung ausgerechnet in einem Realteilungsgebiet ist ebenfalls wenig wahrscheinlich. Der Schätzwert der Kreditsicherheit muss mindestens 80.000 Mark betragen haben. Wurden hierfür Äcker mit 50 % beliehen, die so wie in Kirchheim mit etwa 30 bis 40 Pfennig pro Quadratmeter bewertet wurden, dann wäre eine Fläche von mehr als 20 Hektar oder ein entsprechend hoch bewertetes Hofanwesen als Sicherheit notwendig gewesen. In Tuttlingen verfügte der größte Teil der Landwirte gemäß der württembergischen Gemeindestatistik aber nur über weniger als zwei Hektar Boden. Lediglich 3,5 % der landwirtschaftlichen Betriebe wies mehr als 10 Hektar Fläche auf und nur 0,6 % mehr als 20 Hektar.[1100] Selbst im katholisch geprägten Oberschwaben mit großen landwirtschaftlichen Anwesen vergab keine der Panel-Sparkassen ein Darlehen in Höhe von 40.000 Mark oder mehr an einen Landwirt. Nur auf der Grundlage eines Schlossgutes fand eine sehr hohe Darlehensvergabe statt. Die Anzahl der Kreditbeträge von mehr als 30.000 Mark an Landwirte bewegte sich über alle erfassten Oberamtsparkassen hinweg sogar nur im mittleren einstelligen Bereich.

Es ist deshalb wahrscheinlich, dass die Landessparkasse in Tuttlingen, aber auch in Neuenbürg, Urach und anderswo, Darlehen gegen die hypothekarische Beleihung von nicht-wohnwirtschaftlichen beziehungsweise nicht-landwirtschaftlichen sondern gewerblichen Immobilien vergab. Diese mussten nicht einmal zwangsläufig als „industriell" eingestuft werden. In Betracht kommen etwa Sägewerke, Brauereien und andere Betriebe. Speziell in der Region Tuttlingen bestand übrigens ein hoher Bedarf an lokalen Produktionsstätten für die expandierende Musikinstrumentenindustrie. Die betreffenden Firmen richteten in den Dörfern Gebäude ein, in denen 25 bis 150 sogenannte Stückwerker, also bisherige Heimarbeiter mit bäuerlichem Nebenbetrieb arbeiteten.[1101] Vor dem Ersten Welt-

1098 Vgl. hierzu Kapitel 3.2.

1099 Ähnliche Rechnungen lassen sich angesichts der hohen Kreditvergaben der Landessparkasse in den Bezirken Calw und Schorndorf aufstellen.

1100 Berechnet auf Grundlage von Angaben in: K.[öniglich] Statistisches Landesamt (1910), S. 391 und S. 399.

1101 Hier und im Folgenden: Josef Zepf (1956): *100 Jahre Trossinger Harmonika-Industrie*, in: Heimat-Archiv Tuttlingen im Tuttlinger Heimatmuseum (Hg.): Tuttlinger Heimatblätter, Aus der Wirtschaftsgeschichte des Kreises Tuttlingen. Neue Folge Heft 9–12, Tuttlingen, S. 60–86, hier S. 72 f.

krieg bestanden um Tuttlingen rund 60 dieser Filialbetriebe für überwiegend manuelle Tätigkeiten.

12.3 Die großstädtische Wohnraumfinanzierung als Antithese zur gewerblichen Darlehensnutzung

Obwohl die Landessparkasse in ländlichen Gebieten vereinzelt umfangreiche Darlehen vergab, lag ihr Hauptaugenmerk auf Kreditnehmer in den Städten. Dies wird durch die Angaben in ihrer Festschrift zum Hypothekenbestand Ende 1899 und in der Untersuchung von Wolfgang Spitta über die Darlehensvergabe des Jahres 1902 deutlich.[1102] In beiden Zusammenstellungen entfällt mehr als zwei Drittel des Kapitals auf die acht Bezirke Stuttgart Stadt und Amt, Cannstatt, Heilbronn, Ludwigsburg, Esslingen, Ravensburg sowie Reutlingen. Zusammen machten diese Bezirke allerdings nur etwa ein Viertel der Bevölkerung Württembergs aus.[1103] Der überproportional hohe Kapitelbedarf könnte auf überdurchschnittliche Wirtschaftsaktivitäten in diesen prosperierenden Zentren zurückgehen und ebenso wie bei den Oberamtssparkassen teilweise kommerziellen Zwecken gedient haben. Eine alternative Erklärung wäre, dass die Hypothekendarlehen insbesondere in den größeren Städten vollständig für die Finanzierung von Wohnraum verwendet wurden. So wird es in der Standardliteratur über die Sparkassen unterstellt,[1104] und wenn diese Sichtweise zutreffend sein sollte, dann am ehesten in den schnell wachsenden Städten. Das Kreditgeschäft würde in diesem Fall nicht direkt mit der Industrialisierung zusammenhängen, sondern nur mit den Folgen in Form der Bevölkerungszunahme und der Binnenmigration. Diese Hypothese, die nachfolgend als Antithese bezeichnet wird, soll einer Überprüfung unterzogen werden. Sie ist für eine Gesamtbeurteilung des Kreditgeschäftes der Sparkassen auch deshalb relevant, da das Panel der archivalisch untersuchten Institute wie im Fazit von Kapitel 2 festgehalten die größten wirtschaftlichen Zentren des Landes nicht abdeckt. Gleichzeitig wirkten dort die bedeutendsten württembergischen Sparkassen.

Zur Überprüfung der Antithese einer ausschließlich Verwendung der Hypothekendarlehen für den Wohnungsbau wird eine grobe Überschlagsrechnung vorgenommen. Dabei wird die geschätzte Kreditvergabe der Landessparkasse und der Städtischen Sparkasse Stuttgart an Stuttgarter Darlehensnehmer den geschätzten Kapitalbedürfnissen für Wohnhausbauten in der württembergischen Hauptstadt gegenübergestellt. Wie zu zeigen sein wird, können die umfangreichen Hypothekendarlehen insbesondere gegen Ende des Untersuchungszeitrau-

1102 Vgl. hierzu die Tabelle 27 im vorhergehenden Unterkapitel.

1103 Berechnet auf der Grundlage der Angaben in: K.[öniglich] Statistisches Landesamt (1910).

1104 Vgl. die Literaturübersicht bei Proettel (2013), S. 6–10.

mes nicht ausschließlich wohnwirtschaftlich verwendet worden sein. Die Antithese ist deshalb zu verwerfen.

Für den ersten Teil der Berechnungen wird die Darlehensvergabe der Landessparkasse an Stuttgarter Kreditnehmer benötigt. Es soll zunächst die Zeit um die Jahrhundertwende betrachtet werden. Aus den Sparkassenstatistiken sind die jeweiligen Jahresendwerte des Hypothekenbestandes der Landessparkasse bekannt. Diese Position stieg von Ende 1896 bis Ende 1903[1105] um 20,8 Mio. Mark auf 76,5 Mio. Mark an. Hierbei handelt es sich aber nur um den Nettozuwachs. Zur Ermittlung der insgesamt vergebenen Darlehenssumme sind die reinvestierten Tilgungsleistungen der bestehenden Schuldner hinzuzufügen. Aus den Zahlen von Spitta ergibt sich für das Jahr 1902 eine Tilgungsrate in Höhe von 8,6 % auf den Ende 1901 bereits vorhandenen Hypothekenbestand der Landessparkasse.[1106] Wird dieser Wert für die anderen Jahre als konstant angenommen, dann zahlte das Institut in den Jahren 1897 bis 1903 insgesamt 58,5 Mio. Mark als Hypothekendarlehen aus. Der Anteil des Stadtbezirks Stuttgart am Hypothekenkreditgeschäft der Landessparkasse betrug gemessen an der Darlehensvergabe des Jahres 1902 annähernd 37,7 % und gemessen am Darlehensbestand von Ende 1899 etwa 39,5 %.[1107] Wird vor diesem Hintergrund davon ausgegangen, dass der Anteil Stuttgarts in den Jahren um 1900 konstant bei etwa 38 % der Darlehensvergabe lag, dann erhielten Stuttgarter Kreditnehmer von 1897 bis 1903 etwa 22,2 Mio. Mark.

Eine Tilgungsrate in Höhe von 8,6 % ist leicht überdurchschnittlich. Ein entsprechend hoher oder noch höherer Wert wurde von den Oberamtssparkassen des Panels nur in 28 % der Beobachtungsjahre erreicht.[1108] Wird in einem alternativen Szenario unterstellt, dass sich die Tilgungsraten der Landessparkasse im langjährigen Mittel auf dem Niveau einer durchschnittlichen Oberamtssparkasse bewegten, dann ist stattdessen der niedrigere Wert von 6,4 % heranzuziehen. In diesem Fall betrug die Vergabe von Hypothekendarlehen der Landessparkasse etwa 48,8 Mio. Mark und auf Stuttgarter Kreditnehmer entfielen hiervon 18,6 Mio. Mark. Die Kreditvergabe war somit weniger umfangreich.

Zusätzlich zu den Darlehenssummen der Landessparkasse sind diejenigen der Städtischen Sparkasse Stuttgart zu berücksichtigen. Dabei wird unterstellt, dass sie ausschließlich Kredite an lokale Kunden vergab. Nach gleicher Rechnung wie

1105 Dieser Zeitraum eignet sich gut für die Berechnungen, da ab 1897 die Statistik über den Wohnungsbau einsetzt und 1904 beziehungsweise 1905 eine größere Zäsur in den Zahlen durch die Eingemeindungen von Cannstatt, Untertürkheim und Wangen nicht berücksichtigt werden muss.

1106 Hierfür wird wieder das Badewannen-Modell genutzt: Der Wasserstand der Wanne beziehungsweise die Höhe des Hypothekenbestandes ist für Ende 1901 und Ende 1902 bekannt. Da durch die Angaben von Spitta außerdem Informationen über den Zufluss in der Zwischenzeit vorliegen, kann hieraus auf den Abfluss, also auf die Tilgungen geschlossen werden.

1107 Vgl. Tabelle 27 in Kapitel 12.2.

1108 Vgl. für die Angaben hier und im Folgenden die Darstellungen in Kapitel 10.4.

oben ergibt sich bei einer angenommenen Tilgungsleistung von 8,6 % eine Darlehensvergabe in Höhe von 16,8 Mio. Mark und bei der niedrigeren Tilgungsrate von 6,4 % eine entsprechende Summe in Höhe von 15,1 Mio. Mark.

Insgesamt stellten beide Institute somit in den sieben betrachteten Jahren im progressiven Szenario Hypothekendarlehen im Gesamtvolumen von etwa 39,0 Mio. Mark und im alternativen Szenario von 33,7 Mio. Mark bereit. Diese Zahlen entsprechen jedoch nicht dem Wert der mutmaßlich als Sicherheiten genutzten Wohnimmobilien. Unter Anwendung des üblichen Beleihungssatzes von 50 %[1109] trugen die Sparkassen je nach Szenario zur Finanzierung von Immobilien im Schätzwert von 78,0 Mio. Mark beziehungsweise von 67,3 Mio. Mark bei.

Den obigen Zahlen sind die Aufwendungen für die Erstellung von Wohnbauten im gleichen Zeitraum gegenüberzustellen. Für diesem Bereich liegen allerdings nur Statistiken aus dem thematischen Umfeld vor. Relativ gut dokumentiert ist die Zunahme des gesamten Baubestandes durch die Entwicklung der Brandversicherungsanschläge. In Württemberg waren alle Hauseigentümer der Versicherungspflicht bei der staatlichen Württembergischen Gebäudebrandversicherungsanstalt unterworfen.[1110] Von Anfang 1897 bis Ende 1903 stieg die Summe der Brandversicherungsanschläge in Stuttgart um 123,9 Mio. Mark auf 442,0 Mio. Mark an.[1111] Von dieser Zahl ist der Zuwachs durch die Eingemeindung Gaisburgs im April 1901 abzuziehen, der grob geschätzt in der Größenordnung von etwa 10,2 Mio. Mark liegt.[1112] Viel bedeutender ist, dass der verbleibende Anstieg der Versicherungsanschläge um etwa 113,7 Mio. Mark nicht nur Wohngebäude, sondern alle denkbaren Immobilien von Kirchen, Schulen, Krankenhäuser und Theater über Gastwirtschaften und Ladengeschäfte bis hin zu Fabrikhallen und Verwaltungsgebäude umfasst.[1113] Von der Versicherungspflicht waren nur wenige genau definierte Objekte ausgenommen wie beispielsweise militärische Festungsanlagen, Gartenhäuschen sowie die Schlösser und die zum königlichen Haus-Fideicommiß gehörenden Immobilien.[1114] Der gesuchte Wert muss somit deutlich unter 113 Mio. Mark liegen.

Die Neuerstellung von Wohnbauten im betreffenden Zeitraum ist in Form absoluter Zahlen dokumentiert. In den Jahren 1897 bis 1903 wurden in Stuttgart

1109 Die maximale Beleihung mit einem Satz von 60 % im Fall von überdurchschnittlichen Mieteinnahmen wurde erst später durch die Verbreitung der Mustersatzung möglich.

1110 Paul Sauer (1975): *200 Jahre Württembergische Gebäudebrandversicherungsanstalt 1773–1973*, Stuttgart, S. 26 ff und S. 143.

1111 *Statistisches Handbuch für das Königreich Württemberg*, diverse Ausgaben.

1112 Als Schlüssel für die Berechnung wurde die Einwohnerzahl Gaisburgs in Höhe von 4.764 Personen herangezogen und eine Gleichverteilung der Versicherungsanschläge pro Kopf in Gaisburg und dem Rest von Stuttgart unterstellt.

1113 Beispiele für den Umfang der Versicherungspflicht anhand von Schadensfällen bei Sauer (1973), S. 130–137.

1114 G.[ustav] A. Klumpp (1894): *Das württembergische Gesetz über Gebäude-Brandversicherung vom 14. März 1853, nebst Vollzugsordnung u. sämtlichen Normalvorschriften, zahlreichen Zusätzen und Erläuterungen und alphabetischem Sachregister für die Behörden und Schätzungs-Commissionen*, 3. Handausgabe, Stuttgart, S. 2.

9.224 neue Wohneinheiten geschaffen.[1115] Am häufigsten waren Dreizimmerwohnungen, von denen 3.917 gebaut wurden. An zweiter Stelle kamen Zweizimmerwohnungen mit 2.802 Einheiten. Wohnungen oder Häuser mit elf oder mehr Zimmern wurden in diesem Zeitraum dagegen nur 41 erstellt. Zusammen verfügten alle neuen Wohneinheiten über mehr als 29.000 Zimmer.[1116]

Für eine überschlägige Abschätzung des Baupreises dieser Immobilien können die Angaben für Wohnungen eines städtischen Bauprojektes auf dem Areal Thürlenstraße/Tunzhoferstraße aus den Jahren 1901 bis 1903 herangezogen werden.[1117] Die Ein-, Zwei- und Dreizimmerwohnungen in Gebäuden in zeittypischer Blockbebauung kosteten 4.000 Mark, 5.400 Mark und 8.500 Mark. Werden diese Preise auf alle von 1897 bis 1903 gebauten Ein-, Zwei- und Dreizimmerwohnungen übertragen, dann betrugen die Baukosten für die 6.910 erstellten Wohneinheiten dieser Größen insgesamt 49,2 Mio. Mark. Diese Zahl stellt jedoch nur einen Zwischenschritt dar. Noch offen bleibt einerseits, mit welchem Betrag die Wohneinheiten mit vier oder mehr Zimmern bewertet werden können. Und zweitens ist nicht bekannt, inwieweit die Preise für das städtische Bauprojekt von privaten Bauten abwichen. Der private Wohnraum war vermutlich zumindest stellenweise deutlich teurer, da die Gebäudefassaden in der Thürlenstraße/Tunzhoferstraße optisch weniger repräsentativ ausfielen als bei manchen Häusern entlang von Stuttgarts Prachtstraßen. Aber auf der anderen Seite waren manche privaten Bauten vermutlich günstiger. Damals war es nicht unüblich, Wohnraum durch die Aufstockung bereits bestehender Gebäude zu schaffen.[1118] Hierdurch entfielen die Ausgaben für den Baugrund und die Erschließung. Daneben wurden stellenweise nur schmucklose Hinterhofgebäude erstellt. Außerdem waren die städtischen Wohnungen vergleichsweise modern und komfortabel, da die Stadt vermutlich ein gutes Vorbild abgeben wollte. Sie verfügten jeweils über einen eigenen Flur, eine Küche mit Balkon sowie über eine eigene Toilette.

Vor diesem Hintergrund eignen sich die Preisangaben des städtischen Bauprojektes durchaus als Stützwerte für überschlägige Hochrechnungen. Beispielsweise kann die Beobachtung genutzt werden, wonach das zusätzliche Zimmer der Zweizimmerwohnung gegenüber der Einzimmerwohnung zu einem Mehrpreis von 1.400 Mark führte und die zwei zusätzlichen Zimmer der Dreizimmerwohnung zu einem Mehrpreis von 2.250 Mark je Zimmer. Nachfolgend wird der höhere der beiden Beträge genutzt. Hieraus resultiert ein höherer Bauaufwand, der letztlich die formulierte Antithese stützt. Es wird unterstellt, dass größere Wohnungen pauschal 4.000 Mark für das erste Zimmer, die Küche, die Diele und die Toilette kosteten und jedes weitere Zimmer Zusatzkosten in Höhe von je 2.250

1115 Hier und im Folgenden: *Chronik der Kgl. Haupt- und Residenzstadt Stuttgart*, diverse Ausgaben.

1116 Diese Zahl beinhaltet nicht die Küchen, Toiletten, Flure und so weiter.

1117 Vgl. hierzu Kapitel 3.2.

1118 Vgl. die statistischen Angaben hierzu in der *Chronik der Kgl. Haupt- und Residenzstadt Stuttgart,* diverse Ausgaben.

Mark verursachte. Somit hätte beispielsweise eine Vierzimmerwohnung 10.750 Mark gekostet und eine Fünfzimmerwohnung 13.000 Mark. Übertragen auf die noch fehlenden 2.314 Wohneinheiten ergeben sich nach dieser Abschätzung Kosten in Höhe von 30,3 Mio. Mark. Zusammen mit den Aufwendungen für die Ein- bis Dreizimmerwohnungen betrugen die gesamten Baukosten für Wohnraum in diesem Szenario somit etwa 79,5 Mio. Mark.[1119] Damit wären Wohnzwecken dienende Gebäude für rund 70 % des Anstiegs der Brandversicherungsanschläge verantwortlich gewesen, wohingegen die restlichen 30 % auf andere Immobilienarten wie Schulen, Fabriken, Krankenhäuser, Kirchen, Ladengeschäfte und sonstige Bauten entfallen wären.

Die genannte Summe berücksichtigt aber möglicherweise noch nicht ausreichend die Qualitätsunterschiede zu Wohngebäuden des gehobenen Bürgertums und der Oberschicht. Deshalb wird eine zweite Überschlagsrechnung vorgenommen. Es wird weiterhin unterstellt, dass alle gebauten Ein- bis Dreizimmerwohnungen dem Komfortniveau des städtischen Bauprojektes entsprachen, wodurch sich die Kosten für diesen Teil wie oben auf 49,2 Mio. Mark beliefen. Und darüber hinaus wird für jede Wohneinheit mit vier oder mehr Zimmern ein Preisniveau angenommen, welches sich für zentrumsnahe Prachtbauten im historisierenden Stil beziehungsweise für Villen auf parkähnlichen Grundstücken in bevorzugter Stuttgarter Halbhöhenlage ergab. Entsprechende Angaben liegen aus der zeitgenössischen Sammlung der Architekten Haenel und Tscharmann vor.[1120] Demnach können bei den besseren von diesen Objekten Kosten von etwa 5.000 Mark pro Zimmer angesetzt werden, welche die anteiligen Aufwendungen für Küche, Speisekammer, Waschküche, Toiletten, Bäder, Wintergarten und alle anderen Nebenräume der Luxusobjekte beinhalten. Durch die Verwendung dieses Wertes dürften die tatsächlichen Aufwendungen kaum unterschätzt werden. Es sei darauf hingewiesen, dass der Betrag von 5.000 Mark bereits nahezu dem Preis einer neuerstellten Doppelhaushälfte außerhalb Stuttgarts entsprach.[1121] Unter der Annahme dieser Kosten ergeben sich für die Wohneinheiten ab vier Zimmer Aufwendungen in Höhe von 58,4 Mio. Mark. Die Gesamtaufwendungen inklusive der Ein- bis Dreizimmerwohnungen belaufen sich demnach auf 107,6 Mio. Mark. Dass dieser Wert die tatsächlichen Aufwendungen für die Wohnraumerstellung wahrscheinlich signifikant überschätzt, wird durch den Abgleich mit den Brandversicherungsanschlägen deutlich. In diesem Szenario hätten Wohnbauten 94,6 % des Anstiegs der Versicherungssumme in dem Siebenjahreszeitraum verursacht und alle gewerblichen, öffentlichen und sonstigen Hochbauten nur 5,4 %.

Für die Gegenüberstellung des Kapitalbedarfs für den Stuttgarter Wohnungsbau von 1897 bis 1903 und der Hypothekenkreditvergabe der Sparkassen im gleichen Zeitraum liegen somit jeweils zwei Schätzwerte vor. Die Erstellung von

1119 Die um 0,1 Mio. Mark abweichende Summe kommt durch Runden der Einzelbeträge zustande.
1120 Haenel und Tscharmann (1909), passim; Dieselben (1910), passim.
1121 Haenel und Tscharmann (1910), S. 241 ff.

neuem Wohnraum könnte ungefähr 79,5 Mio. Mark gekostet haben, aber vermutlich weniger als 107,6 Mio. Mark. Auf der anderen Seite dürfte die Kreditvergabe der Landessparkasse und der Städtischen Sparkasse zusammen für die Beleihung von Wohnraum in der Größenordnung von 67,3 Mio. Mark bis 78,0 Mio. Mark ausgereicht haben. Wenn die Sparkassen keine Gewerbefinanzierungen vornahmen, sondern ihre Hypothekendarlehen ausschließlich der Wohnbaufinanzierung dienten, dann ergibt sich aus diesen Zahlen ein notwendiger Marktanteil der Sparkassen im Bereich des Wohnungsbaus in der ungünstigsten Kombination aus Sicht der Antithese von 98 % und in der günstigsten Variante von 63 %. Wird von den Extremwerten abgesehen und die niedrigere Schätzung der Finanzierungsleistung dem moderat veranschlagten Kapitalbedarf gegenübergestellt, der sieben Zehntel des Zuwachses der Brandversicherungsanschläge entspricht, dann resultiert ein Marktanteil der Sparkassen an der Wohnraumfinanzierung in Höhe von 85 %. Unabhängig von der Frage, welcher dieser drei Werte der Realität am nächsten kommt, kann zumindest festgehalten werden, dass die beiden Sparkassen bei Gültigkeit der Antithese die mit großem Abstand dominierenden Wohnbaufinanzierer in Stuttgart gewesen sein müssten.

Bei der Interpretation dieser Zahlen ist jedoch eine Reihe von Umständen zu berücksichtigen. Die Archivbestände zeigen, dass die Panel-Sparkassen gelegentlich ebenfalls Darlehen an Stuttgarter Kreditnehmer abgaben. Vermutlich trifft dies auch für andere Oberamtssparkassen zu, so dass der resultierende Marktanteil der Sparkassengruppe als Ganzes an der Wohnraumfinanzierung sogar noch größer ausfiel als oben berechnet. Außerdem waren manche Bauherren vermutlich nicht auf Darlehen von den Sparkassen angewiesen, da sie ihre Gebäude aus ihrem Vermögen erstellen konnten. Die Nachfrage nach Hypothekendarlehen für den Wohnungsbau könnte deshalb kleiner gewesen sein, als die ermittelten Zahlen vermuten lassen. Zwar wurden möglicherweise auch immer wieder Objekte mit höherem Fremdfinanzierungsanteil erstellt. Andere Geldgeber waren vielleicht weniger restriktiv und gewährten Beleihungen über 50 %. Allerdings darf das Potenzial der anderen Financiers nicht unterschätzt werden. Neben den Sparkassen konkurrierten die Hypothekenbanken, die Versicherungsgesellschaften und private Gläubiger um Kreditnehmer. Unter Berücksichtigung dieser Argumente kann in Zweifel gezogen werden, dass die Landessparkasse und die Städtische Sparkasse um die Jahrhundertwende einen so großen Teil der in Stuttgart getätigten Wohnraumfinanzierung für sich beanspruchen konnten, dass dies zur vollständigen Unterbringung ihrer Hypothekengelder ausreichte.

Die Zweifel werden bestätigt, wenn anstelle der Zeit um die Jahrhundertwende die Entwicklung in der folgenden Phase betrachtet wird. In den Jahren vor dem Ersten Weltkrieg wuchs das Geschäftsvolumen der Sparkassen schneller als die Aktivitäten im Wohnungsbau. Für den Abschnitt von 1906 bis 1913[1122] ergibt sich

1122 Die Jahre 1904 und 1905 werden aufgrund der Eingemeindung von Cannstatt, Wangen sowie Untertürkheim und der damit verbundenen Abgrenzungsschwierigkeiten nicht berücksichtigt.

deshalb unter der Verwendung der gleichen Parameter wie oben ein rechnerischer Marktanteil an der Wohnbaufinanzierung von mindestens 109 % in der günstigsten Kombination aus Sicht der Antithese und von 149 % in der ungünstigsten. Da die Sparkassen in der Praxis aber nicht mehr als 100 % finanziert haben können und selbst dieser Wert angesichts der Konkurrenz durch bedeutende andere Geldgeber utopisch ist, muss die Antithese zumindest für die spätere Phase zurückgewiesen werden. Es besteht sogar Spielraum für die Annahme, dass die Preise für Wohnraum damals noch höher lagen,[1123] die Tilgungsleistungen der Altschuldner der Sparkassen niedriger waren und die Landessparkasse vor dem Ersten Weltkrieg weniger Kredite an Stuttgarter Kapitalnehmer auszahlte als um die Jahrhundertwende, ohne dass sich etwas an dem Befund ändern würde.

Die Überschlagsrechnungen zeigen somit, dass trotz der umfangreichen Bauaktivitäten in Stuttgart angesichts des hohen Kreditvolumens der ansässigen Sparkassen andere Kapitalverwendungen ebenfalls eine Rolle gespielt haben müssen. Da die Landwirtschaft in der Hauptstadt kaum relevant gewesen sein dürfte, ist vor allem an das Gewerbe zu denken. Dort bestand wie für die Panel-Sparkassen gezeigt ein Kreditbedarf, der weit über die Finanzierung von Bautätigkeiten hinausging. Das Fazit gilt übrigens unabhängig davon, dass die Sparkassen auch als Geldgeber zum Bau von Krankenhäusern, Schulen, öffentlichen Verwaltungsgebäuden und Kirchen auftraten. Solche Projekte wurden über Schuldscheindarlehen und damit sozusagen aus einem anderen Topf der Institute gespeist.

Insgesamt lässt sich für das Kreditgeschäft der großstädtischen Sparkassen während der Industrialisierung ein Grundmuster erahnen, welches sich in ähnlicher Form bei den Oberamtssparkassen zeigt. Dort bestand stets eine Basisnachfrage nach Hypothekendarlehen von Landwirten und Handwerkern, welche die Sparkassen bevorzugt bedienten. Doch durch das starke Wachstum des Geschäftsvolumens wendeten sich die größeren Institute zunächst ganz langsam ab den 1880er Jahren und später auch die mittelgroßen Institute zur Unterbringung ihres Kapitals immer mehr den industriellen Kreditnehmern zu. In den größeren Städten könnte eine ähnliche Entwicklung stattgefunden haben. Möglicherweise wurden dort aufgrund der höheren Bauaktivitäten mehr Wohnbauten als in den untersuchten Oberämtern finanziert. Dieser Teil des Kreditgeschäftes könnte eine Art Basisnachfrage gewesen sein wie anderswo der Kapitalbedarf der Landwirtschaft und des Handwerks. Aber selbst wenn sich die Sparkassen auf die Wohnbaufinanzierung hätten konzentrieren wollen – worüber übrigens nichts bekannt ist – dann reichte diese Mittelverwendung bei steigendem Geschäftsvolumen während der Industrialisierung immer weniger zur Kapitalanlage aus. Man musste deshalb auch hier Kreditkunden aus dem Gewerbe bedienen.

Untermauert wird diese Einschätzung über die Kreditaktivitäten großstädtischer Sparkassen übrigens durch die Chronik der Stadtsparkasse Düsseldorf. Da-

1123 Allerdings beruhen die Angaben von Haenel und Tscharmann auf diese spätere Phase, so dass eher umgekehrt für den Zeitraum um die Jahrhundertwende eine zu hohe Schätzung der Wohnbauaufwendungen vorgenommen wurde.

rin berichtet Ernst Joachim Haas über ein Hypothekendarlehen aus dem Jahr 1901 in Höhe von 800.000 Mark zum Bau des Parkhotels und über ein anderes über 1,6 Mio. Mark aus dem Jahr 1908 zum Bau eines Kaufhauses für den Unternehmer Ludwig Tietz.[1124]

12.4 Hochrechnungen zur Gewerbefinanzierung aller württembergischen Sparkassen

Die in den vorangegangenen Kapiteln gewonnenen Erkenntnisse über das Kreditgeschäft der archivalisch untersuchten Oberamtssparkassen lassen Einschätzungen über die anderen Sparkassen des Landes zu. Vereinfacht gesagt gelten zwei Grundsätze: Je größer ein Sparkasse gemessen an ihren Einlagen beziehungsweise ihrem Finanzvermögen war, desto eher konnte sie große Darlehen abgeben, die möglicherweise der Industriefinanzierung dienten. Und je mehr das Geschäftsgebiet städtisch-gewerblich geprägt war, desto höher fiel der Anteil der Berufsgruppe der Gewerbetreibenden an der Darlehenssumme aus.

Entsprechend der Vorgehensweise in Kapitel 7.4 wird für eine Einordnung der Institute nach diesen zwei Merkmalen einerseits der Gewerbesteuerbetrag pro Kopf der Bevölkerung gemäß den Angaben in der württembergischen Gemeindestatistik herangezogen. Auf der anderen Seite wird das Finanzvermögen der Kassen von Ende 1904 betrachtet. Dieses Jahr bietet sich vor allem für den noch durchzuführenden Vergleich mit den anderen deutschen Staaten in Kapitel 13 an, weshalb es bereits hier im Mittelpunkt stehen soll.

Im Sinne einer vorsichtigen und konservativen Schätzung wird die Grenze zwischen niedrigen und hohen Finanzvermögen zunächst bei 3,0 Mio. Mark gezogen und zwischen eher städtisch-gewerblichen und eher ländlich-landwirtschaftlichen Geschäftsgebieten bei einem Gewerbesteuerbetrag von 60 Pfennig pro Einwohner.

In die Gruppe der großen Institute in städtisch-gewerblichen Geschäftsgebieten lassen sich insgesamt 15 Sparkassen einordnen, wobei hiervon bereits fünf zu dem archivalisch untersuchten Panel gehören. Wie bereits in der Einführung in Kapitel 2 angemerkt, sind die großen Institute in der Untersuchung etwas überproportional vertreten. Ein ähnliches Kreditgeschäft wie in Geislingen, Ludwigsburg, Kirchheim, Göppingen und Ravensburg dürfte demnach auch in Esslingen, Balingen, Urach, Gmünd, Reutlingen, Heidenheim, Heilbronn, Ulm, im Stadtdirektionsbezirk Stuttgart und im Oberamt Stuttgart bestanden haben. Die Berufsgruppe der Gewerbetreibenden dominierte dort wahrscheinlich das Kreditgeschäft und Darlehen an kleine und mittelgroße Unternehmen wurden häufig vergeben.

1124 Haas (1976), S. 163f.

Nur geringfügig kleiner ist die Gruppe der großen Sparkassen aus eher ländlich-landwirtschaftlichen Gebieten. Sie umfasst ein Dutzend Institute, wozu neben Biberach und Leutkirch auch Gaildorf, Neuenbürg, Mergentheim, Saulgau, Backnang, Crailsheim, Riedlingen, Ehingen, Laupheim und Cannstatt gehören. Während der Hochindustrialisierung floss ein Teil ihrer Sparüberschüsse wahrscheinlich in Form von Darlehen in die Industriezentren des Landes ab. Dabei wurden vermutlich auch immer wieder Unternehmen finanziert. Es fällt auf, dass in dieser Gruppe vor allem neuwürttembergische Bezirke mit viel Großlandwirtschaft vertreten sind. Im Gegensatz hierzu sticht allerdings Cannstatt heraus. Dieser unmittelbar an Stuttgart angrenzende Bezirk kann als Sonderfall interpretiert werden oder als Beleg für die Schwierigkeit, alle Institute mit einem einfachen Schema abzudecken. Aufgrund der Lage der Stadt Cannstatt direkt am Neckar und am ältesten Streckenabschnitt der württembergischen Eisenbahn gehörte der westliche Teil des Oberamts zweifellos zu den Industriezentren. Der Hauptort war um die Jahrhundertwende bereits so stark mit Stuttgart verschmolzen, dass im Jahr 1905 die Herauslösung aus dem Oberamt und die Eingemeindung in die Hauptstadt erfolgten. Ansonsten dominierten jedoch der Weinanbau und die Landwirtschaft. Der vermutlich hohe lokale Kreditbedarf der Gewerbetreibenden dürfte eine Ausdehnung des Darlehensgeschäftes über die Bezirksgrenzen hinaus kaum notwendig gemacht haben. Die Gruppenzuordnung von Cannstatt kann deshalb als Hinweis für eine zu strenge Grenzziehung bei einem Gewerbesteuerbetrag von 60 Pfennig pro Kopf angesehen werden. Der Bezirk kam damals auf einen nur etwas geringeren Betrag von 52 Pfennig pro Einwohner.

Die Gruppe der kleinen Sparkassen in eher städtisch-gewerblich geprägten Bezirken, für die es aus dem Panel keine Beispiele gibt, ist mit nur sechs Instituten sehr übersichtlich. Zu dieser Gruppe gehört die Sparkasse Rottweil, die erst 1904 gegründet wurde und deshalb nur ein Finanzvermögen von annähernd 209.000 Mark am Jahresende aufwies. Die beiden Sparkassen in Besigheim und Blaubeuren bestanden dagegen schon seit 1880 beziehungsweise seit 1852. Warum sie trotz ihres gewerblichen Umfelds nicht mehr Spareinlagen auf sich zogen, soll hier nicht weiter untersucht werden. Sie kamen 1904 auf Finanzvermögen in Höhe von 1,5 Mio. Mark beziehungsweise 1,8 Mio. Mark. Zu den drei weiteren Kassen dieser Gruppe gehören die Institute in Oberndorf, Tuttlingen und Nürtingen. Sie kamen auf Finanzvermögen in Höhe von 2,2 Mio. Mark bis 2,8 Mio. Mark. Bei den Hauptorten der drei Bezirke handelt es sich um wichtige lokale Industriestandorte, worauf auch die hohen Gewerbesteueranschläge von 65 Pfennigen bis 95 Pfennigen pro Kopf der Bevölkerung hinweisen. Da es sich außerdem um altwürttembergische Realteilungsgebiete handelt, in denen die Kleinlandwirtschaft ein eher unterdurchschnittliches Kreditbedürfnis entwickelte, ist die Abgabe von Darlehen an kleine und mittelgroße Unternehmen durchaus denkbar. Die Gemeindesparkassen von Dürrmenz-Mühlacker, Feuerbach, Ulm und Langenau müssten übrigens ebenfalls in diese Gruppe einsortiert werden. Sie wurden aber erst nach dem Betrachtungsjahr 1904 gegründet, während die Kasse in Schwenningen nach Abschluss des ersten Jahres ihrer Geschäftstätigkeit auf ein Finanzvermögen von 122.000 Mark kam.

Alle verbleibenden Oberamtssparkassen erfüllen die Merkmale eines Finanzvermögens von weniger als 3,0 Mio. Mark und eines Geschäftsgebietes mit weniger als 60 Pfennig Gewerbesteueraufkommen je Einwohner. Im Sinne einer vorsichtigen Einschätzung kann davon ausgegangen werden, dass ihr Kreditgeschäft ähnlich wie in Maulbronn und Künzelsau strukturiert war. Die Berufsgruppe der Landwirte dominierte im Kreditgeschäft und Darlehen an größere Gewerbebetriebe oder sogar Industrieunternehmen wurden nur in Ausnahmefällen oder überhaupt nicht gewährt. Zu dieser Gruppe gehören die Sparkassen von Sulz, Marbach, Calw, Horb, Neresheim, Weinsberg, Spaichingen, Welzheim, Rottenburg, Neckarsulm, Aalen, Waiblingen, Öhringen, Herrenberg und Gerabronn. Daneben fällt eine ganze Reihe weiterer Institute in diese Gruppe, bei der aber ähnlich wie oben Detailkritik geäußert werden kann. Die Oberamtssparkasse Nagold ist mit einem Finanzvermögen von 1,4 Mio. Mark und einem Gewerbesteuerbetrag von 37 Pfennigen für den gesamten Bezirk eindeutig ein eher kleines Institut in einem ländlichen Gebiet. Sie hatte vor dem Betrachtungszeitpunkt aber bereits nachweislich Industriefinanzierungen durchgeführt. Dies könnte im Nachbarbezirk Freudenstadt mit einer ähnlichen Wirtschaftsgeographie und einem Finanzvermögen von 1,9 Mio. Mark ähnlich gewesen sein. Der Bezirk Wangen kam auf einen Gewerbesteuerbetrag von 58 Pfennigen. Er lag damit nur knapp unterhalb der gezogenen Grenze, aber sogar zwei Pfennige über dem Wert von Biberach. Und mit einem Finanzvermögen von 2,0 Mio. Mark war zumindest theoretisch die Abgabe größerer Beträge möglich. Wie in Kapitel 10 gezeigt, kann im Falle einer durchschnittlichen Oberamtssparkasse ein Finanzvermögen von nur 1,9 Mio. Mark als Voraussetzung für die Gewährung eines Darlehens in Höhe von 40.000 Mark angesehen werden. Vor diesem Hintergrund ist es gerechtfertigt, im Fall Wangen und auch bei den Sparkassen aus Schorndorf, Hall, Leonberg, Ellwangen, Vaihingen, Tettnang, Münsingen, Tübingen und Brackenheim gelegentliche Unternehmensfinanzierungen nicht auszuschließen. Die letztgenannten Institute kamen auf Finanzvermögen zwischen 2,2 Mio. Mark und 2,9 Mio. Mark.

Wird für ein Zwischenfazit auf Grundlage der schematischen Betrachtung die strenge Grenzziehung beibehalten, dann können 27 von damals 63[1125] Oberamtssparkassen als Industriefinanzierer angesehen werden. Sie versorgten entweder kleine und mittelgroße Betriebe aus dem eigenen Bezirk oder gaben entsprechende Darlehen aufgrund mangelnder heimischer Kreditnachfrage an auswärtige Kunden ab. Zusammen verwalteten diese Institute Ende 1904 ein Finanzvermögen in Höhe von 149,0 Mio. Mark. Dies entspricht 71 % des Finanzvermögens aller Oberamtssparkassen. Die oben geäußerte Detailkritik spricht für die zu-

1125 Die Anzahl von nur 63 Oberamtssparkassen bei 64 Bezirken ergibt sich aus der erst 1905 erfolgten Gründung der Oberamtssparkasse Böblingen.

sätzliche Betrachtung eines alternativen Szenarios mit progressiveren Annahmen. Hierbei sollen die besprochenen Grenzfälle ebenfalls als Industriefinanzierer angesehen werden. Die Trennlinien zwischen den einzelnen Gruppen werden deshalb bei einem Finanzvermögen von nur 2,0 Mio. Mark und einem Gewerbesteueraufkommen von nur 50 Pfennigen neu gesetzt. Bildhaft dargestellt ist dies in der nachfolgenden Abbildung 20. In diesem alternativen Szenario können 41 von 63 Oberamtssparkassen als Industriefinanzierer angesehen werden. Sie verwalteten ein Finanzvermögen in Höhe von 183,8 Mio. Mark, was einem Anteil von 87,8 % entspricht. Hierbei bleiben die Nagolder Sparkasse und ähnliche Institute übrigens immer noch unberücksichtigt.

Abbildung 20: Finanzvermögen aller Oberamtssparkassen in Mio. Mark und Gewerbesteuerbetrag in den Geschäftsgebieten pro Kopf in Mark

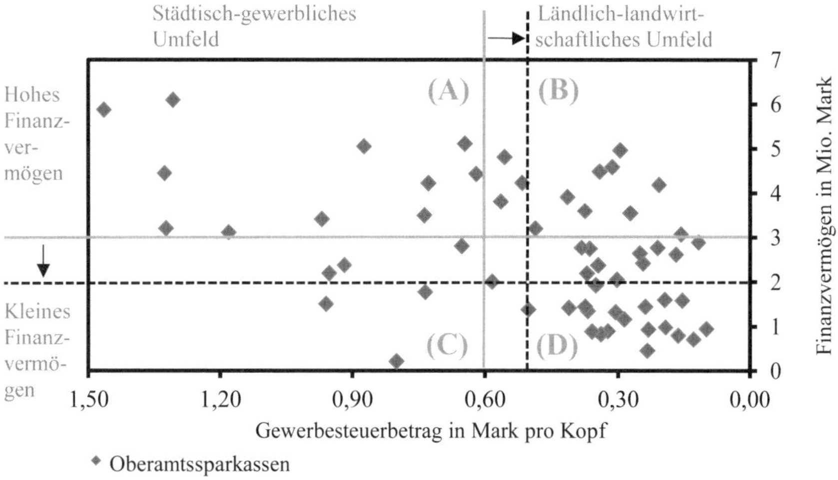

Quellen: Finanzvermögen: eigene Berechnung; Gewebesteuerbetrag: eigene Berechnung auf der Grundlage von K.[öniglich] Statistisches Landesamt (1910); eigene Darstellung.
Anmerkung: Nicht in der Abbildung dargestellt, da außerhalb der hier verwendeten Ränder liegend, sind die Sparkassen der großen Industriezentren; Stuttgart (Stadt) mit 2,60 Mark Gewerbesteuer pro Einwohner und 24,2 Mio. Mark Finanzvermögen, Heilbronn mit 2,26 Mark Gewerbesteuer und 8,6 Mio. Mark Finanzvermögen, Ulm mit 1,45 Mark Gewerbesteuer und 11,9 Mio. Mark Finanzvermögen sowie Stuttgart (Amt) mit 1,08 Mark Gewerbesteuer und 7,4 Mio. Mark Finanzvermögen.

In den weiteren Schritten soll den Fragen nachgegangen werden, wie viel Kapital in Form von Hypothekendarlehen von den Sparkassen an die Berufsgruppe der Gewerbetreibenden ausgezahlt wurde und wie viel hiervon gewerblichen Zwecken diente. Für diese Hochrechnungen müssen wiederum geeignete Stützwerte aus dem Kreditgeschäft der Panel-Sparkassen herangezogen werden.

In Maulbronn und Künzelsau bewegte sich der Anteil der Gewerbetreibenden an der Darlehenssumme bei den fünf vorgenommenen Auswertungen zwischen 28,2 % und 35,7 %.[1126] Zur Vereinfachung wird deshalb bei allen kleinen Instituten aus ländlich-landwirtschaftlichen Gegenden (Feld (D)) ein pauschaler Wert von 30,0 % angenommen. Das tatsächliche Niveau wird damit vermutlich etwas unterschätzt, da die ebenfalls eher kleine Sparkasse aus Nagold wie gezeigt auf Anteile zwischen 64,6 % und 69,7 % kam. Zweitens wird unterstellt, dass der Schätzwert von 30,0 % auch für die kleinen Sparkassen mit städtisch-gewerblichem Umfeld (Feld (C)) gilt. Aufgrund des Mangels an archivalischen Untersuchungsergebnissen für diese Gruppe wird somit ein möglichst niedriger Wert angesetzt.

Für die größeren Institute in städtisch-gewerblichen Geschäftsgebieten (Feld (A)) liegen weit voneinander abweichende Anteile der Gewerbetreibenden an den Darlehenssummen vor. In Ravensburg wurde im Zeitraum 1907 bis 1913 lediglich ein Anteil von 45,6 % erreicht, wobei die archivalische Überlieferung wie geschildert unvollständig ist. Exakt der gleiche Prozentwert wurde von 1890 bis 1896 in Göppingen ermittelt, doch vermutlich hatte die Landwirtschaft als wichtigster Gegenpart des Gewerbes bereits um das Jahr 1904 stark an relativer Bedeutung verloren. Für Ludwigsburg ergibt sich für den Zeitraum 1900 bis 1906 ein Anteil in Höhe von 59,7 % und für Kirchheim im darauf folgenden Siebenjahreszeitraum ein Anteil in Höhe von 70,2 %. Da in Geislingen um die Jahrhundertwende ein Wert von 53,9 % gemessen wurde und für die Zeit von 1907 bis 1909 bei möglicherweise unvollständigen Archivalien ein Wert von 81,7 %, findet vermutlich keine Übertreibung statt, wenn als pauschaler Berechnungsfaktor ein Anteil der Gewerbetreibenden bei allen Kassen in dieser Gruppe von 50,0 % unterstellt wird.

Eine ebenfalls große Spreizung muss im Fall der großen Institute in ländlich-landwirtschaftlichen Gebieten (Feld (B)) festgestellt werden. Die Auswertung der Darlehensvergabe in Biberach ergab Anteile der Gewerbetreibenden in Höhe von 54,8 % bis 61,3 %. Dagegen wurde für Leutkirch in den Jahren 1912 und 1913 nur ein Anteil in Höhe von 35,8 % gemessen. Vermutlich erreichte die Sparkasse in Leutkirch in früheren Jahren, in denen auswärtige Betriebe finanziert wurden, deutlich höhere Prozentwerte. Vor dem Hintergrund der hier angestrebten vorsichtigen Vorgehensweise soll für die Institute in dieser Gruppe aber nur ein niedriger Pauschalwert von 40,0 % angesetzt werden.

Für die weiteren Berechnungen ist zu berücksichtigen, dass sich die Prozentzahlen nur auf das Hypothekengeschäft beziehen und nicht auf das gesamte Finanzvermögen, da die meisten Sparkassen auch andere Kapitalanlagen wie Schuldscheindarlehen und Wertpapiere verwalteten.[1127]

1126 Vgl. die Tabellen im Anhang.

1127 Für die überschlägige Berechnung wird allerdings der Umstand nicht berücksichtigt, wonach sich die Stützwerte der Panel-Sparkassen auf die Darlehensvergaben beziehen und die Sparkassenstatistik stichtagsbezogene Hypothekenbestände ausweist.

Zusätzlich zu diesen Überlegungen ist der Frage nachzugehen, wie viel von dem Hypothekenkapital an Gewerbetreibende kommerziell genutzt wurde. Schließlich nahmen Handwerker und gelegentlich Fabrikanten die Sparkassen auch zur Finanzierung ihrer privaten Wohnimmobilien in Anspruch. Eine vorsichtige Schätzung für die Oberamtssparkasse Kirchheim ergab, dass dort mindestens 45 % der Darlehenssumme an die Berufsgruppe der Gewerbetreibenden einen kommerziellen Hintergrund hatten.[1128] Zur Ermittelung dieses Wertes wurde betrachtet, ob die Kredite an Firmen ausgezahlt wurden, ob gegebenenfalls Industrieanwesen oder ähnliche Immobilien beliehen wurden und daneben wurden auch gemischt genutzte Gewerbe- und Wohnanwesen zu einem kleinen Teil berücksichtigt. Die Schätzung ist jedoch nur als Untergrenze anzusehen, vor allem da die archivalische Überlieferung nicht vollständig ist.

Nach der gleichen Methode ergibt sich für Biberach ein kommerzieller Anteil der Darlehenssumme an Gewerbereibende in Höhe von 48 %. Auch diese Zahl ist aus den genannten Gründen wiederum nur als Untergrenze zu verstehen. Für die anderen Institute des Panels sind vergleichbare Berechnungen nicht möglich, da keine Angaben über die beliehenen Sicherheiten vorliegen. Allerdings sind teilweise schon die Bezeichnungen der Kreditnehmer sehr aufschlussreich. Dies zeigt das Beispiel der Oberamtssparkasse Göppingen im Zeitraum 1890 bis 1896. Damals wurde ein größeres Darlehen über 50.000 Mark an die Firma Bürk & Vetter oHG vergeben. Wenn unterstellt wird, dass zwei weitere Darlehen über 12.000 Mark und 30.000 Mark an die Inhaber kleiner Fabrikbetriebe ebenfalls einen gewerblichen Hintergrund hatten, dann ergibt sich bereits ein kommerzieller Anteil der Darlehen an Gewerbetreibende in Höhe von 41 %. Und wenn dazu noch die Darlehen an Müller und Bierbrauer beziehungsweise Gastwirte gezählt werden, dann betrug der kommerzielle Anteil sogar 80 %.

Gemäß der Vorgehensweise in den vorangegangenen Berechnungsschritten soll auch hier diejenige Variante ausgewählt werden, die für eine geringe kommerzielle Nutzung spricht. Vor diesem Hintergrund wird nachfolgend für alle als Industriefinanzierer eingestuften Sparkassen pauschal ein kommerzieller Anteil in Höhe von 45 % der Darlehenssumme an die Berufsgruppe der Gewerbetreibenden angenommen.

Angesichts der verschiedenen übergeordneten Alternativen können letztlich unterschiedliche Beträge berechnet werden. Zum einen besteht das konservative Szenario mit einem Grenzwert von 3,0 Mio. Mark für große Finanzvermögen und 60 Pfennigen Gewerbesteuer je Einwohner für städtisch-gewerbliche Geschäftsgebiete. Werden in diesem Szenario Anteile der Gewerbetreibenden von 30 %, 40 % beziehungsweise 50 % wie oben beschrieben herangezogen, dann entfielen Ende 1904 etwa 66,4 Mio. Mark des gesamten Hypothekenbestandes der Oberamtssparkassen von 159,1 Mio. Mark auf die Berufsgruppe der Gewerbetreibenden. Wird nun davon ausgegangen, dass sich die kommerzielle Darlehensverwen-

1128 Proettel (2013); S. 25.

dung in Höhe von 45 % nur auf die Institute mit Industriefinanzierung und damit auf die großen Sparkassen sowohl in ländlichen wie auch in städtischen Gebieten beschränkte, dann ergibt sich ein Betrag von 23,6 Mio. Mark. Hierbei handelt es sich aber um eine absolute Untergrenze für den kommerziell genutzten Anteil des Hypothekenkapitals. Für die Ermittlung wurden unter konkurrierenden Annahmen stets die aus Gewerbesicht ungünstigsten herangezogen.

Für ein weniger konservatives Szenario können die Grenzwerte für ein hohes Finanzvermögen auf 2,0 Mio. Mark und für einen hohen Gewerbesteuerbetrag auf 50 Pfennig pro Kopf gesenkt werden. Unter sonst gleichen Umständen erhöht sich hierdurch das Hypothekenkapitel, welches auf die Berufsgruppe der Gewerbetreibenden entfällt auf 70,0 Mio. Mark. Der ausschließlich kommerziell genutzte Betrag steigt auf 28,7 Mio. Mark. Wird dazu auch noch die Landessparkasse wie eine große Oberamtssparkasse betrachtet, dann erhöht sich der kommerzielle Hypothekenbestand um 18,8 Mio. Mark auf 47,5 Mio. Mark.

Schließlich ist auch noch ein progressives Szenario denkbar. Die Grenzwerte für das Finanzvermögen und den Gewerbesteuerbetrag bleiben entsprechend der zweiten Berechnung erhalten. Aber es wird unterstellt, dass auch bei den kleinen Sparkassen mit einem Finanzvermögen von weniger als 2,0 Mio. Mark ein Anteil von 45 % der Hypothekendarlehen an Gewerbetreibende kommerziell genutzt wurde. Dies ist durchaus möglich, wenn die vielen kleinen und ein Teil der mittelgroßen Darlehen wie vermutet als Betriebsmittel- und Investitionskredite dienten. Außerdem wird von leicht erhöhten Anteilen der Gewerbetreibenden am Hypothekenbestand ausgegangen. In die Berechnungen wird ein Wert von 50 % für die größeren Sparkassen in ländlichen Gebieten unterstellt und ein Wert von 60 % für die kleinen und die großen Sparkassen in städtisch-gewerblichen Gebieten. Diese Prozentanteile sind keineswegs übertrieben. Sie wurden in Biberach und Kirchheim sogar deutlich übertroffen. Da aber andere Sparkassen wie Ludwigsburg und Geislingen damals nur knapp an die Marke von 60 % heranreichten oder etwas darunter blieben, kann das progressive Szenario als eine Art Obergrenze interpretiert werden. Demnach entfielen von dem Hypothekenbestand der Oberamtssparkassen am Ende des Jahres 1904 etwa 85,0 Mio. Mark auf Gewerbetreibende und hiervon wurden 38,3 Mio. Mark ausschließlich kommerziell genutzt. Für die Landessparkasse können in diesem Fall weitere 50,1 Mio. Mark an Gewerbetreibende beziehungsweise 22,6 Mio. Mark mit kommerziellem Hintergrund angenommen werden.

Zusammengefasst ergaben die Hochrechnungen je nach Annahmen somit eine Spanne für den ausschließlich gewerblich eingesetzten Anteil des ausstehenden Hypothekenkapitals der Oberamtssparkassen. Er betrug Ende 1904 vermutlich mindestens 23,6 Mio. Mark, aber vermutlich nicht viel mehr als 38,3 Mio. Mark. Je nachdem, ob der Landessparkasse ein ähnliches Kreditgeschäft zugetraut wird wie einer Oberamtssparkasse oder nicht, können zu diesen Beträgen weitere 18,8 Mio. Mark bis 22,6 Mio. Mark hinzugefügt werden. Diese Beträge gehen in den Vergleich der Sparkassen mit der Stuttgarter Börse im nächsten Unterkapitel ein.

12.5 Die Sparkassen im Vergleich zur Wertpapierbörse

Als Abschluss der Betrachtungen zum württembergischen Sparkassenwesen soll eine Einordnung der oben ermittelten Schätzwerte durch eine Gegenüberstellung mit der Börse als wichtiger Finanzierungsoption im Zeitalter der Industrialisierung stattfinden.[1129] Hierbei ist einerseits zwischen der Aufnahme von Fremdkapital über die Ausgabe von Anleihen und andererseits über die Erlangung von Eigenkapital durch die Emission von Aktien zu unterscheiden. Im Jahr 1904 waren insgesamt 44 württembergische Unternehmen mit diversen Wertpapiergattungen an der Stuttgarter Effectenbörse und auswärtigen Börsenplätzen, insbesondere in Frankfurt und Berlin, aber auch in Bremen, Hamburg, Köln, Mannheim, Dresden und München notiert.[1130] Gemessen an der Anzahl der notierten Aktiengesellschaften wurde die Börse damals etwas stärker als heute in Anspruch genommen.[1131]

Ende 1904 waren Schuldverschreibungen württembergischer Unternehmen im Nominalwert von 18,4 Mio. Mark in Stuttgart zum Handel zugelassen.[1132] In dieser Zahl sind keine Hypothekenpfandbriefe und ähnliche Bankemissionen berücksichtigt, da diese Papiere keine direkte Finanzierungsquelle für die Realwirtschaft darstellen. Bei ihnen handelt sich lediglich um eine Refinanzierung für die Darlehensvergabe eines anderen Zweiges der Kreditwirtschaft. Da manche Emissionen von Industrieunternehmen beispielsweise durch Auslosungen und Rückkäufe der Emittenten bereits teilweise getilgt waren, betrug der Umlauf der oftmals als Partial-Obligationen bezeichneten Papiere Ende 1904 nur knapp 15,8 Mio. Mark. Hierzu sind Anleihen von württembergischen Unternehmen mit Notierung an auswärtigen Börsenplätzen zu addieren. Im untersuchten Jahr betraf dies nur eine Emission über 1,0 Mio. Mark der Bremen-Besigheimer Oelfabriken, wobei die Aktiengesellschaft ihren Sitz in Bremen hatte und im württembergischen Besigheim nur eine Zweigniederlassung unterhielt.[1133] Wenn die in der Speiseölherstellung tätige Firma trotzdem berücksichtigt wird, dann ergibt sich für den Zeitpunkt Ende 1904 eine Finanzierungsleistung der Börse in Höhe von knapp 16,8 Mio. Mark.

1129 Zur Bedeutung der Börse als Finanzierungsquelle für Unternehmen im Deutschen Kaiserreich vgl. Lehmann-Hasemeyer und Streb (2017).
1130 Vgl. hier und zu den folgenden Angaben Tabelle A34 im Anhang.
1131 Derzeit sind ohne Berücksichtigung von Anleihenemissionen aus dem Bankensektor 30 Unternehmen mit Sitz im ehemaligen Württemberg an der Börse notiert.
1132 Vgl. hier und zu den folgenden Angaben Tabelle A34 im Anhang beziehungsweise die Kurzform Tabelle 29 im vorliegenden Abschnitt.
1133 Handbuch der Deutschen Aktien-Gesellschaften, Ausgabe 1904–1905, Band I, Leipzig, S. 1081.

Tabelle 29: Börsennotierte Wertpapiergattungen württembergischer Unternehmen Ende 1904 in Mio. Mark

Eingrenzung	Anleihen		Stammaktien		Prioritätsaktien	
	Nominalkapital	davon 1904 in Umlauf	Aktienkapital	Marktkapitalisierung	Aktienkapital	Marktkapitalisierung
1. Württembergische Unternehmen mit Notierung in Stuttgart:	18,4	15,8	119,0	209,6	6,3	6,7
2. Württembergische Unternehmen mit ausschließlicher Notierung an auswärtigem Börsenplatz:	1,0	1,0	10,8	11,3		
3. Nachrichtlich: Auswärtige Unternehmen mit Notierung in Stuttgart:	10,0	10,0	24,4	105,8		

Quellen: Eigene Zusammenstellung und Berechnung auf der Grundlage von: Handbuch der Deutschen Aktien-Gesellschaften, Ausgabe 1904–1905, Band I und Band II; Handbuch der Süddeutschen Aktien-Gesellschaften, Ausgabe 23; Schwäbischer Merkur, Abendblatt vom Samstag, 31. Dezember 1904.
Anmerkungen: Pfandbriefe und ähnliche Emissionen von Banken sowie Emissionen staatlicher Stellen, Städte etc. wurden nicht berücksichtigt. Die detaillierten Angaben der obigen Übersicht finden sich in Tabelle A34 im Anhang.

Wollte man die Funktion der Börse als Vermittlerin von Fremdkapital sehr großzügig auslegen, dann ließen sich zu dieser Summe die ausstehenden Prioritätsaktien hinzuzählen. Die Merkmale dieser historischen Wertpapiergattung unterscheiden sich wesentlich von heutigen Aktien und lassen sie sowohl aus Sicht der Inhaber wie auch der Aussteller eher als ein Art Rentenpapier mit ewiger Laufzeit erscheinen. Prioritätsaktien wiesen nicht nur eine bevorrechtigte Stellung für den Bezug von Dividenden vor den Stammaktien auf, sondern auch eine ab der Emission fixierte Dividendenhöhe, die eine „landesübliche Verzinsung" gewähren sollte sowie eine Nachholverpflichtung für den Fall von Jahren ohne Bilanzgewinn.[1134] Darüber hinaus verfügten manche Emissionen über das Recht auf Vorbefriedigung im Fall der Liquidation des Unternehmens.[1135] Ende 1904 waren Prioritätsaktien württembergischer Unternehmen im Nominalwert von 6,3 Mio. Mark zum Börsenhandel zugelassen, die bei Berücksichtigung der jeweiligen Notierungen einen Kurswert von knapp 6,7 Mio. Mark hatten. Zusammen mit den herkömmlichen Anleihen ergibt sich so die Summe von 23,4 Mio. Mark.

1134 *Salings's Börsenpapiere, Erster allgemeiner Teil, Die Börse und die Börsengeschäfte, Ein Handbuch für Bankiers, Juristen und Kapitalisten*, 11. Auflage 1908, Berlin und Leipzig, S. 114; *Handbuch der deutschen Aktien-Gesellschaften*, Ausgabe 1904–1905, Band I, Leipzig, S. 1349 und S. 1581; desgleichen, Band II, S. 332, S. 711 und S. 1259.
1135 Zum Beispiel bei der Kammgarn-Spinnerei Bietigheim. Vgl. hierzu: *Handbuch der Süddeutschen Aktiengesellschaften*, Leipzig 1905, S. 339.

Damit ist festgestellt, dass die Bereitstellung von Fremdkapital für württembergische Unternehmen durch die Börse selbst bei sehr weiter Auslegung dieses Begriffes leicht unter dem ausgesprochen zurückhaltend geschätzten Volumen der gewerblich genutzten Sparkassendarlehen in Höhe von 23,6 Mio. Mark lag. Wird von dem progressiven Szenario für die Sparkassen inklusive Landessparkasse ausgegangen, dann stellten diese mit 60,8 Mio. Mark per Ende 1904 dem Gewerbe mehr als doppelt so viel Kapital wie die Börse bereit.

Größer als im Bereich der Fremdkapitalaufbringung war die Bedeutung der Börse für den Handel mit Eigenkapitalverbriefungen. Ende 1904 waren in Stuttgart 34 Aktiengesellschaften notiert, deren Stammkapital sich mit den jeweiligen Kursen bewertet auf 209,6 Mio. Mark summierte. Hierzu sind noch fünf ausschließlich an auswärtigen Plätzen gehandelte Unternehmen mit einer Marktkapitalisierung von 11,3 Mio. Mark zu addieren. Die gesamte Aktienmarktkapitalisierung württembergischer Unternehmen belief sich somit auf 220,9 Mio. Mark.

Diese Summe ist aber nicht gleichzusetzen mit einer entsprechenden Kapitalvermittlung der Börsenplätze an Industrieunternehmen. Erstens beruht der Betrag zu einem Teil auf Kurssteigerungen, die nur den bisherigen Aktionären als Buchgewinne beziehungsweise bei einem Verkauf ihrer Papiere als tatsächlicher Gewinn, aber nicht der jeweiligen Gesellschaft zugutegekommen waren. Die Summe des Nennwerts aller oben genannten Aktien betrug Ende 1904 nur 129,8 Mio. Mark, wobei ein Teil des Kapitals noch nicht einmal voll eingezahlt war.[1136] Zweitens entstanden viele Gesellschaften aus der Umwandlung von bereits bestehenden Unternehmen, deren Eigentümer das vorhandene Sachkapital in die Gründung einbrachten. Als eigentliche Finanzierungsleistung der Börse kann demnach nur derjenige Teil des Kapitals angesehen werden, der aus einer Kapitalerhöhung bei der Börseneinführung oder zu einem späteren Zeitpunkt stammte. Die Höhe dieser Beträge lässt sich mit den vorliegenden Informationen jedoch nicht beziffern. Daneben ist zu berücksichtigen, dass gut 32 % beziehungsweise 71,2 Mio. Mark der Marktkapitalisierung nicht auf produzierende Unternehmen, sondern auf Banken entfielen. Darüber hinaus wäre zu diskutieren, ob das größte Unternehmen, die Köln-Rottweiler Pulverfabriken mit einer Marktkapitalisierung in Höhe von knapp 33,3 Mio. Mark in vollem Umfang als württembergische Firma anzusehen ist. Die Gesellschaft ging 1890 aus der Fusion der Vereinigten Rheinisch-Westfälischen Pulverfabriken in Köln sowie der Pulverfabrik Rottweil-Hamburg hervor und nur ein kleiner Teil der Produktion fand in Rottweil statt.[1137] Abzüglich der Banken und des deutschlandweit tätigen Rüstungsunternehmens belief sich die Marktkapitalisierung der württembergischen Aktiengesellschaften auf 116,4 Mio. Mark und die Summe des entsprechenden Nominalkapitals auf 63,3 Mio. Mark.

1136 Auf der anderen Seite wurden manche Aktien über pari ausgegeben.

1137 *Handbuch der deutschen Aktien-Gesellschaften*, Ausgabe 1904–1905, Band I, Leipzig, S. 1072.

Bekanntlich stellten die Sparkassen kein Eigenkapital für Gewerbetreibende zur Verfügung, so dass sich ihre Kreditvergabe nur äußerst eingeschränkt mit dem Wert von Aktien vergleichen lässt. Es ist auch darauf hinzuweisen, dass die hier genannten Zahlen keine Auskunft über die Bedeutung der Finanzierungsinstrumente Aktie und Anleihe geben, da zu Beginn des 20. Jahrhunderts ebenso wie heute viele Kapitalgesellschaften nicht an der Börse notiert waren. Unabhängig hiervon untermauern die errechneten Zahlen über die Stuttgarter Börse aber die hohe Bedeutung der Sparkassen als Kapitalsammelstellen. Ende 1904 verwalteten alle öffentlichen Sparkassen Württembergs zusammen ein Finanzvermögen in Höhe von 367,2 Mio. Mark. Ihr Hypothekenbestand, der ohne jegliche Einschränkung Kapitalvergaben dokumentiert, umfasste 242,6 Mio. Mark. Und hiervon dürften je nach Szenario ohne Berücksichtigung der Verwendung, aber inklusive Landessparkasse, zwischen 108,2 Mio. Mark und 135,2 Mio. Mark auf Gewerbetreibende und die Industrie entfallen sein. Im progressiven Szenario kommt der ausschließlich kommerziell genutzte Hypothekenbestand mit 60,8 Mio. Mark sogar sehr nahe an das oben berechnete Nominalkapital der Aktiengesellschaften heran.

Die vorstehenden Überlegungen und Hochrechnungen zeigen, dass es keine eindeutige Antwort auf die Frage gibt, ob die Börse oder ob die Sparkassen für die unmittelbare Gewerbefinanzierung bedeutender waren. Beide Institutionen stellten ganz unterschiedliche Finanzierungsformen bereit, die nur schwer miteinander vergleichbar sind. Es konnte jedoch gezeigt werden, dass die Sparkassen gemessen an den Beträgen in einer ähnlichen Größenordnung rangierten und dass sie im Bereich der Fremdkapitalfinanzierungen für das Gewerbe sogar vorne lagen. Abgesehen hiervon besteht ein wichtiger Unterschied zwischen den Institutionen: Die Börse machte über Anleihen- und Aktienemissionen einzelnen bereits etablierten und großen Unternehmen Millionenbeträge verfügbar, wozu die Finanzkraft der Oberamtssparkassen nicht ausgereicht hätte. Auf der anderen Seite stellten allein die elf Panel-Sparkassen in den Jahren mit archivalischer Untersuchung mehreren tausend Handwerkern und einer dreistelligen Anzahl von kleinen und mittleren Unternehmen Darlehen zur Verfügung. In der Summe dürften alle württembergischen Sparkassen während der Hochindustrialisierung zehntausende Gewerbetreibende und mehrere hundert Firmen, darunter viele junge und stark wachsende, mit Kapital versorgt haben.

13. Die Sparkassen in den größeren deutschen Bundesstaaten

13.1 Vorbemerkungen

Als 1905 die vorletzte Volkszählung vor dem Ersten Weltkrieg stattfand, hatte Württemberg 2,3 Mio. Einwohner und stellte damit 3,8 % der Bevölkerung Deutschlands.[1138] Der Anteil des kleinen Königreiches am deutschen Volkseinkommen belief sich in diesem Jahr auf ungefähr 3,9 %.[1139] Und gemessen an den verwalteten Einlagen der deutschen Sparkassen kamen die württembergischen Institute 1904 mit zusammen 354 Mio. Mark auf einen reichsweiten Anteil in Höhe von lediglich 3,0 %[1140].

Diese Zahlen verdeutlichen, dass Erkenntnisse über das Kreditgeschäft der württembergischen Sparkassen nur einen sehr geringen Erklärungsgehalt für das Sparwesen im gesamten Deutschen Reich haben können. Um verallgemeinerungsfähige Aussagen treffen zu können, sind weitere archivalische Untersuchungen über andere Regionen Deutschlands notwendig. Gleichwohl lassen verschiedene Indizien eine wichtige Stellung der deutschen Sparkassen im Markt für gewerbliche Finanzierungen vermuten. Carsten Burhop stellte in einer ökonometrischen Untersuchung einen statistisch signifikanten Zusammenhang zwischen dem Wachstum der Sparkassen und der Entwicklung des Realkapitalbestandes der deutschen Volkswirtschaft im Zeitraum 1883 bis 1913 fest.[1141] Darlehensvergaben von Sparkassen an die Industrie dürften demnach keine nur auf Württemberg beschränkte Besonderheit gewesen sein. Hierauf deuten auch verschiedene Angaben in der Literatur hin. Bereits erwähnt wurde die Chronik von Ernst Joachim Haas über die Stadtsparkasse Düsseldorf.[1142] Über ähnliche Fälle schreibt Paul Thomes in seinem Werk über die Kreissparkasse Saarbrücken.[1143] Das Institut betonte zwar um die Wende vom 19. zum 20. Jahrhundert bei der Ablehnung von Gesuchen, dass ausschließlich industrielle Etablissements nicht beliehen würden. Allerdings wurden umfangreiche Darlehen an Industrielle auf der

1138 Berechnet auf Grundlage der Angaben zu den endgültigen Ergebnissen der Volkszählung zum 1. Dezember 1905 in: *Statistisches Jahrbuch für das Deutsche Reich 1907*, Berlin.

1139 Berechnet auf der Grundlage von Angaben in: Hoffmann und Müller (1959), S. 40 und S. 147.

1140 Vgl. Tabelle 30 weiter unten.

1141 Carsten Burhop (2006): *Did banks cause the German industrialization?*, in: Explorations in Economic History 1, S. 39–63, hier S. 55.

1142 Hier und im Folgenden: Haas (1976), S. 163 f.

1143 Thomes (1985), S. 266 ff.

Grundlage von Wohnhäusern und nicht näher bezeichneten Immobilien vergeben. Beispielsweise finanzierte die Sparkasse 1889 die örtliche Verlegung und damit einhergehend die Vergrößerung einer Bierbrauerei mit 150.000 Mark. Einem Glasindustriellen gewährte sie 1891 ein Darlehen über 100.000 Mark, das vermutlich unter anderem dem Bau einer Fabrikanlage diente. Und eine Seifenfabrik erhielt 40.000 Mark, die wahrscheinlich in die Errichtung eines neuen Fabrikgebäudes flossen. Paul Thomes vermutet auch aufgrund ähnlicher Fälle, dass der möglicherweise bedeutendste Teil des Hypothekenkreditgeschäftes der Kreissparkasse auf Vertreter des Großkapitals entfiel.[1144]

Detaillierte Untersuchungen über die Kreditvergabe von außerwürttembergischen Sparkassen auf der Grundlage historischer Geschäftsunterlagen oder von Grundbüchern bleiben der zukünftigen Forschung vorbehalten. Das Ziel dieses Kapitels ist lediglich, eine Vorstellung darüber zu erlangen, inwiefern die Voraussetzungen für umfangreiche gewerbliche Finanzierungen in anderen Regionen Deutschlands gegeben waren. Die Ergebnisse können als Indikator verstanden werden, bei welchen Sparkassentypen und in welchen Regionen empirische Untersuchungen hinsichtlich der hier behandelten Fragestellung möglicherweise zu ähnlichen Ergebnissen wie aufgezeigt führen könnten. Umgekehrt wird ersichtlich, wo Industriefinanzierungen und umfangreiche Darlehen an Gewerbetreibende eher weniger wahrscheinlich sind.

Analog zu Kapitel 12 über die nicht archivalisch untersuchten Sparkassen Württembergs werden zu diesem Zweck die Kassen in den größeren Bundesstaaten des Deutschen Reiches anhand von zeitgenössischen Statistiken betrachtet. Dabei findet eine Konzentration auf den wichtigsten identifizierten Einflussfaktor für das Ausmaß der Gewerbe- und Industriefinanzierung statt, nämlich die Größe der Institute. Zur Vereinfachung werden keine Finanzvermögen betrachtet, sondern Einlagen. Und als Schwellenwert für größere gewerbliche Geldvergaben wird pauschal ein Einlagenstand von mindestens 3,0 Mio. Mark je Kasse angesehen. Wie zu zeigen sein wird, treten die strukturellen Unterschiede zwischen den einzelnen Staaten so deutlich hervor, dass auch die Verwendung eines anderen Wertes zu den grundsätzlich gleichen Erkenntnissen führen würde.

Die nachfolgende Analyse konzentriert sich auf die damaligen Großherzogtümer Hessen und Baden sowie die Königreiche Sachsen, Bayern und Preußen. Gemessen an der Bevölkerung deckt die Analyse unter Einbeziehung Württembergs knapp 90 % des Deutschen Reiches ab. Als Betrachtungszeitpunkt werden die Jahresabschlüsse von 1904 gewählt. Dieser Zeitpunkt stellt durch die eingeschränkte Datenverfügbarkeit die späteste Gelegenheit für eine Querschnittsstudie vor dem Ersten Weltkrieg dar. Den Engpass bildet vor allem Preußen, das aufgrund der hohen Anzahl von Sparkassen in der Regel nur aggregierte Daten publizierte und daneben lediglich für die Jahre 1874, 1898, 1904 und 1909 Einzel-

1144 Ebd., S. 268.

angaben zu den Instituten bekannt gab.[1145] Die letzte dieser Veröffentlichungen kann hier aber nicht genutzt werden, da für dieses Jahr keine Angaben aus Bayern und aus Baden bestehen. Die Münchener Statistikbehörde druckte in dieser Phase nur für die geraden Jahre, also beispielsweise 1908 und 1910, nicht-aggregierte Geschäftsergebnisse der Sparkassen in ihrer Zeitschrift ab. Baden verzichtete anscheinend nach 1907 komplett auf die Veröffentlichung von Einzelangaben in den Statistischen Jahrbüchern und setzte die bis dahin erschienene Serie auch nicht in den Statistischen Mitteilungen fort. Eine Konzentration auf einen einheitlichen Jahrgang erscheint jedoch vor allem aufgrund des hohen Wachstums der Sparkassen vor dem Weltkrieg sinnvoll. Die Betrachtung eines Zeitpunktes zehn Jahre vor Abschluss der eigentlichen Untersuchungsphase ist insofern unproblematisch, da die Entwicklung der wesentlichen Strukturen des Sparkassenwesens in allen Ländern bereits um die Jahrhundertwende als abgeschlossen angesehen werden kann.

13.2 Großherzogtum Hessen

Die Großherzoglich Hessische Zentrale für die Landesstatistik gab vor dem Ersten Weltkrieg nur zwei statistische Handbücher heraus, aber sie informierte darin ausführlich über die Sparkassen in den Jahren 1899 beziehungsweise 1906.[1146] Daneben veröffentlichte sie jährliche Informationen in ihrer Zeitschrift, den sogenannten Mitteilungen.[1147] Demnach bestanden im Jahr 1904 insgesamt 31 öffentliche Institute, die überwiegend als Bezirks- beziehungsweise als Kreissparkasse organisiert waren.[1148] Außerdem wirkten vier Stadtsparkassen in Darmstadt, Mainz, Offenbach und Worms. Diese Struktur mit gemeindeübergreifend tätigen Kassen in der Fläche und Stadtsparkassen nur in den größeren Zentren erhöht die Möglichkeit für Industriefinanzierungen erheblich, da sie zu vergleichsweise großen Finanzvermögen führte. Im Jahr 1904 wiesen mehr als zwei Drittel der Institute einen Einlagenstand von mehr als 3,0 Mio. Mark auf und in acht Fällen und

1145 Vgl. hierzu Kapitel 2.1.

1146 *Statistisches Handbuch für das Großherzogtum Hessen*, Erste Ausgabe, Darmstadt 1903; *Statistisches Handbuch für das Großherzogtum Hessen*, Zweite Ausgabe, Darmstadt 1909.

1147 Alle hier gemachten Angaben zu den hessischen Sparkassen wurden, sofern nicht anders angegeben, der folgenden Quelle entnommen beziehungsweise auf dieser Grundlage berechnet: *Ergebnisse der Verwaltung der Sparkassen im Großherzogtum Hessen im Jahr 1904*, in: Mitteilungen der Großherzoglich Hessischen Zentralstelle für die Landesstatistik Nr. 845 (1907), Darmstadt, S. 44–47.

1148 Im zweiten Statistischen Handbuch von 1909 erscheint im Gegensatz zur ersten Ausgabe und den Statistischen Mitteilungen zusätzlich die kleine, 1863 gegründete Gemeindesparkasse Eschollbrücken mit einem Einlagenbestand in Höhe von rund 79.000 Mark als öffentliche Sparkasse. Da aber keine Angaben für 1904 vorliegen, wird sie hier ebenso wie die in den Mitteilungen aufgezählten privaten Spar- und Vorschusskassen nicht berücksichtigt.

damit bei einem Viertel der Sparkassen wurde sogar ein Einlagenstand von mehr als 10,0 Mio. Mark erreicht. In der Summe verwalteten die Kassen Kundengelder in Höhe von 254,2 Mio. Mark beziehungsweise ein Finanzvermögen in Höhe von 272,0 Mio. Mark. Zu diesem Ergebnis trugen nicht zuletzt die relativ hohen individuellen Ersparnisse bei, die sich im Durchschnitt auf 1.007 Mark pro Sparbuch beliefen.

Auffällig ist die regionale Verteilung der hessischen Sparkassen. Das Drittel der kleinen Institute mit weniger als 3,0 Mio. Mark Einlagenkapital konzentrierte sich ausschließlich auf die nördliche Provinz Oberhessen, die isoliert vom restlichen Staat eine Exklave in preußischem Gebiet darstellte. Nur die oberhessischen Bezirkssparkassen in Vilbel (3,9 Mio. Mark), Friedberg (7,5 Mio. Mark) und Gießen (12,4 Mio. Mark) verfügten über höhere Einlagen. Umgekehrt wiesen in den beiden Provinzen Rheinhessen und Starkenburg mit ihren industriell geprägten Zentren entlang von Rhein und Main alle Institute Einlagenstände von mehr als 3,0 Mio. Mark auf. Die Lage in Industriezentren bei einigen der größeren Kassen erhöht die Wahrscheinlichkeit von gewerblichen Finanzierungen. Besonders ragen die Sparkassen heraus von Bingen (12,6 Mio. Mark), Groß-Gerau (15,7 Mio. Mark), Worms (16,0 Mio. Mark), Offenbach (16,5 Mio. Mark), Darmstadt (25,9 Mio. Mark) und dem Kreis Mainz (13,1 Mio. Mark) beziehungsweise der Stadt Mainz (38,6 Mio. Mark).

Über die Anlage des Kapitals wurden weder in den Statistischen Handbüchern noch in den älteren Ausgaben der Statistischen Mitteilungen Zahlen ausgewiesen. Erst ab dem Jahr 1910 erscheinen dort entsprechende Angaben. Demnach legten die öffentlichen Sparkassen Hessens zu diesem Zeitpunkt 65,7 % ihres Kapitalvermögens in Hypotheken an.[1149] Weitere 8,1 % entfielen auf Kaufschillinge, also den württembergischen Güterzielern vergleichbare hypothekarisch gesicherte Restkaufforderungen.[1150] Der Gesamtanteil des Realkredits war damit in Hessen sogar noch höher als in Württemberg. Außerdem wird anhand der Geschichtsschreibung indirekt ersichtlich, dass selbst den kleineren Sparkassen in der eher agrarisch geprägten Provinz Oberhessen Industriefinanzierungen gestattet waren. Die Satzung der Bezirkssparkasse Butzbach aus dem Jahr 1904 enthielt einen ähnlichen Passus wie die Mustersatzung des württembergischen Sparkassenverbandes, wonach bei der hypothekarischen Besicherung von Industrieanlagen besondere Vorsicht geboten war und die Entscheidung hierüber deshalb auf eine höhere Verwaltungsstufe verlagert wurde. Demnach durften von dem Institut in Butzbach „Gebäude, die nur für einen industriellen Betrieb dauernd eingerichtet sind, sowie Grundstücke, die keinen oder keinen regelmäßigen sicheren Ertrag

1149 Hier und im Folgenden: *Ergebnisse der Verwaltung der Sparkassen im Großherzogtum Hessen im Jahr* 1910, in: Mitteilungen der Großherzoglich Hessischen Zentralstelle für die Landesstatistik Nr. 917 (1911), Darmstadt, S. 246–247.

1150 Vgl. zur Funktionsweise der Güterzieler das Beispiel der Firma Gutmann & Cie. in Kapitel 3.8.

gewähren [...] nur nach Genehmigung des ganzen Verwaltungsrates beliehen werden".[1151]

Insgesamt waren die Vorraussetzungen für umfangreiche Gewerbe- und auch Industriefinanzierungen im damaligen Großherzogtum Hessen erfüllt. Durch das Vorherrschen von großen Kassen bestanden insbesondere in den industriellen Zentren im südlichen Landesteil sogar bessere Bedingungen als in manchen Regionen Württembergs. Die folgende Abbildung gibt dies bildhaft wieder. In ihr wird einerseits die Verteilung der hessischen Sparkassen auf verschiedene Größenklassen sichtbar. Zweitens ist hier und auch in allen nachfolgenden Abbildungen die Verteilung der württembergischen Sparkassen als Vergleichsmaßstab dargestellt. Die Mehrzahl der württembergischen Institute befindet sich ungefähr in der Mitte, wohingegen die Verteilungskurve der hessischen Sparkassen ihren Schwerpunkt eher rechts bei den höheren Größenklassen aufweist.

1151 Zitiert nach: Marcus Gräser, Hubert Kiesewetter und Franz-Josef Fries (2010): *Geschichte der Sparkassen in Hessen und Thüringen*, in: Regionalgeschichte der Sparkassen-Finanzgruppe Band 2, Stuttgart, S. 95–150, hier S. 111. Die Autoren interpretieren diesen Abschnitt der Satzung gleichwohl als Beleg für die Betrachtung der Industrie als „Fremdkörper" in der Region, zu dem die Sparkassen auf Distanz gegangen sein sollen. Sie schreiben, „Der Konnex aus industriellem Betrieb und dem Zweifel am regelmäßigen Ertrag, der in diesem Satz implizit hergestellt ist, weist schon darauf hin, dass die Wechsellagen der Konjunktur, der die Industrie unterworfen war, nicht nur dem Sicherheitskalkül der Sparkassen, sondern auch ihrem sozialen Ideal widersprachen". Dieser ideologisch voreingenommenen Sichtweise ist zu entgegnen, dass die ähnliche Regelung in den Satzungen der untersuchten württembergischen Oberamtssparkassen beziehungsweise in der württembergischen Mustersatzung keineswegs Ausdruck einer ablehnenden Haltung gegenüber der Industrie war, sondern – ganz im Gegenteil – dem Bedürfnis entsprach, angesichts häufiger Industriefinanzierungen dieses Geschäftsfeld in der Satzung explizit zu regeln. Wäre die Beleihung von industriellen Betrieben generell skeptisch betrachtet worden, dann hätten die Schöpfer der Satzungen in Hessen und Württemberg auch schlichtweg ein Verbot aussprechen können. Die Erwähnung der Grundstücke mit unsicherem Ertrag in Zusammenhang mit den industriellen Betrieben in der Butzbacher Satzung dürfte vielmehr auf die Abhandlung von zwei Sachverhalten in einer Regelung zurückzuführen sein, welche die gleiche Konsequenz, nämlich eine Verlagerung auf eine andere Entscheidungsinstanz nach sich zog.

Abbildung 21: Verteilung der hessischen Sparkassen nach ihren Einlagen 1904 in %

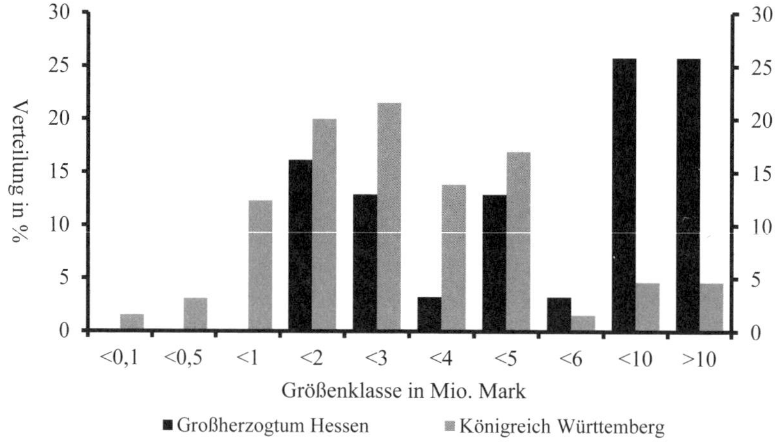

Quellen: Ergebnisse der Verwaltung der Sparkassen im Großherzogtum Hessen im Jahr 1904; Statistisches Handbuch für das Königreich Württemberg 1904 und 1905; eigene *Auswertung und Darstellung.*

13.3 Großherzogtum Baden

Das Sparkassenwesen im Großherzogtum Baden war im Vergleich zu Hessen und Württemberg nach anderen Gesichtspunkten organisiert. Als Träger der Einrichtungen war hier allein die kommunale Ebene aktiv,[1152] weshalb Gemeinde- beziehungsweise Stadtsparkassen eine wichtige Rolle spielten. Hierauf aufbauend bestanden auch Bezirkssparkassen, deren Geschäftsgebiete sich aus den Markungsgrenzen der beteiligten Gemeinden ergaben.[1153] Eine Unterscheidung zwischen den beiden Typen ist aber zumindest anhand der Informationen in den Statistischen Jahrbüchern nicht möglich, da stets nur der Sitz der Kasse angegeben wurde, aber nicht das Geschäftsgebiet.[1154] Und in den Überblicksdarstellungen

1152 Eine Ausnahme bestand mit der Hofdienersparkasse in Karlsruhe. Auf die Spar- und Vorschussvereine der badischen Eisenbahnbeamten sowie der Reichs-, Post- und Telegraphenverwaltung im Bezirk der Oberpostdirektion Karlsruhe sowie der Oberpostdirektion in Konstanz, die in den zeitgenössischen Statistiken als Sparkassen geführt werden, wird hier nicht eingegangen.

1153 Boelcke (2005), 288f.

1154 Alle hier gemachten statistischen Angaben zu den badischen Sparkassen wurden der folgenden Quelle entnommen beziehungsweise auf dieser Datengrundlage berechnet: *Statistisches Jahrbuch für das Großherzogtum Baden 1906 und 1907*, Karlsruhe.

zur badischen Sparkassengeschichte wird auf diese und ähnliche Fragen nicht eingegangen. Insofern bleibt auch offen, ob und wann die Ausbreitung eines Sparkassennetzwerkes abgeschlossen war. Diese Forschungslücke besteht aber außer für Württemberg auch für alle anderen größeren Bundesstaaten Deutschlands. Gleichwohl lassen die Übersichten in den Statistischen Jahrbüchern erahnen, wo Bezirkssparkassen bestanden haben könnten. So wurde für 1904 in 19 von insgesamt 53 Amtsbezirken jeweils nur ein Institut ausgewiesen und hiervon ragen beispielsweise Bretten, Donaueschingen und Müllheim durch ihre Größe mit jeweils mehr als 6.000 Einlegern hervor. Auf der anderen Seite stehen Amtsbezirke mit vielen kleinen Einrichtungen. In Durlach bestanden elf, in Lörrach zehn und in Offenburg immerhin noch acht Sparkassen. Das große Mittelfeld prägen Bezirke mit zwei bis vier Instituten, was alle Interpretationsmöglichkeiten von Versorgungslücken bis hin zu distriktiven Parallelstrukturen offen lässt.

Abbildung 22: Verteilung der badischen Sparkassen nach ihren Einlagen 1904 in %

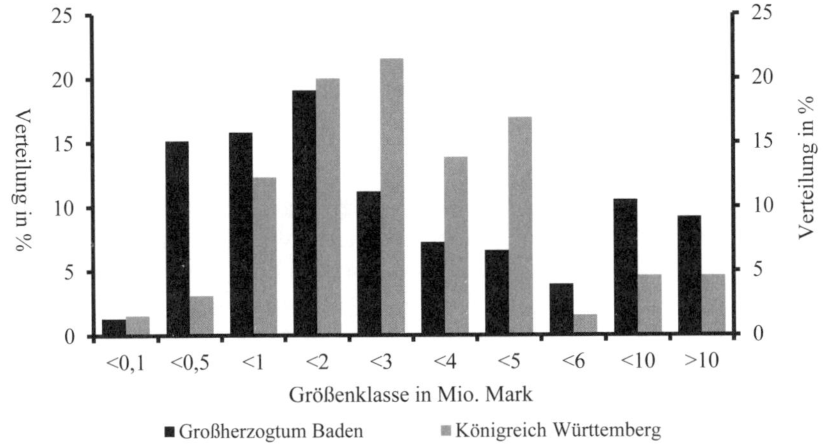

Quellen: Statistisches Jahrbuch für das Großherzogtum Baden 1906 und 1907; Statistisches Handbuch für das Königreich Württemberg 1904 und 1905; eigene Auswertung und Darstellung.

Die insgesamt eher kleinräumige Organisation in Baden bedingte eine vergleichsweise große Anzahl an Sparkassen. Ende 1904 bestanden insgesamt 152 Einrichtungen und damit mehr als doppelt so viel wie in Württemberg, obwohl die Bevölkerung Badens mit etwa 2,0 Mio. Menschen nur rund sieben Achtel der Bevölkerung des östlichen Nachbarn ausmachte. Eine Zersplitterung führt grundsätzlich zu kleinen Finanzvermögen der einzelnen Kassen und senkt damit das Potenzial für Industrie- und umfangreiche Gewerbefinanzierungen außerhalb der Großstädte. In Baden wirkte ein anderer Aspekt ausgleichend: Die Sparer besaßen überdurchschnittlich hohe Guthaben, weshalb auch kleine Kassen eine große Finanzkraft aufweisen konnten. Im arithmetischen Mittel betrugen die Einlagen Ende 1904 pro Sparbuch 1.129 Mark, wohingegen Württemberg mit 587 Mark nur etwas mehr als die Hälfte erreichte. In Bayern und in Sachsen waren die durchschnittlichen Sparvermögen mit etwa 500 Mark beziehungsweise 469 Mark übrigens ebenfalls deutlich geringer als in Baden.

Insgesamt 57 Institute und damit 37,5 % aller Sparkassen verwalteten Ende 1904 Einlagen in Höhe von mindestens 3,0 Mio. Mark. Doch selbst wenn der pauschale Schwellenwert mit 6,0 Mio. Mark doppelt so hoch angesetzt werden würde, dann könnten immer noch 30 Kassen beziehungsweise knapp 20 % der Institute Industriefinanzierungen vorgenommen haben. Das Finanzierungspotenzial war damit trotz der Zersplitterung und des großen Anteils kleiner Kassen beachtlich. In Württemberg wiesen zu diesem Zeitpunkt nur 27 Kassen einen Einlagenstand von mehr als 3,0 Mio. Mark auf und nur sechs Kassen kamen über den Grenzwert von 6,0 Mio. Mark.

Besonders hohe Einlagenstände verzeichneten die Sparkassen in Pforzheim (14,4 Mio. Mark), Heidelberg (20,7 Mio. Mark), Karlsruhe (21,5 Mio. Mark), Mannheim (24,0 Mio. Mark) und Freiburg im Breisgau (26,6 Mio. Mark). Aber auch die Kassen in den mittelgroßen Städten wie beispielsweise Rastatt, Staufen, Waldshut, Offenburg, Neustadt, Bretten, Donaueschingen, Bonndorf, Durlach und Villingen verfügten über beachtliche Summen.

Hinzu kommt ein weiterer Aspekt, der Darlehensvergaben an das Gewerbe begünstigt haben dürfte. Die badischen Institute hatten Ende 1904 durchschnittlich nur 6,8 % ihres Finanzvermögens in Staatspapieren angelegt und daneben lediglich 7,5 % in Form von Darlehen an Gemeinden beziehungsweise an die Kreise als nächsthöherer Verwaltungsebene über den Bezirken vergeben. Der vergleichsweise geringe prozentuale Anteil dürfte unter anderem das Resultat der insgesamt sehr hohen Kapitalbestände sein, so dass Kommunaldarlehen deutlich weniger Gewicht als in anderen Bundesstaaten hatten. Möglicherweise spielte auch eine andere Tradition in der Finanzierung von öffentlicher Infrastruktur wie beispielsweise der Elektrizitätswirtschaft eine Rolle. Letztlich stand somit sehr viel Kapital für Kredite an Private zur Verfügung. Der Anteil der Hypothekendarlehen war mit 71,5 % vergleichsweise hoch. Hinzu kamen noch Liegenschaftskaufschillinge als badisches Pendant zu Güterzielern mit einem Anteil in Höhe von 7,1 %.

Zusammenfassend lässt sich festhalten, dass in Baden gemessen an der Anzahl der großen Kassen gute beziehungsweise sogar bessere Voraussetzungen für Industrie- und Gewerbefinanzierungen als in Württemberg bestanden. Durch die teilweise sehr kleinräumige Organisation bestanden neben den großen Instituten aber auch viele kleine Kassen, deren Geschäfte sich vermutlich in ähnlichen Bahnen wie in den Oberämtern Künzelsau und Maulbronn bewegt haben dürften und die vor dem Weltkrieg wahrscheinlich nie größere Gewerbekunden mit Krediten versorgten. Ende 1904 verfügten 49 Sparkassen über Einlagen von weniger als 1,0 Mio. Mark und weitere 29 Institute über Einlagen zwischen 1,0 und 2,0 Mio. Mark.

13.4 Königreich Sachsen

Das Königreich Sachsen bildete mit 4,5 Mio. Einwohnern bei der Volkszählung im Jahr 1905 den drittgrößten Staat Deutschlands. Das Sparkassenwesen war ebenso wie in Baden auf der Kommunalebene organisiert, weshalb Ende 1904 insgesamt 329 Institute Einlagen entgegennahmen.[1155] Zwar bestanden 29 Institute als Sparkasse eines Gemeindeverbandes. Damit gingen aber anders als zu vermuten wäre keine erhöhten Geschäftsvolumina einher, denn für diese Institute wurden in den Statistischen Jahrbüchern überwiegend nur wenige Hunderttausend Mark als Einlagensummen ausgewiesen. Offensichtlich schlossen sich meistens sehr kleine Kommunen als Träger zusammen. Ausnahmen von dieser Regel bildeten lediglich zwei Verbandseinrichtungen mit Einlagen von mehr als 3,0 Mio. Mark. Dies sind die Sparkasse Radebeul mit 5,5 Mio. Mark und die Sparkasse Plauenscher Grund zu Deuben mit Einlagen in Höhe von 9,0 Mio. Mark. Daneben hemmte grundsätzlich ein zweiter Faktor die Entstehung umfangreicher Finanzvermögen. Der durchschnittliche Guthabensaldo der Sparbücher betrug Ende 1904 wie schon oben erwähnt gerade einmal 469 Mark und lag damit unterhalb der Werte in allen anderen hier untersuchten Staaten.

Dennoch bewegten sich viele sächsische Sparkassen in einer Größenordnung, die ihnen die Gewährung von umfangreichen Darlehen ermöglicht haben dürfte. Von den 329 Instituten verfügten 110 beziehungsweise 33,4 % über Einlagenstände von mehr als 3,0 Mio. Mark. 61 Kassen und damit 18,5 % kamen sogar mindestens auf den doppelten Betrag. Ein Grund hierfür sind die vergleichsweise zahlreichen größeren Städte in Sachsen, die zur Konzentration von vielen Sparern an einem Ort und damit zur Akkumulation von Kapitalvermögen führten. Zweitens wurden die niedrigen Sparguthaben durch eine ausgesprochen umfangreiche Nutzung der Kassen kompensiert. Im Jahre 1904 bestanden 59,4 Sparbücher je 100 Einwohner, während dieser Wert für Baden und für Württemberg nur bei 25,0 beziehungsweise bei 26,2 lag. Wird davon ausgegangen, dass pro Sparer in der Regel nur ein Buch ausgegeben wurde, dann verdeutlicht der hohe Verbreitungsgrad in Sachsen, wie stark sich die Sparkassen dort offenbar schon den mittleren Gesellschaftsschichten zugewendet hatten. Ende 1913 wurden übrigens sogar 71,6 Bücher je 100 Einwohner gezählt.[1156]

Allerdings scheinen einige Gemeindekassen im Passivgeschäft entgegen den in Württemberg üblichen Gepflogenheiten auch über die Markungsgrenzen ihrer Träger hinaus tätig gewesen zu sein. Die Literatur beschreibt sogar Beispiele für

1155 Alle hier gemachten statistischen Angaben zu den sächsischen Sparkassen wurden, sofern nicht anders bezeichnet, aus folgender Quelle entnommen beziehungsweise auf dieser Datengrundlage berechnet: *Statistisches Jahrbuch für das Königreich Sachsen 1906*, Dresden.

1156 *Statistisches Jahrbuch für das Königreich Sachsen 1914/15*, Dresden.

regelrechtes Wettbewerbsverhalten zwischen verschiedenen Instituten.[1157] Insofern könnten manche Bürger auch mehr als ein Sparbuch besessen haben. Zumindest die stark außerhalb ihres eigenen Gebietes tätigen Kassen lassen sich durch die Berechnung der Einlagen pro Kopf der Bevölkerung identifizieren. Sie wird möglich, da in einigen Statistischen Jahrbüchern neben dem Einlagenstand für jede einzelne Kasse auch die Einwohnerzahl der betreffenden Stadt oder Gemeinde abgedruckt wurde. Üblich sind Pro-Kopf-Beträge, die mehr oder minder stark um den Durchschnittswert von 469 Mark schwankten. Bei vier von fünf Kassen belief sich das rechnerische Einlagenvolumen je Einwohner auf unter 1.000 Mark. Im obersten Fünftel wurden dagegen stark abweichende Beträge erreicht. Den Spitzenwert erzielte Stolpen bei Pirna mit 4.237 Mark gefolgt von Sayda in der Amtshauptmannschaft Freiberg mit 3.927 Mark und Frauenstein in der Amtshauptmannschaft Dippoldswalde mit 3.430 Mark. Vermutlich wurden diese verhältnismäßig großen Beträge nicht allein von den Einwohnern der betreffenden Gemeinden angespart. Beispielsweise kam die Sparkasse in dem nur 4.240 Einwohner zählenden Ort Liebertwolkwitz mit rechnerischen Pro-Kopf-Einlagen von 3.351 Mark auf einen Einlagenstand in Höhe von 14,2 Mio. Mark. Damit überstieg ihr Volumen die Einlagen der drittgrößten württembergischen Sparkasse in Ulm mit 11,3 Mio. Mark zu diesem Zeitpunkt deutlich. Das Oberamt Ulm zählte jedoch mehr als 70.000 Einwohner. Mit Blick auf die hier interessierende Fragestellung ist deshalb festzuhalten, dass eine nicht unerhebliche Anzahl an sächsischen Kommunalsparkassen durch ihr funktionales Auftreten als eine Art Bezirkseinrichtung relativ große Geschäftsvolumen aufwiesen.

Die Verteilung der sächsischen Sparinstitute nach ihrer Größe und im Vergleich zur württembergischen Sparkassenlandschaft veranschaulicht die folgende Grafik (siehe gegenüberliegende Seite).

Das Balkendiagramm offenbart für Sachsen eine Größenstruktur, die derjenigen von Baden ähnelt. In beiden Staaten bestanden insbesondere im Vergleich zu Württemberg verhältnismäßig wenige Sparkassen mittlerer Größe. Dagegen war einerseits der Bereich der sehr kleinen Institute am linken Rand der Abbildung stärker ausgeprägt. Und auf der anderen Seite existierten relativ viele Kassen mit umfangreichen Einlagen, was am rechten Rand sichtbar wird. Zu den größten Sparkassen gehörten Dresden (116,7 Mio. Mark), Leipzig I (71,2 Mio. Mark), Chemnitz (37,1 Mio. Mark), Plauen (34,5 Mio. Mark), Zwickau (22,0 Mio. Mark), Löbau (21,8 Mio. Mark) und Zittau (20,6 Mio. Mark) gefolgt von einer ganzen Reihe mittelgroßer Städte.

1157 Hubert Kiesewetter (2006): *Die Sparkasseninstitute in Sachsen bis 1945*, in: Regionalgeschichte der Sparkassen-Finanzgruppe Band 1, Stuttgart, S. 206–230, hier S. 223f.

Abbildung 23: Verteilung der sächsischen Sparkassen nach ihren Einlagen 1904 in %

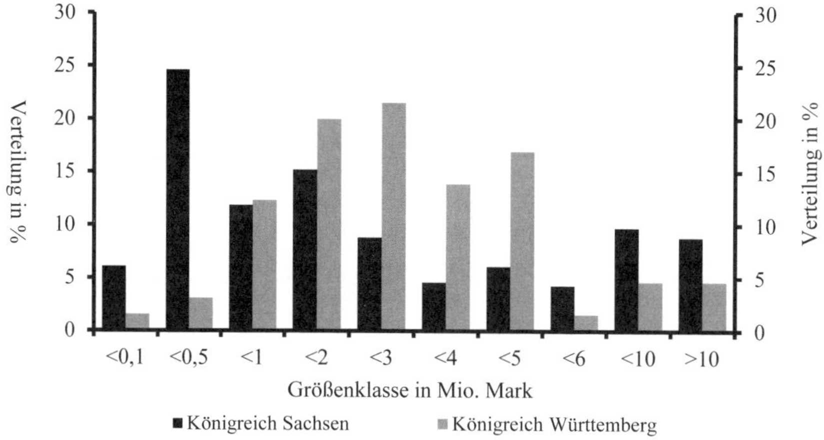

Quellen: Statistisches Jahrbuch für das Königreich Sachsen, Jahrgang 1906; Statistisches Handbuch für das Königreich Württemberg 1904 und 1905; eigene Auswertung und Darstellung.

Das Königreich Sachsen wies eine weitere Besonderheit auf, die sich vermutlich günstig auf Darlehensvergaben an das Gewerbe ausgewirkt haben dürfte. Den Sparkassen war der Kauf von Anleihen des eigenen Trägers verboten, was mit dem Fehlen ihrer juristischen Selbständigkeit begründet wurde.[1158] Analog hierzu war in den meisten Sparkassenordnungen auch die Darlehensvergabe an die eigene Gemeinde ausgeschlossen. Vor diesem Hintergrund war die Kreditgewährung an private Schuldner besonders stark ausgeprägt. Angaben hierzu veröffentlichte das Statistische Landesamt erstmals für das Geschäftsjahr 1906. Der Anteil der Hypothekendarlehen am Finanzvermögen betrug zu diesem Zeitpunkt circa 84 %[1159] womit auch ungeachtet einer denkbaren leichten Verschiebung seit 1904 der höchste Wert unter den sechs betrachteten Bundesstaaten erreicht wurde. Selbst bei den größten Sparkassen Dresden und Leipzig, die der Vorschrift zum Kauf

1158 Hier und im Folgenden: Kiesewetter (2006), S. 219; Handschuh (2010), S. 85.

1159 In den Statistischen Jahrbüchern wurde auf die Veröffentlichung von Zahlen zur Aktiva mit Ausnahme der Wertpapier- und Hypothekenbestände verzichtet. Zur Berechnung des Anteils der Hypothekendarlehen wurde die Höhe des Finanzvermögens deshalb auf 105 % des Bestandes der Einlagen geschätzt. Die implizite Annahme von Eigenkapital in Höhe von 5 % der Einlagen entspricht ungefähr dem Durchschnittswert in den anderen Staaten. Für die aggregierten Angaben, auf denen diese Berechnung beruht, vgl. *Statistisches Jahrbuch für das Königreich Sachsen 1910*, Dresden 1910.

eines umfangreichen Wertpapierportfolios nachkamen, betrug der Hypothekenanteil Ende 1913 noch über 67 %.[1160]

Die Veröffentlichung des Statistischen Landesamtes in Dresden erstreckte sich auch auf aggregierte Angaben über die Anzahl der Sparkassenhypotheken.[1161] Demnach standen Ende 1906 Hypothekendarlehen im Umfang von gut 1,24 Milliarden Mark aus, die sich auf 101.672 Posten verteilten. Im Durchschnitt belief sich die Darlehenshöhe somit auf 12.238 Mark. Der sehr hohe Durchschnittsbetrag kann demnach, wie schon im letzten Unterkapital über die Württembergische Landessparkasse erläutert, als Indiz für Industriefinanzierungen angesehen werden.

Für Sachsen lässt sich in noch ausgeprägterem Maße wie für Baden ein auf den ersten Blick paradox erscheinendes Fazit aufstellen: Die Mehrzahl der Kassen trat vor dem Ende des Untersuchungszeitraumes 1913 wahrscheinlich nie mit den Inhabern größerer Gewerbebetriebe oder Industrieunternehmen in Kontakt. Ihre finanziellen Möglichkeiten waren mit Abstand zu gering, um die Bedürfnisse von Kaufleuten und Fabrikanten zu befriedigen. Der Anteil der Institute, die das 3-Millionen-Mark-Kriterium erreichte, betrug nur 33,4 % im Vergleich zu 37,5 % in Baden, 41,5 % in Württemberg und 71,0 % in Hessen. Auf der anderen Seite dürfte aber ein bedeutender Teil der Sparkassengelder für gewerbliche Zwecke eingesetzt worden sein. Vor allem die Einrichtungen in den größeren und mittleren Städten waren gemessen an ihrer Finanzkraft unzweifelhaft in der Lage, Darlehen an Kunden aus Industrie und Handel abzugeben. Und durch die starke Ungleichverteilung zwischen vielen kleinen und in Relation hierzu wenigen bedeutenden Kassen vereinigten letztere 84 % der Einlagen auf sich. Die Ungleichheit war im oberen Bereich noch extremer. Die 61 Institute mit mehr als 6,0 Mio. Mark Einlagenkapital standen nur für 18,5 % der Kassen, aber für zwei Drittel der Einlagen. Angesichts der Notwendigkeit, diese Kapitalmengen zinsbringend anzulegen und aufgrund der eingeschränkten Nachfrage durch die öffentliche Hand, erscheinen Geldvergaben an die Privatwirtschaft sehr plausibel, worauf nicht zuletzt der hohe Durchschnittsbetrag der Hypothekendarlehen hinweist.

13.5 Königreich Bayern

Unter allen betrachteten deutschen Bundesstaaten wies das Königreich Bayern die mit Abstand ungünstigsten Voraussetzungen für größere Gewerbe- und auch Industriefinanzierungen durch Sparkassen auf. Die für üblicherweise jedes zweite Jahr in der Zeitschrift des Königlich Bayerischen Statistischen Bureaus veröffentlichen Einzelangaben dokumentieren eine Dominanz der kleinen bis sehr kleinen Institute.[1162] So belief sich der Einlagenstand Ende 1904 bei 222 von 349 Einrich-

1160 *Statistisches Jahrbuch für das Königreich Sachsen 1914/15*, Dresden 1915.
1161 *Statistisches Jahrbuch für das Königreich Sachsen 1910*, Dresden 1910.
1162 Alle Informationen über die bayerischen Sparkassen basieren, soweit nicht anders angegeben, auf Berechnungen gemäß den Angaben in dem Aufsatz: *Die öffentlichen Spar-*

tungen beziehungsweise bei 63,6 % auf weniger als 1,0 Mio. Mark. 35 Kassen hiervon und damit ein Zehntel der Sparkassen verwalteten sogar weniger als 100.000 Mark. Der als pauschale Schwelle für mögliche Industriefinanzierungen angenommene Wert von 3,0 Mio. Mark Einlagenkapital wurde dagegen nur von 23 Kassen beziehungsweise von 6,6 % der Institute erreicht. Damit war nicht nur der Anteil dieser Institute sehr gering, sondern auch ihre absolute Anzahl. Im westlichen Nachbarland Württemberg, dessen Bevölkerung lediglich ein Drittel derjenigen Bayerns ausmachte, überschritten mit 27 Instituten vier Kassen mehr den besagten Grenzwert. Und selbst wenn die Schwelle auf 2,0 Mio. Mark herabgesetzt werden würde, bliebe der Anteil der größeren bayerischen Sparkassen mit 14,9 % bei 52 Einrichtungen ausgesprochen klein.

Zwar bestanden mit den Kassen in Augsburg (18,1 Mio. Mark), Nürnberg (28,9 Mio. Mark) und München (57,0 Mio. Mark) bedeutende Einrichtungen. Aber bereits die Institute in den Städten aus der zweiten Reihe verwalteten gemessen an ihrer regionalen Bedeutung nur relativ geringe Beträge. So kam Bamberg mit immerhin noch 8,3 Mio. Mark auf den vierten Platz der bayerischen Rangliste. Die Sparkasse der Industriestadt Fürth verwaltete 6,3 Mio. Mark und ihr Pendant in Würzburg 5,7 Mio. Mark.

Abbildung 24: Verteilung der bayerischen Sparkassen nach ihren Einlagen 1904 in %

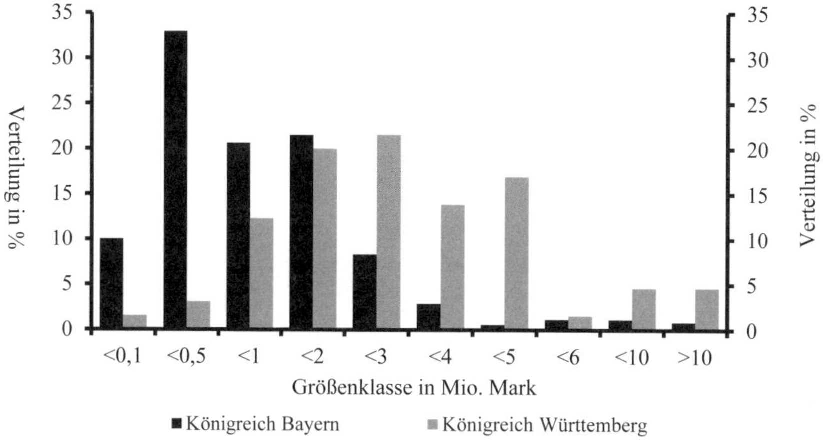

Quellen: Die öffentlichen Sparkassen im Königreich Bayern in den Jahren 1902 bis 1904; Statistisches Handbuch für das Königreich Württemberg 1904 und 1905; eigene Auswertung und Darstellung.

kassen im Königreich Bayern in den Jahren 1902 bis 1904, in: Zeitschrift des Königlich Bayerischen Statistischen Bureaus, München 1907, S. 60–116.

Das Vorherrschen von kleinen Sparkassen in Bayern wird auch anhand der vorstehenden Abbildung 24 deutlich. Die dort am häufigsten vorkommenden Größenklassen befinden sich in der linken Bildhälfte und der Schwerpunkt der Verteilung ist im Vergleich zu Württemberg und allen anderen betrachteten Staaten ebenfalls deutlich nach links verschoben.

Die für Industriefinanzierungen unvorteilhaften Größenverhältnisse in Bayern lassen sich auf drei Faktoren zurückführen. Erstens war der durchschnittliche Einlagenstand pro Sparbuch mit 500 Mark nicht besonders hoch. Zweitens verfügten Ende 1904 lediglich etwa 13,8 % der Einwohner über ein Sparbuch.[1163] Aus diesem zweiten Grund verwalteten die bayerischen Sparkassen in der Summe mit knapp 445 Mio. Mark nur gut ein Drittel der Einlagen der sächsischen Sparkassen, obwohl in Bayern rund 2 Mio. Menschen mehr lebten. Die folgende tabellarische Übersicht verdeutlicht diese Gegensätze.

Tabelle 30: Kennzahlen zu den Sparkassen in den großen Bundesstaaten Ende 1904

Bundesstaat	Einwohner (1.12.1905)	Anzahl der Sparkassen	Spareinlagen in Mio. Mark	Sparbücher pro 100 Einwohner	Guthaben pro Sparer in Mark	Anteil der Hypotheken u. dergl. am Finanzvermögen in %	Anteil der Spk mit mehr als 3 Mio. Mark Einlagen: Absolute Anzahl d. Spk.	Anteil in % an Anzahl d. Spk.	Anteil in % an Summe d. Einl.
Kgr. Preußen	37.293.324	1.482	7.689,6	27,4	753	58,0	638	43,0	86,4
Kgr. Bayern	6.524.372	349	444,5	13,8	500	46,9	23	6,6	40,5
Kgr. Sachsen	4.508.601	329	1.254,7	59,3	469	ca. 84,0	110	33,4	84,4
Kgr. Württ.	2.302.179	65	354,4	26,2	587	66,1	27	41,5	82,7
Ghm. Baden	2.010.728	152	566,2	25,0	1.129	78,5	57	37,5	73,9
Ghm. Hessen	1.209.175	31	254,2	20,9	1.007	ca. 73,8	22	71,0	93,1
Sonstige	6.792.899	320	1.250,1	31,4	586		- nicht untersucht -		
Dt. Reich	60.641.278	2.728	11.814	28,5	684	-	-	-	-

Quellen: Eigene Zusammenstellung und Berechnung auf der Grundlage der Quellen wie in Abbildung 21 bis 24 angegeben; Statistisches Jahrbuch für das Deutsche Reich 1907; Für die Einwohnerzahlen vgl. die endgültigen Ergebnisse der Volkszählung zum 1. Dezember 1905 in: Statistisches Jahrbuch für das Deutsche Reich 1907.
Anmerkung: Durch das Auseinanderfallen des Bilanzstichtages Ende 1904 und der Bevölkerungszählung zum 1. Dezember 1905 sind die berechneten Angaben über die Anzahl der Sparbücher pro 100 Einwohner und über das durchschnittliche Sparguthaben nur als Indikation zu verstehen.

1163 Die tatsächliche Anzahl der Sparer dürfte sogar etwas niedriger ausgefallen sein, da bei sieben Sparkassen anstelle von Sparbüchern noch Einlagenscheine ausgegeben wurden, die dann als Sparbücher gezählt wurden. Vgl. *Die öffentlichen Sparkassen im Königreich Bayern in den Jahren 1905 und 1906*, in: Zeitschrift des Königlich Bayerischen Statistischen Bureaus, München 1908, S. 333–373, hier S. 335.

Als dritter Faktor für die geringe Finanzierungskraft lässt sich die Organisation des Sparkassenwesens anführen, die eine Verteilung des ohnehin schon geringen Kapitalaufkommens auf viele Einrichtungen zur Folge hatte. Hierbei waren mehrere Aspekte entscheidend. Zum einen bestanden Ende 1904 parallel oder ersatzweise zu den 150 distriktiven Sparkassen weitere 150 Gemeindesparkassen in den Bezirksämtern. Zum anderen waren pro Bezirksamt häufig nicht nur eine, sondern zwei oder sogar drei distriktive Kassen tätig. Die Geschäftsgebiete dieser Institute orientierten sich offenbar an den eher klein zugeschnittenen Landbezirken und Amtsgerichten, die als vierte Ebene der Verwaltungsgliederung unter den Bezirksämtern bestanden.[1164] Darüber hinaus waren die bayerischen Landstädte nicht Teil der unteren Verwaltungseinheiten, sondern den Regierungsbezirken unmittelbar zugeordnet. Sie fungierten häufig ebenfalls als Träger von eigenen Sparkassen, so dass Ende 1904 neben den oben genannten Instituten weitere 49 Stadtsparkassen bestanden. Auch hierdurch wurde Sparpotenzial isoliert, das bei einer anderen Verwaltungsgliederung den distriktiven Kassen zugutegekommen wäre.

Neben dem Größenproblem dürfte ein weiterer Aspekt die direkte Kreditvergabe der bayerischen Sparkassen an die Industrie gehemmt haben. Der Anteil der Hypothekendarlehen am Finanzvermögen betrug Ende 1904 lediglich 46,9 % bei insgesamt sinkender Tendenz.[1165] Das ist der niedrigste Wert unter allen untersuchten Ländern. Der Abstand zu Württemberg betrug damit gut 19 Prozentpunkte und zu Sachsen sogar rund 37 Prozentpunkte. Die bayerischen Sparkassen legten stattdessen einen großen Teil ihres Vermögens in Wertpapieren an, worauf weiter unten noch einzugehen ist.

Dennoch finanzierte zumindest der kleine Kreis der bedeutenderen bayerischen Sparkassen Gewerbebetriebe und die Industrie. Das Königlich Statistische Bureau schrieb wiederholt, dass für die Hypothekendarlehen der ländlichen Institute in der Regel landwirtschaftliche Anwesen beliehen werden und dass bei den städtischen Sparkassen „sonstige Anwesen, also Mietshäuser, gewerbliche und industrielle Anwesen überwiegen."[1166] Auch aus der Geschichtsschreibung ergeben sich entsprechende Hinweise. Im Jahr 1863 gehörten vier von fünf Schuldnern

1164 Hierfür spricht, dass viele, aber nicht alle distriktiven Sparkassen ihren Sitz in Orten hatten, nach denen Landbezirke und Amtsgerichte benannt wurden. Vgl. hierzu die Angaben in den Aufsätzen über die Sparkassen in der Zeitschrift des Königlich Bayerischen Statistischen Bureaus beispielsweise mit dem *Gemeinde-Verzeichnis für das Königreich Bayern 1905*, Heft LXVIII der Beiträge zur Statistik des Königreichs Bayern, München 1906.

1165 Die Prozentangaben in den Statistischen Jahrbüchern für das Königreich Bayern beziehungsweise in den Zeitschriften des Statistischen Bureaus fallen leicht höher aus, da dort die reinen Finanzanlagen ohne Kassenbestand und Ähnliches als Berechnungsbasis verwendet wurden.

1166 *Die öffentlichen Sparkassen im Königreich Bayern in den Jahren 1905 und 1906*, S. 339.

der Augsburger Sparkasse zur Gruppe der Gewerbetreibenden.[1167] Hierunter befanden sich vor allem Gastwirte und Bierbrauer, die zum Teil umfangreiche Beträge wie beispielsweise 20.000 Gulden (34.286 Mark) oder 24.000 Gulden (41.143 Mark) schuldeten. Daneben gehörte auch ein Fabrikant mit einem Darlehen über 16.000 Gulden (27.429 Mark) und ein Ziegeleibesitzer mit 14.000 Gulden (24.000 Mark) zu den Kreditnehmern. Bereits im Rechnungsjahr 1848/49 befanden sich unter den wenigen privaten Kreditnehmern der Sparkasse drei Bierbrauer, ein Gastwirt und ein Müller mit Beträgen zwischen 10.000 Gulden (17.143 Mark) und 21.000 Gulden (36.000 Mark).[1168] Für das Jahr 1903 bestehen zudem Angaben über eine branchenbezogene Aufgliederung der Realkredite aus einem zeitgenössischen Geschäftsbericht der Augsburger Sparkasse. Demnach lasteten 48,1 % der Hypotheken auf gewerblichen und industriellen Anwesen.[1169] Weitere 41,7 % entfielen auf landwirtschaftliche und 10,2 % auf sonstige Anwesen.

Doch auch die kleinen bayerischen Sparkassen könnten zumindest indirekt einen Finanzierungsbeitrag für die Industrialisierung des Landes geleistet haben. Diese Hypothese lässt sich mit einem näheren Blick auf die Wertpapieranlagen erläutern. Ende 1904 betrug der Anteil der Schuldverschreibungen am Finanzvermögen aller Kassen des Königreichs außergewöhnlich hohe 48,1 %. Hiervon entfiel fast die Hälfte beziehungsweise 23,7 % des Finanzvermögens auf Schuldverschreibungen bayerischer Gesellschaften und Kreditinstitute, deren Pfandbriefe zur Anlage von Sparkassengeldern zugelassen waren.[1170] Hierdurch ergibt sich die Möglichkeit der indirekten gewerblichen Finanzierungstätigkeit, denn laut Angaben im Statistischen Jahrbuch konzentrierten sich die Realkreditinstitute des Landes vor allem auf die Gewährung von Hypothekendarlehen außerhalb der Landwirtschaft.[1171] Insbesondere die Bayerische Hypotheken- und Wechselbank, aber auch die Süddeutsche Bodenkreditbank und die Bayerische Handelsbank, wiesen sogar explizit Neuausleihungen auf „industrielle Etablissements“ aus. Deren absolute Höhe bewegte sich insgesamt aber nur im einstelligen Millionenbereich und die Statistik gibt keinen Aufschluss darüber, ob der restliche Teil der Kreditsumme an das Kleingewerbe unterhalb der Schwelle zum Industriebetrieb oder etwa die Eigentümer von Mietshäusern floss.

Die Weiterleitung von Spareinlagen an Hypothekenbanken und auch die unmittelbare Industriefinanzierung der Sparkassen in den größeren Städten verdeutlichen, dass selbst in Bayern nicht ausschließlich die „kleinen Leute“ Nutznießer der Sparkassenkapitalien waren. Beide Aspekte können das insgesamt gewonnene Bild eines eher finanzschwachen bayerischen Sparkassenwesens mit

1167 Merz (1997), S. 138.
1168 Ebd., S. 106.
1169 Die Prozentzahlen wurden berechnet auf der Grundlage der Angaben von Merz (1997), S. 215.
1170 *Die öffentlichen Sparkassen im Königreich Bayern in den Jahren 1905 und 1906*, S. 70.
1171 *Statistisches Jahrbuch für das Königreich Bayern*, München, diverse Ausgaben.

wenig Finanzierungspotenzial für größere Gewerbebetriebe und die Industrie jedoch nicht revidieren.

13.6 Königreich Preußen

Allein schon aufgrund des Anteils von mehr als 60 % an der deutschen Gesamtbevölkerung war Preußen der dominierende Bundesstaat des Kaiserreichs.[1172] Und wie oben dargestellt, vereinigten die preußischen Sparkassen am Ende des Untersuchungszeitraumes ebenfalls gut 60 % des Finanzvermögens aller deutschen Sparkassen auf sich. Die Verhältnisse in Preußen weisen deshalb einen hohen Erklärungsgehalt für ganz Deutschland auf. Eine Betrachtung der Institute birgt jedoch eine gewisse Komplexität, da in den einzelnen Provinzen teilweise sehr unterschiedliche Strukturen bestanden. Dies war nicht zuletzt in den bis 1866 annektierten Gebieten der Fall, wo bereits vor der preußischen Herrschaft viele Spareinrichtungen gegründet wurden. Deren Wesensmerkmale waren auch zu Beginn des 20. Jahrhunderts für die jeweiligen Sparkassenlandschaften prägend oder sind es sogar bis heute. So entstanden beispielsweise in Schleswig-Holstein nach dänischem Muster viele kleine Sparvereinigungen, die vom lokalen Bürgertum getragen wurden.[1173] Umgekehrt war in der südlichsten Provinz ausschließlich die 1834 gegründete Spar- und Leihkasse für die Hohenzollerischen Lande tätig.[1174] Zweitens wird die Übersichtlichkeit durch die große Anzahl von rund 1.500 Instituten Ende 1904 etwas eingeschränkt.[1175] Aus beiden Gründen erscheint es sinnvoll, die Verhältnisse in den Provinzen und bei Bedarf in den nachgeordneten Regierungsbezirken einzeln zu betrachten.

Abgesehen von den individuellen Verhältnissen in manchen Regionen waren die Stadtsparkassen der wichtigste Organisationstyp. Ende 1904 bestanden 717

1172 Für Preußen besteht bereits eine ökonometrische Analyse zu dem Wirkungsverhältnis von Sparkassen und wirtschaftlicher Entwicklung. Die Ergebnisse legen nahe, dass die Sparkassen in der zweiten Hälfte des 19. Jahrhunderts häufig zur Finanzierung von Infrastrukturprojekten und Unternehmen herangezogen wurden. Vgl. Sibylle Lehmann-Hasemeyer und Fabian Wahl (2017): *Savings Banks and the Industrial Revolution in Prussia: Supporting regional Development with Public Financial Institutions*, Hohenheim Discussion Papers in Business, Economics and Social Sciences, 18–2017.

1173 Hans Jürgen Kiebock (2006): *Die Entwicklung der Sparkassen-Finanzgruppe in Schleswig-Holstein*, in: Regionalgeschichte der Sparkassen-Finanzgruppe Band 1, Stuttgart, S. 17–50, hier S. 19ff; Lippik (1991), S. 97ff; Niels Clemmensen (1985): *Sparekassebevægelsen i Danmark 1810–1914*, København, S. 12ff und S. 41ff.

1174 Menz (1984), S. 30.

1175 Soweit nicht anders angegeben, wurden alle hier geäußerten Informationen zu den preußischen Sparkassen dem folgenden Aufsatz entnommen beziehungsweise anhand dessen Angaben berechnet: G[eorg] Evert (1906): *Die preussischen Sparkassen im Rechnungsjahre 1904 mit einer Nachweisung der hauptsächlichen Geschäftsergebnisse der einzelnen Sparkassen*, in: Zeitschrift des Königlich Preussischen Statistischen Landesamtes, Berlin, S. 245–384.

dieser Einrichtungen. Werden die amtlichen statistischen Angaben als Berechnungsgrundlage übernommen, dann kamen die Stadtsparkassen auf einen Anteil in Höhe von knapp 46 % gemessen an der Anzahl der Institute beziehungsweise auf gut 51 % in Relation zum gesamten Einlagenbestand. Das Konzept der kommunalen Trägerschaft war außerhalb der Städte weniger stark verbreitet. Dennoch summierte sich die Anzahl der Landgemeinde-, Fleckens- und Kirchspielsparkassen auf 228. Sie standen für knapp 15 % aller Institute, aber nur für 6 % der Einlagen. Eine größere Bedeutung kam den alternativ oder parallel hierzu tätigen Kreis- und Amtssparkassen mit einem Anteil in Höhe von 27 % der Einrichtungen zu. Die 423 Institute verwalteten zusammen 2,47 Milliarden Mark und damit knapp 32 % der Spareinlagen Preußens beziehungsweise einen fast doppelt so hohen Einlagenbestand wie alle sächsischen Sparkassen zusammen. Als weiterer Organisationstyp existierten außer in den Hohenzollerischen Landen in fünf weiteren Regionen Provinzial- oder ständische Sparkassen. Sie waren in der Niederlausitz, der Oberlausitz, der Altmark, Ostfriesland und Nassau tätig, aber hatten im Gegensatz zur Hohenzollerischen Landessparkasse keine exklusive Stellung. Außerdem beschränkte sich der Wirkungskreis jeweils nur auf einen Regierungsbezirk innerhalb der Provinzen. Entsprechend klein fiel der Anteil an den gesamten Einlagen mit nur 3,5 % aus, wobei es sich hierbei bereits um 274 Mio. Mark handelte. Schließlich nahmen 189 Vereins- und Privatsparkassen Kundengelder entgegen.[1176] Ihre Anteile an der Gesamtzahl der Kassen und der Summe der Einlagen betrugen Ende 1904 gut 12 % beziehungsweise 7,3 %.

Tabelle 31: Organisationstypen der Sparkassen in Preußen Ende 1904

Organisationstyp	Anzahl absolut	Anzahl in %	Einlagen in Mio. Mark	Einlagen in %
Städtische Sparkassen	717	45,9	3.984,0	51,3
Landgemeinde-, Kirchspiel- und Fleckenssparkassen	228	14,6	467,6	6,0
Kreis- und Amtssparkassen	423	27,1	2.471,5	31,8
Provinzial- und ständische Sparkassei	6	0,4	273,9	3,5
Vereins- und Privatsparkassen	189	12,1	564,9	7,3
Summen	1.563	100,0	7.761,9	100,0

Quellen: Eigene Zusammenstellung und Berechnung auf der Grundlage von: Evert (1906).

1176 Die 1904 aufgelöste und deshalb noch im amtlichen Tabellenwerk enthaltene Privatsparkasse in Mandeln im Regierungsbezirk Wiesbaden wird hier nicht mitgezählt.

Bei näherer Betrachtung offenbaren sich die Vereins- und Privatsparkassen als sehr heterogene Zusammenstellung. Einerseits fallen unter diese Kategorie Institute, die in ihrem jeweiligen Geschäftsgebiet wie öffentliche Einrichtungen wirkten, aber privatrechtlich organisiert waren. Beispielsweise firmierte die Danziger Sparkasse aus dem Jahr 1821 mit ihrem Einlagenbestand von 28,3 Mio. Mark als „Aktien-Verein". Das Fehlen einer öffentlichen Trägerschaft dürfte in einigen dieser Fälle der frühen Entstehungszeit geschuldet sein, als die Erscheinungsformen vielfältig waren, da die Gründer noch nicht auf erprobte und etablierte Muster zurückgreifen konnten. Die 1822 gegründete Frankfurter Sparkasse mit Einlagen in Höhe von 88,8 Mio. Mark Ende 1904 wurde von der Polytechnischen Gesellschaft getragen, die Aachener Spar- und Prämienkasse von 1834 mit 139 Mio. Mark vom Verein zur Beförderung der Arbeitsamkeit. Und 1801 gründete das sogenannte Unterstützungsinstitut in der später nach Hamburg eingemeindeten Hafenstadt Altona eine Sparkasse. Sie gehörte 1904 mit Einlagen über 104,1 Mio. Mark ebenfalls zu den größten Instituten Preußens. Aber auch viele kleine Sparkassen, vor allem in der ehemals dänisch regierten Provinz Schleswig-Holstein, waren nicht von der öffentlichen Hand organisiert. Da diese Institute eine Stellung einnahmen, die anderswo sehr wahrscheinlich von staatlichen Gründungen ausgefüllt worden wäre, erscheint ihre Berücksichtigung in der hier beabsichtigten Untersuchung sinnvoll.

Auf der anderen Seite erfasste die sehr weitgreifende preußische Statistik auch Einrichtungen, die aus heutiger Perspektive kaum als Sparkassen im eigentlichen Sinne angesehen werden würden. So enthält das Zahlenwerk die Kasse der Preußischen Rentenversicherungsanstalt in Berlin mit Einlagen in Höhe von 13,4 Mio. Mark und die Kasse der Kapital-Versicherungsanstalt aus Hannover mit Depositen über 46,1 Mio. Mark. Für den Ausschluss der beiden Institute sprechen nicht nur ihre Zugehörigkeit zur Versicherungswirtschaft und die Tatsache, dass sie parallel zu den regulären Sparkassen dieser Orte arbeiteten. Ihre Einbeziehung würde auch eine Ungleichbehandlung bedeuten, da für ähnliche Finanzunternehmen in anderen Bundesstaaten wie beispielsweise die Allgemeine Rentenanstalt in Stuttgart keine Angaben aus offiziellen Statistiken vorliegen.

Das letztgenannte Argument gilt auch für die mehreren Dutzend Fabriksparkassen, die im Bericht des Preußischen Statistischen Landesamtes enthalten sind. Ihre Berücksichtigung würde darüber hinaus zu einer gewissen Verzerrung der Untersuchung in den beiden besonders stark betroffenen Provinzen Schlesien und Rheinland führen. Die meisten Fabriksparkassen zählten nur eine zwei- oder dreistellige Anzahl an Gläubigern sowie oft nur einen Einlagenstand von wenigen tausend Mark, wodurch sich bei Betrachtung der Durchschnittswerte der unzutreffende Eindruck eines kleinräumig organisierten Sparkassenwesens ergäbe.[1177]

1177 Nennenswert ist nur die „Spareinrichtung für die Arbeiter und kleineren Beamten der Firma Friedr. Krupp in Essen" mit 1,5 Mio. Mark Einlagen von knapp 7.000 Sparern, die Kasse der Gutehoffnungshütte in Oberhausen mit ebenfalls 1,5 Mio. Mark von 650 Sparern und die Kasse eines Hüttenwerks in Ilsede mit 3,5 Mio. Mark Einlagen von knapp

Unabhängig hiervon ist im Fall der Fabriksparkassen die übergeordnete Fragestellung, ob diese Einrichtungen in der Lage waren, Gewerbebetriebe zu finanzieren, ohnehin nicht zielführend. Gemäß Statistik vergaben sie keine Darlehen und kauften auch keine Wertpapiere. Üblicherweise war ihr gesamtes Kapital in dem Posten „Sonstiges“ verbucht. Vermutlich bestand das Guthaben der Fabriksparkassen ausschließlich in einer Forderung gegenüber dem jeweiligen Fabrikeigentümer, der damit eine Art Mittelweg zwischen Innen- und Außenfinanzierung schuf. Diese Einschätzung wird nicht zuletzt durch die außergewöhnlich hohen Guthabenzinsen der Fabriksparkassen untermauert, die zwischen 4 % und 6 % sowie in Einzelfällen „bis zu 15 %“ betrugen, während reguläre Sparkassen im Jahr 1904 nur 3 % bis 3,5 % zahlten. Hierbei mag es sich vielleicht auch um eine besondere Form der Gratifikation für die Mitarbeiter gehandelt haben.

Auf der Ebene des gesamten Königreichs halten sich die Auswirkungen der erläuterten Anpassungen gleichwohl in engen Grenzen. Wird die Sparkassenstatistik um die Einrichtungen der Versicherungswirtschaft und der Fabriken bereinigt, dann nimmt die Anzahl der betrachteten Institute um 81 beziehungsweise um 5,5 % auf 1.482 ab, und die Höhe der Einlagen reduziert sich um 72 Mio. Mark beziehungsweise um 0,9 % auf 7,69 Milliarden Mark.

Das preußische Sparkassenwesen nahm hinsichtlich seiner Finanzkraft in Relation zur Größe des Staates eine mittlere Stellung im Vergleich zu den anderen Bundesstaaten ein. Ein Teil der Kennzahlen bewegt sich ungefähr auf dem gleichen Niveau wie in Württemberg. Die Anzahl der Sparbücher war mit 27,4 pro 100 Einwohner nur geringfügig höher als in Südwestdeutschland, während das durchschnittliche Sparguthaben mit 761 Mark um rund ein Drittel umfangreicher als in Württemberg ausfiel. Hierdurch stand aber nicht mehr Kapital für Hypothekendarlehen zur Verfügung, da die preußischen Sparkassen gezwungen waren, hohe Wertpapierbestände zu halten.[1178] Der Hypothekenanteil am Finanzvermögen betrug nur 58 %, was einen Rückstand von gut 8 Prozentpunkten zu den württembergischen Instituten bedeutet. Der Anteil der Sparkassen, die mehr als 3,0 Mio. Mark Einlagen verwalteten, betrug in Preußen wie in Württemberg etwas mehr als 40 %. Allerdings bestanden teilweise sehr große regionale Unterschiede, die auch das Potenzial der Sparkassen für Gewerbe- und Industriefinanzierungen betrafen. Allgemein lässt sich von einem starken Gefälle von Westen nach Osten sprechen.

In den Provinzen Posen, Ostpreußen und Westpreußen bewegte sich die Marktdurchdringung der Sparkassen auf einem ähnlich niedrigen Niveau wie in Bayern. Nur ungefähr 11,9 % bis 15,5 % der Bevölkerung besaß ein Sparbuch. Da zudem die Sparguthaben mit 541 Mark bis 653 Mark nicht besonders hoch ausfielen, blieb die Finanzkraft beschränkt. In Posen erreichten nur knapp 16 %, in Ostpreußen knapp 18 % und in Westpreußen immerhin 40 % der Sparkassen ei-

2.300 Sparern. Selbst die Fabriksparkassen von großen Unternehmen wie Bayer oder Thyssen kamen nicht über die Marke von 100.000 Mark hinaus.

1178 Vgl. hierzu Kapitel 9.4.

nen Einlagenstand von mehr als 3,0 Mio. Mark. Geldvergaben an die Industrie dürften deshalb außerhalb von Städten wie Königsberg, Danzig, Tilsit, Bromberg oder Gnesen auch aufgrund des Vorherrschens der Landwirtschaft eher selten vorgekommen sein.

In Pommern und Schlesien war die Nutzung der Kassen durch Sparer ausgeprägter. Die beiden Provinzen lagen mit knapp 29 beziehungsweise knapp 27 Sparbüchern pro 100 Einwohnern sogar leicht vor Baden und Württemberg. Dabei reiht sich der östliche schlesische Regierungsbezirk Oppeln mit nur 11,3 Büchern pro 100 Einwohnern eher in die Gruppe seiner nördlichen Nachbarn ein, wohingegen in den westlichen Regierungsbezirken Breslau und Liegnitz spiegelbildlich höhere Werte erreicht wurden. Der Anteil der Institute, die das 3-Millionen-Mark-Kriterium überstieg, betrug in den beiden Provinzen Pommern und Schlesien so wie im gesamten Land etwas mehr als 40 %. Insofern waren die Voraussetzungen für größere Finanzierungen der Privatwirtschaft gegeben.

Nochmals ausgeprägter war die Verbreitung von Sparbüchern in der Provinz Brandenburg und im Stadtkreis Berlin, der den Provinzen gleichgestellt war. Knapp 36 % beziehungsweise gut 38 % der Einwohner nutzen die Kassen zur Geldanlage. Hierdurch und durch die große Bevölkerung wurden trotz mäßiger beziehungsweise geringer Sparguthaben umfangreiche Finanzvermögen akkumuliert. Die Möglichkeiten im Kreditgeschäft fielen jedoch unterschiedlich aus. In Brandenburg verfügte mehr als die Hälfte der Institute über mindestens 3,0 Mio. Mark Einlagen. Zwar wurden weite Teile des Landes vermutlich so wie heute überwiegend landwirtschaftlich genutzt. Die Provinz umfasste damals aber gleichzeitig einige prosperierende Gemeinden im Umland von Berlin, die erst später in die Reichshauptstadt eingemeindet wurden. Geldvergaben an die Industrie erscheinen deshalb gut möglich. Bemerkenswert ist allerdings der nur geringe Anteil der Hypothekendarlehen am Finanzvermögen der brandenburgischen Sparkassen in Höhe von knapp 42 %. Der Anteil des Wertpapierbestandes war mit knapp 41 % fast ebenso hoch und hierzu kommen weitere 14,6 % Darlehen an die öffentliche Hand. Im amtlichen statistischen Zahlenwerk ist dokumentiert, dass nur ein knappes Drittel der Wertpapiere in Schuldverschreibungen Preußens und des Deutschen Reiches angelegt waren. Über die Emittenten der restlichen zwei Drittel wurden keine Angaben gemacht, wobei es sich hier aber weniger um Anleihen anderer Bundesstaaten, sondern vielmehr um diejenigen heimischer Gemeinden handeln dürfte. Dieser Umstand deutet auf eine Verdrängung privater Schuldner durch eine umfangreiche Kapitalnachfrage lokaler Stellen für öffentliche Aufgaben hin. Insbesondere in Berlin scheinen die städtischen Ausgaben die ordentlichen Einnahmen deutlich überstiegen zu haben. Ende 1904 betrug der Wertpapierbestand 78 % des Finanzvermögens beziehungsweise 260 Mio. Mark. Hiervon entfielen 100 Mio. Mark auf Schuldverschreibungen Preußens und des Deutschen Reiches. Die restlichen 160 Mio. Mark und damit knapp 48 % des Finanzvermögens dürften demnach zur Finanzierung städtischer Aufgaben genutzt worden sein. Für private Darlehensnehmer blieben nur knapp 17 % des Finanzvermögens übrig. Damit besteht nur eine sehr geringe Wahrscheinlichkeit für Geldvergaben an gewerbliche Interessenten.

Die stärkste Abdeckung des eigenen Marktes erzielten die Sparkassen in der preußischen Provinz Sachsen mit 42,9 Sparbüchern je 100 Einwohner. Dieser Wert wurde unter allen untersuchten Bundesstaaten und Provinzen nur vom Königreich Sachsen überboten, was auf eine ähnliche Geschäftspolitik der Institute beiderseits der Grenze hindeutet. Durch diesen hohen Wert wiesen über 45 % der Kassen mehr als 3,0 Mio. Mark Einlagen aus und auch der Hypothekenanteil von über 55 % zeugt von passablen Möglichkeiten für die Abgabe größerer Darlehen.

Die Provinzen Hannover und Schleswig Holstein bewegten sich gemessen an den durchschnittlichen Sparguthaben in Höhe von 956 Mark und 1.059 Mark auf dem überdurchschnittlichen Niveau von Hessen und Baden. Gleichzeitig besaßen knapp 34 % beziehungsweise 36 % der Bevölkerung ein Sparbuch, womit die süddeutschen Großherzogtümer sogar noch übertroffen wurden. Beide Faktoren trugen somit zu einer allgemein starken Finanzkraft der Sparkassen in den zwei nördlichen Provinzen bei. Durch die unterschiedlichen Organisationsstrukturen wich das Potenzial für die Gewährung größerer Kredite jedoch voneinander ab. In Hannover führte eine Dominanz von städtischen sowie von Bezirkssparkassen zu einer Ansammlung des Kapitals, weshalb mehr als 56 % von Ihnen das 3-Millionen-Mark-Kriterium erreichten. Ingesamt 50 Sparkassen beziehungsweise 29 % überschritten sogar die Marke von 6,0 Mio. Mark Einlagen. Der Hypothekenanteil von knapp 63 % zeugt außerdem von guten Voraussetzungen für Gewerbe- und Industriefinanzierungen. In Schleswig-Holstein wurde sogar ein noch höherer Hypothekenanteil mit 74,3 % erreicht. Dieser Wert war vermutlich aber ebenfalls nicht allein Ausdruck einer starken gewerblichen Kreditnachfrage. Erstens dürfte die intensiv betriebene Landwirtschaft auch hier und ähnlich wie im Fall der oberschwäbischen Sparkassen einen großen Teil der Darlehenssumme für sich beansprucht haben. Zweitens verteilte sich das Kapital auf viele kleine Gemeinde- sowie die bereits erwähnten Privatsparkassen. Deshalb kamen nur 21,2 % der Institute über den betrachteten Schwellenwert von 3,0 Mio. Mark hinaus. Aufgrund der Notwendigkeit, die umfangreichen Einlagen zinsbringend anzulegen, sind aber zumindest bei den größeren Sparkassen gewerbliche Kreditengagements denkbar. Nach der bereits angesprochenen Privatkasse in Altona mit Einlagen über 104,1 Mio. Mark belegte die Kieler Sparkasse mit 50,3 Mio. Mark den zweiten Platz und reichte damit fast an das Niveau ihres Schwesterinstituts in der viel größeren Stadt München heran. Und auch die Sparkassen in einigen mittleren und kleinen Städten verwalteten überraschend hohe Einlagenbestände. Zu erwähnen sind Rendsburg (18,4 Mio. Mark), Itzehoe (16,8 Mio. Mark), Neumünster (13,9 Mio. Mark) und Oldesloe (12,8 Mio. Mark).

Bezüglich des durchschnittlich erreichten Sparguthabens von 646 Mark blieb die Provinz Hessen-Nassau deutlich hinter dem Vergleichswert des Großherzogtums Hessen zurück. Aber ein knappes Drittel der 81 Sparkassen verfügte über einen Einlagenstand, der nach den geschilderten Erfahrungswerten aus Württemberg mit größeren Gewerbefinanzierungen einherging. Zu nennen sind insbesondere Frankfurt (88,6 Mio. Mark), Bockenheim bei Frankfurt (13,9 Mio. Mark), Kassel (17,8 Mio. Mark), Koblenz (12,7 Mio. Mark) sowie die Kommunalständische Nassauische Sparkasse (79,1 Mio. Mark).

Mit Einlagen von nur 21,7 Mio. Mark erscheint Hohenzollern im Vergleich der Provinzen nahezu bedeutungslos. Die für die gesamten Hohenzollerischen Lande tätige Sparkasse in Sigmaringen kam mit fast 39 Sparbüchern pro 100 Einwohnern aber auf eine stärkere Marktdurchdringung als die Institute im umgebenden Württemberg. Zudem war das durchschnittliche Sparguthaben mit 825 Mark deutlich höher. Da das entsprechend umfangreiche Einlagenkapital zudem noch auf ein einziges Institut konzentriert wurde, bestanden gute Voraussetzungen für die Abgabe größerer Darlehen. Der Hypothekenanteil betrug 56,9 %. Vermutlich bewegte sich das Kreditgeschäft des Sigmaringer Instituts in ähnlichen Bahnen wie das der nicht allzu weit entfernt liegenden Oberamtssparkasse in Ravensburg.

Tabelle 32: Kennzahlen zu den öffentlichen Sparkassen Preußens Ende 1904

Provinz	Einwohner (gemäß preuß. Statistik)	Anzahl der Sparkassen	Spareinlagen in Mio. Mark	Sparbücher pro 100 Einwohner	Guthaben pro Sparer in Mark	Anteile am Finanzvermögen in %			Anteil d. Spk mit mehr als 3 Mio. Mark Einl. in % an	
						Hypothekendarl.	Wertpapiere	Öffentl. Institute u.dgl.	Anzahl d. Spk.	Summe d. Einl.
Ostpreußen	1.988.719	45	137,0	12,7	541	57,1	25,0	4,1	17,8	62,9
Westpreußen	1.622.874	45	151,9	15,5	606	42,0	28,2	9,8	40,0	80,5
Berlin (Stadtkr.)	2.081.161	1	310,5	38,1	392	16,3	78,1	0,1	100,0	100,0
Brandenburg	3.377.065	106	675,8	35,5	564	41,7	40,5	14,6	53,8	89,7
Pommern	1.686.833	82	368,3	28,6	762	56,8	27,7	8,6	40,2	83,0
Posen	1.937.651	82	150,7	11,9	653	54,1	24,7	10,0	15,9	52,1
Schlesien	4.889.765	150	665,3	26,7	509	46,4	36,6	12,6	44,0	85,2
Sachsen	2.947.314	135	780,5	42,9	617	55,3	29,7	11,7	45,2	88,7
Schlesw.-Holst.	1.476.859	193	563,5	36,0	1.059	74,3	7,3	7,0	21,2	72,8
Hannover	2.738.393	173	888,4	33,9	956	62,6	21,6	11,4	56,1	87,3
Westfalen	3.654.290	186	1.221,9	22,7	1.472	74,3	11,3	10,0	60,8	91,0
Hessen-Nassau	2.022.864	82	381,7	29,2	646	59,3	25,4	6,4	31,7	82,8
Rheinland	6.368.384	201	1.372,4	22,2	973	58,5	27,2	9,0	51,2	90,4
Hohenzollern	67.636	1	21,7	38,9	825	56,9	23,7	8,8	100,0	100,0
Preußen	36.859.808	1.482	7.689,6	27,4	761	58,0	26,8	9,8	43,0	86,4

Quellen: Eigene Zusammenstellung und Berechnung auf der Grundlage von: Evert (1906).
Anmerkung: Ohne Fabriksparkassen, Depositenkassen der Versicherungen und ähnliche (vgl. Diskussion im Text).

Den Abschluss dieser Betrachtungen sollen die im Westen gelegenen Provinzen Rheinland und Westfalen bilden, in denen ausgezeichnete Voraussetzungen für größere Darlehen bestanden und in denen Industriefinanzierungen auch vor dem Hintergrund einer vermutlich hohen gewerblichen Kreditnachfrage sehr wahrscheinlich waren.

Die Anzahl der Sparbücher fiel mit 22,2 beziehungsweise 22,7 pro 100 Einwohner zwar unterdurchschnittlich aus. Dafür bewegte sich die Höhe des durchschnittlichen Sparguthabens im Rheinland mit 973 Mark im oberen Bereich. Und Westfalen erreicht mit 1.472 Mark sogar den ersten Platz unter allen betrachteten Staaten und Provinzen. Hierdurch und aufgrund der hohen Bevölkerungsdichte wiesen beide Gebiete sehr große Gesamteinlagenstände von knapp 1,4 Milliarden Mark beziehungsweise von gut 1,2 Milliarden Mark auf. Der Anteil der Sparkassen, die das 3-Millionen-Mark-Kriterium erreichte, betrug im Rheinland 51,2 %. Und in Westfalen ergibt sich mit 60,8 % der höchste Anteil unter allen preußischen Provinzen, wenn von den Sonderfällen Berlin und Hohenzollern abgesehen wird. Absolut betrachtet kamen bei diesem pauschalen Grenzwert 103 beziehungsweise 113 Institute für Industriefinanzierungen in Betracht. Selbst wenn mit 6,0 Mio. Mark eine doppelt so hohe Schwelle angenommen wird, bleibt die Anzahl der finanzstarken Sparkassen beträchtlich. Im Rheinland verwalteten 65 Institute und damit ein knappes Drittel der Einrichtungen mindestens diese Einlagensumme. Und in Westfalen betrug der Anteil 38,2 % bei 71 Instituten. Auch der Anteil der Hypothekendarlehen am Finanzvermögen reiht sich in dieses Bild ein. Er betrug 58,5 % im Rheinland beziehungsweise 74,3 % in Westfalen. Die öffentliche Hand beanspruchte zwar auch hier größere Darlehensbeträge. Angesichts des überaus reichlich vorhandenen Sparkapitals macht sich aber keine übermäßige Verdrängung privater Kreditnachfrager in den Zahlen bemerkbar.

Aufschlussreich ist ein Blick auf die Kennzahlen in den nachgeordneten Regierungsbezirken der beiden Provinzen. In den rheinischen Bezirken Trier, Aachen und Köln wurden Einlagen in Höhe von 112 Mio. Mark, 191 Mio. Mark und 193 Mio. Mark verwaltet. Insbesondere in Trier wurden die Sparkassen mit nur 11,4 Büchern pro 100 Einwohnern offenbar schlecht angenommen. Herausragend stark präsentiert sich vor allem der vierte rheinische Regierungsbezirk, Düsseldorf, mit einem Einlagenvolumen von knapp 760 Mio. Mark. In der Provinz Westfalen sticht das hohe Durchschnittsguthaben in Münster mit 1.751 Mark hervor. Abgesehen hiervon blieb dieser Verwaltungskreis mit Einlagen über 296 Mio. Mark ebenso wie der Bezirk Minden mit Einlagen über 240 Mio. Mark deutlich hinter dem Regierungsbezirk Arnsberg zurück, in dem den Sparkassen knapp 686 Mio. Mark anvertraut wurden. Das Gros des Sparkapitals beziehungsweise des Potenzials für Gewerbefinanzierungen lag somit im rheinischen Düsseldorf und im benachbarten westfälischen Arnsberg. Beide Regierungsbezirke zusammen umfassten Deutschlands wichtigste Industrieregion an Rhein und Ruhr. Dem großen Kreditangebot der Sparkassen dürfte dementsprechend eine sehr große gewerbliche Kreditnachfrage gegenübergestanden haben. Die Bedingungen für Industriefinanzierungen durch Sparkassen waren in diesem Gebiet somit ausgesprochen gut.

VI. Teil
Schluss

14. Fazit und abschließende Betrachtungen

Die wichtigsten Erkenntnisse der vorliegenden Studie lassen sich in wenigen Sätzen zusammenfassen: Zahlreiche Hypothekendarlehen der Sparkassen im 19. Jahrhundert und zu Beginn des 20. Jahrhunderts kamen der Gewerbe- und Industriefinanzierung zugute. Dieser Beitrag zur Kreditversorgung war für viele neu gegründete Unternehmen sowie für bereits schon längere Zeit bestehende kleine und mittelgroße Betriebe ausgesprochen wichtig. Und auch die Darlehen an öffentliche Körperschaften und die Wertpapierkäufe dienten zu großen Teilen dem Aufbau einer modernen Infrastruktur und damit der Industrialisierung. Die Sparkassen blieben zwar mit dem sozial ausgerichteten Spargeschäft bis in das 20. Jahrhundert hinein einerseits Einrichtungen der Wohlfahrtspflege. Aber auf der anderen Seite wuchsen sie zu bedeutenden dezentralen Kreditinstituten heran. Aufgrund der ordnungspolitisch seit Anfang der 1860er Jahre vorgegebenen beziehungsweise historisch gewachsenen Konzentration auf das Spargeschäft bestand in Württemberg jedoch kein öffentlicher Auftrag zur Mittelstandsförderung auf dem Wege des Kreditgeschäfts. Eine solche Vorgabe war auch nicht notwendig. Die Entscheidungsträger in den Sparkassen verfolgten aus regionalem Selbstbehauptungswillen und Verantwortungsbewusstsein eine Kreditpolitik im Interesse ihrer Geschäftsgebiete und der heimischen Wirtschaft. Hierzu trug das im vorliegenden Werk herausgearbeitete Trilemma gemeinnütziger Finanzintermediäre bei. Der soziale Auftrag im Spargeschäft bedingte demnach durch dessen Ausbau und den damit verbundenen Kosten eine wenig aufwendige und profitable Kreditvergabe an überdurchschnittlich zuverlässige Kapitalnehmer, wie sie vor allem unter den Kaufleuten und Industriellen zu finden waren. Man mag die Kreditvergabe gegen Hypotheken vielleicht als konservativ beurteilen. Sie diente aber vielfach dem technischen und organisatorischen Fortschritt, beispielsweise zur Einrichtung moderner Betriebe und zur Übernahme zeitgemäßer Produktions- und Wirtschaftsmethoden. Dabei gewährten die württembergischen Oberamtssparkassen ihren Kunden in einer erstaunlich großen Bandbreite Kapital. Während der Hochindustrialisierung vergaben sie Darlehen ab ungefähr 100 Mark und damit in der Größenordnung von einem bis zwei Monatslöhnen bis hin zu mehr als 100.000 Mark, was der jährlichen Wirtschaftsleistung einer kleinen Gemeinde entsprach. Die Fähigkeit der Institute zur Realisierung umfassender Finanzierungen hing jedoch von ihrer eigenen Größe ab. Die Untersuchungen zeigen, dass die Finanzkraft der Sparkassen vor allem von den Mittelrückflüssen aus dem bestehenden Kreditgeschäft und von dem Wachstum des Spargeschäftes bestimmt wurde. Je nach der Höhe des benötigten Kapitals konnten Sparkassen aus der Sicht von Unternehmenskunden deshalb „too small to perform“ gewesen sein. Größere Betriebe wurden deshalb eher selten finanziert.

Auch der Blick auf die zahlreichen Details ergibt wichtige Erkenntnisse, die im Widerspruch zur bislang vorherrschenden Meinungen stehen. Die Geschichte der Sparkassen in Deutschland muss deshalb in mehreren zentralen Punkten neu geschrieben werden. Und darüber hinaus sind verschiedene Postulate im Zusammenhang mit dem „Banking-Growth-Nexus" zu verwerfen beziehungsweise zu überdenken.

Die vorgenommenen Untersuchungen belegen die Nutzung von Hypothekendarlehen für kommerzielle Zwecke in vielen Branchen und verschiedenen Regionen zu Beginn des Untersuchungszeitraumes in der Mitte des 19. Jahrhunderts bis hin zu dessen Ende vor Beginn des Ersten Weltkrieges. Hypothekendarlehen dürfen deshalb nicht nur mit typischen Eigenheimfinanzierungen von Privatpersonen in Verbindung gebracht werden. Sie waren während der Industrialisierung ein standardisiertes Kreditinstrument ohne Zweckeinschränkung. Damit müssen neben den Sparkassen übrigens auch alle anderen Anbieter von Hypothekenkrediten als potenzielle Financiers von Wirtschaftsaktivitäten angesehen werden.

Die hier vorgenommenen vielfältigen Beschreibungen der zeitgenössischen Kreditpraxis verdeutlichen zudem die gute Eignung von Hypothekendarlehen für die Kapitalbedürfnisse von Gewerbetreibenden und Unternehmen. Es bestand zwar ein beiderseitiges Kündigungsrecht von typischerweise drei Monaten, sofern es sich nicht um Annuitätendarlehen handelte. In der Regel wurden die Darlehen aber als sogenannte ewige Schulden betrachtet und auch die Annuitätendarlehen verfügten über mehrjährige Laufzeiten. Die Kunden der Sparkassen konnten das Geld deshalb für langfristige Investitionen einsetzen. Aus diesem Umstand ergeben sich das Interesse der Industriellen an den Sparkassen und eine gewisse Arbeitsteilung in der damaligen Kreditwirtschaft. Die kleinen und mittelgroßen Unternehmen nutzten lokale Gewerbebanken und Privatbankiers für vorübergehende kleine Liquiditätsbedürfnisse und alltägliche Finanzgeschäfte. Diese boten im Gegensatz zu den Sparkassen beispielsweise den Wechseldiskont und viel früher diverse Zahlungsverkehrsdienstleistungen an. Zur Erlangung von langfristigem Investitionskapital in Form von substanziellen Kreditbeträgen wendete man sich dagegen an die Sparkassen. Dies geschah entweder direkt oder über die Vermittlung beispielsweise der eigenen Bankiers. Manche Unternehmen tilgten ihre Hypothekendarlehen zügig innerhalb von wenigen Jahren, andere trugen die Schulden über längere Zeiträume kontinuierlich ab und wieder andere ließen einmal aufgenommene Beträge trotz prosperierendem Geschäft stehen. Auch Handwerker, Inhaber von Ladengeschäften und Landwirte sahen die Sparkassen als Kapitalquelle für langfristige Finanzierungen an. Teilweise nutzten sie die hypothekarische Belastung ihrer Immobilien zu Gunsten der Sparkassen wie stehende Kreditlinien. Für kleine und nur kurzfristige Kapitalbedürfnisse scheinen sich jedoch aus Sicht dieser Kunden die während der Hochindustrialisierung in Württemberg verstärkt aufkommenden genossenschaftlichen Kreditvereine besser geeignet zu haben. Ein Teil der Sparkassen unterstützte die Genossenschaften deshalb mit langfristigen Refinanzierungsdarlehen, zumal man sich selbst weniger umfangreich mit Kleinkrediten beschäftigte.

Da die Kreditnehmer von den Sparkassen offenbar nicht nach der beabsichtigten Verwendung der Gelder gefragt wurden, waren die Hypothekendarlehen insbesondere aus der Sicht von Entrepreneurs beziehungsweise Unternehmensgründern optimal. Sie konnten das Kapital zur Realisierung von Geschäftsideen nutzen, die möglicherweise von ihren Zeitgenossen als zu gewagt oder außerhalb der bestehenden Konventionen angesehen wurden. Für die Förderung von Wirtschaftswachstum und neuen Geschäftsfeldern dürfte dies vorteilhaft gewesen sein, insbesondere als Teil des von Joseph Schumpeter als „schöpferische Zerstörung" bezeichneten Wirtschaftsprozesses. Demnach sorgen neue Konsumgüter, neue Produktions- und Transportmethoden, neue Märkte und neue Formen der Organisation für Umwälzungen und halten damit den kapitalistischen Prozess am Laufen.[1179] Hinsichtlich der Freiheit und Unabhängigkeit ihrer Kunden waren die Sparkassen jedenfalls den historischen Kreditgenossenschaften und den heutigen Micro Lending-Instituten in Schwellenländern hoch überlegen. Diese Einrichtungen basieren wie erwähnt vor allem auf der gegenseitigen sozialen Kontrolle ihrer Mitglieder.[1180] Dort muss die Kenntnis der Gewohnheiten und des Charakters der Mitmenschen in überschaubaren Gebieten dabei helfen, das grundsätzliche Informationsdefizit zu überwinden. Es wäre denkbar, dass Abweichungen von der Norm somit für die Krediterlangung hinderlich sind und Micro Lending-Institute deshalb schlechtere Voraussetzungen für unkonventionelle Geschäftsideen bieten als die historischen Sparkassen. Die Unterschiede sind jedenfalls frappierend. In den Schwellenländern erfolgt die Kreditvergabe teilweise an ganze Personengruppen, den sogenannten Solidaritätszirkeln, die ein besonders hohes Maß an gegenseitiger Kontrolle erzeugen. Im historischen Württemberg verlief die Darlehensvergabe dagegen weitgehend diskret an Einzelpersonen, gegebenenfalls nur unter der Mithaftung von Ehepartnern. Die Schuldner blieben deshalb in erster Linie sich selbst verpflichtet und frei in ihren Handlungen. Zu dem hohen Stellenwert des selbstverantwortlichen Individuums in westlich-modernen Gesellschaften passte die Darlehensvergabe der Sparkassen deshalb treffend. Außerdem konnten die Sparkassen auch solche Unternehmer mit Kapital versorgen, die durch erfolgreiches Wachstum an die Spitze ihres sozialen Umfelds aufrückten und bei denen ein modernes Micro Lending mit gegenseitiger Kontrolle innerhalb einer Peer-Group nicht funktionieren würde.

Die Überprüfung der Kreditwürdigkeit von Sparkassenkunden erfolgte über verschiedene Wege. Es wurden eigene Erfahrungen mit den Kunden herangezogen und andere bisherige Gläubiger befragt. Eine zentrale Funktion nahm die damals auf lokaler Ebene organisierte Steuer- und Abgabenerhebung ein. Hier-

1179 Joseph A. Schumpeter (1946): *Kapitalismus, Sozialismus und Demokratie*, (Deutsche Übersetzung der englischen Originalausgabe von 1942), Bern, S. 134–142, insbesondere S. 137.

1180 Zu den historischen Kreditgenossenschaften vgl. Guinnane (2001), S. 370ff; Zu den heutigen Micro Lending-Instituten und ihrer Arbeitsweise vgl. Beatriz Armendáriz und Jonathan Morduch (2005): *The Economics of Microfinance*, Cambridge, S. 85ff.

durch verfügten die Schultheißen, also die Ortsvorsteher in den Dörfern und die Bürgermeister, über ausgezeichnete Einblicke in die Vermögenssituation und die Zahlungsmoral der Einwohner. Wer bislang der allgemein eher unerfreulichen Pflicht zur Begleichung fälliger Steuer- und Abgabenzahlungen ordnungsgemäß nachgekommen war, dem wurde auch die pünktliche Bedienung der bei einer Sparkasse anfallenden Zins- und Tilgungsverpflichtungen zugetraut. Aufgrund der Organisation der Sparkassen als Einrichtungen der Oberämter und den vielfältigen Verbindungen zu den lokalen Schultheißen und anderen Behörden fand ein entsprechender informeller Informationsaustausch statt. Die Nutzung von Patenten für angemeldete Erfindungen oder ähnliche Erfolgsausweise im Fall von Unternehmen kann dagegen mit an Sicherheit grenzender Wahrscheinlichkeit ausgeschlossen werden.

Die Durchsetzung von fälligen Zinszahlungen säumiger Schuldner erfolgte auf dem Rechtsweg, und das letzte Mittel zur Durchsetzung von Forderungen der Sparkassen waren Zwangsversteigerungen. Sie kamen bei den untersuchten Instituten in Relation zu dem umfangreichen Kreditgeschäft nur sehr selten vor. Aber sie dürften für wirtschaftlich Gescheiterte den Entzug ihrer bisherigen Existenzgrundlage bedeutet haben. An dieser Stelle kann eine kleine Relativierung eingefügt werden, denn nicht alle Kreditnehmer lebten in einer sogenannten landrechtlichen Errungenschaftsgesellschaft mit ihren Ehepartnerinnen. Auch schon während der Industrialisierung gab es den Stand der Gütertrennung.[1181] Manche Immobilien wie insbesondere Wohnhäuser blieben Vorbehaltseigentum der Frauen, und bei verschiedenen Kassen wurden gelegentlich Darlehen an Fabrikantengattinnen auf der Grundlage dieser Sicherheiten ausgezahlt. Es scheint deshalb so, als ob Gewerbetreibende damals über ihre Eheverträge eine Art Haftungsbegrenzung und damit eine Risikoreduzierung realisieren konnten. Betroffen waren übrigens hauptsächlich Familien mit etwas größeren Betrieben. Die Fallzahlen mit entsprechenden Anmerkungen in den Archivalien sind jedoch gering und die Umstände zu vage, so dass diese Beobachtungen nicht als gesicherte Erkenntnisse betrachtet werden dürfen. Die Mehrheit der Kreditnehmer aus dem Handwerk und der Landwirtschaft nutzte solche Möglichkeiten ohnehin nicht und haftete mit dem gesamten Eigentum für beruflich eingegangene Schulden.

Die Bedeutung des Risikos aus der hypothekarischen Beleihung von Haus und Hof gibt Anlass zu weitergehenden Überlegungen. Eine Begrenzung der Haftung zur Schonung des Privatbesitzes kann allgemein als wünschenswert angesehen werden. Dadurch werden gegebenenfalls persönliche Härten für betroffene Fa-

1181 In Württemberg entwickelte sich bedingt durch die Reformation seit 1534 ein weltliches landesspezifisches Eherecht. Die Errungenschaftsgesellschaft, die grob mit der Errungenschaftsgemeinschaft des späteren deutschen Bürgerlichen Gesetzbuches vergleichbar ist, galt automatisch als Güterstand bei einer Heirat, sofern keine andere Vereinbarung vertraglich getroffen wurde. Vgl. Jakob Friedrich Weishaar (1804): *Handbuch des Württembergischen Privatrechts*, Stuttgart, S. 11 und S. 80ff.

milienmitglieder abgemildert und es werden vermutlich mehr Menschen mit Geschäftsideen dazu motiviert, diese umzusetzen. Dies gilt insbesondere für unsere heutige Gesellschaft, in der die Vermeidung von Risiken eine immer höhere Bedeutung einnimmt. Es ist deshalb vielleicht keine Überraschung, wenn in letzter Zeit Forschungen zur Rolle von haftungsbeschränkten Unternehmen während der Industrialisierung wie beispielsweise der seit 1892 möglichen Gesellschaft mit beschränkter Haftung (GmbH) aufgenommen wurden.[1182] Und darüber hinaus wird das System der Unternehmensfinanzierung in den Vereinigten Staaten von Amerika über den Wertpapiermarkt und damit über haftungsbeschränkte Kapitalgesellschaften seit langer Zeit als überlegene und nachahmenswerte Variante angesehen. Sie passen besser in das Dogma, wonach ein Scheitern ohne schwerwiegende persönliche Konsequenzen für den Gescheiterten möglich sein soll. Diese Grundhaltung vernachlässigt jedoch einen wichtigen Aspekt. Er trug möglicherweise dazu bei, dass in bankbasierten Volkswirtschaften wie Deutschland ebenso eine verhältnismäßig zügige und erfolgreiche Industrialisierung möglich war. Die bedingungslose Haftung für aufgenommene Schulden erhöht zwar das Risiko für die Kreditnehmer, aber sie senkt gleichzeitig das Risiko für die Kreditgeber. Deshalb war es auch den sicherheitsorientierten württembergischen Oberamtssparkassen selbst in der tiefsten Provinz möglich, Darlehen an Industrieunternehmen auszureichen und gegebenenfalls ihre Geldüberschüsse an weit entfernt wohnende Fabrikanten mit Kapitalbedarf auszuleihen. Persönlich haftende Einzelkaufleute und Gesellschafter waren gerne gesehene Kreditkunden. Die eigene Haut zu riskieren hatte offenbar eine gewisse Signalfunktion. Dies zeigt sich bei den Bestimmungen über Darlehen an Erwerbs- und Wirtschaftsgenossenschaften, die über die Verbreitung der Mustersatzung überall möglich wurden. Genossenschaftliche Darlehensvereine, landwirtschaftliche Bezirksvereine, Molkereigenossenschaften und Genossenschaften zum Betrieb von Mühlkanälen mussten eine Rechtsform mit unbeschränkter Haftpflicht aufweisen, um Geld erhalten zu können.[1183] Dafür wurden ihnen und den Entrepreneurs Fremdkapital zu den gleichen niedrigen Zinssätzen gewährt wie Bauherren von Einfamilienhäusern oder konservativen Handwerkern und Landwirten mit althergebrachtem Betrieb. Dies war alles ohne Venture Capital-Geber, staatlich alimentierte Förderprogramme und dergleichen möglich. Die Strenge gegenüber Schuldnern bot deshalb nicht ausschließlich Nachteile, sondern auch bislang übersehene individuelle und gesamtgesellschaftliche Vorzüge.

Ihre größte Wirksamkeit im Kreditgeschäft entfalteten die württembergischen Oberamtssparkassen in den letzten zwei Jahrzehnten vor dem Ersten Weltkrieg. Wie gezeigt kann die Entwicklung über den gesamten Untersuchungszeitraum grob in vier Phasen eingeteilt werden. In der Mitte des 19. Jahrhunderts bestand eine größere Vielfalt an Einrichtungen und Geschäftsmodellen als zu späteren

1182 Guinnane et. al. (2007).

1183 Exemplarisch in § 23 der Satzung der Oberamtssparkasse Waldsee von 1907, in: WABW, B 204, (Lfd. Nr. 115), B-Nr. 21, „Jahresrechnung 1908“.

Zeiten. Neben originären Sparkassen wirkten Leihkassen sowie Mischinstitute, die das Spar- und Hypothekengeschäft sowie Leihkassengeschäfte praktizierten. In dieser Phase wurden bereits industriell genutzte Hypothekendarlehen vergeben und auch Bürgschaftsdarlehen wurden für kommerzielle Zwecke eingesetzt. Zu bedenken ist allerdings, dass der Geschäftsbetrieb damals noch sehr übersichtlich war. Gemäß den vorgenommenen Berechnungen betrug das Einlagenvolumen aller württembergischen Oberamtssparkassen Mitte der 1850er Jahre lediglich rund 4 Mio. Gulden beziehungsweise 7 Mio. Mark in der späteren Reichswährung.

Abbildung 25: Phasen des Kreditgeschäftes und Entwicklung der Einlagen der Oberamtssparkassen während des Untersuchungszeitraumes

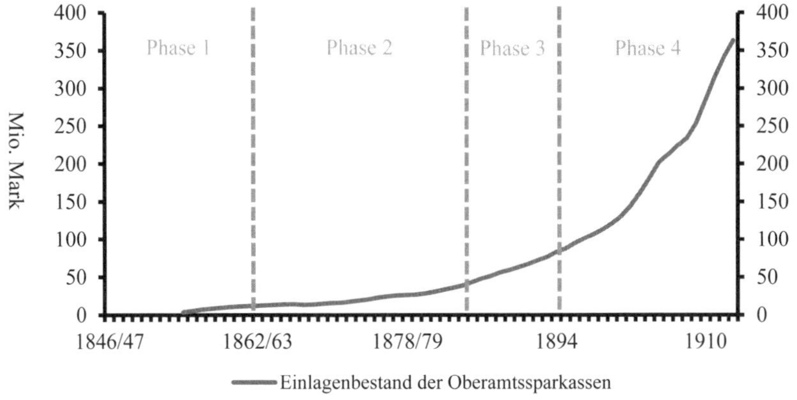

Quellen: Zahlenangaben ab 1887/88: Statistisches Handbuch für das Königreich Württemberg, diverse Ausgaben; vor 1887/88: eigene Berechnungen (vgl. Tabelle A1 im Anhang und Kapitel 2.7); eigene Darstellung.

Die zweite Phase wurde Anfang der 1860er Jahre durch Eingriffe der Regierung ausgelöst. Seitdem hielten sich die Institute mit Geldvergaben an Fabrikanten zurück. Bestehende Spar- und Leihkassen wurden aufgelöst oder in Sparkassen umgewandelt. Die nun im Vordergrund stehenden Hypothekendarlehen vergab man vermehrt an Landwirte, insbesondere in Gebieten mit Großlandwirtschaft. Kapitel floss deshalb von den früh industrialisierten Zentren in ländliche Gegenden ab. Aber auch in dieser Zeit wurden Sparkassengelder für gewerbliche Zwecke eingesetzt, denn zu den Schuldnern gehörten weiterhin Handwerker sowie die Inhaber größerer Gewerbebetriebe wie Mühlen und Brauereien. Die Gründe für die Eingriffe der Regierung konnten nicht eindeutig festgestellt werden. Vermutlich bestand einerseits der Wunsch, die Markteintrittsbarrieren für potenzielle private Anbieter zu senken und somit die Gewerbefreiheit auch auf dem Finanzdienstleistungsmarkt durchzusetzen. Des Weiteren sollte vermutlich eine Wiederholung von eklatanten Schieflagen bei einigen Instituten mit Leihkassengeschäften vermieden wären. Über diese ist zwar wenig bekannt. Aber vermutlich gehen sie auf das Trilemma gemeinnütziger Finanzintermediäre zurück, sofern die Akteure in Spar- und Leihkassen versuchten, mit den Spargeldern eine kleinteilige Kreditvergabe zu praktizieren. Unabhängig hiervon zeigt sich, dass für eine aufschlussreiche Betrachtung der Sparkassengeschichte zukünftig unbedingt zwischen Sparkassen, Leihkassen sowie Spar- und Leihkassen unterschieden werden muss.

Die dritte Phase von ungefähr Mitte der 1880er Jahre bis etwa Mitte der 1890er Jahre stellt eine Übergangszeit mit einer allmählichen Wiederentdeckung von Industriefinanzierungen dar. Ihr folgte die vierte Phase, in der ein Teil der Institute mit einem zwischenzeitlich beträchtlich angewachsenem Geschäftsvolumen, eigenen Geschäftsräumen und hauptamtlichen Sparkassieren zum Teil häufig umfangreiche Darlehen an kleine und mittelgroße Unternehmen vergab. Die Kapitalströme kehrten sich um. Das Geld floss nun stellenweise aus ländlichen Gebieten in die industrialisierten Zentren.

Die Finanzierungsleistung der württembergischen Sparkassen als Summe kann je nach betrachtetem Schwerpunkt unterschiedlich beurteilt werden. Für allfällige Infrastrukturinvestitionen auf Gemeinde- und Bezirksebene dürften die Institute die ersten und wichtigsten Geldgeber gewesen sein. Gegebenenfalls musste die Landessparkasse oder eine andere größere Sparkasse mit Anlagebedarf aushelfen. Für die Elektrifizierung und die Erschließung des Landes mit der Eisenbahn brachten die Sparkassen im Ganzen betrachtet dagegen nur kleinere Beiträge auf. Dies dürfte nicht zuletzt daran gelegen haben, dass diese beiden sich über Jahrzehnte erstreckenden Infrastrukturleistungen zu den finanziell anspruchsvollsten Aufgaben ihrer Zeit gehörten. Positiv hervorzuheben ist jedoch insbesondere der umfangreiche Einsatz von Sparkassenmitteln für den Aufbau der Stromversorgung im ländlichen Raum, der aus Profitgründen von privaten Gesellschaften vernachlässigt worden war. Die Sparkassen trugen damit entscheidend zur Chancengleichheit und zum Erhalt der Wettbewerbsfähigkeit zwischen den städtischen Zentren und den ländlichen Regionen bei. Sie ermöglichten es beispielsweise den lokalen Gewerbetreibenden und Landwirten, Elektromotoren zur Rationalisierung ihrer Betriebe nutzen zu können.

Der größte Teil der Sparkassengelder wurde für die Finanzierung des Handwerks, von Kaufleuten, kleinen und mittelgroßen Unternehmen sowie der Landwirtschaft eingesetzt. Um den Anteil der Sparkassen auf diesen Feldern in Relation zur gesamten Kreditwirtschaft verlässlich einschätzen zu können, wären detaillierte Informationen über die Finanzierungsbeiträge aller anderen Kreditanbieter notwendig. Aus Mangel an entsprechenden Untersuchungen ist dies nicht möglich. Allerdings gehörten die zeitgenössischen Sparkassen zu den wichtigsten Finanzintermediären in Deutschland[1184] Daraus folgt, dass die Sparkassen eine durchaus relevante Stellung im Markt für gewerbliche Finanzierungen eingenommen haben dürften. Der vorgenommene Vergleich der Finanzierungsleistung des württembergischen Sparkassenwesens und der Stuttgarter Börse unterstreicht diese Einschätzung. Zwar darf nicht vergessen werden, dass die Sparkassen nur eine Kapitalquelle unter vielen anderen während der Industrialisierung waren. Aber ihr Wirken war auf zwei Wegen besonders relevant. Sie finanzierten neu gegründete und wachsende kleine Unternehmen, womit die Erneuerungskraft der Wirtschaft gestärkt wurde. Und sie waren abseits der Hauptstadt aktiv, was für die Entwicklung des Landes als Ganzes wichtig war.

Im Segment der Unternehmensfinanzierungen konzentrierten sich die untersuchten Oberamtssparkassen hauptsächlich auf kleine und mittelgroße Betriebe in der Größenordnung von bis zu 100 Arbeitern. Nur gelegentlich kamen auch Darlehen an größere Unternehmen vor und dann handelte es sich meist nur um beiläufige Finanzierungen. Ansonsten galt, dass die Betriebe überwiegend substanzielle Kapitalbeträge von den Sparkassen erhielten. Für die archivalisch untersuchten Institute lassen sich übrigens Darlehensvergaben an mehr als 100 Industrieunternehmen und andere größere Gewerbebetriebe sicher nachweisen. Teilweise erhielten diese mehrfach Kapital von den Sparkassen. Zudem wird der Untersuchungszeitraum bei einigen Kassen nur teilweise abgedeckt, so dass die Anzahl der tatsächlich finanzierten Betriebe noch höher ausfallen dürfte. Außerdem berücksichtigt die Zählung nicht die vielen Mühlbetriebe, kleinen Bierbrauereien und Ziegelwerke, die Kleinunternehmen und die Zweifelsfälle, in denen nicht ermittelt werden konnte, ob das Kapitel der privaten Lebensführung oder einem gewerblichen Zweck diente. Sofern diese Darlehen berücksichtigt werden, dann wurden von den Panel-Kassen in den untersuchten Jahren insgesamt über 300 Betriebe finanziert, die nicht mehr zum Handwerk oder dem Kleinhandel gezählt werden können. Eine auch nur annähernd exakte Abgrenzung hinsichtlich der Unternehmensgröße ist angesichts der teilweise sehr spärlichen Informationen und der fließenden Übergänge allerdings kaum möglich.

Eine sehr grobe aber aufschlussreiche Einschätzung über den Marktanteil der Sparkassen im Bereich der Industriefinanzierungen ist über die Oberamtsbeschreibungen des Königlich Statistischen Landesamtes vom Beginn des 20. Jahrhunderts möglich. Sie enthalten für jeden Bezirk eine Aufzählung der Industriebetriebe und Manufakturen. Die großen und mittelgroßen Unternehmen werden namentlich genannt und ihre Arbeiterzahl angegeben, wobei die Beschreibungen nicht notwendigerweise vollständig sind. Beispielsweise wurden die Brauereien in diesem Teil stets ausgelassen. In Ludwigsburg und Kirchheim erhielten von den 22 beziehungsweise 28 mit Arbeiterzahl genannten Betrieben drei beziehungsweise sieben mindestens ein Sparkassendarlehen. Die vorgenommenen archivali-

1184 Proettel (2013), S. 5; Burhop (2011), S. 168; Guinnane (2002), S. 88; Fohlin (1999), S. 328.

schen Untersuchungen decken allerdings jeweils nur wenige Jahre der Hochindustrialisierung ab. Es könnten also mehr Unternehmen Kredite erhalten haben. Im Bezirk Göppingen, wo der gesamte Untersuchungszeitraum betrachtet werden konnte, wurden von 76 mit Arbeiterzahl genannten Betrieben 15 finanziert. Zum Teil kam das Geld auch von auswärtigen Kassen des Panels, insbesondere aus Geislingen und darüber hinaus aus Biberach und aus Kirchheim. Es ist deshalb gut möglich, dass weitere Göppinger Unternehmen Kapital von solchen Sparkassen erhielten, die nicht archivalisch untersucht wurden. Unbekannt bleibt zudem das Wirken der Landessparkasse mit ihrem hohen Finanzvermögen und den beschriebenen überdurchschnittlich großen Hypothekendarlehen. Vermutlich handelte es sich dabei zumindest teilweise um kommerzielle Geldvergaben, so dass der Marktanteil des Sparkassensektors insgesamt höher zu veranschlagen ist, als die obigen Zahlen vermuten lassen.

Allerdings bestanden auch Betriebe, die vermutlich überhaupt keinen Bedarf für größere Fremdfinanzierungen hatten. Ein Indiz hierfür ist die Situation im Oberamt Biberach, wo die Sparkasse zwischen 1900 und 1913 von den 17 mit Arbeiterzahl genannten Unternehmen insgesamt vier finanzierte. Angesichts der hohen Finanzkraft der Sparkasse und der umfangreichen Geldvergaben an auswärtige Kunden wäre es hier problemlos möglich gewesen, bei Interesse weitere heimische Unternehmen mit substanziellen Kapitalbeträgen zu versorgen.

Neben diesem Beispiel verdeutlicht allgemein auch der Branchenspiegel der finanzierten Unternehmen sehr unterschiedliche Kapitalbedürfnisse. Wie ausgeführt, ist vor allem die Kreditnachfrage von Brauereien und den Eigentümern von Mahl- sowie Sägemühlen auffällig. Jene Branchen erlebten damals immense technische und organisatorische Veränderungen. In etwas schwächerer Ausprägung ließe sich dies auch für die Besitzer von Ziegeleien beschreiben.[1185] Auf der anderen Seite bestand keine Kreditnachfrage aus überdurchschnittlich wichtigen Industriezweigen. Die Garn- und Tuchproduzenten sowie die Korsetthersteller traten zwar in der Mitte des 19. Jahrhunderts wie für Göppingen gezeigt als Kreditnehmer auf. Aber in der vierten Phase des Kreditgeschäftes während der Hochindustrialisierung kamen nur wenige Darlehen an Tuchfabriken vor. Und die Korsettbranche fehlt völlig unter den Kreditnehmern, obwohl insbesondere im Raum Göppingen sowie in den benachbarten Oberämtern Geislingen und Kirchheim etliche mittelgroße und kleine Betriebe mit der Herstellung von Korsetts, Schnüren und Korsettschließen beschäftigt waren.[1186] Möglicherweise ist dieser Umstand damit zu erklären, dass die Korsettproduktion während der Hochindustrialisierung ihren Wachstumszenit bereits überschritten hatte. Ursächlich hierfür könnten eine ausreichende Befriedigung der Nachfrage mit den schon früher aufgebauten Kapazitäten oder geänderte modische Vorlieben gewesen sein. Somit wären keine oder nur noch geringe Investitionen in das Produkti-

1185 Zu den technischen Neuerungen der Zeit in Ziegeleien vgl. Heinrich Samter (Hg.) (1901): *Das Reich der Erfindungen*, Berlin [auch als Nachdruck: Stuttgart 1998], S. 295 ff.
1186 K.[öniglich] Statistisches Landesamt (1907), S. 132, 182 und 224.

onskapital notwendig gewesen, was größere Darlehen obsolet machte. Unabhängig von dem wahren Hintergrund lässt sich aus den Beobachtungen schlussfolgern, dass die industriellen Kreditkunden einer Sparkasse nicht zwangsläufig ein komplettes Spiegelbild der regionalen Wirtschaftsstruktur waren, sondern vor allem der Branchen mit hohem Wachstum und Wettbewerb sowie technischem Anpassungsdruck. Und hiervon kamen dann nur die kleinen bis mittelgroßen Betriebe und Unternehmen als Darlehensnehmer in Betracht.

Timothy Guinnane gibt im Fazit seiner Untersuchung über ländliche Kreditgenossenschaften in Preußen vorsichtig zu Bedenken, dass deren Wirken für die Mitglieder und damit für Landwirte eine „suboptimale Kapitalallokation innerhalb der Wirtschaftssektoren“ gefördert haben könnte.[1187] Gemeint ist damit eine zeitliche Verzögerung des Strukturwandels durch die Kreditvergabe an Landwirte, die ihre tendenziell unrentablen Höfe langfristig ohnehin aufgeben mussten. Diese grundsätzliche Kritik ließe sich mit Blick auf die Darlehensvergabe an die Landwirtschaft und das Handwerk auch im Fall der Sparkassen anbringen oder sogar zuspitzen: Möglicherweise waren einige Hypothekendarlehen objektiv betrachtet überhaupt keine Investitionskredite, sondern Konsumkredite, da sie es den Schuldnern ermöglichten, in ihren überkommenen Gewerken noch etwas länger von der Substanz zu leben. Es ist jedoch schwer, diese Problematik zu erfassen, zumal die Inflation während und nach dem Ersten Weltkrieg sowohl den wirtschaftlich gesunden wie auch den angeschlagenen Kreditnehmern bei der Entschuldung half. Doch obwohl der Gedanke von Guinnane vollkommen berechtigt ist, greift er inhaltlich nur eine Seite eines zwiespältigen Sachverhalts auf. Vor allem neoklassisch geprägte Volkswirte neigen im Allgemeinen dazu, in abstrakten Modellen zu denken und hauptsächlich Zustände zu beschreiben. Aus einer Veränderung der Rahmenbedingungen erfolgt eine Anpassung und damit ein neuer Zustand in Form eines neuen ökonomischen Gleichgewichts. Die langwierigen Anpassungsprozesse und ihre realen Folgen für die Unternehmen und Wirtschaftssubjekte werden dagegen zumeist vollkommen ausgeblendet. Und zu den langwierigsten ökonomischen Anpassungsprozessen überhaupt gehört der Strukturwandel während der Industrialisierung. Deshalb muss nicht jede Kreditvergabe, die an einen letztendlich untergegangenen Betrieb erfolgte, als Verzögerung oder unnötig gedeutet werden. Sie könnte vielmehr ein Teil des Prozesses gewesen sein. Ein gutes Beispiel hierfür ist die beschriebene Verbreitung der Kunstmühlen in Württemberg spätestens seit Einführung der Gewerbefreiheit 1862. Diese aus Holz sowie Eisen gebauten und durch Getriebe sowie Transmissionen zu Gesamtanlagen verbundenen Mahlwerke waren kurz vor dem Ersten Weltkrieg beziehungsweise spätestens ab den 1920er Jahren technisch veraltet. Sie wurden von Industriemühlen in Komponentenbauweise mit elektrisch betriebenen Maschinen aus Stahl und pneumatischer Mahlgutbeförderung abgelöst.[1188]

1187 Guinnane (2001), S. 387. Eigene Übersetzung.

1188 Meyer-Hermann (2011), S. 80ff; Im Oberamt Göppingen waren 1907 bereits diverse Kunstmühlen in Fabriken umgewandelt, siehe K.[öniglich] Statistisches Landesamt (1907),

Das bedeutet jedoch nicht, dass eine Investition in eine Kunstmühle, wie sie von den Sparkassen in der zweiten Hälfte des 19. Jahrhunderts immer wieder finanziert wurde, per Saldo schlecht war. Trotz der teilweise vorhandenen wirtschaftlichen Schwierigkeiten durch Überkapazitäten[1189] gehörten die Eigentümer der Kunstmühlen über mehrere Jahrzehnte zu den technisch führenden Mehlherstellern. Sie bildeten die Zwischenstufe nach den mittelalterlichen Lohnmühlen und erhöhten die Nachfrage nach zeitgenössisch-modernen Investitionsgütern. Ähnliches gilt für Landwirtschaftsbetriebe, welche letztlich aufgegeben werden mussten. Sie waren möglicherweise nicht von Beginn der Agrarrevolution an unwirtschaftlich, sondern gaben ihren Eigentümern über mehrere Jahrzehnte lang ein Auskommen. Und ihre durch Sparkassen oder Kreditgenossenschaften finanzierten Käufe von zunächst Knochenmehl, Gips, dann modernem Kunstdünger, Stahlpflügen und Landwirtschaftsmaschinen förderten in dieser Zeit die Entstehung einer modernen Industrie.

Diese Überlegungen werfen einen Aspekt auf, mit dem die Betrachtungen auf der Ebene der finanzierten Unternehmen abgeschlossen werden sollen: Wie beschrieben endete die Vergabe substanzieller Darlehen der archivalisch untersuchten Oberamtssparkassen bei mittelgroßen Industriebetrieben. Dennoch haben auch die großen Firmen dieser Zeit inklusive der allseits bekannten Aushängeschilder der württembergischen Industrie von der Darlehensvergabe profitiert. Die Sparkassen leisteten für sie nämlich die Absatzfinanzierung. Die Maschinenfabrik Geislingen von Daniel Straub, die Mühlenausrüstungen und Mühlräder herstellte, hätte ohne zahlungskräftige Kunden aus dem Mühlengewerbe nicht bestehen können. Die Feuerwehrgerätefabrik Magirus aus Ulm profitierte vermutlich von der Finanzierung neuer Feuerwehrausrüstungen für Gemeinden durch die Sparkassen. Im Fall der von Sparkassen mit Darlehen versorgten Elektrizitätswerke lassen sich die Verbindungen sogar nachweisen. Der Gemeindeverband Elektrizitätswerk Enzberg ließ sich zwei Turbinen mit jeweils 270 Pferdestärken für zusammen 30.000 Mark von der Firma Voith aus Heidenheim liefern.[1190] Und die Generatoren, Transformatoren und die Schaltanlage wurden für 65.500 Mark von der Maschinenfabrik Esslingen bezogen. Auch der Gemeindeverband Elektrizitätswerk Kocherstetten ließ sich gemäß erhaltener Originalrechnungen sein Wasserkraftwerk von der Maschinenfabrik Esslingen erstellen.[1191] Das Gleiche gilt für das Elektrizitätswerk von Cletus Klingler in Nagold.[1192]

Die Gründe, warum Sparkassen vor allem während der Hochindustrialisierung das Gewerbe und Unternehmen finanzierten, wurden in Kapitel 9 ausführlich behandelt. Zusammenfassend lässt sich sagen, dass diese Finanzierungen im bes-

S. 182.
1189 Huber (1910): S. 25, Fußnote 1; Schulz (1999), S. 51 f.
1190 Hier und im Folgenden: Leiner (1985), S. 114 ff.
1191 Archiv Spk Ho, Lfd. Nr. 43, Register Nr. 110.01, Standort Kün., „Rechnungsbeilagen 1912“.
1192 Leiner (1982), S. 230.

ten Interesse aller Beteiligten lagen. Daneben erleichterte ein weiterer Umstand das erfolgreiche Wirken der Institute auf dem Feld kommerzieller Kreditvergaben. Die Tätigkeit der Sparkassen war zwar grundsätzlich sehr streng reguliert. So kamen im Anlagebereich nur wenige Möglichkeiten in Betracht, von denen die Vergabe von Hypothekendarlehen am ausgiebigsten genutzt wurde. Außerdem wurde mit der niedrigen Festsetzung der Beleihungsgrenzen ein großer Puffer gegen Verlustrisiken geschaffen. Aufgrund dieser strengen äußeren Rahmenbedingungen waren aus der Perspektive der Oberbehörden offenbar aber keine weiteren Eingriffe in das Mikromanagement der Sparkassen notwendig. Man überließ die konkrete Ausgestaltung des Kreditgeschäftes den lokalen Instanzen, die somit innerhalb vorgegebener Leitplanken ihre Freiheiten nutzen und dezentral nach den örtlichen Interessen und Bedürfnissen entscheiden konnten. Begünstigend kam hinzu, dass die Finanzierung eines Industrieunternehmens einen kaum höheren Aufwand bereitete als die Finanzierung eines privaten Wohnhauses. Zwar musste bei größeren gewerblichen Hypothekensicherheiten spätestens nach Einführung der Mustersatzung nicht nur die Ausleihekommission der Sparkasse, sondern auch der Verwaltungsausschuss oder der Bezirksrat zustimmen. Aber für einen Darlehensantrag reichte in allen Fällen nur ein einziges und einseitig beschriftetes Blatt Papier aus, auf dem dann auch noch die Dokumentation der Darlehensbewilligung genügend Platz fand. Im Vergleich zum heutigen ausgesprochen stark regulierten Kreditgeschäft mit dem damit zusammenhängenden Meldewesen[1193] liefen vergleichbare Finanzierungen im 19. Jahrhundert und zu Beginn des 20. Jahrhunderts bemerkenswert reibungslos und unbürokratisch ab. Die vorgenommenen Auswertungen zeigen, dass dennoch keine größeren Zahlungsausfälle verkraftet werden mussten.

Die Ergebnisse der vorliegenden Untersuchungen ermöglichen es auch, mit verschiedenen kleinen Mythen und Irrtümern aufzuräumen, die sich rund um den Banking-Growth-Nexus, die Sparkassen und ihr Kreditgeschäft ranken:

Gelegentlich wird behauptet, die Sparkassen hätten im Hypothekarkreditgeschäft auf dem Land und in den Kleinstädten weithin eine Monopolstellung gehabt. Richtig ist, dass eine Sparkasse oftmals das erste Kredit*institut* vor Ort war. Abgesehen von der Sondersituation in Württemberg mit der Landessparkasse waren die untersuchten Sparkassen in den Oberämtern jedoch nirgends und zu keiner Zeit die einzigen Kreditanbieter. Es bestand nämlich ein umfassender

1193 Seit September 2018 gelten neben den bereits bestehenden Regelungen zusätzliche Anforderungen an die Datenerhebung durch das umstrittene EZB-Projekt „European Reporting Framework“ mit dem Kreditregister „Anacredit“. Demnach müssen in Deutschland für Kredite ab 25.000 Euro 89 Datenfelder erhoben und an die EZB gemeldet werden. Ursprünglich waren die Erfassung von bis zu 106 Datenfeldern und auch die Erhebung von leistungsgestörten Darlehen ab 100 Euro geplant. Vgl. die folgenden Artikel aus der Börsen-Zeitung: *Zweifel an Rechtsbasis von EZB-Kreditregister,* Nr. 26 vom 9. Februar 2016; *Die EZB schrumpft Anacredit,* Nr. 96 vom 21. Mai 2016; *EZB will bei Banken noch viel tiefer bohren,* Nr. 19 vom 27. Januar 2017; *„Die EZB hat aus Anacredit nichts gelernt“*, Nr. 22 vom 1. Februar 2017.

überregionaler Markt für Hypothekendarlehen zwischen privaten Geldgebern und privaten Nachfragern, in den die neu gegründeten Sparkassen als institutionelle Anbieter erst allmählich hineinwuchsen. Dies zeigt sich an den unzähligen Hypothekendarlehen, die von Privatpersonen vergeben und später auf dem Wege der Forderungsabtretung an Sparkassen verkauft wurden. Bei der neu gegründeten Oberamtssparkasse Ludwigsburg stammte Anfang der 1850er Jahre mehr als jedes fünfte Darlehen aus einer solchen Zession. Und auch noch 60 Jahre später gewährte die Oberamtssparkasse Kirchheim immer wieder Kapital an Kunden, denen die private Hypothek zuvor gekündigt wurde.

Die Existenz eines vermutlich sehr großen und schon früh etablierten privaten Kreditmarktes wirft weitere Fragen auf. Da er keine Spuren in Bankbilanzen oder in Form von Festschriften hinterließ, wurde er von der historischen Finanzmarktforschung bislang ignoriert. Aber in der Literatur findet sich immer wieder die Aussage, dass sich Gründer während der Industrialisierung „aus Mangel" an anderen Kapitalquellen Geld von Verwandten, Freunden oder Bekannten ausliehen. Verwandtschaftsverhältnisse lassen sich meistens leicht durch die Familiennamen nachweisen. Aber die Autoren bleiben in der Regel einen Beleg für das von ihnen behauptete Bekanntschafts- beziehungsweise Freundschaftsverhältnis schuldig. Möglicherweise handelte es sich in diesem Fällen in Wahrheit um vorab einander fremde Personen, die den damals üblichen Weg beschritten und den privaten Kapitalmarkt nutzten. Es wäre eine eigene Forschungsarbeit wert, das Ausmaß der nicht bankmäßig organisierten Kredite während der Industrialisierung zu untersuchen.[1194]

Zu dem Standardrepertoire unzähliger Festschriften, Chroniken und Überblickswerke gehört die Floskel, wonach Sparkassen ein Klientel bedienten, vor dem Banken und Privatbankiers die Nase rümpften und die anderweitig keinen Kredit bekommen hätten. Diese Behauptungen werden vermutlich deshalb so gerne wiederholt, da sie ein eingängiges Bild aus einer persönlichen Zurückweisung und damit einer sehr menschlichen Erfahrung zeichnen. Diese erscheint vor dem Hintergrund leicht projizierbarer sozialer Gegensätze zwischen Bankiers auf der einen Seite und Geldbedürftigen auf der anderen glaubwürdig. Und gleichzeitig wird sie auch noch durch die faktisch nachweisbare Bedienung der skizzierten Kunden durch die Sparkassen scheinbar bestätigt. Wahrscheinlich sind die Behauptungen aber falsch. Die Untersuchung von Tausenden Darlehensfällen aus sieben Jahrzehnten und insbesondere der aussagekräftigen Archivalien, in denen es immer wieder menschelt, erbrachte keinen entsprechenden Hinweis.

1194 Dies ist grundsätzlich möglich durch die Angaben zu den Hypothekeneintragungen und -löschungen. Sie wurden von den Statistischen Ämtern der deutschen Bundesstaaten in Jahrbüchern und Zeitschriften veröffentlicht, allerdings nicht unter dem Oberbegriff der Finanzmärkte, sondern unter dem Punkt Rechtspflege. Für die Frühphase der Industrialisierung, als noch keine entsprechenden Statistiken veröffentlicht wurden, wäre eine Untersuchung über historische Grundbücher möglich, sofern diese zukünftig für die Forschung zugänglich sein werden.

Es ist zwar grundsätzlich sehr viel schwieriger, historischen sozialen Empfindungen nachzuspüren als durch Zahlen belegbaren Geldvergaben. Aber auch die Rahmenbedingungen und die gezeigten Kreditprozesse sprechen gegen die Thesen:

Bezüglich ihres sozialen Aspektes lässt sich feststellen, dass es in der Frühzeit des Sparkassenwesens fast ausschließlich die Angehörigen der lokalen oder regionalen Oberschicht waren, die sich für die Gründung von Sparinstituten einsetzten und diese durchführten.[1195] Es gab also keine grundsätzlichen Berührungsängste. Und auch bei den Panel-Sparkassen übernahmen während des Untersuchungszeitraumes immer wieder lokale Kaufleute aufgrund ihrer Kenntnisse des Rechnungswesens wichtige Funktionen als nebenamtliche Kassiere, Kontrolleure, Ortssparpfleger und als Mitglieder der Verwaltungsausschüsse. In Geislingen führte wie gezeigt sogar ein Privatbankier bis Mitte der 1890er Jahre die Oberamtssparkasse nebenamtlich in seinem Haus. Zu berücksichtigen ist, dass der Berufsstand der Bankiers ausgesprochen heterogen war und unser heutiges Bild von den elitären Finanzdynastien der Oppenheims, der Delbrücks oder der Rothschilds nur die Spitze der Branche, aber nicht die breite Masse abdeckt. In den hier betrachteten Klein- und Mittelstädten waren die sozialen Gegensätze vermutlich geringer als in Frankfurt, Köln oder Hamburg. Salopp formuliert ließe sich sagen, es gab schließlich auch nur einen gemeinsamen sonntäglichen Gottesdienst für Privatbankiers und Sparkassenkunden. Nicht zu vergessen ist, dass schon zu Beginn des Untersuchungszeitraumes Kaufleute die Spar- und Leihkassen nutzten und während der Hochindustrialisierung eine ausgeprägte Zusammenarbeit zwischen lokalen Industriellen, Privatbankiers und den Sparkassen bestand. Vor 1913 dürften Kreditkunden der Sparkassen übrigens sogar eine gerne gesehen Kundschaft bei lokalen Privatbankiers gewesen sein. Diese dienten nämlich oftmals gleichzeitig als Agenturen von Versicherungsgesellschaften und hatten deshalb ein Interesse an dem Verkauf von Versicherungspolicen.

Der kreditwirtschaftliche Aspekt und damit der zweite Teil der obigen Thesen ist in Abhängigkeit vom betrachteten Zeitraum differenziert zu betrachten. Für die Zeit ab etwa 1862 lässt er sich sehr leicht als falsch zurückweisen. Wer anderweitig nicht als kreditwürdig angesehen wurde, der bekam bei einer Sparkasse erst recht kein Darlehen! Die Sparkassen konnten sich keine schlechten Risiken leisten und waren auch nicht dazu da, um Almosen zu verteilen. Dies war die Aufgabe anderer Einrichtungen.

In früheren Phasen des Sparkassenwesens, als parallel Leihkassengeschäfte betrieben wurden, mag es stellenweise etwas anders ausgehen haben. Mit der Satzung der Oberamtssparkasse Ravensburg von 1843 besteht ein Beleg für die beabsichtigte Hinwendung zu Menschen, denen es originär an Kreditwürdigkeit fehlte. Vorgesehen war dort die Auszahlung von Darlehen in Notfällen an *„jene Leute, welche durch Hagel, Ueberschwemmung, Feuersbrünste, feindliche Ein-*

1195 Ashauer (1991), S. 53ff, S. 79.

fälle, und schwere langwierige Krankheit verunglückt sind".[1196] Geholfen werden sollte auch solchen Einwohnern, *„welche zu Anschaffung von Saatfrüchte oder des benöthigten Viehs, namentlich bei Viehseuchen das nothwendige Geld nicht haben"*.[1197] Allerdings waren für diese Fälle Bürgschaften der Heimatgemeinden aufzubringen, so dass für die Sparkasse praktisch kein Risiko bestand. Außerdem können diese Darlehen eher unter dem Punkt karikatives Engagement eingeordnet werden.[1198] Für das eigentliche Kreditgeschäft, insbesondere zur Unterbringung der umfangreichen Ravensburger Spargelder, war jener kleine Teil sicherlich nicht exemplarisch. Dennoch könnten an anderen Orten ähnliche Regelungen mit einem an bonitätsschwache Menschen ausgerichteten Kreditgeschäft bestanden haben. Hierauf deutet die bunte Vielfalt der Spar-Hülfs-Leih-Kassen und ähnlicher Institute in jener Zeit hin, über die kaum etwas bekannt ist, da viele Einrichtungen insolvent wurden beziehungsweise aufgelöst werden mussten.

Wenn vor allem mit Blick auf die Krisenzeit der 1840er und 1850er Jahre in Württemberg sowie ähnliche Phasen in anderen Staaten von Kreditnot und Wucher geschrieben wird, den die Sparkassen beziehungsweise hier eher die Leihkassen erfolgreich abstellten, dann sind die Ursachen der Probleme nicht in Diskriminierung aufgrund des sozialen Status oder einer fehlenden Kreditwürdigkeit der Kunden zu suchen. Die unvorteilhaften Situationen lassen sich vielmehr ökonomisch erklären. Ein wichtiger Faktor war vor allem eine Kreditübernachfrage zur Kompensation von Einkommensausfällen nach Missernten. Diese ließ die Preise für Kredit, also die Zinsen ansteigen. Es könnte übrigens hinterfragt werden, ob das, was die Zeitgenossen für Wucher hielten, bei Lichte betrachtet nicht in manchen Fällen sogar eine hohe, aber gerechtfertigte Entlohnung angesichts der kleinen Losgrößen und des damit verbundenen Aufwands für private Leiher war. In der Regel herrschte in diesen Situationen gleichzeitig eine Wirtschafts- und Vertrauenskrise, welche private Geldgeber möglicherweise restriktiver werden ließ und somit das Kreditangebot zusätzlich schmälerte.[1199] Insbesondere die Leihkassen stellten vor diesem Hintergrund eine geeignete ökonomische Lösung

1196 § 9 der Statuten der Oberamts-Sparcasse Ravensburg von 1843, in: H Sta S, E 150, Bü 6533, „Oberamtssparkasse Tettnang".

1197 Vgl. auch Kapitel 6.10.

1198 Hierauf deutet auch ein Hinweis in der jüngeren Ravensburger Satzung von 1852 hin, wonach Darlehen unter Bürgschaft der Gemeinden „zum Ankauf von nöthigem Vieh aus den Ueberschüssen der Kasse", also nur aus erzielten Gewinnen geleistet werden sollten. Vgl. § 8 „Statuten Ravensburg 1852", in: WABW, B 201, (Lfd. Nr. 3) B-Nr. 12, „Statuten und Satzungen".

1199 Daneben bestanden auch leicht abweichend gelagerte Fälle. In einer Ausgabe der Blätter für das Armenwesen von 1855 wird berichtet, dass die im Vorjahr gegründete Spar- und Leihanstalt für den Oberamtsbezirk Stuttgart allein in einer Bezirksgemeinde mehr als 20 Gante, also Zwangsversteigerungen, verhindert hätte. Nähere Details fehlen, doch dürften hier die Einkommensausfälle die betroffenen Familien von der Bezahlung fälliger Schuldendienste auf bestehende Kredite abgehalten haben. Dies veranlasste die Gläubiger offenbar zu Zwangsmaßnahmen, welche dann durch Geldvergaben der Leihkasse abgewendet werden konnten. Vgl. Zentralleitung für Wohltätigkeit (1855), S. 229. Auch in die-

dar. Aufgrund der Garantie der Oberämter oder Gemeinden wurde das Vertrauensproblem behoben. Somit konnte wieder Geld über den Umweg der Kassen von den Anbietern zu den Nachfragern fließen. Technisch gesehen geschah somit eine Risikotransformation. Und auch die Absenkung der Transaktionskosten durch eine Institution sowie gegebenenfalls eine Art Quersubventionierung für kleine Darlehen trugen zur Lösung des beklagten Wucherproblems bei. Nicht zu beanstanden ist deshalb die reine Beobachtung, dass die in der Not gegründeten Spar- und Leihkassen beziehungsweise die reinen Leihkassen ärmeren Menschen Kredit gaben, den diese bei privaten Geldanbietern in der unmittelbaren Situation nicht erhielten. Diese Beobachtung ist jedoch kein Beleg für eine generelle Ablehnung der Kunden durch andere Geldgeber aufgrund ihres teilweise geringen sozialen Status oder einer mangelnden Kreditwürdigkeit. Nur bei oberflächlicher Betrachtung mag es von außen so erscheinen. Eine Bestätigung erfährt die Bedeutung der im Verborgenen wirkenden ökonomischen Zusammenhänge durch die Entwicklung in Württemberg Anfang der 1860er Jahren. Die Wirtschaftskrise hatte sich gelegt und Kreditnachfrager bekamen wie auch schon zuvor ohne Leihkassen Kapital von privaten Anbietern. Deshalb konnte die Regierung auf die Abschaffung der in ihren Augen obsolet gewordenen, aber für die öffentlichen Haushalte mit erhöhten Risiken verbundenen Leihkassen drängen, sowie auf eine Einschränkung der Sparkassengeschäfte, welche dem privaten Kreditmarkt Kapital entzogen.

Ebenso zum Repertoire vieler Überblicksdarstellungen gehört die Klage über die Zurückhaltung der Sparkassen auf dem Gebiet der Personaldarlehen, also der nicht hypothekarisch besicherten Kredite. Dabei war der Verzicht auf eine Betätigung auf diesem Geschäftsfeld während der Hochindustrialisierung ausgesprochen vernünftig. Das Modell der Kreditwürdigkeitsprüfung der Sparkassen über die eingespielte, aber informelle Mitarbeit der lokalen Schultheißen wäre bei den deutlich höheren Fallzahlen kleiner Darlehen schnell an seine Grenzen gestoßen. Auf der anderen Seite fehlte den Sparkassen bei unbesicherten Krediten im Gegensatz zu den kleinen Kreditgenossenschaften mit der gegenseitigen sozialen Kontrolle ihrer Mitglieder eine unkomplizierte Möglichkeit zur Durchsetzung von Ansprüchen. Es ist fraglich, ob die von den Sparkassen praktizierte Nutzung des Rechtsweges gemessen an den damit verbundenen Kosten und dem Aufwand bei Kleindarlehen sinnvoll gewesen wäre. Des Weiteren hätten kleine Geldvergaben mit kurzen Laufzeiten einen exponentiell höheren Verwaltungsaufwand bedeutet und die Sparkassen aufgrund des Trilemmas gemeinnütziger Finanzintermediäre belastet. Sie hatten im Gegensatz zu den Kreditgenossenschaften bereits deutlich höhere Fixkosten für Gebäude, Personal und dergleichen zu schultern. Aufgrund der Entwicklung des Spargeschäftes zu einer Massendienstleistung und bei zunehmenden Wettbewerb um die profitablen mittelgroßen bis größeren

sen Fällen bestand grundsätzlich keine mangelnde Kreditwürdigkeit der Schuldner, denn sie bekamen ja zuvor Darlehen von Privaten.

Spareinlagen war es deshalb nicht möglich, auch noch diese Aufgabe zu übernehmen, wollte man nicht die eigene Solidität gefährden. Dass der Reservefonds aller Oberamtssparkassen von 5,0 % gemessen am Finanzvermögen im Geschäftsjahr 1887 auf 3,4 % im Jahr 1913 zurückging,[1200] kann als Indiz für die verhaltene Ertragslage gedeutet werden. Außerdem ist fraglich, warum die Sparkassen als staatliche Unternehmungen ein Geschäftsfeld hätten besetzen sollen, für das es in Form der Kreditgenossenschaften eine privatwirtschaftliche Lösung gab. Mit der Finanzierung dieser Vereinigungen konnten die Sparkassen ihre eigene Bedeutung als Stütze lokalen Engagements unterstreichen, mit ihrer Bekämpfung durch Konkurrenz hätten sie dagegen möglicherweise ihre Daseinsberechtigung gefährdet. Darauf deutet wiederum der wirtschaftsliberale Kurs der württembergischen Regierung mit der Schließung der Leihkassen und der Umgründung der Spar- und Leihkassen in den 1860er Jahren hin. Außerdem konnten die Zeitgenossen kaum ahnen, dass man nach einer Hyperinflation Ende 1923 quasi auf der gleichen Stufe angelangt, nämlich bei null, in den Wettbewerb mit den Kreditgenossenschaften eintreten würde.

Zum Allgemeingut in der Standardliteratur und überhaupt zum Selbstverständnis in der heutigen Sparkassen-Finanzgruppe gehört die bei jeder Gelegenheit vorgetragene Erzählung, wonach die Einführung des bargeldlosen Giroverkehrs der Sparkassen auf den Sparkassenreformer und Vordenker Johann Christian Eberle zurückzuführen sei. Der Kommunalpolitiker hatte zwar im Zuge der Verleihung der passiven Scheckfähigkeit an die Sparkassen durch das Reichsscheckgesetz von 1908 einen Giroverband im Königreich Sachsen gegründet und sich dann erfolgreich für die Verbreitung dieses Giroverkehrs in anderen Teilen Deutschlands eingesetzt.[1201] Eine grobe Fehleinschätzung ist allerdings die Darstellung in der Literatur,[1202] wonach Eberle der Ideengeber war und die Übernahme seines Konzeptes durch die Gründung des Württembergischen Sparkassen-Giroverbandes 1916 den Beginn des bargeldlosen Zahlungsverkehrs im Südwesten markieren würde. Als Startzeitpunkt des offiziellen Giro-Scheck-Verkehrs der württembergischen Sparkassen muss vielmehr, wie ausführlich beschrieben, das Jahr 1901 angesehen werden. Er kam vollkommen unabhängig vom späteren Wirken Eberles zustande. Und zu diesem Zeitpunkt hatten einige württembergische Institute bereits mehrere Jahre lang Erfahrungen mit dem bargeldlosen Zahlungsverkehr gesammelt. Das damalige landesweite System war zwar noch nicht so dezidiert entwickelt wie das spätere und im Prinzip bis heute bestehende. Damals wurden keine separaten Girokonten für die Kunden geführt. Aber die Funktionen waren praktisch die gleichen. Wer Geld überweisen wollte, konnte seine Sparkasse damit beauftragen. Und wer Geld überwiesen bekam, der konnte eine

1200 Berechnet ohne Berücksichtigung von Stückzinsen, die in den jüngeren Jahren im Reservefonds enthalten sind, aber nicht in den älteren.

1201 Ashauer (1991), S. 196ff.

1202 Beispielsweise in: Sparkassenverband Baden-Württemberg (2010), S. 31ff; Rüth (2006), S. 244.

Sparkasse als Empfänger angeben und sich das Geld auf sein Sparkonto gutschreiben lassen. Da die meisten Sparer während der Hochindustrialisierung für diese Dienstleistung vermutlich noch überhaupt keine Verwendung hatten, dürften vor allem die gewerblichen Darlehenskunden zu den Nutzern gehört haben. Sie ließen sich ihr Kreditkapital nachweislich zur weiteren Verwendung an ihre Bankiers überweisen und entrichteten über den Giroverkehr wahrscheinlich ihre Zins- und Tilgungsleistungen. Die hohen Umsätze belegen jedenfalls die gute Annahme des Zahlungssystems, das die Sparkassen auch für die eigene Liquiditätsdisposition und für Kreditrefinanzierungen durch die Notenbank und andere Geldhäuser einsetzten.[1203]

Bereits in Kapitel 2.6 wurde ausführlich auf die originär in der deutschen Literatur verbreitete Annahme eingegangen, wonach sich die Sparkassen aus gemeinnützigen Leihhäusern und Waisenkassen entwickelt hätten. Sie hält einer Überprüfung durch die Realität nicht stand. Sparkassen sind vielmehr eine sehr erfolgreiche Weiterentwicklung des gemeinnützigen Versicherungswesens und ihre Verbreitung in Deutschland geht zu einem wesentlichen Teil auf das etwas früher umfassend entwickelte britische Sparwesen zurück.[1204] Die ab dem Mittelalter in Europa wirkenden mildtätigen Pfandleihhäuser und Leihkassen stellten eine eigenständige Institutsart mit einem anderen Arbeitsauftrag dar. Sie waren nicht wie die Sparkassen ein Mittel der Vorsorge, sondern sie dienten der Nachsorge, woraus sich vollkommen gegensätzliche Strukturen sowohl im Aktiv- wie auch im Passivgeschäft ergaben. Die geschichtliche Entwicklung der Leihkassen wurde bislang kaum erforscht.[1205] Für Württemberg ergibt sich nach den hier vorgenommenen Untersuchungen aber das folgende grobe Bild: Die Reformmaßnahmen nach der Hungerkrise von 1816/17 führten nicht nur zur Etablierung des Sparwesens, sondern auch zu einer Verbreitung der Leihkassen. Die letztgenannten waren den Oberbehörden allerdings aufgrund der höheren Verlustgefahren bereits in den 1830er Jahren ein Dorn im Auge.[1206] Die allgemeine Not in der zweiten Hälfte der 1840er Jahre und in den 1850er Jahren führte jedoch zunächst noch zu einer Blütezeit des Konzeptes. Es fand zudem eine vorrübergehende Verschmelzung des Leihkassenwesens mit dem Sparkassenwesen statt, die in der Errichtung von Spar- und Leihkassen mündete. Mit Überwindung der Krisenzeit ab Ende der 1850er Jahre und vor dem Hintergrund der Einführung der Gewerbefreiheit Anfang der 1860er Jahre setzte die württembergische Regierung eine

1203 Ähnliches berichten Finzel und Reinhart (1996), S. 188 ff. In Coburg wurde die Kreditaufnahme bei Banken bereits 1885 und ein Scheckverkehr 1904 eingeführt. Reinhart und Zeitler (1998), S. 82, dokumentieren die Aufnahme eines Lombardkredits der Sparkasse Ansbach bereits im Krieg von 1870/71.

1204 Eine ausführliche Darstellung in: Proettel (2019), S. 73 ff.

1205 Sehr aufschlussreich sind aber die Untersuchungen von Rüth (2006) über die früheren Leihkassen im heutigen baden-württembergischen Landkreis Rottweil. Zur Frühgeschichte der Leihkassen vgl. Holzapfel (1903).

1206 Vgl. hierzu das Beispiel der Gemeindeleihkasse Dunningen bei Rüth (2006), S. 60, und die Ausführungen von Kollmer-von Oheimb-Loup (1999).

Abschaffung der Leihkassengeschäfte durch und damit quasi auch das Ende dieser Institutsart unter öffentlicher Trägerschaft.[1207]

Die größte Fehlinterpretation im Sinne der vorliegenden Arbeit bleibt die Verkennung des kommerziellen Kreditgeschäftes der Sparkassen, vor allem mit Industrieunternehmen. Deshalb sollen an dieser Stelle denkbare Erklärungen hierfür angerissen werden. Dabei besteht die Gefahr, neue Irrtümer und Fehlinterpretationen in die Welt zu setzen, da es sich um die Beschreibung eines bislang nicht betretenen und kaum ausgeleuchteten Raumes handelt. Es sei deshalb betont, dass die nachfolgenden Ausführungen nur vorläufige Hypothesen darstellen.

Das Aufspüren von Industriefinanzierungen im historischen Archivgut wird durch mehrere Umstände erschwert. Viele Sparkassen nahmen überhaupt keine Geldvergaben an Unternehmen vor. Bei anderen Instituten wurden sie nur in bestimmten Zeitabschnitten durchgeführt und selbst bei denjenigen Einrichtungen mit häufigen Finanzierungen ist nur ein kleiner Teil der Darlehen betroffen.[1208] Die Untersuchung einer zu kleinen Stichprobe aus dem Kreditgeschäft ist deshalb nicht aussagekräftig. Darüber hinaus wurden häufig nur die Unternehmen aus der zweiten oder dritten Reihe finanziert. Dabei überwogen dann auch noch Einzelkaufleute, bei denen der eigene Name gleichzeitig für die Firma steht. Wer die Kreditnehmer der Sparkassen mit der Literatur zur lokalen Industriegeschichte abgleicht, die in der Regel nur die größten Betriebe behandelt, kommt deshalb vorschnell zu einen falschen Urteil.

Viel wichtiger ist aber, dass die zeitgenössischen Sparkassiere selbst kein Interesse daran hatten, ihr Wirken im Kreditgeschäft bekannt zu machen. Ein Grund hierfür waren die damaligen sozialen Gegensätze und Verteilungskämpfe. Es war sicher nicht hilfreich, die sparenden Arbeiter darauf hinzuweisen, dass ihre in harten Tarifauseinandersetzungen[1209] den Arbeitgebern abgerungenen Spargroschen über die Sparkassen sofort wieder im Portemonnaie der Arbeitgeber landeten. Dort blieben sie dann auch, wie gleich noch zu beschreiben ist. Aber auch aufgrund der Konkurrenz zwischen Arbeitern und Handwerkern war es nicht ratsam, über die Weitergabe von Spargeldern an Fabriken oder Großbetriebe zu berichten. Dies zeigt exemplarisch ein Vorgang aus dem Jahr 1908: Die Stadtsparkasse Düsseldorf zog damals erheblichen Missmut auf sich, als publik wurde, dass sie den Bau eines Warenhauses für den Kaufmann Ludwig Tietz finanzierte.[1210]

1207 In Baden-Württemberg bestehen heute allerdings noch zwei Pfandleihhäuser der öffentlichen Hand. In Mannheim ist ein Leihamt der Stadt tätig und die Städtische Pfandleihanstalt Stuttgart AG ist eine 100prozentige Tochtergesellschaft der Landesbank Baden-Württemberg, die sich wiederum teilweise im Eigentum der Stadt befindet.

1208 Es sei aber darauf hingewiesen, dass dieser kleine Teil ein sehr großes Kapitalvolumen betraf.

1209 Streiks und Aussperrungen kamen im Untersuchungszeitraum sehr häufig vor. Vgl. für Stuttgart die Angaben in: *Chronik der Kgl. Haupt- und Residenzstadt Stuttgart*, diverse Ausgaben.

1210 Hier und im Folgenden: Haas (1976), S. 163f.

Die Düsseldorfer Mittelstandsvereinigung beklagte sich bei dem Regierungspräsidenten über eine derartige Verwendung von Spargeldern. Es herrschte große Unzufriedenheit darüber, dass die Sparbeträge der kleinen Bürger und der Angehörigen des Mittelstandes einem „Todfeind des Mittelstandes", nämlich dem Warenhaus, als Betriebsmittel zur Verfügung gestellt wurden. Die Sparkasse versuchte mit dem Verweis die Wogen zu glätten, dass nur eine Baugesellschaft finanziert wurde, die das Warenhaus dann an Tietz vermietete. Gerichtet war die aus heutiger Zeit nicht unmittelbar verständliche Kritik gegen den Verkauf von preisgünstiger Fabrikware über eine neue Vertriebsform, womit die klassische Handwerksproduktion und der Einzelhandel umgangen wurden. Das war in Württemberg nicht anders. Das System der Warenhäuser mit Großeinkauf, Massenabsatz und Barzahlung anstelle des Anschreiben lassen breitete sich von den größeren Städten auf das Land aus.[1211] Der Handels- und Gewerbeverein Ravensburg schrieb 1913, „Schneider und Schuhmacher empfanden es geradezu als Todesstoß, als auf einmal die billige Konfektionsware auf den Markt geworfen wurde".[1212] Außerdem machten die von den Fabriken ausgehenden Lohnsteigerungen und damit die Konkurrenz um Arbeitskräfte den Handwerksbetrieben zu schaffen.[1213] Nichtsdestotrotz finanzierten drei der Panel-Sparkassen in Württemberg sogar direkt die Eigentümer von Warenhäusern, die jedoch kleiner als das besagte in Düsseldorf waren. Ein Institut gewährte 30.000 Mark an einen „*Volksbazar*" und ein anderes 50.000 Mark gegen die hypothekarische Belastung eines auf 100.000 Mark geschätzten Wohn- und Kaufhauses. Und die Oberamtssparkasse Ravensburg zahlte 100.000 Mark an den örtlichen Kaufhausbesitzer Möhrlin aus, der in Inseraten für Bekleidung sowie Heimtextilien warb und auf seine 15 Schaufenster hinwies.[1214] Möglicherweise schrieben Eingeweihte vor dem Hintergrund der damaligen Interessenkonflikte nur metaphorisch über das Kreditgeschäft. Beispielsweise schwärmte Wilhelm Haemmerle in seiner Dissertation aus dem Jahr 1908, dass dank der Vermittlung der Sparkassen „alljährlich neue Millionen an Spargroschen der wirtschaftlich Schwächeren in den Dienst der wirtschaftlichen Entwicklung des Landes gestellt werden können."[1215]

Nach dem hier betrachteten Zeitabschnitt dürfte es für die Sparkassenmitarbeiter noch weniger zweckmäßig gewesen sein, auf ihre Rolle in der Industriefinanzierung hinzuweisen. Die im Ersten Weltkrieg schleichend begonnene Geldentwertung bis hin zur Hyperinflation 1923 brachte eine weitgehende Enteignung der Sparer und spiegelbildlich eine tiefgreifende Entschuldung der Kreditnehmer mit sich. Die Sparkassen wurden dadurch unfreiwillig zu einem Vehikel für eine gewaltige Vermögensumverteilung von arm zu reich, von sparenden Schülern, Dienstboten und Arbeitern hin zu größeren Landwirten, Industriellen und ande-

1211 Handels- und Gewerbeverein Ravensburg (1913), S. 20.
1212 Ebd., S. 12.
1213 Ebd., S. 14.
1214 Annonce in: Adress-Buch der Oberamtsstadt Ravensburg [1906], unpaginiert.
1215 Haemmerle (1908), S. 3.

ren Kriegsprofiteuren. Dies dürfte der wichtigste Grund gewesen sein, warum die Sparkassenmitarbeiter auch nachträglich sehr darum bemüht waren, den Mantel des Schweigens über das Kreditgeschäft zu decken.

Darüber hinaus dürften weitere Motive bestanden haben. Nur wenige Jahre später brach die Weltwirtschaftskrise aus. In Deutschland wurde sie im Frühjahr 1931 durch eine Bankenkrise verschärft, die durch fehlgeschlagene Unternehmensfinanzierungen der privaten Kreditwirtschaft losgetreten wurde.[1216] Dieser Umstand dürfte für die Sparkassen einen starken Anreiz geboten haben, die Einleger nicht mit der früheren und gegebenenfalls der aktuellen Ausrichtung des eigenen Kreditgeschäftes auf die Industrie zu verunsichern. Ab 1933 war es zudem aus politischen Gründen nicht opportun, über vergangene Geldvergaben an Handel und Industrie zu berichten. Es wäre vermutlich schnell aufgefallen, dass die Sparkassen vielfach jüdische Kaufleute, Unternehmer und Verleger finanzierten. Innerhalb des Panels betrifft dies die Institute in Ludwigsburg und Göppingen. Die Ludwigsburger Sparkasse finanzierte sogar den Bau der örtlichen Synagoge, die 1938 von Nationalsozialisten in Brand gesteckt wurde.

Unmittelbar nach 1945 wäre es ungeschickt gewesen, die Öffentlichkeit und die alliierten Siegermächte auf die Finanzierung von Unternehmenskunden aufmerksam zu machen, die in beiden Weltkriegen der Herstellung von Rüstungsgütern dienten.[1217] Die US-Amerikaner legitimierten die von Ihnen angestrebte Zerschlagung der deutschen Großbanken politisch und moralisch mit deren Verhalten unter dem nationalsozialistischen Regime.[1218] Die Universalkreditinstitute halfen bei der Finanzierung der Aufrüstung, der Arisierung jüdischen Vermögens und der geräuschlosen Kriegsfinanzierung. Zwar leiteten sich die Absichten der US-Amerikaner in erster Linie von wettbewerbsrechtlichen Vorstellungen aus ihrer Heimat ab wie einer stärkeren Dezentralisierung und Dekonzentration. Sparkassen standen in dieser Hinsicht somit nicht im Fokus. Doch angesichts der massiven Konsequenzen dieser Ziele für die betroffenen Banken, der Ungewissheit über mögliche weitere Maßnahmen der Alliierten und der vermutlich allgemeinen Unkenntnis ihrer Absichten in den ersten Nachkriegsjahren war es vermutlich besser, wie bislang auch, über belastende Details aus dem Kreditgeschäft zu schweigen.[1219] Ohnehin trafen alle den Großbanken vorgeworfenen Vergehen

1216 Zur Bankenkrise 1931 und ihrer Vorgeschichte vgl. Spoerer und Streb (2013), S. 84 ff; Isabel Schnabel (2004): *The German Twin Crisis of 1931*, in: The Journal of Economic History 64 (3), S. 822–871.

1217 Dies betrifft bei den Panel-Sparkassen vor allem Betriebe aus der Metallverarbeitung.

1218 Hier und im Folgenden: Theo Horstmann (1991): *Die Alliierten und die deutschen Großbanken, Bankenpolitik nach dem Zweiten Weltkrieg in Westdeutschland*, Bonn, S. 46, S. 64 ff und S. 297 ff.

1219 Angesichts des Vorgehens gegen die Großbanken und der Demontagen in der Industrie konnte leicht der Eindruck entstehen, dass die Beseitigung der kreditwirtschaftlichen Potentiale angestrebt wurde. Horstmann (1991), S. 64, schreibt: „Eine radikale Veränderung der Bankenstruktur sollte auch im Bereich von Geld und Kredit Kriegspotentiale

neben der Rüstungsfinanzierung unzweifelhaft auch auf die Sparkassen zu. Durch ihre Eigenschaft als öffentlich-rechtliche Institute waren sie sehr eng mit den Nationalsozialisten verbunden,[1220] sie halfen ebenfalls bei der Arisierung jüdischen Vermögens[1221] und sie beteiligten sich gleichermaßen in sehr großem Umfang an der geräuschlosen Kriegsfinanzierung.[1222]

Diese Gemengelage würde beispielsweise erklären, warum die Kreissparkasse Göppingen ihre Festschrift zum 100jährigen Jubiläum kurz nach dem Krieg im Jahr 1946 sehr vorsichtig gestaltete. Darin wird zwar allgemein die Kreditvergabe erwähnt. Aber jeder Hinweis auf Geschäfte mit Firmenkunden wurde vermieden. Außerdem sparten die Autoren sehr geschickt die Umstände der Abschaffung der Leihkassengeschäfte aus, obwohl sie explizit über die Umgründung 1862 berichteten. In diesem Zusammenhang ist ein Vorgang auffällig: Im gleichen Jahr 1946 vernichtete man in Göppingen die teilweise Jahrzehnte alten Beilagen zu den Kapitalienbüchern mit vermutlich umfassender Dokumentation der Unternehmensfinanzierungen.[1223] Dagegen wurden alle anderen bis dahin erhaltenen Geschäftsunterlagen der Göppinger Sparkasse weiterhin archiviert. Nicht von der Beseitigungsaktion betroffen waren nur die für die vorliegende Studie verwendeten Tabellenwerke mit den Darlehensnehmern in den wenig verdächtigen Rechnungsbeilagen. Auch von der Landessparkasse haben sich übrigens trotz ansonsten umfassender archivalischer Überlieferung keine Kreditunterlagen erhalten,[1224] was natürlich auch hier auf einem Zufall beruhen kann.

Während somit im Zeitablauf fortwährend neue Argumente aufkamen, die gewerblichen Kreditaktivitäten unter den Tisch fallen zu lassen, war es auf der anderen Seite zu jeder Zeit politisch vollkommen unverdächtig und bei allen Bevölkerungsgruppen uneingeschränkt akzeptiert, wenn sich die Sparkassen den weniger bemittelten Menschen zuwandten und deren Eigenheime sowie kommunale Aufgaben finanzierten. Es ist nachvollziehbar, dass die Sparkassen in ihrer Selbstdarstellung vor allem jene Geschäftsfelder in den Vordergrund rückten und ihr Image als treu den „kleinen Leuten" dienende Einrichtungen pflegten. Dieses grundsätzlich nicht falsche, aber absolut unvollständige Bild, wurde dann bis in

ausschalten und wurde als Äquivalent zur physischen Zerstörung der Rüstungsindustrie angesehen".

1220 Sparkassenverband Baden-Württemberg (2010), S. 40ff.

1221 Schoel (1999), S. 175ff; Pohl (2005), S. 172.

1222 Im Ersten und Zweiten Weltkrieg wurden Staatsanleihen zur dominierenden Kapitalanlage. Vgl. hierzu die Sparkassenstatistiken; Pohl (2005), S. 69ff und S. 201ff; Sparkassenverband Baden-Württemberg (2010), S. 41; Ashauer (1991), S. 223f und S. 252ff, behandelt dieses Thema in seinem Standardwerk zur Sparkassengeschichte dagegen nur sehr flüchtig.

1223 Jürgen Stingel (o.J.): *Das Historische Archiv der Kreissparkasse Göppingen: Archivbestand Kreisarchiv, Schloss Filseck* [Internes Skript der Kreissparkasse Göppingen], o.O.S. 5.

1224 Vgl. Schmitt (2006).

die Gegenwart von der Geschichtsschreibung unhinterfragt übernommen.[1225] Es sei jedoch nochmals auf den spekulativen Charakter der hier vorgenommenen persönlichen Einschätzungen hingewiesen.

In vielen Punkten kann übrigens von dem Kreditgeschäft der untersuchten württembergischen Oberamtssparkassen auf Sparkassen in anderen deutschen Bundesstaaten im gleichen Zeitraum geschlossen werden. In einigen Punkten sind gewisse Einschränkungen zu beachten. Hypothekendarlehen wurden vermutlich überall von Handwerkern, anderen Gewerbetreibenden und Landwirten für berufliche und damit für kommerzielle Zwecke eingesetzt. Das Kreditgeschäft spiegelt jeweils unter gewissen Einschränkungen die Wirtschaftsstruktur des Geschäftsgebietes wider. Mit der Größe der Kassen nahm dabei die Fähigkeit zu, auch größere Darlehen abzugeben. Insofern bestanden allerdings deutliche Unterschiede in Deutschland, da die Sparkassen wie gezeigt von Region zu Region abweichend organisiert waren. Vermutlich wurden aber auch in anderen Bundesstaaten Industrieunternehmen finanziert. Hierauf deuten die bereits mehrfach genannten Beschreibungen in den Chroniken über die Sparkassen von Düsseldorf und Saarbrücken hin.[1226] Das ganze Ausmaß müssen jedoch erst weitere Untersuchungen zeigen. Es besteht die Hoffnung, dass sich zukünftige Autoren von Festschriften und Chroniken verstärkt dem Thema Kreditgeschäft widmen. Mit der hier ausgearbeiteten quantitativen Auswertungsmethode steht zu diesem Zweck ein universell anwendbares Konzept zur Verfügung. Es ermöglicht durch geeignete Vergleiche auch in denjenigen Fällen gewisse Rückschlüsse auf das Kreditgeschäft, in denen die Quellenüberlieferung an sich wenig aussagekräftig ist.

Die hier gewonnenen Erkenntnisse können jedoch nicht vorbehaltlos auf Sparkassen außerhalb Deutschlands übertragen werden. Zu Beginn der Etablierung des Sparwesens am Anfang des 19. Jahrhunderts wurde das Problem der Geldanlage als Mittel zum Zweck an verschiedenen Orten leicht abweichend gelöst.[1227] Aus diesen anfänglichen Unterschieden entwickelten sich Pfadabhängigkeiten, da die nachfolgenden Gründer von weiteren Sparkassen die Vorbilder aus ihren eigenen Ländern imitierten und die nationalen Gesetzgeber außerdem die Angleichung innerhalb ihrer Wirkungsbereiche förderten. So kam es, dass unter anderem die Institute in Frankreich und Großbritannien während der Industrialisierung ihre Gelder an den Zentralstaat abführten.[1228] Eine eigenständige Kreditvergabe fand nicht statt. Das war zwar einerseits für die Kassenverantwortlichen eine Arbeitserleichterung und die Regierungen gewannen eine stetig sprudelnde Verschuldungsmöglichkeit. Diese Länder haben sich hierdurch aber selbst der Möglichkeit beraubt, ihre Regionen und die mittelständische Wirt-

1225 Vgl. hierzu die Ausführungen zu den Hypothesen in der Literatur über das Kreditgeschäft der Sparkassen in: Proettel (2013), S. 6–10.
1226 Haas (1974), S. 163f; Thomes (1985), S. 266ff.
1227 Hier und im Folgenden: Proettel (2016) und Proettel (2017).
1228 Antoine Moster und Bernard Vogler (1995): *Frankreich*, in: Jürgen Mura (Red.): Europäische Sparkassengeschichte. Stuttgart, S. 105–134, hier S. 111ff; Proettel (2017), S. 196.

schaft durch das Wirken kleiner dezentraler Kreditinstitute zu unterstützen.[1229] In Frankreich überstieg das Sparaufkommen den staatlichen Kreditbedarf, weshalb die Regierung das Geld an das Ausland verlieh.[1230] Im Jahr 1890 soll dies 40 % der Gelder betroffen haben und ab 1900 bis zum Ersten Weltkrieg sogar mehr als die Hälfte. Auf der anderen Seite fehlte das Kapital im Inland abseits der Metropolen. Die Wirtschaftshistoriker Robert J. Cull, Lance E. Davis, Naomi R. Lamoreaux und Jean-Laurent Rosenthal stellten „Finanzwüsten“ in mehreren Départements Frankreichs fest.[1231] „Anstatt Kapital anzusammeln oder anzuziehen, exportierten diese Regionen Arbeitskräfte. Sie litten allgemein unter einem Mangel an Finanzintermediation.“[1232] Vor diesem Hintergrund ergibt sich für zukünftige Forscher eine interessante Fragestellung: Lässt sich ein Zusammenhang zwischen der Organisation des Sparkassenwesens und der Entwicklung der mittelständischen Wirtschaft während der Industrialisierung nachweisen? Und wenn Ja, wie stark war er? Auf der einen Seite steht eine Ländergruppe, in der Sparkassen kleine und mittelgroße Unternehmen finanzierten wie mutmaßlich in Deutschland, Dänemark, Schweden, Norwegen und in der Schweiz.[1233] Auf der anderen Seite gibt es einige Länder, wo dies nicht möglich war, darunter neben Frankreich und Großbritannien auch Belgien, die Niederlande und Portugal. Unabhängig von den Antworten auf diese Fragen kann bereits festgestellt werden, dass umgekehrt ein eigenständiges Kreditgeschäft essentiell für die Entwicklung des Sparkassenwesens war. In denjenigen Ländern, in denen die Sparkassen ausschließlich als Kapitalsammelstellen fungierten, bestand offenbar ein geringeres Interesse an der Weiterentwicklung und Erhaltung der Einrichtungen. Die Institute mussten deshalb im Zeitablauf empfindliche Bedeutungsverluste hinnehmen oder verschwanden sogar vollständig vom Markt.[1234] Sie wurden vor allem vom Postsparsystem abgelöst. Beispielsweise existieren heute in Großbritannien keine Sparkassen mehr.

Der Blick auf die deutschen Bundesstaaten reicht übrigens schon aus, um einen Einfluss des Sparkassenwesens auf die Entwicklung der regionalen Wirtschaft erahnen zu können. Wie gezeigt, waren die meisten bayerischen Sparkassen „too small to perform“, also zu klein, um größere Gewerbebetriebe oder Unternehmen zu finanzieren. Dies korreliert mit einer bis in das 20. Jahrhundert eher rückständigen und landwirtschaftlich geprägten Wirtschaftsstruktur in Bayern mit nur wenigen industriellen Zentren. In stärker entwickelten Staaten wie beispielsweise

1229 Auf diesen Aspekt hatten bereits Hecht (1893), S. 12, und Haemmerle (1908), S. 16, aufmerksam gemacht. Vgl. auch: Proettel (2016), S. 10; Proettel (2017), S. 192.

1230 Moster und Vogler (1995), S. 109; Proettel (2016), S. 10; Proettel (2017), S. 192.

1231 Robert J. Cull, Lance Edwin Davis, Naomi R. Lamoreaux und Jean-Laurent Rosenthal (2006): *Historical financing of small- and medium-size enterprises*, in: Journal of Banking & Finance, Vol. 30, S. 3017–3042, hier S. 3032.

1232 Ebd., eigene Übersetzung.

1233 In der Schweiz sind weniger die Sparkassen, sondern die Kantonalbanken hervorzuheben.

1234 Ausführlich in: Proettel (2016), S. 11 ff; Proettel (2017), S. 193 ff.

Baden und Sachsen waren dagegen viele Sparkassen in der Lage, Darlehen an die Industrie abzugeben.

Selbstverständlich kann entgegnet werden, dass hier ansatzweise ein Henne-Ei-Problem vorliegt. Kapitalkräftige Sparkassen entstanden vor allem dort, wo viele Arbeiter wohnten und wo die Industrialisierung bereits im Gange war. Die Sparkassen waren somit häufig erst eine Folge der Wirtschaftsentwicklung. Insofern fungierten sie nicht als Auslöser der Industrialisierung. Außerdem ist eine Sparkasse kein Ersatz für fehlenden Unternehmergeist in der lokalen Bevölkerung. Das Wirken der Institute lässt sich deshalb vielleicht am treffendsten mit dem eines Katalysators vergleichen, der zum reibungslosen Ablauf eines Prozesses beiträgt und diesen gegebenenfalls beschleunigt. Das Vorhandensein von leistungsfähigen Sparkassen verringerte für Unternehmer mit Fremdkapitalbedarf die Such- und Transaktionskosten. Und außerdem wurden Investitionskredite zur Verfügung gestellt, die den Bedürfnissen der Gewerbetreibenden entsprachen. Vor diesem Hintergrund machte es durchaus einen Unterschied, ob in einem Bundesstaat eine leistungsfähige Kreditmöglichkeit für Entrepreneurs bestand oder nicht.

Ein eindrucksvolles und übersichtliches Beispiel hierfür bietet die süddeutsche Region Oberschwaben. Im Zuge von Mediatisierung und Säkularisation zu Beginn des 19. Jahrhunderts fiel der westliche Teil an Württemberg und der östliche an Bayern. Die Grenze wurde mehr oder minder willkürlich gezogen und bis dahin war das Gebiet trotz der Aufteilung in viele kleine Herrschaftsgebiete kulturell und strukturell nicht gerade heterogenen. Aber die übergestülpten landesspezifischen Strukturen und Praktiken hatten offenbar tiefgreifende Folgen, die sich deutlich in den Sparkassenstatistiken vom Beginn des 20. Jahrhunderts zeigen. Vergleicht man als kleinen Ausschnitt der Region die Bezirke Laupheim, Biberach und Leutkirch auf der württembergischen Seite mit den bayerischen Distrikten Illertissen, Memmingen und Kempten auf der anderen, dann stehen sich zwei Gebiete mit annähernd gleich großer Bevölkerung, konfessioneller Zusammensetzung und Fläche gegenüber.[1235] Auf der württembergischen Seite der Grenze waren drei Oberamtssparkassen aktiv, deren Hypothekenbestand Ende 1906 zusammen 12,3 Mio. Mark betrug.[1236] Wie gezeigt wurden von den Sparkassen in Biberach und Leutkirch Unternehmen finanziert. In den drei bayerischen Distrikten waren dagegen sechs Sparkassen tätig, die zusammen jedoch lediglich Hypothekendarlehen im Umfang von 2,4 Mio. Mark verwalte-

1235 Ende 1905 machte die Bevölkerung in den drei württembergischen Bezirken rund 90.000 Personen aus und in den drei bayerischen Bezirken rund 84.000 Personen. Vgl. für Württemberg: K.[öniglich] Statistisches Landesamt (1910), für Bayern: Königlich Bayerisches Statistisches Bureau (1906): *Gemeinde-Verzeichnis für das Königreich Bayern nach den endgültigen Ergebnissen der Volkszählung vom 1. Dezember 1905. Heft LXVIII der Beiträge zur Statistik des Königreichs Bayern*, München.

1236 Hierzu wären noch die ausstehenden Hypothekendarlehen der Landessparkasse in unbekannter Höhe zu addieren. Ende 1899 betrug ihr Umfang in den drei Oberämtern 486.700 Mark. Vgl. Tabelle 27 in Kapitel 12.2.

ten.[1237] Das Institut mit dem größten Bestand, die Sparkasse für Ottobeuren und Umgebung, kam Ende 1906 auf ein Hypothekenvolumen von nur 871.000 Mark. Die kleinste Kasse in Illertissen hatte zu diesem Zeitpunkt Hypothekendarlehen über 78.000 Mark ausstehen. Möglichkeiten zur substanziellen Unternehmensfinanzierung durch Sparkassen dürften auf der bayerischen Seite der Grenze deshalb nur sehr eingeschränkt beziehungsweise überhaupt nicht bestanden haben.[1238]

Wollte man heute ein Sparkassenwesen als Hilfe zur Selbsthilfe in unterentwickelten Volkswirtschaften installieren, dann lautet eine wichtige Erkenntnis der vorliegenden Arbeit, dass sich der Zuschnitt der Institute und ihrer Geschäftsgebiete an der Größe der zu bedienenden Kreditnehmer ausrichten sollte. Auf diesem Wege lässt sich vorab die „too small to perform"-Problematik verringern. Dies gilt auch generell für das Bankwesen in entwickelten Staaten mit der Notwendigkeit der Risikodiversifizierung im Kreditgeschäft.

Abgesehen hiervon ist der erfolgreiche Beitrag der württembergischen Sparkassen zur Landesentwicklung während der Industrialisierung nicht ohne weiteres durch die Errichtung von ähnlichen Instituten auf andere Länder übertragbar. Vor der Gründung von Sparkassen muss nämlich eine Reihe von notwendigen Bedingungen in Form von anderen Institutionen erfüllt sein.[1239] Diese haben in der Geschichtsschreibung bislang fast keine Beachtung gefunden, da sich die Autoren bei ihren Betrachtungen zur Entstehung der Sparkassen sehr einseitig auf sozialhistorische Aspekte wie das Zeitalter der Aufklärung konzentrierten.

Für die Etablierung von Sparkassen muss zunächst die Naturalwirtschaft zur Eigenversorgung durch die Geldwirtschaft abgelöst worden sein. Dies zeigt das Beispiel Finnland. Dort machte die kaum verbreitete Nutzung von Geld in länd-

1237 *Die öffentlichen Sparkassen im Königreich Bayern in den Jahren 1905 und 1906.*

1238 Warum sich die bayerischen Sparkassen vergleichsweise schlecht entwickelten wäre wiederum eine eigene Forschungsarbeit wert.

1239 Die Bedeutung von Institutionen, also von Gesetzen, Handelsbräuchen und anderen Einrichtungen für das Wirtschaftsgeschehen, wurde aufführlich von Douglass C. North beschrieben. Stellvertretend für sein umfassendes Werk seien hier die beiden folgenden Monographien genannt: Douglass C. North (1988): *Theorie des institutionellen Wandels*, Tübingen; Ders. (1992): *Institutionen, institutioneller Wandel und Wirtschaftsleistung*, Tübingen. In den letzten Jahren wurde die wissenschaftliche Diskussion über Institutionen durch verschiedene Arbeiten von Daron Acemoglu neu belebt. In dem bislang umfassendsten Werk (Daron Acemoglu und James A. Robinson (2012): *Why Nations Fail. The Origins of Power, Prosperity, and Poverty*, New York) beschäftigen sich Acemoglu und sein Co-Autor Robinson vor allem mit der Unterscheidung zwischen „extractive Institutions" und „inclusive Institutions", also von exklusiven und nur einer Elite dienenden und damit entwicklungsschädlichen Einrichtungen auf der einen Seite sowie von öffentlich zugänglichen und damit vorgeblich entwicklungsfördernden auf der anderen (vgl. ebd. S. 79ff und S. 91). Als Kritikpunkt an dieser Arbeit kann angeführt werden, dass sich die Autoren sehr selektiv auf einen Aspekt konzentrieren und die Vielfalt der Faktoren ausblenden, die für Wirtschaftswachstum verantwortlich sind. Bereits die vorliegende Arbeit als ein nur kleiner Ausschnitt aus dem Wirtschaftsleben dokumentiert das vielschichtige und interdependente Wirkungsgefüge. Vgl. hierzu auch das Beispiel Weinsberg am Schluss des Fazits.

lichen Gebieten die Ausbreitung des Sparkassenwesens im 19. Jahrhundert zunächst obsolet.[1240]

Darüber hinaus war es vermutlich relevant, dass einigermaßen stabile und diskriminierungsfreie Währungsverhältnisse bestanden. Dies geht aus der folgenden Überlegung hervor: Noch im 18. Jahrhundert brachten die württembergische Herzöge minderwertige „Landmünzen" in Umlauf, die nicht den reichsrechtlichen Vorschriften entsprachen und die nur einen geringen oder überhaupt keinen Edelmetallgehalt aufwiesen.[1241] Gedacht waren diese Gepräge vor allem für die Nutzung durch die einfachen Leute und damit für die Zielgruppe der späteren Sparkassen. Außerdem wurde Württemberg von nicht vollwertigen Münzen aus dem Ausland überschwemmt. Da die württembergischen und die auswärtigen Landmünzen von Zeit zu Zeit verrufen, das heißt ohne Vorankündigung mit großem Abschlag oder ersatzlos außer Kurs gesetzt wurden,[1242] hätte für Sparkassen in dieser Zeit ein erhebliches Verlustrisiko aus dem Kassenvorrat bestanden. Außerdem wären unauflösbare Widersprüche aufgekommen und es hätten Konflikte mit den Spar- und Kreditkunden gedroht. Zu denken ist an die Frage, welcher Wert den eigentlich wertlosen Münzen beigemessen werden konnte.[1243] Im privaten Verkehr war die Nutzung mit Abschlägen zwar möglich, da grundsätzlich Vertragsfreiheit herrschte und jeder persönlichen Spekulationsgeschäften nachgehen konnte. Aber wenn die öffentliche Verwaltung die Münzen einerseits für ihre eigenen Zahlungen herausgab und die Übervorteilung der Annehmenden einkalkulierte, dann konnte sie nicht gleichzeitig offiziell Abschläge für den Verkehr bei den eigenen Sparkassen bekanntgeben oder selbst das Verlustrisiko durch die Annahme zum vollen Nennwert tragen. Schwierigkeiten hätten selbst einfache Geschäfte verursachen können, bei denen Vertrag und Erfüllung zeitlich auseinanderfallen, wie Einzahlungen bei Ortssparpflegern,[1244] Kündigungen von

1240 Antti Kuusterä (1998): *Finnland*, in: Jürgen Mura (Red.): Europäische Sparkassengeschichte II, Stuttgart, S. 53–79, hier S. 56 und S. 60.

1241 Hier und im Folgenden: Helmut Fritz (2004): *Gold und Silber für den Edelmann – Schwindsüchtiges Kleingeld für das Volk*, in: Money Trend, Internationales Magazin für Münzen und Papiergeld 3/2004, S. 182–187, hier S. 186.

1242 Friederich Gottfried Jäger (1840): *Beiträge zur Geschichte des Münzwesens in Württemberg*, Stuttgart, S. 29, S. 41 f und S. 46 f.

1243 Grundsätzlich war es zwar möglich, Bankgeschäfte trotz sehr verschiedener Zahlungsmittel abzuwickeln. Hierzu wurden dann eine wertbeständige Verrechnungseinheit und Konversionstabellen genutzt, wie es die Hamburger Girobank erfolgreich im 17. Jahrhundert und im 18. Jahrhundert mit der Banco-Mark praktizierte. Vgl. hierzu. Erich Achterberg (1964): *Kleine Hamburger Bankgeschichte*, Hamburg, S. 14 ff. Es ist jedoch fraglich, ob sich diese unter international tätigen Kaufleuten eingespielte Vorgehensweise mit grundsätzlich fungiblen Münzen auch im Verkehr mit den unteren Gesellschaftsschichten und mit minderwertigem Geld hätte übertragen lassen. Eine besondere Schwierigkeit bestand in der Unvorhersehbarkeit der Verrufungen der stoffwertlosen Landmünzen im Gegensatz zu der grundsätzlich messbaren und damit kalkulierbaren Verschlechterung des Edelmetallgehalts in Kurantmünzen.

1244 Diese waren erst dann wirksam, wenn das Geld bei der zentralen Oberamtssparkasse eingegangen und die Einzahlung vom Kassier und dem Kontrolleur quittiert war.

Sparguthaben und verspätete Kreditzinszahlungen. Für die Relevanz dieser Vermutungen spricht, dass das Sparkassenwesen erst zu Beginn des 19. Jahrhunderts zum Durchbruch gelangte, nachdem in Deutschland zwar noch nicht einheitliche, aber zumindest einigermaßen geregelte und stabile Geldverhältnisse entstanden waren.

Drittens sollte ein gesetzlicher Rahmen vorliegen, der die Kreditvergabe regelt und der den Gläubigern Sicherheit bietet. In Württemberg wurde dieser Schritt 1825 mit dem Hypothekengesetz vollzogen.[1245] Eine hypothekarische Besicherung von Darlehen setzt allerdings das Vorhandensein eines Grundbuches und dieses wiederum ein Kataster zur Registrierung von Grundstücken voraus. Diese Notwendigkeit zeigt sich indirekt am Beispiel Griechenlands, wo die Erfassung des Landes erst in den 1990er Jahren begonnen wurde und bis in unsere Zeit noch nicht abgeschlossen ist.[1246] Nach der späten Einführung des Sparwesens in Griechenland zu Beginn des 20. Jahrhunderts beschränkte sich die Kreditvergabe auf öffentliche Haushalte und auf Beamte.[1247] Der Grund hierfür ist in der Literatur nicht überliefert, aber vermutlich war es ohne ein funktionierendes Kataster und Grundbuch praktisch nicht möglich, sichere Hypothekendarlehen zu gewähren. Somit waren offenbar nur Staatsdiener aufgrund ihrer beruflichen Stellung kreditwürdig. Einen direkten Beitrag zur lokalen Gewerbeentwicklung konnte das griechische Sparkassensystem somit kaum leisten.

Die Nutzung von Immobilien für Hypotheken setzt auch voraus, dass die Gläubiger vor dem zufälligen Untergang der Sicherheit durch Feuer und Elementarschäden geschützt werden. In Württemberg wurde diese Voraussetzung durch die 1773 ins Leben gerufene Württembergische Gebäudebrandversicherungsanstalt geschaffen.[1248] Wegen der großen Gefährdung durch Feuer hatten die Eigentümer bis dahin nur geringes Interesse an der Erhaltung ihrer Gebäude gezeigt.

1245 *Pfand-Gesetz* vom 15. April 1825, in: Regierungs-Blatt für das Königreich Württemberg, Nro. 17, vom 1. Mai 1825. Die Präambel des Gesetzes enthält die folgenden Worte des Königs: „In Erwägung der allgemein gefühlten Mängel der bisherigen so vielfältig verwickelten Gesetzgebung über das Pfandwesen, und im Betrachte des hieraus sich ergebenden dringenden Bedürfnisses, dem Privat-Credit eine festere Stütze durch ein auf einfacher und richtiger Grundlage beruhendes neues Pfand-System zu geben, haben Wir Uns bewogen gefunden, die bestehenden gesetzlichen Normen über diesen wichtigen Gegenstand einer durchgreifenden Revision zu unterwerfen."

1246 *Unmut im EU-Parlament über griechische Reform, Aufbau von Katastersystem kommt nicht voran*, Börsen-Zeitung Nr. 171 vom 6. September 2017. Die Erfassung Griechenlands in einem Kataster wurde erst 1995 im Rahmen eines Hilfsprogrammes der EU begonnen. Bis Mitte 2017 wurden erst 7,6 % der Flächen und 26,4 % der geschätzten Eigentumsrechte in einem voll funktionsfähigen Kataster erfasst. Vgl. ebd.

1247 Aristidis Tsalkamas (1995): *Griechenland*, in: Jürgen Mura (Red.): Europäische Sparkassengeschichte, Stuttgart, S. 135–150, hier S. 143–147. Ab den 1930er Jahren begann die griechische Postsparkasse allerdings mit der Vergabe von Pfandleihen, wobei dieses Geschäftsfeld nicht kostendeckend war.

1248 Sauer (1973), S. 29.

Die Brandversicherung war ein Anreiz, die Vernachlässigung zu beenden und die Immobilien als wichtige Kreditunterlage zu begreifen.[1249]

Unverzichtbar waren daneben weitere Faktoren. Für das Funktionieren der Sparkassen war Humankapital in Form allgemeiner Kenntnisse der Verwaltung und des Rechnungswesen bei einer ausreichend großen Zahl von Einwohnern notwendig, die sich dann als nebenberufliche Kassiere, Kontrolleure und Ortssparpfleger einbrachten. Und neben formalen Vorschriften ist es notwendig, dass die Gesetze und Regeln auch eingehalten werden, so dass öffentliches Vertrauen entstehen und wirken kann. Möchte man das Kreditgeschäft der historischen Sparkassen mit dem Wirken von heutigen Micro Lending-Instituten vergleichen, dann ist festzuhalten, dass ersteres zwar deutlich leistungsfähiger war. Aber es beruhte auch auf deutlich anspruchsvolleren institutionellen Vorbedingungen.

Zu guter Letzt müssen für das erfolgreiche Wirken einer Sparkasse weitere essentielle Voraussetzungen erfüllt sein, die sich nicht „von oben" anordnen lassen. Dazu gehört Weitblick, Handlungsbereitschaft und Tatkraft der Menschen vor Ort und insbesondere der Wille zur Entwicklung. Ein kleines Beispiel verdeutlicht dies eindrucksvoll. Im Oberamt Weinsberg beschloss die Amtsversammlung 1860 die Auflösung der zwei Jahre zuvor eingerichteten Sparkasse.[1250] Die Lokalpolitiker begründeten dies vor allem mit der *„Unmöglichkeit, die Cassenvorräthe zu gehöriger Zeit in Hypotheken anzulegen"*. Eine mangelnde örtliche Kreditnachfrage zu diesem Zeitpunkt ist keine Überraschung. Der altwürttembergische Bezirk Weinsberg im Norden des Landes war fast ausschließlich durch traditionelle Kleinlandwirtschaft und Weinbau geprägt. Aber die Kreditnachfrage kam damals wie gezeigt vor allem aus der Industrie und von den größeren Gewerbetreibenden beziehungsweise aus der Großlandwirtschaft. In dieser Situation wäre es deshalb notwendig gewesen, den auswärtigen Kreditmarkt zu nutzen, wie das auch andere Sparkassen praktizierten. Und wahrscheinlich bestand in der nur fünf Kilometer von Weinsberg entfernten Industriestadt Heilbronn sogar eine hohe Kreditnachfrage. Über diesen Weg wäre es möglich gewesen, wenigsten von dem positiven Wirken einer Sparkasse im Passivgeschäft zu profitieren und das Institut allmählich zu etablieren. Eine Institution und Geldkapital helfen aber nicht, wenn der notwendige Antrieb und Wille fehlt. Die Weinsberger schlossen ihre Sparkasse und gründeten erst 35 Jahre später wieder eine neue. Die Konsequenz zu Beginn des 20. Jahrhunderts war eine relativ kleine und finanzschwache Einrichtung, so dass die Einwohner zur Befriedigung ihres allmählich wachsenden Kreditbedarfs auf die Landessparkasse angewiesen waren.[1251] Außerdem ließ sich die Weinsberger Bezirksverwaltung wiederholt von der Oberamtssparkasse

1249 Ebd. S. 19.
1250 Hier und im Folgenden: H StA S, E 150, Bü 6542, „Oberamtssparkasse Weinsberg".
1251 Zum Wirken der Landessparkasse im Bezirk Weinsberg vgl. die Angaben in Kapitel 12.2.

Künzelsau mit Krediten aushelfen.[1252] Der fehlende Wille zur Entwicklung und Erneuerung wird auch auf andere Art sichtbar. Zu Beginn des 20. Jahrhunderts und damit mehr als 40 Jahre nach Schließung der ersten Sparkasse erreichte Weinsberg mit einem Gewerbesteueraufkommen von nur 10 Pfennig pro Kopf den niedrigsten Wert unter allen württembergischen Oberämtern. Eine Industrialisierung hatte praktisch noch nicht eingesetzt. Insofern lässt sich festhalten, dass es nicht ausreicht, Institutionen als Entwicklungsförderung zu errichten. Es besteht kein mechanistischer Wirkungszusammenhang, wonach ein geeigneter institutioneller Rahmen quasi automatisch zu Wachstum und Wohlstand führt. Viel wichtiger ist, dass es Menschen mit dem Willen gibt, etwas zu erreichen, die sich vorhandene Institutionen nutzbar machen oder bei Bedarf neue entwickeln und gründen, sorgsam mit ihnen umgehen und die sie immer wieder an die Anforderungen ihrer Zeit in ihrem Umfeld neu ausrichten.

1252 Die Oberamtssparkasse Künzelsau vergab 1902 Darlehen über 4.000 Mark und 15.000 Mark an das Oberamt Weinsberg. Archiv Spk Ho, Lfd. Nr. 16, Register Nr. 110.01, Standort Kün., „Rechnungsbuch 1902“.

Verzeichnis der verwendeten gedruckten Quellen und der Literatur

Acemoglu, Daron und James A. Robinson (2012): *Why Nations Fail. The Origins of Power, Prosperity, and Poverty*, New York.

Achterberg, Erich (1964): *Kleine Hamburger Bankgeschichte*, Hamburg.

Adress-Buch der Oberamtsstadt Ravensburg, Garnisonsstadt Weingarten, Oberamtsstadt Tettnang, Sommerresidenz Sr. Maj. des Königs von Württemberg: Friedrichshafen, Oberamtsstadt Wangen i. Allgäu, Ravensburg, [1906].

Adressbuch der Oberamtsstadt Geislingen-St. und der Gemeinde Altenstadt 1911, Geislingen.

Adreß- und Geschäfts-Handbuch der Oberamtsstadt Göppingen 1912, Göppingen.

Alexander, Wolf S. [1954]: *Wir von Fischer, Eine kleine Geschichte um die Geschichte eines Werkes [1874–1954]*, Göppingen.

Armendáriz, Beatriz und Jonathan Morduch (2005): *The Economics of Microfinance*, Cambridge.

Arnold, Paul, Harald Krüthmann, Dirk Steinhilber und Dieter Faßbender (2015): *Grosser Deutscher Münzkatalog von 1800 bis heute*, 30. Auflage, Regenstauf.

Ashauer, Günter (1991): *Von der Ersparungscasse zur Sparkassen-Finanzgruppe, Die deutsche Sparkassenorganisation in Geschichte und Gegenwart*, Stuttgart.

Barth, Boris (2003): *Eine reiche Geschichte, Die Gründung der Oberamtssparkasse Biberach*, in: Kreissparkasse Biberach (Hg.): Sicherer Grund im Oberland, 150 Jahre Kreissparkasse Biberach, Laupheim, S. 16–18, hier S. 17f.

Bauer, Richard (1989): *Zur Situation des Münchner Brauwesens vor dem 19. Jahrhundert*, in: Evelin Heckhorn und Hartmut Wiehr (1989): München und sein Bier, Vom Brauhandwerk zur Bierindustrie, München, S. 9–14.

Behringer, Wolfgang (1997): *Die Spaten-Brauerei 1397–1997, Die Geschichte eines Münchner Unternehmens vom Mittelalter bis zur Gegenwart*, München.

Beiträge zur Statistik der Sparkassen im preussischen Staate, Berlin, 1876.

Bericht des Vorstandes der Württembergischen Notenbank über das Geschäftsjahr 19.., in: Geschäftsbericht der Württembergischen Notenbank in Stuttgart, Stuttgart, diverse Ausgaben.

Bezirkssparkasse Salem (Hg.) (1949): *200 Jahre Sparkasse Salem Baden, 1749–1949*, Salem.

Blanke-Siegel, Katrin (2007a): *Oberamtssparkasse Ravensburg 1822–1938, Repertorien des Wirtschaftsarchivs Baden-Württemberg, Bestand B 201*, Stuttgart.

Blanke-Siegel, Katrin (2007b): *Bestand B 204: Oberamtssparkasse Waldsee 1895–1938, Repertorien des Wirtschaftsarchivs Baden-Württemberg*, Stuttgart-Hohenheim.

Blatt, Markus (2003): 1900–1950, *Aufschwung auch in stürmischen Zeiten*, in: Kreissparkasse Biberach (Hg.): Sicherer Grund im Oberland, 150 Jahre Kreissparkasse Biberach, Laupheim, S. 19–27.

Boelcke, Willi A. (1987): *Wirtschaftsgeschichte Baden-Württemberg, Von d. Römern bis heute*, Stuttgart.

Boelcke, Willi A. (1991): *Wirtschaft und Gesellschaft vom 18. Jahrhundert bis zur Gegenwart*, in: Dieter Stievermann in Verbindung mit Volker Press und Kurt Diemer (Hg.): Geschichte der Stadt Biberach, Stuttgart, S. 417–498.

Boelcke, Willi A. (2005): *Sparkassen im Königreich Württemberg und im Großherzogtum Baden. Ein Vergleich*, in: Zeitschrift für württembergische Landesgeschichte 64, S. 283–292.

Boelcke, Willi A. (2010): *Geschichte der Sparkassen in Baden-Württemberg*, in: Regionalgeschichte der Sparkassen-Finanzgruppe 2, Stuttgart, S. 241–294.

Börsen-Zeitung, Frankfurt am Main, diverse Ausgaben.

Brauerei Dinkelacker (Hg.) [1938]: *50 Jahre Brauerei Dinkelacker Stuttgart, Stadt der Auslandsdeutschen*, [Stuttgart].

Buchwald, Bruno (1910): *Die Technik des Bankbetriebes, Ein Hand- und Lehrbuch des praktischen Bank- und Börsenwesens*, Sechste Auflage, Berlin und Heidelberg.

Büggeln (1907): *Elektrizitätswerke für kleinere Gemeinden*, in: Königl.[iche] Zentralstelle für Gewerbe und Handel (Hg.): Gewerbeblatt aus Württemberg, S. 123–125.

Burhop, Carsten und Guntram B. Wolff (2005): *A compromise estimate for German net national product, 1851–1913, and its implications for growth and business cycles*, in: The Journal of Economic History 65 (3), S. 613–657.

Burhop, Carsten (2006): *Did banks cause the German industrialization?*, in: Explorations in Economic History 1, S. 39–63.

Burhop, Carsten (2011): *Wirtschaftsgeschichte des Kaiserreichs 1871–1918*, Göttingen.

Burkhardt, Martin (2011): *Zentren und Peripherie zu Beginn der Industriellen Revolution in Württemberg*, in: Zeitschrift für Württembergische Landesgeschichte 70, S. 341–370.

Camerer (1876): *Statistik der Sparkassen des Königreichs Württemberg*, in: Württembergische Jahrbücher für Statistik und Landeskunde, Jahrgang 1875, 1. Theil, Stuttgart, S. 123–178.

Chronik der Kgl. Haupt- und Residenzstadt Stuttgart, herausgegeben vom Gemeinderat, Stuttgart, diverse Ausgaben.

Clemmensen, Niels (1985): *Sparekassebevægelsen i Danmark 1810–1914*, København.

Cull, Robert J., Lance Edwin Davis, Naomi R. Lamoreaux und Jean-Laurent Rosenthal (2006): *Historical financing of small- and medium-size enterprises*, in: Journal of Banking & Finance, Vol. 30, S. 3017–3042.

Deutsche Bundesbank (Hg.) (1976): *Deutsches Geld- und Bankwesen in Zahlen 1876–1975*, Frankfurt am Main.

Die deutschen und ausländischen Staatspapiere sowie die übrigen an deutschen Börsenplätzen notierten Fonds etc., Supplement in: Handbuch der Deutschen Aktiengesellschaften, Dritte vermehrte und verbesserte Auflage, Ausgabe 1898–99, I. Band, Leipzig.

Die öffentlichen Sparkassen im Königreich Bayern in den Jahren 1902 bis 1904, in: Zeitschrift des Königlich Bayerischen Statistischen Bureaus, München 1907, S. 60–116.

Die öffentlichen Sparkassen im Königreich Bayern in den Jahren 1905 und 1906, in: Zeitschrift des Königlich Bayerischen Statistischen Bureaus, München 1909, S. 333–373.

Dietz, Karlheinz (1935): *Die Wasserkraftnutzung im württembergischen Schwarzwald. Ein Beitrag zur Wirtschaftsgeographie Württembergs*, Stuttgart.

Edwards, Jeremy und Sheilagh Ogilvie (1996): *Universal banks and German Industrialisation, A Reappraisal*, in: The Economic History Review, 49 (3), S. 427–446.

Eisele, K[arl], M[atthias] Köhle und Chr[istian] Schöllkopf (1926): *Geschichtliche Heimatkunde des Filsgaus mit einem geologischen Anhang*, Göppingen.

Eitel, Peter (2005): *Ravensburg im 19. und 20. Jahrhundert*, 2. Auflage, Ostfildern.

Ergebnisse der Verwaltung der Sparkassen im Großherzogtum Hessen im Jahr 1904, in: Mitteilungen der Großherzoglich Hessischen Zentralstelle für die Landesstatistik Nr. 845 (1907), Darmstadt, S. 44–47.

Ergebnisse der Verwaltung der Sparkassen im Großherzogtum Hessen im Jahr 1910, in: Mitteilungen der Großherzoglich Hessischen Zentralstelle für die Landesstatistik Nr. 917 (1911), Darmstadt, S. 246–247.

Europäische Kommission (Hg.) (2018): *Zweiter Fortschrittsbericht über den Abbau notleidender Kredite in Europa, Mitteilung der Kommission an das Europäische Parlament, den Europäischen Rat, den Rat und die Europäische Zentralbank*, Brüssel.

Evert, G[eorg] (1906): *Die preussischen Sparkassen im Rechnungsjahre 1904 mit einer Nachweisung der hauptsächlichen Geschäftsergebnisse der einzelnen Sparkassen*, in: Zeitschrift des Königlich Preussischen Statistischen Landesamtes, Berlin, S. 245–384.

Fieder, Matthias (2010): *Industrialisierung und Brauereisterben in Schwaben während des 19. und frühen 20. Jahrhunderts*, in: Ders. (Hg.): Flüssiges Brot: Bier, Brauereien und Wirtshäuser in Schwaben, Oberschönfeld, S. 22–35.

Finzel, Frank und Michael Reinhart (1996): *Spuren: 175 Jahres Sparkasse Coburg: Hauptwege, Nebenwege, Irrwege*, Stuttgart.

Fischer, Karl (2004): *Klepperle-Josefle, Die Geschichte der Nebenbahn Schwäbisch Gmünd-Göppingen*, Schwäbisch Gmünd.

Fohlin, Caroline (1999): *Universal Banking in Pre-World War I Germany, Model or Myth?* in: Explorations in Economic History, 36, S. 305–343.

Fohlin, Caroline (2007): *Finance Capitalism and Germany's Rise to Industrial Power*, Cambridge.

Fritz, Hedwig (1972): *150 Jahre Sparkassen in Österreich*, Band 1, Wien.

Fritz, Helmut (2004): *Gold und Silber für den Edelmann – Schwindsüchtiges Kleingeld für das Volk*, in: Money Trend, Internationales Magazin für Münzen und Papiergeld 3/2004, S. 182–187.

Gebrüder Walker Textilwerke (Hg.) (1949): *75 Jahre Gebrüder Walker Textilwerke*, Ulm.

Gemeindeverband Elektrizitätswerk Teinach-Station (Hg.) (1927): *Zwanzig Jahre Gemeindeverband Elektrizitätswerk Teinach-Station 1907–1927*, Calw.

Gemeinde-Verzeichnis für das Königreich Bayern nach den endgültigen Ergebnissen der Volkszählung vom 1. Dezember 1905. Heft LXVIII der Beiträge zur Statistik des Königreichs Bayern, München 1906.

Gerschenkron, Alexander (1962): *Economic Backwardness in Historical Perspective, A Book of Essays*, Cambridge.

Gesamt-Adress- und Geschäfts-Handbuch der Oberamtsstadt Ravensburg, Garnisonsstadt Weingarten. Obermamtsstadt Tettnang, Sommerresidenzstadt Friedrichshafen mit Berücksichtigung der Gemeinden in der Umgegend, Ravensburg, [1902].

Geßler, Norbert (2002): *Horber Wirtschaften, Eine Kulturgeschichte vom Mittelalter bis ins 20. Jahrhundert*, Horb.

Glatzle, Hans (1956): *Industrie und Handel*, in: Landkreis Göppingen (Hg.): Heimatbuch des Landkreises Göppingen, Göppingen, S. 233–316.

Gneezy, Uri und Aldo Rustichini (2000): *A Fine Is a Price*, in: Journal of Legal Studies, Vol. 29, 1, S. 1–17.

Gonser, Simon (2014): *Der Kapitalismus entdeckt das Volk, Wie die deutschen Großbanken in den 1950er und 1960er Jahren zu ihrer privaten Kundschaft kamen*, Berlin.

Gräser, Marcus, Hubert Kiesewetter und Franz-Josef Fries (2010): *Geschichte der Sparkassen in Hessen und Thüringen*, in: Regionalgeschichte der Sparkassen-Finanzgruppe Band 2, Stuttgart, S. 95–150.

[Grieb, Karl] (1953): *75 Jahre [Bierbrauerei Robert] Leicht – Schwabenbräu, 1878–1953*, Stuttgart.

Grill, Hannelore und Hans Perczynski (1998): *Wirtschaftslehre des Kreditwesens*, 32. Auflage, Bad Homburg vor der Höhe.

Gruber Hartmut [1996]: *Hopfen und Malz ..., Von Geislinger Brauereien und Gastwirtschaften*, Geislingen.

Grüninger & Prem Eisengießerei KG (Hg.) (1975): *Grüninger & Prem Eisengießerei KG, 100 Jahre, 1875–1975*, Kirchheim unter Teck.

Guinnane, Timothy W. (2001): *Cooperatives as Information Machines: German Rural Credit Cooperatives, 1883–1914*, in: Journal of Economic History, 61 (2), S. 366–389.

Guinnane, Timothy W. (2002): *Delegated Monitors, Large and Small, Germany's Banking System, 1800–1914*, in: Journal of Economic Literature, 40.1, S. 73–124.

Guinnane, Timothy, Ron Harris, Naomi R. Lamoreaux und Jean-Laurent Rosenthal (2007): *Ownership and Control in the Entrepreneurial Firm: An International History of Private Limited Companies*, Economic Growth Center, Center Discussion Paper No. 959, New Haven.

Gysin, Jürgen (1993): *Geschichte der Stromversorgung in Nagold und Umgebung*, Stuttgart.

Haag (1887): *Statistik der württ. Oberamtssparkassen in den Jahren 1883/84, 1884 und 1884/85*, in: Württembergische Jahrbücher für Statistik und Landeskunde, Jahrgang 1887, Band I, Heft 3, Stuttgart, S. 1–25.

Haas, Ernst Joachim (1976): *Stadt-Sparkasse Düsseldorf 1825–1972, Ein Beitrag zur Wirtschaftsgeschichte der Landeshauptstadt Düsseldorf*, Berlin.

Haase, Carl (1961), *Festschrift der Landessparkasse zu Oldenburg aus Anlaß ihres 175jährigen Bestehens*, Oldenburg.

Haemmerle, Wilhelm (1908): *Die körperschaftlichen oder Oberamtssparkassen im Königreich Württemberg unter besonderer Berücksichtigung ihrer Vermögensanlagen*, Erlangen.

Haenel, Erich und Heinrich Tscharmann (1909): *Das Einzelwohnhaus der Neuzeit [Band I]*, Leipzig.

Haenel, Erich und Heinrich Tscharmann (1910): *Das Einzelwohnhaus der Neuzeit, Band II*, Leipzig.

Hahn, Helmut [1974]: *225 Jahre Bezirkssparkasse Salem, 1749–1974*, Konstanz.

Hahn, Joachim und Jürgen Krüger (2007): *„Hier ist nichts anderes als Gottes Haus ...“, Synagogen in Baden-Württemberg, Teilband 2: Orte und Einrichtungen*, Stuttgart.

Handbuch der Deutschen Aktien-Gesellschaften, Ausgabe 1904–1905, Band I und Band II, Leipzig.

Handbuch der Süddeutschen Aktiengesellschaften und der an süddeutschen Börsen kurshabenden Staatspapiere, sonstigen Fonds, Bank- und Industriewerte, Ausgabe 23, Leipzig 1905.

Handels- und Gewerbeverein Ravensburg (Hg.) (1913): *1863–1913, Denkschrift zur 50jährigen Jubelfeier des Handels- und Gewerbevereins Ravensburg*, Ravensburg.

Handschuh, Georg Andreas (2010): *Der öffentliche Auftrag der sächsischen Sparkassen, Von der Inpflichtnahme Privater über die Reglementierung als öffentliche Aufgabe bis zur Geschäftstätigkeit nach eigentümergeprägten Oberzielen*, Baden-Baden.

Hansen, Svend Aage (1995): *Dänemark*, in: Jürgen Mura (Red.): Europäische Sparkassengeschichte, Stuttgart, S. 55–76.

Hecht, Felix (1893): *Die Anlage der Sparkassengelder in Hypotheken, Denkschrift erstattet an das Großherzoglich Badische Ministerium des Innern*, Mannheim.

Hecht, Volker (1995): *Die Württembergische Metallwarenfabrik Geislingen/Steige 1853–1945, Geschäftspolitik und Unternehmensentwicklung*, St. Katharinen.

Heckhorn, Evelin und Hartmut Wiehr (1989): *München und sein Bier, Vom Brauhandwerk zur Bierindustrie*, München.

Heinz, Werner (1990): *Altdorf-Weingarten 1805–1945, Industrialisierung, Arbeitswelt und politische Kultur*, Bergatreute.

Hensler, Paul (1904): *Die Erhebung der direkten Steuern in Württemberg*, Göppingen.

Hirschman, Albert O. (1958): *The Strategy of Economic Development*, New Haven.

Hoffmann, Josef (1931): *Deutsche Sparkasseneinheit, Geschichte – Aufbau – Leistungen des zentralen Sparkassenverbandes*, Berlin [auch als Nachdruck: Stuttgart 1991].

Hoffmann, Walter G. und J. Heinz Müller (1959): *Das Deutsche Volkseinkommen 1851–1957*, Tübingen.

Hohmann, Wilhelm (2009): *Kompendium der Privatbanken in Stuttgart 1865 bis Ende der 1980er Jahre*, Ostfildern.

Holldack (1912): *Elektrizität in der Landwirtschaft*, in: Beilage Nr. 35 des Wochenblatts für Landwirtschaft 1912 vom 31.08.1912, S. 589–592.

Holzapfel, Heribert (1903): *Die Anfänge der Montes Pietatis (1462–1515)*, München.

Horne, H. Oliver (1947): *A History of Savings Banks*, London, New York und Toronto.

Horstmann, Theo (1991): *Die Alliierten und die deutschen Großbanken, Bankenpolitik nach dem Zweiten Weltkrieg in Westdeutschland*, Bonn.

Huber, F[ranz] C[arl] (Hg.) (1903): *Adressbuch für das Königreich Württemberg und die Hohenzollerschen Lande*, Stuttgart.

Huber, F[ranz] C[arl] (1910): *Festschrift zur Feier des 50jährigen Bestehens der Württembergischen Handelskammern II, Großindustrie und Großhandel in Württemberg*, Stuttgart.
Huber, Konstantin (2010): *Historische Kurzportraits: Mühlacker*, in: ders. (Hg.): Der Enzkreis, Geschichte und Gegenwart eines lebendigen Landkreises, Ostfildern.
Jäger, Friederich Gottfried (1840): *Beiträge zur Geschichte des Münzwesens in Württemberg*, Stuttgart.
Kiebock, Hans Jürgen (2006): *Die Entwicklung der Sparkassen-Finanzgruppe in Schleswig-Holstein*, in: Regionalgeschichte der Sparkassen-Finanzgruppe Band 1, Stuttgart, S. 17–50.
Kiesewetter, Hubert (2006): *Die Sparkasseninstitute in Sachsen bis 1945*, in: Regionalgeschichte der Sparkassen-Finanzgruppe Band 1, Stuttgart, S. 206–230.
Kirschmer, Karl (1952): *Die Geschichte der Stadt Göppingen, II. Teil*, 2. Auflage, Göppingen.
Kirschmer, Karl und Walter Ziegler (1974): *Faurndau 875–1975, Weg und Schicksal einer Gemeinde*, Göppingen.
Klumpp, G.[ustav] A. (1894): *Das württembergische Gesetz über Gebäude-Brandversicherung vom 14. März 1853, nebst Vollzugsordnung u. sämtlichen Normalvorschriften, zahlreichen Zusätzen und Erläuterungen und alphabetischem Sachregister für die Behörden und Schätzungs-Commissionen*, 3. Handausgabe, Stuttgart.
Knödler, G[otthold]: *Wirtschafts- und Siedlungsgeographie des nord-östlichen Schwarzwaldes und der angrenzenden Gäulandschaften*, Öhringen 1930.
Knoll, Katharina, Moritz Schularick und Thomas Steger (2017): *No Price Like Home: Global House Prices, 1870–2012*, in: American Economic Review, Vol. 107 (2), S. 331–353.
Koellreuter, Isabel und Nathalie Unternährer (2006): *Brot und Stadt, Bäckerhandwerk und Brotkonsum in Basel vom Mittelalter bis zur Gegenwart*, Basel.
K.[öniglich] Statistisches Landesamt (1904): *Das Königreich Württemberg. Eine Beschreibung nach Kreisen, Oberämtern und Gemeinden, Band 1. Allgemeiner Teil und Neckarkreis*, Stuttgart.
K.[öniglich] Statistisches Landesamt (1905): *Das Königreich Württemberg. Eine Beschreibung nach Kreisen, Oberämtern und Gemeinden, Band 2. Schwarzwaldkreis*, Stuttgart.
K.[öniglich] Statistisches Landesamt (1906): *Das Königreich Württemberg. Eine Beschreibung nach Kreisen, Oberämtern und Gemeinden, Band 3. Jagstkreis*, Stuttgart.
K.[öniglich] Statistisches Landesamt (1907): *Das Königreich Württemberg. Eine Beschreibung nach Kreisen, Oberämtern und Gemeinden, Band 4. Donaukreis*, Stuttgart.
K.[öniglich] Statistisches Landesamt (1910): *Württembergische Gemeindestatistik, Zweite Ausgabe nach dem Stand vom Jahr 1907*, Stuttgart.
Königlich-Württembergisches Staats- und Regierungs-Blatt, Stuttgart, diverse Ausgaben (jüngere Ausgaben unter: *Regierungsblatt für das Königreich Württemberg*).
Körner, Martin (1998): *Schweiz*, in: Jürgen Mura (Red.): Europäische Sparkassengeschichte II, Stuttgart, S. 271–300.
Kollmer, Gert (1985): *Bestand B 10, Gebr. Boehringer GmbH Maschinenfabrik - Eisengießerei Göppingen 1900–1979, Repertorien des Wirtschaftsarchivs Baden-Württemberg*, Stuttgart.
Kollmer-von Oheimb-Loup, Gert (1996): *Zollverein und Innovation, Die Reaktion württembergischer Textilindustrieller auf den Deutschen Zollverein 1834–1874*, St. Katharinen.
Kollmer-von Oheimb-Loup, Gert (1998): *Ferdinand von Steinbeis – Mythos und Wirklichkeit, Neue Überlegungen zur Geschichte der Gewerbeförderung in Württemberg*, in: Jahrbuch für Wirtschaftsgeschichte 39 (1), S. 201–214.
Kollmer-von Oheimb-Loup, Gert (1999): *Staatliche Ordnungspolitik und die Entwicklung der Sparkassenstruktur in Württemberg zwischen 1818 und der Reichsgründung*, in: Zeitschrift für württembergische Landesgeschichte 58 (1999), S. 211–230.

Kollmer-von Oheimb-Loup, Gert (2004): *Grundzüge der wirtschaftlichen Entwicklung des Königreichs Württemberg zwischen 1870 und 1914*, in: Haus der Geschichte Baden-Württemberg (Hg.): Laupheimer Gespräche 2002: Jüdische Unternehmer und Führungskräfte in Südwestdeutschland 1800–1950. Die Herausbildung einer Wirtschaftselite und ihre Zerstörung durch die Nationalsozialisten, Berlin und Wien, S. 25–51.

Krafft, Herbert (1968): *Immer ging es um Geld. Einhundertfünfzig Jahre Sparkasse in Berlin*, Berlin.

Krauß, Martin (1997): *Maschinenverwendung in der Landwirtschaft in Baden und Württemberg im 19. und frühen 20. Jahrhundert*, in: Blätter für Technikgeschichte, S. 184 bis S. 199.

Kreissparkasse Göppingen (Hg.) (1946): *100 Jahre Kreissparkasse Göppingen, 1846–1946*, Göppingen.

Kreissparkasse Göppingen (Hg.) (1952): *100 Jahre Sparkasse Geislingen-Steige, 1852–1952*, o.O.

Kreissparkasse Ravensburg (1963): *Ein kleiner Rückblick auf die Geschichte der Sparkasse Bad Waldsee, Herausgegeben anläßlich der Vollendung des zweckmäßigen und wohlgelungenen Umbaus des Sparkassengebäudes in Bad Waldsee*, Ravensburg.

Kreissparkasse Ravensburg (1985): *Vom Oberamtssparkassier zum Vorstand, Wandel der Organisationsformen*, in: Württembergischer Sparkassen- und Giroverband (Hg.): Württembergischer Sparkassen- und Giroverband, Werden und Wirken 1885–1985, Stuttgart, S. 154–157.

Kuhn, Elmar L. (1984): *Industrialisierung in Oberschwaben und am Bodensee, Band 2: Daten und Literatur*, Friedrichshafen.

Kuusterä, Antti (1998): *Finnland*, in: Jürgen Mura (Red.): Europäische Sparkassengeschichte II, Stuttgart, S. 53–79.

Laun, Eugen [1954]: *100 Jahre Kreissparkasse Heidenheim, Brenz, 1854–1954*, Heidenheim.

Laun, Eugen (1961): *125 Jahre Kreissparkasse Balingen, 1836–1961*, Balingen.

Lechner, Anton (2006): *Eine „Angelegenheit der Neuzeit", Strom und Wasser kommen ins Haus*, in: Anton Hegele und Karl-Heinz Rueß (Hg.): 800 Jahre Jebenhausen, Vom ritterschaftlichen Dorf zum Stadtbezirk, Göppingen, S. 90–94.

Lehmann-Hasemeyer, Sibylle und Jochen Streb (2016): *The Berlin Stock Exchange in Imperial Germany – A Market for New Technology*, in: American Economic Review, 106 (11), S. 3558–3576.

Lehmann-Hasemeyer, Sibylle und Jochen Streb (2017): *Does Social Security Crowd Out Private Savings? The Case of Bismarck's System of Social Insurance*, in: European Review of Economic History, Vol. 22 (3), S. 298–321.

Lehmann-Hasemeyer, Sibylle und Fabian Wahl (2017): *Savings Banks and the Industrial Revolution in Prussia: Supporting regional Development with Public Financial Institutions, Hohenheim Discussion Papers in Business, Economics and Social Sciences*, 18–2017.

Leiner, Wolfgang (1982): *Geschichte der Elektrizitätswirtschaft in Württemberg, Band 1, Grundlagen und Anfänge (bis 1895)*, Stuttgart.

Leiner, Wolfgang (1985): *Geschichte der Elektrizitätswirtschaft in Württemberg, Band 2.1, Die Zeit der Vollabdeckung (1896–1915)*, Stuttgart.

Lippik, Marlis (1991): *Die Entstehung des Sparkassenwesens in Schleswig-Holstein 1790 bis 1864*, in: Die Entwicklung des Sparkassenwesens in Schleswig-Holstein 1790 bis 1914, Stuttgart, 1. Teil.

de Longueville, Hans-Peter (1977): *Geschichte des Sparkassenwesens in Württemberg und Baden im 19. Jahrhundert*, in: Erich Maschke und Jürgen Sydow (Hg.): Zur Geschichte der Industrialisierung in den südwestdeutschen Städten, Stadt in der Geschichte 1, Sigmaringen, S. 80–161.

Loreth, Hans (1974): *Das Wachstum der württembergischen Wirtschaft von 1818 bis 1918*, Heidelberg.

Losch, H.J. (1912): *Die Volkszählung vom 1. Dezember 1910*, in: Königlich Statistisches Landesamt (Hg.): Württembergische Jahrbücher für Statistik und Landeskunde, Jahrgang 1912, Zweites Heft, S. 175–426.

Mahl, Tobias (2007): *Oberamtssparkasse Leutkirch 1825–1938, Repertorien des Wirtschaftsarchivs Baden-Württemberg, Bestand B 202*, Stuttgart.

von Malchus, C[arl] A[ugust] (1838): *Die Sparcassen in Europa: Darstellung der statutenmässigen Einrichtungen der grossen Mehrzahl von solchen in Europa, mit einer Nachweise des Betrages der in denselben angesammelten Ersparnisse*, Heidelberg und Leipzig [auch als Nachdruck: Stuttgart 1994].

Mauz, Albert E. (1957): *Geschichte, Zustand und Probleme des Sägewerks – untersucht im Wirtschaftsraum Filstal*, München.

May, Herbert (2004): *Größer, höher, moderner. Die bauliche Entwicklung der Gasthäuser um 1900*, in: Ders. und Andrea Schilz (Hg.): Gasthäuser, Geschichte und Kultur, Petersburg, S. 103–118.

Mayer, Helmut (1988): *Mit der Technik ins 20. Jahrhundert*, in: Klaus Pavel und Walter Ziegler (Hg.): Boll, Dorf und Bad an der Schwäbischen Alb, Weißenhorn in Schwaben, S. 170–182.

Meißner, Betina [1996]: *200 Jahre Sparkasse Kiel*, Göttingen.

Menz, Lorenz (1984): *Hohenzollerische Landesbank, Kreissparkasse Sigmaringen 1834–1984*, Stuttgart.

Merz, Richard (1997), *Stadtsparkasse Augsburg 1822–1997, Ein Beitrag zur Wirtschafts- und Sozialgeschichte der Stadt Augsburg*, Stuttgart.

Meußdoerffer, Franz und Martin Zarnkow (2014): *Das Bier, Eine Geschichte von Hopfen und Malz*, München.

Meyer-Hermann, Christian (2011): *Die Jahrhunderte der Wassermühlen. Das ereignisreiche Mühlenbuch*, Hameln.

MIAG [Mühlenbau und Industrie Aktiengesellschaft] (Urherber) (1927/2012): *Der geschichtliche Mühlenbau* [Exzerpt aus: Taschenbuch des Müllers, Braunschweig], in: Die Entwicklungsgeschichte der Mühlen, Gekürzter Reprint der Originalausgabe Braunschweig 1927, Erweitert um Mühlenzeichnungen von Rüdiger Hagen, Darmstadt.

Mößner, Paul (1934): *Das württembergische Sparkassenwesen: insbesondere das Kreditgeschäft der württembergischen Sparkassen*, Tübingen.

Moss, Michael und Ian Russell (1994): *An Invaluable Treassure, A History of the TSB*, London.

Moster, Antoine und Bernard Vogler (1995): *Frankreich*, in: Jürgen Mura (Red.): Europäische Sparkassengeschichte. Stuttgart, S. 105–134.

Müller, Johannes (1924): *Der städtische und ländliche Realkredit der deutschen Sparkassen*, in: H.[einrich] Höpker (Hg.): Die deutschen Sparkassen, ihre Entwicklung und ihre Bedeutung, Berlin [auch als Nachdruck: Stuttgart 1997], S. 98–101.

North, Douglass C. (1988): *Theorie des institutionellen Wandels*, Tübingen.

North, Douglass C. (1992): *Institutionen, institutioneller Wandel und Wirtschaftsleistung*, Tübingen.

Obst, Georg (1910): *Geld-, Bank- und Börsenwesen, Ein Handbuch für Bankbeamte, Juristen, Kaufleute und Kapitalisten sowie für den akademischen Gebrauch*, Sechste Auflage, Leipzig.

Paret, Oscar ([1954]): *250 Jahre Ludwigsburg, 1704–1954*, Ludwigsburg.

Pfitzner, J[ohannes] und M[ax] Seidel (1913): *Der Personalkredit der Sparkassen im Vergleich zu anderen Instituten*, in: Verein für Socialpolitik (Hg): Untersuchungen über das Volkssparwesen, 2. Band, München und Leipzig, S. 1–66.

Pix, Manfred (1989): *Der Personalkredit von den Anfängen bis 1908*, in: Mura, Jürgen (Bearbeiter), Entwicklungslinien im Personalkredit der Sparkassen, Stuttgart, S. 17–46.

Pohl, Hans (2005): *Die Sparkassen vom Ausgang des 19. Jahrhunderts bis zum Ende des Zweiten Weltkriegs*, in: Hans Pohl, Rudolph Bernd und Günther Schulz: Wirtschafts- und Sozialgeschichte der deutschen Sparkassen im 20. Jahrhundert, Stuttgart, S. 21–248.

Preger, Max (1978): *Walter Zuppinger – Ingenieur und Erfinder und sein Beitrag zur Industrialisierung Oberschwabens*, in: Schriften des Vereins für Geschichte des Bodensees und seiner Umgebung, 96, S. 153–185.

Proettel, Thorsten (2013): *Die Darlehensvergabe der Oberamtssparkasse Kirchheim unter Teck 1907 bis 1913. Eine Sparkasse als regionale Finanzierungsquelle für Gewerbe und Infrastruktur*, in: Zeitschrift für Unternehmensgeschichte, H1 2013, S. 3–27.

Proettel, Thorsten (2016): *Path Dependencies in European Savings Banks: The Impact of Fundamental Decisions during the Wave of Foundations 200 Years ago*, herausgegeben von: WSBI (World Savings and Retail Banking Institute) und ESBG (European Savings and Retail Banking Group), Brussels.

Proettel, Thorsten (2017): *Pfadabhängigkeiten im europäischen Sparkassenwesen: Die Wirkungen der Grundsatzentscheidungen vom Beginn des 19. Jahrhunderts*, in: Vierteljahrschrift für Sozial- und Wirtschaftsgeschichte 104, 2, S. 177–202.

Proettel, Thorsten (2019): *Die Sparkassen und das Jahr ohne Sommer 1816. Durchbruch einer Institution aus Anlass der Krise*, in: Senta Herkle, Sabine Holtz und Gert Kollmer-von Oheimb-Loup (Hg.): 1816 – Das Jahr ohne Sommer, Krisenwahrnehmung und Krisenbewältigung im deutschen Südwesten, Stuttgart, S. 65–82.

Rede am Grabe des Herrn Kommerzienrats Hubert Vogler, Gehalten vom hochw. Herrn Kaplan Pfaff, Buchdruckerei Fr. Paul Zittrell, Ravensburg [1902].

Regierungsblatt für das Königreich Württemberg, Stuttgart, diverse Ausgaben.

Rehm, Max (1968), *Ursprung und Wandlung. Leitgedanken der Jahre 1818–1945*, in: Einhundertfünfzig Jahre Württembergische Landessparkasse 1818–1968, Stuttgart, S. 13–122.

Reichsgesetzblatt, Berlin, diverse Ausgaben.

Reinhart, Michael und Peter Zeitler (1998): *Zwischen Tradition und Fortschritt, 175 Jahre Sparkasse Ansbach*, Stuttgart.

Renner, Siegfried (2014): *Von der Städtischen Sparkasse Pforzheim zur Sparkasse Pforzheim Calw 1834–2002, Ein Beitrag zur Sparkassengeschichte im badisch-württembergischen Grenzgebiet um Pforzheim und im Nagoldtal*, Pforzheim.

Reventlow (1924): *Der Personalkredit bei den Sparkassen*, in: H.[einrich] Höpker (Hg.): Die deutschen Sparkassen, ihre Entwicklung und ihre Bedeutung, Berlin [auch als Nachdruck: Stuttgart 1997], S. 118–122.

Richter, Ralf und Jochen Streb (2011): *Catching-up and Falling Behind, Knowledge Spillover from American to German Machine Tool Makers*, in: Journal of Economic History 71 (4), S. 1006–1031.

Riepl, Reinhard (2009): *Wörterbuch zur Familien- und Heimatforschung in Bayern und Österreich*, 3. Auflage, Waldkraiburg.

Ritschl, Albrecht und Mark Spoerer (1997): *Das Bruttosozialprodukt in Deutschland nach den amtlichen Volkseinkommens- und Sozialproduktsstatistiken 1901–1995*, in: Jahrbuch für Wirtschaftsgeschichte 2/1997, S. 27–54.

Ritzmann, Franz (1973): *Die Schweizer Banken, Geschichte – Theorie – Statistik*, Bern und Stuttgart.

Röder, Erhard, Thomas Baum und Siegfried Klotzbücher (2002): *150 Jahre in Bewegung 1852–2002 [Kreissparkasse Ludwigsburg zum 150jährigen Jubiläum]*, Ludwigsburg.

Rüth, Ingeborg (2006): *Pulsadern im Körper des Staats, 150 Jahre Sparkassen im Landkreis Rottweil 1856–2006*, Rottweil.

Salings's Börsenpapiere, Erster allgemeiner Teil, Die Börse und die Börsengeschäfte, Ein Handbuch für Bankiers, Juristen und Kapitalisten, 11. Auflage 1908, Berlin und Leipzig.

Samter, Heinrich (Hg.) (1901): *Das Reich der Erfindungen*, Berlin [auch als Nachdruck: Stuttgart 1998].

Sannwald, Wolfgang (2009): *Bau der Ammertalbahn*, in: ders. (Hg.): AngeLOKt, 100 Jahre Ammertalbahn im Landkreis Tübingen, [Tübingen], S. 20 bis 28.

Sauer, Paul (1975): *200 Jahre Württembergische Gebäudebrandversicherungsanstalt 1773–1973*, Stuttgart.

Schad, Petra (1995): *Papier für Württembergs Residenzen. Vom Auf und Ab der Papiermühle an der Glems*, in: Arbeitskreis Geschichtsforschung, Heimat und Denkmalpflege Markgröningen e.V. (Hg.): Müller, Mühlen, Wasserkraft, Durch die Stadtbrille: Geschichte und Geschichten um Markgröningen Band 5, Markgröningen.
Scharf, Hans-Wolfgang (1997): *Die Eisenbahn im Donautal und im nördlichen Oberschwaben*, Freiburg.
Schartl, Matthias (2007): *Der Kreis Schleswig-Flensburg und seine Sparkassen, Die Geschichte eines kommunalen Finanzunternehmens im Dienste der Region und ihrer Menschen*, Schleswig.
Scheifele, Max (1996): *Als die Wälder auf Reise gingen, Wald, Holz und Flößerei in der Wirtschaftsgeschichte des Enz-Nagold-Gebiets*, Karlsruhe.
Schlütz, Frauke (2013): *Ländlicher Kredit, Kreditgenossenschaften in der Rheinprovinz (1889–1914)*, Stuttgart.
Schmidt, Uwe (2004): *Die Südbahn, Eisenbahn und Industrialisierung in Ulm und Oberschwaben*, Ulm.
Schmitt, Elke (2006): *Württembergische Landessparkasse Stuttgart, 1816–1994, Repertorien des Wirtschaftsarchivs Baden-Württemberg, Bestand B 101*, Stuttgart.
Schmohl, Paul (1907): *Zwei Einzelwohnhäuser*, in: Königl. Zentralstelle für Gewerbe und Handel (Hg.): Für Bauplatz und Werkstatt, Mitteilungen der Beratungsstelle für das Baugewerbe, Stuttgart, S. 27–28.
Schnabel, Isabel (2004): *The German Twin Crisis of 1931*, in: The Journal of Economic History 64 (3), S. 822–871.
Schnell, Annelore und Detlef Herbner (1993): *100 Jahre Sparkasse Hohenlohekreis. Ein historischer Rückblick*, Öhringen und Künzelsau.
Schoel, Thomas (1999): *Mitten im Leben, 175 Jahre Sparkasse Soest*, Stuttgart.
Schönitz, Hans (1912): *Der kleingewerbliche Kredit in Deutschland unter besonderer Berücksichtigung des Großherzogtums Baden*, Karlsruhe.
Schröder, Hans (1967): *150 Jahre Sparkasse zu Lübeck*, [Lübeck].
Schulte to Bühne, Julia (2000): *Das Bäckerhandwerk von 1896 bis 1996 am Beispiel der Stadt Münster*, Münster u. a.
Schulz, Thomas (1999): *Die Mühlen im Landkreis Ludwigsburg. Mühlenatlas Baden-Württemberg Band 3*, Remshalden-Buoch.
Schumpeter, Joseph A. (1946): *Kapitalismus, Sozialismus und Demokratie*, (Deutsche Übersetzung der englischen Originalausgabe von 1942), Bern.
Schumpeter, Joseph A. (1961): *Konjunkturzyklen, Eine theoretische, historische und statistische Analyse des kapitalistischen Prozesses, Erster Band*, (Deutsche Übersetzung der englischen Originalausgabe von 1939), Göttingen.
Schwäbischer Merkur, Abendblatt vom Samstag, 31. Dezember 1904.
Schwenkel, Hans (1953): *Heimatbuch des Kreises Nürtingen, Band II*, Würzburg.
Schwensen, Broder (1994): *175 Jahre Stadtsparkasse Flensburg: 26. Juni 1819–16. Juni 1994*, Flensburg.
Sparkassenverband Baden-Württemberg (Hg.) (2010): *Einheit. Stärke. Zukunft. 125 Jahre Sparkassenverband Baden-Württemberg*, Pforzheim.
Spitta, Wolfgang (1904): *Der landwirtschaftliche Grundkredit in Württemberg mit besonderer Berücksichtigung des Württembergischen Kreditvereins in Stuttgart*, Tübingen.
Spoerer, Mark (2004): *Steuerlast, Steuerinzidenz und Steuerwettbewerb, Verteilungswirkungen der Besteuerung in Preußen und Württemberg (1815–1913)*, Berlin.
Spoerer, Mark und Jochen Streb (2013): *Neue deutsche Wirtschaftsgeschichte des 20. Jahrhunderts*, München.
Sporhahn-Krempel, Lore (1955): *Papier aus dem Filstal – einst u. heute*, Göppingen.
Sommer, Albrecht (1935): *Geistesgeschichte der deutschen Sparkassen*, Stuttgart [auch als Nachdruck: Stuttgart 2000].
Staats-Anzeiger für das Königreich Württemberg, Stuttgart, diverse Ausgaben.

Stadt Eislingen (Hg.) (2011): *Eislingen, Stadt der Vielfalt, Herausgegeben von der Stadt Eislingen zum 1150-jährigem Stadtjubiläum*, Eislingen.
Städtische Sparkasse Karlsruhe (Hg.) (1963): *150 Jahre Städtische Sparkasse Karlsruhe, 1813–1963*, Karlsruhe.
Starke, Holger (2005): *Vom Brauerhandwerk zur Brauindustrie, Die Geschichte der Bierbrauerei in Dresden und Sachsen 1800–1914*, Köln, Weimar und Wien.
Statistische Mitteilungen über das Großherzogtum Baden, Karlsruhe, diverse Ausgaben.
Statistisches Handbuch für das Großherzogtum Hessen, Darmstadt, diverse Ausgaben.
Statistisches Handbuch für das Grossherzogtum Mecklenburg-Schwerin, Schwerin, diverse Ausgaben.
Statistisches Handbuch für das Grossherzogtum Oldenburg, Teil I, Oldenburg 1913.
Statistisches Handbuch für das Königreich Württemberg, Stuttgart, diverse Ausgaben.
Statistisches Jahrbuch für das Großherzogtum Baden, Karlsruhe, diverse Ausgaben.
Statistisches Jahrbuch für das Königreich Bayern, München, diverse Ausgaben.
Statistisches Jahrbuch für das Königreich Sachsen, Dresden, diverse Ausgaben.
Statistisches Jahrbuch für den Preussischen Staat 1914, Berlin.
Statistisches Jahrbuch für das Deutsche Reich, Berlin, diverse Ausgaben.
Sting, Albert (2004): *Geschichte der Stadt Ludwigsburg 2: Von 1816 bis zum Kriegsende 1945*, Ludwigsburg.
Stommel, Henry und Elizabeth Stommel (1983), *Volcano Weather. The Story of 1816, the Year without a Summer*, Newport, Rhode Island.
Stresemann, Gustav [1902]: *Die Entwicklung des Berliner Flaschenbiergeschäfts*, Berlin.
Surirey de Saint Remy, Henry (1969): *Caisse d'épargne et de prévoyance de Paris: cent cinquantenaire, 1818–1968*, Paris.
Tänzer, A[ron] (1927): *Die Geschichte der Juden in Jebenhausen und Göppingen*, Berlin, Stuttgart und Leipzig.
Technoseum, Landesmuseum für Technik und Arbeit in Mannheim (Hg.) (2016): *Bier: Braukunst & 500 Jahre Deutsches Reinheitsgebot*, Mannheim.
Thomes, Paul (1985): *Die Kreissparkasse Saarbrücken (1854–1914), Ein Beitrag zur Geschichte der öffentlichen Sparkassen Preußens*, Frankfurt am Main.
Thomes, Paul (1995): *Sparkassen und regionale Wirtschaftsentwicklung, 1900–1945*, in: Bankhistorisches Archiv, Zeitschrift zur Bankengeschichte, I, 21, S. 29–46.
Thomes, Paul (2010): *175 Jahre Sparkasse Aachen, Fair. Menschlich. Nah.*, Aachen.
Tsalkamas, Aristidis (1995): *Griechenland*, in: Jürgen Mura (Red.): Europäische Sparkassengeschichte, Stuttgart, S. 135–150.
Trende, Adolf (1957): *Geschichte der deutschen Sparkassen bis zum Anfang des 20. Jahrhunderts*, Stuttgart [auch als Nachdruck: Stuttgart 1993].
Trüdinger (1908): *Die Milchwirtschaft in Württemberg*, in: Königlich Statistisches Landesamt (Hg.): Württembergische Jahrbücher für Statistik und Landeskunde, Jahrgang 1907, Zweites Heft, Stuttgart, S. 68–97.
Uebersicht über die Betheiligung an den in Württemberg bestehenden Sparkassen, in: Zentralleitung für Wohltätigkeit (Hg.): Blätter für das Armenwesen, diverse Ausgaben.
Übersicht über den Geschäftsbetrieb und Vermögensstand der öffentlichen Sparkassen in Württemberg, in: Zentralleitung für Wohltätigkeit (Hg.): Blätter für das Armenwesen, diverse Ausgaben.
Ventzki GmbH (Hg.) (1957): *75 Jahre Ventzki Pflugbau*, Stuttgart.
Verband Deutscher Elektrotechniker und Georg Dettmar (Hg.) (1913): *Statistik der Elektrizitätswerke in Deutschland nach dem Stande vom 1. April 1913*, Berlin.
Vereinigung der Elektrizitätswerke (1913): *Statistik für das Betriebsjahr 1912 bzw. 1912/1913*, o.O.
Vogler, Emil (2008): *Leutkirch im Allgäu: Geschichte, Wirtschaft und Kultur im Spiegel der Jahrhunderte*, 3. ergänzte Auflage, Leutkirch.

Vorwig, Carsten (2004): *Drinnen oder draußen? Abort und Hygiene im kleinstädtischen und ländlichen Gasthaus*, in: Herbert May und Andrea Schilz (Hg.): Gasthäuser, Geschichte und Kultur, Petersburg, S. 119–130.

[Walz, Hans] [1936]: *100 Jahre Sparkasse Altensteig*, o. O.

Wegmann, Albert (1997): *Das Wirtschafts- und Brauwesen in Leutkirch*, Leutkirch im Allgäu.

Weihmüller und Eisenbraun (1915): *Denkschrift zum fünfzigjährigen Bestehen der Gewerbebank Göppingen E.G.m.b.H., 1865–1915*, o. O.

Weishaar, Jakob Friedrich (1804): *Handbuch des Württembergischen Privatrechts*, Stuttgart.

Widmer, Sabine (1987): *Kirchheim unter Teck zwischen Handwerk und Industrie 1806–1914*, Tübingen.

[Will, Helmut] (1961): *Hundert Jahre Wulle-Bier, 1861–1961*, [Stuttgart].

Wixforth, Harald (2000): *Bielefeld und seine Sparkassen, 175 Jahre Sparkasse in Bielefeld*, Stuttgart.

Württembergische Sparkasse (Hg.) [1900]: *Die Württembergische Sparkasse in Stuttgart am Ende des neunzehnten Jahrhunderts, Eine Denkschrift aus Anlaß der Einweihung des neuen Anstaltsgebäudes im Dezember 1900*, Stuttgart.

Württembergischer Sparkassen- und Giroverband (1985): Nicht bezeichnete Tabelle im Anhang mit den Gründungsdaten, in: derselbe (Hg.): Württembergischer Sparkassen- und Giroverband, Werden und Wirken 1885–1985, Stuttgart, S. 247–250.

Wysocki, Josef (1980): *Die räumliche Organisation der deutschen Sparkassen, Behördliche Raumorganisation seit 1800*, Hannover.

Wysocki, Josef (1985): *Zur Geschichte des württembergischen Sparkassenwesens*, in: Württembergischer Sparkassen- und Giroverband (Hg.): Württembergischer Sparkassen- und Giroverband, Werden und Wirken 1885–1985, Stuttgart, S. 17–119.

Wysocki, Josef (1986): *Gutachten über die Frage der „ältesten Sparkasse"*, [Detmold].

Wysocki, Josef (1996a): *Geschichte der Kreissparkasse Göppingen, Wissenschaftliches Manuskript der Erforschung und Darstellung des Sparkassenwesens im Geschäftsgebiet der heutigen Kreissparkasse Göppingen*, Göppingen.

Wysocki, Josef (1996b): *Stadtsparkasse Dresden 1821–1996, Geschichte und Gegenwart, Herausgegeben von der Stadtsparkasse Dresden aus Anlaß des 175jährigen Jubiläums im Februar 1996*, Stuttgart.

Wysocki, Josef und Volker Wehrmann (1986): *Lippe, Leben – Arbeit – Geld, 1786–1986*, Detmold.

Zentralleitung für Wohltätigkeit (1848): *Die Hülfsleih- und Sparkassen in Württemberg*, in: dieselbe (Hg.): Blätter für das Armenwesen, Nro. 32 vom 12. August 1848, S. 161–163.

Zentralleitung für Wohltätigkeit (1855): *Die Spar- und Leihanstalt im Oberamtsbezirk Stuttgart*, in: dieselbe (Hg.): Blätter für das Armenwesen, Nro. 46 vom 17. November 1855, S. 229.

Zentralleitung für Wohltätigkeit (1864): *Vermögensstand der in Württemberg bestehenden meist von Corporationen garantirten öffentlichen Spar-Kassen*, in: dieselbe (Hg.): Blätter für das Armenwesen Nro. 33 vom 13. August 1864, S. 141–145.

Zepf, Josef (1956): *100 Jahre Trossinger Harmonika-Industrie*, in: Heimat-Archiv Tuttlingen im Tuttlinger Heimatmuseum (Hg.): Tuttlinger Heimatblätter, Aus der Wirtschaftsgeschichte des Kreises Tuttlingen. Neue Folge Heft 9–12, Tuttlingen, S. 60–86.

Verzeichnis der verwendeten Archivalien

1. Archiv der Sparkasse Pforzheim Calw (Archiv Spk Pf Cw):

1.1 Bestand Oberamtssparkasse Maulbronn:
MA.03., Lfd. Nr. 01 bis 18, „Jahresrechnung", Jahrgänge 1896 bis 1913.

Stadt+Kreis-Sparkasse Pforzheim (1983): *100 Jahre Oberamts-Sparkasse Maulbronn*, o. O., (MA.04., Lfd. Nr. 12)

1.2 Bestand Oberamtssparkasse Nagold:
N 900, „Capitalien-Hauptbuch von Nr. 1–600".
N 903, „Capitalien-Hauptbuch von Nr. 601–1200".
N 904, „Capitalien-Hauptbuch von Nr. 1201–2235"

2. Hauptstaatsarchiv Stuttgart (H StA S):

E 150, Bü 6476, „Oberamtssparkasse Aalen".
E 150, Bü 6478, „Oberamtssparkasse Balingen".
E 150, Bü 6496, „Oberamtssparkasse Göppingen".
E 150, Bü 6514, „Oberamtssparkasse Neresheim".
E 150, Bü 6533, „Oberamtssparkasse Tettnang".
E 150, Bü 6542, „Oberamtssparkasse Weinsberg".

3. Historisches Archiv der Kreissparkasse Biberach (HA KSK BC):

D 03-004.01, „Protokoll der Ausleihe-Kommission Band II".
D 03-005.01, „Protokoll der Ausleihe-Kommission Band III".
D 03-006.01, „Protokoll der Ausleihe-Kommission Band IV".
D 03-010.01, „Verzeichnis der Kapital-Zins-Schuldner pro 1. Dezember 1883".

4. Historisches Archiv der Kreissparkasse Esslingen-Nürtingen (HA KSK E-N):

Satzungen.
Verzeichnis der Annuitäten-(Renten) Darlehen (Exemplar des Kontrolleurs) vom 10. März 1897 an.
Kreditanträge/-beschlüsse usw., Jahrgänge 1907 bis 1913
Rechenschafts-Bericht für das Rechnungsjahr 1. Januar bis 31. Dezember 1910.

[Einsele] (1928): *Denkschrift zum 75jährigen Bestehen der Oberamtssparkasse Kirchheim u. Teck*, Kirchheim unter Teck.

5. Archiv der Sparkasse Hohenlohekreis (Archiv Spk Ho):

Register Nr. 110.01, Standort Kün, „Satzung der Oberamtssparkasse Künzelsau vom 19. November 1900".

Register Nr. 110.01, Lfd. Nr. 2, Standort Kün, „Aktivkapitalienbuch 1900–1924".
Register Nr. 110.01, Lfd. Nr. 15 bis 26, Standort Kün, „Rechnungsbuch 19..", Ausgaben 1900/01 bis 1905 und 1907 bis 1913.
Register Nr. 110.01, Lfd. Nr. 43, Standort Kün, „Rechnungsbeilagen 1912".

6. Historisches Archiv der Kreissparkasse Ludwigsburg (HA KSK LB):

Rapiate, Jahrgänge 1900 bis 1907.
Kapitalienbuch 1.
Kapitalienbuch 2.

7. Kreisarchiv Göppingen (KrA GP):

7.1 Bestand Oberamtssparkasse Göppingen:
P 1, A 1 bis A 62 „Oberamtssparkassenrechnung pro ....",
Jahrgänge 1846/47 bis 1913.
P 1, A 229 bis A 243 sowie A 245 und A 246 „Beilagen zur Rechnung pro ....", Jahrgänge 1897 bis 1913.

7.2 Bestand Oberamtssparkasse Geislingen:
P 1, B 59, „Beilagen zur Sparkassenrechnung pro 1903".
P 1, B 40 bis B 42, „Aktivrechnung".
P 1, B 75, „Kapitalienhauptbuch Band I".
P 1, B 76, „Verzeichnis über Kapitalien u. Zinse 1914".

7.3 Sonstiges:
Jürgen Stingel (o.J.): Das Historische Archiv der Kreissparkasse Göppingen: Archivbestand Kreisarchiv, Schloss Filseck [Internes Skript der Kreissparkasse Göppingen], o. O.

8. Staatsarchiv Ludwigsburg (StAL):

F 170 II, Bü. 124 und Bü. 134, „Dampfkesselakte".
FL 300/12 IV, Bd. 11, „Handelsregister für Gesellschaftsfirmen und Firmen juristischer Personen".
FL 300/12 IV, Bd. 17, „Namensverzeichnis zum Handelsregister für Einzelfirmen".
FL 300/12 IV, Bü. 1279, „Registerakte".
FL 300/12 IV, Bü. 1567, „Registerakte".
FL 300/20 II, Bd. 1, „Handelsregister für Einzelfirmen".
FL 300/20 II, Bd. 2, „Handelsregister für Einzelfirmen".
FL 300/20 II, Bd. 9, „Handelsregister für Gesellschaftsfirmen".
FL 300/20 II, Bd. 25, „Genossenschaftsregister".
FL 300/31 I, Bü. 3604, „Registerakte".

9. Stadtarchiv Göppingen:

A 2/1/2 Nr. 47, „Unterpfandbuch Band 53".

10. Wirtschaftsarchiv Baden-Württemberg (WABW):

10.1 Bestand Oberamtssparkasse Ravensburg:
B 201, (Lfd. Nr. 3) B-Nr. 12, „Statuten und Satzungen".
B 201, (Lfd. Nr. 132) B-Nr. 98, „Aktivkapitalienbuch".

[Lorenz Simon] [1902]: *Denkschrift zum 80jährigen Bestehen der Oberamts-Sparkasse Ravensburg*, Ravensburg, unpaginiert, in: B 201, (Lfd. Nr. 11) B-Nr. 7, „Von der Amtsversammlung verhandelte Geschäftsangelegenheiten".

10.2 Bestand Oberamtssparkasse Leutkirch:

B 202, (Lfd. Nr. 299, 296 und 295) B-Nr. 62, 102 und 103, „Abgelegte Aufwertungs-Darlehenskonten".

B 202, (Lfd. Nr. 95) B-Nr. 131, „Namensverzeichnis zum Aktivkapitalienbuch".

B 202, (Lfd. Nr. 96 und 97) B-Nr. 279 und 280, „Hauptbuch für das Rechnungsjahr 19..", Jahrgänge 1912 und 1913.

B 202, (Lfd. Nr. 91) B-Nr. 278, „Hauptbuch für das Rechnungsjahr 1897".

B 202, (Lfd. Nr. 5) B-Nr. 377, „Protokolle der Amtsversammlungen und der Bezirksratssitzungen des Oberamts Leutkirch".

B 202, (Lfd. Nr. 7) B-Nr. 397, „Protokolle der Amtsversammlung und der Bezirksratssitzungen des Oberamts Leutkirch".

Weiser (1925): *Denk-Schrift anläßlich des 100-jährigen Bestehens der Oberamts-Sparkasse Leutkirch*, Leutkirch, in: B 202, (Lfd. Nr. 1), B-Nr. 104, „Druckschrift".

10.3 Bestand Oberamtssparkasse Waldsee:

B 204, (Lfd. Nr. 98) B-Nr. 12, „Aktivkapitalienbuch Band 1".

B 204, (Lfd. Nr. 7) B-Nr. 124, "Erarbeitung von Satzungsänderungen".

B 204, (Lfd. Nr. 103) B-Nr. 8, „Jahresrechnung 1896".

B 204, (Lfd. Nr. 11) B-Nr. 62, „Vor dem Bezirksrat verhandelte Geschäftsangelegenheiten".

B 204, (Lfd. Nr. 115), B-Nr. 21, „Jahresrechnung 1908".

Anhang

Tabelle A1: Einlagenstand der württembergischen Oberamtssparkassen 1853/54 bis 1913

Jahr	Einlagenstand in Gulden	Einlagenstand in Mark	Jahr	Einlagenstand in Gulden	Einlagenstand in Mark
1853/54	2.128.593	*3.649.016*	1884/85	*25.410.289*	43.560.496
1854/55	3.029.091	*5.192.728*	1885/86	*28.098.089*	48.168.152
1855/56	4.167.065	*7.143.540*	1886/87	*30.027.558*	51.475.813
1856/57	4.826.292	*8.273.643*	1887/88	*32.858.133*	**56.328.228**
1857/58	5.450.101	*9.343.030*	1888	*34.660.382*	**59.417.798**
1858/59	6.001.949	*10.289.055*	1889	*36.877.578*	**63.218.705**
1859/60	6.536.102	*11.204.746*	1890	*39.288.374*	**67.351.499**
1860/61	6.932.354	*11.884.035*	1891	*42.065.662*	**72.112.564**
1861/62	7.124.144	*12.212.818*	1892	*44.659.631*	**76.559.367**
1862/63	**7.472.308**	*12.809.671*	1893	*48.527.984*	**83.190.830**
1863/64	7.827.406	*13.418.411*	1894	*51.066.473*	**87.542.525**
1864/65	8.140.185	*13.954.602*	1895	*55.373.628*	**94.926.219**
1865/66	8.227.708	*14.104.642*	1896	*59.094.526*	**101.304.901**
1866/67	7.827.997	*13.419.424*	1897	*62.367.697*	**106.916.052**
1867/68	8.070.265	*13.834.740*	1898	*66.341.302*	**113.727.947**
1868/69	8.639.262	*14.810.163*	1899	*70.828.836*	**121.420.862**
1869/70	9.148.381	*15.682.939*	1900	*76.355.313*	**130.894.822**
1870/71	9.558.247	*16.385.567*	1901	*84.491.825*	**144.843.129**
1871/72	10.297.776	*17.653.330*	1902	*94.525.368*	**162.043.488**
1872/73	11.227.990	*19.247.984*	1903	*105.950.609*	**181.629.615**
1873/74	**12.133.558**	*20.800.385*	1904	*117.754.788*	**201.865.351**
1874/75	13.479.028	*23.106.905*	1905	*123.922.939*	**212.439.324**
1875/76	*14.364.489*	24.624.839	1906	*130.594.131*	**223.875.653**
1876/77	*15.044.962*	25.791.364	1907	*136.342.378*	**233.729.791**
1877/78	*15.419.950*	26.434.201	1908	*147.735.036*	**253.260.062**
1878/79	*15.726.803*	26.960.233	1909	*165.793.660*	**284.217.702**
1879/80	*16.594.533*	28.447.771	1910	*183.701.347*	**314.916.594**
1880/81	*17.981.951*	30.826.202	1911	*199.046.530*	**341.222.622**
1881/82	*19.615.984*	33.627.401	1912	*211.839.334*	**363.153.144**
1882/83	*21.014.954*	36.025.635	1913	*227.439.099*	**389.895.598**
1883/84	*22.755.640*	39.009.668			

Quellen: Gefettete Zahlen wurden den veröffentlichten Statistiken entnommen. Vgl. für 1862/63: Zentralleitung für Wohltätigkeit (1864), S. 141–145; für 1873/74: Camerer (1876), S. 123–178; für 1887/88 bis 1913: Statistisches Handbuch für das Königreich Württemberg, diverse Ausgaben. Zahlen in Normalschrift sind eigene Schätzungen gemäß der in Kapitel 2.7 erläuterten Berechnungen. Bei den kursiven Zahlen handelt es sich lediglich um Umrechnungen von Gulden in Mark beziehungsweise umgekehrt gemäß dem offiziellen Umtauschverhältnis von 7 zu 12.

Anmerkung: Die Angaben beziehen sich auf die Geschäftsjahre der Sparkassen, wobei bis in die 1880er Jahre entweder das Kalenderjahr oder gebrochene Geschäftsjahre vom 1. April bis zum 31. März beziehungsweise vom 1. Juli bis zum 30. Juni verwendet wurden. Ende der 1880er Jahre gingen die Oberamtssparkassen zur einheitlichen Nutzung des Kalenderjahres über.

Tabelle A2: Bestand an Hypothekendarlehen Oberamtssparkasse Biberach, 01.12.1883

Dezil	Anzahl Darlehen	Kleinster Betrag in Mark	Größter Betrag in Mark	Darlehenssumme in Mark	Anteil am Gesamtvolumen in %	Anteile der Berufsgruppen: Landwirte in %	Arbeiter in %	Gewerbetreibende in %	Bez. and. Eink. in %	Sonstige in %
1.	9	700	1.000	7.120	1,7	56,3	10,0	33,7	0,0	0,0
2.	9	1.000	1.500	10.679	2,5	29,3	28,1	9,8	0,0	32,8
3.	9	1.500	2.400	17.350	4,1	54,2	0,0	45,8	0,0	0,0
4.	9	2.500	3.000	23.600	5,6	54,2	11,4	10,6	0,0	23,7
5.	9	3.400	4.250	33.700	7,9	44,8	0,0	45,1	0,0	10,1
6.	9	4.298	5.000	40.848	9,6	66,7	0,0	22,8	0,0	10,5
7.	9	5.200	6.000	51.600	12,2	88,4	0,0	0,0	0,0	11,6
8.	8	6.300	7.800	55.650	13,1	36,7	0,0	52,0	0,0	11,3
9.	8	8.000	10.700	75.550	17,8	25,1	0,0	38,0	10,6	26,3
10.	8	12.000	16.000	108.500	25,6	48,9	0,0	36,9	0,0	14,2
Summe	87			424.597	100,0	49,4	1,5	32,0	1,9	15,2

Quellen: Eigene Auswertung auf der Grundlage von: HA KSK BC, D 03-010.01, „Verzeichnis der Kapital-Zins-Schuldner pro 1. Dezember 1883“.

Tabelle A3: Vergabe von Hypothekendarlehen Oberamtssparkasse Biberach 1900–1906

Dezil	Anzahl Darlehen	Kleinster Betrag in Mark	Größter Betrag in Mark	Darlehenssumme in Mark	Anteil am Gesamtvolumen in %	Anteile der Berufsgruppen: Landwirte in %	Arbeiter in %	Gewerbetreibende in %	Bez. and. Eink. in %	Sonstige in %
1.	40	100	800	19.983	0,6	38,4	22,4	24,9	0,0	14,4
2.	40	814	1.400	45.889	1,3	28,7	17,0	30,1	5,9	18,3
3.	40	1.500	2.100	69.680	2,0	32,6	5,0	36,7	2,6	23,0
4.	40	2.150	3.250	106.523	3,1	32,4	0,0	42,9	4,8	19,9
5.	40	3.300	4.725	156.815	4,5	43,1	7,9	20,4	8,0	20,6
6.	39	4.800	6.400	217.375	6,3	33,8	0,0	43,1	5,1	18,0
7.	39	6.500	8.400	286.685	8,3	49,0	0,0	40,4	7,9	2,8
8.	39	8.400	12.000	382.400	11,1	33,9	0,0	51,4	9,2	5,5
9.	39	12.000	20.000	591.500	17,1	22,1	0,0	62,9	2,3	12,6
10.	39	20.500	120.000	1.582.550	45,7	19,5	0,0	77,1	1,9	1,5
Summe	395			3.459.400	100,0	26,9	0,8	61,3	3,9	7,1

Quellen: Eigene Auswertung auf der Grundlage von: HA KSK BC, D 03-004.01, „Protokoll der Ausleihe-Kommission Band II“; D 03-005.01, „Protokoll der Ausleihe-Kommission Band III“.

Tabelle A4: Vergabe von Hypothekendarlehen Oberamtssparkasse Biberach 1907–1913

Dezil	Anzahl Darlehen	Kleinster Betrag in Mark	Größter Betrag in Mark	Darlehenssumme in Mark	Anteil am Gesamtvolumen in %	Anteile der Berufsgruppen: Landwirte in %	Arbeiter in %	Gewerbetreibende in %	Bez. and. Eink. in %	Sonstige in %
1.	52	100	1.400	41.600	1,0	26,7	25,0	28,1	5,3	14,9
2.	52	1.400	2.100	93.128	2,2	38,4	17,1	25,5	2,1	16,9
3.	51	2.150	3.000	140.550	3,3	30,2	13,7	41,9	2,1	12,0
4.	51	3.000	4.000	178.390	4,2	46,2	7,3	36,8	4,1	5,5
5.	51	4.000	5.200	243.200	5,7	43,4	0,0	45,0	2,1	9,6
6.	51	5.300	7.000	319.900	7,5	45,0	1,9	31,5	7,8	13,9
7.	51	7.000	9.000	415.200	9,7	38,6	2,0	45,2	6,2	8,0
8.	51	9.000	11.700	513.800	12,0	42,7	0,0	42,3	7,5	7,5
9.	51	12.000	17.000	706.050	16,5	25,7	0,0	56,7	8,4	9,3
10.	51	17.300	100.000	1.630.300	38,1	16,5	0,0	71,8	4,1	7,5
Summe	512			4.282.118	100,0	29,2	1,7	54,8	5,5	8,8

Quellen: Eigene Auswertung auf der Grundlage von: HA KSK BC, D 03-005.01, „Protokoll der Ausleihe-Kommission Band III"; D 03-006.01, „Protokoll der Ausleihe-Kommission Band IV".

Tabelle A5: Vergabe von Hypothekendarlehen Oberamtssparkasse Kirchheim 1907–1913

Dezil	Anzahl Darlehen	Kleinster Betrag in Mark	Größter Betrag in Mark	Darlehenssumme in Mark	Anteil am Gesamtvolumen in %	Anteile der Berufsgruppen: Landwirte in %	Arbeiter in %	Gewerbetreibende in %	Bez. and. Eink. in %	Sonstige in %
1.	57	100	750	26.000	0,8	24,4	24,0	45,8	0,0	5,8
2.	56	800	1.200	53.505	1,7	38,3	16,6	43,4	0,0	1,7
3.	56	1.200	2.000	95.350	3,1	27,6	16,6	45,6	1,8	8,4
4.	56	2.000	2.800	134.090	4,3	23,8	22,1	45,3	0,0	8,7
5.	56	2.900	3.300	170.940	5,5	28,4	16,4	49,9	1,8	3,5
6.	56	3.300	4.000	212.050	6,8	22,9	14,0	50,3	3,8	9,1
7.	56	4.000	5.000	255.086	8,2	21,1	17,4	52,8	1,8	6,9
8.	56	5.000	7.000	338.000	10,8	31,1	5,0	54,7	3,6	5,7
9.	56	7.000	11.000	486.065	15,6	16,9	4,5	75,3	3,3	0,0
10.	56	12.000	90.000	1.353.585	43,3	5,4	0,0	87,1	7,5	0,0
Summe	561			3.124.670	100,0	15,9	6,5	70,2	4,7	2,7

Quellen: Eigene Auswertung auf der Grundlage von: HA KSK E-N, Kreditanträge/-beschlüsse usw., Jahrgänge 1907 bis 1913.
Anmerkung: Tabelle wurde bereits veröffentlicht, vgl. Proettel (2013), S. 23.

Tabelle A6: Vergabe von Hypothekendarlehen Oberamtssparkasse Künzelsau 1900–1906

Dezil	Anzahl Darlehen	Kleinster Betrag in Mark	Größter Betrag in Mark	Darlehenssumme in Mark	Anteil am Gesamtvolumen in %	Anteile der Berufsgruppen: Landwirte in %	Arbeiter in %	Gewerbetreibende in %	Bez. and. Eink. in %	Sonstige in %
1.	13	100	400	3.205	0,7	18,7	42,6	31,2	7,5	0,0
2.	13	400	700	7.650	1,8	45,8	16,3	37,9	0,0	0,0
3.	13	800	1.100	12.500	2,9	31,2	13,6	31,2	0,0	24,0
4.	13	1.200	1.600	18.400	4,3	60,9	0,0	31,0	8,2	0,0
5.	13	1.600	2.300	25.390	5,9	33,1	13,6	45,5	0,0	7,9
6.	12	2.400	2.600	30.100	7,0	41,5	8,6	49,8	0,0	0,0
7.	12	2.800	3.500	36.300	8,4	75,5	0,0	16,3	0,0	8,3
8.	12	3.700	5.800	54.000	12,5	68,1	0,0	9,3	0,0	22,6
9.	12	6.000	7.500	78.500	18,2	100,0	0,0	0,0	0,0	0,0
10.	12	8.000	30.000	165.500	38,4	48,0	0,0	47,1	0,0	4,8
Summe	125			431.545	100,0	60,8	2,4	29,9	0,4	6,5

Quellen: Eigene Auswertung auf der Grundlage von: Archiv Spk Ho, Register Nr. 110.01, Lfd. Nr. 15 bis 19, Standort Kün, „Rechnungsbuch 19..“, Ausgaben 1900/01 bis 1905; Register Nr. 110.01, Lfd. Nr. 2, Standort Kün, „Aktivkapitalienbuch 1900-1924“.

Tabelle A7: Vergabe von Hypothekendarlehen Oberamtssparkasse Künzelsau 1907–1913

Dezil	Anzahl Darlehen	Kleinster Betrag in Mark	Größter Betrag in Mark	Darlehenssumme in Mark	Anteil am Gesamtvolumen in %	Anteile der Berufsgruppen: Landwirte in %	Arbeiter in %	Gewerbetreibende in %	Bez. and. Eink. in %	Sonstige in %
1.	11	75	500	3.250	0,7	30,0	59,2	10,8	0,0	0,0
2.	11	500	800	7.135	1,5	27,3	8,4	42,0	0,0	22,2
3.	11	800	1.300	11.500	2,4	44,3	0,0	55,7	0,0	0,0
4.	11	1.300	2.000	17.800	3,8	36,0	10,1	44,9	0,0	9,0
5.	11	2.200	3.000	29.900	6,4	43,5	8,4	39,8	8,4	0,0
6.	11	3.000	4.500	42.400	9,0	43,6	9,9	37,0	0,0	9,4
7.	11	5.000	5.900	59.150	12,6	65,3	0,0	34,7	0,0	0,0
8.	10	6.000	6.500	60.500	12,9	100,0	0,0	0,0	0,0	0,0
9.	10	7.000	8.000	77.500	16,5	80,0	0,0	20,0	0,0	0,0
10.	10	9.000	24.000	160.700	34,2	58,9	0,0	31,7	0,0	9,3
Summe	107			469.835	100,0	64,2	2,3	28,2	0,5	4,7

Quellen: Eigene Auswertung auf der Grundlage von: Archiv Spk Ho, Register Nr. 110.01, Lfd. Nr. 20 bis 26, Standort Kün, „Rechnungsbuch 19..“, Ausgaben 1907 bis 1913; Register Nr. 110.01, Lfd. Nr. 2, Standort Kün, „Aktivkapitalienbuch 1900-1924“.

Tabelle A8: Vergabe von Hypothekendarlehen Oberamtssparkasse Ludwigsburg 1852–1856

Dezil	Anzahl Darlehen	Kleinster Betrag in Gulden	Größter Betrag in Gulden	Darlehenssumme in Gulden	Anteil am Gesamtvolumen in %	Anteile der Berufsgruppen Landwirte in %	Arbeiter in %	Gewerbetreibende in %	Bez. and. Eink. in %	Sonstige in %
1.	46	15	45	1.609	1,4	17,8	0,0	34,6	0,0	47,5
2.	46	45	60	2.387	2,1	28,5	2,1	24,2	4,6	40,6
3.	46	60	83	3.253	2,9	15,6	2,3	40,9	4,6	36,6
4.	46	85	100	4.493	4,0	28,6	4,2	27,8	2,0	37,4
5.	46	100	130	5.085	4,5	33,8	0,0	22,0	2,0	42,2
6.	46	130	200	7.207	6,4	20,0	0,0	31,8	4,2	43,9
7.	45	200	275	9.855	8,7	17,7	4,5	30,7	6,6	40,6
8.	45	275	350	13.803	12,2	35,3	6,7	22,8	9,0	26,2
9.	45	350	530	19.733	17,5	21,3	4,6	39,9	2,0	32,2
10.	45	550	3.600	45.440	40,3	23,2	1,7	39,8	2,1	33,3
Summe	456			112.865	100,0	24,2	3,0	34,8	3,5	34,6

Quellen: Eigene Auswertung auf der Grundlage von: HA KSK LB, Kapitalienbuch 1.

Tabelle A9: Vergabe von Hypothekendarlehen Oberamtssparkasse Ludwigsburg 1877-1881

Dezil	Anzahl Darlehen	Kleinster Betrag in Mark	Größter Betrag in Mark	Darlehenssumme in Mark	Anteil am Gesamtvolumen in %	Anteile der Berufsgruppen Landwirte in %	Arbeiter in %	Gewerbetreibende in %	Bez. and. Eink. in %	Sonstige in %
1.	18	160	480	5.497	1,2	28,7	20,6	37,6	0,0	13,1
2.	18	500	700	10.821	2,3	33,0	5,1	26,0	4,8	31,2
3.	17	700	1.000	14.521	3,1	49,0	5,5	38,9	0,0	6,5
4.	17	1.000	1.300	19.369	4,1	36,7	0,0	51,0	6,2	6,2
5.	17	1.350	1.700	25.641	5,4	42,0	5,8	29,3	0,0	22,9
6.	17	1.700	2.060	33.121	7,0	46,9	16,5	18,3	0,0	18,3
7.	17	2.100	3.000	41.779	8,8	52,8	0,0	36,0	0,0	11,2
8.	17	3.000	3.850	56.700	12,0	28,9	0,0	58,8	6,5	5,7
9.	17	2.200	5.500	76.379	16,1	35,0	0,0	39,9	12,3	12,7
10.	17	6.000	20.000	190.300	40,1	14,6	3,9	67,4	6,8	7,3
Summe	172			474.128	100,0	29,3	3,6	50,8	5,9	10,5

Quellen: Eigene Auswertung auf der Grundlage von: HA KSK LB, Kapitalienbuch 2.

Tabelle A10: Vergabe von Hypothekendarlehen Oberamtssparkasse Ludwigsburg 1882–1886

Dezil	Anzahl Darlehen	Kleinster Betrag in Mark	Größter Betrag in Mark	Darlehenssumme in Mark	Anteil am Gesamtvolumen in %	Anteile der Berufsgruppen: Landwirte in %	Arbeiter in %	Gewerbetreibende in %	Bez. and. Eink. in %	Sonstige in %
1.	28	53	200	4.013	0,6	16,9	16,3	40,6	0,0	26,2
2.	28	225	400	8.670	1,3	24,7	11,0	44,1	0,0	20,2
3.	28	400	690	14.219	2,1	35,5	9,1	37,6	2,8	15,0
4.	28	700	1.000	23.513	3,4	35,7	7,1	42,0	0,0	15,3
5.	28	1.000	1.200	31.700	4,6	29,3	14,1	36,0	0,0	20,5
6.	27	1.286	1.800	40.112	5,9	47,2	0,0	41,8	4,0	7,0
7.	27	1.800	2.400	55.431	8,1	36,6	0,0	42,1	0,0	21,3
8.	27	2.400	4.000	80.100	11,7	16,6	3,1	52,9	7,4	20,0
9.	27	4.000	6.000	126.759	18,6	17,2	0,0	68,2	0,0	14,6
10.	27	6.000	25.000	297.300	43,6	25,0	5,9	64,2	0,0	4,9
Summe	275			681.816	100,0	25,6	4,3	57,5	1,2	11,5

Quellen: Eigene Auswertung auf der Grundlage von: HA KSK LB, Kapitalienbuch 2.

Tabelle A11: Vergabe von Hypothekendarlehen Oberamtssparkasse Ludwigsburg 1900–1906

Dezil	Anzahl Darlehen	Kleinster Betrag in Mark	Größter Betrag in Mark	Darlehenssumme in Mark	Anteil am Gesamtvolumen in %	Anteile der Berufsgruppen: Landwirte in %	Arbeiter in %	Gewerbetreibende in %	Bez. and. Eink. in %	Sonstige in %
1.	41	120	600	13.830	0,7	28,0	22,9	35,6	0,0	13,4
2.	41	600	1.200	37.659	1,9	28,9	10,1	46,4	0,0	14,6
3.	41	1.200	1.800	62.215	3,2	27,6	19,0	39,2	6,6	7,6
4.	41	1.800	2.200	81.904	4,2	34,4	16,9	41,2	2,4	5,0
5.	41	2.250	3.000	112.157	5,8	42,8	7,1	35,9	0,0	14,1
6.	41	3.000	4.000	141.406	7,3	29,1	9,7	51,8	5,0	4,5
7.	41	4.000	5.000	177.004	9,1	38,9	7,1	33,8	5,4	14,8
8.	41	5.000	7.000	234.194	12,1	36,2	4,3	54,6	0,0	4,9
9.	41	7.000	10.500	357.710	18,5	18,9	0,0	70,0	0,0	11,0
10.	41	10.600	40.000	717.647	37,1	11,2	2,1	72,9	6,8	7,0
Summe	410			1.935.727	100,0	23,3	4,7	59,7	3,7	8,6

Quellen: Eigene Auswertung auf der Grundlage von: HA KSK LB, Rapiate, Jahrgänge 1900 bis 1906.

Tabelle A12: Vergabe von Hypothekendarlehen Oberamtssparkasse Maulbronn 1896–1899

Dezil	Anzahl Darlehen	Kleinster Betrag in Mark	Größter Betrag in Mark	Darlehenssumme in Mark	Anteil am Gesamtvolumen in %	Anteile der Berufsgruppen: Landwirte in %	Arbeiter in %	Gewerbetreibende in %	Bez. and. Eink. in %	Sonstige in %
1.	10	100	800	4.150	1,4	49,4	12,0	31,3	0,0	7,2
2.	10	800	1.000	9.650	3,3	51,8	10,4	18,7	8,8	10,4
3.	10	1.100	1.500	13.100	4,4	27,5	0,0	50,0	11,1	11,5
4.	10	1.500	2.000	17.100	5,8	39,8	10,5	49,7	0,0	0,0
5.	10	2.000	2.850	22.350	7,6	59,3	9,8	20,1	0,0	10,7
6.	10	3.000	3.400	30.800	10,4	60,7	0,0	39,3	0,0	0,0
7.	10	3.500	4.000	37.100	12,6	48,8	0,0	51,2	0,0	0,0
8.	10	4.000	4.700	43.500	14,7	28,0	0,0	52,0	10,8	9,2
9.	9	4.700	6.000	46.900	15,9	79,3	10,0	10,7	0,0	0,0
10.	9	6.000	10.500	70.400	23,9	65,8	0,0	34,2	0,0	0,0
Summe	98			295.050	100,0	55,3	3,5	35,7	2,4	3,1

Quellen: Eigene Auswertung auf der Grundlage von: Archiv Spk Pf Cw, MA.03., Lfd. Nr. 01 bis 04, „Jahresrechnung“, 1896 bis 1899.

Tabelle A13: Vergabe von Hypothekendarlehen Oberamtssparkasse Maulbronn 1900–1906

Dezil	Anzahl Darlehen	Kleinster Betrag in Mark	Größter Betrag in Mark	Darlehenssumme in Mark	Anteil am Gesamtvolumen in %	Anteile der Berufsgruppen: Landwirte in %	Arbeiter in %	Gewerbetreibende in %	Bez. and. Eink. in %	Sonstige in %
1.	15	100	1.200	13.350	2,6	47,6	9,7	15,0	0,0	27,7
2.	15	1.200	1.900	23.450	4,6	59,7	0,0	40,3	0,0	0,0
3.	14	2.000	2.000	28.000	5,6	50,0	0,0	50,0	0,0	0,0
4.	14	2.000	2.500	32.650	6,5	22,7	6,4	57,1	0,0	13,8
5.	14	2.500	3.100	40.500	8,0	51,1	6,4	35,1	7,4	0,0
6.	14	3.200	3.800	49.600	9,8	41,1	0,0	37,3	6,9	14,7
7.	14	4.000	4.200	56.500	11,2	42,5	0,0	50,4	7,1	0,0
8.	14	4.400	5.000	66.700	13,2	64,2	6,7	29,1	0,0	0,0
9.	14	5.100	6.200	80.200	15,9	71,3	0,0	20,9	0,0	7,7
10.	14	6.200	12.300	113.400	22,5	88,4	0,0	11,6	0,0	0,0
Summe	142			504.350	100,0	60,9	2,1	30,7	2,1	4,3

Quellen: Eigene Auswertung auf der Grundlage von: Archiv Spk Pf Cw, MA.03., Lfd. Nr. 05 bis 11, „Jahresrechnung“, 1900 bis 1906.

Tabelle A14: Vergabe von Hypothekendarlehen Oberamtssparkasse Maulbronn 1907-1913

Dezil	Anzahl Darlehen	Kleinster Betrag in Mark	Größter Betrag in Mark	Darlehenssumme in Mark	Anteil am Gesamtvolumen in %	Anteile der Berufsgruppen: Landwirte in %	Arbeiter in %	Gewerbetreibende in %	Bez. and. Eink. in %	Sonstige in %
1.	16	200	600	5.715	1,2	14,6	21,0	35,0	0,0	29,4
2.	16	650	1.200	14.980	3,2	32,9	16,4	28,0	0,0	22,7
3.	16	1.200	1.520	22.070	4,8	32,7	19,3	35,8	5,9	6,3
4.	16	1.600	2.000	28.550	6,1	33,6	23,8	35,6	0,0	7,0
5.	16	2.000	2.400	34.650	7,5	30,9	0,0	44,7	0,0	24,4
6.	16	2.400	3.000	42.500	9,2	32,2	13,4	25,6	5,6	23,1
7.	16	3.000	3.600	52.500	11,3	62,1	6,5	12,4	0,0	19,0
8.	15	3.700	4.300	60.160	13,0	47,1	6,6	26,3	0,0	19,9
9.	15	4.500	6.000	78.450	16,9	11,2	0,0	47,7	0,0	41,2
10.	15	6.100	12.800	124.900	26,9	50,0	0,0	21,1	6,4	22,5
Summe	157			464.475	100,0	38,6	6,0	29,4	2,5	23,5

Quellen: Eigene Auswertung auf der Grundlage von: Archiv Spk Pf Cw, MA.03., Lfd. Nr. 12 bis 18, „Jahresrechnung", 1907 bis 1913.

Tabelle A15: Vergabe von Hypothekendarlehen Oberamtssparkasse Nagold 1889–1892

Dezil	Anzahl Darlehen	Kleinster Betrag in Mark	Größter Betrag in Mark	Darlehenssumme in Mark	Anteil am Gesamtvolumen in %	Anteile der Berufsgruppen: Landwirte in %	Arbeiter in %	Gewerbetreibende in %	Bez. and. Eink. in %	Sonstige in %
1.	8	50	140	817	0,6	0,0	31,5	39,2	13,5	15,9
2.	8	150	300	1.700	1,3	0,0	33,8	50,3	15,9	0,0
3.	8	300	500	3.145	2,4	0,0	38,8	61,2	0,0	0,0
4.	8	500	900	5.900	4,5	0,0	15,3	71,2	0,0	13,6
5.	8	1.000	1.200	8.600	6,6	11,6	25,6	62,8	0,0	0,0
6.	7	1.300	1.400	9.500	7,3	14,7	0,0	55,8	0,0	29,5
7.	7	1.500	1.700	11.225	8,6	29,8	0,0	56,8	0,0	13,4
8.	7	2.000	2.300	14.680	11,3	14,2	14,3	71,5	0,0	0,0
9.	7	2.500	3.000	18.590	14,3	13,4	14,5	41,1	0,0	30,9
10.	7	4.000	13.700	56.200	43,1	0,0	0,0	74,2	0,0	25,8
Summe	75			130.357	100,0	7,9	7,6	64,6	0,3	19,5

Quellen: Eigene Auswertung auf der Grundlage von: Archiv Spk Pf Cw, N 900, „Capitalien-Hauptbuch von Nr. 1-600".
Anmerkung: Es ist möglicherweise eine geringe Anzahl von Personaldarlehen enthalten.

Tabelle A16: Vergabe von Hypothekendarlehen Oberamtssparkasse Nagold 1893–1899

Dezil	Anzahl Darlehen	Kleinster Betrag in Mark	Größter Betrag in Mark	Darlehenssumme in Mark	Anteil am Gesamtvolumen in %	Anteile der Berufsgruppen: Landwirte in %	Arbeiter in %	Gewerbetreibende in %	Bez. and. Eink. in %	Sonstige in %
1.	24	60	300	5.105	0,9	9,8	22,1	47,5	10,0	10,6
2.	24	300	500	10.165	1,8	4,9	8,4	68,0	11,8	6,9
3.	24	500	700	14.600	2,6	15,1	11,3	56,5	0,0	17,1
4.	24	750	1.000	21.182	3,8	28,6	12,3	33,4	4,7	21,0
5.	24	1.000	1.200	25.775	4,6	24,4	0,0	67,6	4,1	3,9
6.	24	1.200	1.650	34.165	6,1	4,8	4,0	77,7	0,0	13,6
7.	24	1.650	2.200	46.135	8,3	17,6	7,5	63,7	7,5	3,7
8.	24	2.200	3.000	61.865	11,1	12,6	0,0	71,4	7,6	8,4
9.	23	3.000	5.870	93.570	16,8	5,3	0,0	86,1	0,0	8,5
10.	23	6.000	35.000	242.980	43,7	13,1	0,0	67,8	8,4	10,8
Summe	238			555.542	100,0	12,6	2,0	69,7	5,8	9,9

Quellen: Eigene Auswertung auf der Grundlage von: Archiv Spk Pf Cw, N 900, „Capitalien-Hauptbuch von Nr. 1-600".

Tabelle A17: Vergabe von Hypothekendarlehen Oberamtssparkasse Nagold 1900–1906

Dezil	Anzahl Darlehen	Kleinster Betrag in Mark	Größter Betrag in Mark	Darlehenssumme in Mark	Anteil am Gesamtvolumen in %	Anteile der Berufsgruppen: Landwirte in %	Arbeiter in %	Gewerbetreibende in %	Bez. and. Eink. in %	Sonstige in %
1.	40	100	300	8.060	0,6	10,9	18,5	62,0	6,7	1,9
2.	40	300	600	17.685	1,3	17,5	10,4	42,9	13,0	16,1
3.	40	600	1.000	31.765	2,3	31,3	13,5	39,5	3,1	12,6
4.	40	1.000	1.400	44.770	3,3	40,2	17,4	33,3	0,0	9,2
5.	40	1.430	1.900	63.595	4,7	19,7	19,9	45,1	4,9	10,5
6.	40	1.900	2.500	83.650	6,1	30,5	4,7	54,7	2,4	7,8
7.	40	2.500	3.000	112.580	8,3	21,7	4,9	58,1	0,0	15,4
8.	40	3.000	4.000	144.220	10,6	53,4	0,0	36,1	0,0	10,5
9.	39	4.100	6.000	200.900	14,8	27,0	0,0	65,8	2,5	4,7
10.	39	6.000	60.000	654.235	48,1	6,4	0,0	85,7	7,9	0,0
Summe	398			1.361.460	100,0	19,6	2,7	67,9	4,8	4,9

Quellen: Eigene Auswertung auf der Grundlage von: Archiv Spk Pf Cw, N 900, „Capitalien-Hauptbuch von Nr. 1-600"; N 903, „Capitalien-Hauptbuch von Nr. 601-1200".

Tabelle A18: Vergabe von Hypothekendarlehen Oberamtssparkasse Nagold 1907–1913

Dezil	Anzahl Darlehen	Kleinster Betrag in Mark	Größter Betrag in Mark	Darlehenssumme in Mark	Anteil am Gesamtvolumen in %	Anteile der Berufsgruppen: Landwirte in %	Arbeiter in %	Gewerbetreibende in %	Bez. and. Eink. in %	Sonstige in %
1.	43	75	400	11.750	0,7	17,1	25,9	42,6	4,4	10,0
2.	43	425	700	23.377	1,4	6,6	21,7	63,4	2,1	6,2
3.	43	700	1.000	38.270	2,4	23,4	13,6	52,2	4,6	6,3
4.	43	1.000	1.500	50.845	3,1	11,7	18,3	48,4	7,5	14,2
5.	43	1.500	2.000	76.655	4,7	20,3	23,5	40,2	4,6	11,4
6.	43	2.000	2.700	101.640	6,3	18,3	12,0	57,3	2,5	9,9
7.	43	2.700	3.500	135.050	8,3	23,2	6,3	60,5	2,6	7,4
8.	43	3.600	5.000	187.850	11,6	35,6	7,5	47,7	4,7	4,5
9.	43	5.000	8.450	282.130	17,4	35,8	1,9	48,2	5,0	9,0
10.	42	9.000	84.000	713.385	44,0	10,1	0,0	88,2	1,7	0,0
Summe	429			1.620.952	100,0	20,0	5,0	67,3	3,1	4,6

Quellen: Eigene Auswertung auf der Grundlage von: Archiv Spk Pf Cw, N 903, „Capitalien-Hauptbuch von Nr. 601-1200"; N 904, „Capitalien-Hauptbuch von Nr. 1201-2235".

Tabelle A19: Ausstehende Bürgschaftsdarlehen Oberamtssparkasse Göppingen 1857/58

Dezil	Anzahl Darlehen	Kleinster Betrag in Gulden	Größter Betrag in Gulden	Darlehenssumme in Gulden	Anteil am Gesamtvolumen in %	Anteile der Berufsgruppen: Landwirte in %	Arbeiter in %	Gewerbetreibende in %	Bez. and. Eink. in %	Sonstige in %
1.	38	4	20	551	1,2	8,3	19,1	47,4	6,4	18,9
2.	38	20	25	892	1,9	2,8	16,3	52,9	2,2	25,8
3.	38	25	33	1.087	2,4	3,0	23,3	55,0	5,5	13,2
4.	38	33	44	1.439	3,1	13,3	25,6	42,6	5,3	13,3
5.	38	44	50	1.880	4,1	13,1	5,1	65,9	5,3	10,6
6.	38	50	70	2.266	4,9	5,5	15,7	59,6	0,0	19,2
7.	38	70	100	3.062	6,7	24,0	8,0	55,7	2,6	9,7
8.	37	100	130	4.037	8,8	17,5	5,6	73,9	0,0	3,1
9.	37	130	300	7.579	16,5	37,4	2,6	45,4	6,6	8,0
10.	37	300	1.500	23.010	50,2	33,8	1,7	52,0	3,5	9,0
Summe	377			45.803	100,0	27,8	5,2	53,8	3,6	9,6

Quellen: Eigene Auswertung auf der Grundlage von: KrA GP, P 1, A 12, „Rechnung pro 1857/58".

Tabelle A20: Vergabe von Hypothekendarlehen Oberamtssparkasse Göppingen 1855/56–1862

Hälfte	Anzahl Darlehen	Kleinster Betrag in Gulden	Größter Betrag in Gulden	Darlehenssumme in Gulden	Anteil am Gesamtvolumen in %	Anteile der Berufsgruppen: Landwirte in %	Arbeiter in %	Gewerbetreibende in %	Bez. and. Eink. in %	Sonstige in %
1.	13	55	2.800	16.005	19,3	20,6	0,0	64,4	0,0	15,0
2.	13	2.800	12.000	66.766	80,7	4,5	0,0	88,0	0,0	7,5
Summe	26			82.771	100,0	7,6	0,0	83,4	0,0	8,9

Quellen: Eigene Auswertung auf der Grundlage von: KrA GP, P 1, A 10 bis A 17, „Rechnung pro ....", Jahrgänge 1855/56 bis 1862/63.

Tabelle A21: Vergabe von Hypothekendarlehen Oberamtssparkasse Göppingen 1863–1867

Dezil	Anzahl Darlehen	Kleinster Betrag in Gulden	Größter Betrag in Gulden	Darlehenssumme in Gulden	Anteil am Gesamtvolumen in %	Anteile der Berufsgruppen: Landwirte in %	Arbeiter in %	Gewerbetreibende in %	Bez. and. Eink. in %	Sonstige in %
1.	6	100	215	815	0,6	0,0	0,0	87,7	0,0	12,3
2.	6	300	400	2.100	1,7	50,0	16,7	33,3	0,0	0,0
3.	6	400	800	3.200	2,5	50,0	0,0	37,5	12,5	0,0
4.	6	1.000	1.200	6.400	5,1	68,8	0,0	31,3	0,0	0,0
5.	6	1.200	1.700	8.650	6,9	33,5	0,0	28,9	37,6	0,0
6.	6	1.900	2.200	12.500	9,9	49,6	0,0	33,6	16,8	0,0
7.	6	2.400	2.500	14.900	11,8	16,8	0,0	66,4	16,8	0,0
8.	6	2.500	3.000	16.900	13,4	34,3	0,0	65,7	0,0	0,0
9.	6	3.000	4.200	21.900	17,4	13,7	0,0	51,1	18,3	16,9
10.	6	5.000	9.000	38.850	30,8	36,0	0,0	30,0	34,0	0,0
Summe	60			126.215	100,0	32,8	0,3	43,7	20,2	3,0

Quellen: Eigene Auswertung auf der Grundlage von: KrA GP, P 1, A 17 bis A 22, „Rechnung pro ....", Jahrgänge 1862/63 bis 1868/69.
Anmerkung: Die Angaben über die Darlehen in der zweiten Jahreshälfte 1867 und damit aus der Zeit des fehlenden Rechnungsbuches 1867/68 wurden der laufenden Verwaltung dieser Darlehen gemäß dem Rechnungsbuch für 1868/69 entnommen.

Tabelle A22: Vergabe von Hypothekendarlehen Oberamtssparkasse Göppingen 1868–Juni 1875

Dezil	Anzahl Darlehen	Kleinster Betrag in Gulden	Größter Betrag in Gulden	Darlehenssumme in Gulden	Anteil am Gesamtvolumen in %	Anteile der Berufsgruppen: Landwirte in %	Arbeiter in %	Gewerbetreibende in %	Bez. and. Eink. in %	Sonstige in %
1.	12	45	200	1.695	0,8	5,9	26,5	46,9	0,0	20,6
2.	11	250	600	4.550	2,1	0,0	11,0	73,6	0,0	15,4
3.	11	600	800	7.350	3,5	38,8	8,2	44,9	0,0	8,2
4.	11	800	1.000	10.200	4,8	38,2	8,8	43,1	9,8	0,0
5.	11	1.000	1.300	12.400	5,8	27,4	8,1	64,5	0,0	0,0
6.	11	1.350	1.800	16.800	7,9	34,8	10,1	55,1	0,0	0,0
7.	11	2.000	2.100	22.100	10,4	36,2	0,0	54,8	0,0	9,0
8.	11	2.200	3.000	28.000	13,2	45,0	0,0	55,0	0,0	0,0
9.	11	3.000	4.000	35.700	16,8	29,7	0,0	70,3	0,0	0,0
10.	11	4.000	15.000	73.900	34,7	6,1	0,0	86,5	0,0	7,4
Summe	111			212.695	100,0	24,4	2,4	68,5	0,5	4,3

Quellen: Eigene Auswertung auf der Grundlage von: KrA GP, P 1, A 22 bis A 27, „Rechnung pro ....", Jahrgänge 1868/69 bis 1874/75.
Anmerkung: Die Angaben über die Darlehen in der ersten Jahreshälfte 1868 und damit aus der Zeit des fehlenden Rechnungsbuches 1867/68 wurden der laufenden Verwaltung dieser Darlehen gemäß dem Rechnungsbuch für 1868/69 entnommen. Das Gleiche gilt für das Jahr 1870/71, für welches das Rechnungsbuch von 1871/72 genutzt werden konnte.

Tabelle A23: Vergabe von Hypothekendarlehen Oberamtssparkasse Göppingen Juli 1875–1882

Dezil	Anzahl Darlehen	Kleinster Betrag in Mark	Größter Betrag in Mark	Darlehenssumme in Mark	Anteil am Gesamtvolumen in %	Anteile der Berufsgruppen: Landwirte in %	Arbeiter in %	Gewerbetreibende in %	Bez. and. Eink. in %	Sonstige in %
1.	14	100	900	6.250	0,9	45,6	1,6	46,4	0,0	6,4
2.	14	940	1.600	17.639	2,5	44,1	0,0	37,6	0,0	18,3
3.	14	1.600	2.200	26.700	3,8	55,8	13,5	22,5	0,0	8,2
4.	14	2.200	2.600	34.025	4,8	42,8	22,3	35,0	0,0	0,0
5.	14	2.700	3.500	44.759	6,3	57,3	0,0	35,6	0,0	7,1
6.	14	3.500	5.000	62.500	8,8	47,8	0,0	37,3	0,0	14,9
7.	14	5.000	6.000	74.140	10,5	43,3	0,0	42,4	7,6	6,7
8.	14	6.000	7.000	94.357	13,3	43,1	0,0	35,0	7,2	14,7
9.	14	7.000	10.000	118.800	16,8	35,1	0,0	64,9	0,0	0,0
10.	13	10.100	42.000	228.900	32,3	60,2	0,0	24,1	0,0	15,7
Summe	139			708.069	100,0	49,1	1,6	37,2	1,8	10,3

Quellen: Eigene Auswertung auf der Grundlage von: KrA GP, P 1, A 28 bis A 33, „Rechnung pro ....", Jahrgänge 1875/76 bis 1883/84.
Anmerkung: Die Angaben über die Darlehen in den Geschäftsjahren 1880/81, 1881/82 und aus der zweiten Jahreshälfte 1882, von denen keine Rechnungsbücher vorliegen, wurden der laufenden Verwaltung dieser Darlehen gemäß dem Rechnungsbuch für 1883/84 entnommen.

Tabelle A24: Vergabe von Hypothekendarlehen der Oberamtssparkasse Göppingen 1883–1889

Dezil	Anzahl Darlehen	Kleinster Betrag in Mark	Größter Betrag in Mark	Darlehenssumme in Mark	Anteil am Gesamtvolumen in %	Anteile der Berufsgruppen: Landwirte in %	Arbeiter in %	Gewerbetreibende in %	Bez. and. Eink. in %	Sonstige in %
1.	18	350	1.000	12.880	1,3	53,6	0,0	25,9	15,5	5,0
2.	18	1.000	1.700	23.728	2,4	50,3	5,9	27,8	11,4	4,6
3.	18	1.700	2.300	35.800	3,6	50,8	10,9	27,9	0,0	10,3
4.	18	2.400	3.000	48.100	4,8	67,4	0,0	15,6	17,0	0,0
5.	18	3.200	4.000	67.050	6,7	50,0	6,0	39,1	5,0	0,0
6.	18	4.000	5.000	82.050	8,2	37,5	5,1	35,3	17,2	4,9
7.	17	5.000	7.000	100.800	10,1	39,5	0,0	42,8	10,8	6,9
8.	17	7.000	8.600	133.270	13,4	52,0	0,0	48,0	0,0	0,0
9.	17	9.000	12.400	182.770	18,3	70,5	0,0	29,5	0,0	0,0
10.	17	13.000	36.857	309.807	31,1	28,4	0,0	62,6	4,3	4,6
Summe	176			996.255	100,0	46,1	1,4	43,9	5,5	3,1

Quellen: Eigene Auswertung auf der Grundlage von: KrA GP, P 1, A 33 bis A 38, „Rechnung pro ....", Jahrgänge 1883/84 bis 1889.

Tabelle A25: Vergabe von Hypothekendarlehen der Oberamtssparkasse Göppingen 1890–1896

Dezil	Anzahl Darlehen	Kleinster Betrag in Mark	Größter Betrag in Mark	Darlehenssumme in Mark	Anteil am Gesamtvolumen in %	Anteile der Berufsgruppen: Landwirte in %	Arbeiter in %	Gewerbetreibende in %	Bez. and. Eink. in %	Sonstige in %
1.	9	500	1.200	8.800	1,8	55,7	0,0	17,0	0,0	27,3
2.	8	1.300	1.800	12.450	2,5	63,5	10,4	26,1	0,0	0,0
3.	8	1.850	2.000	15.750	3,2	62,9	0,0	12,7	24,4	0,0
4.	8	2.200	2.800	20.300	4,1	88,2	0,0	11,8	0,0	0,0
5.	8	3.000	4.000	28.200	5,7	66,0	0,0	34,0	0,0	0,0
6.	8	4.000	5.600	36.250	7,4	62,1	0,0	37,9	0,0	0,0
7.	8	6.000	7.000	50.600	10,3	37,2	0,0	62,8	0,0	0,0
8.	8	7.000	9.000	62.600	12,7	50,5	0,0	26,7	11,2	11,7
9.	8	9.400	12.000	85.100	17,3	38,2	0,0	49,2	0,0	12,6
10.	8	13.000	50.000	172.300	35,0	41,1	0,0	58,9	0,0	0,0
Summe	81			492.350	100,0	47,8	0,3	45,6	2,2	4,1

Quellen: Eigene Auswertung auf der Grundlage von: KrA GP, P 1, A 39 bis A 45, „Rechnung pro ....", Jahrgänge 1890 bis 1896.

Tabelle A26: Vergabe von Hypothekendarlehen der Oberamtssparkasse Göppingen 1907–1913

Dezil	Anzahl Darlehen	Kleinster Betrag in Mark	Größter Betrag in Mark	Darlehenssumme in Mark	Anteil am Gesamtvolumen in %	Anteile der Berufsgruppen: Landwirte in %	Arbeiter in %	Gewerbetreibende in %	Bez. and. Eink. in %	Sonstige in %
1.	25	100	1.200	16.530	0,7	-	-	-	-	-
2.	25	1.500	2.936	54.526	2,3	-	-	-	-	-
3.	25	3.000	4.000	86.100	3,6	-	-	-	-	-
4.	25	4.000	5.000	107.660	4,5	-	-	-	-	-
5.	25	5.000	6.500	147.000	6,1	-	-	-	-	-
6.	25	6.500	8.106	188.214	7,8	-	-	-	-	-
7.	25	8.432	11.000	246.892	10,2	-	-	-	-	-
8.	25	11.000	15.000	317.820	13,1	-	-	-	-	-
9.	25	15.000	21.600	462.922	19,1	-	-	-	-	-
10.	25	21.600	80.000	790.060	32,7	-	-	-	-	-
Summe	250			2.417.724	100,0	-	-	-	-	-

Quellen: Eigene Auswertung auf der Grundlage von: KrA GP, P 1, A 239 bis A 243 und A 245 bis A 246, „Beilagen zur Rechnung pro ....“, Jahrgänge 1907 bis 1913.

Tabelle A27: Bestand an Hypothekendarlehen Oberamtssparkasse Geislingen Ende 1894

Dezil	Anzahl Darlehen	Kleinster Betrag in Mark	Größter Betrag in Mark	Darlehenssumme in Mark	Anteil am Gesamtvolumen in %	Anteile der Berufsgruppen: Landwirte in %	Arbeiter in %	Gewerbetreibende in %	Bez. and. Eink. in %	Sonstige in %
1.	31	120	500	10.271	1,1	20,7	2,4	62,3	0,0	14,5
2.	31	500	685	17.314	1,9	35,6	2,9	42,4	5,8	13,3
3.	31	700	1.000	24.887	2,8	31,6	0,0	58,3	2,8	7,3
4.	31	1.000	1.300	34.674	3,9	44,3	0,0	36,6	0,0	19,2
5.	31	1.300	1.750	47.770	5,3	32,2	3,1	35,0	0,0	29,7
6.	31	1.750	2.200	61.221	6,9	48,8	0,0	15,7	6,8	28,8
7.	31	2.200	3.000	82.637	9,2	36,6	5,6	41,8	3,0	13,0
8.	31	3.000	4.400	112.951	12,6	39,3	9,8	26,3	3,2	21,4
9.	31	4.500	7.200	176.957	19,8	48,5	0,0	39,3	0,0	12,1
10.	31	7.300	20.000	324.916	36,4	47,0	0,0	53,0	0,0	0,0
Summe	310			893.599	100,0	43,6	2,0	41,8	1,3	11,2

Quelle: Eigene Auswertung auf der Grundlage von: KrA GP, P 1, B 75, „Kapitalienhauptbuch Band I“.
Anmerkung: Der hier ausgewiesene Betrag übersteigt den Hypothekenbestand gemäß Sparkassenstatistik um 2,9 %. Es ist vermutlich ein geringer Anteil Personaldarlehen enthalten.

Tabelle A28: Vergabe von Hypothekendarlehen Oberamtssparkasse Geislingen 1895–1902

Dezil	Anzahl Darlehen	Kleinster Betrag in Mark	Größter Betrag in Mark	Darlehenssumme in Mark	Anteil am Gesamtvolumen in %	Anteile der Berufsgruppen Landwirte in %	Arbeiter in %	Gewerbetreibende in %	Bez. and. Eink. in %	Sonstige in %
1.	30	250	680	14.710	1,2	20,4	16,0	54,1	0,0	9,5
2.	30	700	1.050	26.996	2,2	37,6	6,5	45,9	3,0	7,0
3.	30	1.050	1.500	37.885	3,1	39,8	5,9	40,5	0,0	13,7
4.	30	1.500	2.000	51.439	4,2	26,9	3,1	53,1	0,0	16,8
5.	30	2.000	2.300	61.455	5,1	46,1	7,5	43,1	0,0	3,3
6.	30	2.300	3.000	78.125	6,4	25,0	17,3	43,8	3,6	10,4
7.	30	3.000	4.000	108.334	8,9	46,7	6,3	36,7	3,7	6,6
8.	29	4.000	5.500	137.350	11,3	32,0	7,3	46,9	2,9	11,0
9.	29	5.700	8.500	200.750	16,5	69,0	3,5	24,1	0,0	3,5
10.	29	9.000	60.000	499.470	41,1	19,3	0,0	75,9	3,0	1,8
Summe	297			1.216.514	100,0	34,5	4,1	53,9	2,2	5,4

Quelle: Eigene Auswertung auf der Grundlage von: KrA GP, P 1, B 75, „Kapitalienhauptbuch Band I".

Tabelle A29: Vergabe von Hypothekendarlehen Oberamtssparkasse Geislingen 1907–1909

Dezil	Anzahl Darlehen	Kleinster Betrag in Mark	Größter Betrag in Mark	Darlehenssumme in Mark	Anteil am Gesamtvolumen in %	Anteile der Berufsgruppen Landwirte in %	Arbeiter in %	Gewerbetreibende in %	Bez. and. Eink. in %	Sonstige in %
1.	11	300	700	4.950	0,7	14,1	18,2	51,5	0,0	16,2
2.	11	700	1.000	9.900	1,4	28,8	7,1	43,9	10,1	10,1
3.	11	1.200	2.000	17.100	2,4	30,4	9,9	59,6	0,0	0,0
4.	11	2.000	2.500	24.300	3,5	16,5	0,0	53,9	0,0	29,6
5.	11	2.500	3.400	32.965	4,7	29,3	8,5	52,2	0,0	10,0
6.	11	3.500	5.000	47.050	6,7	44,8	0,0	55,2	0,0	0,0
7.	10	5.000	5.500	51.000	7,3	19,6	20,6	50,0	0,0	9,8
8.	10	6.000	7.000	64.000	9,1	9,4	0,0	79,7	10,9	0,0
9.	10	7.500	11.500	90.300	12,9	19,3	0,0	70,8	10,0	0,0
10.	10	12.000	69.000	358.100	51,2	0,0	0,0	100,0	0,0	0,0
Summe	106			699.665	100,0	11,0	2,4	81,7	2,4	2,5

Quelle: Eigene Auswertung auf der Grundlage von: KrA GP, P 1, B 75, „Kapitalienhauptbuch Band I".

Tabelle A30: Vergabe von Hypothekendarlehen Oberamtssparkasse Ravensburg 1907–1913

Dezil	Anzahl Darlehen	Kleinster Betrag in Mark	Größter Betrag in Mark	Darlehenssumme in Mark	Anteil am Gesamtvolumen in %	Anteile der Berufsgruppen: Landwirte in %	Arbeiter in %	Gewerbetreibende in %	Bez. and. Eink. in %	Sonstige in %
1.	34	100	1.500	26.130	0,9	39,5	12,6	26,0	3,8	18,0
2.	33	1.500	2.500	63.940	2,1	37,9	27,1	20,0	3,4	11,6
3.	33	2.500	3.900	103.900	3,4	30,3	5,6	33,6	3,4	27,1
4.	33	3.900	5.000	142.550	4,7	38,5	0,0	27,0	2,9	31,6
5.	33	5.000	6.000	181.600	6,0	34,1	5,5	38,1	13,2	9,1
6.	33	6.000	7.950	224.650	7,4	54,4	0,0	17,9	6,0	21,7
7.	33	8.000	10.000	308.000	10,2	23,6	2,6	58,4	8,9	6,5
8.	33	10.000	14.000	401.600	13,2	46,2	0,0	41,7	0,0	12,2
9.	33	14.000	20.000	531.800	17,5	32,1	0,0	35,8	16,0	16,1
10.	33	20.000	100.000	1.047.900	34,6	24,8	0,0	61,3	6,2	7,7
Summe	331			3.032.070	100,0	32,8	1,5	45,6	7,4	12,7

Quellen: Eigene Auswertung auf der Grundlage von: WABW, B 201, (Lfd. Nr. 132) B-Nr. 98, „Aktivkapitalienbuch".
Anmerkung: Die Angaben über die Hypothekendarlehen im Aktivkapitalienbuch sind unvollständig.

Tabelle A31: Vergabe von Hypothekendarlehen Oberamtssparkasse Waldsee 1895–1899

Dezil	Anzahl Darlehen	Kleinster Betrag in Mark	Größter Betrag in Mark	Darlehenssumme in Mark	Anteil am Gesamtvolumen in %	Anteile der Berufsgruppen: Landwirte in %	Arbeiter in %	Gewerbetreibende in %	Bez. and. Eink. in %	Sonstige in %
1.	23	125	500	7.475	0,8	45,5	6,7	29,1	5,4	13,4
2.	23	500	1.000	15.764	1,6	37,7	8,6	24,4	5,1	24,2
3.	22	1.000	1.550	28.050	2,8	52,9	19,3	18,2	0,0	9,6
4.	22	1.570	2.000	40.534	4,1	54,6	8,8	27,5	0,0	9,1
5.	22	2.000	3.000	55.907	5,7	56,9	0,0	37,9	0,0	5,2
6.	22	3.000	4.000	71.650	7,2	51,1	4,9	34,5	0,0	9,5
7.	22	4.000	5.000	96.500	9,8	72,8	0,0	17,8	0,0	9,3
8.	22	5.000	7.000	128.300	13,0	72,8	0,0	22,1	0,0	5,1
9.	22	7.000	10.500	189.885	19,2	63,4	0,0	21,6	0,0	15,0
10.	22	10.650	50.000	355.350	35,9	45,8	0,0	44,2	0,0	10,0
Summe	222			989.416	100,0	56,8	1,4	31,5	0,1	10,1

Quellen: Eigene Auswertung auf der Grundlage von: WABW, B 204, (Lfd. Nr. 98) B-Nr. 12, *„Aktivkapitalienbuch Band 1"*.

Tabelle A32: Vergabe von Hypothekendarlehen Oberamtssparkasse Leutkirch 1912 und 1913

Dezil	Anzahl Darlehen	Kleinster Betrag in Mark	Größter Betrag in Mark	Darlehenssumme in Mark	Anteil am Gesamtvolumen in %	Anteile der Berufsgruppen: Landwirte in %	Arbeiter in %	Gewerbetreibende in %	Bez. and. Eink. in %	Sonstige in %
1.	21	100	400	5.525	0,7	47,1	8,1	36,2	5,4	3,2
2.	20	500	900	11.900	1,5	52,9	6,7	27,7	0,0	12,6
3.	20	900	1.300	21.330	2,6	43,4	9,4	20,2	6,1	21,0
4.	20	1.300	1.700	30.150	3,7	49,9	10,0	29,9	5,3	5,0
5.	20	1.800	2.200	39.000	4,8	45,9	5,1	34,1	0,0	14,9
6.	20	2.200	3.000	55.150	6,7	45,8	8,2	29,7	10,9	5,4
7.	20	3.100	4.300	77.350	9,5	39,9	4,0	56,1	0,0	0,0
8.	20	4.500	7.000	108.600	13,3	51,9	0,0	29,4	8,7	9,9
9.	20	7.000	9.000	157.700	19,3	60,6	4,9	24,9	0,0	9,5
10.	20	9.000	37.000	311.629	38,1	50,4	0,0	41,7	3,2	4,7
Summe	201			818.334	100,0	50,9	2,9	35,8	3,5	7,0

Quellen: Eigene Auswertung auf der Grundlage von: WABW, B 202, (Lfd. Nr. 96 und 97) B-Nr. 279 und 280, „Hauptbuch für das Rechnungsjahr 19..", Jahrgänge 1912 und 1913.

Tabelle A33: Bestand der bis Anfang 1903 vergebenen und Ende 1917 noch nicht getilgten Hypothekendarlehen der Oberamtssparkasse Leutkirch

Dezil	Anzahl Darlehen	Kleinster Betrag in Mark	Größter Betrag in Mark	Darlehenssumme in Mark	Anteil am Gesamtvolumen in %	Anteile der Berufsgruppen: Landwirte in %	Arbeiter in %	Gewerbetreibende in %	Bez. and. Eink. in %	Sonstige in %
1.	20	100	500	7.639	0,6	0,0	46,6	26,6	5,2	21,6
2.	20	550	857	14.019	1,1	4,9	38,0	53,2	0,0	3,9
3.	20	900	1.400	22.678	1,8	5,3	26,2	20,5	4,4	43,6
4.	20	1.500	2.400	37.805	2,9	20,6	10,3	34,8	0,0	34,3
5.	20	2.500	3.600	60.700	4,7	21,4	20,3	48,4	0,0	9,9
6.	20	4.000	5.000	86.450	6,7	19,1	15,2	40,3	0,0	25,4
7.	19	5.000	7.000	112.700	8,7	62,9	11,5	19,4	0,0	6,2
8.	19	7.000	9.500	155.145	12,0	63,4	0,0	20,4	0,0	16,2
9.	19	9.800	15.000	227.550	17,6	79,3	0,0	20,7	0,0	0,0
10.	19	15.000	150.000	569.250	44,0	15,3	0,0	84,7	0,0	0,0
Summe	196			1.293.936	100,0	36,8	4,4	52,1	0,1	6,6

Quellen: Eigene Auswertung auf der Grundlage von: WABW, B 202, (Lfd. Nr. 296 und 295) B-Nr. 102 und 103, „Abgelegte Aufwertungs-Darlehenskonten".
Anmerkung: Es sind auch vereinzelte Darlehensvergaben aus späteren Jahren, beispielsweise durch Aufstockungen bestehender Darlehen enthalten.

Tabelle A34: Börsennotierte Wertpapiere württembergischer Unternehmen Ende 1904 in Mio. Mark

Unternehmen	Anleihen		Stammaktien			Prioritätsaktien			Notierung der Aktien in/ Anmerkungen
	Nominal-kapital	davon 1904 in Umlauf	Aktien-kapital	Kurs in %	Marktkapi-talisierung	Aktien-kapital	Kurs in %	Marktkapi-talisierung	
1. Württembergische Unternehmen mit Notierung in Stuttgart									
Actienbrauerei Rettenmeyer, Stgt.			1.700.000	127,00	2.159.000				S, F
Actienbrauerei Wulle, Stuttgart			2.200.000	118,00	2.596.000				S, F
AG für Feinmechanik, Tuttlingen	600.000	577.500	3.000.000	170,10	5.103.000				S, F
Baumwollspinnerei Unterhausen	1.000.000	669.000							S
Bleicherei, Färberei u. Appretur-Anstalt Stuttgart, Uhingen	500.000	470.000							S
Dampfziegelei Waiblingen			600.000	155,00	930.000				S
Deutsche Verlags-Anstalt, Stgt.	1.500.000	924.000	3.000.000	120,00	3.600.000				S, F
Esslinger Brauerei-Gesellschaft	200.000	150.000							S; siehe auch unten
Filderbahn-Gesellschaft, Stuttgart	900.000	837.000							S
Kammgarn-Spinnerei Bietigheim	1.500.000	1.327.932	500.000	62,00	310.000	1.000.000	105,50	1.055.000	S
Köln-Rottweiler Pulverfabriken			16.500.000	202,10	33.346.500				B, HH, K, S
Maschinenfabrik Esslingen	2.000.000	1.613.333	1.000.000	84,00	840.000	3.500.000	98,50	3.447.500	S
Maschinenfabrik Geislingen			600.000	56,00	336.000				S
Mechanische Buntweberei, vorm. Kolb & Schüle, Kirchheim u.T.	500.000	500.000							
Neckarwerke Altbach-Deizisau von Heinrich Mayer	1.750.000	1.750.000							Personengesellschaft
Oberschwäbische Cementwerke			1.300.000	172,00	2.236.000				S
Rottweiler Pfauenbrauerei			700.000	90,00	630.000				S
Salzwerk Heilbronn			3.000.000	205,00	6.150.000				S
Schleppschifffahrt auf dem Neckar in Heilbronn			1.800.000	119,00	1.542.001				S, nur zu 2/3 eingez.
Stgt. Bäckermühle, Esslingen			500.000	140,00	700.000				S
Stuttgarter Brauerei-Gesellschaft	718.600	309.800	1.049.400	66,00	692.604	449.400	103,00	462.882	Stämme: S, F; Prior: S
Stgt. Gypsgeschäft, Untertürkh.			180.000	100,00	180.000				S
Stgt. Immobilien- u. Bau-Geschäft			3.400.000	170,00	5.780.000				S
Stuttgarter Strassenbahnen	2.500.000	2.500.000	4.325.000	217,00	9.385.250	175.000	217,00	379.750	S
Tivoli-Brauerei, Stuttgart	735.000	596.400	2.000.000	103,00	2.060.000				S, F
Ver. Brauereien Stgt.-Tübingen			2.200.000	20,25	445.500				S, F
Vereinigte Filzfabriken in Giengen			4.000.000	248,00	9.920.000				S
Ver. Uhrenf. v. Gebr. Junghans u.									

Thomas Haller, Schramberg	2.400.000	2.400.000	6.000.000	144,20	8.652.000				S, F
Württembergische Bankanstalt			6.000.000	149,40	8.964.000				B, F, S
Württ. Baumwoll-Spinnerei und Weberei bei Esslingen			2.304.000	165,00	3.801.600				S
Württembergische Cattun-Manufactur, Heidenheim	1.600.000	1.128.500	2.240.000	333,00	7.459.200				S
Württ. Hypothekenbank			11.000.000	168,50	18.535.000				S
Württ. Metallwaren-Fabrik			3.975.000	397,00	15.780.750				S
Württembergische Notenbank			9.000.000	114,90	10.341.000				F, S
Württ. Transport-Versicherungs-Gesellschaft zu Heilbronn			2.500.000	600,00	13.125.000				MA, S nur zu 25 % eingezahlt
Württembergische Vereinsbank			18.000.000	151,40	27.252.000				B, F, S
Württ.-isch-Hohenzollern'sche Brauereigesellschaft in Stgt.			2.550.000	185,00	4.717.500				S
Zahn Brauerei Böblingen			1.000.000	101,30	1.013.000				F, S
Ziegelwerke Ludwigsburg			900.000	114,00	1.026.000				S
Zuckerfabrik Stuttgart, Cannstatt						1.200.000	110,00	1.320.000	S
2. Württembergische Unternehmen mit ausschließlicher Notierung an auswärtigem Börsenplatz									
Bremen-Besigheimer Oelfabriken	1.000.000	1.000.000	2.000.000	107,00	2.140.000				HB
Esslinger Brauerei-Gesellschaft			1.250.000	110,00	1.375.000				DD, letzter Kurs v. 1899!
Heilbronner Strassenbahnen			500.000	73,00	365.000				MA
Maschinenfabrik Weingarten			1.000.000	130,50	1.305.000				M
Württ. Landesbank in Stuttgart			6.000.000	101,80	6.108.000				F
3. Nachrichtlich: Auswärtige Unternehmen mit Notierung in Stuttgart									
Badische Anilin- & Soda-Fabrik	10.000.000	10.000.000	21.000.000	472,00	99.120.000				F, MA, K, S
Baumwollspinnerei Erlangen			800.000	122,00	976.000				M, S
Spinnerei und Weberei Kottern, Kottern bei Kempten			2.580.000	220,00	5.676.000				S
Summe 1.	18.403.600	15.753.465	119.023.400		209.608.905	6.324.400		6.665.132	
Summe 2.	1.000.000	1.000.000	10.750.000		11.293.000				
Summe 3.	10.000.000	10.000.000	24.380.000		105.772.000				
Summe total	29.403.600	26.753.465	154.153.400		326.673.905	6.324.400		6.665.132	

Quellen: Eigene Zusammenstellung bzw. Berechnung auf der Grundlage von: Handbuch der Deutschen Aktien-Gesellschaften, Ausgabe 1904–1905, Band I und Band II; Handbuch der Süddeutschen Aktien-Gesellschaften, Ausgabe 23; Schwäbischer Merkur, Abendblatt vom Samstag, 31. Dezember 1904.
Anmerkungen: Abkürzungen: B = Berlin, DD = Dresden, HB = Bremen, HH = Hamburg, F = Frankfurt/Main, K = Köln, M = München, MA = Mannheim, S = Stuttgart; Sonstiges: Pfandbriefe und ähnliche Emissionen von Banken sowie Emissionen staatlicher Stellen, Städte etc. wurden nicht berücksichtigt.